日本思想史事典

石田一良・石毛忠［編］

東京堂出版

まえがき

今は亡き編者・石田一良氏は生前お書きになったご論考の中で「日本のような、さまざまの思想が重層し混在しているところでは、ただ一つの思想に時代や体制や、階級・身分のイデオロギーを求めることは、ことに、適当ではないように思っている。日本人はつねに複数のイデオロギーが構成するイデオロギー「連合」ないしは「結合体」を、それぞれの時代の、体制ないし階級・身分のイデオロギーとしてきたように思われる。そのさい、このイデオロギー連合体の構成要素であるいくつかのイデオロギーは、それぞれ役割分担をしていたのである」（「浮世と愛と死」〈『日本における生と死の思想』〉収載）と述べています。またそうした見方に立って日本思想史の古代から近代までの多岐にわたる思想の展開を、総括的に把捉しようとする際に「人間の諸活動のうちで、政治がイデオロギーと社会経済とを相関させる所以《ゆえん》であることを考えて、政治思想を軸としてそれとの関連で他の諸思想（宗教・芸術思想ないしは社会・経済思想等々）を把《とら》えること」（体系日本史叢書23・『思想史Ⅱ〈まえがき〉』）の意義について言及されています。したがって石田氏がご存命であれば、この『日本思想史事典』の編者として上述のような観点から本『事典』の項目編成をなされたはずです。しかしご高齢であった石田氏はこの『事典』の編集作業が始まる前にご病気でお亡くなりになってしまいました。そのため版元の東京堂出版をはじめ周囲の強いご意向で、早くからこの仕事に関わってきた私が、図らずもこの『事典』の編者の役を務めさせていただくことになりました。

私は前述のような石田氏の所論、また生前折にふれてご教授いただいた日本思想史に関する数々のご高説などを参照しつつ、また東京堂出版編集部のご要望を踏まえながら、私なりの編集方針を立て所収予定の項目一覧を作成しました。それによって冒頭に石田論考「日本思想」（小学館『日本大百科全書』所収。現在、このようにコンパクトに、かつクリアに日本思想史の統一的全体像を描出《びょうしゅつ》した石田論考に対比しうるものは管見の及ぶところ皆無《かいむ》である）を置き、読者には各論としての諸項目をばらばらに読むだけでは捉《とら》えにくい日本思想史の総論としてお読みいただけるようにしました。もちろんこの総論は教科書的な意味での定説などではありませんが、後に続く各論の位置づけ、すなわち思想史的意義の考察などの際に役立つものではないかと思います。

この『日本思想史事典』の本論（項目群）については、最初に古代から近代への日本思想の流れに沿って全体を「事項編」と「人物編」に二大別し、さらにこれを時代順に二〇九項目に細分化し、事項編でも人物編でもまず広義の①政治思想に関する項目を選び、次いで各時代の政治思想と直接的、間接的に関連性を有し、時代精神の形成に絶大な影響力を発揮した②宗教思想（仏教・神道など）、さらに前近代では政治思想と表裏一体の関係で各時代の方向性を示す③歴史思想（本『事典』では主として史書による）の項目を取り上げました。その他①②③の項目だけでは欠落してしまう日本思想史の特色を開示する④文芸・芸能思想や、中国（明治以前）・西洋（明治以降）に学びながら発展していった⑤倫理・哲学思想（儒教などは①②③④⑤のジャンルの一つにではなく、複数のジャンルに該当するものと思われる）に関する項目を不十分ながら取り上げました。限られたスペースの中で日本思想史に関するすべての問題を項目としてリストアップし、それぞれに適切な説明を加えることはすこぶる難しいといわざるをえません。そこで、本『事典』では日本思想史上の重要な事項・人物・著作などを慎重に検討し二〇九項目にまとめ、各項目を編者が最適と思われる各分野の専門家にご執筆を依頼し、幸い六九名の方にご快諾いただきました（項目執筆者は、編者を加えると七〇名になります）。

さて本『事典』の特色の一つは、各項目の記述がすべて見開き二頁に収まるよう字数制限をしたことです。それは読者の立場からすれば、どの項目を選んでも必ず一つの項目に合わせて見開き二頁分で完結する解説文があり、項目の主旨が把握しやすいのではないかと考えたからです。もっとも執筆者側には、項目にもよりますが、これでは字数が少なすぎるというご不満があったかもしれません。しかし編者としては例外を設けず、すべて見開き二頁の原則に従って簡潔達意の文章で、項目内容を制限字数内でまとめていただきました。いずれにしても、どの頁を開いても一つの項目内容が見開き二頁以内にまとめられているのは読者に歓迎していただけるものと確信しています。

また右の事実と関連して第二の特色といえるのは、多くの漢字表記の言葉に、実にたくさんの振り仮名（ルビ）が付けられていることです。最近の雑誌・新聞などでもルビ多用の傾向が顕著に認められますが、それらと比較しても圧倒的に本『事典』のルビの方が多いことは、頁をめくっていただければ一目瞭然といえるでしょう（年表の作成にあたっても同様に考慮した）。しかもここでは人名・地名などの固有名詞あるいは専門用語にとどまらず、各項目の解説文で使われている読みにくい漢字およびその熟語（以下合わせて「漢字」と表記する）にもルビがふられています。編者が本『事典』で使われている「漢字」表現にこのようにこだわったのは、一つには日本の思想・文学・歴史などを学ぶため日本に来ている留学生（ちなみに中国からの留学生は韓国からの留学生を加えると、全留学生の八割を占めるといわれている）に対する私なりの配慮があったからです。中国からの留学生は一つの学習パターンとして、まず文章を何度も音読しそれによって文章の大意をあらかじめ把握しようとします。しかし読めない「漢字」がいくつもある時は、いちいち漢和辞典でその読み方を明らかにしてからでなければ、初めから終わりまで切れ目なく読む音読はできません。それに読み方のためだけにいちいち漢和辞典を引いていたのでは、おそらく音読へのモチベーションが低下してしまうのではないでしょうか。もちろん漢和辞典を引くことは無意味ではありません。そこには読み方とともに「漢字」の意味も記されているので、それはそれで役に立つのですが、論旨が錯綜《さくそう》するので、ここではその点についてこれ以上立ち入らないことにします。いずれにしても難しい「漢字」のほとんどにルビがふられていれば、すぐ音読することが可能になり、それを繰り返すことによって音読の所期の目的が達成できるものと考えられます（こういう学習方法は、江戸時代における「漢文」の素読《そどく》を想起させます）。集中力の衰えた老人がよく声を出して新聞などを読んでいるのも、まず記事内容のあらましを把握しようとしているからではないでしょうか。その点と関連して興味深い事実が伝えられています。すなわち日露戦争の旅順《りょじゅん》攻略や明治天皇の大葬当日、妻とともに殉死《じゅんし》したことで知られる乃木希典《のぎまれすけ》は学習院院長の職にあった当時、音読を奨励し、「音読は古風な読書法だと普通にいふけれども、自分は有益であると思ふ。何となれば自ら声を発し読み、其の声を又自ら聞くのであるから、頭で分った事を又再び耳に聞いて再考する訳《わけ》で、音読には二重の利益がある」（『乃木院長記念録』）と説いています。要するに黙読《もくどく》に比して音読の方が一段と大きなメリットのあることを指摘しているのですが、こうした考え方にも一理あることは否定できないでしょう。こうして本『事典』では留学生のためだけではなく、日本思想史のすべての初学者のために、各項目の解説文中に意味の分からない「漢字」がいくつかあっても、まずは音読が可能となるように、さらに専門用語の意味内容を理解するため別途各種の辞（事）典類を利用できるように、執筆者各位のご協力を仰ぎながら、煩《はん》を厭《いと》わず、できるだけ多くの「漢字」にルビを施しました（日本では多くの辞（事）典で項目が五十音順に並べられ、その見出し語にはたいてい平仮名のルビが付いています）。

以上、該《がい》『日本思想史事典』の特色などについて些《いささ》か述べさせていただきました。最後に、諸般の事情により本書の刊行が遅れに遅れたことにつきまして、早くから本書の刊行を期待しお待ちいただいてきた読者の皆様に衷心よりお詫び申し上る次第です。

また本書所収の諸項目をそれぞれご担当いただいた執筆者各位、とりわけご担当項目のご執筆とともに編集段階で特別のご尽力を賜った辻本雅史（京都大学名誉教授）、中野目徹（筑波大学教授）、土田健次郎（早稲田大学教授）の三氏に対し、ここに深甚なる謝意を表します。

平成二五年九月

石毛　忠

日本思想史事典◎目次

まえがき　1
凡　例　12
日本思想……石田一良　14

第一部

一　飛鳥・奈良・平安時代

001　古神道の思想……三橋　健　46
002　大陸思想の摂取（1）儒教……笠井昌昭　48
003　大陸思想の摂取（2）道教……三橋　健　50
004　大陸思想の摂取（3）仏教……八重樫直比古　52
005　天皇の思想……笠井昌昭　54
006　古代律令制国家の政治思想……石田一良・笠井昌昭　56
007　摂関政治の思想……笠井昌昭　58
008　院政の政治思想……笠井昌昭　60
009　奈良仏教……八重樫直比古　62
010　平安仏教……速水　侑　64
011　密　教……速水　侑　66
012　本地垂迹思想……佐藤弘夫　68
013　怨霊思想……佐藤勢紀子　70
014　陰陽道……岡田莊司　72
015　修験道……鈴木正崇　74
016　浄土の思想……速水　侑　76
017　宿世の思想……佐藤勢紀子　78
018　末法と末世……佐藤弘夫　80
019　『古事記』……伊藤　益　82
020　『日本書紀』……伊藤　益　84
021　『万葉集』……駒木　敏　86
022　『栄華物語』……佐藤勢紀子　88
023　『大鏡』……石毛　忠　90
024　『扶桑略記』……笠井昌昭　92

二　鎌倉・室町時代

025　鎌倉幕府創成期の政治思想……石毛　忠　94
026　南北朝時代における政治思想……石毛　忠　96
027　室町幕府の政治思想……石毛　忠　98
028　鎌倉・室町武士の思想……小澤富夫　100

029 鎌倉仏教……佐藤弘夫 102
030 鎌倉・室町禅と儒教……玉懸博之 104
031 伊勢神道……高橋美由紀 106
032 神国思想……佐藤弘夫 108
033 無常観……大隅和雄 110
034 遁世の思想……大隅和雄 112
035 吉田神道……三橋健 114
036 茶の湯といけ花の思想……石田一良・笠井昌昭 116
037 中世日本紀……岡田莊司 118
038 『愚管抄』……石田一良・石毛忠 120
039 『平家物語』……石毛忠 122
040 『神皇正統記』……石毛忠 124
041 『太平記』……石毛忠 126
042 『梅松論』……石毛忠 128

三 戦国・織豊時代

043 下剋上の思想……石毛忠 130
044 織豊政権の政治思想……石毛忠 132
045 キリシタンの思想……石毛忠 134
046 『信長公記』……石毛忠 136
047 『三河物語』……石毛忠 138
048 『太閤記』……石毛忠 140

四 江戸時代

049 江戸幕府の政治思想……石毛忠 142
050 朱子学……土田健次郎 144
051 陽明学……土田健次郎 146
052 古学……土田健次郎 148
053 江戸仏教……大桑斉 150
054 儒家神道……安蘇谷正彦 152
055 三教一致説……石毛忠 154
056 水戸学……吉田俊純 156
057 国学……安蘇谷正彦 158
058 蘭学と洋学……吉田忠 160
059 武士道……笠谷和比古 162
060 赤穂事件論……笠谷和比古 164
061 家訓……山本眞功 166
062 石門心学……辻本雅史 168
063 町人の生活思想……山本眞功 170
064 農民の生活思想……若尾政希 172

065 義理と人情……稲田篤信 174
066 勧善懲悪……稲田篤信 176
067 分度意識……稲田篤信 178
068 復古神道……高橋美由紀 180
069 尊王攘夷思想……本郷隆盛 182
070 『本朝通鑑』……玉懸博之 184
071 『大日本史』……玉懸博之 186
072 『読史余論』……本郷隆盛 188
073 『日本外史』『日本政記』……石毛 忠 190
074 『大勢三転考』……石毛 忠 192

五 明治・大正・昭和時代

075 明治国家の思想……中野目徹 194
076 文明開化の思想……中野目徹 196
077 自由民権の思想……米原 謙 198
078 ロマン主義・自然主義……長尾宗典 200
079 平民主義・国粋主義……中野目徹 202
080 大正デモクラシーの思想……和田 守 204
081 社会主義（マルクス主義）……渡辺和靖 206
082 国家神道と教派神道……桂島宣弘 208
083 近代仏教……末木文美士 210
084 近代日本のキリスト教……原島 正 212
085 女性解放運動の思想……早川紀代 214
086 皇国史観と唯物史観……昆野伸幸 216
087 昭和の思想……米原 謙 218

参考文献 220

第二部

人と思想

088 聖徳太子……笠井昌昭 240
089 行 基……八重樫直比古 242
090 最 澄……笠井昌昭 244
091 空 海……笠井昌昭 246
092 菅原道真……藤原克己 248
093 慶滋保胤……吉原浩人 250
094 大江匡房……吉原浩人 252
095 源 信……速水 侑 254
096 法 然……佐藤弘夫 256
097 親 鸞……平 雅行 258
098 栄 西……市川浩史 260

099 道 元……角田泰隆 262
100 貞 慶……佐藤弘夫 264
101 明 恵……市川浩史 266
102 日 蓮……佐々木馨 268
103 一 遍……大隅和雄 270
104 鴨長明・吉田兼好……大隅和雄 272
105 慈 遍……玉懸博之 274
106 度会家行……三橋 健 276
107 夢窓疎石……玉懸博之 278
108 観阿弥・世阿弥……新川哲雄 280
109 一休宗純……今泉淑夫 282
110 二条良基……石毛 忠 284
111 心 敬……菅 基久子 286
112 蓮 如……大桑 斉 288
113 吉田兼倶……三橋 健 290
114 清原宣賢……大戸安弘 292
115 千 利休……笠井昌昭 294
116 ハビアン……石毛 忠 296
117 藤原惺窩……柴田 純 298
118 林 羅山……玉懸博之 300
119 中江藤樹……玉懸博之 302
120 山崎闇斎……土田健次郎 304
121 熊沢蕃山……佐久間正 306
122 山鹿素行……佐久間正 308
123 伊藤仁斎・東涯……黒住 真 310
124 貝原益軒……辻本雅史 312
125 沢庵宗彭……大桑 斉 314
126 鈴木正三……加藤みち子 316
127 隠元隆琦……大桑 斉 318
128 盤珪永琢……大桑 斉 320
129 井原西鶴……稲田篤信 322
130 松尾芭蕉……稲田篤信 324
131 近松門左衛門……稲田篤信 326
132 西川如見……佐久間正 328
133 石田梅岩……辻本雅史 330
134 新井白石……本郷隆盛 332
135 室 鳩巣……小島康敬 334
136 荻生徂徠……平石直昭 336
137 太宰春台……小島康敬 338
138 白隠慧鶴……大桑 斉 340

139 慈雲飲光……山本眞功 342
140 安藤昌益……若尾政希 344
141 富永仲基……陶 徳民 346
142 三浦梅園……岩見輝彦 348
143 賀茂真淵……高橋美由紀 350
144 本居宣長……安蘇谷正彦 352
145 上田秋成……稲田篤信 354
146 中井竹山・中井履軒……山中浩之 356
147 平賀源内……吉田 忠 358
148 杉田玄白……吉田 忠 360
149 司馬江漢……吉田 忠 362
150 本田利明……吉田 忠 364
151 山片蟠桃……浅井允晶 366
152 海保青陵……八木清治 368
153 佐藤信淵……桂島宣弘 370
154 曲亭馬琴……稲田篤信 372
155 佐藤一斎……中村安宏 374
156 平田篤胤……高橋美由紀 376
157 大国隆正……玉懸博之 378
158 二宮尊徳……中桐万里子 380
159 帆足万里……吉田 忠 382
160 広瀬淡窓……小島康敬 384
161 大塩中斎……土田健次郎 386
162 藤田幽谷・会沢正志斎……土田健次郎 388
163 藤田東湖……吉田俊純 390
164 佐久間象山……石毛 忠 392
165 吉田松陰……桐原健真 394
166 横井小楠……平石直昭 396
167 細井平洲……辻本雅史 398
168 福沢諭吉……平石直昭 400
169 西村茂樹……畑中健二 402
170 西 周……渡辺和靖 404
171 加藤弘之……中野目徹 406
172 井上哲次郎……渡辺和靖 408
173 清沢満之……末木文美士 410
174 植木枝盛……米原 謙 412
175 幸徳秋水……米原 謙 414
176 中江兆民……米原 謙 416
177 田中正造……小松 裕 418
178 海老名弾正……吉馴明子 420

179 陸 羯南……本田逸夫 422
180 植村正久……吉馴明子 424
181 三宅雪嶺……中野目徹 426
182 内村鑑三……原島 正 428
183 岡倉天心……長尾宗典 430
184 志賀重昂……中野目徹 432
185 徳富蘇峰……米原 謙 434
186 大西 祝……平山 洋 436
187 山路愛山……和田 守 438
188 権藤成卿……岡崎正道 440
189 西田幾多郎……藤田正勝 442
190 鈴木大拙……藤田正勝 444
191 津田左右吉……土田健次郎 446
192 柳田国男……三橋 健 448
193 折口信夫……三橋 健 450
194 与謝野晶子……早川紀代 452
195 平塚らいてう……早川紀代 454
196 山川菊栄……早川紀代 456
197 吉野作造……田澤晴子 458
198 河上 肇……米原 謙 460
199 北 一輝……岡崎正道 462
200 村岡典嗣……畑中健二 464
201 大杉 栄……岡崎正道 466
202 大川周明……昆野伸幸 468
203 田辺 元……藤田正勝 470
204 和辻哲郎……苅部 直 472
205 三木 清……藤田正勝 474
206 戸坂 潤……藤田正勝 476
207 長谷川如是閑……古川江里子 478
208 保田與重郎……渡辺和靖 480
209 丸山眞男……苅部 直 482

参考文献 484

日本思想史／略年表 531

索 引 534

〔凡　例〕

◇本事典は、日本思想史上重要と思われる事項項目、ならびに人名項目を収録したものである。

◇第一部に事項を、第二部に人名項目を収録した。原則として年代順に配置している。

◇解説文の表記は執筆者の原稿を基本としたが、事典という性格上、他項目との関連や読みやすさを考慮して一部校閲を加え、編者・編集部により統一をはかったところがある。

◇引用文は、必要最小限とし、そのまま「　」でくくったが、漢文は書き下し文にした。ただし一部に、返り点を残したところがある。また、原則として、常用漢字を使用した。

◇学術用語などに使用する漢字の読み方や表記法は必ずしも一致していないが、できるだけ統一をはかった。

◇年代は、和暦を基本とし、（　）内に西暦を付した。なお、改元年については、原則として改元後の元年で表記した。例えば大正一五年とせず、昭和元年としている。また、慣例に従って、南北朝期の年号は、北朝、南朝の順で示した。

◇読者の読みやすさを考慮して、できるだけ多くの漢字にルビを施した。その際、若干の例外を除いて、カタカナ表記には「ヴ」行音を用いずバ行音で表記した。

◇ルビは、執筆者の表記を原則としているが、それ以外に総合的判断によって編者または編集部でふったものがある。石田論考「日本思想」にも編者の判断により、適宜ルビを追加した。

◇著作名や人名などにルビを施すにあたっては、『国書総目録』『日本古典籍総合目録』『国書人名辞典』、その他『日本史辞（事）典』をはじめ、もろもろの分野の辞（事）典類を、多数参照した。

◇引用文は、原文の表記に従ったが、ルビは現代かなづかいによっている。また、編者または編集部の判断で、読みやすさを考慮して執筆者の引用した原文の片仮名に濁点を付したところがある。

◇記紀神話の神の名は、一部を除き、漢字表記にした。

◇朝鮮人の人名（漢字）の読み方は、原則として朝鮮語読みを採用し、片仮名で表記したが、研究史上日本語読みが定着している人名には、当該漢字の左側にカッコを付してその読み方を記した。

◇現在の社会では好ましくない表現があるが、学術書であることから、当時の用語を使用している。

◇各項目に対応する「参考文献」（おおむね各項目の執筆者による）、「日本思想史／略年表」「索引」を付録として付け加え、研究の便宜を図った。なお、本事典の「日本思想史／略年表」に用いられている点線は、そこから時代が徐々に転換していくことを示している。

◇近代になると書籍の成立年と刊行年とがほとんど一致するようになるので、本事典の年表では近世のように両者を区別せず、すべて成立の意味もこめて「刊行」と表記を統一した。

◇各項目の末尾には、執筆者名を（　　）内に記した。

日本思想
にほんしそう

はじめに　[I]日本思想史の時代区分／[II]生活としての思想

一　神道思想　[I]神道思想の更衣現象とその論理／[II]神道思想の本体

二　氏族時代の思想　[I]時間と空間の観念／[II]神道の成立―呪術から宗教へ

三　律令・格式時代の思想　[I]儒仏二教の伝来／[II]律令国家と金光明経／[III]大仏開眼と国民国家の思想／[IV]格式政治の論理／[V]法華経の思想

四　摂関・院政時代の思想　[I]律令制と摂関制／[II]台密の思想／[III]院政の理念／[IV]宿世の思想と末法・末世の意識

五　鎌倉時代の思想　[I]後白河＝頼朝体制／[II]貴族と新古典主義／[III]源氏将軍の二重性格／[IV]北条執権政治の理念／[V]武士と鎌倉新仏教

六　室町時代の思想　[I]足利幕府の政治理念／[II]武士と儒教／[III]関数主義の成立

七　戦国～江戸時代の思想　[I]封建制度と朱子学／[II]封建制度と町人の思想／[III]治者と被治者の科学思想／[IV]関数主義の完成

八　明治以降の思想　[I]家制国家主義の形成／[II]反体制的思想の展開／[III]興亜と脱亜の二重構造

むすび　[I]日本人の思想の二重構造／[II]イデオロギー連合と役割分担

はじめに

[I]日本思想史の時代区分　日本人は日本の地理的環境のために日本史の展開の過程で外国の影響を不断に受けてきた。西洋の影響がまだ直接日本に及ばなかった時代、日本は主として隣国中国の影響を受けた。その後、欧米諸国の植民地獲得の勢いがアジアに及ぶと、欧米の影響を受けることになった。その間、南中国から水稲農業技術、欧米から機械工業技術が伝来して二大産業革命が起こり、日本の歴史は三時代に大きく時代区分されるのである（図A）。

第一期は、石製の手道具を使って主として狩猟採集《しゅりょうさいしゅう》生活を営んだ時代（その末期が縄文《じょうもん》時代とよばれる）。

第二期は、初めは青銅製、ついで鉄製の道具を使って農耕を営む水稲《すいとう》農業時代（弥生《やよい》時代・古墳時代より幕末まで）。

第三期は、自動機械によって工業生産を行う機械工業時代である。ただし、明治時代以降今日までは第二期から第三期への過渡期の前半で、今後、後半期に入り、やがて真の意味の機械工業時代を迎えるものと考えられる。

ところで、中国の影響を受けた第二期は、日本に伝来した「北」中国思想と「南」中国思想の性質とその受け取り方の相違によって、この時期の日本思想史はまた三時代に分けられるのである（図A）。

第一期は中国思想の影響をそれほど強く受けなかった弥生・古墳時代―始原時代。

第二期は「北」中国思想の影響を強く受け、それを日本化していった奈良・平安・鎌倉時代―古代。

第三期は「南」中国の思想の影響を受け、それを利用して日本らしい思想をつくりだしていった室町・安土《あづち》桃山（織豊《しょくほう》）・江戸時代―近世。

われわれが通常日本思想と称しているのは、水稲農業時代二千年余りの間を特色づける思想のことで、縄文時代や機械工業時代の思想をいうものではない。それでは、この時代の日本思想の特色とは何であるか。

[Ⅱ]生活としての思想　それを語る前に「思想」ということばを説明しておく必要がある。

およそ思想には、①「イデオロギーとしての思想」と「生活としての思想」がある。社会的経済的生活のなかに融《と》け込んでいる思想と、政治を介在させてそのうえにたつ哲学・芸術・宗教などの領域におけるイデオロギーの形をとった思想がある。②イデオロギーとしての思想のなかにも「ロゴス化された思想」と「ロゴス化されていない思想」がある。「ロゴス化された思想」とは、ことばで言い表され体系を与えられた思想、「ロゴス化されていない思想」とは、政治ないしは宗教・芸術（文学・美術）の活動とその所産のなかに融け込んでいる思想――美術を例にとると、美的表現の内容と様式に融け込んでいる（表現の内容や様式に形象化されている）思想――をいう。

日本の歴史には、中国、ことにヨーロッパの歴史にみられるような、深遠壮大な体系をもったロゴス化された

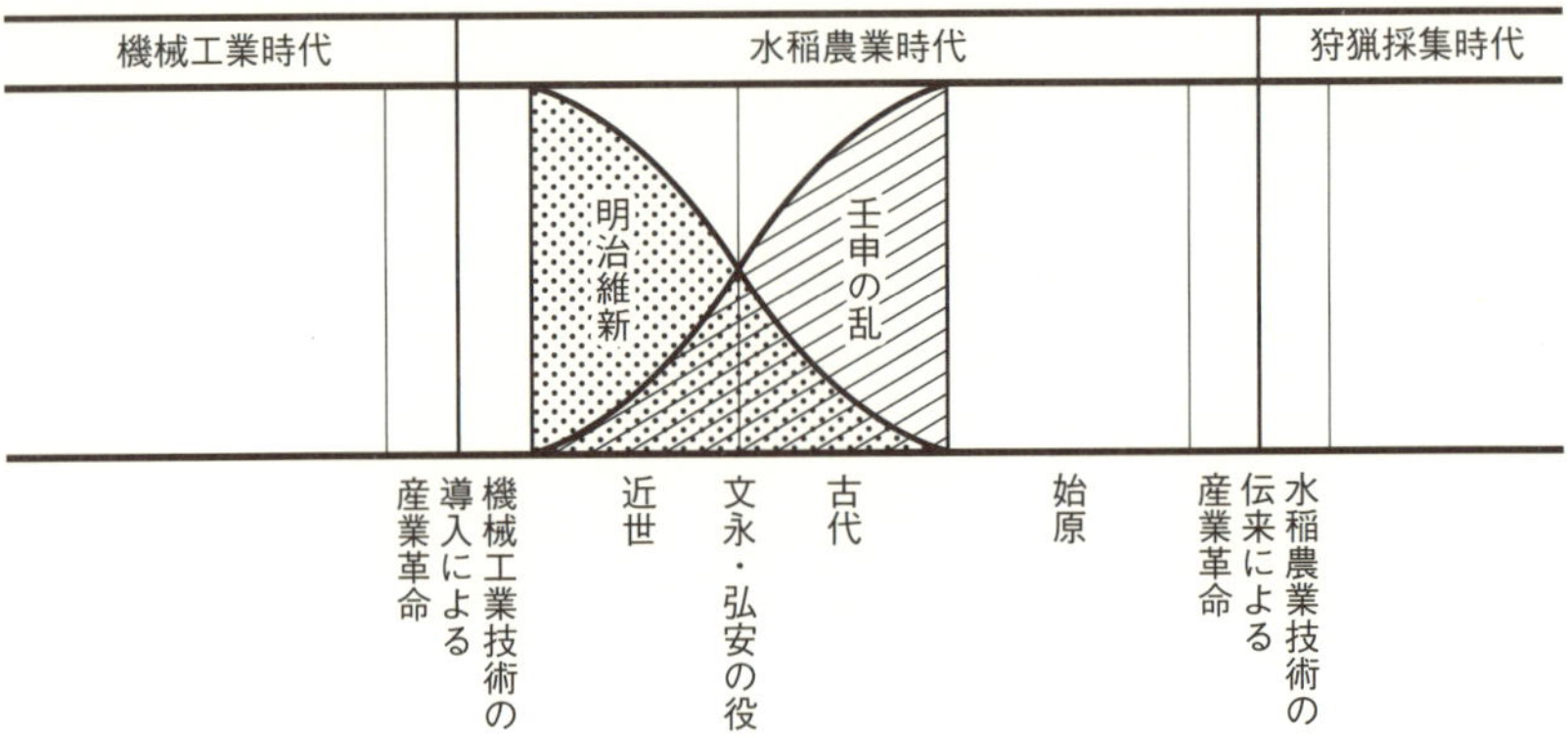
機械工業時代
水稲農業時代
狩猟採集時代
明治維新
壬申の乱
機械工業技術の導入による産業革命
近世
文永・弘安の役
古代
始原
水稲農業技術の伝来による産業革命
〔図A〕日本歴史の三時代

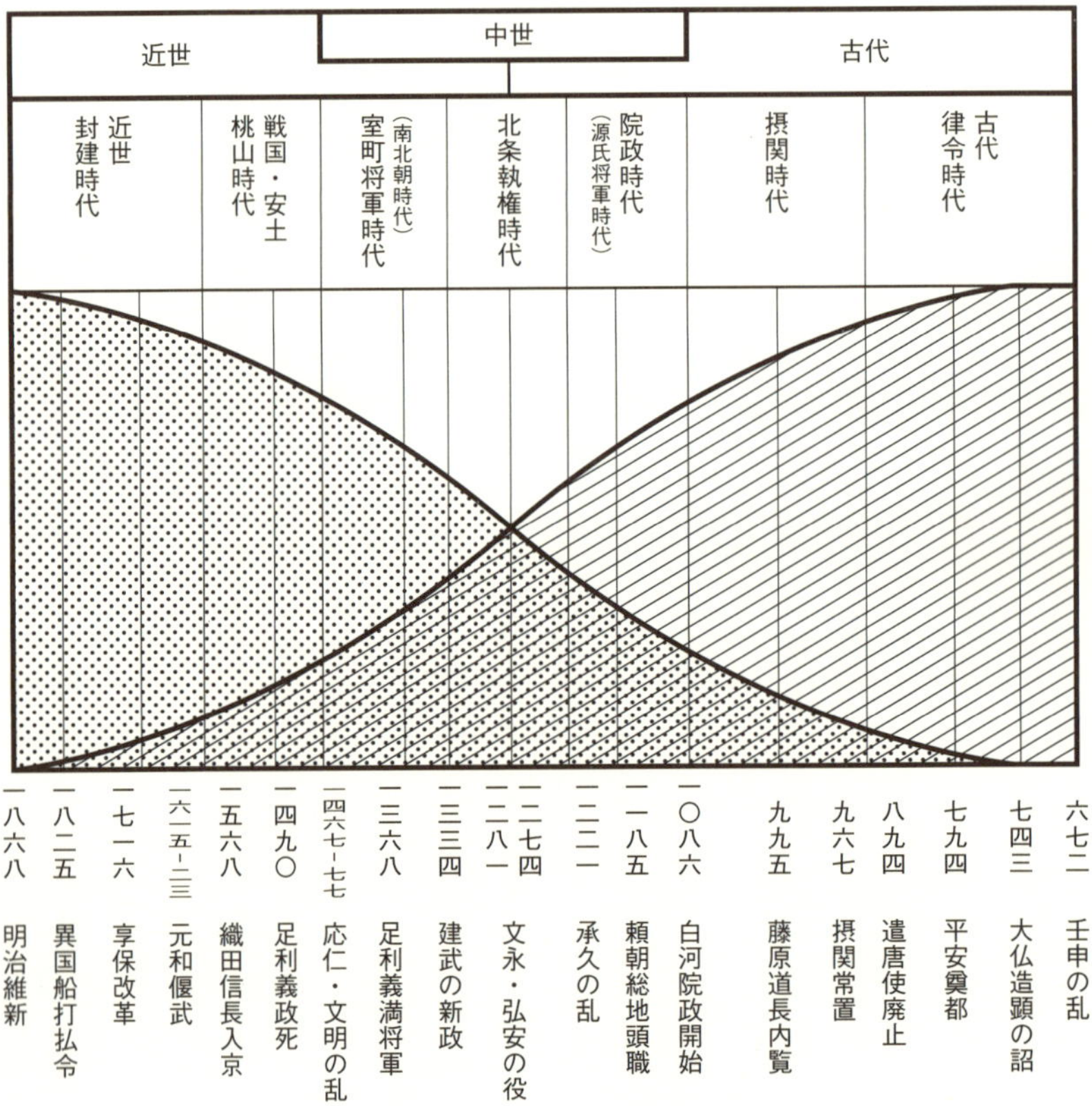
近世
中世
古代
近世封建時代
戦国・安土桃山時代
室町将軍時代（南北朝時代）
北条執権時代
院政時代（源氏将軍時代）
摂関時代
古代律令時代
一八六八 明治維新
一八二五 異国船打払令
一七一六 享保改革
一六一五-二三 元和偃武
一五六八 織田信長入京
一四九〇 足利義政死
一四六七-七七 応仁・文明の乱
一三六八 足利義満将軍
一三三四 建武の新政
一二七四 一二八一 文永・弘安の役
一二二一 承久の乱
一一八五 頼朝総地頭職
一〇八六 白河院政開始
九九五 藤原道長内覧
九六七 摂関常置
八九四 遣唐使廃止
七九四 平安奠都
七四三 大仏造顕の詔
六七二 壬申の乱
〔図B〕古代・近世時代区分

イデオロギーとしての思想は生まれていないといわれてきた。しかしそれは、日本人が思考力弱く構想力に欠けるからではない。日本人は、近代ヨーロッパ人のように、思想を生活の外に成立するものとは考えなかったからである。つまり生活することのなかに、政治ないしは宗教・芸術活動とその所産に融け込ませるものと考えてきたのである。

そうした傾向は、外来思想の空洞化を意味するが、しかし、思想を生活化するという、日本人の思想活動の特色であることを見落としてはならない。したがって、日本思想および思想史の重要な研究対象は、ヨーロッパの思想史が哲学史として成立しうるのとは違って、外国から「ロゴスとしての思想」を受け入れた場合でも、それを生活化したところにある（空洞化と生活化はコインの表裏の関係にある）といえようかと思う。

水稲農業生活には当然、水稲農業生活の思想があった。それをみいだすためには、神道《しんとう》を取り上げるのがもっとも適当であろう。なぜなら、日本の神道は水稲農業生活とともに成立し、その後も水稲農業生活の営まれるところ、いつ、どこにおいても再生産されて今日に及んでいるからである。

一　神道思想

さて、神道の思想——神を祭ることのなかに融《と》け込んでいる思想——をみいだすには、神道の歴史をみるのがもっとも捷径《ちかみち》で、かつ適当と私は考えている。

[1]神道思想の更衣《こうい》現象とその論理（着せかえ人形論）神道が「固有宗教」として水稲農業時代を一貫して存続してきた仕方は、まことに特異である。神道の歴史を一日で見渡す高所より大観すると、神道は「着せかえ人形」のように、時代が変わるとすばやく前代の古い思想の衣《い》裳《しょう》を脱ぎ捨てて、次代の新しい思想の衣裳に着かえてきたようすがみえる。奈良時代の初めころには、大和《やまと》朝廷が諸氏族を統一して古代統一国家をつくるためのイデオロギーの衣裳を身に着けて『古事記』のなかに現れていた。ところが平安時代に入って仏教が国民に浸透すると、いままでの思想の衣裳を脱ぎ捨てて仏教の衣裳に着かえ、鎌倉時代には天台系の本地垂迹《ほんじすいじゃく》神道や真言《しんごん》系の両部《りょうぶ》神道となった。室町時代に入って禅宗が流行すると、古い思想の衣裳を脱いで三教（儒・仏・神）一致の衣

裳に着かえて反本地垂迹説を唱える吉田神道となった。徳川時代に儒教が幕藩体制のイデオロギーになると仏教の衣裳をかなぐり捨てて儒教の衣裳に着かえ、林羅山《らざん》の説く理当心地《りとうしんち》神道や山崎闇斎《あんさい》の唱える垂加《すいか》神道などの儒家神道となった。徳川中期に国学がおこると、儒教の衣裳をさらりと脱いで、国学の衣裳に着かえて、本居宣長《もとおりのりなが》の説く古学神道（復古神道）となり、さらにキリスト教の衣裳を重ね着して、平田篤胤《ひらたあつたね》の唱える古道神道（復古神道）となり、幕末にはキリスト教と習合して渡辺重石《いかり》丸《まろ》の説くような反本地垂迹的神・基（キリスト教）習合神道となって、キリスト教の衣裳に衣《ころも》がえしようとした。ついで明治時代になって家制国家のイデオロギーが台頭すると、その衣裳に着かえて国家神道（神社神道）となり、太平洋戦争敗戦の後はあっさりその衣裳を脱いで、アメリカ流の民主主義の衣裳を身に着けようとした。

　さらに、神道の神観念の歴史をみると、神はさまざまに変装したというより、変身した感がある。たとえば『古事記』のなかにおいては、神は皇室や一部有力氏族の祖先神となった。神・仏習合神道では、神は仏・菩薩《ぼさつ》の垂迹となり、神・儒習合神道では太極《たいきょく》の理、ないしは太極のうちに兆《きざ》しそめた一気と考えられた。神・国習合神道では皇室およびすべての国民の祖先神、神・基習合神道ではデウスのような創造・主宰神や最後の審判をつかさどる神となり、国家神道では皇室およびすべての国民の祖先や祖先神となるほかに、忠臣・義士や内乱・外戦の戦没者になった。歴史の事実として同一の神社においても祭神が入れ替わり、その社《やしろ》を祭る人びとにさえ知られていないこともあった。

〔関数主義〕この神道の臨機応変・自由自在な変装・変身ぶりは、仏教・儒教やキリスト教ないしはイスラム教などの他の宗教にはみられないところである。しかも神道は、外来の世界宗教に吸収されてしまうこともなく、またその影響の累積《るいせき》に埋没《まいぼつ》してしまうこともなく、それでいてその本質がはっきりしないまま、今日、依然としてあらわに、かつ頑強に神道であり続けている。キリスト教信者やイスラム教徒にはまことに奇妙で、えたいの知れない宗教のようにみえる。

　この事情によって、神道は、元来「神を祭る行為のうちに融け込んでいる思想」をもつが、「ロゴスとしての思想」をもたないことがわかる。事実、バイブル（キリスト教）やコーラン（イスラム教）のような神典（聖典）がない。それにもかかわらず「ロゴスとしての思想」を借りて自分をロゴス化しようとする意志は神道史を貫いて絶えず旺盛《おうせい》にもち続けてきたのである。裏からいえば、神道は「祭りとしての思想」をロゴス的変装・変身の歴史を通してもち続けるという、頑強な反ロゴス的傾向をもつようにみえる。宣長が「言挙《ことあ》げせぬ」というのも、この特質をさしたものといえよう。また神道が古い厚着を脱ぎ捨てようとするとき、しばしば老荘思想という薄着を利用したのも、この反ロゴス的傾向のせいであろう。つまり、神道に本具する一見矛盾するように思える反ロゴス性とロゴスへの意志は、神道史に思想的多様性と思想史的非連続性を与えながら、神道の本質を頑強に今日に存続させてきたゆえんと考えられる。この神道史を特色づける——他の宗教の歴史にみない——思想的多様性と思想史的非連続性は、神道の「反ロゴス的な本質」が「変装・変身の論理」を本来的に備えていることから生じたものと思われる。

この神道にみられるところの絶えず原初（歴史的「原始」ではなく、歴史を貫いてつねに現在していて動的に活動している「原初」、流行語で「原点」といったほうがよいかも知れない）に立ち戻ることによって、変装・変身を自由自在に行うという、神道および神道思想形成の論理——変り身の速さと復原力の強さ、妥協と守旧、変化と持続の弁証法——を、私は数学上の用語を借りて「関数主義」（［f(x)=y］ism）と名づけている。この数式においてfは神道思想の本体、xはfが受けるその時々の思想の影響、yは歴史のなかに具体的に現れているその時々の姿をとる神道思想である。

[Ⅱ]神道思想の本体　それでは、神道が関数的に応変するたびごとに復原して行く原点、ロゴスなき神道自体、すなわちfとは何か。それをみつける方法は、いかに時代をさかのぼっても、またいかに山間・海隅《かいぐう》の僻地《へきち》に分け入っても、つねに特定の衣裳を身に着けている姿よりみいだしえない「着せかえ人形」のような神道においては、本居宣長《もとおりのりなが》の時間的、柳田国男《やなぎたくにお》の空間的に遠くに求める方法は有効ではなく、各時代・各地方の神道からその衣裳を取り去る消去法が適当である。消去法というのは、先の数式におけるyからxを——つまりその時々の

y_1、y_2、y_3、……からその時々のx_1、x_2、x_3、……を消去して水稲農業時代を貫く共通のf（神を祭ることのなかに融《と》け込んでいる思想）を取り出す方法である。そうした方法で取り出した神道思想の本質fは、結論的にいうと、①経験的現実主義（生活中心主義）と、②共同体主義のかけ合わされた思想的構造物と私は考えている。

〔経験的現実主義—生活中心主義〕日本人にとって神は、人間をはじめとしてそれを取り巻く動植物の生命を生産し豊富にする目に見えぬ神秘的な力（産霊《むすひ》 Productive Power）である。祭りは、この産霊の力の更新・増長を確認する儀式である。

日本人が神に祈願することは、つねに生命の生産・増長ないしは生活の安楽・繁栄に関するきわめて生活的——つまり現実的なことに限られてきた。古神道の倫理においては、神の生成の働きにかなうものはすべて「善《よし》」、阻害するものはすべて「悪《あし》」とみなされたと村岡典嗣《つねつぐ》はいう。したがって神道は、仏教やキリスト教などの来世教と習合しない限り、人間の死にかかわることはなかった。『古事記』『風土記《ふどき》』『万葉集』などの古典によれば、神は社（やしろ）をもつが墓はなく、人は墓に葬《ほうむ》られるが社に祭られることはない。このことは、上代日本人に死後の観念がなかったことを意味するものではなく、人間の死に関することは神道以外の習俗が担当していたことを物語る。そこで仏教が伝来すると、死および死者を仏教に任せるという、文明世界の宗教には類をみない固有の宗教と外来宗教の「役割分担」という珍しい現象が生まれたのである（日本の思想史を特徴づける「イデオロギー連合と役割分担」のもっとも早い例と考えられる）。

ところが室町時代以降、死者を神に祀《まつ》る風習が普及してきた。この事実は、人を神に祀る・祀らぬは、神道のxに関する問題であって、fのなかに含まれていないことを物語っている。事実、死者が神として祭られてもf（生活中心主義・共同体主義）という神の本質は変わらなかったのである。

〔共同体主義〕こうした神の産霊《むすひ》の働きは、元来一定の限界をもち、その境域の外には及ばない。神は広狭の差こそあれ——たとえ境域が全世界・全人類に広がろうとも——境域をシメル特殊《パーティキュラール》的なKamiであって、境域をヒラク（撥無《なく》する）普遍《ユニバーサル》なGodではない。この神が境域を占拠する（シメル）働きを古い日本語では「シル」という。シルとは、シメナワを張り巡《めぐ》らせて（ツナを延《は》えて）限界《かぎり》ある空間（シロ・シマ・クニという）を切り取り、それを占拠する行為《はたらき》をいう。神のシル「神聖な境域」は「弥《ヤ》シロ」（社）とよばれ、また神が禁呪《きんじゅ》する（モル）禁足区域という意味でモリ（「杜」――ふさぐという意味）ともいわれた。ここに神国（神がシリ・モルところの神聖な境域《くに》）の観念が生まれる。日本人の政治（政治することをシルという）の論理、知識（知ることもシルという）の論理も、ここに源をもつと考えられる。

さて、このような神は、その力を増強すると、自分の縄張りを広げて、弱小な神々の縄張りを温存しつつ包み込んでゆく（図D）。

以上が、神道が日本歴史のなかで応変しつつ、不変に保ってきたところの、神の祭りと神を祭る生活のなかに融け込んでいる、ロゴスなき思想の本体ではなかろうかと思われる。すなわち、神道および神道思想の特質は、①経験的生活中心主義、②共同体主義、③関数主義の三要素からなる構造体ということになる。つまり、生活中心主義は生命を尊重し生命を生産・再生産して生活を豊かにすることを願う経験的・現実主義的《リアリスティック》な生活意志である。この神道の基本原理である生活中心主義の実現する場が共同体で、この共同体的生活中心主義を実現する論理が関数主義ということになる。したがって、この三要素が構成する日本の神は、その時々の共同体の生活意志（①×②×③）を神格化したものとなる。逆にいうと、神道は神を共同体のその時々の生活意志として生活のなかに内在化させているといってもよい。

真善美聖の基準をヨーロッパのキリスト教徒は神に求め、中国の儒教の徒が天ないしは聖人に求めたのと違って、日本人は自己の属する共同体のその時々の（つまり経験的）生活意志に求めたことになる。

しかしここで注意しておきたいことは、神道の思想が日本人の思想の土台となったとか、日本人の思想をつくる原理であったとかいうのではない。むしろ逆に、日本人の思想が水稲農業生活とともに成立し、それが宗教面に現れるとき、神道思想になったと考えるべきである。したがって、上述の原理は、水稲農業時代の日本の思想形成の原理であり、日本の思想史はこの思考原理の展開ということになろう。

二　氏族時代の思想

[I]時間と空間の観念　氏族時代の日本人は、その内部を山川や丘をもった半島によって蜜蜂《みつばち》の巣のように小さく区域された海中の小島で水稲農業生活を営んでいた。彼らはそのような閉《し》められた小地域をシマ・クニ・シロと称し、シロをつくる行為をシルといった。シルとは、「治《し》る」「知る」こと――政治と思想の本源――を意味する古語で、元来はシメ縄を張り巡らせて一区域の空間を自分のものとして占有して（シメて）他人の侵入を排除する行為を意味した。彼ら氏族はその地域を鎮める国《クニ》魂神《タマのかみ》を祭り、海陸からの侵入者を防ぐ境の神――サカの神、セの神、サキの神、トの神、ウラの神などを祭った（図C）。

彼らにとっては、空間だけでなく時間も氏族ごとに閉められていた。すなわち、時間は節をつくりながら、①円環的（神話的時間の場合）、②直線的（歴史的時間の場合）に流れた。円環的時間の節々で彼らは神を祭った。また彼ら氏族の過去のできごとを語るとき、彼らの先祖某々《ぼうぼう》の世代のこととして直線的時間のなかに位置づけたのである。

こうした閉められた空間・時間を生きる氏族人は、中国人のように時間を土用と四季、ないしは十干《かん》十二支《し》に、空間を中央と四方、ないしは五服《ごふく》・九囲《きゅうい》に分割する（氏族の割拠を超えて他氏族にも通用する）ように合理主義的に処理することなく、自分たちの氏族にだけ通用する時間・空間を経験的に生きていたのである。つまり彼らは、日本の地理と歴史を異質の空間と時間の加算的構造体に形成したのである。

こうした氏族の割拠対立（いわば原始的戦国時代）のなかから豪族たちが台頭してきた。彼らは社《やしろ》に氏神を祭って神話的伝承を語り、墓に祖先を葬って歴史的伝承を伝えて、共同体の団結を図ってきたが、両者を関係づけることはしなかった。やがて彼らは、彼らの祭る氏神が、①あるいは高天原《たかまがはら》から天降《あまくだ》り（天神の場合）、②あるいは山から下りて（地祇《ちぎ》の場合）、里の女と婚《まじわ》って、彼ら氏族の祖先を生んだという神婚譚《しんこんたん》をもって、神話と歴史、社と墓を結び付け、彼らの権力を神秘化したのである。

さて、大豪族は他の氏族を征服したとき、被征服氏族を滅亡し尽くさないで彼らの独立性を弱めたうえで温存し（「和平《やわ》す」という）、被征服地域を取り込んで己《おの》が境域（縄張り）を拡大したが、ついに天皇氏がこれら各地の大豪族たちを同じ方法で包み込んで原始封建制ともいうべき氏族国家をつくりあげていった（図D）。

その間、豪族たちの祖先や祖神は天皇家の系譜や神統譜に組み入れられ、氏族国家の時間的構造体は輪切りにすると図Eのように氏族国家の空間的構造を現すものとなったのである。

[Ⅱ]神道の成立——呪術から宗教へ　さて氏族の神は、その時々の氏族共同体の祈願に応じて託宣を下したが、キリスト教やイスラム教の神のように、永遠普遍の意志を神典に示す超越的人格神ではなく、共同体のその時々の生活の意志を神格化したものであった。つまり、真善美聖の価値基準を超越的人格神ないしは聖人・聖者に求めず、その属する共同体のその時々の（つまり経験的な）生

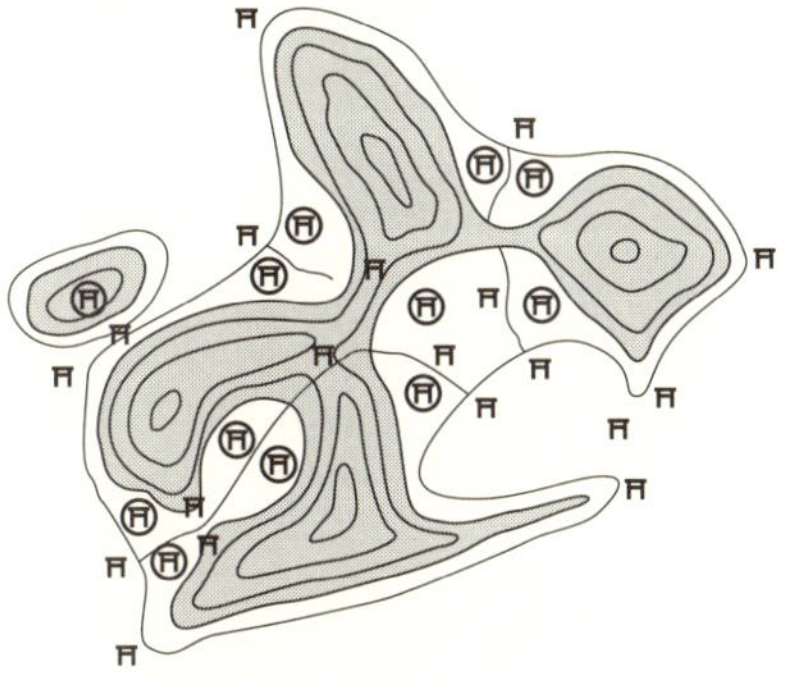

〔図C〕日本の地形と神々

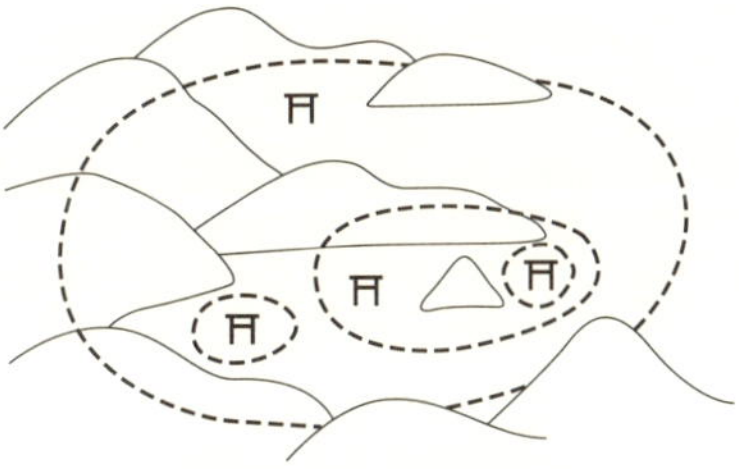

〔図D〕神々の縄張り

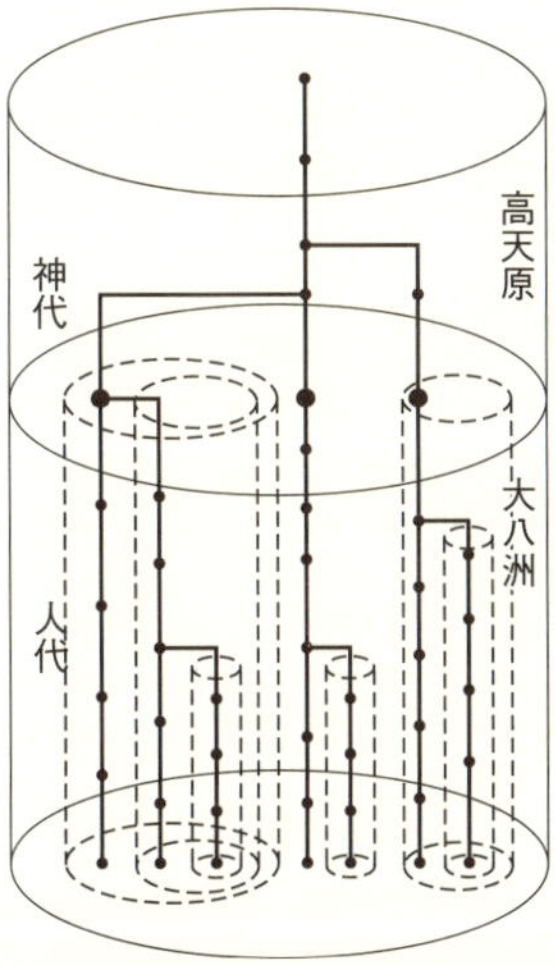

〔図E〕神話的世界（時間・空間の構造）

活の意志に求めたのである。したがって、共同体の生活の存立と繁栄を阻害すると考えられた行為は、それを行う人が意図するとしないにかかわらず（先天的身体的障害でさえも）、氏族共同体に対し、したがって共同体の神に対するアシきツミ・ケガレとみなされ、祓《はらえ》によって浄《きよ》められねばならなかった。彼らはツミ・ケガレのなかでも死の穢《けがれ》をもっとも忌《い》み嫌《きら》った。神道は生にのみ関係し、死は神道以外の習俗が担当していたようである。

水稲農耕人は、労働力をもって自然の生産力を奪取する狩猟採集人と違って、自らも労働して（自然の生産力に人間の労働力を加えて）水稲を生育することを神に誓い、神の産霊《むすひ》の発動を祈願した。彼らは呪術《じゅじゅつ》時代から宗教の時代に移っていたのである。記紀神話は、天孫の降臨によって、日夜喧騒《けんそう》を極めていた磐根《いわね》、樹立《こだち》、草の片葉《かたは》が「言語《ものがたり》」をやめたと伝えている。縄文時代の信仰の名残《なごり》がしだいに神道化されていったことは、『常陸《ひたち》国風《ふ》土記《どき》』の水稲農耕を妨げた夜刀《やと》（蛇）の神の伝説から『古事記』の三輪《みわ》山の蛇神の神婚譚（三輪氏の祖先神話）への展開によって察することができる。

三　律令・格式時代の思想

[I]儒仏二教の伝来　そうした思想状況下に、儒教が伝来して氏族の団結を強化する役割を果たすとともに、天下と天下を支配する天子の観念を伝えた。中国では儒教は水力国家のイデオロギーであったというが、わが国でも大規模な治水《ちすい》・水利事業の行われた応神《おうじん》・仁徳《にんとく》天皇のころに伝来し受容されたと『日本書紀』が語っていることは注目すべきである。ついで伝来した仏教は、開かれた世界像（須弥《しゅみ》世界像）と氏族的割拠を超えた仏と輪廻《りんね》転《てん》生《しょう》の思想を伝えた。儒教は系譜的伝承を重んじて氏族割拠の精神を強めながら、諸氏族を統率する天皇の権威を高めたが、仏教は氏族団結の精神を撥無《なく》して統一国家への精神的基盤を培《つちか》っていった。聖徳太子の「十七条憲法」はこうした儒・仏のイデオロギー連合の所産といえよう。

そうして飛鳥《あすか》時代の中ごろ、大化改新のころから律《りつ》令《りょう》体制の受容が始まった。

[II]律令国家と金光明経　天智《てんじ》天皇、ことに天武《てんむ》天皇は、中国の政治体制とその理念を積極的に導入した。ただし

天武天皇は、従来の氏族国家の構成単位である氏族を温存してこれを国家の基礎に据え直し、そのうえに律令的官僚機構を上乗《うわの》せする二重構造の国家をつくった（図F）。この新しい国家および貴族の二重性を示すものに、ここに図示した天皇観がある（図G）。

こうした天皇と律令国家の体制を護《まも》るものが、『金光《こんこう》明《みょう》（最勝王《さいしょうおう》）経《きょう》』の「四天王護国品《してんのうごこくぼん》」と「王法正論《おうぼうしょうろん》品《ぼん》」であった。前者は仏の恵みによって現世に国王と生まれ四天王の加護を受けると説き、後者は王者に法律を布《し》いて国民を厳しく教戒すべしと教えている。天武天皇はこの経とその本尊釈迦如来《しゃかにょらい》の像を諸国に安置して皇室と国家の鎮護を祈願させたのである。

[Ⅲ]大仏開眼と国民国家の思想　こうした天武天皇の政治思想を継いで聖武《しょうむ》天皇は諸国に国分寺《こくぶんじ》、中央帝都（奈良）に東大寺を建立して、『金光明経』によって釈迦如来像を安置しようと考えたが、やがて『華厳経《けごんきょう》』『梵網《ぼんもう》経《きょう》』によって知識仏として毘盧遮那《びるしゃな》仏像を東大寺に安置することを思い立った。これらの経によると、蓮華蔵《れんげぞう》世界の教主毘盧遮那仏は蓮華葉上の千の大釈迦、蓮中百億の小釈迦となって微塵《みじん》衆に接して盧遮那の教戒を授け

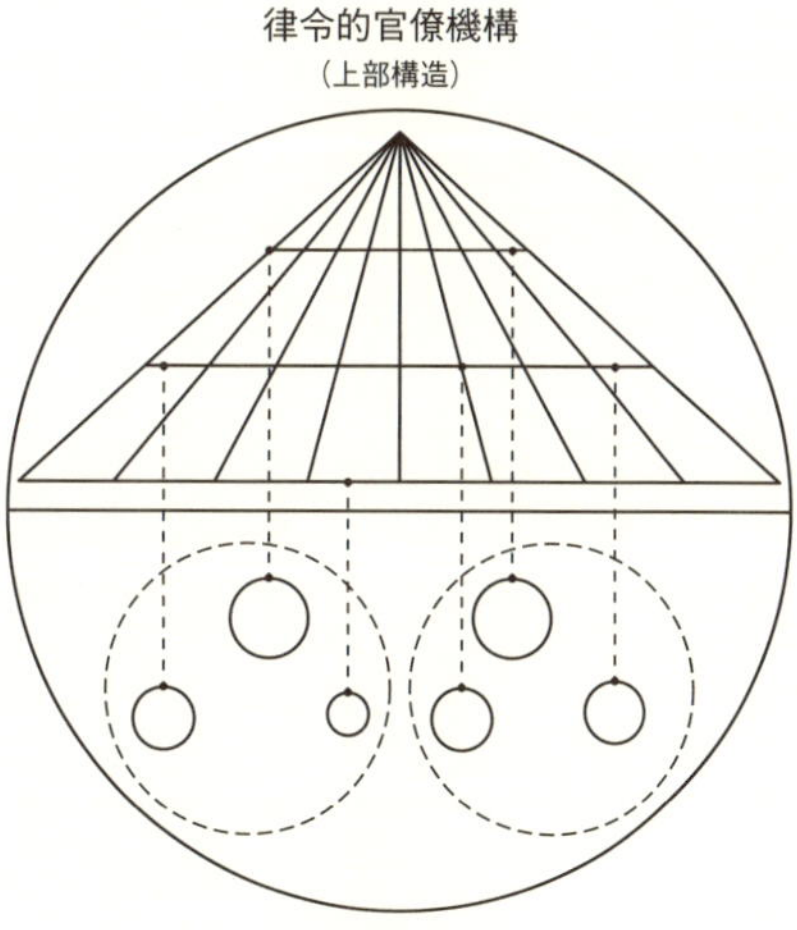

〔図F〕律令国家

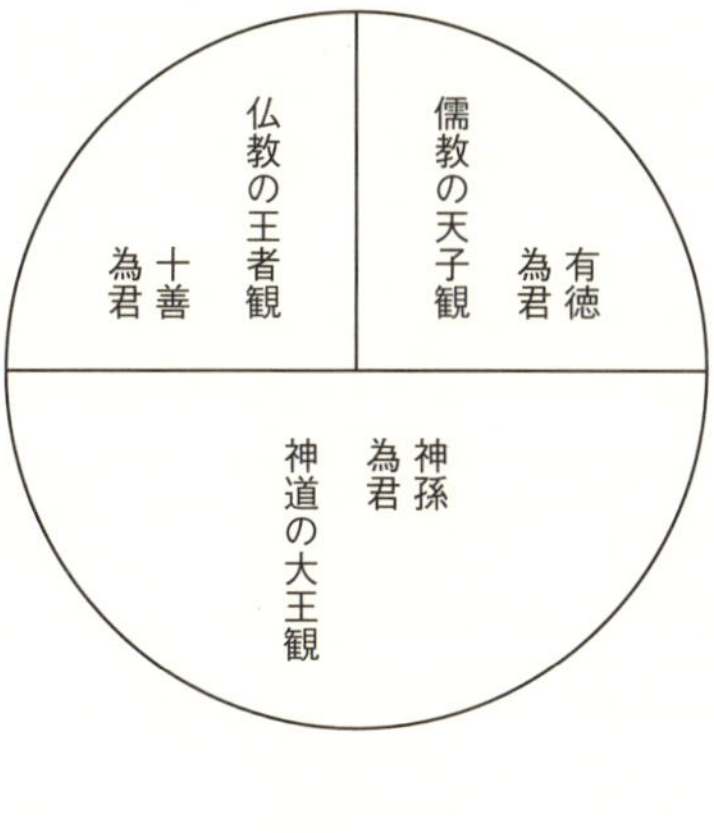

〔図G〕天皇観

るという、まさに律令国家の体制を髣髴《ほうふつ》させたのである。

しかし、聖武天皇は、天皇の富と力をもって毘盧遮那の大像をつくることで満足せず、全国民の力をあわせて顕造しようと考え、当時民間に仏教を広めていた行基《ぎょうき》を大勧進職《だいかんじんしき》に任じた。聖武天皇はこのころ全国に一〇〇万町歩《ちょうぶ》の墾田の開拓計画を推進していたが、天皇は開墾者に墾田を永世に私有（ただし租税は国に納め、国家の統治を受ける）することを許した。また貴族の子弟に限られていた大学に新たに明法道《みょうぼうどう》・文章道《もんじょうどう》（紀伝道《きでんどう》）を設け、庶民と雑任《ぞうにん》の子弟に限って入学させることにした。国民のエネルギーを国家に吸収しようとしたのである。

こうした動きは、実は律令国家の基礎に据えられた氏族共同体の精神が、律令体制に浸潤《しんじゅん》されながら、水稲農業生活から絶えずエネルギーを補充されて律令体制とその精神を逆に浸潤してゆく過程（つまり日本化の過程）に生まれた現象と考えられる。この傾向は、平安時代に入るといっそう進み、新しい政治体制をつくりだすに至るのである。

[Ⅳ]格式《きゃくしき》政治の論理　平安時代初頭の政治思想の顕著な特徴は、政治は「時宜《じぎ》」によるべし——その時々の国民生活の実状に適応すべし——と考えられたことである。天皇はじめ政府高官たちは、政《まつりごと》は「沿革《えんかく》」を尊ぶといい、現実にあわせて律令に沿《そ》ったり、律令を革《あらた》めたりして律令体制を維持しようと考えた。三善清行《みよしきよゆき》の『意《い》見封事十二箇条《けんふうじじゅうにかじょう》』にもその思想がある。ここに格式《きゃくしき》の編纂《へんさん》が行われたのである。

律令は法の大綱をあげ、格式は具体的細則を定めた。中国で律令と同時に格式が編纂されたが、わが国では律令は奈良時代前期に、格式は奈良時代の後期を隔てた平安時代初期に編纂され、その際、格には、①律令を助けて出《い》ずるものと、②律令を破りて出ずるものがあると、当時の『令集解《りょうのしゅうげ》』は説明している。時宜《じぎ》に応じて律令を破って出された太政官符《だいじょうかんぷ》や詔勅《しょうちょく》を、改めて勅裁《ちょくさい》を受けて格としたのである。この政治姿勢は、墾田に関する三世一身《さんぜいっしん》の法や墾田永年私財法《こんでんえいねんしざいほう》（土地国有の理念に沿う）を超えて時宜にあわせて、国司の不入《ふにゅう》、徴税の免除（「不輸《ふゆ》不入」）の特権を与える荘園《しょうえん》を認めて土地国有体制を維持しようとしたのに呼応する。

[Ⅴ]法華経の思想　こうした政治体制とその思想にあわせ

て奈良時代前期の『金光明経《こんこうみょうきょう》』、後期の『華厳経《けごんきょう》』を所依《しょい》の教典とする鎮護国家の仏教にかわって『法華《ほけ》経《きょう》』を所依の経典とする新しい鎮護国家の仏教（天台法華宗）が最澄《さいちょう》によって唱えられた。中国では法華経の次に華厳経が現れたが、日本では順序が逆になっている。『華厳経』が煩悩《ぼんのう》を掃蕩《そうとう》して悟りに至るべしと理想主義的に説くに対し、最澄は『法華経』の方便説によって（中国の天台智顗《ちぎ》にすでにその考えはあるが、最澄はそれを強調して）煩悩の力をも借りて悟りを成就しようとした。最澄は、日本は須弥《しゅみ》世界にあっては仏国インドを東に遠く離れた震旦《しんたん》国（中国）のなおはるか東方海中の小島（世界最劣悪の国土）であり、代は末法《まっぽう》・像法《ぞうぼう》の交《かわりめ》、人は劣悪の根機である、この日本人には諸経のなかでもっとも優れた『法華経』の教えが適当である、と考えたのである。

四　摂関・院政時代の思想

[I]律令制と摂関制　格式政治に次ぐ摂関《せっかん》政治は律令《りつりょう》政治のよりいっそうの日本化といえるが、両者は質的に相違するものではなかった。

なるほど、平安時代初頭以来、摂関をはじめとして、令外《りょうげ》（律令制による官職以外）の官が数多く置かれたが、それらの官職が摂関職を中心に組織せられて令制とは別種の行政機構とその理念をつくったわけではなく、律令制による審議機関は従来どおり機能していた。令制では審議の結果を左大臣（一《いち》の上《かみ》）が天皇に上奏して裁決を仰いだが、いまや天皇と審議機関の間に摂関が介在して、天皇が成人の場合は関白が天皇に取り次ぎ、天皇が幼少の場合は摂政《せっしょう》が天皇にかわって裁決することになった。左右大臣以下の令制の官は天皇がかわっても原則として留任したが、摂関は天皇がかわり外戚《がいせき》関係がかわるとかならず交替した。つまり摂関の地位は天皇の外《がい》祖《そ》・外舅《がいきゅう》という私的血縁的な関係によって与えられていたからである。

[II]台密の思想　この摂関と律令・格式《きゃくしき》による官僚機構の二重性は彼らの仏教信仰にも表れていた。藤原道長《みちなが》の建てた法成寺《ほうじょうじ》の金堂《こんどう》の本尊大日如来《だいにちにょらい》は天台密教によると釈迦《しゃか》如来でもあると考えられた。主としては私的個人的な祈願（摂関家では入内《じゅだい》した女《むすめ》に皇子の誕生を願ったりした）に応じる密教と国家鎮護を願う顕教《けんきょう》の二重映《うつ》し的

性格が摂関家の信仰にみられたのである。こうした二重映しの構造は、恵心《えしん》（源信《げんしん》）の唱えた浄土教によって建てられた法成寺の阿弥陀堂《あみだどう》（無量寿院《むりょうじゅいん》）にもみいだされる。恵心は天台法華経の説く観心《かんじん》の止観業《しかんごう》に浄土教の求める観想の念仏行《ねんぶつぎょう》を重ねて『往生要集』と『一乗要《いちじょうよう》決《けつ》』を著したが、彼の教えに従って建てられたこの阿弥陀堂の堂内の壁には九品浄刹《くほんじょうさつ》（浄土）の風光が描かれ、扉には九品来迎《らいごう》相を現し、堂前の草前栽《せんざい》には色とりどりの草花が乱れ咲いて、恵心のつくった和讃《わさん》のように彼此《ひし》両岸の風光を二重映しに表現していたのである。

さて、藤原摂関家と外戚関係のない後三条《ごさんじょう》天皇が即位すると、道長の子の関白頼通《よりみち》の政治権力は急速に衰え、白河院政が始まるといっそう衰退していった。摂関政治は律令・格式政治の下着の上に重ねられ、下着の模様を透かせる綾羅《うすもの》に例えることができようか。

[Ⅲ]院政の理念　さて、白河上皇によって院政が開始され、院は「治天《ちてん》の君《きみ》」とよばれた。院は中下級の貴族のなかから上皇の個人的好みにかなった人物を「近臣」として登庸《とうよう》し、院庁《いんのちょう》という新しい行政機構を設け、院庁の下文《くだしぶみ》を官省符《かんしょうふ》よりも重んじ、院の宣旨《せんじ》（院宣）を天皇の詔勅よりも政治的力をもつものとした。ここに初めて律令政治と違った政治体制と理念が生まれたと、のちに北畠親房《きたばたけちかふさ》は説明している。

「治天の君」とよばれた院は天皇家の家長《かちょう》で、天皇の父ないしは祖父であった。院政は、天武《てんむ》天皇以来律令国家の基礎に据えられてきた氏族生活の伝統的な政治意志が律令政治を浸潤《しんじゅん》した結果と考えられる。

[Ⅳ]宿世の思想と末法・末世の意識　この時代に「家の先《せん》途《ど》」といって貴族の家々に昇進しうる官位の限界が慣習法的に決定されてきた。宮廷貴族の政治上の権勢は院政の出現によって衰え始めて、前世の所業が因となって今《こん》生《じょう》の果を生むと説く「宿世《すくせ》」の思想は、いっそう沈滞の風を宮廷貴族の間に瀰漫《びまん》させた。それとともに、すべての存在を過去の結果とみる歴史的な意識——因果的思考がおこって、和歌の方面でも、時間をずらせておこる二つのできごとに因果関係をつけて詠む歌風がおこり、また造型美術の方面では、時間を加えた四次元の空間が成立して絵巻物を生むに至った。

なお、この時代には末法思想と結んで近代末世の意識が生まれてきた。摂関をはじめ上級貴族は摂関時代を理想の時代とし、院政による古い貴族秩序の弛緩《しかん》、地方武士による荘園《しょうえん》の侵食《しんしょく》などの政治的社会的基盤の動揺を体験して、近代末世の意識を抱くようになったのである。しかし当時の宮廷貴族は末法末世の到来を嘆くだけではなく、この衰世にどう対処していくべきかを考える力をまだ失っていなかった。

仏教のうえには、近代末世の時機に相応した教えとして浄土教をいっそう発達させ、神道《しんとう》方面では和光同塵《どうじん》の思想を末法思想に結び付けて（インドを本地とする仏菩薩《ぶつぼさつ》が光を和《やわ》らげて末法の日本に垂迹《すいじゃく》して衆生の機根を調え仏道に導くと説く）本地垂迹《ほんじすいじゃく》思想を成立させた。

また和歌の方面では、藤原俊成《しゅんぜい》が現れて、日本の和歌史を上古・中古・近代に三時代区分し、近代末世では上古・中古の美は及びがたく、近代には時代にふさわしい幽玄の美があると説いた。

その一方で伝統的な古代仏教は世紀末的症状を呈していた。聖凡の対立を撥無《なく》するだけでなく、煩悩《ぼんのう》こそ末世の菩提《ぼだい》であると説く本覚《ほんがく》思想が比叡山《ひえいざん》から流出してきた。また美を通路として聖に至り、善根を積んで極楽往生を期する恵心末流の浄土思想は、過度の装飾美のなかで宗教を衰弱させ、むやみに善根を累積して仏の救済を確かめる風をおこした。

さて、この時代で注目すべきことは、地方の水稲農業生活から武士が台頭してきたことである。平氏は保元《ほうげん》・平治《へいじ》の両乱（一一五六、一一五九）に院側に味方して院の近臣となって中央政界に進出した。しかし平清盛は、平氏が累代《るいだい》西国で培《つちか》った封建的主従関係を古代的政治機構の外側に（アウトローとして）放置したまま宮廷貴族となった。したがって、平氏の宗教・思想・芸術はこの時期の宮廷貴族のそれらと異ならなかった。

五　鎌倉時代の思想

[I]後白河=頼朝体制　鎌倉時代に入ると、平氏にかわって源氏が台頭したが、後白河《ごしらかわ》上皇と源頼朝《よりとも》は、源氏が累代東国で培った封建的主従関係を古代的政治機構の内部に嵌入《かんにゅう》（ビルト・イン）して次の図Hのような後白河=頼朝体制ともいうべき政治の形態（院政の第二の形態）をつくった。頼朝による開幕はこの政治形態の成立を告げるもので、封建制度の開始を意味するものではなかった。

[II]貴族と新古典主義　源氏将軍時代の宗教・思想・芸術は、したがって依然として宮廷貴族が荷担した。時処機相応の思考は一段と進んで、「近代末世」「末法濁世《じょくせ》」の代には、これがもっとも相応している。つまりこれでなければ相応せぬという「選択《せんちゃく》（取捨）の論理」（時処機論を究極とした論理）が卓越して、法然《ほうねん》は『選択本願《ほんがん》念仏集』を著して弥陀《みだ》一仏《いちぶつ》と口称念仏の一行を選取《せんしゅ》した。親鸞《しんらん》はそれを承《う》けて『顕浄土真実教行証文類《けんじょうどしんじつきょうぎょうしょうもんるい》』（『教《きょう》行信証《ぎょうしんしょう》』の正称）を著して「聞信《もんしん》」の念仏を一向に勧めた。また道元は「只管打坐《しかんたざ》」を唱え、日蓮《にちれん》は『法華経《ほけきょう》』の題目のみを高唱せよと叫んだ。彼らはいずれもその教えを顕揚して他教をことごとく排斥したのである。

政治思想の方面では、摂政九条兼実《くじょうかねざね》の実弟天台座主《てんだいざす》大僧正の慈円《じえん》は、古代正法の時代には天照大神《あまてらすおおみかみ》が天皇親政を、中古像法時には天照大神と天児屋命《あめのこやねのみこと》が神代の契約に従って藤原摂関政治を実現し、近代末法の世には先の二神と八幡大菩薩《はちまんだいぼさつ》が議定して源氏将軍家を藤原摂関家の幼子に嗣《つ》がせて、摂関と将軍を兼ねる摂籙《せつろく》将軍制を成立させ、「本末究竟《くきょう》等」という天台の妙理によって末

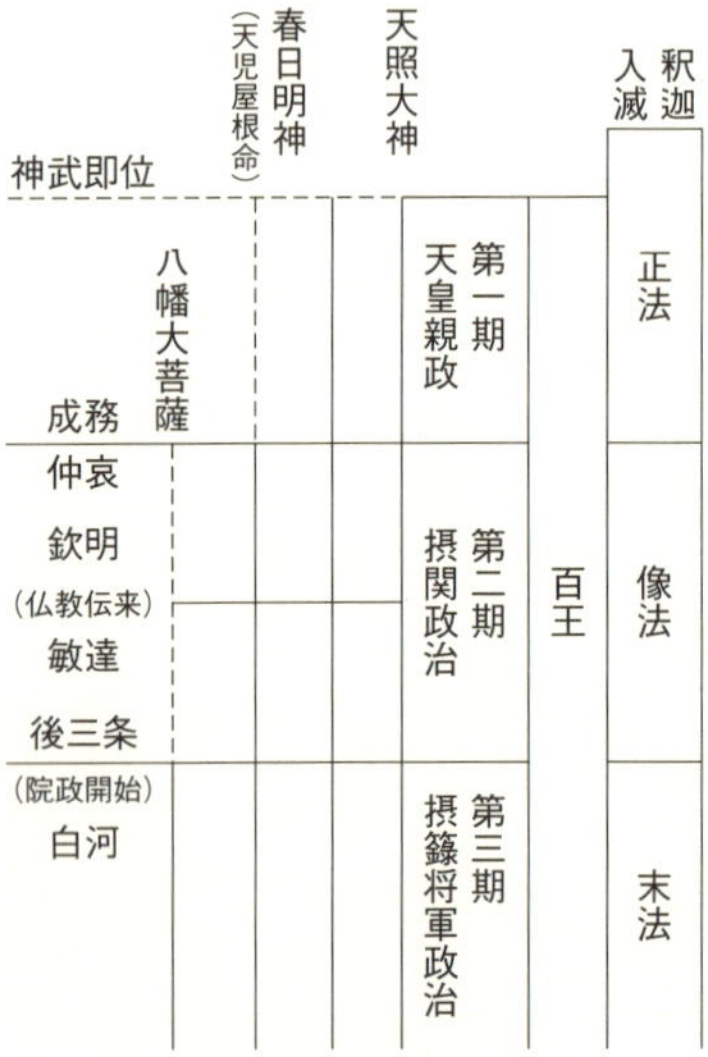

〔図 I〕 摂籙将軍制への変遷
（慈円の政治思想）

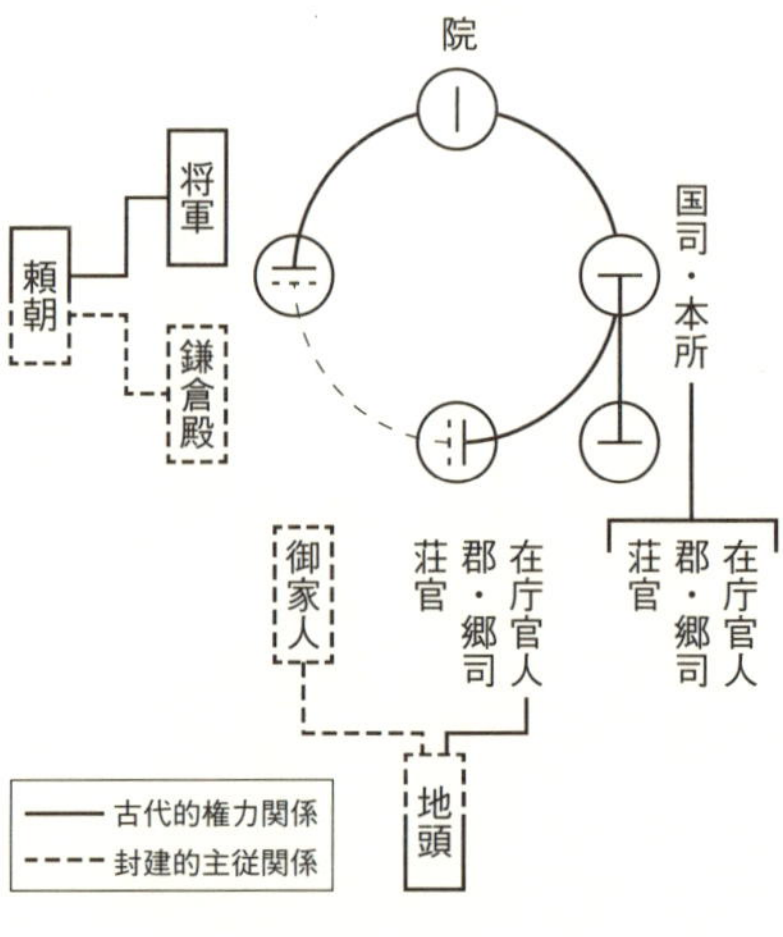

〔図 H〕 後白河・頼朝体制

世末代でも上古に等しい安定した世が実現する（図Ⅰ）、政治家はこの神慮の「道理」に従って摂籙将軍制の実現を妨げてはならぬ、と説いた。この時代の宮廷貴族はまだ文化創造力を失わず、時世に対応して新古典主義の思想・芸術の創造に努めたのである。

[Ⅲ]源氏将軍の二重性格　それに対し、源氏将軍政治は構造的危機をはらみ、将軍家は構造的悲劇を経験した。源頼朝は源氏の「嫡流《ちゃくりゅう》」であるとともに、「貴種《きしゅ》」であるという理由で関東武士から棟梁《とうりょう》と仰がれた。彼は京都で高官に任じて貴種性を関東武士に証明すると、ただちに辞任して鎌倉に帰り、武士の棟梁らしく京都に対抗する精神的姿勢を示した。彼は京都貴族の仏教で身辺を飾りながら、武者《むしゃ》の習いを御家人《ごけにん》たちに説いた。鶴岡《つるがおか》に八幡宮《はちまんぐう》をつくったときも、上宮《うえのみや》に京都男山から朝廷守護の八幡神を勧請《かんじょう》し、下宮《したのみや》には関東で源氏が累代崇敬した由比浜《ゆいがはま》の八幡神を移している。

この頼朝の二重性格がその子の頼家《よりいえ》・実朝《さねとも》兄弟に展開した。頼家将軍は武断にはしり、実朝将軍は文弱に流れ、ともに後白河＝頼朝体制が必然的にもたらす、上皇の圧迫と家人の突き上げのはざまに陥って苦しみ、ついに関東武士により暗殺されるに至る。構造的悲劇であった。

[Ⅳ]北条執権政治の理念　後を継いだ北条《ほうじょう》氏はすでに承久《じょうきゅう》の乱の直後に「貞永式目《じょうえいしきもく》」を発布していた。北条《ほうじょう》泰時《やすとき》は関東武士共同体の生活意志（「道理」）に武家法の根拠を求めて、その時々にこの道理によって法的処置を講ずることを説明した。生活中心主義、共同体主義の生活原理と関数的思考の論理が水稲農業生活から武士を通じて歴史の表面に上昇してきたのである。

北条氏は摂家将軍、宮将軍の身辺を京都の文化で飾ったけれども、北条氏自身は武士としての自覚に徹して武士道を奨励したのである。

[Ⅴ]武士と鎌倉新仏教　これより先、法然は天台の学匠《がくしょう》として宮廷貴族の摂政九条兼実には天台の円頓戒《えんとんかい》を授けたが、浄土教の首唱者として関東の武士熊谷直実《くまがいなおざね》・宇都《うつの》宮頼綱《みやよりつな》には口称の念仏を行じながら武者の道を励むべしと教えた。武士は法然の教えを、公家《くげ》のように、仏の光によって現実の醜悪《しゅうあく》を否定的に照明して厭離穢土《おんりえど》の念を発《おこ》して諸縁を離るべしと説く教えとは受け取らず、常在戦場の心構えと武道の鍛錬《たんれん》を捨てず、人間の現実を肯

定的に受け止めながら往生《おうじょう》業を修しうる教えと考えた。法然に従って出家した熊谷直実《くまがいなおざね》が武士の道を捨てぬ態度を鎌倉武士は高く評価したのである。

したがって北条執権時代になると、関東武士は、浄土教よりもよりいっそう彼らに適した新宗教の出現を望んだ。現実を肯定し気力を鍛錬する禅宗に聖道《しょうどう》・浄土の諸教よりも共感をもったが、しかし禅の悟りも武士の政治に直接寄与するものをもたらさなかったのである。政治家たるの自覚をもつようになった武士は、おりしも中国から新たに渡来した禅僧たちに政治の具体的な理念を求めたのである。

六　室町時代の思想

[I]足利幕府の政治理念　後醍醐《ごだいご》天皇は後鳥羽《ごとば》上皇のように、朝廷と武士の権力を一身に兼ねようとして「建武《けんむ》中興」を企てたが失敗し、足利《あしかが》氏が武家政権を樹立した。足利尊氏《たかうじ》は開幕にあたって「建武式目」を発布し（先に北条泰時が「貞永式目」は関東武士を律するが、公家《くげ》にかかわるものでないといったのとは違って）、王朝貴族の政治理念をも治世安民を目ざす武家の政治理念のなかに取り入れることを宣言した。もっとも、南北朝時代には京都朝廷の政治は足利幕府の政治のなかに嵌入《かんにゅう》されながら独立を保っていたが、将軍義満《よしみつ》の治世になると、将軍は朝廷公家の権力を完全に吸収して上皇のごとくふるまい、死後太上《だいじょう》天皇の号を贈られた。地方政治にもこの傾向が現れ、将軍の下に諸国を治める守護は古代の国司のごとしといわれた。

こうした政治情勢に思想的根拠を与えたのが「大樹《たいじゅ》（将軍）を扶持《ふち》する人」と評された摂政二条良基《よしもと》であった。良基は、藤原氏が天皇を補佐《ほさ》することは天照大神と天児屋根命の冥約《みょうやく》によるが、いまではこの二神は実際の政治を治世安民の徳をもつ足利氏に任せている、と説いたのである。

[II]武士と儒教　こうした政治情勢の下、臨済禅徒《りんざいぜんと》は将軍・武将の要請にこたえて、中国南方儒教（宋《そう》学ことに朱子学。陽明学はまだ成立していなかった）を禅のなかに取り入れざるをえなかった。夢窓疎石《むそうそせき》は、儒を禅の「活弄《かつろう》」と考え、将軍に儒の助けによって禅に至ることを求めた。義堂周信《ぎどうしゅうしん》は、将軍・守護には『大学』を学ぶことを勧めたが、儒は禅に至る単なる手段ではなく、儒の

中庸《ちゅうよう》の徳は禅の悟りのなかに蘊《つつ》まれていると説いた。さらに岐陽方秀《きようほうしゅう》は、禅儒は完全に相覆《あいおお》うて不二《ふじ》である、儒の中庸と禅の悟りは一つであって、禅は体、儒は用であるといい、南村梅軒《みなみむらばいけん》は、禅の修行によって中庸の徳を体した「真儒」の境地に頓入《とんにゅう》し、五倫五常の徳を領民のうえに展開すべしと教えた。梅軒はすでに戦国大名の政治の賓師《ひんし》となっていたのである。

　室町時代から武士の封建時代が始まったという新井白《あらいはく》石《せき》の『読史余論《とくしよろん》』の説を私は支持している。室町時代には、古代の典型主義的思考は関数主義の思考に完全にとってかわられたのである。

[Ⅲ]関数主義の成立　この時代の初めに吉田兼好《けんこう》は『徒然《つれづれ》草《ぐさ》』のなかで古典的常識を否定して、桜は満開、月は満月のみを見るものではない、たれこめて春の行方を知らぬも、雨雲の彼方《かなた》に月影を偲《しの》ぶのも風情があるといい、いっさいの古典的法則や典型を破砕し尽くした一休《いっきゅう》禅師の「風狂」への道を開いていた。室町時代の人々は、特殊を否定して普遍に高まろうとする古代人の精神的努力を排撃し、普遍はすでに特殊としてのみ実在していると考えた。いまや高僧像は平安初頭のような仏に似せた姿ではなく、肉体の個性の写実的表現がそのままに覚者《かくしゃ》の禅風を表す頂相《ちんぞう》（禅宗の高僧の肖像）となったのである。

　普遍者となった特殊者は、したがって特殊のままで無限の意味の貯水池となり、臨機にその意味を現出して随処に主となって主観的統一を形成しうると考えられた。この思想は連歌《れんが》における付合《つけあい》、石庭《せきてい》・回遊式《かいゆうしき》庭園における景物配置の間に働いて、それらの芸術の成立を助けた。さらに能楽《のうがく》の演技や小笠原《おがさわら》流の礼儀作法を理論づけ、茶道・花道の発達を助けたのである。

七　戦国～江戸時代の思想

足利《あしかが》将軍の威光が衰え、天上眉《てんじょうまゆ》を引いて琵琶《びわ》を抱えた宮廷貴族のような守護大名にかわって、水稲農業生活から粗豪《そごう》な武将が下剋上《げこくじょう》してきて、切り取りしだいに領国を形成して群雄割拠の戦国の世を将来した。その間に天下統一をうかがう英雄が現れ、織田信長・豊臣秀吉を経、徳川家康に至って集権的封建制度（幕藩体制）が成立した。

[Ⅰ]封建制度と朱子学　この時代の「生活の思想」を形象化したものに城下町がある。戦国大名は要衝《ようしょう》の地に城

郭を築き、城下に武士・町人を集めた。当時の大名の理想像は、威勢富有兼全の専制的仁君であった。彼らは威をもって城下を秩序づけ、富をもって武士・町人の生活を保証し、政治的権力と経済的消費を相応させた居住地帯を段幕《だんまく》状に遠近法的に配置して城下町を構成した（図J）。彼らはまた住民の生活のすみずみまでを法度《はっと》を頻発して規制しようと企てた。幕府の儒臣室鳩巣《むろきゅうそう》は、封建治下の理想的人格は政治的、道徳的に規制されて自由のないところに形成されるといい、士農工商がその職を奉行することによって互いに他を助けるところに封建共同体の存立と繁栄があると説いている。

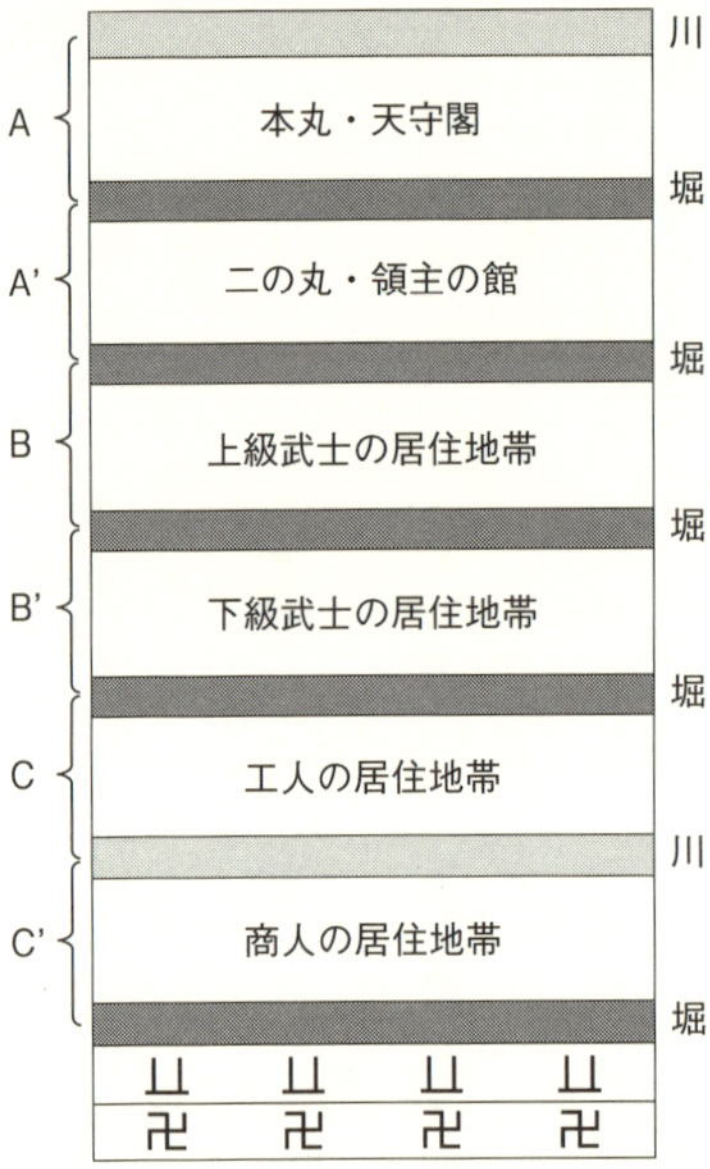

〔図J〕城下町

こうした封建生活の思想をロゴス化するものとして中国の朱子学が採用された。

朱子学は室町禅のなかで育成せられたが、この時代の初めに藤原惺窩《せいか》が出て、中国（明）の林兆恩《りんちょうおん》の仏教気味《きみ》を残す儒説を承《う》けながら、刑政をもって人民を秩序づけることを説いて、新秩序の樹立に努めていた大名の要求にこたえた。ついで徳川時代に入ると、林羅山《らざん》が純粋の朱子学を奉じ、子孫相承《う》けて幕府の儒となり、寛政《かんせい》時代（一七八九〜一八〇二）には林家の学が幕府の正学とされるに至った。朱子学は為政者ばかりでなく、広く士農工商の生活に浸透して「生活の思想」化していったのである。

日本の朱子学は、天理（太極《たいきょく》）が人と自然のなかに内在しつつ人事と自然のいっさいをつくり、それらを主宰する、この働き（天道）を賛《たす》けることが人道である、と説いた。キリスト教のように超越的人格神の全支配と地上の人君の支配の二者択一を求めることはなく、人の仕《つこ》うべき天は眼前の君父長上以外には存在しないと説く朱子学は、まさに封建制度のイデオロギーの背骨たるにふさわしい思想であった（図K）。

徳川氏は、この朱子学のほかに、戦国争乱の世に武将の間に自然に発達していた勧善懲悪、余慶余殃《よおう》を説く天《てん》道《とう》思想をも取り入れて封建体制の維持を図った。さらに家康を神君と崇《あが》め、人間の及びがたい神徳の余慶は、永久に徳川政権の存立を保証するであろうと宣伝した。

[II]封建制度と町人の思想　徳川時代の思想の展開にはいま一つの要因があった。それは武士と商人の関係の仕方の変化である。

戦国時代に封建割拠の武将たちは軍事的・政治的・経済的に独立した領国をつくろうとした。一方、そうした割拠を超えて商人が物資を流通していた。全国支配を目ざす信長・秀吉・家康は、こうした商人を掌握することによって「天下統一」の企図《きと》を実現しようとした。秀吉を経て家康に至って、全国商人は幕藩体制のなかに組み入れられたが、なお政治外的存在とされていた。幕府はこれらの商人の活動を旺盛《おうせい》にすることにより大名領国の経済的独立を弱め、それだけ幕府の政治力を強めることができた。

しかし自由な全国的流通経済の発達は封建体制の基盤を崩すおそれがある。将軍吉宗《よしむね》は彼ら商人を株仲間に組織し、封建政治のなかに組み入れて経済官僚の末端とした。ここに中央集権の幕藩体制が完成したと私は考えて

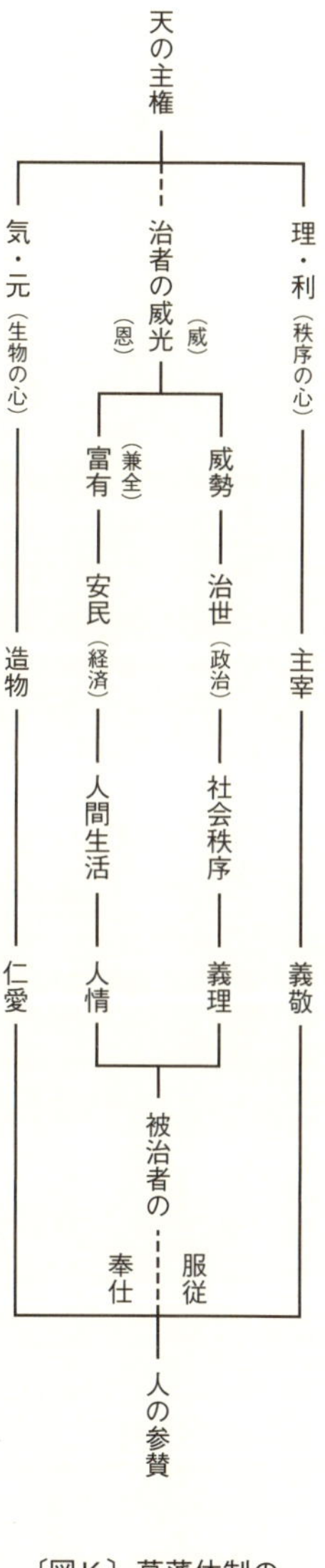

〔図K〕幕藩体制のイデオロギーの背骨

いる。――以上の武士と商人の関係の仕方の変化が、この時代の思想の展開を条件づけたのである。

元禄《げんろく》期の京都商人出身の伊藤仁斎《じんさい》は、文献学的方法によって『論語』『孟子《もうし》』を研究して、朱子学的理解を否定し、古代儒学を復興しようとした。彼は、政治的権力による支配を排して社交的人間関係（当時京都富商間のサロンに表現されていた）を拡大した王道楽土を理想とした。享保《きょうほう》時代に入ると、武士出身の江戸の儒者荻生徂《おぎゅうそ》徠《らい》は、支配者の立場にたって幕府の政治的統制を支持して厳しく制度をたつべし、商人は抑圧すべしと説いたが、京都の商人石田梅岩《ばいがん》は幕府の町人の身分的統制を致《ち》富《ふ》の手段にかえる心学を提唱した。いずれも幕藩体制のイデオロギーの背骨（バックボーン）に関係づけられて封建制度を支持するイデオロギー的骨格を形成したのである。

[Ⅲ]治者と被治者の科学思想　こうした幕藩体制下における大都市生活の繁栄のなかで大都市町人の間に経験的実証の精神が高まってきた。仁斎の一元気論と荘子《そうし》の因果的思考を否定する「自然」（おのずからそうなっている）思想に影響されて（陰陽五行の理をもって病因と薬効・治療を説く李朱《りしゅ》医学を排撃して）後藤艮山《こんざん》、香川修庵《かがわしゅうあん》、吉益東洞《よしますとうどう》らが古医方《こいほう》を形成した。本居宣長《もとおりのりなが》はこの古医方を奉じた町医者であったが、彼は「事にあらわなる理《ことわり》（経験則）を信じ、「事にあらわならぬ理（経験則の背後にある理）」を排斥して古医方の研究法に拠《よ》って自然現象と『古事記』を研究した。彼は経験的、実証的にみいだした経験則を短絡的に神に結び付けたが、その結合のゆえんを問うことは不敬・不遜《ふそん》であると拒否した。

こうした経験則の発見に閉じこもる自然研究は大都市町人の被支配者的意識の所産であった。封建治者は、太極の全支配の理を説く朱子学的自然研究に固執《こしつ》した。両者は補完して封建制度を支持・強化することに働き、西洋の近代自然科学が封建秩序を破壊することを防いだ。彼らは蘭学《らんがく》・洋学に関心をもったが、彼らの学を補強する限度に採用を制限したのである。

[Ⅳ]関数主義の完成　室町時代に成立し始めた関数主義的思考は徳川時代に完成した。

儒学の方面で早くは中江藤樹《とうじゅ》が、法度《はっと》には心迹《しんせき》の差別があり、『周礼《しゅらい》』などに記すところは法度の迹《あと》である、その迹によって立法の本意を覚《さと》って当代の法度を定める鑑《かがみ》とし、その事の迹になじまず聖人の心にかなうを至善の「活法《かっぽう》」とする、と説いている。熊沢蕃山《ばんざん》も、昔の道は、時処位の至善《しぜん》を図ったものであるから、その心は学ぶべし、その事は学ぶべからず、と教えた。関数主義的思考は時の進むとともに発達していった。海保青陵《かいほせいりょう》は、孟子《もうし》の言、孔子の語をとらず、彼らの意を師とせよといい、状況に応じて応変する「活智《かっち》」を求めて、典型主義的思考を排斥しえた。徳川幕府の名宰相（老中）松平定信《さだのぶ》は「ことわりなきが、ことわりのまことなり」と言い放っている。大御所《おおごしょ》時代（文化・文政時代、一八〇四～三〇）になると、関数主義の論理はその機能を存分に発揮したのである。

八　明治以降の思想

[I]家制国家主義の形成　幕末に欧米の軍事的圧力によって国を開いた日本は、維新後ただちに文明開化の運動をおこした。福沢諭吉《ゆきち》はこの運動の推進者であった。

文明開化運動は、挿入の図Lに示されているように、国を開いて西洋の道徳を受け入れる、つまり一は個人の独立をすすめて国会を開き、一は物質的欲望を解放して

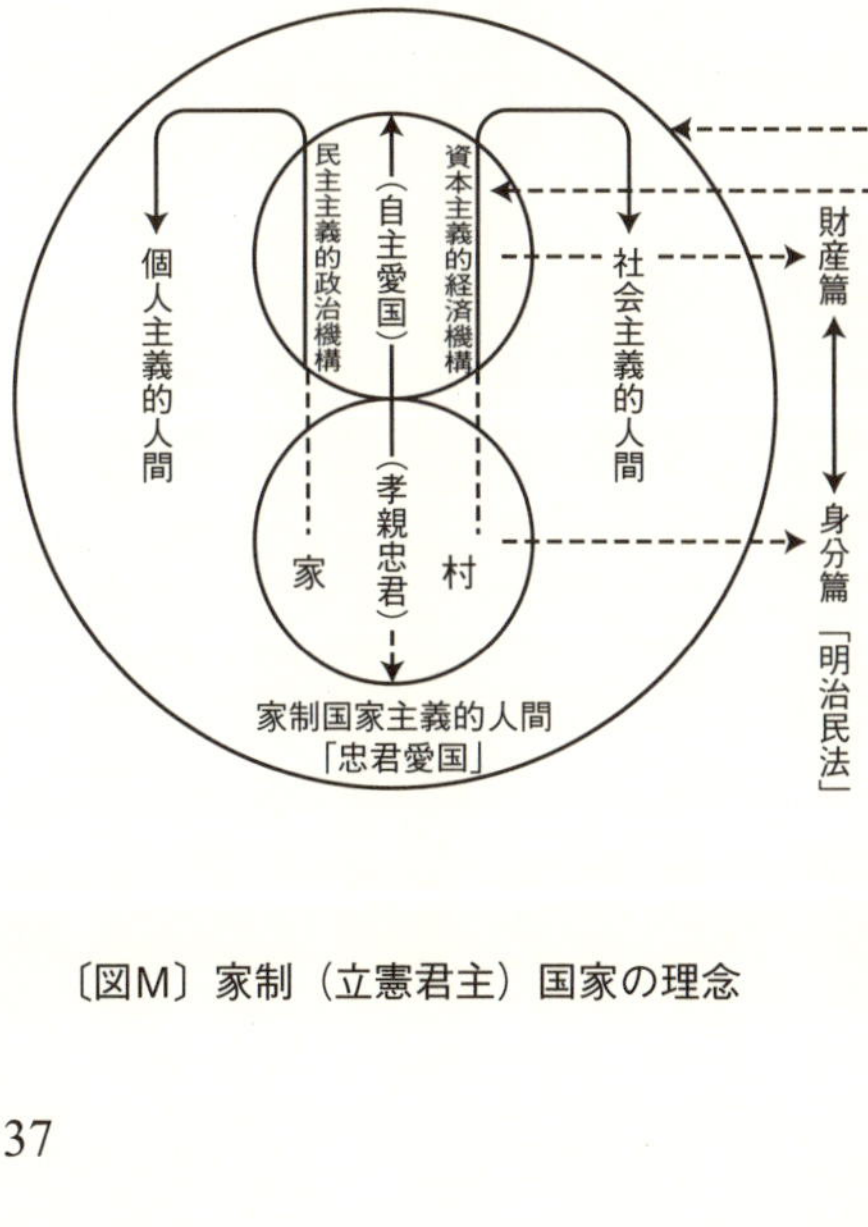

〔図M〕家制（立憲君主）国家の理念

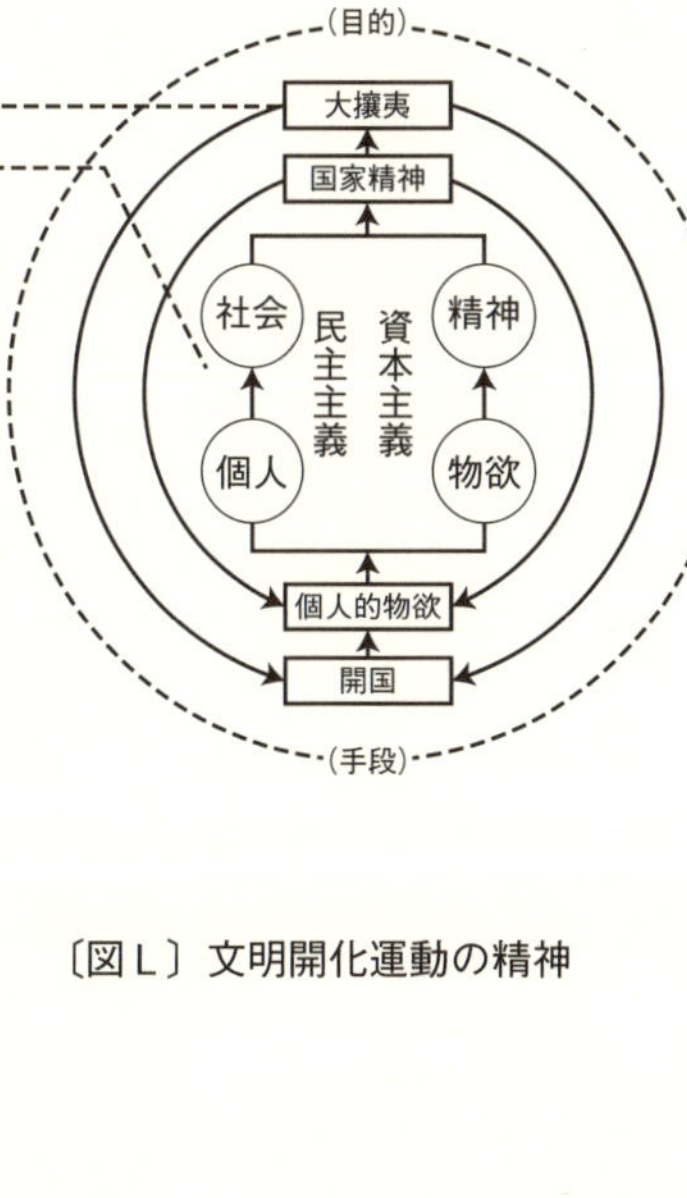

〔図L〕文明開化運動の精神

資本主義産業をおこし、これによって社会の元気を振起し、精神を活発にして、国家的精神を強め、国家の独立を達成し、西洋列強と対等の地位にたって、交《まじ》わるべくば交わり、絶つべくば絶つ大攘夷《だいじょうい》を行う。要は国家の独立が目的で、開国は手段であるという愛国の運動であった。自由民権運動もこの延長にくるものといってよい。

　こうした運動の進行する間に、この運動によって国家の政治的・経済的独立を達成しても、国家と民族の個性を喪失し、国民は分裂して国民的団結を失うおそれがあるという考えがおこってきた。おりしも自主愛国のヨーロッパの近代倫理と孝親忠君の日本の封建道徳の対決が文部大臣森有礼《ありのり》の暗殺を引き起こした。ここに至って日本と西洋の短所を捨て長所をとって結合し、世界に冠たる「新日本」の文明を建設しようという楽天的な「国粋保存」の思想と運動が生まれてきた。明治三〇年代に入ると、封建遺制の良風民俗であるイエを近代国家の基礎に据《す》え直し、そのうえに民主主義の政治機構と資本主義の経済機構を上乗せした二重構造の国家が構築された。明治四〇年代に入ると、この上下両層、「忠君」「愛国」の両倫理の結合（縫合《ほうごう》）は癒着《ゆちゃく》にまでもたらされて、「日本の近代」国家と「忠君愛国」の国民道徳が完成した（図M）。

[Ⅱ]反体制的思想の展開　この間に、二重構造を上下に貫く家制国家主義的人間と、上部構造から反体制的な個人主義的人間と社会主義的人間が生まれてきた。彼らは明治二〇年代には、国民主義、浪曼《ろうまん》主義、平民主義を唱え、明治三〇年代には国家主義、個人主義、社会主義、明治四〇年代には家制国家主義、自然主義、無政府主義を主張した（図O）。

　大正時代には第一次世界大戦によって欧米の圧力が弱まり、国家の上部構造は繁栄して、家制国家主義は大正デモクラシー（民本主義）、自然主義は大正リベラリズム、無政府主義はマルキシズムとなって、世界と国民大衆に向かって開かれた政治と思想がおこってきた（図N）。

　やがて昭和に入ってふたたび外圧が強まり、戦争の続く時代になると、明治国家の体制とその理念が復活し、天皇への忠誠、国家への奉公が熱狂的に鼓吹《こすい》されるようになった（図O）。

[Ⅲ]興亜と脱亜の二重構造　幕末日本が欧米の軍艦に脅かされて、ことに中国のアヘン戦争（一八四〇〜四二）に刺激されて、日本の独立とアジアの保全が叫ばれ、いわゆる「興亜論」が台頭した。ところが「文明開化」の運動によって日本の近代化（資本主義化）が進むと、日本はアジアの一員たる地位を脱して欧米の班に入って、欧米がアジアに対するごとく、近隣アジア諸国に対処すべしという「脱亜論」が福沢諭吉によって提唱された。日本国家の二重構造は「脱亜」「興亜」の論を上下に積み重ねた二重構造の対外政策とその議論をつくりだしたのである。いわゆる「大東亜戦争」は、現実にはアジア諸国に侵入しながら、理念的にはアジアを保全する——アジアをヨーロッパの植民地たる地位から解放する——「聖戦」である、と宣伝されたのである。氏族（原始封建）国家の形成期に征服氏族が被征服氏族をその力を弱めて温存しつつ自分の境域を拡大していった姿を髣髴《ほうふつ》させるのである。

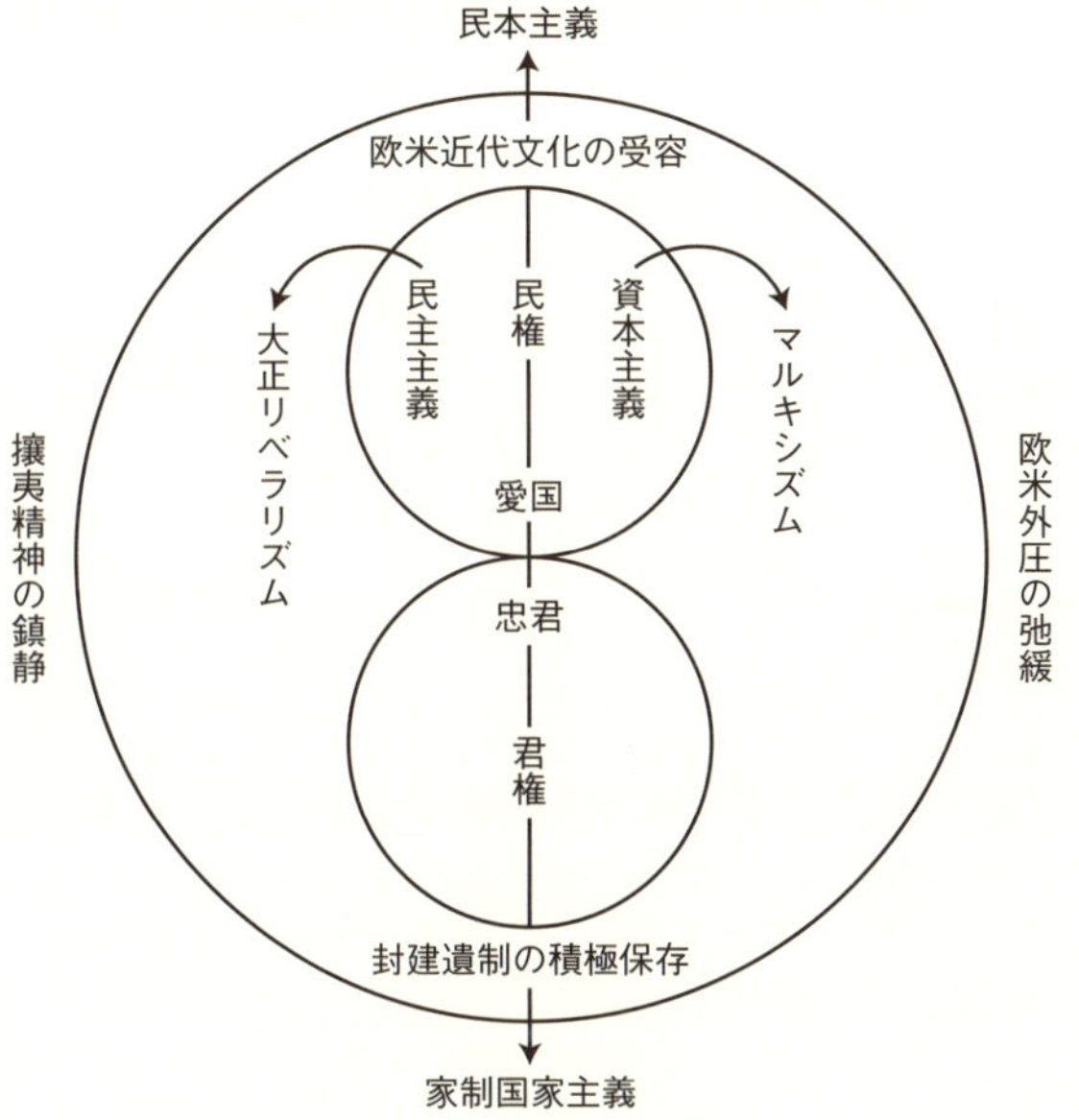

〔図N〕大正時代の思想

むすび

私はこの文章の始めに、日本人の思想史はロゴスとしての思想よりも、生活としての思想、イデオロギーの諸形態に融《と》け込んだ思想を取り扱うべきであるといったが、いま改めて日本思想の展開を回顧すると、神道《しんとう》思想

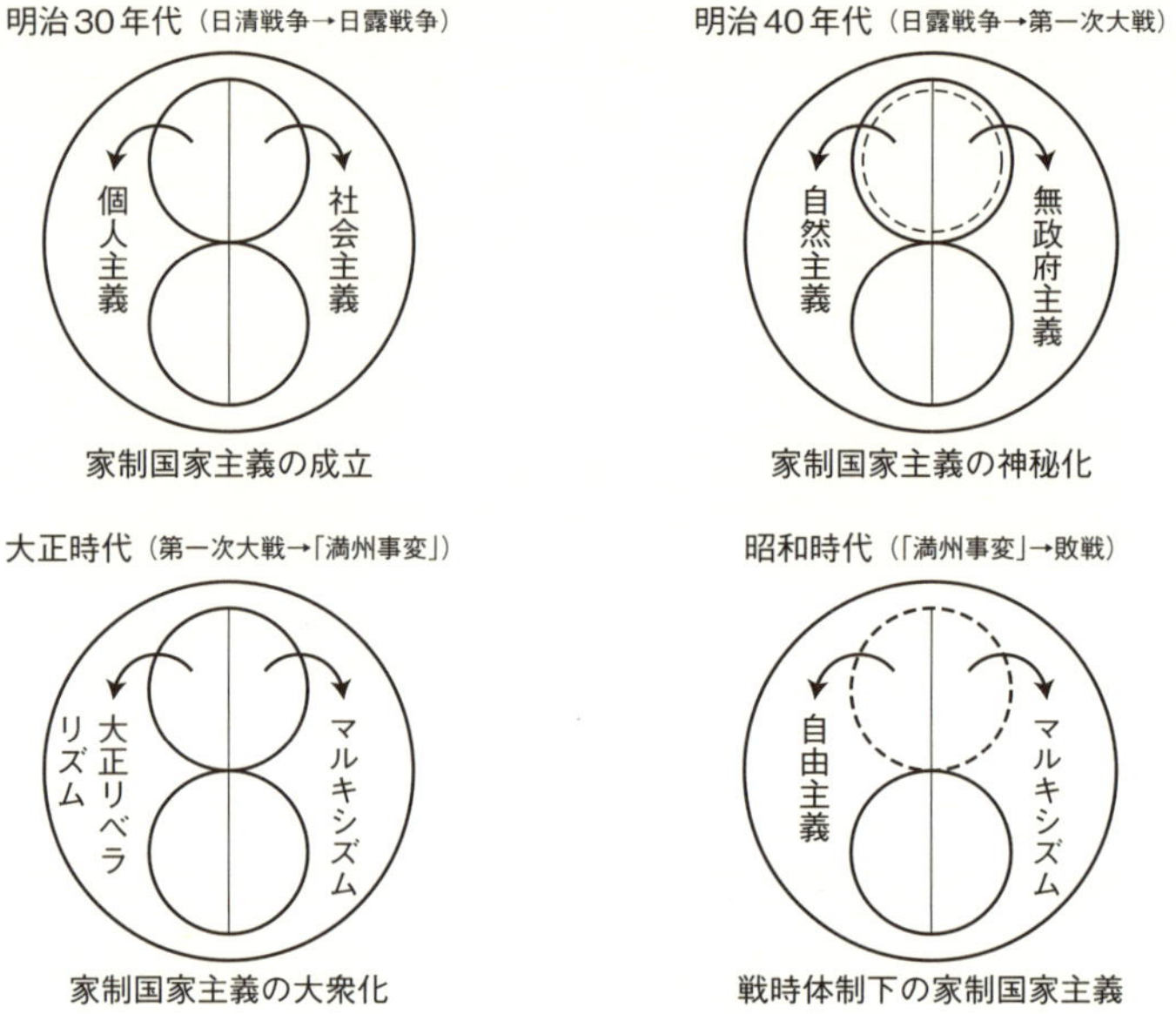

〔図0〕近代思想の展開

の特色をなす経験的生活中心主義、共同体主義、関数主義が、日本思想の展開を特色づけていたことを知ることができる。

なおその間に、新旧思想の二重構造と、そこにみいだされるイデオロギー連合と役割分担もまた、日本思想と日本思想史の特色であることを知るのである。すなわち

[I]日本人の思想の二重構造　水稲農業時代の中期（古代）の初め、推古《すいこ》・天智《てんじ》のころの過渡期を経て、日本の風土における水稲農業生活に根ざした旧来の氏族共同体（閉《し》められた原始封建社会）のうえに、「北」中国伝来の律《りつ》令《りょう》政治の体制（開かれた中央集権的官僚機構）が積み重ねられ、天武《てんむ》天皇の改革によって上下二層は縫合し、時とともに相互浸潤の度を進めて平安時代に入り、藤原摂関《せっかん》時代には完全に癒着して「公家《くげ》（宮廷貴族）文明」をつくるに至った。また中期より後期へ移り行く過渡期のいわゆる前期武家時代（保元《ほうげん》・平治《へいじ》の乱より応仁《おうにん》の乱、将軍義《よし》政《まさ》の死に至る間）においては、武士の思想と公家の思想との間に同様のプロセスが展開した。もっとも、この時代の初めごろ（源氏将軍時代）においては、律令制度下の地

方農村から進出してきた武士の封建的支配関係は、後白《ごしら》河《かわ》＝頼朝《よりとも》の協力体制によって「古代」的権力機構のなかに嵌入《かんにゅう》されていた。承久《じょうきゅう》の乱（一二二一）以後、北《ほう》条《じょう》執権時代には両者が並立し、室町時代に入ると武士の支配機構が逆に公家の支配機構を包摂したが、南北朝時代で両者が縫合し、室町将軍時代（義満《よしみつ》・義政の北山・東山時代）に癒着して「公方《くぼう》文明」をつくった。後期武家時代では、ふたたび地方農村から台頭して一円知行《ちぎょう》の大名領国を形成した新興武士の閉められた封建的な政治経済機構のうえに、「古代」国家の体制を包摂《つつみこみ》・融解《とかしこみ》させた公方体制によって成長した「開かれた」全国的流通機構が積み重ねられた。政治体制においては、一円知行の大大名が他の一円知行の諸大名を統率する徳川幕藩体制が成立したが、全国的流通機構と幕藩体制の二重構造は戦国時代までは重畳《ちょうじょう》し、安土《あづち》桃山時代ごろに縫合して、吉宗《よしむね》・家斉《いえなり》将軍時代（享保《きょうほう》・天保《てんぽう》の間、一七一六～一八四四）にようやく癒着して「大江戸文明」を生んだのである。

なお、いわゆる「明治一〇〇年」は、水稲農業時代より機械工業時代に移る過渡期の前半期で、巨視的には水稲農業時代に属すと考えられるが、方解石が細分されても同じ結晶を示すように、この期間もまた同様の二重構造の様相を示している。すなわち、徳川時代に武士の封建的支配機構と商人の全国的流通機構の相互浸潤・癒着を通じて形成された（水稲農業生活に基礎をもつ）血縁および地縁共同体（イエとムラ）のうえに、西洋伝来の民主主義の政治機構と資本主義の経済組織が積み重ねられ、両者は文明開化期には重畳、明治二〇年代に縫合、三〇、四〇年代に癒着した。

このように、広義の弥生《やよい》時代（水稲農業時代）においては、水稲農業生活からこの時代固有の原理（生活中心主義・共同体主義・関数主義）をもつ文化意志が絶えず押し上がってきて、水稲農業生活に根ざす「閉められた」生活と思想を下部構造とし、外来の、またそれに由来する「開かれた」生活と思想を上部構造とする重層的な生活と思想の構造体を次々に形成し、下層が上層を浸潤して上下二層の対立・縫合・癒着のリズムを繰り返し、日本人の生活と思想を展開させてきたように思われる。

[Ⅱ]イデオロギー連合と役割分担　さらに広義の弥生時代（水稲農業時代）の日本人の生活と思想の発展には、なお

いま一つの特徴が認められる。

私は先に、「神道は時代の変わるごとに古い思想の衣《い》裳《しょう》を脱ぎ捨てて、新しい思想の衣裳に着かえてきたが、このことは神道の反ロゴス性とロゴスへの意志が神道史に思想的多様性と思想史的非連続性を生ずる原因であった。しかも、この「着せかえ人形」的現象は神道史だけではなく、広く日本の思想史全体にみられる特色であった」と述べた。

しかし、日本人は新しい衣裳に着かえても、脱ぎ捨てた古い衣裳を（普段、洋服を着るようになっても和服を部屋着ないし晴れ着として持ち続けているように）つねに保存してきたのである。一方、私が古い衣裳にたとえた旧来の生活と思想は、前代における上下両構造の相互浸潤・癒着のプロセスですでに「関数主義」的性質を与えられて（いわゆる空洞《くうどう》化《か》現象《げんしょう》もこれに関係がある）、次の時代に適応して新時代の生活と思想の構造体にその肢節（しせつ）として組み入れられやすくなっていた。

すでに早くは仏教が伝来したとき、古来の神道は生を、新しく伝来した仏教が死を分担した。また天武天皇のころに、旧来の氏族時代伝来の神道思想による神孫為君の大王観のうえに、新しく中国から伝来してきた儒教思想による有徳為君の天子観と仏教思想による十善為君の王者観が積み重ねられた（図G）。さらに江戸時代になって、儒教が幕藩体制維持のイデオロギーとして採用されても、旧体制支持のイデオロギーであった神道・仏教や天道思想が温存せられ、「イデオロギー連合」をつくり役割分担をして新体制を支持することになった。ついで明治時代になると、神・儒・仏ともに温存せられて、ヨーロッパ流の民主主義・資本主義の思想とともに、新しい家制国家を支持する「イデオロギー連合」が構成されたのである。

日本思想史の発展においては、既往ないし外来の思想は、新しい時代に遺存ないしは移入されて、新しい時代の思想と単に混淆（こんこう）したり（風呂敷包《ふろしきづつみ》説）、単に幾重《いくえ》にも累積したり（多層説）するのではなく、前述の重層的（二階建ての）思想の構造体の諸肢節として手順よく組み入れられ、秩序づけられていったように思われる。

以上のような水稲農業時代を通じて日本の歴史に繰り返してみられる思想発展の二つの様相は、広い意味では水稲農業時代の思想の発展法則といいうるし、また思想

の特徴であるといってもよかろうと思う。 （石田一良）

❖参考文献
竹岡勝也『日本思想史』理想社、一九四三年
古川哲史編『日本思想史』角川書店、一九五七年
丸山眞男『日本の思想』（岩波新書）岩波書店、一九六一年
村岡典嗣『日本思想史概説』創文社、一九六一年
石田一良編『日本思想史概説』吉川弘文館、一九六三年
津田左右吉『文学に現はれたる国民思想の研究（全四巻）』岩波書店、一九四五～七五年（のち、『文学に現はれたる我が国民思想の研究（全八巻）』〈岩波文庫〉岩波書店、一九七七～七八年）
家永三郎『（改版）日本道徳思想史』（岩波全書）岩波書店、一九七七年（のち、『家永三郎集・第三巻』岩波書店、一九九八年に収録）（＊）
古川哲史・石田一良編『日本思想史講座（全一〇巻）』雄山閣出版、一九七五～七八年
今井淳・小澤富夫編『日本思想論争史』ぺりかん社、一九七九年
石田一良『日本の思想』通信事業教育振興会、一九七九年
相良亨・尾藤正英・秋山虔編『講座日本思想（全五巻）』東京大学出版会、一九八三～八四年
石田一良『日本文化史―日本の心と形』東海大学出版会、一九八九年
苅部直他編『日本思想史講座（全五巻）』ぺりかん社、二〇一二年～（刊行中）（＊）
黒住真他編『日本の思想（全八巻）』岩波書店、二〇一三年～（刊行中）（＊）

石田論考を本『事典』に収めるにあたって、若干の誤植を訂正し、ルビを多くし、参考文献を追加したが、原文の論旨はまったく変えていない。

石田論考にはなく、このたび新たに付け加えた参考文献には、（＊）を付した。

第一部

一　飛鳥・奈良・平安時代
二　鎌倉・室町時代
三　戦国・織豊時代
四　江戸時代
五　明治・大正・昭和時代

第一部　一　飛鳥・奈良・平安時代

001 古神道の思想

こしんとうのしそう

古神道の概念は諸説が見られ、必ずしも一定していないが、それらを整理すると、以下の二説に大別される。一つは道教・儒教・仏教など、外来の諸宗教・諸思想の影響を受ける以前の純正な日本固有の民族宗教との説、もう一つは記紀二典をはじめ、『延喜式祝詞《えんぎしきのりと》』『万葉集』などの古典に見られる日本固有の精神・思想・文化を中心とする信仰との説である。これらは主として近世の儒学者・国学者らが唱えたところである。

ところで、神道の純粋性を重視したのは江戸中期の国学者らであり、彼らは古典の読解を通して、神の御心のままで人為の全く加わっていない「かむながら」を探求し、それを「かむながらの道」「かむながらの大道」などと称した。これは他ならぬ古神道であるが、国学者らの多くは、「古神道」ではなく「古道」「古の道」との語を用いて種々の「古道論」を展開した。その代表的な一つは平田篤胤《ひらたあつたね》の『古道大意《こどうたいい》』である。篤胤は単なる文献考証に留まらず、純粋な古道に復古する皇国の道を主張し、古史研究に独自の境地を打ち出した。その思想は国学者・神職・豪農をはじめ、後には古神道系の新宗教、たとえば宮地神仙道《みやじしんせんどう》、古神道仙法教《こしんとうせんぽうきょう》などの神学の成立に大きな影響を与えた。

このように「古神道」と「古道」とは異名同質なものであり、「古」は「以前 pre-」との意、よって「古神道」とは「神道以前」を意味している。ただ、このような神道以前のいわば古神道が、現在、純神道・復古神道・古道神道・国学神道・縄文神道・原始神道など、さまざまに呼称されるのは、冒頭で述べたように古神道の概念規定が明白ではないことに起因している。

さて、古神道は今も生きており、この名称の著作も出版されている。ただ、時代の趨勢《すうせい》によりその意味にも変化が見られる。大正から昭和の時代にかけて古神道という語が流行したが、その古神道とは「かむながらの道」と同意に考えており、それを基にして神道即人道という独特の神学も唱えられた。その代表的著作の一つは大正元年（一九一二）に成立した筧克彦《かけいかつひこ》の『古神道大義』である。

　ところが、最初に掲げた古神道の定義には矛盾が見られないでもない。たとえば、古神道は外来の諸宗教・諸思想の影響を受ける以前の純正な日本固有の民族宗教と述べているが、そもそも「神道」という語そのものが純正な日本語ではなく、わが国の古代において中国から借用した漢語なのである。

　中国の文献における「神道」の初見は、『易経《えききょう》』風地《ふうち》観《かん》の彖伝《たんでん》の「天の神道を観るに四時《しいじ》忒《たが》わず、聖人神道を以て教を設け、而して天下服す」であり、この「神道」を純正な日本固有の民族宗教の呼称に借用したといわれているが、そうであるならば、その時点において古神道は儒教の影響を受けたことになる。

　日本における神道という語の初見は養老四年（七二〇）に成立した『日本書紀』で、二例を見ることができる。一例は用明《ようめい》天皇即位前紀《そくいぜんき》の「仏法《ほとけのみのり》を信《う》けたまひ、神道《かみのみち》を尊びたまふ」で、もう一例は孝徳《こうとく》天皇即位前紀の「仏法を尊び、神道を軽《あなず》りたまふ」である。二例とも神道と仏法とを対比して用いてあり、神道が仏教を意識していたことがわかる。仏教は『日本書紀』成立の八十余年前、すなわち六世紀中ごろに公伝しており、日本の古神道に多大の影響を及ぼしていた。

　それはその通りだが、すでに日本にも『易経』にいう「天の神道」に類似した神の道が存在していたことは確かである。そこで再び『易経』の文章に視点を戻し、その大意を見ると、「霊妙不可思議な自然界の理法を観察すると、春夏秋冬の規則正しい循環は、いささかも違うことがない。よって聖人は自然界の真理に基づく教えを立て、それを実践していけば、人民はことごとくその教えに服従し、天下太平が実現する」となる。このような「天の神道」は日本にも見られたのである。

　たとえば、孝徳紀の大化二年（六四六）八月一四日条に「原《たずね》れば夫《そ》れ天地陰陽、四時《よつのとき》をして相乱《あいみだ》れしめず」とあり、翌三年四月二六日条には「惟神《かんながら》」を注釈して「神道《かみのみち》に随《したが》ふを謂《い》ふ。亦《また》自《おの》づからに神道有《あ》るを謂ふ」とある。また、この直後には「天《あめ》に在《いま》す神の随《まま》に、治め平《む》くべき運《よ》に属《あた》りて」とも記してある。

　要するに古神道は日本で自然発生的に生まれた固有の民族宗教だが、それは中国にも、さらには世界各地で見られたのであり、その要素は自然界の理法を重視する自然崇拝を基盤にした自然宗教なのである。（三橋　健）

002

大陸思想の摂取《たいりくしそうのせっしゅ》(1) 儒教《じゅきょう》

日本古代の思想といえば仏教ばかりが取り上げられがちだが、儒教は仏教よりも早く日本に伝えられていた。『古事記《こじき》』や『日本書紀《にほんしょき》』の語る儒教の伝来は、応神《おうじん》天皇の時代までさかのぼる。「記・紀」はともに阿直岐《あちき》や王仁《わに》によって学問（儒教）が伝えられたと述べ、『古事記』は王仁が『論語《ろんご》』などをもたらしたと記している。応神天皇の次の仁徳《にんとく》天皇は、「仁徳」という漢風諡号《かんぷうしごう》に示されているとおり、日本で初めて儒教を体得した天皇として君臨し、以後の日本は儒教を信奉する国になったという図式を「記・紀」に見ることができる（『古事記』が中巻と下巻の区切りを応神・仁徳に置いていることが注意される）。仁徳天皇は「倭《わ》の五王」の讃《さん》に比定されており、「倭の五王」の時代である五世紀には、儒教が伝えられていたのであろう。

六世紀になると、百済《くだら》から数年ごとに交代で五経《ごきょう》博士《はかせ》と称される儒学者たちが派遣されてきた。五経とは四書五経の五経で、四書とは『論語』『孟子《もうし》』『大学』『中庸《ちゅうよう》』、五経は『易経《えききょう》』『尚書《しょうしょ》』（書経《しょきょう》）『詩経《しきょう》』（毛《もう》詩《し》）『礼記《らいき》』『春秋左氏伝《しゅんじゅうさしでん》』のことで、儒教の根本経典である。大和朝廷の知識人たちはこの五経博士たちから貪欲に儒教を学びとり、前代からの世襲的な天皇の権威を頂点にいただきながら、中央集権国家を樹立するための政治的イデオロギーとして機能させていった。

大化の改革の中での皇太子奉答文には、「天に双日《ふたつのひ》無く、国に二王《ふたりのきみ》無し。この故に天下を兼幷《かねあわ》せて、万民を使ひたまふべきは、唯天皇《ただすめらみこと》ならくのみ」というように、儒教の説く天子観の都合のよいところを採用し、その根幹にある禅譲放伐《ぜんじょうほうばつ》の思想を無視することによって、世襲的な天皇の権威を補強し強調することに成功した。またそれらの詔《みことのり》の中には「万物の内に人是最《これもと》も霊《くしひ》なり。最も霊なる間《あいだ》に、聖人《ひじり》主《きみ》たり。是《ここ》を以《もち》て、聖主《ひじり》の天皇、天に則《のと》り御寓《あめのしたしろしめ》」すとあり、「聖主天皇、則天御寓」という言葉に示される儒教の天子観が世襲的な天皇をそのまま彩《いろど》るところとなった（『日本書紀』）。

儒教は、礼《れい》の実践を中核として仁《じん》・義《ぎ》・智《ち》・信《しん》の道徳を説くものだが、すでに聖徳太子《しょうとくたいし》は、儒教が礼を中心に展開するものであることを理解していた。「憲法十七条」の第四条に「礼を物事の基本にせよ」とあり、「群臣に礼が保たれていれば、下の秩序も乱れず、百姓《おおみたから》に礼が保たれていれば、国家は必ず治まる」と教えている。礼とは思弁的・観念的なものではなく、儀礼という具体的なものである。天武《てんむ》天皇は宮廷での礼儀・言語を規定し、それまでの跪礼《きれい》・匍匐礼《ほふくれい》をやめて立礼《りつれい》とすることを定め、律令政府は大宝《たいほう》律令制定とともに、元旦節会《せちえ》から始まるさまざまな宮廷儀礼の整備を行った。それらの儀礼を通じて天皇の権威が高められていったのである。

大学では『論語』と『孝経《こうきょう》』が必須科目で、選択科目として『礼記』『春秋左氏伝』（大経）、『毛詩』『周礼《しゅらい》』『儀礼《ぎらい》』（中経）、『周易《しゅうえき》』『尚書』（上小経）の三群が定められていた。しかし奈良・平安時代の大学において、後代のような「仁とは何か」というたぐいの哲学的議論の行われた形跡はない。それがいままで日本思想史から古代の儒教を除外してきた主たる要因であった。しかし、奈良時代の知識人たちは儒教の最高道徳である仁の実践はまず〝孝〟にあるとし、孝思想を植えつけることに専念した。「令《りょう》」には、国司の任務の一つに任地の孝子を見出してこれを中央政府に報告し、優賞を与えることが規定されている。即位や立太子の詔、また瑞祥《ずいしょう》出現の詔には、必ず孝子を賞することが謳《うた》われた。元正《げんしょう》天皇の詔にも「人は五常を受くるに、仁義はこれ重《おも》し。士は百行あれども孝敬を先となす」といい、五常の中でも仁と義を重く見、仁の実践を孝に見ている。天平《てんぴょう》二一年（七四九）二月の詔には、郡司任命の際、律令に定める門閥にとらわれない人材登用主義を否定し、全面的な門閥主義の復活を謳っているが、その理由は人材登用主義が「孝悌《こうてい》の道を衰えさす」というものであった。ここにおいて孝子を賞揚するだけでなく、孝思想は地方政治の政治原理として置かれたのであった。しかも孝思想は百官百姓に要求されるばかりではなく、トップに立つ天皇にも要求されるものであった。孝謙《こうけん》天皇が大炊王《おおいおう》を皇太子に立てた時、他の皇子たちは「孝行欠けるところあり」として退けられた。そして譲位した女帝には父の聖武《しょうむ》上皇に対する〝孝〟が讃えられて「上台宝字称徳孝謙《じょうだいほうじしょうとくこうけん》皇帝」という重々しい尊号が贈られ、〝孝〟の体現者として天下に君臨したのである（『続日本紀《しょくにほんぎ》』）。（笠井昌昭）

003 大陸思想の摂取（2） 道教《たいりくしそうのせっしゅ（2）どうきょう》

道教は中国の社会および文化を基層として成立した伝統的な宗教で、儒教・仏教と並んで中国の三大宗教の一つ。道教が宗教的な活動を始めるのは、後漢末（二世紀後半）に張角《ちょうかく》が唱えた太平道や張陵《ちょうりょう》が唱えた五斗米道《ごとべいどう》（天師道）からであり、これらは祈禱による病気治療を中心とする。そのころの道教の目的は不老長生であり、それを達成するために呼吸法・養生法・観想法などの修行をつんだ。また人為的な行動を排し、自然の摂理に従って生きることを理想としたので、老子・荘子が基本とした無為《むい》自然の思想が中心となった。初期の道教は神仙思想と老荘思想を基底としていたが、時代の趨勢に従い、陰陽五行思想・易・卜占《ぼくせん》・風水・医術・養生術・民間信仰などを摂取し、さらに儒教や仏教の思想や儀礼とも融合して、今日見るような道教の体系が形成された。

さて、道教はベトナムや朝鮮、また日本にも伝来したといわれる。しかし日本は道教を宗教として摂取しなかったとの説もある。それによれば、日本の古代文献に見える「観」は道教寺院の道観（道教宮観の略）でなく、高殿ないし物見の建物のことという。また、かりに「観」を道観と解するならば、そこに道士がいなければならず、祭日があり、信者もいたことになるが、それらに関する記録を全く見出せないという。さらに日本古典のなかに道教経典と同語が見えるが、だからといって、それを道教の影響であるというのは危険であるという。同語であっても、両者の意味内容は異なるというのである。要するに、道教はベトナムや朝鮮には伝播したが、日本の宮廷は宗教として道教を摂取しなかったとの説であり、それゆえ、日本には道観を建立し、道士を配置することもなかったとの説である。

一方、道教は儒教や仏教と同じころに日本に伝来したとの説もある。たとえば、天武天皇のころに設置された陰陽寮《おんようりょう》は、律令制の中務省《なかつかさしょう》に属した小寮であるが、そこでは国家にとって重要な風雲・天文・暦数・時刻の観察と判断、そして管理などの任務を担っていたのであり、さらに陰陽・暦・天文等の博士は各学生らの教育を行い、学生らは中国古典の『周易』『新撰陰陽書』『黄帝《こうてい》金匱経《きんききょう》』『五行大義《ごぎょうたいぎ》』などが必読書とされ、また陰陽師らは道士の道術に倣いながら日本独自の陰陽道を形成していったといわれている。このように陰陽寮の関係には道教の影響が多く見られるというのである。

推古紀一〇年（六〇二）に道教関係の書籍が日本に伝来したとあり、その後も大量の道教経典や書籍が日本に伝わったことは寛平《かんぴょう》三年（八九一）の藤原佐世《ふじわらのすけよ》編『日本国見在書目録《にほんこくげんざいしょもくろく》』からも明らかである。それらは『老子化胡経《ろうしかこきょう》』『太上老君玄元皇帝聖化《たいじょうろうくんげんげんこうていせいか》（記《き》）経《きょう》』『抱朴子《ほうぼくし》』『太《だい》上霊宝経《じょうれいほうきょう》』『淆魔宝真安志経《こうまほうしんあんじきょう》』『六甲神符経《ろっこうしんぷきょう》』『三五《さんご》大禁咒禁訣《だいきんじゅきんけつ》』『六甲左右上符《ろっこうさゆうじょうふ》』『大道老君六甲秘符《だいどうろうくんろっこうひふ》』『赤《せき》松子玉暦《しょうしぎょくれき》』『神仙伝』等であり、これらの道教関係の書籍が日本人の思想や意識に影響を与えたことはいうまでもない。また前漢の武帝のころに淮南《わいなん》王劉安《りゅうあん》が学者に編纂させた『淮南子《えなんじ》』は道家思想が中心となっており、その一節が『日本書紀』に引用されている。さらに「天皇」と天皇に関連する「真人《しんじん》」という呼称、天皇の宮殿である「紫宮《しきゅう》」、天皇の象徴とされる鏡と剣の呼称である「神器《じんぎ》」、そして日本の国号に使用されている「大和」という語などは道教に由来するといわれている。

ところで、日本固有の民族宗教の呼称として用いられた「神道」という語は、儒教聖典の『易経《えききょう》』の風地観の卦《か》の彖伝《たんでん》に見える「神道」に典拠すると説かれているが、宗教としての神道は『道蔵《どうぞう》』（道教の一切経）太平部に所収の『太平経』に見える「神道」に影響されたといわれる。なお、『太平経』では「道教」のことを「神道」と称している。また、『延喜式祝詞《えんぎしきのりと》』所収の「東文忌《やまとのふみのいみ》寸部《きべ》の横刀《たち》を献ずる時の呪《しゅ》」は漢文で書かれており、それを中国音で唱えたのであり、呪文のなかには道教関係の神名も含まれている。そして藤原京跡から出土した木簡に「老子・道徳経」の最初の文字が記されている。これらは奈良・平安時代の朝廷が、道教のみならず、外来の諸宗教・諸思想を寛仁《かんじん》に摂取したことを実証している。

しかしながら、道教の語が用いられているからといっても、それをそのまま道教の影響と解するのは危険である。特に神観念や罪観念、国情に合わないことなどは、道教と同語が用いられていても、詳細に比較検討を加えてみると意味内容の異なる場合も少なくないからである。

（三橋　健）

004 大陸思想の摂取（3）仏教《たいりくしそうのせっしゅ(3)ぶっきょう》

『日本書紀』によれば、欽明《きんめい》天皇一三年（五五二）に、百済《くだら》の聖明王《せいめいおう》から仏像や経論などがもたらされた。仏教公伝の記事として著名である。しかし、この時に百済の使者が読み上げたとされる聖明王の上表文には、義浄《ぎじょう》が唐の長安三年（七〇三）に訳了した『金光明最勝王経《こんこうみょうさいしょうおうきょう》』の文言が用いられている。後代の潤色が明瞭であり、上表文を六世紀中葉のものとすることはできない。また、『日本書紀』は、一貫して百済などの朝鮮半島の諸国を朝貢国《ちょうこうこく》と位置づけており、欽明一三年の仏教公伝の記事もその例外ではない。仏像などの仏教に関わる品々が聖明王から欽明天皇に献上されたと記している。このように、あまりにも著名な記事であるが、その信憑性《しんぴょうせい》には欠けるところがある。

さらに留意すべきことは、『日本書紀』が記す六世紀中葉の仏教公伝は、公伝の最初でもなく仏教の倭国《わこく》への初伝でもなかった可能性があるということである。背面の図柄から仏獣鏡《ぶつじゅうきょう》と称される銅鏡が、古墳から出土しており、「すでに古墳時代の日本は、仏教を知る以前に仏の姿に接していたことは間違いない」との指摘がある（松浦正昭「日本に伝えられた東アジアの仏」〈『東アジアの仏たち』〉一九九六年奈良国立博物館特別展図録）。仏獣鏡が仏教信仰に用いられた遺品であったかどうかは分からない。しかしそのような品々の伝来が早くからあったところへ、百済の聖明王からの仏像や経論などの贈与もあったと見るべきである。

さて、『日本書紀』の公伝の記事であるが、そのすべてを後代の創作としてしまうこともできない。後代の潤色で覆《おお》われているとしても、この記事に前後する朝鮮半島の緊迫した情勢や、百済と倭国の関係などを考慮すれば、仏教に関する品々が百済の支配者から倭国の支配者に贈与されたことは十分に想定可能なのである。

朝鮮半島北部の高句麗《こうくり》や、東南部の新羅《しらぎ》と厳しく対立していた百済は、倭国に軍事的援助を求めるとともに中国の南朝にも使者を派遣していた。半島情勢を自国に有利に導くための外交政策であった。南朝の梁《りょう》に派遣された百済の使者は『涅槃経《ねはんぎょう》』などを持ち帰っている。これらの仏教に関わる品々の伝来は梁との同盟や協力の関係を取り結ぶことと無関係ではなかろう。百済に持ち帰った品々は、さらに任那《みまな》や倭国にもたらされたと見られる。倭国に対して軍事的援助を求めるにあたりその見返りとして仏像などが贈与されたと推定できるのである。

『日本書紀』の欽明一三年の仏教公伝の記事は、『日本書紀』の最初の仏教関係の記事ではない。先行する欽明六年九月条には、百済が「菩提《ぼだい》」なる者を任那に使者として派遣し、「呉財《くれのたから》」を贈ったとある。また同月条には、「天皇」が造像の功徳に預《あずか》るなどのことを願って、百済が丈六《じょうろく》の仏像を造ったとある。これらの記事が『日本書紀』における仏教関係記事の初出である。

百済が任那に贈った「呉財」の品目は明かでない。しかし使者の名が「菩提」とあることから、「呉」すなわち当時の中国の南朝からもたらされた仏教に関わる品々であった可能性がある。また同月に造られたという仏像は、あるいはその七年後に倭国にもたらされた仏像であるかもしれない。このように、『日本書紀』の伝える仏教の公伝は、当時の倭国と百済、そして百済と中国南朝との外交ルートを通して、しかも百済を取り巻く軍事的な緊張の最中に行われたことに留意すべきであろう。高度に発達した宗教、思想だからということもあるが、国家間の同盟関係や軍事的協力関係を結んだり維持するために仏教に関わる品々の授受が行われたと推定されることに留意すべきであろう。

公伝の記事によれば、仏像などがもたらされて直ちに問題となったのは崇仏《すうぶつ》の可否であった。蘇我馬子《そがのうまこ》は、対外関係における仏教の重要性を主張した。それに対して、物部守屋《もののべのもりや》らは、神祇祭祀《じんぎさいし》によって維持されて来た国内の秩序に配慮して崇仏には慎重であるべきだと主張した。『日本書紀』によれば、物部氏らの慎重論があったにも関わらず、物部氏が滅亡に追いやられ、その後、推古天皇の下で、蘇我氏や聖徳太子らにより仏教の興隆が図られた。ただし、『日本書紀』によれば、推古二年（五九四）に三宝《さんぼう》興隆の詔が出される一方で、同一五年（六〇七）には神祇祭祀の従来通りの励行を命じる詔が出された。崇仏慎重論は棚上《たなあ》げされたままで神祇信仰と仏教信仰が同一の主体により並行して行われることになったというのである。

（八重樫直比古）

第一部　一　飛鳥・奈良・平安時代

005

天皇の思想

てんのうのしそう

『古事記《こじき》』『日本書紀《にほんしょき》』の神話は、皇祖神の天照大神《あまてらすおおみかみ》と高御産巣日神《たかみむすひのかみ》の命をうけて天孫が降臨し、その後二代をへて初代の天皇が即位したことを伝えている。天孫降臨神話の主軸は「稲穂の穀霊」にたいする信仰とその祭祀に関するものである。『古事記』によれば、最初、天照大神の命令は、子の正勝吾勝々速日天忍穂耳命《まさかつあかつかちはやひあめのおしほみみのみこと》に下る。この神の名は「まさに勝れた稲穂の神霊」を意味している。この神の降臨が準備されている間に、御子邇々芸命《ににぎのみこと》（天邇岐志国邇岐志天津日高日子番能邇々芸命《あめにきしくににきしあまつひたかひこほのににぎのみこと》）が生まれ、忍穂耳命の代わりに下されることになる。この神の名は「天にも地にも親しい日の御子である賑々《にぎにぎ》しく実った稲霊《いなれい》」を意味している。邇々芸命は天照大神の孫に当るので天孫降臨というのだが、忍穂耳命から邇々芸命への交代は古い稲霊が新しい稲霊に生まれ変わることの表象である。地上に降り立った邇々芸命は山の水の神である木花之佐久夜毘売《このはなのさくやびめ》と結婚し、山幸彦《やまさちひこ》と海幸彦《うみさちひこ》を生むが、山幸彦は火遠理命《ほおりのみこと》また天津日高日子穂々手見命《あまつひたかひこほほでみのみこと》（『日本書紀』では彦火火出見尊《ひこほほでみのみこと》）と呼ばれ、これまた稲霊で、先に山の水の神とむすばれた稲霊は、ここで海の水の神豊玉毘売命《とよたまびめのみこと》と結婚する。これは稲霊が山と海の双方の水の神の霊力を付与されて稲作の豊穣をもたらす強力な力を獲得したことを意味している。そして生まれたのが天津日高日子波限建鵜葺草葺不合命《あまつひたかひこなぎさたけうがやふきあえずのみこと》で、その子の一人が初代の天皇となり、のちに神武《じんむ》天皇と諡《おくりな》されることになる。この神武天皇は『古事記』に若御毛沼命《わかみけぬのみこと》、豊御毛沼命《とよみけぬのみこと》、神倭伊波礼毘古命《かんやまといわれびこのみこと》と記されており、ワカミケヌは「若々しい食物の霊」、トヨミケヌは「豊かな食物の霊」の意であって、やはり稲霊としての性格が付与されている。『日本書紀』が神武天皇にたいして、「神代紀」下巻の一書や「神武紀」に、邇々芸命の子と同じ「彦火火《ひこほほ》（穂穂）出見《でみ》」の名を伝えていることが注意される。物語の上では山幸彦である彦火火出見と神武天皇である彦火火出見は祖父と孫の関係だが、理念の上では「穀霊として同体」なのである。

こうして初代の天皇は稲霊としての性格を背負って登

場したが、『日本書紀』一書に記される「瑞穂《みずほ》の国はこれ吾《あ》が子孫《うみのこ》の王《きみ》たるべき地なり。宜しく爾皇孫《なんじすめみま》、就《ゆ》いて治《しら》せ」との神勅を受け、天孫いらい世襲されてきた後代の諸天皇もまたその職掌に、その年々の稲の豊穣をもたらす穀霊としての性格を担わされていたのである。大《だい》嘗祭《じょうさい》は、即位するまで唯の人であった人物に、穀霊としての性格を付与する秘儀であった。

天皇が稲霊としての性格を付与される時、天皇に寄り添う皇后には稲霊の力をかげから支える水の神としてのイメージが漂う。その観念は少なくとも『続日本紀《しょくにほんぎ》』が桓武《かんむ》天皇の母の高野新笠《たかののにいがさ》の薨伝《こうでん》に、その祖先は「河《かわの》伯《かみ》の女《むすめ》が産んだ子」と記すところまで保たれていた。

穀霊としての伝統的な天皇観も大化の改新以後には儒教思想を背景とした中国的な天子観によって次第に侵食されてゆく。その意味で大化の改新直前の天皇がのちに「皇極《こうぎょく》」と諡《おくりな》されていることが注意を引く。

「皇極紀」には、田植時期の旱魃《かんばつ》に際し、村々で行なわれた牛馬を犠《いけにえ》としたり、市を移したり、河伯《かわのかみ》に祈ったりする中国的な雨乞《あまご》いが失敗したことをうけて、蘇我《そがの》入鹿《いるか》が仏法による祈雨《きう》の修会を催した。すると降雨を得たがそれは微雨に止まった。そこで天皇が伝統的な神祭りによって祈ったところ五日も連続して雨が降り、人びとは「至徳の天皇」と讃えた、という記事がある。雨乞いや霖雨《ながあめ》の止むことを祈るのは、年々の豊穣を約束すべき天皇の職掌であり、ことさら皇極天皇だけに特筆されるべき性質のものではない。ここには、中国的・仏教的という新来文化よりも在来の神権的な天皇の権威の優位性が強調されている。しかしそのような天皇像は、大化改新直前の皇極天皇をもって最後とする。改新政府は、儒教思想を背景とした天子観で天皇の権威を飾り立てることにつとめるが、持統天皇は長雨に際して、公卿・百官人の不徳を責め、大宝律令制定以後ともなれば、天候の不順には天皇自身の徳行が云々されるようになる。天皇に神の姿を見た『万葉集』の「大王《おおきみ》は神にしませば」という表現も大宝律令制定の前々年をもって終わり、天平時代を通じて「朕《われ》、薄徳《はくとく》をもって」とみずからを卑下し、神権的な「至徳の天皇」の姿は仰ぎ見られなくなる。そして宗廟《そうびょう》の祭りは孝子をもって初めてなしうるという儒教思想が、孝子としての理想像を天皇の上に見ていくことにもなった。

（笠井昌昭）

006 古代律令制国家の政治思想《こだいりつりょうせいこっかのせいじしそう》

大化の改新に始まって、「大宝律令《たいほうりつりょう》」制定に至る政治的動向は、隋《ずい》・唐《とう》という強力な統一国家の外圧をうけながら、畿内《きない》勢力を中心として中央集権国家を確立していこうとするものであった。そのために輸入されたのが律令制という中国の政治制度である。

中国の律令制は徳をもって天下を治めるという儒教思想と一体のものであったから、日本の律令国家においても儒教思想を背景にもつことはいうまでもない。しかし、儒教思想のもとに礼を整え、孝を奨励しても、礼楽《れいがく》と一体化した中国律令の理念は十分に理解されたとはいえない。律令制だけが表面に強く押し出される傾向にあった（以下、主として『日本書紀』による）。

律令政府が中央集権国家を樹立するための第一の問題は、豪族たちの土地や人民支配を根幹とする氏姓制度の扱いであった。公地公民制を謳《うた》いながらも天武《てんむ》天皇は、氏姓制度を全く否定せずに、天武一〇年（六八一）には各氏族にたいして「氏上《うじのかみ》となるものを上申し、国家の認定を受けよ」と命じ、翌年には、律令官制が個人の能力や功績に応じて位階・官職を与えたり昇進させるのを原則としていたのにもかかわらず、実際の選考に当っては「行状や能力が優れていても、族姓のはっきりしない者は選考の対象にしない」と詔して、氏姓を律令的官僚機構の基礎にすえたのである。「選叙令《せんじょりょう》」には、地方の民を直接支配する郡司を在地豪族の中から任命するさいには、国司によってその能力や人柄がじゅうぶん吟味された上で選考するという人材登用主義の精神が謳われていた。しかし、譜代の優劣を考慮しないことが地方の秩序を乱し、礼儀や孝悌《こうてい》の道を乱しているとして、天平勝《てんぴょうしょう》宝《ほう》元年（七四九）には、郡司《ぐんじ》任命に当って全面的な門閥主義の復活がおこなわれるなど、奈良時代を通じて氏族制は国家の底辺を形づくっていたのであった。

その底辺に対し、国家のトップに立つ天皇に関しての規定が令には少ない。令は中国律令を引き継いだとされるが、天皇は律令の上に君臨し、「公式令《くしきりょう》」のような儀式典礼を除いては日本の伝統的な慣習法に従った。そのため皇位継承に関する規定などのないことが、のちに皇位をめぐる政変を引き起こす一因にもなったのである。

　律令官制においては神祇官《じんぎかん》と太政官《だいじょうかん》とが置かれ、神祇官は宮中ならびに全国の神祇祭祀のことに関わり、太政官は八省百官を擁してさまざまな行政に当った。その中で僧官（僧綱《そうごう》）の任命は太政官の任務でありながら僧侶仲間の推薦をへて行われ、僧侶の濫行《らんぎょう》不正を糺《ただ》すのが僧綱にまかされているなど、僧侶の行政からの独立が強かったことが注意される。そうした中央官制に応じて、地方においても中央から派遣されてくる行政官である国司《こくし》、在地の郡司《ぐんじ》が任命される神祇祭祀担当の国造《くにのみやつこ》、国師《こくし》と呼ばれる仏教行政を担当する僧官が置かれて、役割分担が行われた。ここに神・儒・仏の三教に支えられた古代律令国家の政治体制とその思想の特色をみることができる。

　天武天皇や持統《じとう》天皇は、国家の大寺として大官大寺《だいかんだいじ》を建て、国家の大社として伊勢大神宮を整え、国家の官僚養成機関として儒教思想を中心とした大学を整備して、この三者を律令国家を支えるイデオロギーの鼎《かなえ》とした。すでに早く天智《てんじ》天皇が大友《おおとも》皇子を中心に左右大臣らに同心を誓わせたとき、この盟約に違《たが》えば、「必ず天罰《あまつつみ》を被《こうぶ》らむ」「四天王《してんのう》打たむ」「天神地祇《てんしんちぎ》もまた誅罰《つみ》せむ」と、神・天・仏に誓約していることが注意される。

　律令政府は、「明神御大八洲日本根子天皇《あきつみかみとおおやしましらすやまとねこのすめらみこと》」と名のり天孫として律令制の上に君臨する伝統的な天皇を、さらに儒教思想と仏教思想をもって飾り立てた。ことに詔勅には儒教色が濃厚にあらわれている。孝徳《こうとく》天皇は白《はく》雉《ち》の祥瑞《しょうずい》（めでたい前ぶれ）出現に「聖王、世に出でて天下を治めるときは、天これに応じて瑞祥を示す」といい、天武天皇は天瑞出現にさいし「政治が天道に協《かな》うときは必ず天瑞が現れる」と詔している。

　仏教では護国経典として重んじられた『金光明経《こんこうみょうきょう》』の影響が大きい。この経の「四天王護国品《してんのうごこくぼん》」は、国王とは「前生に十善の功徳を積んで今の世に生まれたもの」であると説き、「そのような国王がこの経を奉ずるとき四天王が国土を擁護する」と説く。古代律令国家と天皇はこのような神祇思想・儒教思想・仏教思想のイデオロギー連合と役割分担とによって、護持されていったのである。

（石田一良・笠井昌昭）

007 摂関政治の思想《せっかんせいじのしそう》

平安中期に藤原氏北家の嫡流が外戚《がいせき》として摂政・関白あるいは内覧《ないらん》となり、そのもとで行われた政治が摂関政治である。

九世紀後半、清和《せいわ》天皇の後見として藤原良房《ふじわらのよしふさ》が摂政に任命されたのが人臣摂政の始まりで、関白は光孝《こうこう》・宇《う》多《だ》天皇の時代に良房の養嗣子の基経《もとつね》に始まる。その後いったん途切れたが、康保四年（九六七）に冷泉《れいぜい》天皇のもとで実頼《さねより》が関白になって以後、摂政または関白が常置され、一一世紀前半の道長《みちなが》の時代に摂関政治は最盛期を迎えた。その後治暦《ちりゃく》四年（一〇六八）後三条《ごさんじょう》天皇が即位するまでを摂関時代と呼ぶ。

摂関政治の本質は外祖父《おおじ》政治である。当代天皇の母后を媒介にして、天皇の祖父（または母后の親族）が摂政・関白に任じられる仕組みである。『栄花《えいが》物語』には、娘を持っている貴族たちが自分の娘を何とか入内《じゅだい》させようという競争、そして入内させた娘が首尾《しゅび》よく皇子を生むことの期待に一喜一憂する様が描き出されている。そこに天皇の外祖父となって権力を得るか否かという運命がかかっていたのである。道長が栄華を誇れたのも、かれ自身が娘運に恵まれていたという偶然性が大きい。道隆《みちたか》や道兼《みちかね》らを兄にもち、兄たちの下におかれていた道長が左大臣に任じられたこと自体、疫病による兄たちの死という偶然が作用した。しかも道長の栄華は、娘の一条中宮彰子《しょうし》が後一条《ごいちじょう》・後朱雀《ごすざく》の両天皇を生んで道長の外戚化に貢献し、さらに娘の妍子《けんし》を三条《さんじょう》天皇の中宮に立て、寛仁《かんにん》二年（一〇一八）には娘の威子《いし》を後一条《ごいちじょう》中宮とし、一家に三后を立てたことによって達成された。

このように摂関政治は、天皇の外戚として天皇を後見し、または天皇の政務を代行するものであって、律令国家の理念に対立するような、別の政治理念をもつものではない。かつては摂関政治を政所《まんどころ》政治としてとらえ、摂関家の政所が国政に関与したかのような見解がとられたこともあったが、摂関家政所はあくまでも摂関家の家政機関に止まり、そこから発給される御教書《みきょうじょ》や下文《くだしぶみ》は、摂関家管理下の所領や荘園の処置に関するものであり、国家の政治を代行するようなことはなかったのである。摂関時代を通じて、政務の運営は以前と同じく参議《さんぎ》以上の公卿が連なる陣《じん》の座《ざ》で決定され、その場に摂政・関白は参加し得ない。「御堂《みどう》関白」と称されながら、道長はいちども関白にはなっておらず、長徳元年（九九五）内覧・右大臣に任じ、そして翌年左大臣になって以後、長和五年（一〇一六）まで道長が左大臣の座を手放さなかったのも、政務に直接関与し続けていたかったからであろう。道長は後一条天皇即位とともに、その年摂政になったが、翌年（一〇一七）その職を頼通《よりみち》に譲っている。

ただ古代律令政治が天皇を大極殿《だいごくでん》という晴の場に迎えて行われるものであったのに対し、政務の場が大極殿からしだいに内裏《だいり》に移り、やがて陣の座が政務の場として定まるとともに、村上《むらかみ》天皇以後のたびかさなる内裏焼亡によって、外祖父の屋敷を里内裏《さとだいり》としていく過程そのものが、しだいに律令政治理念の矮小化《わいしょうか》を招いて行ったことは否《いな》めない。上に述べたように、政務の運営は参議以上の公卿が連なる会議で決定され、天皇にこれを奏上し、時には天皇の決裁を仰ぎもした。しかし、摂関の座にある人が人事権を握り、兼家《かねいえ》や道長が参議も経ずにいきなり中納言に任じられて藤原北家の異常な昇進が許されたり、花山《かざん》天皇や三条天皇の退位や譲位が藤原氏一個の利害によって行われた事実などの中に、摂関家の私的権力の増大を認めないわけにはいかない。天皇を前面に押し出して行なわれる政治を「晴《はれ》」の政治というとき、私的権力の行使を許容した「外祖父政治」である摂関政治は「褻《け》」の政治ということができよう。「晴」とは公的なものを示し、「褻」とは日常的・私的なものを意味する言葉で、ともに平安時代の用語である。しかも晴の政治が、朝議とか朝廷の語が示すように、ほんらい朝に行われるものだったのに対し、摂関時代になると夜の政務が多くなってきた事実の中にも晴から褻への転化がうかがわれる。摂関政治とは、それまで褻と観念されて晴の場の背後にあったものが表面に押し出されてきたものにほかならない。晴の文字である漢字に対して、褻の文字である「かな」が表面に躍り出、『かげろふ日記』『枕草子』『源氏物語』などのかな文学の隆盛をもたらすなど、この褻の理念の表面化こそ、さまざまな王朝文化を生み出す母体でもあった。

（笠井昌昭）

008 院政の政治思想《いんせいのせいじしそう》

院政とは、譲位した天皇である上皇《じょうこう》（院）が、国政をつかさどる政治形態。応徳三年（一〇八六）の白河《しらかわ》上皇による院政開始から後鳥羽《ごとば》上皇が承久《じょうきゅう》の乱に敗れた承久三年（一二二一）までを院政時代という。なお鎌倉幕府の成立をもって院政時代の終わりとする説もある。

上皇が天皇を補佐して政治を見ることは、すでに早く持統《じとう》上皇が文武《もんむ》天皇と「並び坐《いま》して」天下の政治にあずかることがあり、孝謙《こうけん》上皇は淳仁《じゅんにん》天皇の背後にあって強い力を保ち、平城《へいぜい》上皇は嵯峨《さが》天皇と対立して「二処《にしょ》朝廷」を出現させ、醍醐《だいご》天皇に譲位した宇多《うだ》天皇はその後も政務に関与するところがあった。

このように上皇による政治への関与は先例があり、白河天皇が譲位後に上皇として政務に携わる道はすでに開けていた。だが白河上皇以後を院政期として以前の上皇たちの政治関与と区別するのには、当然理由がある。

白河以前の上皇たちによって譲位された天皇は、いちばん若い醍醐天皇でも一三歳であったが、院政期には鳥羽《とば》・崇徳《すとく》の両天皇とも五歳で即位し、近衛《このえ》天皇は三歳、六条《ろくじょう》天皇は二歳で即位している。これらの幼帝の上に君臨した院政は、保安《ほうあん》三年（一一二二）に白河法皇が比叡山大衆《だいしゅ》の強訴《ごうそ》の鎮圧を諸社に祈った告文《こうもん》の中で、「すでに退位して三八年を経たが、その間、三代の帝王の父祖として、退位の身を楽しむとはいいながら、幼齢の主を愛《あい》念《ねん》し、朝家の政を扶持してきた」という点を強調し、「ひとえに国家のため、王法のために、道理に任せて朝憲を行わんとす」と主張している。それはまた「太上《だいじょう》天皇《てんのう》は長嫡《ちょうちゃく》なり。今上陛下《きんじょうへいか》は少子なり」という姿勢に支えられていた。このように院政の理念は、天皇家の家長としての父系尊属《そんぞく》親権の論理を根底としていたが、それはこの時期の社会において、父系尊属親権の強大化が見られることと揆《き》を一《いつ》にしている。院政政権において武士は重要な結びつきをもったが、家父長的な家の理念の成立が武士にあってこの時期もっとも顕著に見られることと無関係ではない。しかしそれだけでは、白河上皇に始まる院政の政治思想を明らかにはしえない。

「院」とは、本来「垣根をめぐらして、他と区別された建物」のことである。退位した上皇は、内裏を出て、大内裏《だいだいり》の外に移る。その住居が「冷然院《れいぜいいん》」「朱雀院《すざくいん》」などと呼ばれる上皇の住居である。従って「何々院」とは最初上皇の住まう建物の名であったが、次第にその呼称がその建物に住む主のことをさすようになった。

そのことからすれば、院政とは律令政治の仕組みの中に、忽然《こつぜん》としてできた新しい区画であったといえる。あるいは律令体制という流れのなかにできた中州《なかす》のようなものであるといってもいい。その中州は、それまでの川の流れをせき止めたり、流れを変えたりして行くことになる。具体的にいえば、前代の摂関政治は律令体制の官僚機構の外に、別の政治機構をつくったわけではなかった。それにたいし、白河上皇は堀河《ほりかわ》天皇の崩御の後、次第に国政に関与するようになった。それまで天皇の前で行なわれていた御前定《ごぜんさだめ》や清涼殿《せいりょうでん》で行なわれていた殿《でん》上定《じょうさだめ》という公卿会議に代わって、院御所で公卿会議が開かれるようになり、それが最高審議機関となっていった。しかも、上皇は摂政・関白や左大臣・右大臣をさしおいて、中・下級の貴族の中から院の乳母《めのと》の子などの身内的な人物や、上皇の個人的な好みにかなった人物を寵愛して「近臣」とし、その近臣を院の手足として院の恣意的な意思を実現させ、またかれらに大きな権限を与えさえした。『今鏡《いまかがみ》』に「夜の関白」と異名を伝えられ、藤原宗忠《むねただ》の日記（『中右記《ちゅうゆうき》』）にも「天下の政は、この人の一言にある。威を一天に振るい、富は四海に満ちている。世間の貴賎で敬意を払わないものはない」と記された藤原顕隆《あきたか》は、まさに中流貴族層の出身で、その最高官も中納言どまりであった。律令体制の中では中納言どまりの人物も、律令制の中に区画された「院」という場にあって、律令制の仕組みを離れ、上皇の信頼と寵愛とをうらづけに大きな権力をもちえたのである。このようにして院政は、律令体制の流れのなかにできた中州として、律令体制下の官僚制にとらわれない「院の近臣」を生み出し、彼らを手足として律令体制の枠組みから一歩踏み出したものとなった。ほんらい上皇の私的文書にすぎなかった院宣《いんぜん》も国政文書としての機能を獲得していく。「ここに初めて律令政治と違った政治体制と理念が生まれた」と、後に『神皇正統記《じんのうしょうとうき》』は述べている。

（笠井昌昭）

009 奈良仏教《ならぶっきょう》

八世紀、奈良時代には、前時代以来の仏教の国家的興隆がさらに進められ、国分寺の建立や東大寺大仏の造営、写経所《しゃきょうしょ》における写経事業などが行われた。唐の仏教の受容が積極的に行われ、唐僧の来日もあった。また、国家の造営した寺院においては教学研究が本格化した。仏教を中心とする異国風の色彩が濃厚な天平文化が開花し、その遺品は正倉院《しょうそういん》宝物などとして今日に伝えられている。他方、この時代には、神仏習合の始発が見られ、仏教の日本列島における本格的な土着が始まった。庶民層に至るまでの仏教の布教や浸透も始まった。

　国分寺や東大寺大仏は、ともに聖武《しょうむ》天皇によって建立や造営が命じられた。これらは、奈良仏教を象徴する大事業であり、またあたかも仏教国家の建設が志向されたかのような大事業である。けれども、これらの大事業が、推古天皇の三宝興隆《さんぽうこうりゅう》の詔（『日本書紀』推古二年〈五九四〉）や、孝徳天皇の十師《じゅっし》を任命する詔（『日本書紀』大化元年〈六四五〉、「仏教興隆の詔」とも言われる）などの前時代以来の国家的な仏教興隆の延長線上に、どのように位置づけられるのかは、必ずしも十分に解明されたとは言えず、なお検討課題として残される。

　大事業に象徴される仏教の国家的興隆が、仏教の日本列島への土着を促し、その後の多様で多彩な思想や文化を生み出す出発点となったことは疑えない。奈良仏教がただちに国家仏教であるとの通説的理解には、今日、批判が寄せられている。批判には妥当なところもあるが、国家支配者による興隆と仏教文化の開花にこの時代の仏教の大きな特徴があることは否定できない。

　百済《くだら》からの仏教公伝以来、朝鮮半島の仏教の影響下にあったが、道慈《どうじ》は、大宝二年〈七〇二〉の遣唐使に加わって入唐し、長安において本格的に唐の仏教を学び、帰国してこれを伝えた。その後、留学僧などの渡《と》唐《とう》が相次ぎ、唐の仏教の受容が本格化する。また唐僧も来日して唐の仏教を伝えた。鑑真《がんじん》は、戒師《かいし》招請に応じて来日し戒律の普及に努めた。

　護国経典として重んじられた『金光明経《こんこうみょうきょう》』（曇無讖《どんむしん》

訳）が、最新訳の義浄《ぎじょう》訳『金光明最勝王経《こんこうみょうさいしょうおうきょう》』（唐、長安三年〈七〇三〉訳了）の依用《えよう》に切り替えられたのも、唐代仏教への志向の表れである。国分寺の造営を命じた聖武天皇の詔（『続日本紀《しょくにほんぎ》』天平一三年〈七四一〉）には、『最勝王経』の引用があり、国分寺の造営が、同経への帰依《きえ》と密接な関係にあることが分かる。

従来、南都六宗《なんとろくしゅう》との呼称の下に、八世紀、奈良時代には三論・法相《ほっそう》などの六学派が、諸大寺にあって教学の研鑽に励んでいたとされてきた。近年では、それらが見るべき成果を挙げるようになったのは八世紀の中頃以降のこととされる。受容一辺倒からようやく奈良時代も後半になって、教学研究の独自の成果が出され始めたのである。『般若心経述義《はんにゃしんぎょうじゅつぎ》』などの著作のある智光《ちこう》（生没年未詳）や、唯識《ゆいしき》教学や因明《いんみょう》に精通し多数の著作のある善《ぜん》珠《じゅ》のような学僧が輩出する。

『日本書紀』天武五年（六七六）是夏《このなつ》条によれば、旱魃《かんばつ》にあたり神祇《じんぎ》と三宝に降雨祈願が行われた。同一の祈願がそれぞれに対してなされたのであるが、仏教の伝来以来、仏教と神祇信仰の間には目立った交渉がなかった。

そうした両者を関係づけることとなったのは、国分寺の建立と東大寺の大仏造営であった。『類聚三代格《るいじゅうさんだいきゃく》』が掲げる国分寺建立の勅には、願文《がんもん》五箇条が掲げられており、その第一条には「願はくは、天神地祇、共に相《あい》和順し、恒《つね》に福慶《ふくけい》を将《も》ちて、永く国家を護らむことを」とある。国分寺造営にあたって第一に願われたのは、仏教の擁護を受けつつ、諸神祇が協調して国家を加護することだったのである。次いで、東大寺大仏造営にあたっては、宇佐八幡神が諸神祇を率いて協力するとの託宣《たくせん》をしたことが知られている。仏教による神祇の擁護からさらに進んで、神祇も仏教に帰依して、仏教に関わる事業に協力するとの考え方が示されたのである。こうした仏教と神祇信仰の関係づけは、その後の神仏習合とよばれる両者の融合の端緒《たんちょ》となった。神前読経《しんぜんどきょう》が行われたり神《じん》宮寺《ぐうじ》が建立されるなどのことが見られるようになる。

平安時代初期に編纂された仏教説話集『日本霊異記《にほんりょういき》』には奈良時代の民間仏教の実態を反映したと見られる説話が数多く収められている。行基《ぎょうき》をはじめとする僧侶により、因果応報《いんがおうほう》思想が庶民層に至るまで広まったと想定されるのである。

（八重樫直比古）

010

平安仏教

へいあんぶっきょう

平安仏教とは、天台・真言宗を中心とする平安時代四〇〇年間の仏教の総称だが、およそ三つの時期に分けて考えることができる。第一期は九世紀初頭から末ころまでで、天台・真言宗の形成確立期である。奈良時代末期、仏教界の俗化が顕著となるにつれ、官大寺《かんだいじ》の僧よりも神聖な山林で修行し民衆を教化《きょうけ》救済する菩薩僧《ぼさつそう》に対する社会的評価が高まり、官大寺勢力の中心地平城京から遷都した桓武《かんむ》天皇は、山林修行僧こそ国を護り民を利すると称揚し保護した。こうした時代の趨勢《すうせい》の下で現れた最澄《さいちょう》と空海《くうかい》は、山林修行僧の実践活動で重視されていた『法華経』と真言陀羅尼《しんごんだらに》の意味をそれぞれ捉《とら》え直すことで、普遍的救済宗教としての天台宗と真言宗の存在に到達した。天台・真言二宗と南都六宗の八宗体制は、平安時代の国家仏教で諸宗並立の体制理念視されたが、二人の新宗開立は入唐《にっとう》し中国既存の宗派相承の形をとったとはいえ、社会の現実を踏まえ主体的に選択した点、既存の南都六宗と大きく異なる。従って平安仏教は、学団的な奈良仏教に比較して実践的救済的色彩が強い。人は先天的素質によって成仏の可否が定まっているとする南都法相宗《ほっそうしゅう》の五性各別《ごしょうかくべつ》説に対し、最澄が法華一乗《いちじょう》・一切皆成仏《かいじょうぶつ》を主張し、空海が真言密教による即身成仏《そくしんじょうぶつ》を説いたのは、平安仏教の救済宗教的特質を示すものである。

山林修行の浄僧《じょうそう》の菩薩行《ぼさつぎょう》による鎮護国家を志向した天台・真言宗は、仏教が国家体制に包摂された前代と異なり、仏教と国家は別個の次元において存在し、しかも相依不離の関係にあるという王法仏法相依論《おうほうぶっぽうそういろん》を新しい国家仏教の理念とした。こうした聖俗二元観は授戒権《じゅかいけん》などで国家と仏教の間に一定の距離を置こうとする姿勢にも窺《うかが》えるが、最澄・空海没後の天台・真言宗は教線拡大のため国家権力への接近を余儀なくされ、南都諸宗に優越する密教修法を介して護国法会への参加を積極的に進めた。当初の天台密教（台密《たいみつ》）は空海請来《しょうらい》の真言密教（東《と》密《みつ》）に遠く及ばなかったが、九世紀中葉に円仁《えんにん》・円珍《えんちん》が入唐求法《ぐほう》して台密の興隆をもたらした。この時期、南都諸宗でも真言兼修が盛んになり、密教は九世紀後半の仏教界を覆《おお》い、平安仏教は祈祷宗教としての色彩を深めた。

第二期は一〇世紀初頭から一一世紀中葉までで、平安仏教の貴族仏教化の時期である。摂関体制形成期の社会変動に伴う貴族たちの不安感に平安仏教は応《こた》え、来世《らいせ》欣《ごん》求の浄土教と調伏息災《ちょうぶくそくさい》など現世利益《げんぜりやく》の密教修法が並んで発達する。それは救済宗教としての平安仏教の特質を示すものでもあるが、上流貴族への接近は教団の貴族化をもたらした。摂関家との提携により比叡山を中興した座主《ざす》良源《りょうげん》の後任に藤原師輔《もろすけ》の子尋禅《じんぜん》が就任したように、外護《げご》の代償として上流貴族の子弟を要職に迎え入れた大寺院は、経済基盤を寄進地型《きしんちけい》荘園に移行し、地方寺院を末寺化して巨大な権門と化した。摂関体制が安定する一〇世紀末には、諸大寺の仏事が貴族社会の年中行事化するとともに、浄土教では源信《げんしん》が現れて観想《かんそう》念仏と諸行《しょぎょう》往生を説き、密教では五壇法《ごだんぼう》はじめ多数の壇を連ねて怨霊調伏や安産息災を祈る修法が流行した。こうして一一世紀の仏教界では、諸行往生や連壇法《れんだんほう》のように功徳の数量を重視する貴族仏教的秩序が正統的地位を占めた。

第三期は一一世紀後半以後一二世紀末までで、古代から中世への転換期である院政期にあたり、鎌倉新仏教の胎動が見られる。古代的秩序の崩壊と結合し社会各層で現実的に理解された末法《まっぽう》到来（一〇五二）の危機感は、その克服をめざす平安仏教の活性化、王法仏法相依論の流布をもたらした。白河上皇の法勝寺《ほっしょうじ》をはじめとする六勝寺など仏法中興を誇称する大寺院の建立が相次ぎ、また埋経《まいきょう》などの功徳を説く民間勧進《かんじん》僧の布教も活発化し、古代仏教史上空前の仏事の盛行、寺社勢力の興隆を現出した。しかしその一方で、末法下での教学や修行、功徳重視への疑問は、正統的教学や修行を無視して個人的信仰体験を重視する観心《かんじん》主義の風潮を生んだ。絶対的現実肯定論に立つ天台本覚《ほんがく》思想の形成、教相を無視し事相《じそう》における口授《くじゅ》秘伝を優先する結果としての密教諸流の分化などが、この時期に顕著となる。また権門化した教団を離脱し別所《べっしょ》・霊場で独自の修行や民衆教化に努める僧侶たち、いわゆる聖《ひじり》・上人に対する社会的関心が高まり、多様な別所念仏集団が各地に形成されるとともに、霊場の在来神を仏の権現《ごんげん》・垂迹《すいじゃく》とする本地《ほんじ》垂迹思想も説かれるようになった。こうした平安仏教における新傾向、仏教の民間浸透を基盤として、鎌倉仏教の革新運動が起り、日本仏教は新たな時代を迎えるのである。（速水　侑）

011 密教《みっきょう》

密教とは神秘的宗教の総称だが、一般には仏教における秘教、すなわち秘密仏教を指し、日本では空海《くうかい》によって伝えられた真言《しんごん》密教に代表される。『ベーダ』に見られるようなインド古来の呪術的諸要素は大乗仏教の下で仏教的意味づけが行われ、仏教思想を総合する究極的秘法として体系化されて密教が成立した。密教の教えを体系的に説いた最初の経典は、七世紀中葉にインドで成立した『大毘盧遮那成仏神変加持経《だいびるしゃなじょうぶつじんぺんかじきょう》』（大日経《だいにちきょう》）で、偉大な根本仏大日如来《だいにちにょらい》の成道《じょうどう》と神変《じんぺん》と加持《かじ》（仏の大悲大智と衆生《しゅじょう》が相応じ妙果を成就すること）を説き、これを図示したのが胎蔵界曼陀羅《たいぞうかいまんだら》である。ついで七世紀後半に原型が成立したとされる『金剛頂経《こんごうちょうぎょう》』は、大日如来の身を真言行者が自分自身に成就するための観行《かんぎょう》を説くもので、これを図示したのが金剛界曼陀羅《こんごうかいまんだら》である。両経は、行者が密教教主大日如来と一体となり成仏するという究極目標で体系化された点、雑多な呪法を説いたそれまでの密教的諸経典と一線を画するもので、密教史では『大日経』成立以後の密教を「正純密教」「純密《じゅんみつ》」、それ以前を「古密教」「雑密《ぞうみつ》」などと区別して呼ぶことが多い。

中国には八世紀前葉、善無畏《ぜんむい》によって『大日経』、金《こん》剛智《ごうち》によって『金剛頂経』が伝えられ、唐朝の庇護により不空《ふくう》（七〇五―七七四）の下で中国密教は全盛期を迎えるが、九世紀中葉の会昌《かいしょう》の廃仏以後は生彩を失い、純密の流れは空海の請来《しょうらい》によって日本で発達した。山林修行者として雑密修法を知った空海は、背後にあるべき宗教体系を求めて『大日経』に到達し、不空の弟子恵果《けいか》から金《こん》胎両部灌頂《たいりょうぶかんじょう》を受けて八〇六年帰朝したのである。真言宗を開き、嵯峨天皇から下賜された東寺《とうじ》を教王護国寺《きょうおうごこくじ》と改称して密教専修の鎮護国家道場とした空海は、『秘密曼荼羅十住心論《じゅうじゅうしんろん》』（八三〇ころ）で、密教は真理としての大日如来が示した究極の教えであり、天台宗や南都諸宗は釈迦が衆生の機根《きこん》に応じて顕《あらわ》に説いた仮の教え（顕《けん》教《ぎょう》）であるとし、宮中真言院設立奏上《きゅうちゅうしんごんいんせつりつそうじょう》（八三四）では、病源を説くだけの浅略趣《せんりゃくしゅ》と薬を調合服用し病を除く秘《ひ》密趣《みっしゅ》という比喩を用いて顕劣密勝《けんれつみっしょう》を強調し、天皇護持の後七日御修法《ごしちにちのみしほ》を年中行事化した。こうして密教は鎮護国家仏教の中心的地位を確立したが、同時に修法中心の祈禱宗教として理解受容されることにもなった。

　空海の前年に帰朝した最澄《さいちょう》も善無畏の法孫順暁《じゅんぎょう》から密教を付法されたが、その内容は空海の水準に及ばず、最澄没後の天台宗は教勢拡大のため密教充実に努めることとなった。承和《じょうわ》一四年（八四七）帰朝した円仁《えんにん》は、胎蔵・金剛界に蘇悉地《そしつじ》（密教経典の一）を加えた三部大法を伝え、また宮中真言院の後七日御修法に対して比叡山惣持院《そうじいん》を熾盛光法《しじょうこうほう》を修す天皇本命《ほんみょう》祈禱の道場とし、天台密教（台密《たいみつ》）興隆の基盤を築いた。三部大法を伝授されて天安二年（八五八）帰朝した円珍《えんちん》も多くの曼荼羅や修法を伝えて活躍し、さらに円仁の弟子の安然《あんねん》は研究と著作に専念し台密教学を大成した。真言宗以外を顕教の範疇に入れる空海に対し、最澄は天台円教《えんぎょう》と真言密教に優劣なしと円密一致の立場をとったが、安然は台密を天台宗と区別し真言宗と呼んで円教の上に位置づけ、空海法流の真言宗（東密《とうみつ》）に勝るとしたのである。南都でも空海の東大寺真言院を中核に密教化が進んでいたが、三論僧の常暁《じょうぎょう》が承和《じょうわ》六年（八三九）に護国の秘法として太元帥法《たいげんほう》を伝え、さらに空海の高弟真雅《しんが》に灌頂《かんじょう》を受け醍醐寺《だいごじ》を開いた聖《しょう》宝《ぼう》が貞観《じょうがん》一七年（八七五）に東大寺東南院を創建して三論・真言兼学の道場とするなど、顕密兼修《けんみつけんしゅう》は通例となった。

　こうして九世紀後半以降の仏教界は密教に覆《おお》われ、護国法会に加え、天皇外戚として権力の座を望む上流貴族の要求に応《こた》える多様な修法が発達した。政敵や皇子出産を妨げる怨霊の調伏《ちょうぶく》には不動法が用いられていたが、台密では一〇世紀後葉ころ良源《りょうげん》の下で、より効験《こうけん》ある修法として不動を中心に五大明王《みょうおう》に祈禱する五壇法《ごだんぼう》が始まり、薬師法でも薬師七体に祈る七仏薬師法《しちぶつやくしほう》が除病安産の利益絶大とされた。多数の壇を連ねて効験を競う風潮は院政期に絶頂に達し、経典儀軌《きょうてんぎき》を無視した新奇な修法も生まれた。修法の発達は密教諸流の分化をもたらし、東密では小野（聖宝《しょうぼう》系）・広沢《ひろさわ》（益信《やくしん》系）の根本二流に起源する野沢《やたく》一二流、台密では山門《さんもん》（円仁系）・寺門《じもん》（円珍系）の一三流が生まれた。諸流は修法の肝要の部分を口授秘伝《くじゅひでん》とし、雨乞いでも小野流は請雨《しょうう》経法、広沢流は孔雀経法《くじゃくきょうほう》というように、修法ごとに流派の固定化が見られた。中世以降、密教修法は修験山伏《しゅげんやまぶし》などを介し、民間の祈禱宗教にも受け継がれていった。

（速水　侑）

第一部　一　飛鳥・奈良・平安時代

012

本地垂迹思想《ほんじすいじゃくしそう》

本地垂迹は、日本列島において奈良時代から広く展開した神仏習合運動の一形態として理解されている。神仏習合とは、列島固有の神信仰が新たに伝来した仏教と接触することによって生じた、思想・儀礼・習俗面での融合現象をいう。

土着の神と外来の仏を有機的に関連づけようとする試みは、日本だけでなく広くアジア各地にみられる現象である。日本でも奈良時代になると、大陸で先行した神仏習合の影響を受けて神を仏教による救いの対象と捉え、その救済実現のために納経や神宮寺を建立することが盛行した。平安時代には、仏・菩薩が仮の姿をとってこの世に出現したものが神であるとする本地垂迹説が登場する。本地垂迹説は、神を「権現」（仏の化現《けげん》）と呼んだり、「八幡大菩薩《はちまんだいぼさつ》」といった菩薩号を奉呈したりする段階を経て、平安後期には個々の神に本地が比定されるようになり、中世ではほとんどの神について特定の本地仏が定められた。天照大神は、十一面観音あるいは大日如来の垂迹だった。また、仏教の論理で神祇信仰を解釈した山王神道《さんのうしんとう》や両部神道《りょうぶしんとう》も成立した。こうした神仏一体化の流れに反発して、鎌倉後期の伊勢神道などでは神を仏の本地とする反本地垂迹説＝神本仏迹《しんぽんぶつじゃく》説が唱えられ、室町時代の吉田兼倶《よしだかねとも》らは、神道を根本《こんぽん》、儒教を枝葉《しよう》、仏教を花実《かじつ》とする根本枝葉花実説《こんぽんしようかじつせつ》を説いた。

平安後期に、本地垂迹の思想が展開することになった背景には、この時期に日本列島を舞台として生じた思想や世界観の面で大きな変動があった。仏教の本格的受容と浄土信仰の浸透に促されて、平安時代の後半からこの世と隔絶した遠い彼岸《ひがん》世界の観念が膨張し、一二世紀に至って死後に往生すべき他界浄土の観念として定着をみた。古代的な一元的世界観に対する、他界―此土《しど》の二重構造をもつ二元的な世界観の形成である。多くの人々が、この世は仮の宿りにすぎず、死後極楽に代表される理想の浄土（あの世）に往生することこそが究極の目標である、と考えるようになるのである。

彼岸の浄土は人間が容易に認知できない遙遠《ようえん》の世界で

あるため、そこにいる超越者はしばしば人を救うべく、さまざまな形をとってこの世界に可視的な姿を現すと信じられた。人はそれを縁として、最終的には彼岸世界をめざすべきであると説かれた。

　こうした世界観の転換に伴い、伝統的な神々は彼岸の仏の垂迹と位置づけられ、神に死後の救済（浄土往生）を祈ることが流行した。本地垂迹の関係は狭義の仏―神だけの間に留まらず、堂舎に鎮座する仏像（とくに生身《しょうじん》仏《ぶつ》とよばれる仏像）も垂迹とみなされた。聖徳太子・弘法《こうぼう》大師《たいし》などの聖人や舎利《しゃり》などの聖遺物もまた、彼岸の仏の化現＝垂迹として人々を浄土へと導く存在と考えられた。中世ではこのほか、垂迹としての神を「権社《ごんしゃ》」と呼ぶのに対して、死霊などを祀った神を「実社《じっしゃ》」として、両者を区分する方法も行われた。なお、この「本地―垂迹」の論理は、天台教学の本門《ほんもん》・迹門《しゃくもん》の思想に由来するといわれる。

　垂迹の所在地（霊場）はこの世の浄土であるとともに遙かなる彼岸の浄土への入口だった。そこへ足を運び、祈りをささげることによって、他界浄土への往生が可能になると説かれた。生者だけでなく死者もまた垂迹の膝元へ骨を納めることによって往生が実現すると信じられ、高野山や元興寺《がんごうじ》をはじめとする各地の霊場で納骨信仰が大流行するのである。

　本地垂迹思想は、日本文化全般に大きな影響を与えた。平安時代の後半から、習合曼荼羅《しゅうごうまんだら》・神像彫刻といった垂迹美術が発展した。本地垂迹思想は、寺院の伽《が》藍《らん》配置をも規定した。彼岸への通路と考えられた垂迹の所在地＝聖地は、多くの場合山の寺であった。垂迹の鎮座する奥の院は、高野山や室生寺《むろうじ》・醍醐寺《だいごじ》に典型的にみられるように、通常寺院内部の一番の高みに設けられた。見晴らしのよい高所を重視するこうした伽藍《がらん》配置は、山こそが神の棲《す》むこの世でもっとも清浄な地であるという、古来の観念を背景としたものであると推定される。

　本地垂迹思想は明治元年（一八六八）の神仏分離令まで、日本における神仏関係論の中心的思潮であり続けた。ただし、神仏習合が進展し、本地垂迹思想が全盛をきわめる平安後期以降も、伊勢神宮や宮廷祭祀の場では神仏を隔離する伝統が残っており、神仏習合と神仏分離の共存をどのように解釈するかという問題は、今後解決すべき問題となっている。

（佐藤弘夫）

013 怨霊思想《おんりょうしそう》

「怨霊《おんりょう》」は怨恨の情から災いをもたらす霊のことで、そうした霊には死霊《しりょう》も生霊《いきりょう》もある。生霊の話でよく知られているのは、『源氏物語』葵巻《あおいのまき》で光源氏の正妻葵の上を取り殺す六条御息所《ろくじょうのみやすどころ》の「生霊《いきすだま》」の話である。ここで「生霊」となった御息所が葵の上の口を借りて「物思ふ人の魂は、げに、あくがるるものになんありける」と言っているのは、魂が身を離れて浮遊するという古代的な遊離魂《ゆうりこん》の考え方をうかがわせて興味深い。

もう一つ、この「生霊」の話で興味を引くのは、これより早く、葵の上の病悩が噂《うわさ》になり始めたころ、人々の間で、「この（六条御息所の）御生霊」と並んで、「故父《こちち》大臣《おとど》の御霊《ごろう》」が取り沙汰されていることである。「故父大臣」は御息所の父である。御息所の父大臣の死霊が葵の上に取り憑《つ》いているという風評《ふうひょう》は、葵の上に対する六条御息所の個人的感情とは別に、故父大臣と葵の上の父大臣（左大臣）の間にただならぬ確執《かくしつ》があったことをうかがわせるものである。

怨霊思想という術語が一般に意味するのは、この「父大臣の御霊」のような、何らかの思いを残して死んでいった者の霊がこの世に祟《たた》りをなすという考え方である。死霊はそれでなくとも太古の昔から人々の畏怖の対象であったが、奈良時代から平安時代初期にかけての相継ぐ熾烈《しれつ》な皇統争い、氏族間の抗争は、多数の政治的な敗者を生み出し、その多くが悲惨な最期を遂げたため、世に災いがあれば彼らの死霊によるしわざであるとして恐れることが通例になった。

一例として、桓武《かんむ》天皇の皇太弟、早良親王《さわらしんのう》の例をあげよう。延暦《えんりゃく》四年（七八五）、天皇の側近藤原種継《ふじわらのたねつぐ》が何者かに暗殺される事件が起こり、早良親王がこれに関与したとして捕らえられ、乙訓寺《おとくにでら》に幽閉された。親王は自ら飲食を絶ち、無念の死を遂げた。この廃太子事件は、桓武天皇の皇子安殿《あで》親王の立坊《りつぼう》を図る藤原氏の勢力が仕組んだものとみられるが、親王の死後、大規模な飢饉や疫病が起こり、天皇の近親者が次々に死亡するに及んで、早良親王の怨霊が祟りをなしているとの見方が強まっていく。延暦《えんりゃく》一三年（七九四）の平安遷都も、桓武天皇がこの早良親王の怨霊を恐れたためであったという説が有力である。

　早良親王の霊が数ある怨霊の中でもとりわけ強力なものとして恐れられ続けたことは、貞観《じょうがん》五年（八六三）五月二〇日に国家的行事として行われた御霊会《ごりょうえ》において早良親王の霊が「崇道《すどう》天皇」という名で六所の霊の筆頭として祀《まつ》られていることから知ることができる。この時に鎮魂《ちんこん》の対象とされたのは、早良親王のほか、伊予《いよ》親王、藤原夫人《ぶにん》、観察使《かんさつし》、橘逸勢《たちばなのはやなり》、文室宮田麻呂《ふんやのみやたまろ》の霊であった。いずれも藤原氏による他氏排斥の、あるいは氏族内での政権争いの犠牲者である。その死屍累々《ししるいるい》の争闘の果てに政権を手にした摂政藤原良房《ふじわらのよしふさ》にとって彼らの霊を「御霊」として祀り災厄を防ぎ止めることは、身辺の安全を保つためのみならず国家安穏を実現する上でも極めて重要な営為であった。この貞観御霊会では、金光《こんこう》明経《みょうきょう》と般若心経《はんにゃしんぎょう》が講じられるとともに、管弦、舞楽《ぶがく》、雑伎《ざつぎ》、散楽《さんがく》などが演じられたといい、さまざまな手を尽くして怨霊の慰撫《いぶ》、鎮魂《ちんこん》が試みられている。

　この御霊会がきっかけとなって、古くから疫神《えきしん》牛頭天《ごずてん》王《のう》を祀り疫病に対する霊験《れいげん》があるとされていた祇園社《ぎおんしゃ》でも御霊会が始まり、民間の疫神《えきしん》信仰と御霊信仰が結びついていったとされる。今日行われている祇園祭はこれに由来するものである。

　国家的行事としての御霊会は、後には吉備真備《きびのまきび》と菅《すが》原道真《わらのみちざね》の二霊を加えて八所《はっしょ》御霊を祀るのが定式となった。追加された二霊のうち、右大臣にまで昇りながら讒《ざん》言《げん》により大宰府《だざいふ》に流されて憤死《ふんし》し、世人の同情を集めた菅原道真の怨霊が、単なる「御霊」にとどまらず、北野《きたの》天満宮《てんまんぐう》はじめ各地の神社に神として常祀されるようになり、天神《てんじん》信仰が広まっていったことは周知の事実である。

　怨霊鎮撫《ちんぶ》のために死者を神格化することはその後も盛んに行われ、多くの「御霊神《ごりょうじん》」が生まれることとなった。中世以後は、名のある武将、とりわけ、鎌倉権五《かまくらけんご》郎《ろう》、曾我五郎《そがごろう》など「ゴロウ（御霊）」という名を持つ人物が神として祀られ、信仰を集めるようになっていった。また、軍記物語や謡曲などの文学作品において、しばしば怨霊が登場して重要な役割を演じており、怨霊思想の民間への浸透、怨霊伝説の流布を示すものとして注目される。

（佐藤勢紀子）

014 陰陽道《おんようどう》

「おんみょうどう」とも読む。古代中国に発生した陰陽五行説に基づく俗信を母体とし、わが国で独自に成立、発展してきた。陰陽道は中国で成立したものではなく、わが国の特殊な歴史的事情を背景に、宗教的、呪術的性格が増幅され、独自の展開を遂げてきた。その起源とされる陰陽五行説は、日月星辰《じつげつせいしん》、十干十二支の運行・配置により、相生相克《そうしょうそうこく》の理に基づいて吉凶禍福を判断し、国家・社会や個人の行動を規制し、その神秘的側面は道教の主要な構成要素ともなっていった。

陰陽五行説の伝来は、六世紀初頭の継体朝に百済から五経博士段楊爾《だんように》が来朝したのをはじめ、推古天皇一〇年(六〇二)には、百済僧観勒《かんろく》が来朝、暦本・天文地理書・遁《とん》甲《こう》(占星術)・方術《ほうじゅつ》(占いの術)の書を貢上《こうじょう》、朝廷は書生にこれを学ばせた。律令国家の形成期に入ると、漏刻《ろうこく》台《だい》・占星台が設けられ、天武天皇自らも天文・遁甲の術をよく好まれ、国家機関として中務省《なかつかさしょう》の下に陰陽寮が置かれ、私的利用は極力抑えられた。

陰陽寮には、頭《かみ》、助《すけ》、允《じょう》、大属《だいさかん》、少属《しょうさかん》各一人がおかれ、天文、暦数、風雲、気色を掌り、異変があれば密封《みっぷう》奏聞《そうもん》を行うことになっていた。この下に、陰陽道関係一七名(陰陽師六人、陰陽博士一人、陰陽生一〇人)、暦道関係一一名(暦博士一人、暦生一〇人)、天文道関係一一名(天文博士一人、天文生一〇人)、漏刻関係二二名(漏刻博士二人、守辰丁《しゅしんちょう》二〇人)の四分野に技術者がおかれた。役所である寮の名称に「陰陽」を冠し、占筮相地《せんぜいそうち》をもって陰陽と呼ばれるなど、卜占《ぼくせん》に重点がおかれていることは、唐の制度とは異なるわが国の独自性が見られる。この律令下の陰陽寮を基盤として、平安初期以降、宗教性を顕著にしていくなかで、陰陽道が成立する。とりわけ奈良末期以降、政争に敗れた人々の怨霊が恐れられるようになり、特に早良《さわら》親王の祟《たた》りを恐れた桓武《かんむ》天皇は陰陽師を遣わし陵墓に鎮謝《ちんしゃ》せしめた。ここに旧来の神仏両教とともに、呪術的祭法を伝える陰陽道の祭祀が国家祭祀の一翼を担うことになる。

九世紀の仁明《にんみょう》朝以降、天変地異、疫疾《えきしつ》、火災など災異の上奏が増え、朝廷の上層部は仏教・陰陽道の呪術的修法・祭法に依存するようになる。ここに陰陽寮は技術としての天文変異の上奏だけでなく、変異を予防、除去するための宗教的儀礼を行い、それを担当した陰陽師は国史に大きく取り上げられるようになる。さらに九世紀後半、貞観《じょうがん》年間（八五九〜七七）以降、穢《けがれ》意識の増幅によって、陰陽道の忌みが重視され、一〇世紀に入ると貴族社会の中で、社会不安も加わって、ますます複雑となり肥大化しつづけた。

　陰陽道は呪術的祭祀の面で独自の展開を遂げ、その道を継ぐ家筋も特定氏族に固定する。とくに賀茂保憲《かものやすのり》は、子息光栄《みつよし》に暦道、弟子の安倍晴明《あべのせいめい》に天文道を伝え、こののち陰陽道は賀茂・安倍両氏に分掌された。なかでも呪術に秀でた安倍晴明は貴族社会の要請によって招福祈禱や祓呪術《はらえのじゅじゅつ》の祭法をもってその存在感を示し、陰陽師の地位向上につながった。陰陽道は成立当初は国家公的の祭儀として始められているが、その発展期には摂関家をはじめ貴族社会に深く個人的信仰として浸透している。さらに平安末期以後は陰陽寮の管理を受けない民間陰陽師が祓《はらえ》祈禱《きとう》に従事し、庶民の俗信的信仰として定着する。鎌倉幕府もまた陰陽道を取り入れ、安倍氏をもって幕府の陰陽師として重用したため、武士の生活の全般にわたって規制をうけ、祭儀も頻繁に行われた。

　陰陽道の思想と陰陽五行説は、中世の神道説である伊勢神道、吉田神道に影響を与え、祭祀の面でも吉田神道の祭式に受け継がれた。近世に入り、安倍氏がその居宅の名称を用いて土御門《つちみかど》神道と称し、卜占や祓祈祷を中心とした神道の一流派、土御門神道を創立したが、明治に入り、呪術や迷信を排除しようとする新政府は、陰陽道を廃止した。

　その祭法は、『禁秘抄《きんぴしょう》』に「陰陽師の御祭、祓、属《ぞく》星《しょう》、玄宮北極《げんきゅうほっきょく》、泰一《たいいつ》、あるひは三万六千神、老人星等、勝《あげ》て計《かぞ》ふべからず」とあり、『伊呂波字類抄《いろはじるいしょう》』（平安後期の辞書、橘忠兼《たちばなのただかね》）には八八の祭が記載されている。祭には年穀《ねんこく》、祈雨《きう》の祭（高山祭《こうざんさい》、五龍祭《ごりゅうさい》、雷公祭《らいこうさい》）、道堺の祭（四角四堺祭《しかくしかいさい》）、鎮《しずめ》の祭（宅鎮祭《たくちんさい》、土公祭《どこうさい》）、祓（七瀬祓《ななせのはらえ》、河《か》臨祓《りんのはらえ》）など、神祇祭祀と共通するものもみられるが、星辰《せいしん》の祭（泰山府君祭《たいざんふくんさい》）、凶事の祭など神祇祭祀とは異なる祭儀も少なくない。

（岡田莊司）

015
修験道
しゅげんどう

山を修行の場として神仏と交流し、験力《げんりき》や法力など特別な力を身につけ、里では加持祈禱《かじきとう》・病気治療・卜占・託宣を行う信仰形態である。原型は古代の聖《ひじり》・禅師《ぜんじ》・優《う》婆塞《ばそく》などの山岳行者に求められる。長期に山籠もりをするので山伏ともいい、半僧半俗の妻帯者であった。山岳信仰や自然崇拝を中核とし、密教や道教、陰陽道《おんみょうどう》や巫《ふ》術《じゅつ》を習合させた神仏混淆の形態で、平安時代末期に吉野や熊野を拠点とする大峯山で成立した。山を神や仏や菩薩の顕現《けんげん》と考え、地獄と極楽があると観念し、金剛界《こんごうかい》と胎蔵界《たいぞうかい》の曼荼羅《まんだら》、母胎とも見なした。基盤には山に死後の霊魂が赴くとする他界観や異界観がある。教義には天台宗や真言宗の影響が強く、修行地を深山幽谷に求める山林仏教の抖擻《とそう》の展開と言える。抖擻は仏道修行に励むというサンスクリット語のドゥータ（dhūta　頭陀）に由来するが、霊地や霊場を回国遊行《かいこくゆぎょう》する意味となった。

成立の画期は、寛治四年（一〇九〇）に園城寺《おんじょうじ》（三井寺）の増誉《ぞうよ》が白河上皇の熊野詣の先達《せんだつ》を務め、功績で熊野三山検校《けんぎょう》に補任《ぶにん》されたことである。鎌倉時代には役小角《えんのおづぬ》を開祖として仰ぐようになり、徐々に教団形成に向かった。山岳修行を峯入《みねいり》と称し、成仏に至る十段階（地獄、餓鬼《がき》、畜生、修羅《しゅら》、人道、天道、声聞《しょうもん》、縁覚《えんがく》、菩薩、仏）に充当した十界修行を行う。前半は六道《ろくどう》、後半は四聖《しせい》を経巡って、最後に正灌頂《しょうかんじょう》で仏の位に到った。生身のままで仏になる即身成仏《そくしんじょうぶつ》をめざす。いったん死んで生まれ変わる擬死《ぎし》再生の修行で、大自然の生命《いのち》に触れ、神仏と一体化して、身体に新たな力を宿すことを目的とした。

室町時代には教義・修行・思想・組織が整えられて教団化し、江戸時代には聖護院《しょうごいん》中心の本山派（天台系）と醍醐三宝院中心の当山派（真言系）に組織化され、大峯《おおみね》山《さん》と羽黒山《はぐろさん》と彦山《ひこさん》が三大修行場となった。中世は山岳修行が中心で移動性が高かったが、近世では里に定住して山麓に修験集落が形成された。国ごとに大峯山を模した御嶽《みたけ》が成立し、各地の霊山が影響を受けた。山を聖域化して女人結界を設けて女人禁制としたが、里では巫女《ふじょ》（神子《みこ》）と組んで神楽《かぐら》や祈禱を行った。独自の巫術の憑祈《よりぎ》禱《とう》は、巫女を憑座《よりまし》として護法神《ごほうしん》や邪神や邪霊を憑依《ひょうい》させて災因に関する託宣を得る手法で、判断に応じて憑物《つきもの》落《お》とし・不動金縛《かなしば》り・調伏《ちょうぶく》をする。自らも柴燈護摩《さいとうごま》、火渡り、刃渡りで験力を誇示した。江戸時代中期には、農村や都市の民衆の間で山岳登拝の講集団が成立して、先達《せんだつ》や御師《おし》は修験の影響を受け、立山《たてやま》、白山《はくさん》、月山《がっさん》、鳥海山、相模大山《おおやま》、大峯山、石鎚《いしづち》山の登拝は、男子が成人になる証の修行として地域社会に根付いた。福島や宮城のハヤマの登拝習俗も同様である。修験者は冬や春には祈禱に出て勢力圏の霞《かすみ》を回った。幕末維新期には金光教《こんこうきょう》、黒住教《くろずみきょう》、天理教、丸山教、扶桑教《ふそうきょう》など新宗教の母胎になった。しかし、明治元年（一八六八）の神仏分離《しんぶつぶんり》と廃仏毀《はいぶつき》釈《しゃく》で打撃を被り、明治五年（一八七二）の太政官布告《だじょうかんふこく》で修験道は廃止された。その後は徐々に復興して現在に至る。

修験者は民間の祭祀芸能に関与し、神楽や延年、田楽や田遊びで現世利益の願いに応えた。下北《しもきた》の能舞《のうまい》、陸中の黒森神楽、早池峯《はやちね》神楽、陸前の法印神楽、鳥海山麓の番楽《ばんがく》では、修験者が祭文《さいもん》・印信《いんしん》・反閇《へんばい》を用い、山の神舞や権現舞《ごんげんまい》の祈禱や湯立託宣《ゆたてたくせん》を行った。また、山での入《にゅう》峯《ぶ》や出峯《しゅっぽう》に際して儀礼や芸能を演じ、吹浦《ふくら》の田楽《でんがく》、高《たか》寺《でら》の延年、日光の強飯式《ごうはんしき》、吉野の蓮華会（蛙飛び）、鞍馬山の竹伐り、羽黒の松例祭《しょうれいさい》、妙高関山《せきやま》の柱松《はしらまつ》はその名残で、験競《げんくら》べが行われた。奥三河の花祭、南信濃の遠山《とおやま》霜月祭、那智の扇祭《おうぎまつり》と田楽、土佐の池川・津野山神楽、備後の荒神《こうじん》神楽、石見の大元《おおもと》神楽、日向の高千穂・椎《しい》葉《ば》・米良《めら》神楽、求菩提《くぼてさん》山の田遊び、等覚寺《とがくじ》の松会《まつえ》、豊前神楽にも修験の影響が及ぶが、担い手は修験・僧侶・神官・法者《ほうじゃ》・太夫《たゆう》・禰宜《ねぎ》・巫者《ふしゃ》など多様である。神楽の舞《まい》所《どころ》の上に吊るす白蓋《びゃっかい》（白開）、大乗、雲は、神霊の降臨や人間の再生の機能を果たし、修験道の影響が強い。仏教儀礼では、修正会《しゅしょうえ》や修二会《しゅにえ》の法楽に関与し、白山長滝の延年《えんねん》、日光の延年、国東《くにさき》の修正鬼会《しゅしょうおにえ》、東大寺修二《しゅに》会《え》に影響が見られる。ただし、祭祀芸能は近世の吉田神道や国学運動、近代の国家神道の影響で大きく変化した。平成一六年（二〇〇四）には熊野・高野・大峯が「紀伊山地の霊場と参詣道」としてユネスコの世界遺産に登録され、修験道は環境や自然の保護と連動して新たな装いのもとで再生しつつある。

（鈴木正崇）

016

浄土の思想《じょうどのしそう》

仏教で浄土とは、我々の住む穢《けが》れた娑婆《しゃば》世界（穢土《えど》）に対して、煩悩《ぼんのう》を離れた仏や菩薩《ぼさつ》の住む清浄な仏国土《ぶっこくど》を意味し、（一）死後赴く来世の浄土、（二）菩薩行実践によって現世に実現される浄仏国土《じょうぶつこくど》、（三）信仰を通じて現世で感得し得る絶対浄土としての常寂光土《じょうじゃっこうど》、の三種類が考えられるが、最も一般的なのは来世信仰としての（一）である。原始仏教や部派仏教は釈迦《しゃか》以外に現存する仏を認めなかったが、仏陀を永遠普遍の存在と見なす大乗仏教の下では、菩薩道実践の人々の見仏聞法《けんぶつもんぼう》できる現在仏《げんざいぶつ》の希求に応え、十方世界に無量諸仏が現存するという現在他方仏《げんざいたほうぶつ》の仏国土が説かれるようになった。なかでも西暦一〇〇年ころ北西インドで形成された阿弥陀《あみだ》（無量寿《むりょうじゅ》）仏の西方極楽浄土《さいほうごくらくじょうど》の信仰は、中国をはじめ東アジア諸地域に広く流布した。日本における阿弥陀仏や阿弥陀浄土の信仰はかなり古く、八世紀の奈良時代には阿弥陀像や浄土変相図が作られ、東大寺や法華寺には阿弥陀堂とか浄土院と呼ばれる建物も建立されたが、当時の浄土信仰の多くは祖霊追善で、みずからの極楽往生を願う例は乏しい。しかし九世紀中頃、天台密教化で知られる円仁《えんにん》は、当時中国五台山《ごだいさん》で流行していた五会《ごえ》念仏を天台常行三昧《じょうぎょうざんまい》の作法として請来し、浄土信仰発達に大きな役割を果たした。五会念仏は善導流《ぜんどうりゅう》浄土教の影響を受けた法照《ほっしょう》が神秘的体験で感得したという念仏唱和法で、念仏の浄土往生の効用を強調する。本来の常行三昧で念仏は止観《しかん》（心を対象に集中し観察《かんさつ》する）成就の手段に過ぎなかったが、比叡山の常行三昧は甘美な称名念仏《しょうみょうねんぶつ》の法会となり、不断念仏とか山の念仏と呼ばれて年中行事化した。一〇世紀末の源為憲《ためのり》『三宝絵《さんぼうえ》』は、不断念仏とは常行三昧のことで、身・口・心の罪・咎《とが》を消滅し極楽往生を願うものだと説明している。

だが懺悔滅罪《さんげめつざい》の称名念仏には、密教の真言陀羅尼《しんごんだらに》と共通の死霊鎮送《しりょうちんそう》・怨魂調伏《えんこんちょうぶく》の機能も期待されていた。仏教界が密教に覆《おお》われていた当時、著名な念仏者は同時に人々が畏敬する密教の験者《げんじゃ》であり、験力《げんりき》ある僧の称名念仏は、災いをもたらす死霊を浄土に鎮送《ちんそう》できると信じられた。そうした験者の念仏の流れに立ちながら、称名念仏の自己救済的利益も説いたのが空也《くうや》である。彼は諸国を巡り、死体を見れば火葬して念仏を称えたが、天慶《てんぎょう》元年（九三八）以後は京都の市中で死霊鎮送の法会と念仏布教をして、「市聖《いちのひじり》」「阿弥陀聖」と尊称された。文人貴族と天台僧の念仏結社勧学会《かんがくえ》で活躍した慶滋保胤《よししげのやすたね》の『日本往生極楽記』は、「念仏を忌《い》む民衆に対し、空也は自ら唱え他人にも唱えさせた」と讃えている。念仏を死霊鎮送の機能で理解し自ら唱えるのを忌む人々に、空也は念仏者自身の極楽往生の因にもなると勧めたと思われるが、その念仏観と民衆が畏怖する験者の死霊鎮送は未分化に混在していたともいえる。

真言陀羅尼《しんごんだらに》との区別も定かでない称名中心の念仏観に大きな変化をもたらしたのは、寛和《かんな》元年（九八五）に天台僧源信《げんしん》が著した『往生要集《おうじょうようしゅう》』である。源信は、極楽は衆生を利益救済するために成仏をめざす修道の世界だから、往生とは大乗菩薩道の利他行《りたぎょう》実践であり、正しい念仏とは観想《かんそう》を通じて念仏者と阿弥陀仏が一体になる観想念仏であるとした。称名は臨終念仏など特別の場合を除けば、観想実現のための補助的位置に止まり、造寺造仏などの諸行《しょぎょう》の功徳も往生業《おうじょうごう》の一環として位置づけられた。源信の念仏観は念仏結社運動実践の過程で変化し、晩年には信心を基調とする称名念仏に傾いたが、観想念仏は王朝貴族が好む美的情緒的世界と合致して阿弥陀堂の建立が流行した。阿弥陀像をめぐって行道《ぎょうどう》する常行堂《じょうぎょうどう》に対して、極楽を模し弥陀三尊や九体《くたい》弥陀を安置する阿弥陀堂は引摂礼拝《いんじょうらいはい》の作法に重きを置く観想念仏のための堂舎で、藤原道長のように臨終の場とした例も少なくない。阿弥陀堂は浄土教芸術を開花させたが、功徳の集積を競う風潮に批判的な念仏者は本寺を離脱し、各自の信仰体験に則った往生業を模索し、一二世紀には新たな別所《べっしょ》中心の念仏集団が各地に形成された。不断念仏僧良忍《りょうにん》による大原別所の融通念仏《ゆうずうねんぶつ》、即身《そくしん》に大日如来の密厳《みつごん》浄土実現を目指す覚鑁《かくばん》による高野山別所の真言念仏、念仏宗を自称した永観《ようかん》や称名は往生業の正中《しょうちゅう》の正とした珍海《ちんかい》ら光明山別所《こうみょうさんべっしょ》の南都三論系念仏などはその代表例であり、また極楽の東門に通じるとして結縁《けちえん》衆《しゅ》を集めた四天王寺別所の念仏宗も有名である。これら多様な念仏活動の展開を経て、法然《ほうねん》の専修《せんじゅ》念仏が出現するのである。

（速水　侑）

017

宿世の思想

すくせのしそう

「宿世《すくせ》」はサンスクリット語仏典において過去世《かこせ》を指すpūrva《プールバ》の漢訳語で、経典の中では、仏の生存していた世という意味の用例が多い。しかし、平安時代の文献に見られる「宿世」という語は、ほとんどの場合、個々の人物に即して、前世の因縁《いんねん》、あるいは、前世の因縁によって定められた現世の境涯やなりゆきという意味で使われている。『源氏物語』に例をとれば、「心憂《こころう》き宿世ありて」（関屋巻《せきやのまき》）、「昔の宿世は目に見えぬもの」（竹河《たけかわの》巻《まき》）などは前者の意味での用例であり、一方、「ただ人《びと》の宿世」（少女巻《おとめのまき》）、「物思ふべき宿世なりけり」（蜻蛉巻《かげろうのまき》）などは後者の意味で使われていると見られる。

「宿世」の類語としては、「宿業《しゅくごう》」「宿縁《しゅくえん》」などの語があり、仏教説話や往生集に散見するが、仮名文の作品では、圧倒的に「宿世」が多く用いられている。仮名文における「宿世」は、早くは一〇世紀前半に成立した『伊勢集《いせしゅう》』の詞書《ことばがき》に見えており、その後、『蜻蛉日記《かげろうにっき》』、『宇津保物語《うつほものがたり》』などの日記や物語に相当数見られるようになる。めだって用例が増え、しかも作品の主題と深く関わる形で用いられるようになるのは、一一世紀初頭に書かれた『源氏物語』においてである。『源氏物語』における仏教漢語の使用数を調査した結果によれば（佐藤勢紀子「『源氏物語』とジェンダー――「宿世」を言わぬ女君――」〈『日本語とジェンダー』所収〉）、「宿世」が一二〇例と群を抜いて多く、第二位が「法師」（三七例）で、以下、「修《しゅ》法《ほう》」、「誦経《ずきょう》」、「経」、「念誦《ねんず》」と続き、第一〇位の「数《じゅ》珠《ず》」まではすべて仏道の営みに関わる語彙である。思想関連の語彙としては「宿世」の他には「道心」、「方便」、「業障《ごっしょう》」、「慈悲」、「煩悩《ぼんのう》」が少数あるにすぎず、いかに『源氏物語』において「宿世」という仏教用語が――漢語の観念語であるにも関わらず――多用されているかが明らかである。このような「宿世」の多用は同時代の中国大陸の文学には見られないと言われる（趙青「「宿世」について」〈『人間文化研究年報一七』お茶の水女子大学〉）。

現世における境涯やなりゆきを前世の因縁によるとする宿世の思想は三世《さんぜ》因果応報の思想に基づくもので、貴族社会の階層が固定化し、個人の才覚や努力によって身分の壁を超えることが困難になった平安中期以降、特に中流以下の貴族たちに浸透していった。彼らの多くは、その不本意な境遇や人生における不如意を、みずからの前世における行為（宿業）の結果として受けとめることで合理化し、仏道修行に心を入れて善業を積むことによって来世における救済に望みをつないだのである。その意味で、宿世の思想は当時の浄土信仰の広がりと深い関わりを持っていたと見ることができる。

　宿世の思想を表す言葉として「宿世」や「宿業」とともによく挙げられるのは、「契り《ちぎ》」、「さるべき」である。「契り」は前世からの約束の意味で、夫婦など縁の深い人間関係を表すのによく使われる。「さるべき」はそうなるはずの、という意味で、物事のなりゆきを前世の因縁による決定的なものと見るときに用いられる。

　しかし、宿世の思想を表しているのは、そうした定型的な表現だけではない。「さるべき」に準ずる助動詞「べし」や「まじ」の用例においては、宿世の思想を背景に、現世の中の過去から現在へ、現在から未来への時間が持続相のもとに捉えられている。たとえば、『狭衣《さごろも》物語《ものがたり》』で、狭衣の婚約を知った典侍《ないしのすけ》は「かかる事の侍るべければ、過ぎにし方は、心苦しき事はいと侍るこそ」と、現在のなりゆきから過去の縁談の不成立を了解している。また、『夜の寝覚《ねざめ》』でも、寝覚上《ねざめのうえ》の行く末が、「げにかかる憂き事をのみ聞き給ひて、いかに成りはて給ふべき御有様にか」と、現在から未来への必然的ななりゆきの一環として案じられている。このような、いわば「宿世の文脈」にこそ、当時の人々の宿世の思想のありようが如実に示されていると考えられる。

　宿世の思想に関してもう一つ注目されるのは、「身」という言葉である。「身」は当時、しばしば前世から定められている境涯を指し、「宿世」と同義で用いられた。『紫式部集《むらさきしきぶしゅう》』に「心だにいかなる身にかかなふらむ思ひ知れども思ひ知られず」という歌がある。この歌で式部は、「心にかなふ身」という通常の発想を逆転して、身（宿世）が心に叶わぬのならせめて「身にかなふ心」がほしい、ほどほどの宿世で満足できる自分になりたいと念じているのである。それが困難であったところに、当時の中流貴族の生きづらさがあったのではないだろうか。

（佐藤勢紀子）

018

末法と末世

まっぽうとまっせ

長い求道と弘教の旅の果てに、釈迦《しゃか》はインドのクシナガラで死を迎えた。後には、釈迦みずからが説いたとされる膨大《ぼうだい》な量の教え（経典）が残された。そのなかに、一定の時期を経過するとその効力が喪失すること（法滅）を、釈迦自身が予言するものがみえるのである。『大集《だいじっ》経《きょう》』に集成される法滅の思想は、中国に入ると正像末三時説として体系化された。仏滅後、正法《しょうぼう》・像法《ぞうほう》・末法《まっぽう》という三段階を経て、仏の経説がしだいに消滅していくという思想である。法の衰亡の具体的な様相としては、教（教説）・行（実践）・証（悟り）という三つの要素について、正法はこれら全てを具備する時代、像法はそのうち証が欠け、末法は教だけが残って行・証のない時代とする説明が、広く受け入れられた。

仏滅年次および正・像・末三時の時期区分については異説があるが、日本では仏滅を周穆王《ぼくおう》五三年壬申《じんしん》（BC九四九）とした上、正法千年、像法千年、末法万年とする見方が主流となった。この区分に従えば、永承七年（一〇五二）が入末法第一年とされた。藤原資房《ふじわらのすけふさ》の日記『春記《しゅんき》』はこの年の八月二八日条に、長谷寺《はせでら》焼亡のニュースについて、「末法の最初の年に、第一の霊験所である長谷寺でこうした事件が起こった。恐るべきことである」と末法突入の感慨を記している。これ以降知識人の間では、同時代を末法の世とみることは常識となっていく。正法・像法の段階を経て仏法の衰微する末法を迎えるという思想を、通常「末法」思想と呼ぶ。

他方、平安時代の後期から鎌倉時代にかけて、貴族たちの間で、彼らの生きた時代を「末世」と捉える意識がしだいに肥大化《ひだいか》していった。こうした意識が貴族社会に定着していく原因についてはさまざまな解釈が示されているが、その背景のひとつに、武士が台頭し戦乱が続く同時代の社会状況があったことは疑いえない。先述の「末法」思想とこの「末世」の時代認識が相まって、当時の人々に暗黒時代の到来をいよいよ強く意識させることになったのである。

末法思想については、それが有名なものであるだけに、膨大な研究の蓄積がある。研究の主流となったものは、末法思想の高揚と表裏の関係として、平安後期における浄土教の流行を把握しようとする視点である。末法思想によってかき立てられた伝統仏教への不信感が、人々の目を、末法相応を標榜する来世浄土の信仰へと向けさせていったという見方が、広く受け入れられた。

いま一つは、末法思想の克服という時代の課題を負って、いわゆる鎌倉新仏教が登場するという図式である。鎌倉仏教の祖師は、いずれも強烈な末法意識を抱懐していた。彼らはそうした危機感を乗り越えるべく、末法という時代にふさわしい新たな信仰の構築をめざした。鎌倉仏教の出現によって、末法思想は最終的に克服されたと見なされているのである。

こうした有力な解釈に対して、まず指摘しておきたいのは、従来通説として承認されてきた、「末法思想の流布」→「伝統仏教の衰微」→「その克服としての浄土教の興起」というシェーマの虚構性である。かつての研究者の間には、末法の悪世が到来するという危機感が広く人々の心を捉え、衆庶《しゅうしょ》貴賤《きせん》が堕地獄《だじごく》の不安と絶望におののいていたという中世社会のイメージがあった。だがそうしたタイプの論理（末法法滅論）は、中世成立期の末法思想の主流ではなかった。むしろ一般的だったのは、末法相応の姿をとってこの世に姿を現した神や祖師・仏像などに結縁することによって救済が可能となる（末法証法論）とする、救済を比較的楽観視する立場だった。このタイプの論では末法思想は既成仏教に対する不信をもたらすどころか、逆に祖師や仏像に代表されるその権威を正当化し、末法の時代の救済を実現するためのさらなる造寺造仏を促す役割を担うことになった。さらにまた、それは中世的な神国思想とも何ら矛盾なく共存しうるものだったのである。

加えて、いずれのタイプの末法思想においても、末法の危機意識はそれ自体が一人歩きするような性格のものではなかったことは留意すべきであろう。法然や親鸞に典型的に認められるように、みずから信ずるところの信仰を宣揚するための論理的要請として、末法悪世の現状が強調されていくという構造があったのである。末法思想はその基本的性格を宗教思想ないし社会意識とみるのではなく、なによりもまずイデオロギーとして捉える必要がある。

（佐藤弘夫）

019

『古事記』

こじき

奈良時代初期に完成した日本最古の史書。上中下三巻から成る。上巻では神話、中巻では神武《じんむ》天皇から応神《おうじん》天皇、下巻では仁徳《にんとく》天皇から推古《すいこ》天皇までが扱われる。上巻に付された漢文の序文は、和銅《わどう》五年（七一二）正月に、太安万侶《おおのやすまろ》が元明《げんめい》天皇に提出した上表文であり、『古事記』の成立について知りうる唯一の史料である。この序文によれば、天武《てんむ》天皇は、当時諸家が有していた「帝《てい》紀《き》」「旧辞《きゅうじ》（本辞）」が、真実と異なり、多くの虚偽を有するものであったことを憂慮し、検討を加えることで偽りを削除した、正しい「帝紀」「旧辞」を残そうと考えた。そこで聡明な舎人《とねり》の稗田阿礼《ひえだのあれ》に誦《よ》み習わせたのだが、完成しないうちに没してしまったので、元明天皇が遺志を継いで阿礼が誦み習ったものを安万侶に書き取らせた。それが『古事記』であるという。

上巻は神代の物語であり、天と地とが分かれたときから語られる。天の世界である高天原《たかまのはら》の成立については一切言及されず、まず天之御中主神《あめのみなかぬしのかみ》をはじめとする神々が次々に成っていき、最後に伊耶那岐命《いざなきのみこと》・伊耶那《いざな》美命《みのみこと》の二神が成ったと語られる。この二神が、天の諸神の命を受けて地に降りたち国作りを始め、混沌とした地上世界に秩序を与えていく。二神はまず国を生み続け、次いで神々を生んでいくが、伊耶那美が火の神を生んだために死んでしまい、二神による国作りは未完に終わる。伊耶那岐は伊耶那美を連れ戻すため黄泉国《よみのくに》を訪れ、身体が穢《けが》れてしまう。そこで身を清めるための禊《みそぎ》が行われ、その過程でまた新たな神々が生まれていく。天《あま》照大御神《てらすおおみかみ》、月読命《つくよみのみこと》、須佐之男命《すさのおのみこと》の三神は、その禊の中で生まれた。天照大御神は天の世界である高天原を治め、地上世界である葦原中国《あしはらのなかつくに》における国作りは、出雲に追放された須佐之男命の子孫、大国主神《おおくにぬしのかみ》によって果たされる。そして大国主神は、完成した国を天つ神たちに委譲する。いわゆる国譲りである。この国譲りを受けて、天照大御神の委任により、その孫である邇々芸命《ににぎのみこと》が国を所有することとなる。

上巻の思想的問題として、以下の二点が挙げられる。

①地上世界である葦原中国は、その成立過程から一貫して天の世界である高天原に依存しているということである。地上世界はその存在についても、正当性についても、高天原に根拠を有している。そして②天皇という存在の由来が神話的に示されている。『古事記』には、当時の律令国家を正当化する目的がある。そのためには、律令国家の支配者である天皇の正当性が確証されなければならない。天孫降臨をめぐる神話は、この天皇の正当性を根拠づける役割を果たすものと考えられる。

中巻は、初代神武天皇から一五代応神天皇までが扱われる。中巻においては、上巻で完成した地上世界が、天皇の統治のもとで秩序化されていく過程が語られる。この秩序化において重要な存在が、倭建命《やまとたけるのみこと》と神功《じんぐう》皇后である。倭建命は、朝廷に反抗する熊曾《くまそ》建《たける》や出雲《いずも》建《たける》、東方の蝦夷《えみし》を討伐していく。こうして大八島国《おおやしまくに》が天皇への服従という形で秩序化される。さらに、天照大御神の神意を受けて、神功皇后は、腹の中に応神天皇を宿《やど》したまま、新羅《しらぎ》遠征に出る。そうして、朝鮮もまた天皇の統治下におさまり、これによって天皇の支配する世界が確定される。中巻においては、地上世界を治める天皇が、神の啓示を受けつつ支配を確立していく様が一貫して語られており、神に由来する天皇の正当性が示されている。

下巻は、一六代仁徳天皇から三三代推古天皇までが扱われる。下巻にはもはや平定の記事はなく、記されているのは皇位継承をめぐる争いと、その中でも正当に皇統が保持されてきたという系譜の正当性を示す物語である。特に中心となる仁徳天皇と雄略《ゆうりゃく》天皇の物語は、歌物語の形をとり、歌によって天皇の有徳さが強調されている。なお、下巻において「旧辞」は第二三代の顕宗《けんぞう》天皇で終わり、続く仁賢《にんけん》天皇から最後の推古天皇までは「帝紀」のみとなっている。

『古事記』の上巻の物語は神話的要素が強く、『日本書紀』における神話と併せて「記紀神話」と呼ばれる。津《つ》田《だ》左《そ》右吉《うきち》の研究以来、両書の神話を同一の基盤から批判的に検討し、もともとの神話の形を明らかにしようとする研究が進められてきたが、西郷信綱《さいごうのぶつな》に代表されるように『古事記』を単独のテキストとして独立に扱う作品論的研究も行われてきている。

（伊藤　益）

020 『日本書紀』

にほんしょき

日本最古の正史。養老《ようろう》四年（七二〇）五月に舎人親王《とねりしんのう》らにより完成した。全三〇巻。「系図」一巻が付されていたが散逸《さんいつ》。巻一、二は神代にあてられ、巻三以降は各巻につき一代あるいは数代の天皇ごとにまとめられる。

書名について『万葉集』では、「日本書紀」と「日本《にほん》紀《ぎ》」という二つの書名が用いられているが、これは以下のように解される。前者は「『日本書』の帝紀」を意味するが、これは『日本書紀』が中国の史書のように、国の名に「書」をつけた書名を見本としたことから『日本書』という書名がまず構想され、中国史書は「帝紀・皇后紀・列伝」を基本とするのに対して『日本書紀』はほとんどが「帝紀」であることから「『日本書』の帝紀」となり、縮めて「日本書紀」と命名されたとされる。

一方後者の「日本紀」は「日本の史書」という意味であり、書名ではなく普通名詞と考えられるのだが、奈良時代には「日本の史書」は『日本書紀』のみであり、「日本紀」と『日本書紀』は同一の対象を意味する。それゆえ後世は「日本紀」と書いて『日本書紀』の意味に用いていたと考えられる。

本書の編纂は、壬申《じんしん》の乱（六七二）を経て誕生した天武《てんむ》朝による律令国家建設に伴って始められた。その目的は、大和朝廷による統治の正当性の根拠を示すことにある。具体的に顕示する対象としては、国内と国外に分けられる。国内は、古代以来朝廷に仕えてきた諸氏族、新たに服属した蝦夷《えみし》や隼人《はやと》であり、国外は、朝鮮半島や中国大陸の諸国家であり、いわば東アジア全体がその対象となる。特に国外に対する意識は強く、それゆえに『日本書紀』の文章は、漢字の音訓を借りて日本語として表記された『古事記』と異なり、東アジアの共通語である正格《せいかく》な漢文で記されなければならなかった。ただし、正格な漢文が規範とされていたとはいえ、日本語的表現（和《わ》臭《しゅう》）は避けがたく、正格な漢文にはずれた表記も散見される。この表記という観点より、編纂過程などの研究が発展してきた。特に『日本書紀』の音韻と文章に対する検討より、α《アルファ》群とβ《ベータ》群という分類を提示した森博達《もりひろみち》の研究が、最近の研究として特筆される。また、本書を思想的に研究するためには、その記述が純粋に述作者によるものかどうかが検討されなければならない。なぜなら、本書には漢籍による潤色《じゅんしょく》が散見されるからである。どのような漢籍が潤色に利用されてきたのかについて、早くは『書紀集解《しょきしっかい》』などに多くの出典が指摘されてきたが、小島憲之《こじまのりゆき》の研究により、そのほとんどは直接原典によるものではなく、中国の類書、なかでも『芸文類聚《げいもんるいじゅう》』(六二四)からの潤色であることが明らかにされた。

また、字義や用例を参照する辞書としては『玉篇《ぎょくへん》』が用いられたことが明らかにされている。『日本書紀』がどの程度史実を記しているのかについては、まずは文字が伝来してきたと考えられる五世紀の記述を境界にすることができるだろう。すなわち、五世紀以後は記述の真実味が増し、歴史書としての目的にかなうものであるが、五世紀以前に関しては、史実を含むものの、編纂時の意図、実情に基づいて潤色され、あるいは記述が補充されていると考えられる。その根拠として、日本で作られた文字史料は五世紀中葉あたりのものが最古であり、また五世紀の遺跡から筆記用具が出土していないことから、五世紀には文字史料があまり作られず、それゆえ七、八世紀に五世紀の歴史を正確に記すことは困難と思われることが挙げられる。ただし五世紀以降についても、潤色や記録の混乱は認められるのであり、史実としての信頼性を認められうるのは天武紀、持統《じとう》紀に限られる。

なお、以上のような『日本書紀』の批判的検討は、津《つ》田左右吉《だそうきち》の研究が嚆矢《こうし》である。しかし、当時の明治憲法は天皇は神聖であり、それを侵してはならないと規定しており、皇室の祖先への言及を含まざるをえない津田の研究はそのタブーに触れることとなる。その結果、津田は皇室の尊厳を冒涜《ぼうとく》したとされ有罪判決を受けた。そうした時代的制約の中で『日本書紀』研究はしばらく神話学、民俗学に限定されることとなったが、敗戦後にはタブーもなくなり、自由な研究が可能になった。前述の小島憲之の出典研究、あるいは津田の文献批判の枠組みを踏襲しつつ、その主観的手法を排した歴史研究を展開した井上光貞《いのうえみつさだ》らの歴史学的研究が進められた。一方、それら諸学問の進展に比べて、思想分野による『日本書紀』研究は遅れているのが実情で、本書の思想的検討は、日本思想史における一つの課題であるといえる。(伊藤　益)

021 『万葉集』まんようしゅう

現存する最古の和歌集。全二〇巻、約四五〇〇首の和歌および関連する若干の漢詩文を収める。四世紀の仁徳《にんとく》朝から八世紀中葉の淳仁《じゅんにん》朝ころまでの歌を集成する。ただし、舒明《じょめい》朝以前の歌は伝承的、歌謡的性格が強く、実質的な万葉歌の時代は七世紀に入ってからである。奈良朝の初めに原撰部（巻一・二の原形部）が編まれ、その後逐次的《ちくじてき》にいくつかの過程を経て編纂され、大伴家持《おおとものやかもち》によりほぼ最終的な形態に整理されたものとみられる。

歌は原則として年代順に配置され、部類分けは雑歌《ぞうか》・相聞《そうもん》・挽歌《ばんか》の三大部立《ぶたて》による。雑歌は宮廷の儀礼、行幸、羈旅《きりょ》などを場とする歌で、公的な意味合いをもつ。相聞は基本的に問答往来の形の歌で、私的な性格が強い。挽歌は人の死に関する場で歌われたもので、一部に公的な性格をもつものが含まれる。三つの部立に分けられるのはおおむね巻一四までで、それ以降の巻は歌群や資料ごとに構成され、ことに巻一七以降の部分では、家持周辺の資料（歌日記）に基づき構成されている。

万葉歌の時期は通常、①舒明朝頃から近江朝、②天武朝から元明朝《げんめいちょう》の初期、③平城遷都《へいじょうせんと》から聖武《しょうむ》朝初期、④聖武朝中期から淳仁朝《じゅんにんちょう》初期の四期に分けられる。これを平城遷都以前の前期と奈良朝以降の後期とに大きくくくることもできる。第一期は、集団的、歌謡的な歌から抒情詩としての和歌が誕生する時期で、額田王《ぬかたのおおきみ》など宮廷圏内の人々によって担われる。第二期は柿本人麻呂《かきのもとのひとまろ》に代表され、律令国家体制の草創のエネルギーに満ちている。行幸や羈旅の場を中心に宮廷的秩序が称えられ、『古事記』『日本書紀』の神話に呼応するような「大君は神にしませば」の精神が歌われる。また皇子たちの死に際して荘重な挽歌が献じられる。第三期は奈良朝前期にあたり、個性的で多様な歌の世界が開花する。行幸の場を中心に、笠金村《かさのかなむら》、車持千年《くるまもちのちとせ》、山部赤人《やまべのあかひと》らが白鳳《はくほう》期の宮廷讃歌の伝統に繋がる歌を担う。その一方で、大伴《おおともの》旅人《たびと》や山上憶良《やまのうえのおくら》により老荘、神仙思想や仏教、儒教思想との関わりで生活に密着した素材・主題が歌われ、高橋虫麻呂《たかはしのむしまろ》の伝説歌や坂上郎女《さかのうえのいらつめ》の女歌の世界も独自の個性を主張する。この時期以降、律令官人《りつりょうかんじん》たちの風流な行為として定着した和歌は、かれらの集うさまざまな宴席の場で生産されることになる。第四期はもっぱら大伴家持に代表される。天平《てんぴょう》文化の爛熟期《らんじゅくき》であり、引き続き多様な歌が歌われるが、繊細な感覚で季節感を捉え自然との交感を歌う境地は家持独自の世界である。他には大伴池主《おおとものいけぬし》、久米広縄《くめのひろつな》、田辺福麻呂《たなべのさきまろ》があり、笠女郎《かさのいらつめ》ら家持周辺で恋歌を遺した女性たちの歌も精彩を放つ。東歌《あずまうた》（巻一四）や防人歌《さきもりうた》（巻二〇）、遣新羅使《けんしらぎし》の歌（巻一五）、中臣宅守《なかとみのやかもり》と狭野弟上《さののおとがみ》の娘子《おとめ》の贈答歌（巻一五）など、特定の歌群が大量に収集されるのもこの時期の特徴である。

全体として、内容的には相聞歌（恋歌）の多いこと、作者未詳歌の多いことが特徴である。ほぼ畿内《きない》・中央の都市圏を基盤とする中で東国地方の東歌《あづまうた》や防人歌《さきもりうた》など地方の衆庶《しゅうしょ》の関わる歌があること、旅人が大宰帥《だざいのそち》時代のいわゆる筑紫《つくし》歌壇《かだん》の歌群（第三期）、家持が越中守《えっちゅうのかみ》時代の越中を基盤とした歌群（第四期）のあることが目を引く。

後代の歌集に比べて、短歌、長歌、旋頭歌《せどうか》、仏足石歌《ぶっそくせきか》など多様な歌体を含んでいるが、それはこの歌集の編纂が、さまざまな形態の歌謡を文字で記す和歌として形成した最初の営みであることに関連する。また、日本語（和歌）を漢字の音仮名表記や訓字表記を組み合わせて表した万葉仮名の表記史上の意味も、特筆されてよい。

平安朝の勅撰集《ちょくせんしゅう》『古今和歌集』の序文（真名序《まなじょ》）には、その編纂に関して「各《おのおの》家集《いえのしゅう》幷《なら》びに古来の旧歌《きゅうか》を献《たてまつ》らしむ。続万葉集《しょくまんようしゅう》と曰《い》ふ。於是《ここ》に重ねて詔《みことのり》有り。奉《たてまつ》る所の歌を部類《ぶるい》し、勒《ろく》して二十巻《はたまき》と為す。名づけて古今和歌集と曰《い》ふ」とあり、万葉集に継ぐ歌を集めるという意識が強い。また万葉集を通して、「良辰美景《りょうしんびけい》」の折々に「天子《てんし》」が「侍臣《じしん》」に和歌を献らせるという、君臣唱和《しょうわ》の理想的なあり方を見ている。古今集が「恋歌」とともに主要な部立《ぶたて》とする春夏秋冬の四季分類も万葉集の巻八および巻一〇に先例が見られる。けれどもこの時期にはすでに万葉仮名が精確には読まれなくなっていて、万葉集への誤った認識も多い。中世の鎌倉期に至り、仙覚《せんがく》によって新しい訓《よ》み（新点《しんてん》）が施され、近世期に多くの注釈書が出されるに及び、万葉集への理解もより確かなものとなる。それがさらに国民的な古典と評価されるのは明治以降のことである。（駒木　敏）

022

『栄華物語』

えいがものがたり

歴史物語というジャンルを切り開いた『栄華物語《えいがものがたり》』（『栄花物語』とも）は、正編三〇巻、続編一〇巻の四〇巻から成る。九世紀後葉から寛治《かんじ》六年（一〇九二）に至るまでの二〇〇年あまりの歴史を、この世の栄華を極めた藤原道長《ふじわらのみちなが》の事績を中心に、編年体の体裁と物語調の叙述をもって仮名文で綴《つづ》った作品である。正編の作者は道長の妻倫子《りんし》に仕えた赤染衛門《あかぞめえもん》であるとされている。続編の作者は後一条天皇《ごいちじょうてんのう》の皇女《こうじょ》に仕えた出羽弁《いでわのべん》もしくはその周囲の人物とされる。

『栄華物語』の最初の巻「月の宴《つきのえん》」は、次のように書き始められている。

世始りて後、この国の帝《みかど》六十余代にならせたまひにけれど、この次第書きつくすべきにあらず、こちよりてのことをぞしるすべき。世の中に宇多《うだ》の帝と申す帝おはしましけり。

ここで作者は扱う時代を限定し、宇多天皇の時代から筆を起こしている。この書き出しは、官撰《かんせん》国史の編纂《へんさん》が『日本三代実録《にほんさんだいじつろく》』までで途絶し、宇多天皇以降のことを記録した正史がなかったことを考えると、意味深長《しんちょう》である。作者は、六国史《りっこくし》の編纂事業を継承する者としての自負を胸に、この物語の叙述に手を染めたと見られる。

仮名文で歴史を綴るという発想はそれまでなかったものであるが、『源氏物語』蛍巻《ほたるのまき》における光源氏の物語談義の中で、「日本紀《にほんぎ》などはただ片《かた》そばぞかし」と、冗談めかして物語が称揚されていることが、その発想の種を提供していると言えよう。歴史を仮名文で物語風に記すということを最初に行い、『大鏡《おおかがみ》』『今鏡《いまかがみ》』などの鏡物の出現に先鞭を付けたのは、『栄華物語』正編作者の大きな功績であると言ってよい。

しかし、歴史を語るという作品の性格やその分量の多さからすると、作者がこの物語の執筆を一から行ったというよりは、既存の資料を適宜借用・編集し、加筆することで物語が作られた部分もあると考えられる。そのよい証拠となるのが巻八「はつはな」の中宮彰子《ちゅうぐうしょうし》出産前後の記事で、これが『紫式部日記』の叙述を下敷きに書かれていることはよく知られている。

ただし、その内容や表現には、『紫式部日記』とは異なる点もある。そうした相違点は、作者の資料編集や物語叙述の方針、またものの見方を知る手がかりとなると考えられるので、そのうち主な点をあげてみよう。

まず、編集の全体的な方針としては、『紫式部日記』にある敦成親王《あつひらしんのう》誕生に伴うさまざまな行事についての公的記録の部分は採用するが、紫式部自身の個人的な体験や感懐の記述は削除するという方針が認められる。日記に見える女郎花《おみなえし》の花をめぐる道長との歌の贈答や、池の水鳥を見ての憂悶《ゆうもん》は『栄華物語』には記されていない。これは公人に関する出来事の記録を旨とする歴史書として当然の方針と言える。

また、「かくいふほどに」、「今宵《こよい》もかくて過ぎぬ」、「かくて日ごろ経《ふ》れど」など、時間経過を示す表現が新たに書き加えられていることは、歴史物語としての『栄華物語』の叙述方法の特徴を表すものである。

一方、原作との内容面での違いに着目すると、『栄華物語』では、『法華経』讃仰《さんぎょう》の姿勢が著しい。たとえば院源僧都《いんげんそうず》が安産祈願の願文《がんもん》を読む場面に、「法華経この世に弘《ひろ》まりたまひしことなど、泣く泣く申しつづけたり」とあり、引き続き道長が『法華経』を念じたとある記述は、原作には見られないものである。土御門邸《つちみかどてい》の綺《き》羅《ら》を尽くした様相も、「あやしう法華経のおはすらんやうに、老《おい》さかり命延ぶらんとおぼゆる殿の有様」と描写されており、作者の『法華経』への傾倒がうかがわれる。このことは「はつはな」巻に限ったことではなく、『栄華物語』正編全体に『法華経』とその信奉者としての道長を高く評価する作者の姿勢が顕著に表れている。

『法華経』への度重なる言及は作者の宗教的立場を示唆しているが、その一方で、当時の政治体制の本質を捉えた現実的な記述もあって、注意を引く。一条天皇が若宮と対面した際に、皇后定子《こうごうていし》の第一皇子出産の折を思い起こし、「いみじき国王の位なりとも、後見《うしろみ》もてはやす人なからんは、わりなかるべきわざかな」と思ったと記されている。この、確かな「後見」がない者は皇統を継ぐことが難しいという見方も、物語正編の所々に見えるものであるが、それを天皇の心内語《しんないご》として語っているところに、漢文の史書にも仮名日記にもない、「物語」ならではの歴史叙述が見られると言えよう。

（佐藤勢紀子）

第一部　一　飛鳥・奈良・平安時代

023

『大鏡』

おおかがみ

『大鏡《おおかがみ》』は藤原道長を頂点とする藤氏《とうし》繁栄の歴史（摂関政治史）を仮名文で叙述したいわゆる歴史物語である。

また本書は万寿《まんじゅ》二年（一〇二五）五月、雲林院《うりんいん》の菩提講《ぼだいこう》に参集した人々を前に、一九〇歳の大宅世継《おおやけのよつぎ》と一八〇歳の夏山繁樹《なつやまのしげき》という二人の老人が自己の見聞・体験した歴史を語り合い、そこに三〇歳ばかりの若侍が加わって質問したり、異見を差し挟《はさ》んだりするのを、傍《かたわ》らで聞いていた作者が筆録したものとされる。このような問答体形式による歴史叙述は本書をもって嚆矢《こうし》とする。

ところで『大鏡』は、その作者も成立時期も詳らかでない。ただ成立時期は本書の後一条《ごいちじょう》天皇紀に「今年、万寿二年」とあり、この記述をそのまま信用すれば、本書は万寿二年に成立したということになるが、多くの研究者は万寿二年を仮託《かたく》の年であるとし、さまざまな徴証・傍証により実は白河院政期に著述されたものではないかと推定している。また『大鏡』の内容は、序・本紀《ほんぎ》（文徳《もんとく》天皇以下、一四代）・列伝（藤原冬嗣《ふゆつぐ》以下、藤氏の摂関・大臣二〇人）・藤氏物語（藤原鎌足以下、一三代）・昔物語（雑々《くさぐさ》物語《のものがたり》）という紀伝体《きでんたい》の体裁をとり、五部に分けられる。

「道長伝」に花山《かざん》天皇の御代、清涼殿で肝試《きもだめ》しの催しがあった折、道長の豪胆さが天皇はじめ人々を驚嘆させたという逸話が語られていて、「さるべき人は、とうより御こゝろ魂のたけく、御まもりこはきなめりとおぼえはべる」というコメントが付されている。渡辺実《みのる》は「こゝろ魂」（あるいは「たましひ」）は「要するに行動力を支える意欲と気力を指すのである」（『大鏡の人びと』）と述べている。しかし意欲と気力に充ちた「こゝろ魂」の強さだけで、他に例をみない道長栄華の由来を説明することはできない。なぜなら『大鏡』において強烈な「こゝろ魂」の持ち主は決して道長一人ではなかったのである。たとえば道長と彼の甥にあたる藤原隆家《たかいえ》について「こゝろ魂」において両者に優劣の差はなく、世人は隆家を道長に匹敵《ひってき》する政治家とみなし、隆家の天皇補佐を期待していたと語られている。結局のところ、隆家は栄華をつかみそこねた不運の人であり、道長は栄華を独占した強運《きょううん》の人であったということになろう。事実本書において隆家は自らの「不運」を自覚していたとされ、道長の比類なき栄華については、超越的に運命づけられたものであるかのように語られている。おそらく作者は、道長栄華は「こゝろ魂」を奮って大胆に行動するだけで実現できるようなものではなく、「こゝろ魂」が大小さまざまの運命と契合《けいごう》して、本来の力を十分発揮しえた時にのみ成就しうるものと認識していたように思われる。

ところで『大鏡』では一代の幸運児道長が称揚されているが、同時に道長時代を降ち下った末世と見る仏教的下降史観《かこうしかん》が説かれている。両者はどのように関係づけられていたのであろうか。本書の作者は仏教の三時《さんじ》五堅固《ごけんご》説により道長時代が、釈迦入滅後正法《しょうぼう》千年、像法《ぞうほう》千年、末法《まっぽう》万年と段階的に没落していく過程で像法の末の世にあたっていること、したがって本書執筆の頃とされる院政期がすでに末法の世に入っていることを深く自覚していた。そうだとすれば本書は末法到来という歴史的自覚をもって、末法の世から像法末世の象徴として道長栄華を描いたものと考えられる。本書では道長栄華が①子孫の繁栄と②造寺という二つの視点から照射されているが、②の視点からの叙述に像法末世における栄華の特色が鮮明に描き出されている。作者が道長の造寺について特に詳述しているのは、当代を像法末世すなわち「造寺《ぞうじ》堅固《けんご》」の時期――寺院・堂塔の建立が盛んとなる――と捉える仏教的下降史観に拠っていたからであろう。そうだとすれば本書は末法の世に生きる作者が当代より前代の方が遙かにすぐれていたことを、道長栄華にスポットライトを当てて描き出そうとしたものと考えられる。しかし作者は道長栄華をあくまで末法の世に近づきつつある像法末世に花開いたものとして描いており、その点は如上《じょじょう》のように道長が勇猛果敢な「こゝろ魂」により時には世の規範を犯し、他人を犠牲にして権勢を手中に収めた事実を隠そうともしていないところに、しかもその「こゝろ魂」とてままならぬ運命の力に後押しされなければ所期の目的を達成できないものとしているところなどに明示されている。本書で道長を聖徳太子、空海の再来あるいは神仏の化身である権者《ごんじゃ》として賛美しているが、これはあくまで道長の異例の盛運《せいうん》を称えた言葉で、作者自身は道長の実像を意外にクールな目で捉えていたと考えられる。

（石毛　忠）

024 『扶桑略記』

ふそうりゃくき

平安時代後期に編まれた歴史書。神武《じんむ》天皇から堀河《ほりかわ》天皇の寛治《かんじ》八年（一〇九四）三月までを扱った編年体・漢文体の通史。全三〇巻。現在は、第二巻～第六巻（神功《じんぐう》皇后～聖武《しょうむ》天皇天平八年）、第二〇巻～第三〇巻（陽成《ようぜい》天皇～堀河天皇嘉保《かほう》元年）の計一六巻と、第一巻（神武天皇～仲哀《ちゅうあい》天皇）の抄本《しょうほん》ならびに聖武天皇天平《てんぴょう》九年から平城《へいぜい》天皇大同《だいどう》二年までの抄本とが伝わり、『新訂増補《しんていぞうほ》国史大系』第一二巻に収められている。

『扶桑略記』は漢文体・編年体という体裁と、扱っている時代の範囲などだけからいえば、『日本紀略《にほんきりゃく》』に類似する。しかし『扶桑略記』が『日本紀略』と異なる第一点は、神代巻を全く省いたということ。第二に、『日本紀略』がその名のとおり、「日本紀」（六国史）のダイジェスト版であるのにたいし、『扶桑略記』はその記事を六国史によっているだけではなく、外記日記《げきにっき》や個人の日記、僧侶の伝記、寺社縁起をはじめさまざまな書物、計一〇四種もの典籍を参酌《さんしゃく》して記事を立て、しかもその一つ一つの記事に出典を記している点である。

第二の特色は、扶桑《ふそう》（日本）の略記（小史）といいながら、日本の記事だけではなく、天竺《てんじく》（インド）・震旦《しんたん》（中国）をも射程に入れ、当時の世界史的視野に立って、歴史を構想していることである。たとえば「神武天皇五七年は周《しゅう》の定《てい》王の三年（前六〇四）に当たり、九月一四日に老《ろう》子《し》が生まれた」と記し、「綏靖《すいぜい》天皇三二年は、中国では周の霊《れい》王廿二年（前五五〇）に当り、孔子《こうし》が生まれた年である。その時老子は四三歳か。このころガンダーラ国ではカニシカ王が五百人の僧侶を集めて毘婆論《びばろん》を編纂させた」と記し、また「日吉《ひえ》山の隠者薬恒《やくこう》が撰した『本朝法花《ほんちょうほっけ》験記《げんき》』によれば、後漢の明《めい》帝一〇年（六七）に初めて中国に仏教が伝わったが、それは日本の垂仁《すいにん》天皇九六年に当たる年のことである」という記事を載せている。さらに応神《おうじん》天皇の最後の条には、「四一年二月一五日に天皇は春秋一一一歳で崩じ、河内《かわち》国恵我藻《えがのも》伏陵《ふしのみささぎ》に葬られた。天皇の元年庚寅《かのえとら》は、晋《しん》の第一代武《ぶ》皇帝の泰始《たいし》五年（一説六年）に相当し、如来滅後《にょらいめつご》一二一九年に当たる」という記事のあることが注目される。応神天皇の元年が釈迦《しゃか》が入滅《にゅうめつ》してから一二一九年目に当たるというのである。各天皇の即位の年が釈迦滅後何年目に当たるかという記載は、この応神天皇の条に始まって、順次各天皇の元年に記されていき、その最後は、後一条《ごいちじょう》天皇の即位した寛仁《かんにん》元年（一〇一七）に「如来滅後一九六六年なり」と記すことに終わっている。これをうけて、これより三五年後の後冷泉《ごれいぜい》天皇の永承《えいしょう》七年の条に、あの有名な「今年始めて末法に入る」という記事が記されているのである。

西暦一〇一七年に当たる寛仁《かんにん》元年が釈迦滅後一九六六年であるから、西暦一〇五二年に当たる永承七年は、釈迦滅後二〇〇一年目に相当する。釈迦入滅の年を周の穆《ぼく》王五三年壬申《みずのえさる》（前九四九）とする説にしたがい、正法一〇〇〇年、像法一〇〇〇年の計算によって、釈迦滅後二〇〇一年目にあたる永承七年が末法突入の年と観ぜられたのであった。この書では永承七年条の末法突入の記事だけが有名だが、それは孤立した記事ではなく、応神元年以来の順序立った計算の上に立っていたのである。応神天皇以前は抄本のため記載が省かれたものと思われ、原本では、神武天皇元年から如来滅後の年数が記されていたのであろう。『扶桑略記』は各々の記事にあまり論評を加えていないが、各天皇の元年に記されている釈迦滅後年数を参照しながら読むことによって、世の中が下降して行く姿を読み取らせようとした末法史観に立つ新しい歴史書であった。正法の世から末法の世へと下降していく歴史の道程は、天竺・震旦・日本という当時の日本人が認識していた全世界を包み込んで驀進《ばくしん》していく仏教的歴史観であった。ここに『扶桑略記』が世界史的視野をもって構想されたゆえんがあったのであり、神代巻も末法史観の立場からは不要なものとされたのであった。このような歴史意識は、天竺・震旦・本朝篇という構成をとり最後が悪行篇で終わる『今昔物語集』にも見ることができる。

なおこの書は、法然の師である比叡山の皇円《こうえん》の著と伝えられてきたが、近年、この書に多く外記日記などが引かれていることに注目し、外記日記を利用できる立場の人に編者が求められ、関白藤原師道《ふじわらのもろみち》が主宰者となり、大江匡房《おおえのまさふさ》が監修者的立場で関与して編纂されたものではないかという新説が堀越光信《ほりこしみつのぶ》によって提示されている。

（笠井昌昭）

025
鎌倉幕府創成期の政治思想《かまくらばくふそうせいきのせいじしそう》

鎌倉幕府の政治組織や政治思想は源家《げんけ》三代（頼朝《よりとも》・頼《より》家《いえ》・実朝《さねとも》）から北条執権《ほうじょうしっけん》の時代へと大きく発展していった。ここでは鎌倉幕府初代将軍源頼朝の政治思想に照明を当て、彼の政治思想について検討し、そこに北条執権の政治思想に発展しうるものがあったのか、あったとすればそれはいかなるものであったのかという点に考察を加えることにしよう。

初めて武家政権を樹立し、鎌倉幕府を創始した頼朝は、八幡神《はちまんしん》（大菩薩《だいぼさつ》）に対して特別の強い信仰を寄せている。その理由は、①当時八幡神が王城鎮護の神、天照大神と同等の「宗廟《そうびょう》」神であるとともに、源氏の氏神かつ武神として武家社会で格別に崇敬されており、②さらに先祖の頼義《よりよし》・義家《よしいえ》（東国における武門の棟梁権《とうりょうけん》を確立した）によって始められた鶴岡若宮《つるがおかわかみや》を中心とする八幡信仰の継承は、「貴種」の証《あかし》となり、御家人《ごけにん》を結集する絆《きずな》となるものであったからであろう。頼朝はこうした八幡神の二面的性格――頼朝を中心とする武家社会の封建的秩序を守護するとともに、天皇を中核とする朝廷の律令的伝統的秩序を擁護する――を巧みに利用して中央政界に進出し、武家勢力の拡大を図ろうとした。たとえば頼朝は建久元年（一一九〇）一一月上洛して摂政九条兼実《くじょうかねざね》に面謁した際に、「百王を守るべし」という「八幡の御託宣《ごたくせん》に依りて、一向《いっこう》君に帰し奉る」（『玉葉《ぎょくよう》』）といい、百王（代々の天皇）を守護すべしという八幡神の託宣を大義名分とし、武家の政治的地位をできるだけ有利に導こうとしている。

こうした政治思想は頼朝の政治の古代的・貴族的性格を物語るものであり、一般御家人の政治意識との間に微妙な対立と矛盾が伏在していたことを示唆しており、頼朝に仕えた代表的御家人の一人上総介広常《かずさのすけひろつね》が頼朝によって殺害された背景には、このような事情もあったといえよう。しかし頼朝は必ずしも伝統的権威にのみ立脚して幕政を推進しようとしたわけではなかった。永原慶二《ながはらけいじ》が指摘されるように頼朝は「既成の秩序・機構を抹殺せず、これを活用しながら、自己の政治的支配の道具にきりかえていく」という方針をとったのであるが、「原則的には武家の政権樹立という変革的立場から逸脱しなかった」（『源頼朝』）と見られる。ところでそういう頼朝の変革的政治意識の思想的基盤として「天下」思想＝「天（道）」思想（日本の中世～近世では「天」と「天道」が併用され、必ずしも区別されていないので以下このように表記する）が想定される。「天下」思想とは儒教の「天」の思想（政治思想の観点からいえば、天意の反映である民意の支持を為政者たるの有効要件とし、易姓革命《えきせいかくめい》を天命として是認するところに特色がある）に依拠し、天下は天下の天下である（「天」の支配下にある世界は人民全体の共有物であり、決して為政者の専有物ではない）と主張して、撫民仁政《ぶみんじんせい》を政治の要諦とするイデオロギーである。なお「天」の思想は元来「天下」思想の原拠であり、頼朝も「天下草創」とか「天の与」といい両者をペアで唱えているので、ここでは上述のように「天下」思想＝「天（道）」思想と併記する。頼朝は文治二年（一一八六）の左大弁《さたいべん》藤原兼光宛の書状（『吾妻鏡』）で、みずからの政道論を展開しているが、その中で「理不尽《りふじん》」を排し、「諸事正道《しょじせいどう》」を旨《むね》とし、たとえ頼朝の言い分であれ、また院や天皇の言い分であれ、天下の秩序を乱すようなことは容認すべきではないと説き、「人の愁を散」ずる「朝のため世のため」の政道を主張している。ここでは特に「天下」思想＝「天（道）」思想を唱導しているわけではないが、この変革的政治意識に裏打ちされた「正道」尊重思想が儒教的撫民仁政思想に通底するものであったことは明らかである。ただし上掲の兼光宛書状でも「天下の政道は群卿《ぐんけい》の議奏による」ものとし、「頼朝……全くその仁《ひと》にあらず」と記されているように、頼朝の変革的政治意識には大きな限界があったことも事実である。上述の頼朝の政治思想には保守的側面（貴族的性格）と変革的側面（武家的性格）の併存が認められるが、その保守的側面をあまり強調して、変革的側面を無視ないし軽視することは誤りであろう。なぜなら承久《じょうきゅう》の乱（一二二一）以降、北条執権はまさしく頼朝の変革的政治意識に支えられた「正道」尊重思想、および「天下」思想＝「天（道）」思想を積極的に継承・発展させ、武家政権を完成に導いていったと認められるからである。その意味において、頼朝の政治思想は、北条執権のそれと同様、日本政治思想史上没すべからざる史的意義を有するものといえよう。

（石毛　忠）

第一部　二　鎌倉・室町時代

026 南北朝時代における政治思想《なんぼくちょうじだいにおけるせいじしそう》

南北朝以降における中世政治思想史の主潮《しゅちょう》は「天下」思想と「王土」思想の相克→「「天下」思想＝「天（道）」思想に基づく撫民仁政《ぶみんじんせい》主義の鼓吹《こすい》という形で捉えられるように思う。それでは「天下」思想と「王土」思想はどのようなイデオロギーであったのか。

「天下」は本来「天」の治下に属する全世界であると同時に、天命を受けて君王となった有徳の為政者が「天」に代わって統治する人間世界（「王土」）を意味する。したがって「天下」と「王土」は必ずしも矛盾する概念ではなく、両者とも「天」（儒教では治者受命の本源とされる）の思想に由来するものであった。古来中国では、智徳の最も優れた人物が天命――民意に反映されるという――を受けて君王（治者）となり、「天」に代わって天下を治め、人民に仁政を施し徳教を敷くことが政治の理想とされ、その限りにおいて天下に王土ならざる所はなく、人民もすべて王臣（民）であり、王化に服すべきものとされたのである。かくして天下を治める君王は常に仁政を行い安民を心がけ、王臣（民）は君王の命に服するのがともに天命に従う所以《ゆえん》であり、こうした天命に基づく道徳政治がいわゆる王道政治であった。そこでもし君臣関係が対立的になれば、君王の側が「王土」思想によって臣下の服従を要求し、臣下の側が「天下」思想によって君王の仁政を要求するのは必然の勢いであろうし、その対立がさらに尖鋭化《せんえい》すれば刑戮《けいりく》圧制あるいは逆に易姓《えきせい》革命という異常事態の出来《しゅったい》も想定される。事実中国においては、王朝ないし為政者の交替が常に徳治仁政を要求する天命の移動という形で正当化されたのである。ただし上述のように「王土」思想と「天下」思想は本来原理的には対立矛盾するものではなく、むしろ表裏の関係にあったと見られることを忘れてはならない。

さて南北朝～室町時代には、承久《じょうきゅう》の乱の評価に関連して鎌倉幕府の基礎を確立した北条義時《ほうじょうよしとき》・泰時《やすとき》の撫民仁政主義――「天下」思想＝「天（道）」思想に基づく――を伝える説話がかなり流布している。その典型的なものとして『明恵上人伝記《みょうえしょうにんでんき》』に見える説話がある。本書の著者は不明であるが、現存する『明恵上人伝記』は鎌倉後期〜南北朝期ころの作と推測されている。この説話は当代のイデオロギー状況を具体的に把握する手掛りになるように思われるので、その内容を簡単に紹介しよう。当該項目との関連でいえば、本書における北条泰時と彼が最も尊敬していたといわれる華厳《けごん》僧明恵《みょうえ》、および父義時との対話が注目される。明恵との対話では、明恵が「王土」思想によって承久の乱後、敗者となった後鳥羽《ごとば》院を配流したことなどについて泰時を批判したところ、父義時《よしとき》から上洛と決戦を命じられた泰時は出陣にあたって、父と次のような会話を交したと語っている。——私は父に、「天下」はことごとく「王土」であるから、一朝に孕《はら》まれた者は万事君の御心に任せて、君に従わなければならない。したがってこのたびのように君（後鳥羽院）と戦うことは道理に背いているのではないかと申し述べた。すると父は、私の考え方を一応肯定した上で、ただしそれは君の政治が正しく、国家が安らかに治まっている時のことだ。しかし今は天下が乱れ動揺し、上下すべての人が愁心を抱いている。したがってこのたびのことは決して私意によって君に随わないわけではないのだといって、幕府側に正当性のあることを強調した。それを聞いて、私は父の意見にも一面の正しさがある以上、父の命に背くことはできないと判断し、やむなく朝廷（院）側の軍勢と戦って勝利した。また上洛前に鶴岡《つるがおか》八幡宮に参り、もしこのたびの合戦が道理に背いているなら、直ちに我が命を取り上げて欲しいと祈った。ところがその後少しの罰もなく、私は今このように生きている、と。結局のところ泰時は「王土」思想に向かって「天下」思想を対置し、明恵が一方的に「王土」思想によって天や神仏の罰を受けると警告するのはまちがっていると反論したのである。さらに注目すべきは、当時実際に公武間に「天下」思想と「王土」思想の相克といったイデオロギー闘争が存在し、それとの関連において承久の乱が回顧され、それぞれの立場からの正当性が主張されている事実である。その点は当該期に成った『承久記《じょうきゅうき》』、『神皇正統記《じんのうしょうとうき》』、『梅松論《ばいしょうろん》』、『吉野御事書案《よしのおんことがきあん》』（南朝と足利氏〈直義〉による政道についての論争を伝える文書）などを通して確認される（上掲書のうち、『神皇正統記』と『梅松論』は本事典所収項目である）。

（石毛　忠）

第一部　二　鎌倉・室町時代

027

室町幕府の政治思想

むろまちばくふのせいじしそう

室町幕府確立期の政治思想には㈠撫民仁政《ぶみんじんせい》主義と㈡故《こ》実礼治《じつれいち》主義という二つの側面があり、両者とも室町幕府の政治要綱ともいうべき『建武式目』（一三三六成立）にはっきりと謳《うた》われている。㈠は「天下」思想——儒教の敬天思想（天意＝民意の支持を為政者たるの有効要件とし、為政者を交替する易姓革命《えきせいかくめい》を天命として認容する）に立脚し、天下は天下の天下であると主張して、撫民仁政（治世・安民）を政治の要訣《ようけつ》とする——に基づくもので、承久の乱（一二二一）以来超越的な「王土」思想——天下も天下の人民もすべて王土・王臣（民）であるから、王土に孕《はら》まれた王臣たる者は君王（天皇）に絶対服従すべきと主張する——と対決し、これを克服してきた（本事典所収の「鎌倉幕府創成期の政治思想」、「南北朝時代の政治思想」、『梅松論』を参照されたい）。一方、㈡は公武両社会における先例典拠を重んずる精神に支えられたもので、これにより故実に依拠し、儀礼を重視する室町時代特有の故実的世界が形成された。

それでは両者はどのような構造的連関をもっていたのであろうか。その点を解明するためには、まず当該期の武家故実の性格を理解しなければならない。普通室町武家故実の特色としてまず指摘されるのは「分」の観念であり、この観念によって将軍を中心とする層位的秩序の固定化と、その枠に依拠する支配の持続化が図られたといわれている。確かに足利将軍家によって制定された室町武家故実には、幕府官職や家柄の高低に応じて差異があり、上位者に対する下位者の作法がその中心を占めている。ただしこのように故実が上下の関係において成立し、上位者より与えられた行為規範だとしても、それは必ずしも全面的に、かつ無条件に絶対的な拘束力をもつものではなかった。そういう故実の性格を示すのが、当代故実のもう一つの重要な特色である「時宜《じぎ》」の観念である。この時宜の観念は社会生活に即し、その時々の状況に適応して改まるのが故実本来の特色とする考え方であり、故実書においても故実は一定の法ではなく、時に合わせて改まるべきものとされ（『就弓馬儀《きゅうばのぎにつき》大概聞書《たいがいききがき》』）、時宜に従うのが古来の教えであって、変化することがむしろ礼に適うのだと説かれている（『懐妊着帯之事《かいにんちゃくたいのこと》』）。しかしながら故実の可変性を無原則に認めると、故実の規範性が失われ、分の観念に基づく故実的秩序が維持できなくなる。そこで「大法」（不変の法《おきて》で、国家・社会秩序の支柱となるもの）と故実（行われるべきものと、行われたものという両面を具《そな》えていて、可変的なものを包含する）が区別され、両者をともに心掛けることが必要とされた（『岡本記』）。かくして究極的には大法が拠り所とされ、本義を知ればどのようにしてもかまわない（『伊勢貞興返答書《いせさだおきへんとうしょ》』）とか、正理を心得て時々の様態を勘案することが古今の通法である（『常照愚草《じょうしょうぐそう》』）などと説かれたのである。

ところで室町幕府が本来その存立の根拠を「天下」思想＝「天（道）」思想に基づく撫民仁政主義に求めていた以上（室町初期の作とされる『等持院殿御遺書《とうじいんどのごいしょ》』（『尊氏卿《たかうじきょう》御遺書』）、足利直義の政道論〈『吉野御事書案《よしのおんことがきあん》』〉、『梅松論《ばいしょうろん》』などに明示）、室町政権が形成した故実的政治世界における不変の大法――足利将軍を中心とする故実的秩序の支柱――とは、最終的には撫民仁政主義に帰着すべきものであったといえよう。したがって撫民仁政主義は時宜の観念と相俟《あいま》って故実礼治主義を支持あるいは規制しうるものであったと解される。そこで故実礼治主義が時宜の観念を忘れ、大法たる撫民仁政主義と対立するようになれば、必然的に時宜の観念と撫民仁政主義が強く意識され、故実的秩序の正常化が叫ばれるようになる。室町時代も後期になると明らかにそういう様相を呈してきた。すなわち「凡《およそ》例といふ文字をば向後《こうご》は時といふ文字にかへて御心えあるべし。……凡例と云は其時が例也。大法不易政道は例を引て宜しかるべし。其外の事いさゝかにも例をひかるゝ事心えず」（『塵塚物語《ちりづかものがたり》』の伝える山名宗全《やまなそうぜん》の言葉）と、時宜の観念および不易《ふえき》の大法がとりわけ高唱されるようになったのである。ただしこの段階ではまだ故実的秩序の正常化が求められていた。しかし応仁の乱後、室町幕府が完全に有名無実化するとともに、故実的政治世界もまったく形骸化し――すなわち故実礼治主義と撫民仁政主義がまったく遊離し――故実的秩序はもはやフィクションでしかなくなったのである。しかしその後新政権の誕生とともに新たな故実的秩序が再生する（武家故実の性格については、主として藤直幹『中世文化研究』を参照した）。

（石毛　忠）

028 鎌倉・室町武士の思想

かまくら・むろまちぶしのしそう

源平二氏の武士を類型化すれば、平氏は京の雅《みやび》・公家風で詩歌管弦《しいかかんげん》の教養があり、死に臨んでは辞世の歌を詠み極楽往生を祈願する。他方、源氏の武士は東国の鄙《ひな》に土着し、主従結合（御恩と奉公）の強い「坂東武者《ばんどうむしゃ》」であった。源氏の棟梁《とうりょう》頼朝を主君とする鎌倉御家人の武士としての身の処し方は、「坂東武者の習い」と呼ばれる。この武士としての当為《とうい》は、「弓矢取る道」「常の習い」とも呼ばれ、「剛なる兵《つわもの》」としての生き方が求められた。主君への献身奉公は、「昔は昔、今は今、恩こそ主よ」という「一旦《いったん》の恩」に対して、代々仕えた主君の「重代の恩」こそがより高い価値を持つ。合戦での名乗りは「忠臣は二君に仕えず」という道義の証《あかし》でもあった。鎌倉武士は「死後の名」を惜しむ。武士が死に直面した際、己れが潔く武士らしく生きた証として己れの名を後代に残すことで、自己の生命の再生を念願したのである。

源氏棟梁の血統が断絶し、北条氏による執権《しっけん》体制が確立された泰時《やすとき》の時期では、主従結合による御家人体制から評定衆による合議制へと転換した。その政道の理念は弟重時宛の「泰時御消息《やすときごしょうそく》」や明恵上人との問答録『渋《しぶ》柹《かき》』から理解できる。また『貞永式目《じょうえいしきもく》』にも政道の道理が強く意識されている。こうした為政者としての道義観は、執権時頼の連署《れんしょ》として補佐した重時《しげとき》の「北条重時家訓」に具体的に示される。嫡子長時に与えたこの家訓は、北条一門の為政者としての身の振る舞い方や日常生活での心得、人格修養に励み「名を惜しみ恥を知り」道理を重んずることを訓戒するが、そこには「剛勇なる強き武士」に対して、為政者の自覚を持ち「義理を知る弓矢取り」を理想の武士であると教訓している。

足利尊氏による室町幕府の成立は源頼朝の体制と異なり、建武の新政に対する武家政権再興を願う有力守護大名の勢力を結集した体制であった。幕府の施政方針である「建武式目」では、礼節の尊重や故実の制定など現実から遊離した理念的な内容となった。幕府の主要武士の文武観や教養は、斯波義将《しばよしまさ》「竹馬抄《ちくばしょう》」・今川了俊《いまがわりょうしゅん》「今川状」・伊勢貞親《いせさだちか》「為愚息教訓一札《ぐそくのためのきょうくんいっさつ》」に語られている。中でも二代将軍義詮《よしあきら》から義満・義持の管領《かんれい》を三度務めた義将は公家文化や仏教の造詣深く「よき弓取りと仏法者とは、用心同じこと」であり、落着いた心で理非を分別すること、人は「ただ、道理と云ことこそ恐れ恥じ」るべきだと訓戒する。また、教養ある武人としての心の修養には、『源氏物語』や『枕草子』を読むべきことを説き、神仏の崇敬崇拝でも、たとえ一度の勤行《かんぎょう》も参詣すらせずとも、「心正直に慈悲あらん人」には、神仏は疎《おろそ》かにされず、神仏は「心素直に潔《いさ》ぎよき人の頭《こうべ》に宿《やど》らせ給ふ」と正直慈悲が理念の基本となっている。

義将とほぼ同時代に活躍した今川了俊（貞世《さだよ》）には、後嗣《こうし》の弟仲秋に与えた「今川《いまがわ》了俊《りょうしゅん》愚息《ぐそく》仲秋《なかあき》制詞《せいし》条々《じょうじょう》」（「今川状」）がある。了俊は和歌・連歌に秀でた教養豊かな文武兼備の武将であった。了俊は九州探題として二五年間に及ぶ活躍をしたが、南北朝の統合により、将軍義満に召喚された。幕府への献身に対する恩賞も少なく、不満を抱いて領国駿河《するが》に引退したが、その後守護大内義弘、幕政に反目する関東管領《かんれい》足利満兼《みつかね》と連携を画策し失敗した。「制詞」の内容は、了俊の反幕思想を支える為政者の交代を是認する「天下の思想」が内在する。その処世術は家柄から論ぜず、「人はその身分に従って主君に忠を為すべきで、分際《ぶんざい》より忠功が越ぎると必ず禍《わざわい》が生ずる」こと、昔の義理で動かず「時によっては不道不義無礼の振舞するもよし」とする。また義将と同じく武人の教養は平安朝文芸に親しみ修養すべきであり、為政者は「仁義礼智信の一つを欠けても危うい」ため、武士は文武の道を修めて正直・慈悲・公正の徳を守り、その実現に努めよという。

この教養論に対して、将軍義政の政所《まんどころ》執事・殿中惣《でんちゅうそう》奉行《ぶぎょう》などとして幕府財政と殿中の有職故実《ゆうそくこじつ》を司った伊勢貞親の「為愚息教訓一札」は、嫡子貞宗に与えた教訓である。その内容は名門伊勢家が「天下の鏡」となるべき家名を子々孫々伝える「処世術」を日常での対人関係や対応、振る舞いなどで他人の噂や評判に「よき者」と評価されるように振る舞い心掛けよという「方便道徳《ほうべんどうとく》」である。いずれにせよ貞親の教訓は、外面的に洗練された「上辺《うわべ》を飾る社交的保身の心得」が教訓の眼目である。応仁の乱に始まる下剋上の世の出現が、将軍の権威や伝統的な家柄や身分、有識故実を否定し、戦国乱世の新時代が到来する。

（小澤富夫）

029

鎌倉仏教

かまくらぶっきょう

法然を先頭に鎌倉時代に相次いで興起する宗教運動は、一般的に「鎌倉仏教」あるいは「鎌倉新仏教」と呼ばれている。鎌倉新仏教は、日本の仏教を代表するものとしてこれまで大きな注目を集めてきた。

鎌倉新仏教への着目は明治期の半ばに遡《さかのぼ》る。明治二〇年（一八八七）代以降、日本では西洋文明に対する一方的な傾倒に対する批判が生まれ、「日本的」なるものの模索が開始された。日本の伝統の中に、西洋の「哲学」に匹敵する知的資産を発見しようとする運動のなかで、新仏教の祖師の思想に光が当てられていくのである。

その担い手となったのが、浄土真宗の村上専精《むらかみせんしょう》や清《きよ》沢満之《ざわまんし》であり、日蓮宗の田中智学《たなかちがく》だった。清沢は親鸞の宗教に、急速な近代化にとまどいながら自我のあり方を模索する人々の道標となりうる可能性を見出し、田中は日蓮の立正安国《りっしょうあんこく》の論理に、近代国家としての日本が向かうべき理想像を重ね合わせた。彼らは立場こそ違っても、いわゆる鎌倉仏教の近代的解釈を試み、そこに時代を超えた普遍的な価値を見出していった。

宗門出身の仏教学者が、仏教の近代化という課題に応《こた》えるべく独自の日本仏教像を模索していたころ、歴史学の分野でも原勝郎《はらかつろう》によって、鎌倉仏教にそれまでとは全く違った視点から光を当てる新たな試みがなされた。西洋史家であった原は、比較史の視点から日本史の世界に初めて「中世」という概念を導入し、武家の支配する鎌倉時代が決して従来考えられたような暗黒時代ではないことを強調した。その上で、鎌倉時代に発達するいわゆる鎌倉仏教についても、「階級的」なものが「平等」「平民的」となり、「装飾的」なものが「実際的」になった点にその特色を見出し、そこに西洋の宗教改革と同様の志向性がみられることを論じた。鎌倉仏教の誕生＝宗教改革論は戦後に至るまで、研究者の視点を規定する重要なテーゼとなった。そうした視座から親鸞思想とプロテスタンティズムの類似性や、鎌倉仏教の革新性を論じる研究が数多く著されていくのである。

原の問題意識は、戦後家永三郎らによって、より実証的・体系的な形で発展させられた。法然、親鸞、道元、日蓮ら新仏教の祖師が中世を代表する思想家であれば、彼らの思想から最大公約数的な共通要素を抽出することが、とりもなおさず中世的な世界観・価値観を明らかにすることにつながるのではないか——戦後第一期の研究者たちは、こうした問題意識を抱きながら鎌倉仏教研究の道を切り開いていった。その結果、「専修《せんじゅ》」（一つの行だけで救われる）、「易行《いぎょう》」（だれでも実践できるやさしい行である）、「悪人救済」、「女人《にょにん》救済」といった諸要素が、中世仏教の特色を示す指標として提示されることになった。

　そうした新仏教中心の仏教史研究を一変させたのが、昭和五〇年（一九七五）に黒田俊雄によって提唱された「顕《けん》密《みつ》体制論」だった。黒田がそこでまず強く主張したのは、社会的勢力・宗教的権威・思想的影響力いずれの面でも、中世において旧仏教＝顕密仏教が保持していた圧倒的な力だった。その上で黒田は、「顕密主義」を基調とする諸宗が国家権力と癒着した形で宗教のあり方を固めた体制を「顕密体制」と命名し、この体制こそが、中世仏教界の「正統」であり、支配的位置を占めていたと主張した。一二世紀末から始まる一連の仏教改革運動、いわゆる新仏教の勃興は、支配的位置にあるこの「顕密」仏教に対する「改革」、あるいは「異端」の運動として位置づけられるのである。

　「顕密体制論」の提起によって、「新仏教」ではなく南《なん》都《と》北嶺《ほくれい》の旧仏教＝顕密仏教こそが中世仏教の主流であるという認識が、研究者のあいだに共有されるに至った。もはや新仏教だけを見ていても中世仏教像を描くことはできない、中世思想の全体像を把握することはまして不可能であると考えられるようになった。かくして顕密体制論以降、中世仏教研究の世界では、寺院史研究の盛行と思想史的研究の空洞化ともいうべき状況が到来することになった。

　もちろん思想史や仏教学の立場からの個別の対象に対する研究はいまなお盛んであり、一つ一つをみれば優れた研究もしばしば見受けられる。しかし、中世仏教の思想世界全体を視野に入れ、その枠組みそのものを根底から問い直すようなエネルギーは、現在の学界から消えてしまったというのが現状である。

（佐藤弘夫）

030

鎌倉・室町禅と儒教《かまくらむろまちぜんとじゅきょう》

鎌倉・室町両時代の日本において禅と儒教とがいかなる関係を形づくっていたかは、中国宋代の禅僧らにみられる儒仏道三教一致論と深く関わっている。

中国では早く魏晋南北朝時代以来、三教の間に仏老・儒老・儒仏それぞれの組み合せで、類似ないし融和の思想が形成されていたが、唐の終末から宋代にかけて禅僧たちの間に三教一致論が形成され広く普及した。三教一致論とは儒・仏・道の三教は、その外形（迹）は異なるが、その本質（心）は一つなのだ、という思想である。

宋代の三教一致論の代表的論者は、まず北宋の明教《めいきょう》契嵩《かいすう》で、その三教一致論は中国宋代の人々に大きな影響力をもった。代表的著作に『輔教篇《ほきょうへん》』と『鐔津文集《たんしんぶんしゅう》』がある。ついで宋代に契嵩の論をより拡充したのが北礀《ほっかん》居簡《きょかん》である。その他宋代の三教一致論者でわが国禅者と特に関係の深かった者に無準師範《むじゅんしばん》と虚堂智愚《きどうちぐ》がある。

宋代の三教一致論は、入宋した日本の僧や宋からの渡来僧を通じて、鎌倉時代の日本に次々と伝えられた。その渡来僧には、蘭渓道隆《らんけいどうりゅう》、兀庵普寧《ごったんふねい》、無学祖元《むがくそげん》、大休《だいきゅう》正念《しょうねん》、一山一寧《いちさんいちねい》、竺仙梵僊《ちくせんぼんせん》、清拙正澄《せいせつしょうちょう》らがおり、入宋僧には円爾弁円《えんにべんねん》・雪村友梅《せっそんゆうばい》らがいる。

三教一致論の受容は、鎌倉時代の末期には日本思想界でほとんど普遍的風潮となった。

三教の一致を全面的には認めないが、禅を儒学よりも高度の宗教（思想）とみなしつつ、禅と儒学との部分的な一致を認めた人々として、次の室町時代にかかるが、虎関《こかん》師錬《しれん》、乾峯士曇《けんぽうしどん》、夢窓疎石《むそうそせき》・中巌円月《ちゅうがんえんげつ》などが挙げられる。

次に室町時代に入ると、この時代のほとんど全体にかけてなされた、禅僧間にみられた三教一致論・儒仏一致論の盛行と終末期にみられた儒仏神三教一致論への懐疑・否定、儒者の禅からの独立という現象が注目される。

室町時代に入ってしばらくすると五山ほかによった臨済の禅者たちは、ほとんど三教一致論を受容した。義堂《ぎどう》周信《しゅうしん》・竜湫周沢《りゅうしゅうしゅうたく》・岐陽方秀《きようほうしゅう》・雲章一慶《うんしょういっけい》・瑞渓周鳳《ずいけいしゅうほう》などである。なかでも岐陽は、この期の儒仏一致論を代表する論者であった。

室町時代初期から応仁・文明の乱前までの禅僧たちの間には三教一致論に反対の態度を示すものはほとんどみられなくなり、しかも三教一致論を漠然と説くのではなく、儒仏二教の一致を具体的例を挙げて論証する態度が目立つようになる。

応仁・文明の乱の後、三教一致論はいよいよ普及した。五山禅僧の例にしぼっても、桃源瑞仙《とうげんずいせん》・横川景三《おうせんけいさん》・景徐周麟《けいじょしゅうりん》・季弘大叔《きこうだいしゅく》・天隠竜沢《てんいんりゅうたく》・月舟寿桂《げっしゅうじゅけい》などが挙げられる。

ただし、戦国時代以降は禅者たちにとって三教一致論・儒仏一致論は、いわば常識化してしまい、かつてのようにこの論を力説する面は薄れてしまった。

このような状勢のなかから、この時代の終末期と安土桃山時代の日本で、三教一致論への懐疑・否定、儒学のみの採用という動きが出現する。藤原惺窩《ふじわらせいか》は、京都五山の一つ相国寺《しょうこくじ》で首座《しゅざ》を勤める傑僧《けっそう》であったが、文禄五年（一五九六）には儒学を中心とした思想生活へと移行した。その門弟の林羅山は、幼少時建仁寺に入ったが、慶長二年（一五九七）寺側の出家の奨《すす》めを拒否して俗に帰り、以後仏教・禅否定の立場で、宋学を主とした思想的生涯を送った。羅山が慶長十二年（一六〇七）幕府に仕えて、体制的儒者・林家の祖となったのは周知のことである。

この二人の生涯は、鎌倉時代に宋より伝来した三教一致論・儒仏一致論の日本におけるその後の運命を象徴的に示すもので興味深い。

室町時代より儒教が禅宗から離脱・独立してゆく過程については、石田一良の優れた研究がある（本『事典』所収の「日本思想」でも、この点について言及している）。石田によれば、臨済僧夢窓疎石は儒を禅の活弄《かつろう》（てだて）と考え、室町幕府の将軍に儒の助けによって禅に至ることを求め、義堂周信は儒は禅に至る単なる手段ではなく、儒の中庸の徳は禅の悟りの中に蘊《つつ》まれているといい、岐陽方秀は儒の中庸と禅の悟りを一致するものとみなし、禅と儒は体と用の関係にあると述べている。その後、戦国期の儒者南村梅軒《みなみむらばいけん》は、儒の修行によって中庸の徳を体した「真儒」の境地に到達することができるとし、その境地を外界に展開して道徳的秩序を領国に実現すべしと論じている。ここに至って禅儒の関係は逆転したのである。

（玉懸博之）

第一部　二　鎌倉・室町時代

031

伊勢神道《いせしんとう》

伊勢神宮の神官により唱えられた神道についての教説。主たる担い手が、外宮《げくう》の神官である度会《わたらい》氏だったことから、外宮神道・度会神道とも称される。

平安時代末期、末法思想《まっぽうしそう》と仏教的世界観に基づく日本辺土観《へんどかん》の流布に伴い、神々を仏菩薩《ぶつぼさつ》の化現《けげん》とみる本地垂迹思想《ほんじすいじゃくしそう》が急速に広まった。元来、皇室の祖神《そしん》である天照大神《あまてらすおおみかみ》を祀る伊勢神宮は国家祭祀の場として人々に閉ざされていた神社であったが、本地垂迹思想の流布とともに僧侶を中心に大日如来《だいにちにょらい》や観音菩薩《かんのんぼさつ》の垂迹と見なされて、「開かれた神」として一般の信仰を集めるようになった。他方、本地垂迹思想に立脚して神の存在や社殿の宗教的意義を説く両部神道《りょうぶしんとう》や山王神道《さんのうしんとう》などの仏教系の神道説（仏家《ぶっか》神道）が出現する。前者は密教思想に基づいて伊勢の内宮《ないくう》と外宮を胎蔵界《たいぞうかい》と金剛界《こんごうかい》の大日如来《だいにちにょらい》の化現とするものであり、後者は日吉《ひえ》の神を天台宗の教理に引きつけて説明するものである。このような動きに対して、朝廷の祭祀を担っていた大中臣《おおなかとみ》氏や卜部《うらべ》氏などの神祇《じんぎ》関係氏族の間から、日本の神の尊貴性や独自性を強調する神道説形成の動きが現れる。その影響が伊勢神宮に及び、主として外宮祠官《しかん》度会氏によって、本地垂迹思想に拠らない、神を中心とする伊勢神道が形成された。

平安末期から鎌倉中期にかけて『倭姫命世記《やまとひめのみことせいき》』『造《ぞう》伊勢二所太神宮宝基本記《いせにしょだいじんぐうほうきほんぎ》』『天照坐伊勢二所皇太神宮御鎮座次第記《あまてらしますいせにしょこうたいじんぐうごちんざしだいき》』『伊勢二所皇太神御鎮座伝記《いせにしょこうたいじんごちんざでんき》』『豊受皇太神御鎮座本紀《とゆけこうたいじんごちんざほんぎ》』などの神宮の鎮座や祭儀・社殿に関する所伝を記した「神道五部書《しんとうごぶしょ》」が出現した。五部書は、その書名からも分かるように伊勢神宮の鎮座の由来や社殿、祭儀などについて記されたものであるが、その中には、我が国の人間は神々の子孫であるから神々の中心である天照大神を祀る神宮は「君臣上下の元祖」「天下の大廟」であるとする神人《しんじん》論、神に対する心のあり方を重視する「正直《しょうじき》」と「清浄《しょうじょう》」の強調、『日本書紀』神話の冒頭に登場する「国常立尊《くにとこたちのみこと》」を道家《どうか》思想を援用して天地万物の根源たる「一気」の元神《げんしん》と位置づけ重視する新しい神観念の提示など、その後に多様な展開を見せる神道説の核をなす思想が織り込まれている。

伊勢神道は鎌倉後期から南北朝期にかけて外宮祠官度《わた》会《らい》行忠《ゆきただ》や度会常昌《わたらいつねよし》によって継承発展された。行忠は建長三年（一二五一）一六歳で外宮禰宜《ねぎ》に任ぜられてより一時不遇の時期はあったものの五〇年以上の長きにわたり祠官の職を勤め、神宮の故実に通暁していた人で、亀山上《かめやまじょう》皇《こう》の叡覧《えいらん》に浴した『伊勢二所太神宮神名秘書《いせにしょだいじんぐうしんめいひしょ》』をはじめとして『古老口実伝《ころうくじつでん》』『心御柱記《しんのみはしらき》』などの著書を残している。常昌も学徳兼備の祠官として知られ、『太神宮《だいじんぐう》両宮之御事《りょうぐうのおんこと》』『文保服忌令《ぶんぽぶっきりょう》』等を著すとともに、慈遍《じへん》と親交があり、その思想形成に大きな影響を与えている。この伊勢神道を集大成し、神道の教説として体系化を図ったのが度会家行《わたらいいえゆき》である。彼は南北朝の動乱のただ中にあって南朝方に与《くみ》し、北畠親房《きたばたけちかふさ》を助けたことでも知られる。後宇多上皇《ごうだじょうこう》と後醍醐天皇《ごだいごてんのう》の叡覧に与《あずか》った『類聚神祇本源《るいじゅうじんぎほんげん》』などの神道書において、道家思想や宋学の宇宙論を取り入れることによって神儒仏を超えた根源的「道」の存在を説くとともに、神道・儒教・仏教をこの普遍的な道の個別的な現れとし、神道を儒仏と並ぶ教えと位置づけた。また、神道的教えを雑念のない澄《ちょう》明《めい》な心境への到達に求め、それをあらゆる現象が萌す以前の宇宙の始源の時に参入する理想の境地とする。伊勢神道は南北朝以後、神宮内部での思想的発展はみられなくなるものの、北畠親房や慈遍の思想形成の核となり、さらには中世神道の集大成とも言うべき吉田神道にも影響を与えている。

江戸時代に入ると神宮信仰の興隆と学芸復興の気運にともない、外宮に度会延佳《わたらいのぶよし》が現れて伊勢神道を再興した。彼は、日本古来の神道と儒教道徳や易の思想が帰する所同じ教えであるとし、「神道と云《い》ふは、人々日用の間にありて、一事として神道にあらずと云ふ事なし」すなわち神道は日常生活の道であると説いて伊勢神道の近世化を図った。神道関係の著書に『陽復記《ようふくき》』『太神宮神《だいじんぐうしん》道或問《とうわくもん》』等がある他、古典研究にも優れ『中臣祓瑞穂《なかとみばらえみずほ》抄《しょう》』『神代巻講述鈔《じんだいのまきこうじゅつしょう》』等を残している。その思想は垂加神道《すいかしんとう》の思想形成に影響を与えるなど、近世神道の展開にも大きな役割を果たした。

（高橋美由紀）

032

神国思想

しんこくしそう

　今日の常識的な理解では、神国思想は、天皇を主人公とするこの神聖な国土を日本固有の神々が守護するという理念だった。それは日本列島とそこに住む人々を聖化し他の諸民族から区別しようとする強烈な選民意識であり、自民族中心主義の思考だった。この神国思想が勃興する契機となったのは、鎌倉時代の蒙古《もうこ》（モンゴル）襲来（一二七四、一二八一）であった。古代から鎌倉時代の前半に至るまで、この列島は外来の思想である仏教の強い影響下にあった。仏教の世界観によれば、日本は世界の中心から遠く離れた大海の中の小島（辺土粟散《へんどぞくさん》）であり、悪人が群れ集う世紀末（末法《まっぽう》）の暗黒社会だった。それに対し、蒙古襲来に触発されて勃興した神国思想は、日本の国土を神孫が君臨し神々が守護する聖地として丸ごと肯定し、他国に対する優越を強く主張するのである。

　神国思想をめぐるこうした常識的イメージは、本当に正しいものなのだろうか。まず確認しておかなければならない点は、日本を神国とみなす理念が、蒙古襲来を待って初めて誕生するものではなかったことである。日本＝神国の主張は、『日本書紀』の時代から近現代に至るまでいつの時代にも見られるものだった。しかし、なぜ日本を「神国」と規定するのかというレベルになると、その論理は時代と論者によって大きな隔たりがあった。その背景には、神国思想の基盤をなす神観念の変貌とコスモロジーの大規模な変転があったのであり、それを解明していくことはこれからの課題である。

　いまひとつ留意すべき点は、しばしば神国思想の典型として論及される蒙古襲来以降のそれにしても、決して手放しの日本礼賛《らいさん》の論理ではなかったことである。本地垂迹思想が広く受容されていた中世の神国思想の骨格は、他界の仏が神の姿をとってこの国土に垂迹しているという観念にあった。普遍的存在である仏が神の姿をとって出現したから日本は「神国」なのであり、インドや中国が神国でないのは、仏が神以外の姿をとって現れたからだった。現実の事象の背後に普遍的な真理が実在することを説くこうした論理は、特定の国土・民族の選別と神秘化に本来なじまないものである。中世的な神国思想の基本的性格は他国に対する日本の優越の主張ではなく、その独自性の強調だった。

神国思想は仏教的な世界観と根本的に対立するものであり、仏教的劣等感＝末法辺土思想を克服するために説き出された、という議論も見直す必要がある。末法辺土ゆえに仏が神の姿をとって垂迹するという神国思想の論理は、仏教的な世界観を前提として初めて成立するものであり、その点からいえば神国思想はむしろ仏教の土着の過程で生み出された思想だった。

神国思想と天皇の関係の説明も問題を抱えている。天皇の存在は日本が神国たりうる最重要の要因とみなされてきた。しかし、中世の神国思想においては、天皇はもはや神国の中心的要素ではなかった。天皇の存在は神国の目的ではなく、神国が存続していくための手段とみなされた。悪しき天皇は神仏の罰を受ける、神国にふさわしくない天皇は退位させられて当然だ、という見方が当時の人々の共通認識となっていた。私たちは神国思想と聞けば、強烈な自民族中心主義・ナショナリズムを連想するが、もっともその要素が強いと信じられている蒙古襲来以降の神国思想でさえ、その根底にあるのは、現実世界の背後には時代や国境を越えて共通の真理が実在するという認識だった。

しかし、中世後期に生じた彼岸の普遍世界に対するリアリティの衰退にともなって、諸国・諸民族を相対化していた視座は失われるに至る。人は遠い浄土の実在を信じることはできず、神がそこの仏の化現であるというイメージも、もはや抱くことはできなかった。普遍的世界観の後ろ盾を失った神国思想には、日本の一方的な優越を説くにあたってのいかなる制約も存在しなかった。江戸時代になると、神道家や国学者を中心にしばしば神国に言及するものが見られるが、そこでは日本とそれ以外の国々との区別を先天的・固定的なものとして捉え、神国日本の偉大さが力説された。日本の特殊性の強調という性格を第一義とする中世的な神国思想から、日本の絶対的優位の主張を骨子とする近世的な神国思想への転換は、こうした過程を経てなされることになった。独善的な自尊意識に基づき、周辺諸国に対する侵略をためらいなく正当化するような近代の神国思想は、その延長線上に生まれてくるのである。

（佐藤弘夫）

033 無常観《むじょうかん》

無常は、サンスクリットのAnitya《アニトヤ》の漢訳語。すべてのものは生じたり滅したりして、変転するものであり、永遠不変のものはないということをいう言葉で、その無常について瞑想することを、無常観という。釈迦《しゃか》は、八〇歳の時、死期の近いことを知り、侍者のアーナンダに「すべては無常である。怠ることなく実践し、それを完成しなさい」(『大パリニッパーナ経』)と説き、怠ることなく無常を無常として生きていくようにと教えて亡くなった。また、『大般涅槃経《だいはつねはんぎょう》』には、釈迦が前世で雪山童子《せっせんどうじ》であった時、「諸行無常《しょぎょうむじょう》、是生滅法《ぜしょうめっぽう》、生滅滅已《しょうめつめつい》、寂《じゃく》滅為楽《めついらく》」(すべての現象は一刻も同じ状態にあることはなく、生じては滅びるものであり、そのような世界を離れた境地は至上のものである)という偈《げ》を聞くために、羅刹《らせつ》(食人鬼)の前に身を投じたという説話があり、その「雪山偈《せっせんげ》」は、無常の真理を伝える偈として広く知られた。仏教は、無常はあらゆるものを支配する根本的な原理であるのに、人はこの真理を悟らず、無常なるものを常住《じょうじゅう》と見て執着するところに、苦が生まれると説く。日本でも、鎌倉時代の道元は、「誠にそれ無常を観ずる時、吾我《ごが》の心生ぜず、名利《みょうり》の念起こらず、時光《じこう》の太《はなは》だ速《すみ》やかなるを恐怖す。所以《ゆえ》に行道《ぎょうどう》は頭燃《ずねん》を救う」(『学道用心集』)と述べて、すべてのものが無常であることを観察するならば、自己中心の思いや、名利を求める思いは起こることはなく、時の移り行きの速さに恐れおののくに違いない。だから、頭髪についた火を必死に払い除ける時のように、真剣に修行しなければならないと戒めて、怠ることなく修行しなければならないと説いた。

仏教伝来以前の日本人は、現世中心の思想の中で暮らしていた。来世について深く考えることをせず、現世を仮の世とする考えも持っていなかったが、六世紀半ばに仏教が伝えられると、この世は移ろい行くものであるという考えを知るようになった。『万葉集』には、人の世の無常を詠んだ多くの歌が収められているが、沙弥満誓《しゃみまんぜい》の「世間《よのなか》を何に譬《たと》へむ朝びらき漕ぎ去《い》にし船の跡なきがごと」という歌は、奈良時代の知識人の間に、無常への思いが芽生えていたことを示している。平安時代に入って、かな文字による文学が興ると、四季の移り変わりや、人の心の頼りなさ、いのちのはかなさなどに、無常を看取し、繊細な感受性と巧みな表現を競う和歌が作られ、物語や日記にも、無常の思いが書き込まれるようになった。平安時代半ばになって、貴族社会の停滞が始まると、中下級貴族の間に無力感が広まり、孤独感を深めた知識人貴族は、世間のはかなさ、たよりなさを思うようになり、無常の現世を遁《のが》れて、浄土の世界に生まれることを願うようになった。『往生要集《おうじょうようしゅう》』の人間の無常についての詳細な論述は、貴族社会に大きな影響を与え、「雪山偈」を詠んだといわれる「いろは歌」、「いろは匂《にほ》へど散りぬるを（諸行無常）我が世誰《たれ》ぞ常ならむ（是生滅法）有為《うゐ》の奥山今日《けふ》越えて（生滅滅已）浅き夢みじ酔ひもせず（寂滅為楽）」も、かな文字の普及の中で、無常の思想を広めていく役割を果たした。また、平安時代の後期から、貴族社会の周縁に現れ始めた遁世《とんせい》者に、無常を知って世を捨てたという説話が伝えられ、無常の観念は、知識人貴族の間に広まった。鴨長明《かものちょうめい》『方丈記』の「行く河の流れは絶えずして、しかも、もとの水にあらず。よどみに浮かぶうたかたは、かつ消え、かつ結びて、久しくとどまりたる例《ためし》なし。世の中にある人と栖《すみか》と、またかくのごとし」という巻頭の一節や、満誓《まんぜい》の歌を本歌とした西行の、「世の中を何に譬へむあさびらき漕ぎいにし舟の跡なきがごと」という歌は、鎌倉時代初期に広く浸透した、無常を思う風潮を伝えている。さらに、平家一門の盛衰の跡を語った『平家物語』は、「諸行無常の響」を聞き取り、「唯《ただ》春の夜の夢のごとし」という無常の思いを軸にして、一貫した歴史の流れを捉えることに成功した。また、無常は人の死を意味し、寺院に建てられた無常院は、僧が死を迎える施設であった。室町時代の蓮如《れんにょ》の「白骨《はっこつ》の御文《おふみ》」の「我やさき、人やさき、けふともしらず、あすともしらず、をくれさきだつ人は、もとのしづく、すゑの露よりもしげしといへり」という文章も、多くの人々の無常の思いを誘う言葉として知られた。無常、無常観は、日本人の間では、本来の意味から逸《そ》れて、無常感というにふさわしい情緒的な言葉になったが、日本人の仏教理解の底流をなし、近世の儒教を中心とした時代にも払拭されず、人生観、処世観に大きな影響を与え続けている。

（大隅和雄）

034

遁世の思想

とんせいのしそう

遁世とは、世を遁《のが》れることで、俗世の煩《わずら》いから離れ、孤独の中で、仏の世界を思う生活を送ることをいう。『日葡辞書《にっぽじしょ》』（一六〇三刊）は、「トンセイ、または、トンゼイ。ヨヲノガルル。剃髪《ていはつ》すること、すなわち、家や現世を捨てること」と説明している。この世とは別に、理想的な世界があり、そこで人の救いが実現すると教える宗教のもとでは、この世は仮の世であるとされ、真実は別の世にあると教えられるので、真摯《しんし》に救いを求めるならば、この世は捨てなければならないと考えられた。仏教では、苦しみに満ちたこの世を離脱して、彼岸に到達することを教えたので、修行者は、出家して現世の生活を弊履《へいり》のごとく捨て去り、求道者の集団に入って、修行を続けた。そこでは、出家と遁世は同義であった。

釈迦《しゃか》の時代から数世紀を経て、仏教が中国に伝来し、さらに朝鮮・日本に伝えられると、中国の思想や社会制度を受け入れた国々は、現世拒否的な思想を持ち、世間の規範に従わない出家者が増えることを恐れ、出家が集まり住む寺院のあり方にさまざまな規制を加えた。日本でも、中国・朝鮮の制度にならって、国家が僧尼の行動を規制し、寺院を管理する制度が作られた。仏教は、中国の文物制度とは別に、もう一つの外来文化であったから、僧尼は、国家の保護のもとで、漢訳仏典の解読と、外来の宗教儀礼の修得に精進した。国家から出家の身分を認められた僧尼は、世俗の生活から隔離された出家ではあったが、遁世した求道者ではなかった。寺院は、第二の世俗社会というにふさわしい組織になっていたので、寺院の中にいては、出家本来の生き方はできないと考えた僧は、出家して入った寺院から、もう一度出離を重ねて、出家の目的を果たしたいと考えるようになった。奇行を重ねて比叡山から出ようとした増賀《ぞうが》は二重出家の遁世者として知られ、出家して諸国を遍歴したのち播磨《はりま》国の賀古《かこ》に住んで俗人の生活をしながら西方浄土《さいほうじょうど》を願う念仏を怠らなかった教信《きょうしん》は、遁世の理想的な実践者として語り伝えられた。

平安時代の半ば、停滞を見せ始めた貴族社会で、所を得ることのできない中下級貴族の中に、浄土往生を願って、現世を厭離《おんり》する風潮が広まった。しかし、世を捨てることは、容易なことではなかったので、浄土に憧れる貴族たちは、寺院の外で経典の読誦《どくじゅ》や念仏に専念している行者を理想化し、その事績を書こうとした。平安時代後期から鎌倉時代中期に編纂された、仏教説話集や往生伝には、遁世した人物の伝が数多く収められている。遁世者が、自分自身の行実《ぎょうじつ》を記述して、世間に残すことは稀であるから、多くの遁世者の伝記や説話は、遁世に強い関心を持った貴族知識人の思想を伝えるものと考えられる。平安時代の末には、真摯な修行を続けようとした結果、遁世に至るというよりは、仏道修行は、遁世を願い求めることであるという考えが広まり、正規の手順を経ずに剃髪し、寺院の外で修行している者を、遁世門の人々というようになった。北面《ほくめん》の武士の生活を捨てて遁世した西行は、花や月に憧れ、旅を続ける理想的な遁世者とされ、遁世門の祖師として仰がれて、数々の「西行伝」が書かれた。遁世の自己目的化は、方丈の閑居を自賛する鴨長明《かものちょうめい》の『方丈記』に見られ、遁世は難解な漢訳の経論になじめない日本人が、情緒的に理解した仏教のあり方を表すものとなった。

鎌倉時代に入ると、主君の御前で面目を失った武士が、ただちに剃髪して遁世するというように、遁れようとする世が、寺院から、貴族社会、武家社会へと広がって行き、体制の外にはみ出した遊民も、遁世者と見られるようになった。鎌倉時代末の無住《むじゅう》は、「遁世」が「貪《どん》世《せい》」になったと嘆き、人間の生き方には、在家《ざいけ》・出家《しゅっけ》・遁世の三段階があるが、遁世は、世を捨て世から捨てられた者でなければならないと記している。また同じ時代に、高野山に遁世していた明遍《みょうへん》が遁世を理由に父の年《ねん》忌法要《きほうよう》への出席を断ったことを虎関師錬《こかんしれん》は批判し、遁世した時に世を捨てたことを忘れるのが真の遁世者で明遍は似非者《えせもの》の遁世者であると記述している（『元亨釈書《げんこうしゃくしょ》』巻五）が、『徒然草』の吉田兼好の遁世に通ずるものがある。

中国の正史には、「隠逸伝《いんいつでん》」が立てられることがある。日本の遁世者伝を、隠逸伝の言辞を借りて記すことがあるが、中国の隠逸が、政治の世界から逸脱した反政治的な存在であるのに対して、日本の遁世は、非政治的な存在で、遁世した時に、何を放棄したのか、失ったものが何であるか定かでないことが多い。

（大隅和雄）

035 吉田神道《よしだしんとう》

京都吉田社祠官の吉田家で唱道・実践されてきたので一般に吉田神道といわれているが、吉田家の本姓が卜部《うらべ》氏であることから卜部神道とも称される。しかし吉田家では、宗源《そうげん》神道・元本宗源《げんぽんそうげん》神道・唯一《ゆいいつ》宗源神道、略して唯一神道・本家神道などと称してきた。その所以《ゆえん》は、この神道が宇宙の元始とともに起こり、国常立尊《くにとこたちのみこと》から天《あま》照大神《てらすおおみかみ》に至るまで相承され、さらに天照大神が天岩《あまのいわ》屋戸《やど》に籠もった時、神事の宗源をつかさどった天児屋《あめのこやねの》命《みこと》へと授けられ、それを卜部氏が唯受一流《ゆいじゅいちりゅう》の血脈により中臣氏を経て相承したからであると説く。やや強引な説だが、このような大業により吉田家は歴代にわたり、神祇管領勾当長上《じんぎかんれいこうとうちょうじょう》として諸社の神主・祠官《しかん》に対して神《しん》書《しょ》や事相《じそう》（密教の修法）などを伝授してきたと主張している。

このことは『卜部家系譜』（「唯受一流血脈」）にも、卜部家は天児屋命を遠祖と記し、その一一世孫雷大臣命《いかつおおみのみこと》の時に卜部姓を賜り、一八世孫常磐大連公《ときわのおおむらじのきみ》の時、中臣姓に改め、二六世孫日良麿《ひらまろ》の時、もとの卜部姓に復したとある。よって日良麿を卜部氏の始祖とするのである。

この日良麿が『三代実録』元慶《がんぎょう》五年一二月五日の条に卒伝《そつでん》を載せる卜部宿禰平麻呂《すくねひらまろ》と同人ならば、平麻呂（日良麿）は伊豆国の出身で、幼くして亀卜道《きぼくどう》を習い、神祇官の卜部となり、七五歳で卒去《そっきょ》したことになる。

さて、平安中期になると、平麻呂の曾孫兼延《かねのぶ》は神祇大《じんぎだい》副《ふく》（次官）に昇り、以後、同官を世襲していくが、一方、亀卜道の宗家としての地位も固めていくのである。その兼延の子兼忠に兼親《かねちか》・兼国《かねくに》の二子があり、この時、吉田と平野の二派に分かれ、長子の兼親は吉田社に、次子の兼国は平野社に奉仕することになる。

そして鎌倉初期から室町初期にかけて、吉田派からは兼直《かねなお》、その曾孫兼夏《かねなつ》、その孫兼熙《かねひろ》、その子兼敦《かねあつ》、また兼直の弟兼名の孫慈遍《じへん》、その弟兼好《けんこう》《（かねよし）》など有能な人物が輩出した。兼直は兼親六代の孫で『日本紀』『古語拾遺《こごしゅうい》』の書写に努め、兼熙は「神道の元老」と称され、卜部宿禰《すくね》を朝臣《あそん》と改め、正三位《しょうさんみ》に昇り、初めて公卿に列し、社会的地位を固めるに至った。また兼熙・兼敦父子の日記に『吉田日次記《ひなみき》』があり、天台僧となった慈遍の『旧事《くじ》本紀玄義《ほんぎげんぎ》』、兼好の『徒然草』なども広く知られている。

また平野派からは、鎌倉中期に兼頼が出て『文徳実録《もんとくじつろく》』『三代実録《さんだいじつろく》』の国史類、神社の祭神・祭祀の研究をなし、その子兼文《かねふみ》は『古事記』に注を施した『古事記裏書《うらがき》』を著し、『旧事紀』『日本紀』に校注を加えた。次に兼文の子兼方《かねかた》は『釈日本紀《しゃくにほんぎ》』を著し、その孫兼員《かねかず》は暦応《りゃくおう》三年（一三四〇）に花園《はなぞの》法皇の御前で『書紀』を進講した。それゆえ平野派は「日本紀の家」と称せられた。

しかし、吉田神道の成立にとって最も重要な人物は兼名の子兼倶《かねとも》である。兼倶は長年にわたり吉田家に継承されてきた家学の伝統を踏まえて独自の神道説を創唱し、それを「宗源神道」と称した。その成立は文明年間（一四六九―八七）の初期ころとするのが通説であり、その過程を見ると、文明二年二月に「宗源神道誓紙《せいし》」を定め、切紙《きりがみ》による宗源神道の伝授を行い、同五年からは「神明三元五大伝神妙経《しんめいさんげんごだいでんしんみょうきょう》」などの神経《しんきょう》類の読誦を開始し、続いて根本経典とされる『神道大意』『唯一神道名法要集《ゆいいつしんとうみょうぼうようしゅう》』を著した。そして同一六年、これらの経典に記す教説を実践する道場である斎場所大元宮《さいじょうしょだいげんきゅう》を吉田神社の神楽岡《かぐらおか》に建立し、ここに吉田神道が完成した。

兼倶の説く元本・宗源とは、陰陽不測の元々、万法純一の原初に立って神道を論ずるとの意で、それは『唯一神道名法要集』に説く、日本の神道は万法の根本、震旦の儒教は枝葉、天竺の仏教は花実という三教根本枝葉花実説《さんきょうこんぽんしようかじつせつ》に示されている。つまり神道は儒教・仏教の元本、万法の宗源との説で、そこに神仏習合に見るような混淆思想はなく、よって神も「天地ニ先テル神」と述べ、これを国常立尊にあてて大元尊神《だいげんそんしん》と称し、大元宮の主祭神とした。また三部本書に顕露《けんろ》教と隠幽《いんゆう》教とを立て独自の神道説を展開したが、それらは儒仏道三教思想をはじめ真言密教の教説を取り込んで形成された。

その後、江戸時代にかけて吉田家は全国大多数の神社・神職に対して宗源宣旨・神道裁許状《しんとうさいきょじょう》などを発給し、寛文五年（一六六五）の『諸社禰宜神主等法度《しょしゃねぎかんぬしとうはっと》』に、神職は装束《しょうぞく》着用の際、吉田家の許状《きょじょう》を受けることと定めるように、吉田家の神職支配は幕府から公認されていた。その一方で、儒学者・国学者からの吉田神道に対する批判が強まり、明治時代に入ると、廃止されるに至った。

（三橋　健）

036 茶の湯といけ花の思想《ちゃのゆといけばなのしそう》

日本で器に花を挿すことは、仏教伝来とともに仏前供《く》花《げ》に始まるとされている。平安時代になると、邸の廊下などに大きな瓶を置いて、無造作に桜の枝などを挿していたことが知られる。鎌倉時代には、歌人として名高い藤原定家《ふじわらのさだいえ》がさまざまな草花・樹木を愛し、花瓶にいろいろな花を立てていたことが『明月記《めいげつき》』に記されており、「花を立つ」「花を盛る」の語が使い分けられていることも注意を引く。南北朝時代から室町時代の初頭にかけて、七夕《たなばた》の行事として「花合せ」と称し、たくさんの瓶を並べて花を挿すことが行われ、ばさら大名として知られる佐々木道誉《ささきどうよ》はすでに立花《りっか》の先鞭をつけていたとも伝えられる。一五世紀半《なか》ばには、立阿弥《りゅうあみ》が禁裏《きんり》において花を立てるなどし、寛正三年（一四六二）には、池坊専慶《いけのぼうせんけい》の金瓶《きんぺい》に立てた草花が評判をよび、京の好事家《こうずか》たちが争って見、いけ花成立の時代を迎えるのである。

茶の湯もまた仏前献茶に始まるというが、奈良時代には写経生らが眠気覚ましに茶（茶）を服用し、平安時代の初めに入唐帰朝僧《にっとうきちょうそう》の永忠《えいちゅう》は、近江の梵釈寺《ぼんしゃくじ》に嵯峨天皇を迎えて煎《せん》じた茶を献じている（『日本後紀《こうき》』）。

しかし平安時代には茶は定着せず、鎌倉時代に栄西《えいさい》により茶の木の種子と抹茶《まっちゃ》式飲茶法が改めて伝えられた。栄西は『喫茶養生記《きっさようじょうき》』を著して茶の薬用的価値を強調したが、やがて茶の栽培が普及し、抹茶を飲む風習が広がりをみせると、たくさんの賭物《かけもの》を用意して本茶（栂尾《とがのお》の茶、のちに宇治茶）と非茶（本茶以外の土地で生産された茶）を飲み分ける闘茶会《とうちゃかい》が盛んに行われた。

やがて足利義満《あしかがよしみつ》から義政《よしまさ》の時代に、それまで上流階級の住宅建築の基本であった寝殿造《しんでんづくり》から書院造《しょいんづくり》が成立してくる。書院造とは、作付《つくりつ》けの違い棚や床の間、付書院《つけしょいん》のある部屋をもった住宅のことである。そしてこの部屋に掛軸《かけじく》や茶道具などすべて唐物《からもの》を使った座敷飾りがしつらえられ、茶会が行われた。書院の茶の実態は不明な部分が多いが、闘茶《とうちゃ》の猥雑《わいざつ》さや騒々しさを脱して、典雅な雰囲気と境地が求められたもののようである。その座敷飾りや書院の茶の確立に寄与したのが足利義教《よしのり》・義政に仕えた同朋衆《どうぼうしゅう》の能阿弥《のうあみ》であった。そして能阿弥に学んで、書院の茶からさらに「わび茶」への転換をはかったのが村田珠光《むらたじゅこう》である。珠光の目指した「わび茶」は武《たけ》野紹鴎《のじょうおう》に受け継がれ、さらにかれに学んだ千利休《せんのりきゅう》によって大成された。

さて室町時代の初め、夢窓疎石《むそうそせき》は「たとえ禅を志す人であっても、南無阿弥陀仏《なむあみだぶつ》を唱えてもいいし、儒教の本を読んでもいいし、どんなお経をよんでもいい、坐禅以外は無用であるというのは間違っている」と教えた。ここには〝包摂の論理〟ともいうべきものが働いている。また兼好《けんこう》は『徒然草《つれづれぐさ》』に「何冊かで一揃いになっている書物が大小まちまちで不揃いなのは見苦しいというが、弘融僧都《こうゆうそうず》が「物を一具《いちぐ》に調えるなどは拙い者のすることだ。不揃いなのが面白い」といわれたのはすばらしい」といっている。ここには雑多を包摂しようという心とともに、取り合わせを楽しむ心が見られる。そしてそれは固定された不変化の個性をきらう禅の精神に通じる。夢窓は仏国禅師《ぶっこくぜんじ》の頂相《ちんぞう》（肖像）の賛に「この老人には決まった姿がない、相手によって強くなったり弱くなったり自分を変えて行く。かれはそのままが聖であり、そのままが凡である」という意味のことを記している。他者の特殊の個性に応じて自在に自分を変化させて行くこのような態度を、禅では臨機応変《りんきおうへん》、変通自在《へんつうじざい》という。

京都六角堂の池坊専慶や立阿弥などによって成立したいけ花や、奈良の村田珠光からその門下の武野紹鴎を経て千利休によって大成されて行く茶の湯は、上に見た変通自在で臨機応変な個性観と、それに支えられた「取り合わせの美学」に貫かれている。いけ花における花と花、花と草、草と木、草木花と花器、花器と掛軸の取り合わせや、茶の湯における茶釜・茶碗・茶入れなどの茶道具の取り合わせ、それらと茶掛との取り合わせが茶会ごとに工夫され、さらには茶席における客と主人との当《とう》意即妙《いそくみょう》・変通自在な対応（会話など）の面白さが楽しまれたのであった。「茶会記」や「茶の湯日記」が書き継がれて行くのも、他の茶会で行われたのとは異なる新しい創意工夫のもとに茶道具や料理の取り合わせを行うがためであった。そのような創意工夫が封《ふう》じられ、固定された作法によっていけ花や茶の湯が行われる時、いけ花は花道となり、茶の湯は茶道となっていくのであった。

（石田一良・笠井昌昭）

037

中世日本紀

ちゅうせいにほんぎ

日本中世において『日本書紀』神代巻の読み替え、再解釈が試みられ、この改変・再解釈された神話を「日本紀」と呼び、中世文学を発火点に宗教史・思想史をはじめ人文諸科学の各分野において、中世の再認識と連動して、中世研究の全般に共通した研究概念とされる。

平安後期、院政期に入ると、勝明注《しょうみょうちゅう》の『古今序注《こきんじょちゅう》』のなかに「日本紀云」と引用され、新たな「日本紀」の世界が始まる。それ以後、古代の『日本書紀』とは文脈を異にする多様な「日本紀」「日本記」が生成、再生産される。中世の知的体系は、こうした多種多様の言説・注釈が入り混ざり、古代とは異なる中世独自の世界像を生み出していった。これら荒唐《こうとう》無稽《むけい》とされる言説を取り込み、中世の文学に新しい視点を導入したのは、一九七〇年代前半における伊藤正義《まさよし》の仕事であった。伊藤は「歌学と日本紀注と神道説の融合した中世神代紀のすがたは、決して単一ではありえない。とともに、いつしか日本書紀原典とは大きく隔たった、いわば中世日本紀が形成されている」(「中世日本紀の輪郭―太平記における卜部《うらべ》兼《かね》員《かず》説をめぐって」『文学』四〇―一〇)と述べ、中世の思想と文芸の各分野に広く波及し通説化する現象を見出した。

これを受け継いだ阿部泰郎《やすろう》は、中世において公の秩序と知の体系を国家機構の一部として分掌し継承する、神祇《じんぎ》と仏法の領域が伝承し形成する書物の場を注目し、真福《しんぷく》寺《じ》・仁和寺《にんなじ》など寺院に所蔵されてきた厖大な資料を紹介、分析して研究を深化させた。この地道な作業は、阿部をはじめ伊藤聡《さとし》・原克昭《かつあき》らによってまとめられている。『真福寺善本叢刊《ぜんぽんそうかん》・中世日本紀集』はその成果の一つである。阿部は「中世日本紀」とは実体として認識すべきものではなく、あくまで一つの研究方法であり操作概念にすぎないとし、その論議が肥大化する傾向に警鐘を鳴らしている。

中世の古典研究、学問の中枢とされてきたのは、神祇の家とされる神祇官の卜部《うらべ》氏であり、特に平野卜部氏は『釈日本紀《しゃくにほんぎ》』の注釈研究を完成して、「日本紀の家」としての地位を確立したが、こうした枠組みにとらわれない密教僧らの活動により、新たな神祇と仏教との多様な融合が図られ、仏教側と伊勢神宮とが共有する、仏法禁忌《きんき》、神仏隔離《かくり》を正当化した第六天魔王《だいろくてんのまおう》伝説なども生まれ、中世びとの豊かな構想力が表現されるようになる。第六天魔王《だいろくてんのまおう》伝説は神宮の仏法禁忌《きんき》の伝統を超克する説話として誕生する。日本国の生成にあたり、この地が将来仏教流布の地になることを見通した第六天魔王が、これを拒もうとした時、天照大神が偽って魔王に仏教忌避《きひ》を誓ったとする話で、僧侶の神宮参拝を促進させる根拠となった。

　歴史学においても、少なからず影響を受けてきた。義江《よしえ》彰夫《あきお》は中世の宗教イデオロギーを捉える概念として「中世日本紀」に注目し、記紀神話と神々を仏教的理解のもと本地垂迹《ほんじすいじゃく》説で説明するものとし、拡大した解釈をとる（『神仏習合』）。井上寛司《ひろし》はこれを発展させ、出雲大社の祭神が大己貴神《おおなむちのかみ》（『日本書紀』）から素戔嗚尊《すさのおのみこと》（『同上』）に転換していることに注目し、中世一宮制《いちのみやせい》の展開と結びつけ、中世出雲神話成立について、「中世日本紀」成立の動向と軌を一にすることを指摘する。そして古代天皇神話の中世的変容、宗教的国家イデオロギーとして中世の天皇神話を「中世日本紀」と捉え、顕密主義のもつ宗教的性格は神祇との融合によって、日本社会に浸透したとする。その思想的な解釈の担い手を、中世全体を通じた国家的神社制度の骨格となっていた諸国一宮制であったと論じる（『日本の神社と「神道」』）。

　「中世日本紀」は、神祇に伝わる神典の異伝群として仏家が中心となって集成していったが、一方、両部神道を皮切りに、神仏習合の神道や伊勢神道など、中世の諸神道説は仏家と神家（社家）とが交流しながら整えられ、これらの形成過程に相応して、集積していった。

　「中世日本紀」の視点導入により、中世神道史は根底から見直しを迫られてきた。現代の神道史研究は近世国学と近代の学問に多くの恩恵を受けてきたが、その結果、中世における異質の神話注釈は研究対象から排除されてきた。中世の豊かな宗教史像を構成する中世神道、中世神話、中世神仏論は、近年における豊富な新資料の公開により、新たな研究の段階に入ったといえる。

（岡田莊司）

038 『愚管抄』《ぐかんしょう》

『愚管抄』は、関白藤原忠道《ただみち》の子で、四度天台座主《てんだいざす》となった慈円《じえん》の著で、成立は承久《じょうきゅう》の乱前と見る承久元年（一二一九）説と二年説が有力である。全七巻で第一・二巻は「皇帝年代記」（その冒頭に「漢家年代」を付す）に当て、第三・四・五・六巻で保元《ほうげん》の乱（一一五六）以後に重点を置いた国初以来の日本の政治史を述べ、付録の第七巻で総括し、今後の日本の政治形態と当面の政策を論述している。『愚管抄』は五つの思想的要素の構造体であったと解される。すなわち上下に重なる二組の思想と意識——㈠①仏教の末法思想と②近代末世の意識、㈡③神道の祖神冥助《みょうじょ》の思想と④摂関家意識——が⑤時処機相応《じしょきそうおう》の思考（理想を現実—時と処《ところ》と人—に相応《アダプト》させようとする考え方）を紐帯《ちゅうたい》として一つの思想的構造体にまで構築せられている。つまり慈円は世界史の没落過程の中で日本歴史の意味とその行方を考え、仏の垂迹《すいじゃく》である祖先神の冥慮《みょうりょ》が正・像・末の三時にふさわしい「道理」となり、その道理に即した政治形態を実現していくものと考えたのである。かくして正法《しょうぼう》時には天照大神《あまてらすおおみかみ》（皇室の祖神）の冥助による天皇の親政制政治が、像法《ぞうほう》時には天照大神と春《かす》日大明神《がだいみょうじん》（藤原氏の祖神＝天児屋命《あめのこやねのみこと》）の神代の約諾《やくだく》による摂関制政治が、末法《まっぽう》時には天照大神と春日大明神と八《はち》幡大菩薩《まんだいぼさつ》（源氏の祖神）の約諾・議定による摂関＝将軍制政治（当時、関白九条道家《くじょうみちいえ》の子頼経《よりつね》が将軍家の継嗣《けいし》となる）が、それぞれの時代にふさわしい政治形態と考えるに至ったのである。慈円は時処機相応の思考を存分《フル》に活動させて摂関＝将軍制こそ「末代の道理」であるという信念に到達したのである。慈円にとってはこうした構造体を主体的に把握してその実現に努力することが政治家の務めである、そうした歴史的感覚、政治的能力をもつ者が「器量」ある人である、天下の政治は摂関家の——今は、九条家にのみ求められる——「器量」人が執《と》るべきである、器量ある人が天下の政治を執れば——末法には末法にふさわしい仏教があって、それに従えば末法劣機《れっき》の衆生も仏の救いにあずかることができるように——末代は末代ながら世は穏やかに治まるであろう、さもなければ、日本は「百王」を待たずに滅亡するであろう。――こう慈円は説いており、これが『愚管抄』の主旨である。

さらに慈円は、没落する歴史の中で、器量ある政治家の存在や活動を妨害して日本国の没落を一層早めるものとして、悪霊（怨霊）や天狗などが存在すると考えている。それとともに、それらの活動を抑えて「冥《みょう》の道理」の実現を助けるものとして、仏教ことに天台密教の修法《しゅほう》の意義を強調している。すなわち慈円は、「仏法・王法は車の双輪《そうりん》の如し」と考える古代仏教、ことに比叡山延《ひえいざんえん》暦寺《りゃくじ》の伝統的思想をもって彼の思想的構造体の骨組みを修飾していたのである。

さて慈円の思想において最も強烈であったのは、摂関家（九条《くじょう》家）意識であった。その意識はまさしく慈円の執念であって、この執念こそ、さしも透徹した慈円の頭脳にもかかわらず、『愚管抄』の思想構成の諸要素間にいくつかの論理的不整合をもたらし、彼の鋭い歴史的眼光をくもらせたように思われる。

〔I〕慈円は宮廷貴族の立場から日本の歴史を上古・中古・近代に分け、摂関政治全盛の時代を中古に当て、その成立過程を上古、その衰退過程を近代とし、その強い④摂関家意識から中古を理想の時代として礼讃しているが、この心の態度は世が時とともに濁悪《じょくあく》になるという①末法思想とは必ずしも整合しない。〔II〕また彼は正・像・末の三時にふさわしい政治形態があると考えながら、正法時の天皇親政、像法時の摂関政治の次に、末法時には武家政治が出現する（現実にはそのようになった）とは考え得ず、なお摂関＝将軍制を期待した（これは実現しなかった）のは、彼の④摂関家意識とそれと結ぶ祖神春日大明神の信仰の強さのためで、②近代末世の意識とは必ずしも整合するものではない。〔III〕さらに④摂関家意識ことに九条家正統論も、必ずしも③祖神冥助思想からただちに生まれ出るものではない。彼はそこで当時世間に流布していた慈恵《じえ》大師信仰を利用し、大師と摂関家の祖＝藤原師輔《もろすけ》との師檀《しだん》の契《ちぎ》りを誇張し、さらに九条兼実《かねざね》の「社稷《しゃしょく》の心」を顕彰するとともに、その兼実の弟である慈円が慈恵大師（良源《りょうげん》）の門流であることを主張して、九条家正統論を作り上げることに努めている。『愚管抄』の歴史思想は、人間の歴史はその進行を外から決定されていると考える古代的諸思想が時処機相応の思考を紐帯《ちゅうたい》として有機的に構成されたものである。

（石田一良・石毛忠）

第一部　二　鎌倉・室町時代

039 『平家物語』《へいけものがたり》

『平家物語』はその著者・成立年とも不詳。原『平家物語』は一三世紀中ころまでに成立か。普通は一二巻。なお本書の有名な序章は、現存諸本のすべてにあり、しかもその詞章にほとんど異同がないところから、本書の研究者は原『平家物語』の成立当初からこれに近いものがあったのではないかと推測している。

　ところでこの序章には、『平家物語』の思想的主題を解明する重要な手掛かりが示されているように思う。紙幅などの都合で、その検討の結果だけを述べると、本書の序章は、驕慢《きょうまん》な権力者は単に「盛者必衰《じょうじゃひっすい》の理《ことわり》」によって必然的に滅亡すると語っているのではなく、直接的にはその悪逆無道の故に衰亡するのだと主張していることが分かる。ここでは明らかに道徳的な因果応報観に拠っている。しかもその因果応報が現世で実現するものとされており、序章では仏教の順現業《じゅんげんごう》――現世における業の報いを現世で受ける――という応報観に基づくもののように見られる。しかし本文中に頻出する応報の説き方からすると、『平家物語』ではむしろ儒教倫理に支えられた応報観が主流であったといえよう。ちなみに延《えん》慶《きょう》本（現存諸本中、最古の書写年時〈延慶二、三年＝一三〇九、一三一〇〉を記す本奥書をもつ）や長門《ながと》本（延慶本に近い本文をもつ）の序章には「天道詐《いつわ》リガタキ者哉《かな》」（延慶本、第一本）「たとひ人事をいつはるといふとも、天道をばはかり難きものをや」（長門本、巻一）と「天道」の語が用いられていることによって、儒教倫理との関連性が一層強く印象づけられる。このように理解して誤りないとすれば、一見調和を欠くようであるが、序章では仏教の無常観と主として儒教倫理に基づく因果応報観が、表裏一体となって『平家物語』の思想的基軸を形成しているといえるであろう。

　それでは序章で説かれている仏教の無常観と、儒教倫理に負うところが大きいと思われる因果応報観――善行には善き報い、悪行には悪しき報いがあるという――は、どのように関係し合って『平家物語』の歴史的世界を形成しているのだろうか。そこでまず原『平家物語』

以来のもので、根本的には諸本の間で動いていないという「教訓状」（巻二、覚一本《かくいちぼん》）を通して、本書における運命と善悪因果応報の内面的関連性に光を当ててみよう。

鹿ヶ谷《ししがたに》における平家討滅の陰謀が発覚し、そこに後白河院が同席していたことを知った平清盛が後白河院との対決を決意した時、清盛の長男重盛《しげもり》が父を諫めて「御運ははや末になりぬと覚候。人の運命の傾かんとては、必悪事を思ひ立ち候也」と述べている。この言葉は具体的に一体いかなることを意味しているのであろうか。本書における「運命」（ないし「運」）は必ずしも単一な意味で使われているわけではないが、基本的には不可測にして不可抗、偶然にして無差別なる不可思議の力のことであり、人間世界の無常性と相通じるものがある。従ってここで重盛は、人間の徳不徳ないし善悪業と無関係に各人の幸不幸あるいは政権の隆替《りゅうたい》、総じていえば歴史的世界の動向を超越的に決定する運命の存在を前提として、清盛に作用する運命が末になり傾きかけたことによって清盛は悪行を引き起こすようになったと説いているのである。とすれば本書では、運命は目まぐるしく変わる歴史的世界の興亡盛衰――無常迅速《じんそく》の世界――を決定する根源的な力でもあった。ただし重盛が「親父《しんぶ》入道相国《にゅうどうしょうこく》の体《てい》を見るに悪逆無道にして、ややもすれば君を悩まし奉る」（巻三「医師問答」）と語っているように、歴史的世界の変動・展開は直接的には道徳的因果応報に起因するものと見られているのである。さらに本書が清盛の死に方を通して、悪因悪果の姿を典型的に描き出そうとしたことは明らかである。また本書では清盛の悪行の超過は彼自身に悪果をもたらしただけでなく、子孫にも大きな余殃《よおう》――平家一門の滅亡――を残したと非難されている。しかしながら『平家物語』全体を通して看取されるもう一つの清盛像には悪意に満ちた冷酷非情の性格ではなく、むしろ無邪気、純真な人間性が認められるといわれるのも、清盛の悪行の原因についての本書の考え方――清盛自身の自由意志によるものではなく、不可避、不可抗の運命のしからしめるものと解する――と無関係ではあるまい。『平家物語』の清盛が慈恵僧正（第一八代天台座主、良源《りょうげん》）の再誕と見られたり（巻六、慈心房）、安《あん》徳《とく》天皇、清盛以下平家一門の怨霊《おんりょう》慰撫《いぶ》＝滅罪鎮魂《めつざいちんこん》が説かれているのも（灌頂《かんじょう》巻）本書独特の運命観＝歴史観と結びついていたと推測される。

（石毛　忠）

040 『神皇正統記』

じんのうしょうとうき

『神皇正統記』（以下『正統記』）は、後醍醐《ごだいご》天皇の建武の新政瓦解《がかい》（一三三五）以後、南朝の柱石として各地を転戦していた北畠親房《きたばたけちかふさ》が、暦応《りゃくおう》二・延元四年（一三三九）常陸《ひたち》国の筑波山麓《つくばさんろく》にあった小田《おだ》城に立て籠もり、足利方の高師冬《こうのもろふゆ》らと交戦中に書き上げた史書である（一三四三、修訂本完成。三・六巻）。神代から後村上《ごむらかみ》天皇（後醍醐天皇の皇子）即位までの歴史が、後醍醐天皇の治世を中心に力強い仮名交り文で叙述されている。元来本書は後村上天皇の正統なる所以《ゆえん》を歴史的に論証しようとして執筆されたものであるが、冒頭の「大日本者《は》神国也」という一句によって後世、神国思想あるいは超越的天皇制を鼓吹した史書として誤解され、政治的に利用されることが多かった。なお本書の内容から判断して、親房が慈円《じえん》の『愚管《ぐかん》抄《しょう》』を読んでいたことはほぼまちがいないであろう。

そこで以下、『愚管抄』と共通する論点で、しかも異なる主張が認められる㈠「百王」思想、㈡「三種の神器《じんぎ》」論、㈢武士観、㈣二神約諾《やくだく》説に照明を当てながら、『正統記』の歴史観の特質を考えてみよう。㈠『正統記』でも『愚管抄』と同様、院政時代以後の時代が末世と認識されている。しかし親房は他方で「乱たる世も正《しょう》にかへる」のが「古今の理《ことわり》」であるといい、「天地《あめつち》の始《はじめ》は今日を始とする理なり」と述べているように、己《おの》れの生きた時代を末世と感じながら、末世を盛代にかえそうという意識が強烈であり、この点において慈円の末世意識とは同一視できない。したがって慈円がそれまで皇統の連綿と結びついていた百王思想を、文字どおり百代の天皇で皇統が絶え国家が滅びるという日本的終末論に変質させてしまったのに対し、親房はこうした終末論的解釈を全面的に否定し、「窮《きわまり》なきを百ともいへり」という。親房は日本の国が百王で滅びるという悲観主義的な百王思想を到底信ずることができなかったのである。㈡古来皇位のシンボルとして神聖視されてきた三種の神器のうち、宝剣が壇《だん》ノ浦《うら》の合戦（一一八五）で紛失したことについて、『愚管抄』では今は末世で武士が天皇を守護する時世であるから、天皇の武の面のお守りであった宝剣は武士と入れ替わってなくなったと解釈されている。一方『正統記』では、紛失した宝剣は模造されたもので本体《ほんもの》は熱田《あつた》神宮に祀《まつ》られていると解し、神器不滅論が唱えられている。また三種の神器＝鏡・玉・剣に正直・慈悲・智恵という道徳的規範としての性格を付与し、このような神器を継承する後村上天皇こそ正統の天皇であると主張されるとともに、天皇に対し君徳の涵養《かんよう》が強く求められている。㈢『愚管抄』では武士出現の時代から末代悪世と見なされる一方、上述のように神剣の紛失を拠り所にして武士出現の歴史的必然性が力説され、武士をいたずらに嫌悪すべきではないと主張されている。これに対し『正統記』では「武士たる輩、いえば数代の朝敵也」と武士の政界進出が厳しく非難されるとともに、他方では儒教的政道論により源頼朝や北条泰時《やすとき》の治績が絶賛されていて、武家政治が政治形態として否定されても、善政そのものはその遂行者が武士であっても称賛されている。㈣本事典の別項目（『愚管抄』）で指摘されているように、『愚管抄』では天照大神（天皇家の祖神）と天児屋命《あめのこやねのみこと》＝春日大明神（藤氏の祖神）の二神約諾説が尊信され、その思想の重要なファクターになっている。その点は『正統記』でも同様であるが、親房は藤原氏のみを政権担当者として認める二神約諾説によって清和源氏《せいわげんじ》の足利尊氏の政権を拒否する一方、有徳の君主で「天暦《てんりゃく》の治《ち》」を実現した村上天皇の血統につらなる村上源氏と藤原氏の血統が連結している事実を特筆し、村上源氏の流れを汲むみずからの政治的地位と活動を正当化しようとしている。結局のところ、『正統記』における二神約諾説は、後村上天皇と親房の協力による公家政治（南朝）の再建を意義づけるものであった。

『正統記』著述の狙いは単に宝祚《ほうそ》無窮《むきゅう》（神勅）と日本史の永遠の繁栄を宣揚することではなく、神武《じんむ》天皇から後村上天皇に至る相承《そうしょう》の世系《せいけい》（南朝）が正統であることを標榜するところにあり、儒教の説く「天」の道徳的理法が天照大神の神意と習合しながら「継体正統《けいたいしょうとう》」の世系を形成している事実を縷述《るじゅつ》している。このような『正統記』の歴史観によれば、歴史的世界を主宰する神意も直接的に歴史を創《つく》るのではなく、人間の善悪の行為に応報する天意と連携しながら歴史の展開を方向づけるものと考えられている。まさしく本書の歴史観の特色は、人間の力――その徳不徳に歴史創造の動因を求めているところにある。

（石毛　忠）

041

『太平記』

たいへいき

『太平記』の著者、成立については確実な資料が乏しく不明な点が多いが、『難太平記《なんたいへいき》』や『洞院公定《とういんきんさだ》日記』等によって暦応《りゃくおう》元年（一三三八）から観応《かんのう》元年（一三五〇）の間に最初の形態が成り、その後何段階かの書き継ぎ、添削が行われて、応安《おうあん》末年から永和《えいわ》年間（およそ一三七〇年代）に現存四〇巻本が成立し、その間に恵鎮《えちん》・玄恵《げんえ》・小島法師《こじまほうし》らが本書の成立に関与したものと見られている（ただし現存本は二二巻を欠く）。

さて『太平記』の内容は普通三部に分けられている。第一部の巻一～一一では後醍醐天皇による鎌倉幕府討伐計画から建武政権の樹立まで、第二部の巻一二～二〇では建武新政の挫折から足利・新田両氏の抗争を中心に吉野山中で後醍醐天皇が崩御《ほうぎょ》するまで、第三部の巻二一～四〇では足利尊氏《あしかがたかうじ》・直義《ただよし》兄弟が対決した観応の擾乱《じょうらん》から有力守護大名が相戦って没落したあと、幼将軍義満《よしみつ》の輔佐として細川頼之《よりゆき》が入京するまでを描いている。

『太平記』は南北朝内乱期の混沌として流動的な時代相をどのような思想によって記述しているのだろうか。まず第一部の巻頭に掲げられた序では儒教的政道論と一体化した歴史観が謳《うた》われている。儒教的歴史観は「天」の倫理的応報が歴史的世界を支配していることを強調するところに特色があり、第一部では鎌倉幕府の滅亡と後醍醐天皇側の勝利は奢《おご》りを憎み謙《けん》に幸いする「天」の倫理的応報によるものとされている。しかも第一部では『平家物語』と異なり、人の善悪の行為は原則としてその人みずからの意志に基づくものであり、それを「天」が審判するものと考えられている。ところが第二・三部では日本史上例を見ない二つの朝廷（南・北朝）の併立・抗争と衰退、武家勢力同士の果てしなき相克など、儒教の倫理的応報観だけでは到底説明できない事件が続発する。そこで『太平記』の作者は「北野通夜物語《きたのつやものがたり》」で、そこに登場する法師の言葉を通して、儒教的因果応報観に限定せず、仏教的因果応報観を導入し、いわば総合的な因果応報観により、本書の第一部～三部までの歴史的世界を「合理」的統一的に把捉《はそく》しようとしたのではないかと推察される。ところでここでいう仏教的因果観は諸行には必ず原因と結果の法則（論理的必然性）の認められることを説き、さらにそれを輪廻《りんね》思想と結びつけて前世・現世・来世の三世を通じて作用するという。ただし現実の人間世界においては必ずしも善因→善果、悪因→悪果とはならないことはいうまでもない。そこで『太平記』の作者は本書に登場する人物については、その人の現世における行為だけではなく、その人の前世の所業、さらにその父祖の言行なども視野に入れて論評を加えている。そのため合理的な「因果歴然」に対し、「宿業」「宿縁」（仏教）あるいは「積善の余慶《よけい》」「積悪の余殃《よおう》」（儒教）などの語も多用されている。ここから本書の作者は、すべての歴史事象に人間の自覚的行為に起因する何らかの「因果」関係があるはずであると考えていたことが推測される。そういう視点から見れば通常の論理では説明不能の事態を含む『太平記』三部の世界も、濃淡強弱の差こそあれ、同一の「因果」観に立脚しているといえよう。ただしその「因果」に両義性の認められることも事実である。同時代の世阿弥《ぜあみ》も『風姿花伝《ふうしかでん》』で「因果」の語を用いており、「一切皆因果なり。……しかれば稽古する所の因疎《おろそ》かなれば、果を果《はた》すことも難《かた》し」といい、能における稽古の意義を合理的な「因果」観念によって説明しながら、具体的な演能の場では、どう演じても能の出来がよい時もあれば、逆に不出来の時もあるとし、こうした非合理的な「因果」の作用を「力なき因果」と称している。前掲「北野通夜物語」で話す法師も、今の天下の乱れは朝廷の咎《とが》とも幕府のせいともいいがたく、ただ「因果」の作用によるものという。しかし他方で君臣間、父子間における倫理性の欠落、また武家が衣食に飽き公家の餓死するのは「今生《こんじょう》一世の悪に非ず」「皆過去の因果」によるものとする。このような両義的な「因果」の観念による判断は、直接的には当該期の政治的社会的秩序の混乱を反映したものであろうが、基本的には本書の作者が人間社会のすべての事象をあえて「因果」の観念によって統一的に捉えようとしたためと考えられる。本書の大尾《たいび》でも神仏の冥加《みょうが》ではなく、あくまでも有能な為政者細川頼之の管領《かんれい》就任により、「中夏無為《ちゅうかぶい》の世」（日本が自然に治っている世の中）の到来したことを寿《ことほ》いでいるのである。

（石毛　忠）

042 『梅松論』

ばいしょうろん

『梅松論《ばいしょうろん》』（全二巻）は足利氏方・武家側の観点から室町政権の正当性や諸将の勲功を事実に基づいて立証しようとした史書で、『神皇正統記《じんのうしょうとうき》』（以下『正統記』）や『太平記』に対して強い対抗意識をもって述作されたものである。また本書の著者は足利氏に関わりの深い者あるいは室町幕府関係者とされ、成立は文和《ぶんな》元・正平《しょうへい》七年（一三五二）以後、嘉慶《かきょう》年間（一三八七－八九）以前と推定されている。

さてここでは歴史思想と一体化した政治思想を中心に『梅松論』の思想的特色を見ていこう。本書は中国における一五王朝の興亡に触れ、「各其始天下ヲ取主ハ賢アリ徳アリ。其世ヲ失ヘル主ハ、賢者ヲ不㆓親付《ちかづけず》㆒、非道無道ナル故ニ、天鑑《てんかん》（天が地上の善悪を照覧する）ノ運ヲ割《さく》者歟《か》」（以下、京大本）と述べているが、こうした叙述は明らかに儒教の①有徳者為君主義＝撫民仁政主義に基づいており、本書の政治思想を特色づけている。また本書は①とは別に「我朝は王孫一流、御治世ヨリ外他ノ位ヲマジエズ。誠ニ神国宝祚《ほうそ》長久ノ堺也」と皇統一系を強調し、あわせて皇位の尊厳を揚言《ようげん》している。これは②神孫為君主義＝血統主義に立脚する言説である。①②を構成要素とする本書の政道論は、一見『正統記』の政道論と変わらないもののように見える。しかし両者を同一視することはできない。確かに本書の政道論にも①と②が二つながら認められるが、実は二つの関係の仕方が『正統記』の場合とは異なっている。『梅松論』の場合①②はともに儒教の王道政治の思想を踏まえている。それによれば人民の中で智徳の最も優れた人物が、民意の反映とされる「天（道）」の命を受けて君王となり、「天（道）」に代わって「天（道）」の主宰する世界すなわち「天下」を統治し、人民に仁政を施すことが政治の根本原則であり、その限りにおいて「天下」に「王土」ならざる所はなく、人民もみな王臣（民）であり、王化に服さなければならなかった。要するに天下を治める君王は常に安民を心がけて仁政を行い、王臣は君王の命（勅命）に悦服《えつぷく》するのがともに天命に従う所以《ゆえん》であり、こうした天命に基づく政治が王道政治であった。そこから天下の土地も人民も王土・王臣であるから、王土に孕《はら》まれ王臣たる者はすべて君王に絶対服従すべしと主張する「王土」思想と、天下は天下の天下であるから君王は天下の人民に徳治仁政を施さなければならず、その務めを果さない君王は君王にあらずと主張する「天下」思想が対立的に唱えられ、両者が相克《そうこく》することもあった。本来原理的には「天下」の観念と「王土」の観念は決して矛盾するものではなかったが、政治的秩序が乱れ君臣関係が悪化した段階で対立的イデオロギーに転化することもあったのである。ちなみに『正統記』にも「王土」思想が認められるが、この「王土」思想は明らかに天照大神の超越的神意に支えられていた。

『梅松論』の主張する①は「天下」思想と、②は「王土」思想と結びついていたが、本書の「王土」思想は究極的には「天下」思想に掣肘《せいちゅう》されるものであった。したがって本書の②も最終的には①にチェックされることになったのである。その点は本書の承久の乱に関する論評に明示されている。本書では「天下」思想の見地から「王土」思想をチェックし、「天（道）」思想によって特定の為政者としての天皇（院）を批判し、追放することを首肯《しゅこう》しても、②を無条件に否定しようとする意図は全く認められない。だが「誠ニ神国宝祚《ほうそ》長久ノ堺也」といいながら、「我朝ノ天神七代地神五代ノ事ハ又彼三皇五帝《さんこうごてい》ノ如ク耳遠《みみどお》ナレバ申ニ及ズ」といい、天照大神の天孫降臨の神勅などには全く言及していないところからも分かるように、本書の②と『正統記』の説く皇統の無窮《むきゅう》性を同一視することはできないのである。つまり本書は②によって皇統の長久を寿《ことほ》ぎ、天皇を伝統的権威の象徴——室町幕府を正当化する——として尊重しても、『正統記』のように特に皇統の無窮性を表白しようとはしていないのである。それよりも本書の期待したことは「天道ハ慈悲と賢トヲ加護スベキ間、両将（尊氏・直義兄弟）ノ御代ハ周ノ八百余歳ヲ超過シ、アリソ海（荒磯）ノ浜ノ砂ナリトモ、此将軍ノ御子孫タモチ給ベキ御代ノ数ニハ争《いかで》カ可レ及」といわれているように、①による足利政権の末長き繁栄であった。このような政道論によれば、歴史は人間の倫理的行為と「天（道）」の倫理的応報によって発展していくものということになろう。ここには『愚管抄』や『正統記』とは異質の新しい歴史観の萌芽が見てとれる。

（石毛　忠）

043 下剋上の思想

げこくじょうのしそう

「下剋上《げこくじょう》」とは下が上に剋《か》つ、すなわち下位の者が上位の者を倒して実権を握ることであり、混乱の世相を意味する。元来は中国の五行相克《ごぎょうそうこく》の思想に由来するものであり、古代の早い時期に我が国に伝来し陰陽道《おんようどう》の必読書とされていた『五行大義《たいぎ》』（隋《ずい》の蕭吉《しょうきつ》撰）の中に、「上剋下」とともに「下剋上」の語が見える。我が国におけるこの語の早い用例は『下山鈔《しもやましょう》』などの日蓮遺文《いぶん》や『源平盛衰記《げんぺいじょうすいき》』などに見えており、鎌倉末期あたりから徐々に使われるようになったものと推定される。

ところで下剋上の思想を考える場合、南北朝内乱期以降、「天下」思想＝「天（道）」思想によって下剋上を正当化しやすい歴史的条件が武家社会に存在したことが注目される。その歴史的条件とは、南北朝内乱期以降武家社会において惣領《そうりょう》を中心とする同族結合（惣領制）が解体し、地縁的結合関係が発生するようになるとともに、主従間に双務契約《そうむけいやく》的な観念が強まり、御恩と奉公を不可分のものと考える傾向が一般化してきたことである。こうした社会風潮の中で、南朝の柱石として活躍していた北畠親房《きたばたけちかふさ》は暦応《りゃくおう》元・延元《えんげん》三年（一三三八）の結城親朝《ゆうきちかとも》宛の書状で、味方に加わる条件として新恩給付を求める武士の態度を「商人の所存の如」くあさましいと難詰《なんきつ》し、室町幕府の管領《かんれい》を三度も務めた斯波義将《しばよしまさ》は、当時の武士が主君に仕える際に、必ずまず御恩を受け、その恩の多少によって主君への忠も奉公も励めばよいと思っている者が多いと慨嘆している（『竹馬抄《ちくばしょう》』、一三八三）。さらに室町後期（一五世紀ころか）に成ったとされる『世鏡抄《せきょうしょう》』には、主君のために粉骨砕身《ふんこつさいしん》して働いても、三年の間何の反対給付もないような主従関係は、従者（外様《とざま》や兼参《けんざん》の侍）の方から破棄して当然であり、その上で別の主君を憑《たの》め、と説かれている。

さて本『事典』の別項目「室町幕府の政治思想」で述べたように、室町的政治原理は㈠撫民《ぶみん》仁政主義と㈡故実《こじつ》礼治主義の二つの要素から構成されており、㈠は鎌倉幕府以来武家政権を正当化してきたイデオロギーであり、不徳の君主であれば主従関係の改変を是認する「天下」

思想＝「天（道）」思想に依拠し、㈡は先例典拠を重んじ現存秩序を肯定する精神に支えられていた。そして室町幕府が形成した故実的世界における不変の大法――足利将軍家を中心とする故実的秩序の拠り所――とは、最終的には撫民仁政主義に帰着すべきものと考えられていた。したがって故実礼治主義と撫民仁政主義が遊離し、故実礼治主義だけが前面に押し出されてくると、その反作用として「天下」思想＝「天（道）」思想が強く主張されるようになり、下剋上的事件が相次いで出来《しゅったい》することになったのである。かくしてこの段階から、新秩序をめざす下剋上が「倫理」化され、流行するようになったのである。応仁・文明の乱後、戦国武将が使用した印章の印文《いんもん》（印章に刻まれた文字など）の中にも、同様の下剋上正当化の主張が見出せる。

　これまで見てきたように、鎌倉幕府以来武家政権をオーソライズしてきた「天下」思想＝「天（道）」思想と、南北朝期以降顕著になった双務契約的な主従制観念が下剋上正当化の思想を構成し、両者がいわば共鳴しあいながら、形骸化した室町的故実世界を崩壊に導き、新秩序を促したのである。もちろん当時日本各地で実際に起こった大小さまざまの下剋上は、備中国新見荘《びっちゅうのくににいみのしょう》の下級荘官《しょうかん》金子衡氏《ひらうじ》が「いまの時分ハゐ中（田舎）も京都もうで（腕）を以こそ所（所領）おも（を）身（を）おもち（持）候時分に候」（『東寺《とうじ》百合文書《ひゃくごうもんじょ》』）と揚言しているように、実力主義の精神に支えられていたのであるが、その下剋上の正当性を主張する場合には、どうしても「天下」思想＝「天（道）」思想に頼らざるをえなかったのである。相模国玉縄《さがみのくにたまなわ》城主で武勇の将として知られた北条氏繁《ほうじょううじしげ》は、「顛趾／利出否」（〔鼎《かなえ》の〕趾《あし》を顛《さかさま》にす。否《ひ》を出《いだ》すに利《よろ》し）という印文を刻んだ印章を使用している。印文の趣旨は、鼎《かなえ》（古代中国で食物を煮るのに使う金属製の容器で、多くは三脚）の趾をさかさまにすれば、すなわち上下転倒させれば底に溜《た》まっている汚物を捨てて清潔にし、新しい物を入れることができるという意味である。この印文が『周易《しゅうえき》』から採られたものであることを明らかにした太田晶二郎《おおたしょうじろう》は、この種の印文がつくられた当代の思潮について「戦国の世、非常・逆道を以て革新するの挙、まま有り、これをば儒教によりて正当化せんとせしに非ざるか」と述べられているが（『太田晶二郎著作集』第四冊）、まさしく核心を衝《つ》いた解釈といえよう。

（石毛　忠）

044 織豊政権の政治思想《しょくほうせいけんのせいじしそう》

織田信長や豊臣秀吉が織豊政権を確立するためには、政治思想の観点からすると次の二つの思想的課題を解決しなければならなかった。すなわち㈠下剋上正当化の論理を駆使して天下統一事業を推進するとともに（創造的破壊！）、㈡徐々に下剋上の運動を断ち切るイデオロギーを準備しなければ天下人にはなりえなかったのである。

さて当該期まで、新しい武家政権が誕生する際には何らかの形で「天下」思想＝「天（道）」思想が標榜されてきたが、天下平定に乗り出した信長も秀吉もまた「天下」思想＝「天（道）」思想を唱え、自らの覇業を正当化した。天正元年（一五七三）、将軍足利義昭《よしあき》を追放し事実上室町幕府を葬《ほうむ》り去った信長は、その直後の毛利輝元《もうりてるもと》宛の書状で義昭が「天下を弃置《すて》かるゝの上は、信長上洛せしめて取り静め候」（奥野高広『織田信長文書の研究』上）といい、秀吉は天下一統の総仕上げともいうべき天正一八年からの小田原征伐にあたって、北条氏直《うじなお》宛の宣戦布告状の中で「就中《なかんずく》秀吉一言の表裏これ在るべからず。此故《このゆえ》を以て天道に相叶《あいかの》ふ者かな。……然《しか》る処《ところ》、氏直天道の正理に背き、帝都に対し奸謀《かんぼう》を企《くわだ》つ。何ぞ天罰を蒙《こうむ》らざらんや」（『真田文書《さなだもんじょ》』）と高言している。ただし戦国・織豊期の「天下」と「天（道）」の語には当代特有の使われ方が認められる。すなわち「天下」は都＝京都を指す一方で、主権者を意味することもあり、信長や秀吉は「天下」と呼ばれ、秀吉に至っては自ら「天下」と号した。前者は天下掌握をめざす有力大名が、いかなる場合にも下剋上の及ばない天皇の権威を戴いて――すなわち京都を拠点として――天下人をめざしたからであろう。後者は「天下」思想という普遍的な政治原理により既存の権威を否定し、下剋上を敢行して天下統一事業を押し進めた織豊政権も、やがて全国制覇を完成させる段階に至って、天下を独占し、それによって絶対専制君主としての威光を保持しようとしたからであろう。

次に当時の「天（道）」思想は、中国伝来の三教一致説を踏まえ、かつ「天（道）」という共通語（織豊～江戸時代にかけては「天道《てんとう》」と表記されることが多い）を介して儒教・仏教・道教・陰陽道《おんようどう》・兵家《へいか》思想および神道・キリシタン思想などを包括し、倫理主義と運命主義を表裏の関係で兼有していた。こうした二重的性格は、混迷する乱世に由来し、流動的な転換期の生き方を支援するものであったが、激烈な「天下」争奪戦の中で天下静謐《せいひつ》の覇業を成し遂げた信長・秀吉は、それぞれ特に「天（道）」の司る因果応報の倫理的権威性を強調し、支配権の伸張、擁護を図った。しかし彼らが下剋上の運動を事実上許容する「天下」思想＝「天（道）」思想に拠っている限り、早期に天下人の地位につき、その地位を保持することは困難だった。特に信長の場合は、一向一揆《いっこういっき》の宗教的イデオロギーを克服しなければならなかった。そこで彼らは「天下」思想＝「天（道）」思想を掲げつつ、超越的絶対者として君臨することを志向したのである。言い換えれば織豊政権の政治理念は、神的権威に支えられた〝専制的仁政〟をめざすものでなければならなかったのである。事実、信長、秀吉はそれぞれみずからの神格化を図っている。イエズス会の宣教師フロイスによれば「信長は己《おのれ》自らが神体であり、生きたる神仏である」（『イエズス会日本年報』）と称し、自らを祀るため摠見寺《そうけんじ》を建立し、一向宗などの宗教イデオロギーに優越する現当《げんとう》二世にわたる超越的主宰者として君臨しようとしたのである。こうした自己神格化への志向は秀吉にも認められ、その特徴は外交文書などで自己を日輪＝太陽の子とする日光感生譚《にっこうかんせいたん》を鼓吹したところにある。当時天照大神＝太陽神という理解が一般化しており、太陽の子とは取りも直さず皇祖天照大神の分身ということになる。これとは別に秀吉の喧伝した皇胤《こういん》（天皇の血すじ）説と同根のイデオロギーであり、折からの伊勢信仰や参宮の流行を踏まえ、みずからに天照大神の神威を付与すべく唱えられたものであろう。なお秀吉は死後デウスのように崇められ、「新しい八幡」と称されることを望んだという（フロイス『日本史』2）。これは八幡神が単に武神であったというだけではなく、中世以来天照大神とともに「二《に》所宗廟《しょそうびょう》」で呼ばれていたからであろうか。織豊政権は革新的政治理念を掲げる一方で、源平交替《げんぺいこうたい》思想《しそう》や天皇推《すい》戴《たい》思想など伝統的権威の援用を抜け目なく行っている。ただし最終的には信長は皇威を自己の神的権威の中に包《ほう》摂《せつ》せしめんとし、秀吉は皇祖の分身ないし皇胤として皇威の独占を図ろうとしていたようである。（石毛　忠）

045

キリシタンの思想

キリシタンのしそう

「キリシタン」とはポルトガル語の christão の発音がそのまま日本語になったもので、キリスト教（カトリック教）あるいはその信者をさして使われた。なお漢字で吉利支丹、切支丹などとも表記された。慶長一八年（一六一四）伴天連《ばてれん》追放令が出された当時、日本にはおよそ三七万人（一説では五〇万人）もの信者がいたといわれる。

天文《てんぶん》一八年（一五四九）イエズス会のザビエルによって伝えられた外来宗教であるが、厳しい布教環境の中でどのようにして信者数は増加したのか。通説によれば教義の他に南蛮貿易による戦費・軍事品の調達、ヨーロッパの先進文化（南蛮文化）の移入、そして医療事業や貧民救済事業などが大きな推進力になったという。

ところで織田信長は積極的にキリシタンを保護したが、豊臣秀吉や徳川家康はキリシタン宣教師の布教活動に次第に歯止めをかけるようになり、ついに禁教政策を宣言するに至ったのはどうしてであろうか。まずその点から考えてみよう。初めて本格的な天下統合に乗り出した信長は、次第に版図が拡大するとともに下剋上の運動に終止符を打つイデオロギーを用意し、これを沸湯《ふっとう》する戦国社会全体に浸透させなければならなくなった。こうした政治状況の中で、信長がイエズス会の宣教師たちに出会ったことは、実に大きな思想史的意義を有するものであった。というのは当時キリシタン必読の教義書とされていた『どちりいなーきりしたん』（キリスト教の教義の意）が、唯一絶対の創造主宰神デウスへの信仰がいかに大切であるかを強調しながら、他方では現存秩序を維持する法度の遵守を説くとともに、世俗的権力の存在意義を認め、時の為政者や上位者および両親に忠誠や孝行を励むよう力説している。ただしそれはあくまでデウスの教えに背かざる限りにおいてのことであった。ここから信長と秀吉・家康のキリシタンに対するスタンスの違いが出てくる。どうしてかといえば、戦国争覇の時代に天下一統の達成を目前にして家臣明智光秀の下剋上によって倒された信長と、その後相次いで天下人としての地位を確保した秀吉・家康では、デウスとの関係が大きく変わらざるをえなかったからである。すなわち信長の時代にはキリシタンの宗教的世界と人倫的世界は相調和し、共存共栄するものと考えられていたが（ただし信長の晩年〝自己神格化〟宣言によって両者の関係は一転した）、秀吉・家康の時代になると、この二世界主義は矛盾対立するものと考えられるようになり、情勢は一変して世俗権力によって禁教政策がとられるようになったからである。

さて当時キリシタンと同様、一般民衆の心を強く捉えた宗教集団として浄土真宗本願寺派（一向宗）の存在を忘れることはできない（一向一揆として知られる）。時の政治権力に弾圧されたり、武力衝突に及んだこの二つの宗教集団には、どんな類似性が認められるのか。川村信三によれば、㈠①キリシタン信徒も②本願寺派も村落共同体をそのまま信仰共同体に変え、その信徒による自主運営に成功したこと、㈡②の「神概念」の理解に①に通ずる「一神教」的特色（「阿弥陀一仏《あみだいちぶつ》」のみへの帰依）が看取できるという。ただし②の「一神教」的信仰は決して高度の神学的理解を前提とするものではなく、より直感的洞察に基づくものであったという。したがってキリシタンの信者でありながら「ぱらいそ」（天国）と仏教の浄土（極楽）を必ずしも宗教的に区別していなかった者もいたという（『キリシタン信徒組織の誕生と変容』）。宣教師フロイスによれば、キリシタンに改宗しロザリオを身につけた老人が数珠《じゅず》をつまぐりながら、これまでの自分の大きな罪を顧みるとデウスに救ってもらえないかも知れない、そこで数珠を繰《く》って阿弥陀にも極楽に導いてくれるようにと祈っていると語っていたという（『フロイス日本史』3）。上述のようなキリシタンの信徒組織と浄土宗本願寺派の類同性から、逸《いち》早く前者の拡大と浸透に危機感を抱き、天正一五年（一五八七）伴天連追放令《ばてれんついほうれい》を出したのは新たに天下人となった秀吉であった。あの両者死闘を演じた石山《いしやま》合戦を知る秀吉が、デウスへの絶対服従を誓い、一致団結し、デウスに敵対する天下人と戦うキリシタンの姿を想定し危険視したとしてもなんら不思議ではあるまい。事実秀吉は、伴天連追放令「覚」の第六条で、キリシタン教会のもつ本願寺の「寺内《じない》」町《まち》的性格を鋭く指摘している（事実宣教師たちは長崎教会領を確保しようとした）。なお宣教師たちの日本に対する軍事計画の情報などを得たことも、秀吉の決断を促す要因になったであろう。

（石毛　忠）

046『信長公記』しんちょうこうき

織田信長の一代記である『信長記《しんちょうき》』には太田牛一《ぎゅういち》（名は「うしかず」とも。一五二七―一六一三）が書いたものと、これを小瀬甫庵《おぜほあん》が増補潤色したものの二種があるが、普通両者を区別するため牛一本『信長記』の方は『信長公記《しんちょうこうき》』と通称される。『信長公記』は『義演准后《ぎえんじゅごう》日記』慶長三年（一五九八）三月一七日条に、牛一が「信長公以来、至二当御代一記録書レ之、少々ハ暗誦《あんしょう》ノ躰《てい》也」という記事が見えるので、慶長三年までにはあらまし成立していたものと推定される。著者の牛一は尾張《おわり》国春日井《かすがい》郡山田荘安食《あじき》出身で、信長に仕え弓足軽として武功を立て、やがて弓衆から昇進して近江国で代官的地位につき、信長亡きあと豊臣秀吉の下で検地奉行・蔵入地《くらいりち》代官などを務め、晩年は大坂玉造に隠退し、任官時の日記や記録などをもとに軍記などの著述に専念した。『信長公記』の他に『大かうさまくんきのうち』『豊国大明神《とよくにだいみょうじん》臨時《りんじ》御祭礼《ごさいれい》記録《きろく》』『関原御合戦双紙《そうし》』『今度之公家双紙《このたびのくげそうし》』（『猪熊物語《いのくまものがたり》』）などが牛一の著作として知られている。

『信長公記』は足利義昭《よしあき》を奉じて入洛してから本能寺で横死《おうし》するまでの信長一五年間の覇業《はぎょう》を、一年一巻の体裁で記述した一五巻本と、これに上洛以前の信長を描く首巻を添えた一六巻本がある。一五巻の内容は、牛一が自分の日記類をもとに筆録したものである（近年、現存の諸本が完成する以前の、草稿段階の状態を伝えるという『信長公記』三冊本によって、〈首巻〉は一五巻本の成立以前から存在していたと主張する新説が提唱されている）。

大久保彦左衛門忠教《ただたか》が「信長記ヲ見ルに、イツハリ多シ。三ケ《(が)》一は有事（事実）なり。三ケ一者《は》似タル事モ有。三ケ一ハ無二跡形《あとかた》モ一事なり」（『三河物語』）と酷評しているが、ここで批判されている『信長記』は指弾されている事項などから見て小瀬甫庵撰のものと考えられる。他方その甫庵は「戦場の事坏《など》は、人の説まち〳〵にして定め難し」（『信長記』起）と嘯《うそぶ》き、牛一の人となりを性愚直で初めに聞いたことを頑《かたくな》に真実と思い込み、あとでそれが虚説といわれても容易に聞き入れなかったといい（『太閤記』凡例）、『信長公記』を「朴《ぼく》にして約なり」（『信長記』起）と評している。しかし牛一はあくまで自己の体験、見聞したことをできるだけ忠実に書き残そうとしたのであり、みずから『信長公記』は私作物語によるものではなく、実際にあったことを除いたりなかったことを付け加えたりしていない、「もし一点の虚を書するときんば天道《てんとう》如何《いか》ん。見る人はただに一笑をして実を見せしめ玉へ」（池田家文庫本、巻一二奥書）と言い放っている。要するに牛一は、一代の英雄信長の波瀾《はらん》に富んだ生涯を実録として描こうとしたのである。その点信長を儒教道徳の具現者と見なし、その一生を舞文曲筆《ぶぶんきょくひつ》によって叙述した甫庵の『信長記』とは極めて対照的である。それでは牛一は戦国乱世と信長の天下統一事業をどのように見ていたのか。牛一は、当該期に国主として生まれた者が他国を奪い取ろうと欲し、多くの人を殺すのは常の習であり、「世間の盛衰、時節の転変」は防ぎようがないと述べ、そこに「天道」の支配を認めている。牛一にとって「天道」とは人の運命や時勢の推移を決定する超越的存在であり、戦国武将にとっては現実のいかなる事態をもそのまま容認する拠り所となった。『信長公記』では危うく難を逃れた信長の幸運が「天道の照覧」によるものと祝福される一方で、信長による敵将の敗亡や叡《えい》山《ざん》の焼討《やきう》ちなどは「因果歴然」「天道恐敷事《おそろしきこと》」と評され、道徳的因果応報の見地からも当然のこととされている。

　このように『信長公記』の世界では勝敗の結果がそれぞれ「天道」の然らしめたこととして必然視され、結果的に勝者の立場が正当化されている。従ってこのように事実に執着する牛一にとっては、歴史上の出来事について「一点の虚を書するときんば天道如何《いか》ん」と考えられたのである。ちなみに牛一は『大かうさまくんきのうち』の中でも、三好実休《みよしじっきゅう》（義賢《よしかた》）・松永久秀《まつながひさひで》・斎藤道三《さいとうどうさん》らの滅亡を「天道の致すところ」とし、明智光秀・柴田勝家・神戸《かんべ》（織田）信孝《のぶたか》・北条氏直《うじなお》らの敗北ないし敗死を「天道おそろしき事」と評している。ただ牛一は天下統一を目前にした主君信長の非業の最期については、「天道」の語を一言も用いていない。牛一にとって信長の死はあくまで「不慮の題目」であり「是非に及ばず」の事件であった。牛一がそのようにしか記さなかったのは、自己が最も畏敬《いけい》していた主君信長の悲運が、あまりにも無念で容認しがたかったからであろう。（石毛　忠）

047
『三河物語』
みかわものがたり

『三河物語』は、徳川（松平）氏譜代《ふだい》の旗本大久保彦左衛門忠教《ただたか》が子孫のために書き残した広義の家訓の書であるが、通観すれば徳川創業史として読むこともできる。

全三巻。大坂夏の陣（一六一五）から七年、関ヶ原の戦い（一六〇〇）から二二年経過した元和八年（一六二二）に草稿が書かれ、その後数年にわたって補訂の手が加えられ、寛永三年（一六二六）頃までに完成したといわれる。上巻は徳川（松平）氏の始祖とされる源氏の由来から筆を起こし、徳川家康の父祖いわゆる松平八代（親氏～広忠）の軌跡を編年体風に記述し、中巻は家康の今川氏付庸《ふよう》時代から三河平定、遠江《とおとうみ》進出へと台頭していくまでを略記し、下巻では武田氏との抗争、甲斐《かい》・信濃《しなの》平定、豊臣秀吉との衝突、服属、関ヶ原の戦い、大坂夏の陣、家康の死について述べ、最後にそれまで述べた教訓の言葉を改めて総括する。

『三河物語』で最も注目されるのは、著者忠教が高唱する譜代中心の主従制観念――絶対的随順の精神を基調とする――である。永禄三年（一五六〇）に生まれ、幼少の頃から家康に仕えてきた気骨の戦国武士忠教の証言だけに、誇張されたところもあるが、おおむね信頼できるものであろう。本書では徳川（松平）氏が初代から次第に繁栄してきた理由として、累代《るいだい》の主君に「御武辺《ぶへん》」（武勇）・「御慈悲《じひ》」・「御情《なさけ》」があり、「御譜代」のいたことが特記されている。ただしいうまでもなく当時武辺は徳川氏だけに限られるものではなかった。したがって『三河物語』で徳川（松平）氏の主従制を特色づけるものは慈悲と情と譜代の観念であったということになる。慈悲というのは主君の憐れみが家臣のみならず広く領民その他にも及ぶもので、おおむね物質的な恩恵を意味するものとされる。これに対し情は家臣を主対象とし、君臣の心情の一体感を高揚せしめ、瞬時とはいえ君臣の上下関係を無化《むか》するような主君の無償《むしょう》の好意をさしていう。忠教は主君からこのような慈悲と情を与えられた家臣は、中世以来武家社会通有の双務契約《そうむけいやく》的主従関係を撥無《はつむ》して「二つと無」い命を主君のため躊躇《ためら》うことなく投げ出すことができると論じている。さらに彼は上述のような情誼《じょうぎ》的に結ばれた主従関係は主君と譜代の家臣の間でのみ成立可能と主張する。本書で譜代というのは家康の父祖松平氏が三河国の国人領主であった頃から累代にわたって仕えてきた者、また関ヶ原の戦い以前から臣従している者である。忠教の属する大久保氏は三河譜代中の最古参で、特に岩津譜代と呼ばれた最も由緒《ゆいしょ》ある名門の一つであった（忠教は三河国に一向一揆が起こった時、松平氏譜代の武士がこれに荷担して家康に背いた時にも、彼の一族は終始家康のために忠勤を励んだと表白している）。

　ところで元和偃武《げんなえんぶ》以降新しい統治機構としての幕藩体制が完成していくとともに、本多正信《ほんだまさのぶ》・正純《まさずみ》父子のような武功なき吏僚《りりょう》派《は》の武士が過分の出世を遂げ、他方「御家之犬」として主君徳川（松平）氏のために、命がけで修羅場《しゅらば》をかけめぐってきた大久保一族ら譜代衆は明らかに冷遇されていた。忠教は、こうした現状を不当とし、当代の将軍家を激しく批判した。忿懣《ふんまん》やる方ない彼は過去を振り返り、家康の父広忠は「主人之宝には、譜代之者ニ若《し》クハ無」と断じ、広忠の父清康は「譜代之者一人にハ、一郡にハかへまじき」「侍に上下は無物《なきもの》なり」と語って、普代主従の情誼《じょうぎ》的結合を何物にも代えがたい宝物として最重要視していたという。また「清康様・家康様などハ、御普代之者を大切に思召《おぼしめ》」したが、今の主君（家光）にはそうした配慮がないと放言し、自分の子供たちに対しても我らにとって「只今ハ御主様之御忝《かたじけなき》御事ハ、毛頭なし。定めて汝《なんじ》共も御かたじけなく有間敷《あるまじき》」と言い放っている。しかし同時に彼は「返々も御主様に背き奉り申な」といい、大久保一族は如何なる境遇になろうとも主君を見捨て主従関係を破棄するようなことは絶対にやってはならぬと繰り返し厳命し、「御主様へ御無沙汰（不忠）申上たる者ならバ、我死したりと云共、汝共がふゑのね（喉笛《のどぶえ》）に喰付《くいつき》て、喰殺すべし」とまで極論する。要するに忠教は、譜代名門の大久保一族はたとえ徳川将軍家からどのように軽視薄待《はくたい》されようとも、我らが主家の発展を創業以来支えてきたという自負の念を失わず、同時に将軍家に対する献身的な奉公の念を忘れず、将軍家とともにいつまでも存続していってほしいと願いつつ、本書を著述したのである。なお本書の「天道《てんとう》」思想や仏教的因果論を通しても、上述のような忠教の本書執筆の意図が裏付けられる。（石毛　忠）

048
『太閤記』
たいこうき

『太閤記』とは豊臣秀吉の一代記の汎称《はんしょう》であり、いくつもの同名の書があるが、ここでは最も有名な小瀬甫庵《おぜほあん》のものを取り上げる。甫庵（一五六四―一六四〇）は豊臣秀次、堀尾吉晴《ほりおよしはる》、前田利常に仕えた儒医であり、本書の他に『信長記《しんちょうき》』『童蒙先習《どうもうせんじゅう》』などの著作がある。

甫庵『太閤記』全二二巻（寛永《かんえい》版）には寛永二年（一六二五）の自序と同三年の朝山意林庵《あさやまいりんあん》の跋《ばつ》がついている。その巻一～一六は秀吉の素生《すじょう》から天下平定までの事績、朝鮮出兵や晩年の栄華と死、巻一七は豊臣秀次滅亡の一件、巻一八・一九は戦国武将列伝、巻二〇・二一は儒教的政道論「八物語」（一六二六執筆）、巻二二は豊臣期の職制や諸役人一覧などを収めている。本書は寛永版以降しばしば版を重ね、正保《しょうほう》版・万治《まんじ》版・寛文《かんぶん》版・宝永《ほうえい》版（絵入り本）などがあり、江戸時代を通じて広く読まれた。

『太閤記』は仏教を批判し儒教を学ぶべきことを力説しており、全巻所々に儒教思想に基づく論評を添えている。その儒教が宋学（朱子学）であったことは「評《して》曰《く》、理者《は》天也。背《くは》レ理《に》則《ち》背《く》レ天《に》也。背《くは》レ天《に》則《ち》上下共に豈《あに》不《らん》レ亡《び》乎《や》」と説かれていることによって理解できる。しかし本書における「天」のすべてが単なる非人格的理法ではなく、倫理的主宰者を意味していると解される場合がかなりある。こうした傾向は直接的には前代からの「天（道）」思想や甫庵が積極的に摂取した中国善書《ぜんしょ》の敬天思想の影響によるものといえよう。もっとも朱子学の「天」をまったく理法的なものと断定することは無理があるようであり、三浦国雄は「すでに宋学において、天は理法的なものに抽象化され「天理」と呼ばれているが、しかしその一方で、古代的な造物主・主宰者としての「天」の観念は、朱子から完全に払拭されてはおらず、そうした「天」の命令として賦与《ふよ》されることによって、理気とりわけ理は万鈞《ばんきん》の重みをもつことになる」と述べている（『人類の知的遺産19・朱子』）。この「天」の司《つかさど》る因果応報は公平かつ速やかに行われる道徳的理法であり、しかも原則として「天」の応報はそれを受ける者に責任があり（「自業自得果《じごうじとくか》」）、人間世界に隈無《くまな》くいきわたっているものとされる。こうした観点から本書は秀吉の偉業と栄達を、主君織田信長への忠孝の徳に対する「天」の善報と評価する一方、秀吉の子孫が絶えたのは、彼が信長の子に無道の振る舞いをしたことに対する「天」の悪報と解し、如上《じょじょう》の忠孝は一転して「似《に》せ物」として否定されている。

しかしながら甫庵は人間の栄枯盛衰が「天」の倫理的応報によるものであることを強調しつつ、偶然的に人の幸不幸を決定する運命の力が存在することも認めざるをえなかった。すなわち儒教の余慶余殃《よけいよおう》の観念によっても合理的に解釈できない史実のあることを示唆しているばかりでなく、秀吉の破天荒《はてんこう》の立身出世を説明するのに儒教とは相いれない仏教の「宿因《しゅくいん》」（本人が前世で作った業《ごう》で、現世における善・悪報の原因となるもの）の語を用いている場合もある。さらに「天」を秀吉に特大の幸運を与えた超越的絶対者と見なしているところもある。とはいえ本書が原則として倫理的見地を貫こうとしていることは確かであり、そのため史実を改変し強引に倫理的解釈を加えている箇所もある。それでは一体本書は、「天」の倫理的応報作用と理不尽な運命の働きをどう関連づけ、調和させようとしたのであろうか。その点と関連して本書巻一〇に非常に興味深い記述がある。曰《いわ》く――

惟《おもんみるに》福神は一人に私し給はず移《うつり》かはりゆくか。……福神は其世其人にして、多くとこしなへに守ず。思ふに此幸にあひ、栄久に在《あら》ざる人々を見るに、只驕《ただおごり》がちにしてをのが心をつゞまやかにし侍らず。民の費《ついえ》をいとはず、家などにきよらを尽し、調度もよき品を好《このみ》しなり。然るゆへに久しく不レ守《まもらざる》か。……されば倹は幸の基、賢は百福之宗と云伝へしもむべなるか。

要するに甫庵は歴史上に不合理な運命的作用の存在することを認めながら、そのことを人間の倫理的意志と結びつけ、運命的現象は「天」の倫理的支配下における例外的一時的現象にすぎないものと説いているのである。いいかえれば運命的現象を「天」の倫理的応報の中に包み込んで解釈しようとしたのである。そしてこうした運命的現象に対処する道はただ自己の修養に努めることだと教え、運命を倫理的な生き方に従属させるべきものとしている。なお甫庵は『信長記』でも信長を儒教的観点から理想化して描いている。

（石毛　忠）

049

江戸幕府の政治思想

えどばくふのせいじしそう

徳川政権がその成立を正当化し、かつその永続性を保証するために構築したイデオロギーは、㈠敬天擁幕思想、㈡尊王擁幕思想、㈢神君擁幕思想（敬天思想、尊王思想、神君思想により幕府を擁護する）と名づけうる三つの構成要素から成る複合的なものであった。これらの思想が㈠を核《コア》として㈡㈢一緒に、あるいは㈡、㈢がそれぞれ個別に結びつき、〝徳川イデオロギー〟が形成されたのは恐らく将軍専制政治の形態が制度的に整備された享保（一七一六―三六）のころではなかったかと推測される。

偽書《ぎしょ》ではあるが、徳川家康が語った幕政の根本理念を示す宝典として尊重され、江戸時代を通して諸大名から一般武士の間にまで写本の形で流布した『東照宮《とうしょうぐう》御《ご》遺《ゆい》訓《くん》』（幕命により家康や歴代将軍に関する書籍は刊行禁止とされていた）には、「我（家康）も天道《てんとう》への忠信《ちゅうしん》の者成故《ものなるゆえ》、今天下の執柄《しっぺい》を天道より預け給へり。政道若《も》し邪路に変ずる時は天（道）より忽ち執柄を取上げ給ふぞ……誠に天下は天下の天下也」、「慈悲を万《よろず》の本《もと》として天下を治給《おさめたま》へ」と説かれている。また武道・武威を重視し、徳川将軍は慈悲と武威を兼備することによって初めて為政者として天下太平を維持できるものとし、そうでなければ謀《む》叛《ほん》などにより天下は乱れ、「天道」から政権を取り上げられてしまうと訓《おし》えている（儒教的徳治仁政論とは異なる！）。慶長五年（一六〇〇）関ヶ原の戦いに勝って覇権を握った家康は、同八年朝廷（天皇）より征夷大将軍に任ぜられた。これは形式的任官ではあるが、武家政権の慣例により天皇という伝統的権威によって家康の統治者としての地位が公的に保証されたことを意味する。その後享保ころより崎門《きもん》学者などの中から敬天思想によって尊王思想を荘厳化すべく、天皇＝天、勅命＝天命と見なし、「天（道）」思想により皇威の絶対性を強調する者が現れてきた。家康はすでに生前より「扨々《さてさて》人間ニては無㆓御座㆒」（以心崇伝《いしんすうでん》『本光国師日記《ほんこうこくしにっき》』）といわれ、カリスマ的存在と見られていたが、死の翌年（一六一七）朝廷より「東照大権現」の神号を贈られた。没後の家康にはさまざまの呼称が使われているが、ここでは便宜上「神君」

に統一する。家康の「神君」化（神格化）の主要な意図は、徳川政権の永遠の存続を保証するためであった。この点については、家康をはじめ三代の将軍に仕え、幕政にも参画した天台僧天海《てんかい》の手に成る『東照社縁起《とうしょうしゃえんぎ》』、特に漢文体の真名《まな》本の方に詳述されている。曽根原理《そねはらさとし》の研究によれば、天海は①神君を薬師如来《やくしにょらい》の垂迹《すいじゃく》であり、かつ山王権現《さんのうごんげん》と同体異名の神（同格の神）と見なし、②徳川幕藩体制を支える山王権現＝神君を天皇家の祖神＝天照大神の上位に位置づけようとしている。なお仮名《かな》本（天海・尊純法親王《そんじゅんほっしんのう》撰文、狩野探幽《かのうたんゆう》作画、一六四〇完成）には「源君（家康）の仰《おお》せに云く……我今将軍となり、氏の長者となる。且《か》つは先祖の素懐《そかい》を遂げ、且つは累代弓箭《るいだいきゅうせん》の恥を雪《きよ》む（すすぐ）。宿因《しゅくいん》の催《もよお》す所、天道の与《あた》ふる処なり」とあり、「宿因」「天道」によって家康の将軍任官が実現したと説かれている。ちなみに新井白石《あらいはくせき》も「神祖、天より勇智を賜らせ給ひ……子孫万世の業を創《つくり》給ふことを得られき」（『折《おり》たく柴《しば》の記《き》』）と記している。

以上徳川イデオロギーを構成する三つのファクターについて略叙してきたが、当該期の天文地理学者で経世家《けいせいか》としても知られる西川如見《にしかわじょけん》は、これらを融合するような形で、あるべき政体について「天子（天皇）は万民の上に居給ひ、天道の御名代と成給ひて、天道を恐れ慎み万民を教誡《おしえいまし》め給ふ……将軍家は天子の御名代に成給ひて、天下の政道をつかさどり給ふ。……天子、将軍いづれも天道にしたがひ給ひて法度禁制を立給ひ、四民……法度禁制を慎み守りて天下太平也」（『町人嚢《ちょうにんぶくろ》』、一七一九刊）と論じている。如見は幕府のイデオローグではなかったが、これは時潮《じちょう》を踏まえ幕府存続のための政治形態の在り方を端的に表明したものであり、ここには当代徳川イデオロギーの特質の一端が如実に反映されている。なお上掲引用文では諸大名に言及されていないが、江戸前期の政論書『本佐録《ほんさろく》』などに説かれているように、諸大名は将軍から藩政を委任されていると考えるのが当時の常識であった。如見の見解は一種の政治形態論であり、これを図式化すれば、天道→天皇→将軍（→諸大名）となろう。このような政治形態論は、その時々の政治情勢に敏感に反応しつつ変貌する。ちなみに幕末の政局を方向づけた立役者の一人、西郷隆盛の政治形態論は一見如見のものと同型のように見えるが、実は肝心《かんじん》の将軍の座が除外されているのである。

（石毛　忠）

050

朱子学

しゅしがく

南宋の朱熹《しゅき》の思想。朱熹が「朱子」と尊称されるようになったためこの名称がある。朱熹は福建の人、字は元晦、号は晦庵《かいあん》ほか多数、諡《おくりな》は文。それゆえ朱文公と呼ばれる。建炎四年〜慶元六年（一一三〇―一二〇〇）。科挙に合格し、地方官を歴任、晩年近く短期間朝廷に入るが、地元で書院（私塾や、私塾よりも規模の大きい私立学校）を開き講学に従事する年月が長かった。著作は後世の四書解釈の規範になった『四書集注《ししょしっちゅう》』をはじめ、『詩集伝』、『周易本義』、『易学啓蒙』、『孝経刊誤』など多数。また『文公《ぶんこう》家礼《かれい》』（弟子の手が入っているとも言われる）は礼の具体的実践規範として流布し、『資治通鑑綱目《しじつがんこうもく》』（弟子の手で最終的に完成）はどの王朝が正統かを認定する正統論に大きな影響を与えた。その他、詩文を集めた『朱子文集』、弟子たちが朱熹の語を記録した『朱子語類』がある。朱熹は、北宋に登場する道学に属する。道学は実質的には程《てい》顥《こう》（明道《めいどう》）、程頤《ていい》（伊川《いせん》）兄弟に淵源するが、朱熹はこの兄弟の師である周敦頤《しゅうとんい》（濂渓《れんけい》）を道学の祖とし、それが一般的通念になっていく。この道学は勢力の伸張とともに分派を生じるようになったが、朱熹はそれを集大成した。それゆえ朱子学と道学は同義とされるようになった。朱子学はまた宋学、理学などとも言われる。

朱子学の根本概念は理と気である。朱熹はこの両概念を駆使して宇宙論、人性論、道徳論、政治論、歴史論など当時の士大夫《したいふ》が問題とした全領域にわたって議論を展開した。気とは、エネルギーをはらむ物質であって、世界のあらゆる作用や運動はこの気のエネルギーによる。この作用や運動には本来的に法則や秩序が備わっており、それが理である。この関係はそのまま人間の心に適用される。心が外界に反応して動く時（情であり気とされる）、そこには本来的法則・秩序があり（性であり理とされる）、それが道徳なのである。朱子学は生まれながらに天から賦与された、かかる心に内在する法則・秩序の遵守を強調し、それが厳格主義という印象を与えるようになった。朱熹は晩年に慶元《けいげん》偽学《ぎがく》の禁と呼ばれる弾圧を受けたが、死後朱子学はしだいに勢力を伸張し、朱熹の孫弟子の時代には朝廷に食い込んだ。続く元の時代に朱子学は国教となり、以後明、清と、近代に至るまで大きな権威を保った。

　この朱子学は朝鮮にわたり、朝鮮王朝の時代に圧倒的な権威を誇った。特に有名なのは李退渓《イテゲ》《（りたいけい）》で、その影響は日本にも及んだ。朝鮮朱子学は教理や文献の研究において精細であったが、同時に学派と政治的党派がリンクし、しばしば激しい政治的闘争を誘発した。また『文公家礼』を社会全般に浸透させようという努力も際だっていた。

　朱子学はさらに日本にも渡来した。いつ日本へ伝来したかは諸説があるが、鎌倉時代あたりから徐々に知られるようになり、江戸時代に至って大きな権威を持つようになった。一般的には藤原惺窩《ふじわらせいか》が初めての本格的な朱子学者として有名であるが、まだ純粋朱子学とは言い難い。その弟子の林羅山《はやしらざん》は幕府に仕え、その博識によって幕府の文教政策を補佐するとともに朱子学の権威を高めた。彼らに対して、山崎闇斎《やまざきあんさい》は朱子学の純粋化を希求した。その他、新井白石《あらいはくせき》、室鳩巣《むろきゅうそう》なども朱子学者として知られ、大坂の懐徳堂《かいとくどう》も朱子学を柱とする。なお日本においては、朱子学は神道と結びついた。林羅山の理当《りとう》心地神道《しんちしんとう》、吉川惟足《よしかわこれたり》の吉川神道、山崎闇斎の垂加神道、出口延佳《でぐちのぶよし》の後期伊勢神道などはその代表である。朱子学は同時に反朱子学を呼び起こし、伊藤仁斎《いとうじんさい》や荻生徂徠《おぎゅうそらい》などはその代表例である。ただ彼らも朱子学の問題意識を濃厚に継承しているのであって、信奉するにせよ反発するにせよこの時代における諸思想に対し朱子学の持った意味は圧倒的であった。各学派が入り乱れる中、幕府は寛政二年（一七九〇）に林《りん》家に対して朱子学のみに限るように通達したいわゆる「寛政異学の禁」を施行した。これは、単なる思想統制というだけではなく、林家の学塾を幕府の学校として整備し、人材育成や、試験の導入などによる人材登用を行うための学問の一本化という意味もあった。その中心にあったのは頼春水《らいしゅんすい》や、寛政三博士と言われた古賀精里《こがせいり》、尾藤二洲《びとうにしゅう》、柴野栗山《しばのりつざん》である。この禁制は、幕府以外への影響も大きく、当時新たに各地にできた藩校や塾のなかには朱子学を採用するものが多かった。かくて幕末には朱子学人口の増加を見たのであって、明治初期の西欧文化の紹介者の中にも、朱子学の教養を持っている人物が少なくなかった。（土田健次郎）

051

陽明学《ようめいがく》

中国の明の思想家である王守仁《おうしゅじん》（陽明）の思想。王学、姚江《ようこう》の学などとも呼ばれた。王守仁は、字は伯安、陽明先生と呼ばれ、また号とした。諡《おくりな》は文成。成化八年～嘉靖七年（一四七二—一五二八、ただ旧暦十二月のため今の暦では一五二九）。余姚《よよう》（現在の浙江《せっこう》省）の生まれ。竜場（現在の貴州《きしゅう》省）へ流され、その時に「竜場の大悟」を経験するなど波乱の人生を送る。官僚としての実績のみならず、軍人としても数々の武功がある。陽明学は、南宋の朱熹（朱子）の思想である朱子学との対抗関係が特に話題となる。朱子学は元の時代に国教化されて以降権威化し、思想としての活力をともすれば失いがちになった。王守仁はもともと朱子学者であったが、自己の内面を省察するに従い次第に朱子学から逸脱し、独自の思想を形成するに至った。その思想は、心を分析的に扱わず生動する心そのものを直接捉えようとするために、しばしば南宋の陸九淵《りくきゅうえん》（象山《しょうざん》）と同型であるとして「陸王心学」などと言われるが、実際には九淵から影響を受けたというよりも、自己の思想形成の過程で陸九淵との類似点を自覚していったという性格のものである。朱子学が「心」を具体的に動く「情」とその基底にある動かぬ「性」に二分割したうえで、「性」の方を根本原理としたのに対し（「性即《せいそく》理《り》」）、王守仁は直感的に感じ取れる心の動きをそのまま「理」とした（「心即理《しんそくり》」）。この「心即理」は、「物」や「理」は「心」の外にないという形でも言われる。王守仁は、事物は「心」がそれを捉えない限り事物としての存在意義を持たないとし、その事物を意識した時に起こる心の生き生きとした動きに「理」を見出したのである。また王守仁は、対象を認識する「知」と、対象に対する行為の決定とその実践である「行」は本来意識の上では不可分であるとして、その一体化の実現を説いた（「知行合一《ちこうごういつ》」）。なおこの「知行合一」は、後世実践重視を示す語という形で受けとめられた。さらに人には直感的道徳認識判断力である「良知《りょうち》」が本来的に備わっているとして、その十全な発露を求めた（「致良知《ちりょうち》」）。また自分と他者の一体感をもとに限りなく他者へ仁愛を及ぼしていく「万物一体の仁」の思想も有名であるが、ここには心へ関心を集中させながらも、隠逸《いんいつ》して孤高を保つのではなく、社会に積極的に関与していく姿勢がある。王守仁の思想は、全集である『王文成公全書《おうぶんせいこうぜんしょ》』で知られるが、特にそのうちの『伝習録《でんしゅうろく》』は、語録と書簡から成り、陽明学の代表的典籍として知られている。

陽明学は分派を生じながらも、時代の風尚《ふうしょう》にも合致して次第に勢力を伸ばしていった。その中で、心外の秩序や規範に依拠する朱子学に接近する流れは、秩序志向が強く保守的な様相を見せたが、秩序の安定性より心の本来的活力を信ずる方向のものは、欲望肯定の傾向を強めていく。この方向の最初の人物としては、一般に王畿《おうき》（竜渓）と王艮《おうごん》（心斎）があげられるが、特に王艮の一派は泰州学派《たいしゅうがくは》と呼ばれ、その流れの最後に位置する李贄《りし》（卓吾《たくご》）は、既成の価値観に染まらぬ「童心」を肯定し、日常生活に関わる欲望こそ人倫であるとした。また陽明学は心の権威を重視する結果、既存の教派の枠付けにとらわれない傾向を持ち、それが明末の三教合一（儒教・仏教・道教の合一）の趨勢にも適合した。

中国では、清朝になって陽明学は衰えていく。朝鮮では朱子学が圧倒的権威を持った朝鮮王朝時代に、鄭斉斗《チョンジェトゥ》（ていせいと）などの陽明学者が出たものの、学派として大きな勢力は持ちえなかった。日本では江戸時代初期の中江藤樹が最初の陽明学者として著名であり、その教えを受けたことがある熊沢蕃山も陽明学者とされている。彼らは陽明学の学統を継承するという意識は薄かったが、当時すでに陽明学流の「心学」を奉ずる者と見られていた。またもともと江戸時代の文化には明代の影響が強く、自覚されないままに陽明学的思惟が取り込まれている場合もある。その後の陽明学者では、『標註伝習録』を著した三輪執斎《みわしっさい》、大塩の乱を引き起こした大塩中斎《おおしおちゅうさい》（平八郎）、朱子学を表に出しながら実は陽明学を奉じていたと評される佐藤一斎らが著名である。日本の陽明学は、一般的に親への孝を重視し、またそれを宇宙的に拡大し、宇宙の本源の「太虚」に対する孝を説く傾向がある。幕末になり、志士たちの中には陽明学に共感する者が見られ、それが行動の学としてのイメージを強めた。さらに明治時代以後、西欧思想への対抗意識をもとに、陽明学が東洋思想の粋として表彰されることもあった。

（土田健次郎）

052 古学《こがく》

江戸時代に、朱子学や陽明学など後世の儒学を否定し、直接古代の儒学に復帰しようとした一連の儒学を指す。儒学の原像への復帰を標榜しているが、外来思想である儒学の中に当時の人々が実感の持てる内容を盛り込み、日本の精神風土に定着させる試みという面もある。特に当時最も体系的な思想であった朱子学と対抗することで自己の学説を構築したことから、体系性を持つ思想家が目立ち、以後の儒学に新たな展開をもたらした。伊《い》藤仁斎《とうじんさい》とその長男の伊藤東涯《いとうとうがい》、荻生徂徠《おぎゅうそらい》、山鹿素行《やまがそこう》らはその代表である。東涯は父の仁斎のことを「古学先生」と呼び、著書にも「古学」の名前を冠したものがあり、仁斎学批判の際に「古学」の語が用いられる場合も目につく（室鳩巣《むろきゅうそう》『駿台雑話《すんだいざつわ》』、大塩中斎『洗心洞《せんしんどう》学名及び学則』など）。また特に仁斎と徂徠の学問については、江戸時代にあっては「伊物《いぶつ》の学」と言われることがあり（「物」とは徂徠が物部氏《もののべし》であることからこのように言う）、この「伊物の学」に及ぶ富永滄浪《とみながそうろう》の書物も『古学弁疑』と題している。このように江戸時代でも「古学」という名称や、仁斎と徂徠を一くくりにする見方は見られたが、素行の方はその兵学が山鹿流として継承されたのに比べて、儒学の影響力は少なかった。仁斎、徂徠のみならず素行らも加え古代復帰型の思想を概括することが一般化したのには、明治時代になり井上哲次郎《いのうえてつじろう》『日本古学派之哲学』において朱子学、陽明学などと並べて古学とを位置づけたことが大きい。

仁斎と素行はもともと朱子学者であったが、後に古代の儒教への復帰を説き、朱子学批判を展開した。なお貝《かい》原益軒《ばらえきけん》も朱子学を奉じていたが、晩年に『大疑録《たいぎろく》』を著し、朱子学への疑問を表明したので、彼らと並べられることがある。彼らは思想的影響を持ちあわなかったが、朱子学が説く「理」や「本然の性」を否定するなど、類似点を持つ。このことは、彼らの思想が朱子学を否定しながら、問題意識の枠組みや使用する用語という点においていかに朱子学に触発されていたかということを示している。仁斎の学は息子の東涯をはじめ家学として綿々と伝えられ、これを「古義学」と言う。その思想は徹底して『論語』と『孟子』を典拠とし、朱子学の形而上的思弁を排し、日常生活における実践道徳を直截《ちょくせつ》に説く古代の儒教に復帰するというものであった。仁斎の主著『論語古義』は、日本の『論語』注釈の代表的な著作であり、『童子問』、『語孟字義』はその学問体系を伝える。また東涯は仁斎の思想を継承するとともに、『制度通』をはじめ数多くの学問的業績を著した。一方徂徠は、この仁斎にも反発し、『論語』と『孟子』ではなく五経中心の儒学を打ち立てた。その主著の『論語徴《ろんごちょう》』には、朱子学と仁斎の『論語』理解に対する反発が色濃く見られる。また『弁道《べんどう》』、『弁名《べんめい》』、『学則』、『答問書』、『政談』は徂徠の思想を伝えるものとして有名である。徂徠は儒教とは天下を治める統治の学であることを強調し、道とは個人道徳とか宇宙の原理とかではなく政治・社会・文化の制度全体であるとした。徂徠の学問は、文献の精密な読解をもとにしているが、特に明の文学運動である古文辞《こぶんじ》に影響を受けそれを思想運動に拡大したため、「古文辞学」と言われる。徂徠は漢文をあくまでも中国の言語であると認識したうえで、訓読を廃し原典への可能な限りの接近を図ったが、それは彼が中国語を学習したことにも現れている。総じて古学の儒者たちは、体系的思想を構築しながらも、それを裏づける原典の正確な読解に意を用い、東涯の『用字格』、『操觚字訣《そうこじけつ》』、徂徠の『訳文筌蹄《やくぶんせんてい》』など著名な漢文読解の参考書を生み出した。なお徂徠の学派は蘐園学派《けんえんがくは》と呼ばれ、そこからは太宰春台、服部南郭《はっとりなんかく》をはじめ、中国に伝えられ反響を呼んだ『七経孟子攷文《しちけいもうしこうぶん》』の著者の山井崑崙《やまのいこんろん》（重鼎《じゅうてい》・鼎）や、宇佐見灊水《うさみしんすい》らが輩出した。近代以後、古学は儒教の日本的展開の象徴として新たな脚光を浴びた。文芸評論家の小林秀雄は仁斎や徂徠を取り上げ、その精神の運動に思いを凝《こ》らし、政治学者の丸山眞男《まさお》は、朱子学では自然と規範が一体化していたものが、仁斎から徂徠へと展開する過程で自然と規範が分離し、そこに規範を問い直す思想空間が開けたとし、このような古学の展開の中に日本的近代政治思想の萌芽を読み取った（『日本政治思想史研究』〈一九五二刊〉）。この解釈は学界を超えた大きな影響を与えたが、一方では批判も生み出し、それらを含めて、現在でも仁斎と徂徠は多くの学者や評論家の議論の対象となっている。

（土田健次郎）

053

江戸仏教

えどぶっきょう

江戸仏教は長らく思想史的評価を受けることがなかった。辻善之助『日本仏教史』の末尾で、幕府がキリシタン禁制に仏教を利用し、檀家《だんか》制度・本末制度を定めたことにより形式化して麻痺状態に陥ったと評した、いわゆる近世仏教堕落論の影響が大きい。江戸仏教が鎌倉仏教に匹敵するような独創的思想を生みだしていないことも、評価を低いものとした。しかし、人々の生活に生きて働いた思想の歴史を思想史とすれば、全く逆に、江戸時代こそ仏教が土着し生きて働いた時代と見ることができる。

江戸幕府は、一向一揆に代表される民衆的宗教運動に対抗して成立した。それゆえに民衆の宗教的要求への対応が課題となった。しかし世俗権力である以上、「後生善処」という民衆の宗教的要求を満たすことができず、仏教教団を囲い込むことで対応せざるをえなかった。僧俗分離によって僧侶身分を確定し、門流形態に留まっている教団を本末制による宗派に編成し、自律させ、一括して寺院法度で統制するというシステムを作り上げ、民衆教化を「役」として付与し、寺請《てらうけ》制度として寺檀関係を固定化した。それとともに、江戸の社会にうごめく迷える死者、幽霊、妖怪など、権力支配の及ばない周縁世界の存在を鎮《しず》めるには仏教の力を借りるしかなかったことも、囲い込みを必然とした理由である。

囲い込みに対応して、宗派教学の確立がめざされる。真宗の法霖《ほうりん》が「三部（経）ノ中ノ大蔵《だいぞう》ヲ学ブベシ」（三部経に大蔵経の極意を学べ）と述べ、個別の真宗教学が仏教全体に通ずると宣言したように、諸教一致のなかで個別宗学の自律性を追求するものであった。鳳潭《ほうたん》の華厳《けごん》教学が諸教一致論として登場してくる。一方で、仏教復興運動が展開される。「仏法廃果《すたれはて》」と歎いて旗本から出家した鈴木正三《しょうさん》は、妙心寺を出て仏法復興の道を探っていた大愚宗築《そうちく》・愚堂東寔《とうしょく》・雲居希膺《うんごきよう》、雪窓宗崔《せっそうそうさい》、曹洞宗の万安英種《ばんなんえいしゅ》、戒律復興を目指す賢俊《けんしゅん》良永《りょうえい》、舜統院真《しゅんとういんしん》超《ちょう》らと盟約し、さらには真宗の西吟《さいぎん》が加わり、各地で修学し、民衆救済の活動を開始する。この運動の周辺やその流れから、やがて禅に盤珪《ばんけい》や白隠《はくいん》が出現して近世禅宗の主軸が形成され、戒律運動から慈雲が出現した。

戦国乱世における幾多の興亡は、仏教の説く善因善果という因果応報原理に背反する現実を生み出した。その原理そのものを疑うべき別の思想が登場しないままに、何故に善人が滅び悪人が栄えるのかを説き明かすことが困難となった。仮名草子や教訓書という近世初期の一連の通俗平易な読み物が、こうした民衆的思想課題追求の場となった。因果応報は現世を越えて未来で完結する。そのためにこそ現世が重要で、心の有り様が大切と説かれ、唯心弥陀己心浄土《ゆいしんみだこしんじょうど》、煩悩即菩提《ぼんのうそくぼだい》という命題が改めて問題となり、仏教的な心の思想が江戸思想史を貫通する。そこに立って支配に積極的に参加する思想に再編成することが課題となると、鈴木正三は職分仏行説《しょくぶんぶつぎょうせつ》・僧侶役人論を唱え、家光に用いられた沢庵《たくあん》もまた同様な職分論を説いている。さらに進んで、幕府権力自体を神聖化する思惟《しい》が現れ、『松平開運録』では徳川の天下は阿弥陀如来授与という説が唱えられた。

日本での心学的思惟の形成は、中国明朝の陽明学、朝鮮儒学と共鳴するもので、東アジア地域全体が心学の世界となった。その中で日本儒学の形成をめぐって、仏教との優劣をめぐる論争がおこる。朱子学者林羅山と和学者にして熱心な法華信徒松永貞徳《まつながていとく》の『儒仏問答』がその始まりである。両者が互いに盗用と主張するように、唯心論と三世因果観を共通の前提とする中での優劣論争であった。寛永期には儒者朝山意林庵《あさやまいりんあん》『清水《きよみず》物語』に対する『祇園《ぎおん》物語』の応酬があり、以後多くの排仏論と護法論が展開されたが、思想的対立よりは社会的有用性などをめぐる論争となった。潜在的脅威とされたキリシタンへの排耶論《はいやろん》では、最も論理的とされる雪窓宗崔『退治邪《たいじじゃ》執論《しゅうろん》』が、キリシタンを神国日本を侵略する偽仏法と捉えるように、同じ思想枠内の異端としてしか見ることがない。江戸仏教は異なる宗教を全く別の思想大系として捉え返す視点を持ち得なかった。

異義は宗派内争論となる。最も激しかった真宗では、全身的救済表明の三業帰命《さんごうきみょう》説と、特別な回心《えしん》不要で、気がついたら救われていたという信仰が激突し、幕府の介入を招くまでに争われた。後者の信仰者は妙好人と呼ばれる。ただ弥陀一仏の救済にすがる真宗信仰は、江戸後期に意味化し、廃仏毀釈《はいぶつきしゃく》もそこから考えねばならない。

（大桑　斉）

054

儒家神道

じゅかんしんとう

儒学者による神道説ないしは儒教的神道論。戦国時代の儒学者・清原宣賢《きよはらのぶかた》や近世初頭の儒学者・藤原惺窩《ふじわらせいか》を儒家神道のうちに位置づけるかについては、疑問がある。惺窩の弟子であった林羅山《はやしらざん》をはじまりとすべきであろう。羅山は、神儒一致説や理当心地神道《りとうしんちしんとう》を提唱したからだ。羅山は学問に志を立てて仏寺に入るが、出家を嫌って下山し、独り学問に励む。二〇歳前に、反仏教の考えを表明した短文を執筆している。その後藤原惺窩の門に入る。徳川家康は惺窩を招聘《しょうへい》するが、惺窩は辞退し才智に長《た》けた羅山を代わりに推挙する。古文献の整理や図書の管理、儀礼の考證《こうしょう》、法律や外交文書の作成、国史の編纂など、儒学者というよりも学芸者として仕えた。家康・秀忠・家光ら三代にわたる将軍の信任を得たと言われ、幕府儒官・林家の祖となる。羅山が神道に関する書物を著すのは晩年であるが、『本朝神社考』および『神道伝授』が主要なものだ。前者は伊勢神宮や石清水《いわしみず》八幡宮《はちまんぐう》など重要神社の縁起や歴史をまとめたもので、「序文」に神国論や反仏教の考えが強く見られる。後者においては、神道を四つに分類し、「唯一宗源《ゆいつそうげん》」「両部《りょうぶ》習合《しゅうごう》」「本迹縁起《ほんじゃくえんぎ》」を神事の神道とし、みずから主張するものを「理当心地神道」と提唱。その内実は神道＝王道＝儒道の一致を言い、天皇ご一人《いちにん》が統治するあり方と捉えている。

次に儒家神道の大きな勢力となるのが、山崎闇斎《やまざきあんさい》の創唱した垂加神道《すいかしんとう》である。しかし垂加神道の成立よりもやや早い時期に位置づけられるのが、吉川惟足《よしかわこれたり》の理学神道と言える。惟足は当時吉田神道の道統者《どうとうしゃ》であった萩原兼《はぎわらかね》従《より》の門に入り、後にその実力を認められて、吉田神道の伝授を受け、封建教学に資する神道論を構築した。惟足は神道を「社人ノ神道」と「理学ノ神道」とに大別し、前者は神祭りなど神事を行うことを主とした神道であり、後者は個人の生き方を主とする神道と捉えた。士農工商の身分に応じた任務の励行や人欲を制御するための「敬」（つつしみ）の実践および神人合一などを説き、神道の立場からの生死観を主張し、死の対処法を教えた。

晩年神道書・故実・祭礼などの調査研究を任務とした幕府の「神道方《かた》」に就《つ》き、以後、吉川家が世襲。惟足自身は儒学者ではなかったが、当時の思想界の潮流であった儒学の概念を用いて、儒教的神道論を展開した。その意味では伊勢神道の中興の祖と言われる度会《わたらい》（出口《でぐち》）延佳《のぶよし》も、神道＝易道の一致を主張し儒教的神道論を唱えた。

惟足や延佳らの影響を受けながら大成したのが、山崎闇斎の創唱した垂加神道である。闇斎は幼くして京都の仏寺に入り、仏道修行に励み一九歳の時、土佐藩主山内家の菩提寺に移る。この地で土佐南学（朱子学）に接し、朱子学を真剣に学んだことが一要因となって、二九歳の時還俗《げんぞく》。翌年『闢異《へきい》』を執筆し、儒教と仏教の相違や仏教批判および朱子学の本質などを詳述。その後京都に戻り朱子学関係の書を著し、塾を開き多くの弟子が入門。朱子学者として世に知られ、諸大名に招かれるようになる。特に会津藩主で当時四代将軍家綱の後見人であった保科正之《ほしなまさゆき》によって、儒学の師として招聘《しょうへい》され、藩の教育に強い影響を与えた。正之は神道の師に吉川惟足を迎えており、正之を通して惟足の下で神道を学ぶ。その後闇斎は、神宮大宮司・大中臣精長《おおなかとみきよなが》および度会延佳から中《なか》臣祓《とみのはらえ》の秘伝を受けた。保科正之が亡くなると、闇斎は惟足からも離れ、京都において独自の神道論を構築。弟子達がまとめた『垂加社語』の中に、「道は日神《にっしん》の道にして、教は猿田彦《さるたひこ》の導く所なり」とみえる。ほぼ同一の主張が代表的著書『神代巻風葉集《じんだいかんふうようしゅう》』に掲載されているが、解釈は簡単ではない。闇斎の主張する道とは、天照大神の子孫である天皇が日本を統治するあり方で、教えは皇孫の道案内をした猿田彦の導くところで「敬」（つつしみ）を実践すること。

儒家神道家と言うべき思想家は他にも、熊沢蕃山《くまざわばんざん》・山《やま》鹿素行《がそこう》・貝原益軒《かいばらえきけん》らがいるが、ここでは江戸後期の儒学者で後期水戸学を代表する会沢正志斎《あいざわせいしさい》について触れておく。正志斎は文政八年（一八二五）に『新論』を執筆し国家防衛策を展開し、幕末の志士達に大きな影響を与えた。その思想の根本に、天皇を中心とした国家のあり方や忠孝などの徳目の実践を説き、明治維新後の国民国家形成にも多大な影響を及ぼした。たとえば、国民教育の基調となった「教育勅語」が挙げられる。

（安蘇谷正彦）

055 三教一致説《さんきょういっちせつ》

三教一致説を呼ばれる思想は元来中国で唱えられたもので、儒・仏・道は本源的に一致するものと考えられた。古代からすでに日本に伝えられていたが、日本では道教あるいは老荘思想が積極的に受容されなかったため、中世以降盛んになる三教一致説では、折から宗教界に台頭してきた神道を加えた神・儒・仏の三教一致説が主流となった。室町時代以降、近世にかけて神道界を支配した吉田神道では、神・儒・仏の関係が草木に喩《たと》えられて根本枝葉花実説《こんぽんしようかじつせつ》として唱えられた。すなわち吉田兼《かね》倶《とも》の主著で室町末期に成った『唯一神道名法要集《ゆいいつしんとうみょうぼうようしゅう》』に、聖徳太子の密奏として「吾が日本は種子《しゅじ》を生じ震旦《しんたん》(中国)は枝葉を現《あらわ》し、天竺《てんじく》(インド)は花実を開く。故に仏教は万法の花実為《た》り、儒教は万法の枝葉為《た》り、神道は万法の根本為《た》り。彼の二教は皆是《こ》れ神道の分化《ぶんか》也。枝葉・花実を以て其の根源を顕《あら》はす。花落ちて根に帰る。故に、今此の仏法東漸《とうぜん》す(今、仏教が我が国に伝来してきたのである)」と記されている。このように儒・仏二教は神道に帰一《きいつ》するものとし、神道の優位性を強調したのである。こうした内容の三教一致説は、実は『唯一神道名法要集』が最初ではなく、これより早く鎌倉末期の正中《しょうちゅう》元年(一三二四)成立の両部《りょうぶ》神道書『鼻帰書《びきしょ》』に、仏法は天照大神が釈迦となって生まれ説いたものとされ、神道を根、儒教を枝葉、仏教を花実として三教の同一的関係が説かれている。その後も北畠親房が著した『神皇正統記』の三種の神器論において、三教一致説が看取される。親房のあと、より本格的にこの問題を追究したのは室町時代を代表する碩学《せきがく》として知られる一条兼良《かねよし》であった。彼は康正《こうしょう》年間(一四五五―五七)に成立したとされる『日本書紀纂疏《さんそ》』の中で、神・儒・仏三教一致の理は一心にあり、「一にして三、三にして一」であるとし、神道中心の三教融合論を述べている。

ところで中世から近世にかけて神道・儒教・仏教・老荘思想・陰陽道・兵家思想・(中国)善書・教訓書・キリシタン思想・小説類さらには江戸時代を通して広く民間に普及した御籤《みくじ》などなどにおいても、「天道」(「天」とも）の語がキーワードとして使われるようになり、当該期の一種の流行語になっている。そしてそこから共通語としての「天道」を媒介として複数の思想を一体化して捉えようとする傾向が生じてきた。三教についていえば「儒道釈（仏）の祖とする所の天は、其の流は格、別ると雖《いえど》も其の味は一のみ」（室町後期の五山禅僧万里集九《ばんりしゅうきゅう》の詩文集『梅花無尽蔵《ばいかむじんぞう》』）あるいは「神儒仏ともに道を教る名にて、さとりては神儒仏の名もいらず、天道なり」（溝口敬明《みぞくちたかあき》『俗三教裸話《ぞくさんきょうはだかばなし》』、一七五九序）と説かれているように、三教の一致するところが「天道」と称されるようになった。この傾向を助長したのが中国善書（儒仏道三教合一の立場から倫理的応報者としての「天」が説かれる）の普及であった。それではその〝雑種的〟な「天（道）」の実体とは何か。それは天地自然・人倫世界のあらゆる秩序を掌《つかさど》る超越的絶対者あるいは根源的原理をさしているように解される。もちろん一体視され「天（道）」と呼ばれても、それぞれの個別具体的内容のすべてが完全に一致しているわけではない。あくまで諸思想を習合しうる共通性を重視し、そこを強調するのである。

さて江戸時代になると一般的に、「天道《てんとう》」の可視的な姿が太陽に求められるようになった。ただしすでに中世において「天道」の語が太陽の意味でも使われていたことは、鎌倉中期の説話集『古今著聞集《ここんちょもんじゅう》』（橘成季《たちばなのなりすえ》編、一二五四）などの用例によって知られる。しかし広く生活の中の日常語として使用されるようになったのは、「人のたしなみ、朝にはやくをき、手水《ちょうず》をつかひ、先《まず》天道・氏神をおがむべし」（寒河正親《さむかわまさちか》『子孫鑑《しそんかがみ》』、一六六七刊か）「ハテ天道さまが見てござるから、むだにはさせねへはさ」（式亭三馬《しきていさんば》『浮世床《うきよどこ》』初上、一八一三刊）といった用例が多数認められる江戸時代に入ってからのことであろう。江戸後期の多くの小説類で「天道」が太陽を意味していたことは、『戯作外題鑑《げさくげだいかがみ》』（草双紙《くさぞうし》の目録）に「『天道大福帳《てんとうだいふくちょう》』（黄表紙《きびょうし》）に造物者を指して天道様と名付、其形を日輪（太陽）の浄衣したる姿に画《えが》き出せしより後の稗史《はいし》みな是による」と記されていることによって確認される。

なお近代日本では戦後の一時期まで、学校や家庭で子供を叱る時に「隠れて悪い事をしても、お天道様《てんとうさま》はすべてお見通しだ」といったタイプのお説教が一般化していたことは周知の事実であろう。

（石毛　忠）

056

水戸学

みとがく

水戸学とは、水戸藩第二代藩主徳川光圀《みつくに》によって始められた『大日本史』編纂事業から成立した学風のことである。しかし、光圀が編纂を決意した正保《しょうほう》二年（一六四五）から完成した明治三九年（一九〇六）までの間に、一定の体系をもった思想が形成されたのではない。むしろ学風として常に形成・発展の途上にあった思想である。広義の水戸学は、二重双頭《にじゅうそうとう》の構造をしている。

水戸学は時期的に前期と後期に二分される。前期は光圀を中心とした時代であり、朱子学的な名分論に基づき、天皇を中心にした紀伝体の史書『大日本史』が編纂された。水戸学の基礎である。この成果は近代に至るも、尊王の具体例を示すものとして尊重された。

尊王といっても武家政権を肯定していることは、『大日本史』が南朝が亡び、皇統が北朝に帰一した後小松《ごこまつ》天皇で終わっていることから確認できる。光圀は南朝正統論を唱えたが、それは後醍醐《ごだいご》天皇が政治的君主としての自覚をもち、率先して朝権回復に努めたからであった。南朝が亡び、武家政権は政権を武家に委譲し、祭祀王《さいしおう》として君臨する北朝を擁して確立したと、『大日本史』は説くのである。光圀の南朝正統論は、武士的な主君に絶対忠誠を説く、個人道徳として唱えられた。

寛政期になると、水戸学は新たな思想的展開を始める。狭義の水戸学が形成される。水戸学という名称は、天保年間に水戸藩が唱導した独特な思想の蔑称《べっしょう》として最初唱えられた。それは立原翠軒《たちはらすいけん》の出現に始まる。翠軒の意義は徂徠学を学んだ点にあった。徂徠学の導入は、『大日本史』編纂では、もう一つの側面である分野別の歴史編纂へ意欲を喚起した。それ以上に政治への覚醒《かくせい》である。彼らの眼前には、天明の大飢饉のために極端に荒廃した農村と支配の弛緩《しかん》＝内憂《ないゆう》の危機と、ロシアの南下＝外患《がいかん》の危機とが展開していた。民衆の心を掌握し、内憂の危機を解消しなければ、外患にあたれないとの認識の下、水戸藩では寛政年間に下士改革派が成立した。

支配を再編するために彼らは尊王絶対化の国家論を構築していく。中心は藤田幽谷《ふじたゆうこく》であった。日本は天皇のものであり、道徳的評価は天皇が下す。天皇は道徳批判を超越した存在である。そして、儒教に基づきながら神道が導入され、万国の上国たる日本が主張された。絶対化された天皇の存在は、それを奉戴《ほうたい》する幕藩権力を強化するためであった。

内憂の解消のための改革案では、徂徠学的な支配を通しての民衆教化が説かれた。そこには激しい民衆不信があった。民衆は大一揆をおこして、幕藩体制を崩壊に導きかねないとの認識である。農村が荒廃するのも百姓が奢侈にふけるからであり、商品経済の発展こそが、根本的原因であるととらえられた。

右の成果として文政八年（一八二五）に、水戸学の政治論を代表し、「民志一」を説く会沢正志斎《あいざわせいしさい》の『新論』が著された。しかし、水戸学の民衆観は化政・天保の改革を通して、理論と実践の両面から修正を迫られた。農村を復興するためには、商品経済の発展に基づいた、現実に営まれている生産流通関係の上に、国家社会は維持されていることを認めなければならなかった。厳しい批判の眼は、統治能力を失った上士層に向けられた。

理論的には、国学の受容である。藤田東湖《ふじたとうこ》が弘化四年（一八四七）に著した水戸学の道徳論を代表する『弘道館記《こうどうかんき》述義《じゅつぎ》』は、本居学を一面、評価する。なによりも道を天神の創造とし、神代を信じる対象にした。

東湖は民衆を教化の対象とはとらえない。むしろ「国体の尊厳」を古代以来、民衆の間で培われた風俗に帰した。本居学と同じく、古代以来、日本人の心は天皇と結びついているとし、そこに日本が万国の上国である理由を見い出した。水戸学は国家の基盤を風俗、民衆におくのである。もちろん水戸学は本居学と同一ではなかった。武断的で行動的な思想であった。東湖は天皇と通じる心として「誠《まこと》」を重んじ、一人ひとりが主体的に尊王に励むことを説いた。

狭義の水戸学といっても、幽谷・正志斎と東湖では、質的に思想が違っていたが、結論的には水戸学は幕藩体制の擁護論であった。しかし、危機感から幕藩体制の再編・強化を目指し、民衆の心を掌握することを主張した水戸学は、東湖に至って幕藩体制とは異質な国家を構想するようになった。水戸学は幕末には尊王攘夷思想として、近代には民衆を国家に統合するための天皇制の支配イデオロギーとして作用するのである。

（吉田俊純）

057 国学《こくがく》

国学とは、仏教や儒教など外来の教えを学ぶのに対して、日本の古典や伝承を通して日本人の「道」を求める学問である。日本人の「道」とは、国家統治のあり方や個人の生き方など、日本国家が平和に日本人が平隠に生活するためのあり方と言えよう。その意味で、国学の始まりが日本の古典を研究することから出発したのは当然であり、国学の始祖を契沖《けいちゅう》に置くのが一般的である。契沖によって、古語をもって古語を解するという近世国学における実証的な文献研究の方法が確立された。このような研究方法を駆使して、最古の歌集『万葉集』の注釈書『万葉代匠記《まんようだいしょうき》』、『古事記』『日本書紀』所収の歌謡の注釈書『厚顔抄《こうがんしょう》』、『伊勢物語』の研究書『勢語臆断《せいごおくだん》』などを執筆した。ただし、契沖に日本人の「道」を求める意識がどの程度あったかについては、定め難い。

江戸時代後期に国学の始祖と仰がれ、国学の四大人《したいじん》の第一に位置づけられたのは、荷田春満《かだのあずままろ》である。春満は社家《しゃけ》の出身であり若くして古典研究に取り組み、『万葉《まんよう》集僻案抄《しゅうへきあんしょう》』『神代巻問答集抄《じんだいかんもんどうしゅうしょう》』『古事記剳記《こじきさっき》』などを執筆し、古典研究の興隆に努めた。しかし国学の始祖と仰がれる要因となったのは、「創学校啓《そうがっこうけい》」という書簡の流布による。「創学校啓」とは、国学という学問の目的や研究方法を略述し、国文・国史・国法・有識故実《ゆうそくこじつ》などを対象に研究・学習する学校の創設を幕府に提唱するするために執筆されたと言われる。けれども実際に書かれた年代も未詳であり、春満が自ら執筆したという証拠が見あたらない。ただし、春満の学問の目的が古典を通して古代の「道」を究明しようとしたこと、また古代の事実を知るためには、古語を研究することが重要であるという考えは、有していたと思われる。

国学の四大人の第二に挙げられるのが、浜松出身の社家・賀茂真淵《かものまぶち》である。若くして荷田春満に師事し、春満没後は春満の甥で後継者となった荷田在満《ありまろ》らと『源氏物語』や『万葉集』等古典の研究に励む。八代将軍・徳川吉宗の子＝田安宗武《たやすむねたけ》に仕えていた在満退任後、真淵は田安家の和学御用掛《ごようがかり》となる。真淵も古道・古代の日本の

「道」の究明を目的に古典や古語を研究したが、古道研究の成果が不十分であったと述懐している。江戸に居をかまえて、弟子の教育・指導にあたったことにより、江戸在住の武家や町人を中心に国学を広め、江戸派国学の拠点を形成した。著書は『万葉集考』『冠辞考』『国意考』『祝詞考《のりとこう》』『にひまなび』等多数。

国学の四大人の第三が本居宣長《もとおりのりなが》で、近世国学の大成者と言える。日本の最古の古典『古事記』を実証的研究方法によって注釈し、日本人の「道」の探究に取り組んだ。道とは「神の道」であり、具体的には「天照大神の御心によって、天照大神の子孫である天皇が、日本国家を統治するあり方」と捉えた。他にも神観念や古典観あるいは「もののあはれ」論など学問的業績は江戸時代はもとより近・現代においても、多大な影響を与えている。弟子も全国にまたがり国学の普及に貢献。著書も『古事記伝』、「道」の論『直毘霊《なおびのみたま》』、『玉勝間《たまかつま》』など膨大な書を執筆した。

国学の四大人の第四が、平田篤胤《ひらたあつたね》である。篤胤は二五〜二六歳のころ本居宣長の著書を読み感銘、入門書を送るが宣長は既に没していた。生涯宣長を師と仰ぐ。三〇歳前後から宣長の学説を基本に『古道大意』や『俗神道大意』などを執筆。三七歳の時、篤胤の代表作の一つ『霊能真柱《たまのみはしら》』成稿。古道の立場から死後の安心論を説き、宣長の「死ねば黄泉国《よみのくに》に行くべし」という死後観を論難した。この後篤胤は、外国の古伝説や幽界研究など、学問の幅を広げた。代表作としては『古史伝』があげられるが、未完に終わり弟子達が完成した。

江戸時代後期になると、徐々に西洋の外国船が日本に来航する。それに伴って国家の危機意識が高まり、日本人のアイデンティティを求める風潮が起こってきた。そのような時代背景のもと、外国の教えである儒教や仏教を厳しく論難し、世界の中心が神の国＝日本であるという皇国優越論を展開した篤胤の思想は、時代の要求に対する一つの解答として人々を魅了した。地方の豪農層や神職層をはじめ草莽《そうもう》の知識階層に与えた影響は大きく、幕末維新の尊王精神高揚の一要因となった。弟子としては、大国隆正《おおくにたかまさ》や矢野玄道《やのはるみち》らが著名である。

（安蘇谷正彦）

058

蘭学と洋学

らんがくとようがく

蘭学とは、字義どおりにはオランダ（和蘭、阿蘭陀）の学問を指すが、鎖国政策により西洋諸国の中でもオランダだけが通商を許された結果、オランダ人によりもたらされ、主としてオランダ語を通じて学ばれたので、この名がついた。しかし、オランダ一国に限らず、ヨーロッパ各国の学術の成果が学ばれたから、蘭学は西洋学術知識の総称と言ってよい。幕末の開国以後、英仏露語などによる研究が始まり、蘭学という名称では包括しきれない事情が生じたため、洋学（西洋学の意）という言葉が一般に使われるようになるが、蘭学は元来実質的には洋学と呼ばれるべき性格のものであった。

オランダ人との接触が限定されていたので、オランダ語の修得は長崎通詞《つうじ》を除いては当初はなはだ困難であった。その苦闘の様子は、杉田玄白『蘭学事始《らんがくことはじめ》』（一八一五）に如実に描かれている。玄白たちのグループが、西洋の解剖図譜《かいぼうずふ》の翻訳に取り組み、『解体新書』（一七七四）として出版したのを契機に蘭学はまず医学を中心として勃興する。これ以前のオランダ語の書物の翻訳の試みは長崎通詞を介してオランダ人に質疑をしながらテキストの意味を理解したもので、今日の意味での翻訳とは言いがたい。この点で原文どおりではなかったり、誤訳があったりするとはいえ、言わば独力で翻訳にあたった玄白らの偉業は評価される。

蘭学者の関心は、やがて天文学・化学などの自然科学や世界地理・歴史・外国事情などの人文・社会科学系知識へと広がった。化政期《かせい》には、専門分化が進み、たとえば医学においても、初期の解剖学・外科学から、しだいに内科学・生理学・病理学などの専門分野が知られるようになり、翻訳書も出現するに到った。

幕末には対外危機意識との関わりから、西洋軍事科学技術の研究と導入がはかられ、それまでの医学中心の蘭学に新たな局面が加わることになった。アヘン戦争における清国の敗北を知るに及び、幕府・諸藩に深刻な危機感が生じ、西洋砲術の採用を中心とする軍事科学技術の研究が叫ばれ、実践された。こうして医師のみならず、武士層が蘭学の学習･研究に従事するようになった。

このように蘭学修学の有用性・緊急性が言わば公認されると、幕府・諸藩においてもそのための体制作りが始められた。蘭学学習の組織化という点では、幕府より諸藩の方が早かった。天保一一年（一八四〇）の長州藩の例を皮切りに、まず藩の医学校で、やがて藩校で蘭学がそのカリキュラムに取り上げられるようになり、また教師として蘭学者が新たに採用された。幕府の代表的蘭学者養成機関は、安政三年（一八五六）設立、同四年正月に授業を開始した蕃書調所《ばんしょしらべしょ》であろう。また安政二年には長崎海軍伝習所が、同四年には医学伝習所が開設され、オランダ人教官から直接教わるようになった。オランダ人に直接質疑ができるこの教授法と最新の教授内容は、蘭学知識と西洋科学理解を飛躍的に向上させた。

蘭学の私塾も、江戸・大坂・京都および長崎を中心に開かれ、多くの門人がそこから育った。福沢諭吉が大坂の緒方洪庵《おがたこうあん》の適塾《てきじゅく》に入門する際、砲術修業を名目に藩に願い出た（『福翁自伝《ふくおうじでん》』）というエピソードは、上述の幕末期の蘭学の位置づけをよく物語っている。しだいに翻訳書も多く出回り、オランダ語を学ばなくとも一通りの知識は得られるようになる。またこの頃になると翻訳は机上の学問とされ、実用の学が高く評価され始めた。

杉田玄白は「和蘭《オランダ》実測窮理のことどもは驚き入りしことばかりなり」（『蘭学事始』）と述懐したことがあるが、西洋の学問はまず「実用」「有用」の学として、みずからの体験を経て「実理」に基づき立論されていると、その実証性が評価された。他方その探求方法が「窮理」（『易経』・説卦伝《せっかでん》）に通ずると理解され西洋の自然科学ないしはその典型である物理学が窮理と称されるに至った。

世界地理の知識は伝統的な華夷観念から解放する。天《てん》円地方説《えんちほうせつ》から地球説への移行は、みずからの立つ位置を絶対視せず、相対的な位置関係の認識を促した。もはや中国のみが特殊な位置に存するわけではなくなる。蘭学者の間で中華に代わり支那が用いられたことは夙《つと》に指摘がある。ロシアの南下やイギリスの進出に始まる対外危機感の醸成《じょうせい》の際に、蘭学が提供した対外情報・知識の役割は十分に評価されて然るべきだが、アメリカ独立が一九世紀になるまで知られなかったことに蘭学をとりまく種々の制約が反映されていることにも留意しておきたい。

（吉田　忠）

059 武士道《ぶしどう》

武士道を論じた代表的著作は言うまでもなく新渡戸稲《にとべいな》造《ぞう》の『武士道』である。英文で明治三二年（一八九九）にニューヨークで出版されたのち、岩波文庫には昭和一三年（一九三八）に矢内原忠雄《やないはらただお》訳で収められ、それより今日まで読み継がれることで日本人にとって武士道像のスタンダードをなしている。

他方、武士道の道徳性の高さを称揚《しょうよう》する同書の内容は、近代明治という時代のナショナリズムが作り上げた虚像にすぎないといった批判的論調も目立ち、その評価は分かれている。

「武士道」という言葉は中世社会には見られない。中世では武士の行為規範に対して「勇士の法」、「弓馬の道」、「弓矢の道」、「もののふの道」などの語が用いられていた。「武士道」という言葉の出現例の初期に属するのが、武田流軍学の聖典として知られた『甲陽軍鑑《こうようぐんかん》』である。同書には「武士道」の語が三〇数度にわたって頻出しており、また同書が武士の世界で広く読み継がれたことから、「武士道」という表現の普及に大きな影響力を有していたと思われる。

ただしその成立時期については、武田信玄の家臣高坂《こうさか》弾正昌信《だんじょうまさのぶ》が天正三年（一五七五）の長篠《ながしの》合戦の敗北を受けて書き始めたとする高坂自撰説と、武田流軍学者・小幡勘《おばたかん》兵衛《ひょうえ》景憲《かげのり》の手によって元和元年（一六一五）ころにまとめられた編纂本とする説とが並立している。

『甲陽軍鑑』において武士道が語られるのは専ら戦場における武功、勇猛果敢な働きと不可分である。たとえば、「武士道の役にたつ者をば、米銭の奉行・材木奉行或は山林の奉行などになされ」（同書、品三十）といった表現。武士道に役立つ人間を行財政の事務的役職などにつけるのは人材の損失という批判であり、武士道とは端的に戦陣における活躍ぶりを指している。

しかしながら武士道のその後の展開は、外面的な武勇よりも内面的な強さを重視し、人としての徳義を涵養《かんよう》することを主意とする方向に進んでいく。

『諸家評定《しょけのひょうじょう》』は軍学者小笠原昨雲《さくうん》が元和七年（一六二一）

に編纂した軍学書。同書においても「武士道」という言葉が用いられているが、そこでは褒賞の多さや勢力の強大さに靡くことなく、自己の信念を貫きとおす内面的な志操を「意地」の名で呼び、その強固さこそが武士道の本質であるとする。

このような傾向は『可笑記《かしょうき》』（寛永一九年〈一六四二〉刊）の武士道論でいっそう顕著になる。同書は五巻からなる随筆風の教訓書で、作者は山形藩最上家の元家臣斎藤親盛《ちかもり》と見られている。同書には以下のように説かれており、これは武士自身による武士道の定義として貴重である。

「武士道の吟味と云は、嘘をつかず、軽薄をせず、佞《ねい》人《じん》ならず、表裏を言はず、胴欲ならず、不礼ならず、物毎自慢せず、驕《おご》らず、人を譏《そし》らず、不奉公ならず、朋輩《ほうばい》の中よく、大かたの事をば気にかけず、互ひに念比《ねんごろ》にして人を取たて、慈悲ふかく、義理つよきを肝要と心得べし、命をしまぬ計《ばかり》をよき侍とはいはず」（同書、巻五）

このように徳川二百年にわたる持続的平和の中において、武士道は、勇猛一辺倒から次第に徳義論的な内容を充溢《じゅういつ》させるものへと進化していくことが見てとれる。

近世武士道と言えば佐賀藩鍋島家《なべしまけ》の元家臣山本常朝《つねとも》が口述した『葉隠《はがくれ》』（享保元年〈一七一六〉成立）が著名であり、「武士道とは死ぬことと見つけたり」の一句はよく知られている。

しかしこの語句の意味するところは死の強要ではない。死の覚悟を不断に持することによって生死を超えた「自由」の境地に到達し、もって武士としての職分を落ち度なく全《まっと》うできるの意である。

同書はまた「奉公の至極の忠節は、主に諫言《かんげん》して国家を治むる事」（聞書《ききがき》第二）とも述べて、主君が誤った方向に進んでいるならば、主君を諫《いさ》めて藩と御家が立派に治まるよう奮闘努力することこそ武士として最高の忠義のあり方としている。ここでも武士道は人間としての陶冶、修養を重んじるものとなっている。

武士道はまた武士階層だけでなく一般庶民の世界にも浸透し、嘘をつかない、誠実に行動するという観念は、一般庶民の生き方や信用を重視する経済活動の中にも生きていた。武士道は武士の社会の中で形成されたものだが、『可笑記』のような庶民向けの本が広く読み継がれる中で、しだいに国民道徳一般へと拡大されていったのである。

（笠谷和比古）

060

赤穂事件論

あこうじけんろん

赤穂事件論とは、元禄一五年一二月一四日（一七〇三年一月三〇日）、赤穂浪士たちが江戸本所の吉良邸に討ち入って吉良義央《よしなか》の首級をあげ、亡君浅野長矩《ながのり》の仇討ちをした著名な事件を主題として、その行動の是非をめぐって戦わされた議論と論争を言う。

赤穂浪士の行動を賛美する論著は相次いで世に出された。代表的なものは朱子学者室鳩巣《むろそうきゅう》の『赤穂義人録』で元禄一六年に著され、事件の顛末、浪士個々人の銘々伝を記して赤穂浪士たちの忠義の行動を称揚した。幕府林家の林信篤《のぶあつ》も『復讐論』を著して浪士たちを賞讃した。

しかしながら、赤穂浪士に対する賛美一色であった世論に対して、山崎闇斎《あんさい》門下の朱子学者である佐藤直方《なおかた》は宝永二年（一七〇五）ころ、『四十六人之筆記』を著して非を唱えた。

彼らの主君である浅野長矩は幕府の裁断で死刑となったのだから、吉良を討って仇討ちというのは筋違い。浅野が江戸城で大切な役目中に高家《こうけ》吉良に刃傷《にんじょう》に及んだのは不届千万であり、それをわきまえず吉良を襲撃するのは公儀にたてつく重罪であり、義士の名に値しないと強調した。

これに対して同じ崎門《きもん》派の浅見絅斎《けいさい》と三宅尚斎《しょうさい》は、それぞれ『四十六士論』、『重固問目《しげかたもんもく》』を著して反論した。すなわち、理屈ではそうであろうが浅野の刃傷沙汰は吉良が原因であり、実質的には吉良は浅野の仇。また「亡君の遺志をついで」という観点からも赤穂浪士の行為を忠義と認定しうる、と論じた。佐藤はこれに対して、「邪志《じゃし》をつぐ」ことは忠孝の所以ではないと再反論する。浅見絅斎は、幕府の浅野に対する裁断が喧嘩両成敗の観点から「片落ち」であったことを指摘し、赤穂浪士の行動が幕府の裁定を踏み破った形になったことは一概に不義とは言えないことを示唆している。

しかしながら、この論争は崎門内部から大きく出ることはなく、佐藤の議論も世間の賛美論一色の中にいつしか埋没していった。

これに続く論争の第二ラウンドは、荻生徂徠《おぎゅうそらい》門下の太宰春台の赤穂浪士批判論『赤穂四十六士論』（享保一五〈一七三〇〉年ころ）をめぐって展開される。太宰もまた、赤穂浪士の行為を義挙とは見なせないとする議論だが、その立論の仕方、根拠が特異である。師の徂徠も浪士批判の小文「四十七士之事を論ず」（「記義奴市兵衛事《ぎどいちべえのことをしるす》」）を残しているが、その趣旨は、吉良に対する徒党攻撃という主君浅野の邪志を継ぐような破滅的行為ではなく、浅野の家の再興に精力を傾注することこそが真の忠義とする。

太宰の議論はこのような徂徠の立論とは大きくかけ離れている。浪士たちの仇討ちは実行までが間延びしており、吉良が死んでしまっていたら仇討ちは不可のはず。また浅野を殺したのは公儀なのであるから、吉良を討つのは筋違いであり、城に立て籠もって幕府と一戦を交えるべきであった、など過激の論を展開した。

太宰の論が出るや賛否両論が渦巻き、松山観山『四十六士論を駁《ばく》す』五井蘭洲《ごいらんしゅう》『太宰純赤穂四十六士論を駁す』などの反対論、野村東皐《とうこう》『大石良雄復君讐論《おおいしよしおふくくんしゅうろん》』、伊《い》良《ら》子《こ》大洲《たいしゅう》『四十六士論』らの賛成論が出た。赤穂浪士を擁護する派は公儀の法には抵触するが君臣の関係で義挙と讃え、非難派は公儀の法を犯すような浅野の邪志を引き継ぐ浪士たちもまた不義であるという構図は、基本的に佐藤直方をめぐるそれと同型である。

太宰の議論で留意すべきは、徂徠門下の古学派儒者でありながら、「東方の士の一道」すなわち武士道論に立脚しており、それは『葉隠』の赤穂浪士批判と軌を一にしている。武士道論で赤穂浪士を否定するというのは奇妙のようであるが、『葉隠』では周到綿密な彼らの行動を上方風の利口者と非難し、機をはずさずただちに突き進むこそ真の武士道という観点から赤穂浪士を批判しており、それはまさに太宰の議論に他ならない。

それゆえ、太宰に対する儒学者たちの賛否の論はいずれも太宰とはすれ違いの状態にあった。しかし太宰の論調の過激さは世の論者の論争意欲を大いに刺激し、幕末まで続く日本の一大論争を形成した。

（笠谷和比古）

061

家訓《かくん》

家訓とは、教訓状や遺言状といった形で、子孫や一族、武家の場合には家臣、商家の場合には奉公人などまでを含んだ人々に対する訓誡を目的として著されたものを指している。我が国におけるこの種のものの歴史は長い。最古のものは、吉備真備《きびのまきび》の手になる『私教類聚《しぎょうるいじゅう》』と考えられている。現在見ることのできるのはその一部のみであるが、内容は中国で六世紀末に成立した『顔氏《がんし》家訓《かくん》』など、中国のさまざまな文献中の記述を引用しながら、官人として立つ子孫への訓誡を試みたもので、文中からは奈良時代の公家たちの思想・教養の傾向や習俗・信仰のあり方をうかがい知ることができる。

家訓はもともと著述対象が身近な者であるところから、具体的な記述がなされやすいという特色を持っている。指摘したような習俗や信仰のあり方が比較的生《なま》の形で示されている典型の一つが、平安時代になって藤原《ふじわらの》師輔《もろすけ》が著した『九条殿遺誡《くじょうどのゆいかい》』である。だが、家訓にふれることによって知ることができるのはそのようなことばかりではない。藤原摂関政治の時期に書かれた『寛平《かんぴょうの》御遺誡《ごゆいかい》』は宇多天皇の手になり、皇族の家訓の中では最も早いとされるものであるが、その教誡中には現実の政治に対する深い危機意識が顕著である。我が国は天皇を中核とする政治の形態がしばしば危機的な状況を迎えたという歴史を持っている。鎌倉時代の末に花園上皇によって書かれた『誡太子書《かいたいししょ》』や室町時代の中頃に伏見宮貞成《さだふさ》親王が書き残した『椿葉記《ちんようき》』には、それぞれの時代のそれぞれに厳しい状況を背景とした、自家の存続の可否までをも問題視する、より深まった危機意識が表現されるようになっている。家訓成立の背景には、家や一族ひいてはその属する社会的階層が直面させられていた危機的な状況が横たわっていることを示すものであろう。

しかしながら、家訓が書かれるためにはもう一つの条件が備わっていなければなるまい。それは将来に明確な見通しが持てなくなった状況ではあっても、ここで何らかの方策を講ずれば自家や一族の存続が可能となるという確信である。これがあるからこそ人々は自らの経験に基づいた教誡を、知恵をしぼり、手間隙《てまひま》をかけてまでも家訓という形で後代に書き残そうとするのであろう。

このような種類の確信に基づいたものは、政権を握った武家たちの手によって、鎌倉時代以後大量に書き残されることとなる。その代表的なものは、北条重時《ほうじょうしげとき》が著した『六波羅殿御家訓《ろくはらどのごかくん》』『極楽寺殿御消息《ごくらくじどのごしょうそく》』と呼ばれる二つの家訓や、室町時代の『伊勢貞親教訓《いせさだちかきょうくん》』などである。そして、応仁・文明の乱後の戦国時代になると、『朝倉敏景十七箇条《あさくらとしかげじゅうしちかじょう》』や『多胡辰敬家訓《たごときたかかくん》』といった、戦国武将の手になるものが数多く登場してくる。

武家によるこうした動きは、江戸時代になっても引き続き活発であった。江戸時代、特に前半期においては、譜代大名の井伊家や外様の黒田家など多くの大名家が家訓を残している。だが、平和の到来のゆえであろう、江戸時代中期から後期にかけての武家の社会からは、これといった魅力的と思える家訓は現れなくなってしまう。家訓を書き残そうとする動きの主流は、江戸時代に入って家産の継承を前提とする家の形成が可能となった庶民、すなわち商人や農民の社会へと移ってゆく。

江戸時代の商人の家訓の古いものには博多の豪商であった島井宗室《しまいそうしつ》の残した遺言状や大坂の豪商・鴻池家《こうのいけ》のものなどがあるが、一八世紀前半の享保期前後になると、店則などの形をとった商家の家訓が数多く姿を現してくる。これは、商人たちの経済的実力の伸長に対して次第に危機意識を抱き始めた幕府の抑圧によって、この時期から一転して厳しい困難に直面させられるようになった彼らのみずから採った対応策の一つであった。彼らは家訓の制定によって家という組織の強化を図り、その困難な状況を乗り切ろうとしたのである。

一方、農民たちの社会においては、江戸時代の後半、特に天明期のあたりに数多くの家訓が登場してくる。これも、この時期に深刻さを増してくる農村の分解という困難な事態に対する彼らの対応の一つであったと見ることができよう。そこでは、勤勉や倹約の励行といったいわゆる通俗道徳を遵守することが強調されている。

家訓の制定によって子孫や一族の安寧を図ろうとする動きは、明治以後の近代の社会においても目にすることができる。華族や成功した実業家たちが残した家憲がそれである。自らの血脈の永続を願う気持は、いつの時代においても絶えることはないようである。（山本眞功）

062

石門心学

せきもんしんがく

石田梅岩《いしだばいがん》を創始者として、江戸中期に形成された社会教化活動の総称。ただし梅岩は自己の学を「心学」と称したことはなく、門弟の手島堵庵《てしまとあん》のころから称されるようになった。「心学」の語は、中国明代に、心をめぐる学として陸王学《りくおう》（陸象山《りくしょうざん》、王陽明《おうようめい》）が性理学（朱子学）と論争するなかで使われるようになった。一七世紀日本でも、朱子学、陽明学や仏教（特に禅学）で使われ、『心学五倫書』や『心学教訓抄』などの庶民向け仮名書き書にも冠せられていた。こうした中、既存の「心学」とは異なる石田梅岩門流の「心学」の意味で「石門心学」の称が用いられたと思われる。

石田梅岩は丹波《たんば》国桑田郡の小村の農民に生まれ、京都で商家奉公のかたわら、独学の末、自己が天地と一体化した「開悟《かいご》」（「発明」）体験を経て、天と連続する自己の「心」の普遍性に絶対の確信を得て、享保一四年（一七二九）に京都の自宅で開講し、宿願であった民衆教化に乗り出した。

梅岩は、「心ヲ尽シテ性ヲ知リ、性ヲ知ル時ハ天ヲ知ル。天ヲ知ルヲ学問ノ初メトス」（『都鄙問答《とひもんどう》』）というように、自らの心を回路にして人の本性が認識でき、それによって自らが普遍的な「天」につながり天地自然の全体的秩序に参与できると説く。こうした天の下での人間の平等観に立って、「商人の道」に関しても、「商人ノ買利モ天下御免《おんゆる》シノ禄ナリ」「（「商人の道」も）何ゾ士農工ノ道ト替ルコトアランヤ」（『都鄙問答』）と説き、商人の経済活動の正当性を強く主張し、さらに士農工商の別も各々に社会的機能を異にした職分の違いとして、商人存在の社会的意義を強調した。そのため、梅岩の教説は上《かみ》方《がた》の町人層の多くに支持された。

この梅岩の教説は、当時全盛期の徂徠《そらい》学に方法論上、対抗的に出現したと言える。徂徠学は、中国古代の古典漢文への習熟を方法的前提として成立したが、梅岩は、文字よりも修行の結果としての「開悟」体験を根拠に、講釈という口語話法を媒介として学を展開した。この意味において、民衆的学問の成立と見ることができる。口語話法による教説の展開としては、手島堵庵以後の石門心学者たちにおいて、さらに徹底されていった。

手島堵庵は、梅岩を始祖とする石門心学の組織化と普及に巨大な貢献をなした。梅岩学の眼目の「性を知る」を平易に「本心を知る」と言い換え、「天」との関係性を弱め、難解な「発明」のために「初入咄《はついりばなし》」を考案するなど、教説の平明化に努めた。さらに心学者の修行と教化の拠点として講舎《こうしゃ》を設けた。京都に修正舎、時習舎、明倫舎を設け、この三舎連署の印鑑による各種認可の制度により全国の心学者の統制をはかった。講舎は京都に五舎、大坂に三舎の他、各地に開設され、畿内の他、一四か国に及んだ。

また堵庵は、同志が切磋琢磨《せっさたくま》する会輔席《かいほせき》を整備し「会《かい》友大旨《ゆうたいし》」などの定書や規則類を定め、修行方法や職制を整備した。教化法では、成人、年少者、男女別に講席を設け、テキスト類の出版に努めた。特に「道話《どうわ》」は石門心学普及に画期をもたらせた。道話は、不特定多数の聴衆を前に、平易な語り口で日常卑近な話題を、口語話法で語るものであった。その話法は、落語や講談などの語りの演芸の影響がみてとれる。文字（漢文）より、口語で学問を構築した梅岩の方法が、道話によって徹底され、より民衆層への普及を促した。

堵庵の後、中沢道二《なかざわどうに》が江戸に参前舎を設け、江戸普及が始まり、関東・中部・東北まで教勢を拡大した。また武士領主層にも支持を広げ、寛政期には、幕府の教化政策の基調にかない、松平定信《さだのぶ》の求めで石川島人足寄場《にんそくよせば》で、道話を語った。この寛政（一七八九―一八〇一）前後に、石門心学は全盛期を迎えた。

京都の明倫舎は、堵庵の後を上河淇水《うえかわきすい》が継承し、朱子学的基礎づけをはかり、天保期に「道話の神様」の異名を持つ柴田鳩翁《しばたきゅうおう》が現れ、精力的な教化活動を行った。その他、布施松翁《ふせしょうおう》や鎌田柳泓《かまたりゅうおう》など、堵庵門流とは異なる教説を展開した心学者もいた。

幕末維新期には通俗化が進み、多くの講舎が、衰退していった。明治以降、講舎が多く廃絶するなか、京都の明倫舎、大阪の明誠舎、東京の参前舎などが存続し、資本主義社会の倫理的根拠を模索してきたが、社会的に注目されるには至らなかった。近年、企業倫理のよりどころを石門心学に求めようとする動きがあり、社会的な関心の高まりもみられる。

（辻本雅史）

063 町人の生活思想《ちょうにんのせいかつしそう》

江戸時代の商工身分すなわち町人は、徳川氏の政権の発足とその進展にともなって、厳しい事態の到来を覚悟しなければならなかった。それは、鎖国政策によって海外貿易を含んだ積極的な経済活動が不可能となり、かわって徳川幕府がとった封建制という政体のもとでの経済の仕組み、すなわち自給経済を基本とする体制のもとで生きなければならなくなったからである。こうした体制のもとでは特に商人たちの出番はなきに等しい。ところが事態はそのようには進まなかった。徳川氏がみずからの政権の安定を目指してとった諸政策の徹底が実現させた平和が、国内という限定付きながら町人たちに新たな活動の機会を用意することとなるからである。

かつての戦国期には経済力の多くを軍備に投入していた諸大名は、平和を強制される新たな体制のもとで、それを領国内の開発事業に投じるようになる。その結果、国内の耕地面積は急速に増加し、そこでは米の他にもさまざまな商品作物が栽培されるようになった。加えて、参勤交代制度の徹底による江戸と国元との二重生活や移動もあって、諸大名は大量の貨幣を必要とするようになる。商人たちの出番である。領国内で生産される米や他の物産は換金されなければならなくなったのである。そのために次第に活況を呈し始めたのが、大坂を中心とする上方《かみがた》であった。米や諸物産は蔵屋敷《くらやしき》の置かれた大坂に廻送され、売りさばきは商人たちの手にゆだねられた。

こうした上方の活況は一七世紀後半の元禄期にピークを迎えたと言われるが、井原西鶴《いはらさいかく》は『日本永代蔵《にほんえいたいぐら》』などのいわゆる「町人物三部作」において、この時期の上方の商人たちのあり方をさまざまに活写している。西鶴によれば、彼らの生き方は、知恵や才覚といった個人的能力を頼みとするものであった。彼らは能力次第で大きな富を手にすることが可能になると、次第にそれを頼みとしたむき出しの利潤追求の姿勢をあらわにし始める。目前の利益を優先させる投機的な経済活動の横行である。

このような事態は、彼らのあり方に対して危機意識を抱き始めた幕府に厳しい対応策を採らせることとなった。幕府は彼らへの公然たる抑圧を開始する。商人たちはあらためて重農賤商《じゅうのうせんしょう》を旨《むね》とする体制の枠内での経済活動の多難さを思い知らされることとなった。

この状況のもと、商人たちはみずからの営利活動を守るための着実な方法を模索し始めた。さまざまな試行錯誤《しこうさくご》を経て彼らがたどりついた結論は、個人の力よりも多数の力の和をたのむ「家」という組織を強化することで、この困難な状況を乗り切ってゆこうとする方法をとることであった。一八世紀前半の享保期前後に店則などの形をとった商家の家訓が多数姿を現すのは、このことのあらわれであるとともに、彼ら自身のみずからのあり方に対する反省の表明でもある。彼らはそれらの中で勤勉や倹約を説き、信用を重視する姿勢を強調している。

また、石田梅岩《いしだばいがん》の門流の一人である手島堵庵《てしまとあん》から始まり、江戸後半の百数十年にわたって庶民社会に少なからぬ影響力を持った石門心学《せきもんしんがく》と称される思想運動も、この姿勢の重要性をより徹底して強調した。江戸時代の町人社会に現れたこのような姿勢こそが、後に始まる我が国の近代化への歩みにおいて重要な役割を果たすものであったという評価もなされている。

こうした事態の進行とともにふれておかなければならないのは、町人社会に生まれた独特の文化についてであろう。町人は江戸時代を通して被支配層としてあったが、その経済力を背景としたさまざまな文化的活動を積極的に展開した。前半の特に元禄期には、上方を中心として自由な人間性を追及しようとする動きが強くみられた。一八世紀には、大坂の有力な町人たちの出資によって懐徳堂《かいとくどう》という名の学問所が設立され、儒学を中心とした研究が活発に行われたことが知られている。

そして、後半の一九世紀初期の文化・文政期になると、江戸の繁栄にともなって文化の中心は江戸に移り、富裕な町人たちの間には、人情や男女の機微《きび》に通じてさばけていることを表す「通《つう》」を価値化するような種類の生活観が成立した。また、固定化した体制がもたらす抑圧感を風刺や皮肉で発散させようとする傾向も同時に現れ、こうした文化は都市の活発な経済交流にともなって、受容の範囲を地方にも拡げてゆくこととなった。

明治維新にともなって、町人という身分呼称は姿を消した。彼らは明治国家体制のもとでは、新たに天皇の臣民として生きてゆくこととなるのである。　（山本眞功）

064

農民の生活思想

のうみんのせいかつしそう

中世から近世への日本社会の大きな変容は、人々の生き方を大きく変えるものとなった。一六世紀日本＝「戦国」の世は、戦国武将に軍事動員されたり、田畑を荒らされたり、とにかく生き抜くことが先決であった。それに対し、「偃武《えんぶ》」の世に移行した一七世紀日本では、いかに生きるか、生き方の質が問われるようになった。近世の人々は、身分の違いを越えて、家をおさめ、心をおさめることに大きな関心を寄せることとなった。

なぜ家なのか。それは、まさにこの時期に、家が一般的に形成され、社会の広範な人びとが家意識を形成するようになったからである。たとえば、河内《かわち》国石川郡大ケ《だいが》塚《つか》村（現・大阪府南河内郡河南町）の上層農民で酒造業をも兼ねた商人でもあった河内屋可正《こうちやかしょう》（壺井五兵衛）は、当地における家の形成を一六世紀後半（～一七世紀初頭）のこととみなしている（『河内屋可正旧記』）。可正によれば、この家が、葬祭・供養を担う檀那寺《だんなでら》を持つようになっていく。可正は先祖の供養を欠かさないよう、子孫に教訓している。とりわけ祖父河内屋了西の死後、夜昼となく働き子どもたちを立派に育て上げた妻の妙意（可正の祖母）について、家相続の最大の功労者だとし、命日である毎月一六日には、報恩のため仏事勤行《ごんぎょう》を執り行い、没後五〇年を過ぎた当代まで続けてきたという。

民衆も檀那寺《だんなでら》を持つようになり、家を形成し存続させてきた先祖を祀《まつ》るようになった――先祖を祀るべきであり祀りたいという社会通念が形成された――時代に近世の人々は生きたのである。周知のように、一七世紀半ばに幕藩権力がキリシタン宗門でないことを寺に証明させる寺請制度《てらうけせいど》を導入していくが、それは民衆のこのような願望と動向とに対応したものであるといえる。可正は、家を次代に繋げたい、永続させたいという願いを込めて、自身が見聞してきた数多くの家の繁栄と没落の諸相を描いた『可正旧記』を、子孫への教訓として書き残したが、これは家の歴史を描いた歴史叙述にもなっている。民衆レベルでこのような歴史叙述が生まれたのは、列島の社会史においてこの時代にはじめて可能になったことであり、画期的なことなのである。

一七世紀には、心をいかにおさめるか、これを人生の課題だと自覚する人々が出てきた。そうした要求に応えるかのように、一七世紀初めにこの列島で初めて成立した本屋が、啓蒙的な内容の仮名草子を次々と世に出した。川越の塩商人の榎本弥左衛門《えのもとやざえもん》が『可笑記《かしょうき》』を読んで心を落ちつけたと語ったり、嫁ぐ娘に仮名草子を持たせたりしたように（『榎本弥左衛門覚書』）、読書が、生きていくなかで遭遇する悩みや困難を乗り越える処方箋を与えてくれるという観念が成立している。

こうした近世人は、可正がそうであるように、共通して、みずからが「天地の子」であるという意識を持つに至る。近世の人々は思想形成に際して、「天地自然はどのように形成されてきたのか、人（私）はどこからきて、何をすべき存在なのか」というコスモロジー的な裏付けを求めた。人は「天地の子」だという裏付けを得て、いわば天地と直接向き合うことによって、自らを律し主体形成を行うことができた、と推定されるのである。

農民の生業である農耕という――それは自然に働きかけるが故に、自然に左右される――仕事にも、出版が大きな影響を与える。父子相伝により伝えられていた農法も、宮崎安貞《みやざきやすさだ》著『農業全書』（一六九七刊）等の農書を通じて学ばれるようになるし、全国画一の版行の暦にしたがい農事や神事をとりおこなう等、暦を見て日々を生きていくようになった。とりわけ暦の十干十二支にしたがって運行・変化する運気を見ることによって、その年の天気を予報する「日和見《ひよりみ》」が村落の指導者層の必須の知識とされた。『農業全書』でも、「農人ハ取分《とりわけ》心を用ゆべし。天気の考へ疎《おろそ》かにしぬれば、一時の風雨により、数月の苦労を忽《たちまち》に空《むな》しくすること間《まま》多し。かならず油断すべからず」と述べて、日和見を指導者的立場にある農民の責務としている。『農業全書』の影響を受けて各地で編まれた農書にも、暦・運気や、より通俗的な『大雑書《おおざっしょ》』『東方朔秘伝置文《とうほうさくひでんおきぶみ》』等を利用しながら経験知を踏まえて考案された日和見の方法が記されていく。書物の影響を受けつつ、地域の風土に即した日和見の方法が定着し、民衆の生活に大きな影響を与え民俗になっていった。民俗も書物・読書により形成・改変された時代、それが近世という時代なのである。

（若尾政希）

065 義理と人情

ぎりとにんじょう

義理の「義」の字義は、適切で妥当なこと。人が当然踏み行うべき道徳。「理」は物の区別をつけて、けじめをあきらかにすること。筋道をつけることである。熟語としての義理は、社会的に正しさや妥当性が認められた行いの筋道のこと。平たく言えば常識的な道徳である。「義理を欠く（当然しなければならない義務を怠る）」、「義理を張る（世間のつきあい上、我慢して行う）」などのように用いられる。

義や理は、本来、中国の儒学の古典『論語』や『孟子』中に現れる語である。南宋の朱熹《しゅき》が大成した朱子学が江戸期に官学として採用され、中心的な教学思想になったこともあって、この儒学用語は広く生活世界にも浸透した。儒学内部では、字義概念に議論があるが、朱子学を批判した京都の古義学派伊藤仁斎《いとうじんさい》も、「理は筋があって、乱れない、の意味であり、義は道理が正しく、適うことである」（『語孟字義《ごもうじぎ》』）と述べている。

一方の人情の情も、情とは何か、性とどこが違うかなど、字義概念について議論があるが、人情というときは、人の心、すなわち人に本来備わった感情の意である。

「義理と人情」のように、二つの語句が組み合わされるのは、社会常識や道徳、規範である義理と個人の感情である人情が折り合いをつけられずに、衝突や葛藤を産み出す場合がしばしばあるからである。多くの場合、義理が人情を抑圧する関係にある。特に江戸期にこうした問題が焦点化され、前近代における日本社会の典型的な社会と個人のあり方として論じられてきた。

源了圓《みなもとりょうえん》『義理と人情』（一語の辞典）はこの問題を正面から扱った先駆的な業績である。日本社会における人間関係とこれを支えた日本人の心情を「情と共感」の文化的特質として把握する立場から、伊藤仁斎、本居宣長、北村透谷、また井原西鶴や近松門左衛門、曲亭馬琴《きょくていばきん》、尾崎四郎など、近世から近代に至る思想家や文学者の作品を概観しながら論じている。

源了圓が同書で論じた文芸作品について、いくつか概括すれば、近松の演劇に描かれた町人と遊女の恋愛の悲劇は、金銭を媒介とする町人の契約社会が形成する義理と男女の愛情や一分《いちぶ》と称される男の自尊心の人情の対立である。西鶴に描かれたこの問題は、武士の忠孝の義理、衆道《しゅどう》（男色）の朋輩の義理と、恩愛、友情、自尊心の人情の対立である。

近世中期、延享《えんきょう》・寛延《かんえん》ころ（一七四〇年代後半）の浄瑠璃《じょうるり》最盛期に上演された『菅原伝授《すがわらでんじゅ》手《て》習《ならい》鑑《かがみ》』や『義経千本桜《よしつねせんぼんざくら》』などの作品には、主人のためにわが子の命をさしだす身代わり劇が仕組まれて、観客に哀切な感動を与えている。忠孝の義理と恩愛の人情の葛藤である。

中村幸彦《なかむらゆきひこ》「文学は「人情を道《い》ふ」の説」（『中村幸彦著述集〈第一巻〉』）は、儒学の伊藤仁斎、和学の契沖《けいちゅう》、芭蕉、近松などの文学観を検討して、善悪邪正いずれにせよ人間の真実が人情であり、勧善懲悪の理念で律することができないとする文学思想の存在を指摘し、後代の荻生徂《おぎゅうそ》徠《らい》や賀茂真淵《かものまぶち》らに引き継がれて、宣長の「もののあはれ」論に至ったと論じている。宣長の「もののあはれ」論は、人情は人の実情としてやむにやまれぬものであって、恋が不義の反社会性を持つことも、人情の自然の勢いとしてやむを得ないという過激なものであった。

以上のように、江戸期の文学や思想から取り出される人情論は、人欲の肯定、情と欲の区別、情から発展する共感や犠牲、善悪をこえた「もののあわれ」の主張など、近代に至る人間の本性としての情の自覚史である。

義理については、源了圓は先の著書で、義理の基本形態は、好意や信頼、贈与に対する返しとしての義理であると述べている。すなわち、国家や宗教などの共同の幻想への忠誠（大義）ではなく、対人関係や世間といった個人の関わりに基礎をもつところの社会規範や習俗、慣行、身分秩序の保持のための制約や拘束である。贈与論や公共性、平等性などの今日的問題に示唆を与える論である。また近年の阿部謹也『世間とは何か』は、身内や世間といった自他をとりまく相互主観的な日本固有の社会意識を「世間」という語に集約させて論じているが、こうした視点からも捉え直しが可能であろう。

（稲田篤信）

066 勧善懲悪

かんぜんちょうあく

「勧善」は、善を勧《すす》め、「懲悪」は悪を懲《こ》らしめる、の意。『春秋左氏伝《しゅんじゅうさしでん》』成公一四年九月に、「春秋の称は、微《び》にして顕《あら》はれ、志して晦《くら》く、婉《えん》にして章を成し、尽して汗ならず、悪を懲《こら》して善を勧む（『春秋』の記述は、わずかな文字の違いでも大義があらわれ、あきらかなようでも奥深く、婉曲《えんきょく》な表現でも明確で、事実を尽くして曲げることなく、悪を懲らし善を勧めている。聖人以外に誰がこのような書き方ができようか）」とあるのが、古い用例である。わずかの言葉に名分の是非を明らかにする『春秋』の筆法《ひっぽう》であり、『春《しゅん》秋経伝集解《じゅうけいでんしっかい》』杜預《どよ》序には、「悪を懲らして、善を勧む」のが目的であると述べる。また、『漢書《かんじょ》』賈誼《かぎ》伝に「慶賞は以て善を勧め、刑罰は以て悪を懲らす（ほうびを与えて善を奨励し、刑罰を下して悪事をこらしめる）」とあるのは、信賞必罰のけじめをつける治者の理念である。

朱子の『詩経集注《しきょうしゅっちゅう》』序に、文学は慰みを与えながらも、倫理的な教えを与え、教誡の方便になるので、社会的に意義がある旨の文芸の効用論がある。特に近世期には朱子学的な文芸理念の影響が強く残り、その一方で、それからの脱却が大きな課題となった。

近世小説は勧善懲悪的理念を小説主題の第一においた。浅井了意のような仮名草子の作者は明代善書《ぜんしょ》の影響を受けて、三教一致の理念のもとに教訓と勧戒《かんかい》を版行の目的にかかげた。北村季吟《きたむらきぎん》『湖月抄《こげつしょう》』は、『源氏物語』の作者が善悪をしるす本意は、勧善懲悪のためであり、表に悪や好色邪淫《じゃいん》の場面情景を描いても、本意は父子君臣の仁義の道を知らしめるところにあるとする。『源氏物語』は好色邪淫を戒める書であったとする文学観は、中世から引き継がれたものであり、江戸期に至って、契沖のような鋭敏な学者でも、「薄雲《うすぐも》」巻の冷泉帝《れいぜいてい》や匂宮《におうのみや》、夕霧《ゆうぎり》と薫《かおる》などの登場人物を論じて、『春秋』では、善悪の行為を厳密に区別しているのに、この物語は一人の人物に美悪両方が混じっていて、褒貶《ほうへん》の正しさを比較できない（『源註拾遺《げんちゅうしゅうい》』）と述べている。

一方、元禄期の人情論のように、文学は善悪邪正にかかわらない人間の真実を伝える器であるとする立場があり、これを発展させた本居宣長に至って、物語理念としての勧善懲悪文学観は大きく転回点を迎えた。宣長は人物の善悪と、作者の意図や作品に寓意された主題は別であり、『源氏物語』に教誡の意味はなく、ただ「もののあはれ」を述べたものであると断じている。同時代には、上田秋成《うえだあきなり》『春雨物語《はるさめものがたり》』の一篇「樊噲《はんかい》」のように、親殺しをしても、遍歴の末に高僧となって遷化《せんげ》する人物を描いた反勧善懲悪的な結構《けっこう》をもつ作品も現れている。

しかし、物語効用論として、勧善懲悪説は極めて強い影響力を持つ。清代を代表する劇作家で、わが国にも大きな影響を及ぼした李魚《りぎょ》の『間情偶寄《かんじょうぐうき》』(詞曲部《しきょくぶ》結構《けっこう》第一「戒諷刺《かいふうし》」)に、「之《これ》を以て善を勧め、悪を懲らせば、則ち可。之を以て善を欺き、悪を作《な》せば、則ち不可」と、戯曲にはそもそも勧善懲悪の機能があり、劇作家の筆には悪を誅罰する威力があることを述べる。

『南総里見八犬伝《なんそうさとみはっけんでん》』の作者曲亭馬琴《きょくていばきん》は、勧善懲悪を創作の目的にしていることをことあるごとに主張する。善に味方する人物が非業の死を遂げたり、悪に立つ人物が縦横の活躍をする矛盾をどうするか。馬琴は作中人物が勧懲の正しさの理義にかなうかどうかについて極めて厳密な注意を払っている。馬琴は『春秋』の筆法にならって、「誅心(悪事をおこす心に筆誅を加える)」が稗史《はいし》小説の役割であると言明し(『八犬伝』第九輯巻三十三簡端付録作者《かんたんふろくさくしゃ》自評《じひょう》)、作中人物の造形に活かしている。馬琴は勧善懲悪の理念を物語主題、手法、人物造形論などの基本に置いて、『易』の思想、あるいは仏教的な因果応報思想などの運命観と関連させている。

近代の坪内逍遙《つぼうちしょうよう》『小説神髄《しょうせつしんずい》』は、馬琴を代表とする近世の「娯楽と勧善懲悪(慰みと教訓)」文学観を批判して、小説の主眼は「人情世態の描写」にあると論じる。ただ逍遙は、『八犬伝』中の八士は仁義八行《はっこう》の化物《ばけもの》にて、決して人間と言えないと批判しながらも、勧善懲悪を主眼として評するなら好稗史であり、人情を主眼として評するなら傷ある玉だと一定の評価を与えている。「小説の裨益《ひえき》」(効用)に挙げるのも、第一に人の気格《きかく》を高尚になすこと、すなわち、道徳的教化であり、次に「人を勧《かん》奨懲誡《しょうちょうかい》なす事」すなわち、勧善懲悪を挙げていることからもそれはうかがえる。

(稲田篤信)

067
分度意識
ぶんどいしき

分度《ぶんど》の「分」は全体の中の分けられた部分、社会配分。「度」はその度合い、分量である。分限《ぶんげん》、分際《ぶんざい》と同義であるが、分度意識は社会の中でみずからの身分や力量をどの程度の範囲として意識するか、自己意識をさす。

歴史的な概念としては、近世中期、特に享保期（一七一六―三六）以降、八代将軍徳川吉宗の知足安分《ちそくあんぶん》の庶民教化の徳目として奨励された。人にはあらかじめ備わった社会的地位や家庭内の役割、備わった能力、すなわち分度があり、四民《しみん》がそれぞれの分をわきまえ、足るを知って安んじなければならないという言説である。これは明《みん》の太祖《たいそ》朱元璋《しゅげんしょう》（洪武帝《こうぶてい》）の六箇条の教諭『六諭《りくゆ》』の、「父母に孝順を尽し、目上の者を尊敬して親しみ、郷里の人々と和合し、子孫を教え諭し、めいめいの生まれつきの分際に満足して、非為《ひい》の行い（道理に背くこと）をしてはならない」に拠ったものである。清初の范鋐《はんこう》『六諭衍義《えんぎ》』に基づき、室鳩巣《むろきゅうそう》『六諭衍義大意』に平易な仮名書きに改められ、一般に浸透した。

分度意識は倹約や勤勉、和合、忍耐などとともに、自己規律を伴う生活倫理として、広く庶民の通俗道徳として定着した。個人があるがままの自己を受け入れて、自己を実現する徳として、また自己肯定の論理として、人々の生活実感とも合致したために、近世社会では最も説得力のある自己確認の論理として機能した。

ここには儒学の熊沢蕃山《ばんざん》、心学の石田梅岩《ばいがん》などの思想家の果たした役割もあるが、近世中期、享保から宝暦の時期（一七五〇年前後）に出現した談義本《だんぎぼん》と呼ばれる文芸（増《ます》穂残口《ほざんこう》『艶道通鑑《えんどうつがん》』、佚斎樗山《いっさいちょざん》『田舎荘子《いなかそうじ》』、静観房好阿《せいかんぼうこうあ》『当世下《とうせいへ》手談義《ただんぎ》』などの作品がある）が果たした役割も大きい。談義本は当世の世態風俗を面白おかしく描き、滑稽な話題を展開しながら、穏当な分度意識を教訓として寓意《ぐうい》し、江戸を中心に新しい文芸として好評を博した。

近世怪談小説の白眉《はくび》『雨月物語』のような作品にも、妻を裏切って愛人と出奔《しゅっぽん》する男が、妻に復讐《ふくしゅう》されるといった話（「吉備津《きびつ》の釜《かま》」）があり、家庭内の夫の役割や分際に自覚を促す内容である。作者の上田秋成は天明期（一七八一―八九）に行った本居宣長との論争（『呵刈葭《かがいか》』）において、宣長は分際を超えて議論の対象にしてはならない神や為政者の領域に踏み込んでいると批判し、寛政四年（一七九二）成立『安々言《やすみごと》』においても、「古を古とし、今を今とし、これに満足して、太平無事とするのが、庶民の分度というものであり」、また、「中以下の身分の人は上を語らずと聞くが、政治向きのことなど庶民の評論すべきことではない」とも述べて、宣長が分際を忘れて、政治権力のような「上」の領域にまで踏み込んでいることを批判している。

名分《めいぶん》の語句は、物を区別するためにつけられた名（名称）とその範囲、任務、役割を意味する分から成る。人倫上の関係、たとえば、君臣にはそれぞれ君、臣の名にふさわしいあるべき任務や役割、分があると考えるわけである。人に限らず、物にもそれぞれの物の分がある。たとえば、学問の本の書型は大本であり、絵入りの娯楽本の黄表紙《きびょうし》のそれは小本である。

このように、人や物には、それぞれあらかじめ与えられた名と名に対応する分がある。その分や程《ほど》（程度・度合・限界）を超えて、正しさや美しさは得られないというのが、近世社会の基本的な秩序感覚である。

近世の分度論は、治者の論理が生活者の論理に転化したものであるが、自他の区別、社会の中の自己認識、心という内面性についての自覚を促し、近代的自我の器ともなった。近年の小林秀雄にみられるような「自分自身を尺度としなければ、何事も計ろうとしない」（『本居宣長』）といった主体性に関わる言説は、観念性を否定した生活者の自己限定を言ったものであるが、江戸期の分度意識の延長上に位置づけることも可能である。また、「汝自らを知れ」という箴言《しんげん》も、ソクラテス以前は行いを自分の力量にあわせて程《ほど》をわきまえる分別をもて、の意として解釈される。また、ベネデット・クローチェは人にはそれぞれ天から与えられた使命があり、各自に託された使命や職分を全うすることで人は社会的存在意義を持つとする。こうした場合を考えれば、これが日本固有の社会意識にとどまらないことも明らかである。

（稲田篤信）

068

復古神道

ふっこしんとう

近世の国学《こくがく》を基盤として起こった神道の思想と信仰。国学は、儒教や仏教が渡来する以前の古代に、日本本来の理想的な精神文化（古道《こどう》）が存在したと考え、上代文学の文献学的研究を通してその内実を明らかにしようとした。古道の中核を成すのが神への信仰である。しかし、神信仰の世界では、両部神道《りょうぶしんとう》や山王神道《さんのうしんとう》、儒家神《じゅかしん》道《とう》などの仏教や儒教と習合《しゅうごう》した神道説はもとより、当時支配的だった吉田神道《よしだしんとう》までもが儒教・仏教・道教などの外来の思想や宗教を取り入れつつ教説を作り上げていた。国学者は、このような神道のあり方を厳しく批判し、古代の純一素朴な神信仰への復帰を説いたのである。

国学的神道説としての復古神道の形成者は、本居宣長《もとおりのりなが》である。彼は『古事記《こじき》』に描かれた素朴な古代人の精神文化を理想とし、神話の中に日本固有の道を読み込もうとした。神話は儒仏等の外来の教えが渡来する以前の人智による作為がない時代のものであって、神々による道の教えを開示した書であるとの見方に立ち、それをもとに天照大神《あまてらすおおみかみ》の子孫たる天皇を中心とする日本の国柄《くにがら》の固有性を主張するとともに、人は神々の計らいにひたすら随順して生きるべしとの楽観的で現世主義的人生観を説いた。宣長に学んだ服部中庸《はっとりなかつね》は、西洋天文学の知見を援用して記紀神話に基づく宇宙と神々の生成過程を示した『三大考《さんだいこう》』を著し、国学的宇宙論のさきがけとなった。

復古神道の登場により、それまでの神道が思想の柱として経典視してきた『日本書紀《にほんしょき》』中心の神道説から『古事記』中心の神道説への転換がなされた。その結果、根源神として重視されてきた国常立尊《くにとこたちのみこと》は後景に退き、天《あめの》御中主神《みなかぬしのかみ》や皇祖神《こうそしん》天照大神が前面に登場する。また、産霊神《むすひのかみ》の存在とはたらきが重視され、この神が万物の生、とりわけ人間の生命の源とされることで、人の本性は善なるものであるとの神道的人間観の理論が構築された。さらに、出雲神話《いずもしんわ》の主役である大国主神《おおくにぬしのかみ》が復古神道の理論形成に重要な役割を果たしていく。

復古神道を大成したのが平田篤胤《ひらたあつたね》である。彼の思想の核は死後の霊魂の問題にある。篤胤は『三代考』に修正を加え、「古伝」に基づく独自の宇宙論を構築した。まず、虚空《こくう》に主宰神天御中主神と高皇産霊神《たかみむすひのかみ》・神皇産霊神《かみむすひのかみ》（『古事記』）の二柱の産霊《むすひ》の神が出現し、この産霊の徳により原初の一物が出現し、それがさらに天《あめ》（太陽・高天原）・地《つち》（地球）・泉《よみ》（月）へと分離する。このうち、天と地が分離する接点に当たり地上世界で最初に出来上がったのが日本であるが故に日本は世界万国の根本だという。ところで、『三代考』は泉を死後の霊魂が赴く黄泉《よみの》国《くに》としたが、篤胤は分離した後の地と泉との往来は不可能であるとして、これを否定した。彼は人間の生活する顕世《うつしよ》（現世）と死後の霊魂の赴く幽世《かくりよ》（神々と祖先の世界）は同一の場所、つまり地にあるとする。ただし、幽世から顕世はお見通しだが、顕世から幽世は見えないとする。人間は産霊神によって顕世に生を受け、その主宰者たる天皇のもとで神々や祖先に見守られながら一生を送る。死後、霊魂は幽世に赴き、その主宰者たる大国主神により顕世での行跡《こうせき》の審判を受けることになる。かくして、復古神道では神々の祭祀とともに、死者の祭祀が重視される。この篤胤の思想は神話的世界と民間信仰の他界観を結合することで独自の宗教的世界を作り上げたものと見ることができる。

篤胤の顕幽論を土台として産土神《うぶすながみ》信仰を強調したのが門人で山城国乙訓《おとくに》郡向日《むこう》神社の神官六人部《むとべ》是香《よしか》である。地域の守護神である産土神はその土地に生きる人々の生命と生活を司り、その死に当たっては幽世を主宰する大国主神の支配のもとで死後の霊魂の審判に関与するとして、産土信仰を核とする神道的生活を提唱した。また、下総の農民に広がった平田国学者の中からは宮負定雄《みやおいやすお》などが現れ、幽世の神の見守りの下で家職に勤めるべきことを説き勧め神道に基礎を置く農村指導と生活倫理の教導に努めている。他方、幕末維新期の王政復古《おうせいふっこ》運動において祭政一致《さいせいいっち》や神祇官《じんぎかん》再興などの宗教政策に大きな役割を果たしたのも矢野玄道《やのはるみち》や大国隆正《おおくにたかまさ》などの平田門の国学者達であった。このように復古神道は幕末から明治にかけて郷村の上層農民や神職層に広がるとともに、尊王《そんのう》攘夷《じょうい》運動や維新後の祭政一致のイデオロギーの柱となり、近代の宗教行政にも大きな影響を与えたのである。

（高橋美由紀）

069

尊王攘夷思想《そんのうじょういしそう》

「尊王」も「攘夷」も、いずれも中国思想に由来する思想概念である。前者は、徳のある者が政治的な君主になるという有徳者君主思想に基づき、「王を尊ぶ」ことが、「臣」としての「礼」であるとする思想であり、後者は、自国・自民族を優れた文化を持つ「中華」とし、周辺の諸民族を「文化の劣った」「夷狄《いてき》」として、卑《いや》しめる言葉である。

　前者は国内の礼的な上下秩序を、後者は国家・民族の優劣関係を表示する表現であり、両者はともに、国内外の差別的な秩序を意味する一般的な観念形態であるが、注意すべきは、両者を続けて「尊王攘夷」として一語で使うときには、第一に近世後期、水戸学や国学によって形成された歴史的な概念として理解する必要があり、第二には、中国と日本における「王」の性格の違いによって、中国とは異なる思想的な性格をもち、また中国とは異なる機能を果たした事である。

　まず「尊王」についていえば、中国における「天子」が、君主個人の「道徳性」にその地位の正統性を依拠しているのに対して、日本の天皇は、その天皇としての正統性を、個人の能力や道徳性ではなく、天照大神《あまてらすおおみかみ》の「血筋」「血統」という神話的な事実に依拠しており、批判を超越した存在であることである。また「攘夷」についていえば、日本は、中国からみれば「東の夷《えびす》」であるが、日本の立場からいえば、いずれの民族もが有する「エスノセントリズム（自民族中心主義）」により、自国を「夷」と認めるわけにはいかない。その結果、具体的には、たとえば山鹿素行は、日本の中国に対する優越性の根拠を、他国・他民族によって侵略されたことのない武力の強さ、「勇武」に求め、あるいは天皇の地位が変わらず革命がないことなどに求めた。また賀茂真淵《かものまぶち》や本居宣長《もとおりのりなが》などの国学者は、頻繁に王朝が変わる中国を、むしろ「道のない国」であり、政治社会の安定に儒学が有効ではないと主張し、革命のない日本にこそ「道がある」という。このような思想が社会的に流布するのは、近世も中期以降であり、本居宣長の国学や藤田幽谷《ふじたゆうこく》や会沢正志斎《あいざわせいしさい》など後期水戸学を通してである。中国の「華夷《かい》思想」は、日本にこそ当てはまるというわけである。

尊王攘夷思想は、本来的には、幕府に対する敬意と矛盾するものではなかったが、一九世紀後半、幕府の弱体化と対外的な危機意識の高まりを通して、当時の状況を打開するための政治的なスローガンとして主として水戸藩の会沢正志斎の『新論』や藤田東湖の『弘道館記述義《こうどうかんきじゅつぎ》』などによって思想的に形象化されると、独自の役割を果たすことになる。すなわちペリー来航以降、幕府の外国に対する態度が「弱腰」であるとの批判が高まるとともに、尊王は、幕府の内政・外交政策を批判する者の拠り所となり、攘夷は、西洋諸国の主張に引きずられていると考えられた幕府の外交政策に対して主体性の回復を求める者たちの合言葉になったからである。その意味で尊王攘夷思想は、幕末には、幕府の内政・外交政策を批判する政治運動のスローガンとして展開し、倒幕・討幕思想に結びついた点で、幕末の政治状況が生んだ革新的な思想であった。だがこの思想は、これだけでは終わらなかったことに注意する必要がある。

むしろこの思想が日本社会で猛威を奮ったのは、一つは、一八九〇年代教育勅語で形象化された忠君愛国思想に翻案《ほんあん》され、また一九三〇年代、それが、国家権力と結びつき、『国体の本義』や『臣民の道』など国家によって、自尊と排外主義を鼓吹《こすい》する国民教育の基軸とされ、国民を戦争へと駆りたてるイデオロギーとなったからである。

幕末の尊王攘夷運動は、主として脱藩浪士によって担われ、当時の政治体制の変革と結びついたのに対して、近代の日本においては、それが日本国家の本来的なあり方＝国体論と結びつけられた結果、国民は、その思想の網の目から逃れることができなくなったのである。

日本の近代は「国家」を「犯すべからざる至高」の存在とし、「天皇」はそれを象徴する存在として批判の彼方に置かれた。また中国や西欧を、革命があることで、日本よりも劣るものと見なして、日本の優越性が強調された。その結果、国民は、天皇や国家の政策に対する一方的な忠誠のみを要求され、あげくの果ては、自分の受けた抑圧のはけ口を、より弱い、韓国、中国の民衆に対する侵略と暴力的な行為に求めることになったのである。丸山眞男《まるやままさお》のいう「抑圧委譲《よくあついじょう》」がそれである。　（本郷隆盛）

070

本朝通鑑

ほんちょうつがん

神代から慶長一六年（一六一一）までに及ぶ、編年体の、漢文による日本通史。全三一〇巻。林羅山《はやしらざん》・林鵞峰《はやしがほう》編。前編（神代）三巻、正編（神武―宇多）四〇巻、続編（醍醐―後陽成）二三〇巻、提要《ていよう》三〇巻、付録（神祇《じんぎ》、皇運《こううん》、朝職、武職）五巻、目録一巻、引用書目一巻、から成る。寛文一〇年（一六七〇）成る。

本書の正編は、林羅山らの編纂に成る『本朝編年録』に基づく。『本朝編年録』は、羅山らが正保元年（一六四四）幕府の命で日本通史の編纂を開始し、慶安初め（慶安元年は一六四八年）に神武天皇から宇多天皇までの歴史過程を編纂し、幕府に進呈したもので、三三巻、未完に終わっていた。

寛文二年（一六六二）一〇月将軍家綱から鵞峰に修史継続の命がくだり、鵞峰は大きな抱負をもってこれに応じた。寛文四年（一六六四）幕府は永井伊賀守に編纂を奉行せしめ、林家では上野忍岡《しのぶがおか》に新築した新寮（後の国史館）を編纂所として編纂を開始した。書名は幕議で『本朝通鑑』と決定された。

編纂は、鵞峰が総裁となり、林春信（梅洞《ばいどう》）・林信篤《のぶあつ》（鳳岡《ほうこう》）の二子および人見友元《ひとみゆうげん》・坂井伯元《さかいはくげん》が起草者となり、時代を分担して、執筆に当たり、鵞峰が最終的に手を加えた（ほかに編集委員三〇余名がいた）。

かつて羅山らの上呈した『本朝編年録』に追補・添削してこれを正編とし、醍醐天皇以降を続修してこれを続編とした。後に神代が前編として追加された。

編纂の業は必ずしも平坦には進まなかったが、幕閣関係者や鵞峰らの尽力で、全三一〇巻が寛文一〇年（一六七〇）に成り、幕府に進呈された。

右の編纂過程にみられた、鵞峰の歴史思想や歴史的営為の意義を以下に略述する。

第一は、本書が中国のいかなる史書の史体を手本としたかである。はじめ史局員の間に異なる見解もあったが、鵞峰の判断で朱子の『資治通鑑綱目』ではなく、司《し》馬光《ばこう》の『資治通鑑』の史体に倣《なら》うことに決した。鵞峰はその理由を説いて、自分は孔子の『春秋』を継ぐものとして朱子の『資治通鑑綱目』を仰慕《ぎょうぼ》しているが、歴史上の人物・事象に忌憚《きたん》のない評論を加える『資治通鑑綱目』の史体は、本朝の、政権交代の見られぬ歴史を記す上で適合しない面をもつので、本書では歴史を事実に即して記述する『資治通鑑』の史体に従うことにする、としている。

第二には、鵞峰の公家政治史観と武家政治史観。鵞峰は、まず、過去の公家政治の過程をめぐって、本邦の平安時代中ごろからの皇室の陵夷《りょうい》が、第一に摂関期の藤原氏の専横によりもたらされ、第二に院政期の上皇たちの失徳・失政によりもたらされた（これらが武家政権の出現を招来した）という史的判断をくだし、ついで源頼朝以降の武家政権の実体（特に政権担当者の徳と政の実際）をめぐっては、源頼朝・足利尊氏・織田信長・豊臣秀吉、これら歴代の武家政治創始者さらにはその継承者たちは、その徳と政の実際の上からみて、王者ならぬ覇者でしかなかったがゆえに、各代の武家政治権力は永続できなかったとの判断をくだすとともに、徳川政権の創始者家康を智仁勇《ちじんゆう》完備の理想的人物とみなして、徳川政権こそが、鎌倉・室町・織田・豊臣の政権とは違って、永遠に隆昌《りゅうしょう》するであろうとの判断をくだしている。

鵞峰の、公家政治史と武家政治史をめぐる右の論は、のちに新井白石が『読史余論《とくしよろん》』で示した、著名な「九変《くへん》五変観《ごへんかん》」に先行するものとして大いに注目される。

第三に鵞峰の神代の扱い方。鵞峰には、次のような注目すべき神代への見解がみてとれる。①神代を「鴻荒草《こうこうそう》昧《まい》、紀年不レ詳《きねんつまびらかならず》」とみなした、儒教的合理主義の見地、②『日本書紀』を本としつつもこれを絶対視せず、『古事記』『旧事紀』『古語拾遺《こごしゅうい》』の記述内容との異同を見定めながら、神代の事実を定立しようとした手法（歴史事実把握上の近代性）、③神代本文を定める際、記紀などの、先行する文献のもつ神秘的奇怪な記述を削去した、儒教的合理主義に立った手法、などである。

これらは、白石の神代研究に先行する面をもっており、研究者の今後の検討が待たれる。

（玉懸博之）

071

大日本史

だいにほんし

江戸時代に水戸徳川家が編纂にかかり、明治維新後同家が事業を継続して完成した、漢文の日本歴史書。神武天皇から南北朝期の後小松天皇までの時代を対象とする。中国の正史の体裁である紀伝体《きでんたい》を採用し、本紀七三巻、列伝一七〇巻、志一二六巻、表二八巻、計三九九巻（別に目録五巻）から成る。

第二代水戸藩主徳川光圀《みつくに》が明暦《めいれき》三年（一六五七）江戸神田に史局を設けて、修史事業を開始したことに始まる。安《あ》積澹泊《さかたんぱく》、佐々十竹《さっさじっちく》、栗山潜鋒《くりやませんぽう》、三宅観瀾《みやけかんらん》らを含めて、多くの学者を全国から集め、編纂に当たらせた。天和《てんな》三年（一六八三）までには神武天皇から後醍醐天皇までの時代を記述した『新撰紀伝』が完成した。光圀はこの書に満足せず、紀伝（本紀と列伝）の範囲を後小松天皇まで広げさせるとともに、紀伝の内容の改訂・増補に当たらせた。大規模な史料調査を行いつつ、その作業を進めさせたが、光圀の存命中（光圀の死は、元禄一三年＝一七〇一）に作業を完成させることはできなかった。正徳五年（一七一五）には『大日本史』と書名が定まり、同年末に本紀、列伝計二四三巻が成った。正徳本『大日本史』と称する。

儒教の歴史思想の眼目の一つである、歴史上の人物の評論は、享保元年（一七一六）から同五年にかけて安《あ》積澹泊《さかたんぱく》筆の論賛《ろんさん》によりなされ、同五年論賛を付した本紀と列伝が幕府に献上された（享保本『大日本史』で二五〇巻から成る）。澹泊はなおも紀伝の校閲《こうえつ》を進め、元文二年（一七三七）にその作業を終えた。以上の動きを前期水戸史学と呼ぶ。

右にみた、光圀を中心とした時代の修史の目的は、儒教道徳の見地に立って歴史上の人物や事象について道徳的判断をくだす点に主眼があった。この見地は、歴史界の動きには天の理法《りほう》が貫徹しているのであるから、歴史の事実を客観的に記述すれば、そのことを通じて歴史の理法を示すことができ、あわせて道徳上の訓戒《くんかい》を後代に与えることができるのだという、儒教の歴史思想を踏えたものであった。

前期水戸史学の、神功皇后《じんぐうこうごう》を本紀に入れず后妃《こうひ》伝に入れること、大友皇子《おおとものおうじ》を即位したものとみなして「大友紀」を本紀に入れること、南朝の天皇を正統なりとして本紀に立てること、この有名な、いわゆる三大特筆は、右の見地から生み出されたものであった。

前期水戸学にみられる以上の事実は、中国の歴史思想の本来のあり方を日本歴史の実情に即して受容したものとして大いに注目される。

光圀には、林家《りんけ》編纂の『本朝通鑑《ほんちょうつがん》』に対抗し、独自の歴史観と体裁・内容をもつ歴史書を編纂しようとする意図があり、その対抗心は、日本古代の官撰史書『六国史《りっこくし》』や林家の『本朝通鑑』と異なって、本書が紀伝体を採用したところに端的に現れ、さらに列伝の構成などにも現れている。列伝は、基本的には中国の正史に倣《なら》ったが、将軍とその家族、家臣の列伝を設けたり、文学列伝や歌人列伝を立てたりした点に新味があった。

その後、編纂事業は約五〇年程の停滞の時期に入ったが、一七八〇年代から再興された。これ以後を後期水戸史学と呼ぶ。史館の中で、立原翠軒《たちはらすいけん》と藤田幽谷《ふじたゆうこく》、この師弟間の編纂方針上の意見の対立、論賛の削去《さくきょ》の是非の問題、『大日本史』という書名の変更問題をめぐる意見の対立などを含みつつ、編纂は続行された。紀伝の校訂が進行して、文化三年（一八〇六）から出版に着手し、紀伝すべて二四三巻を完成させたのは弘化四年（一八四七）、さらに訂正を加えて幕府と朝廷に献上したのは同五年であった。

明治以降は、明治二年（一八六九）彰考館《しょうこうかん》が水戸徳川家に移管し、館員は削減されたが、志と表の作成が続行され、明治三九年（一九〇六）二月、本紀・列伝・志・表の四部と目録合せて四〇二巻が完成した。

後期の編纂過程では、前期の光圀や編者たちの、普遍的な歴史の理法を闡明《せんめい》し、後代の人々に重要な訓戒をもたらそうとする意図が希薄となり、編者の関心は日本の歴史のみが持つ特殊な事実――たとえば、万世一系の天皇の存在と役割――を称揚《しょうよう》する点に置かれ、前期水戸史学と比べるとすこぶるその理念と史体とは変化した。

いずれにしても後期の編纂事業は、儒教的歴史思想を、日本史上の政治的・社会的現実に応じて変容させたものとして、前期のそれに劣らぬ思想史上の意義をもっている。

（玉懸博之）

072

『読史余論』

とくしよろん

江戸中期の朱子学者にして、現実の幕府政治に関わった新井白石の著になる歴史書である。

政治社会が、人々のその秩序への服従を喚起する場合に、当該《とうがい》権力の制定した「法」の遵守だけでは十分ではなく、何らかの意味での内面的な道徳性を喚起することが不可欠であり、その役割を果たすのが思想やイデオロギーである。西洋においては、キリスト教や、ソクラテスやアリストテレスなどのギリシャ哲学が、仏教の場合は、因果応報や輪廻《りんね》の思想がその役割を果たしてきた。儒教社会においては、『易経』坤《こん》の一節、「積善の家には余慶《よけい》あり、積不善の家には余殃《よおう》あり」という言葉がそれである。即ち人間は、道徳的によいことをすればよいことがあり、悪いことをすれば悪いことがあるという応報観である。儒教ではそれを「天命」という。「天」がすべてをみており、人間にその行為にふさわしい報償《ほうしょう》と罰則を加えるというわけである。ここに儒教の合理主義がある。中国では、西洋の哲学の役割を、歴史書が果たしてきた。儒教の古典である『書経』には、中国古代の帝王の事績が記されており、それは同時に為政者がどのように行動すべきか、行動すべきでないかが書かれており、為政者は、それをみて自分の道徳性や行動について自己点検し、自己を戒める鑑《かがみ》とするのである。また司馬《しば》遷《せん》の「史記」は、中国古代を生きた歴史上の人物の事績を描いた著作であり、人々はそれを読むことを通して自分がいかに生きるべきかを考えてきたのである。その意味で叙述された歴史は「後世の鑑」「戒《いまし》め」となるのである。新井白石の『読史余論』も、儒教における有徳者君主思想に基づく易姓革命《えきせいかくめい》や応報観を基準として日本の歴史を解釈した歴史書である。

本書は、のちに五代将軍綱吉の後を襲《おそ》って六代将軍になった家宣に対して、白石が侍講として正徳二年（一七一二）から始めた朱子の『資治通鑑綱目《しじつがんこうもく》』の進講に伴う副産物であり、約一〇年後の享保九年（一七二四）、死の前年にまとめられた。三巻からなり、第一巻総論では、「本朝天下の大勢、九変して武家の代となり、武家の代また五変して、当代に及ぶ」経緯が詳しく叙述されている。

具体的には、天皇家は、藤原氏による摂政、関白、引退した天皇による院政などによって衰退し、それに変わって源頼朝、北条氏など武家が政治権力を掌握し、足利尊氏による北朝擁立によって、完全に武家の天下になったとの史論が展開されている。それでは、そのような政治権力の交代を促す要因とはどのようなものであろうか？　第一には、政治に携わる者の五倫に関わる道徳性であり、第二には、政治における仁政の実現である。即ち天皇政権から武家政権への政治権力の移動は次のように説明される。

「謹按《つつしんであんずるに》、鎌倉殿天下の権を分たれし事は、平清《きよ》盛《もり》武功によりて身を起こし、遂に外祖の親《しん》をもて権勢を専《もっぱら》にせしによれり。清盛かくありし事も、上は上皇の政《まつりごと》みだれ、下は藤氏累代《とうしるいだい》権を恣《ほしいまま》にせしに倣ひしによれる也。されば王家の衰へし始は、文徳《もんとく》幼子をもてよつぎとなされしによれりとは存ずる也。尊氏天下の権を恣にせられし事も、後醍醐《ごだいご》中興《ちゅうこう》の政正しからず、天下の武士、武家の代をしたいしによれる也。尊氏《たかうじ》より下は、朝家はただ虚器を擁せられしままにて、天下はまったく武家の代とはなりたる也」

歴史の事実からすれば、戦国時代に地に墜ちた観のある天皇家の権威は、信長や秀吉の天下統一過程で再び浮上するのであるが、白石は政治権力者の交代を、為政者自身の失徳という論理によって説明したのである。

この『読史余論』の独自性は、熊沢蕃山《くまざわばんざん》や山鹿素行《やまがそこう》など徳川初期の歴史論が、天皇家から武家への実質的な政治権力の移行を認めつつも、他方では朝廷と武家との間での君臣関係をかわることなく保持することに中国とは異なる日本の独自性をみようとしたのに対して、綱吉政権で確立した将軍権力を背景にして、名実ともに将軍権力を「国王」として位置づけ、当時将軍の対外的な名称として使われていた「大君《たいくん》」号にかえて「国王」とし、また朝廷を任命権者とする官位制度に変えて、将軍を頂点とする新しい勲階《くんかい》制度をたてようとした白石の政治構想の裏付けとなるものであったことである。その試みは、家宣の短命と家継の夭折《ようせつ》によって挫折するのだが、「天皇＝日本国王」という日本社会の暗黙の前提に対して果敢な挑戦を試みたものとしてみることができる。

（本郷隆盛）

073

『日本外史』『日本政記』

にほんがいし
にほんせいき

『日本外史』（全二二巻、以下『外史』）と『日本政記』（全一六巻、以下『政記』）は儒者頼山陽《らいさんよう》の叙述した著名な史書である。『外史』は源平二氏から徳川氏に至る武家の興亡を家別・人物中心に漢文体で記し、論賛（史実・人物に対する論評）を加えたもので、文政九年（一八二六）に完成し、翌年松平定信《まつだいらさだのぶ》に献呈された。『政記』は神武天皇から後《ご》陽成《ようぜい》天皇までの歴史を天皇ごとに漢文・編年体で記し、論賛を付したもので、山陽の死の直前（一八三二）に脱稿された。両書は山陽没後広く流布し多くの人に読まれたが、特に吉田松陰とその門下生が愛読した事実は名高い。若き日の伊藤博文《ひろぶみ》もイギリス留学に際し『政記』を携えて行き、航海中本書を読んで感銘し、その所感を巻末に書き留めている。それでは『外史』や『政記』はどのような歴史観に立脚していたのか。両書は新井白石《あらいはくせき》の『読史余論《とくしよろん》』（一七二四ころ完成）と同様、歴史における「天（道）」の支配を強調する。たとえば「天、民の為に君を立つ。君自《みずか》ら倹《けん》して以て民を養ひ、民富めば則ち君富む」（『政記』）という仁徳天皇の言葉を引き、六経《りっけい》（儒教の根幹となる経書）の教えるところも、代々の歴史の伝えるところも、この仁徳《にんとく》天皇の言葉にさらに付け加えるものはなく、この言葉に従った天皇は天下をよく治め、これに従わなかった天皇は天下を危うくしたのであり、武家政権の興亡もすべてこれによって説明できると述べている。

ところで両書における正邪の判断は必ずしも儒教的撫民仁政論のみによっているわけではなく、同時にしばしば君（天皇）臣秩序における名分（君臣の名と上下の分《けじめ》）を無条件に絶対化する大義名分論の見地からなされ、「名分の在《あ》る所、踰越《ゆえつ》すべからず（分をこえてはいけない）」（『外史』巻九）などといわれている。『政記』では、「官《かん》爵《しゃく》は名」で「権利」（政治的実権）は「実」であり、「名」は朝廷から出るが、「実」は「天（道）」から出るものとし、北条氏は自ら執権職に止まって「名」を貪《むさぼ》らず、しかもその「実」としての政治は仁政で、「天（道）」に適《かな》っていた。これが名分に背いた逆賊北条氏が九代にわたって政権を担当しえた理由であり、従ってまた北条氏はその不徳失政とともに天罰を受けて滅亡したと説いている。また撫民仁政論と大義名分論の観点は、「余慶《よけい》」（儒教の用語で、先祖の善行が報いとして子孫に現れる吉事）を重視する「天（道）」の応報観念によって一体化されていた。『政記』によれば、天皇家の祖宗《そそう》は七、八百年にわたって仁政を行い、その広大無辺の恩沢《めぐみ》が今なお国内に満ち、万民の骨の髄まで染み込んでおり、人々は今このことを自覚していないが、「天（道）」だけはこれを知っている。そのため「天（道）」は天皇が為政者としての責任が果たせなくなった段階でやむを得ず政治的実権を取り上げたが、しかしその君主としての名目は存続させて変化させないのだという。換言すれば両書の歴史観においては、①天皇家の祖宗の偉大なる恩沢と結びつき、尽きることのない余慶として天皇を日本の永遠の君主たらしめる不変的応報と、②政治の在り様によって政権をしばしば交代させる可変的応報を併せ認める複合的な「天（道）」の応報観が、撫民仁政論と大義名分論の共通の拠り所となっていたのである。

両書の歴史観で右の「天（道）」の応報観と関連して、さらに注目されるのは、歴史の展開には個々の為政者の徳不徳、治績の有無から相対的に独立した力が関与し、不可逆的変化《ふかぎゃくてきへんか》をもたらしているとする「勢」の観念である。この勢が人間の行為を通じて次第に成熟していき、歴史過程に周期的な変移（一治一乱）をもたらすのは必然的不可避的な現象であるが、最終的に歴史の流れを切り替えるのはやはり人為と連動する「天（道）」の応報作用であった。すなわち「天（道）」は為政者に随時倫理的応報を与えながら歴史過程に襞《ひだ》をつけていくが、その応報作用は勢の極まるまでは十分に発現せず、勢が極限に達した時に――歴史の転換期――初めて完全に顕現されて、歴史過程に大きな切れ目を作る（時代を画する）ものと見られている（ただし天皇家は連綿として永続するものと断言する）。このように両書の歴史観においては、複合的な「天（道）」の応報観念が、撫民仁政・大義名分論や勢の観念と響合しながら、治乱を繰り返した日本史のダイナミズムおよび天皇家の存続に象徴される日本史の歴史的個性を損《そこ》なうことなく、日本史を連続的統一的に把握することを可能ならしめているのである。

（石毛　忠）

074 『大勢三転考』

たいせいさんてんこう

『大勢三転考』（全三巻。以下『三転考』）は、当時紀州藩の大番頭《おおばんがしら》格として知行五百石を受け、藩財政に関与していた伊達千広《だてちひろ》が、嘉永元年（一八四八）に著した史書で、千広の実子陸奥宗光《むつむねみつ》らの懇請《こんせい》によって明治六年（一八七三）に初めて公刊された。本書は社会・政治制度の変遷という独自の視点から、徳川幕府の樹立に至るまでの日本史を、「骨《かばね》の代《よ》」（氏姓制の時代）、「職《つかさ》の代《よ》」（律令的官職制の時代）、「名《な》の代《よ》」（武家領治制の時代）の三時代に区分して叙述した通史であり、幕末という一大変革期にふさわしいユニークな歴史観がうかがえる。なお本書はもともと千広が古書を読んでその内容を現実に生かすためには、「時制の変転、制度の沿革」を知らなくてはならないと考えて著したものであり、世人に見せるために書いたものではなかったという（福羽美静《ふくばびせい》の序文）。

『三転考』の歴史観は①不可知論の立場と②現実的応変主義の立場から構成されている。①は時勢が推移し、制度が改変し、時代の変遷する原因については「凡慮の測《はかり》しるべき」ことではないとし、それ以上の探究を放棄する見地であり、②は冷静に時勢の変移を洞察し、「時に応じ、機に乗じ、さまざまに思ひ」はかつて歴史的世界に参与する人間の責務を強調し、時代を特徴づける制度論の枠組みの中で、もろもろの歴史事象の意義を即物的にリアルに考察する見地であり（神功皇后《じんぐうこうごう》論・聖徳《しょうとく》太子《たいし》論、北条氏論などに典型的に見られる）、①②は本書の歴史観の中で表裏の関係で結びついていた。すなわち両者は一見矛盾するもののようであるが、実は時勢が変転し、制度が移行し、時代が転換する原因については、これを〝知るべからざること〟として枠づけ、この問題に敢えて立ち入らなかったために、従来時勢の変転する原因について考察した歴史観に纏綿《てんめん》していた超越者——神・仏・天——の観念に煩わされず、従ってまたその超越者に権威づけられていた特定の原理——祖神冥助《みょうじょ》の思想、尊王思想、末法思想・名分論、鑑戒《かんかい》主義、排仏主義など——の制約を免れることが可能となり、日本史の展開（政治的・社会的組織の変遷を中軸とする）をより自由な目で客観的に把握することができたのである。

こうした歴史観を思想的基盤として「骨の代」「職の代」「名の代」という『三転考』独自の三時代区分法が案出された。本書の叙述に即してこの三時代区分法を具体的に検討すると、およそ次のような特色が指摘できる。㈠編年体、紀伝体《きでんたい》などといわれる伝統的な歴史叙述の方法、体裁に全くとらわれず、史料に基づいて明らかにした日本史上における具体的な政治・社会制度の変化を時代区分の基準とし、三時代の個性を鮮明に描き出している。㈡その際、特に各時代の政治制度に規制される土地の所有形態の変化を重視している。㈢各時代の歴史的個体性を明らかにするとともに、時代を固定的ではなく動態的に捉え、時代の推移していく様相を長期的視野に立って追究している。㈣一つの時代は最盛期《ピーク》に達すると、必然的に次の新しい時代に向かわざるをえなくなるものと解し、時代の転換を不可避的《ふかひてき》、不可逆的《ふかぎゃくてき》変化と見ている。㈤古代以来、日本の歴史観の形成に多大な影響を与えてきた仏教的時代区分法や儒教的時代区分法に全く拠っていない。㈥従って右のような時代区分法による特定の時代の理想化、たとえば古代を賛美し憧憬するいわゆる尚古《しょうこ》主義あるいは復古《ふっこ》主義などは全く主張していない。

さて歴史を文字通り〝人間史〟として捉え、歴史上の各時代は人間自身の手によって創造されたものであり、人間の知徳や貨財（経済）などの進歩によって、時代もまた発展するものであるという明治の啓蒙思想家たち（福沢諭吉、田口卯吉《うきち》ら）の歴史観が登場する前提として、日本の伝統的歴史観――神・仏・天が神秘的であれ、倫理的であれ、何らかの形で人間と相関ってそれぞれの時代を形成するものと考えていた――から、どうしても一度、超越者の観念が払拭《ふっしょく》されなければならなかった。事実上、日本史の各時代から超越的絶対者、超越的神意に支えられた超越的理法を締め出してしまった『三転考』の歴史観――独特の三時代区分法の思想的根拠となった――は、そういう日本の歴史思想史上の課題におのずから応《こた》えているものといえよう。その意味において、本書の歴史観は伝統的歴史観と近代的歴史観を架《か》橋《きょう》し、近代的歴史観の誕生を予告するものであった。

（石毛　忠）

075
明治国家の思想
めいじこっかのしそう

明治国家体制は、明治二二年（一八八九）二月一一日に発布された「大日本帝国憲法」（および同日制定された「皇室典範」）と、翌二三年一〇月三〇日に発せられた「教育勅語」によって、制度的には確立したと考えられるので、「明治国家の思想」とは、憲法と勅語に結実する諸思想の競合と融合、憲法と勅語の解釈と運用に調達された諸思想の総和として示される、国家体制の創出と維持のための思想ということになろう。かつては「天皇制国家」のイデオロギーとして議論されることが多かった。

慶応三年（一八六七）一〇月一四日、徳川幕府の大政奉還によって加速した幕末の政局は、同年一二月九日に発せられた「王政復古の大号令」によって方向性が定められる。それによれば、「諸事神武創業ノ始ニ原《もと》ヅキ」とされたが、この大号令を中心となって作成した岩倉具視《ともみ》は、国学者玉松操《みさお》の意見に基づき「神武創業」という一節を挿入した。明治国家の誕生は、その最初から記紀神話に淵源する神勅政治を理想にしていたのである。だが一方で、大号令には「搢紳《しんしん》武弁堂上《とうしょう》地下《じげ》ノ別ナク至当ノ公議ヲ竭《つく》シ」とあり、「公議」に基づく政治への関心も当初から存在していた。明治元年三月一四日（一八六八）の「五箇条の御誓文」でも、「広ク会議ヲ起シ万機公論ニ決スベシ」とされた。

明治二年（一八六九）に設置された公議所でも、「国是」「国体」「国制」などが盛んに論じられたが、そこでの議論も神勅に基づく天皇親政論から欧米の議会を念頭に置いた議事院論まで、また、版籍奉還をめぐる封建・郡県論など、多様な幅をもっていた。翌三年一月三日の「大教宣布の詔」によって神道国教化政策が開始されたものの、しだいに態勢は縮小される（ただし、教導職の廃止は明治一七年。国家神道体制として定着）。天皇親政論も、明治一一〜一二年にかけて、元田永孚《もとだながざね》ら天皇側近の侍補《じほ》グループによって一時的に政局の主要課題とされたが、その後はあまり唱えられなくなる。

これに対して、幕末期以来、洋学者たちによって紹介されてきた欧米の憲法に基づき議会によって行われる政治への志向は、立憲政体論としてしだいに広がりを見せてきた。たとえば加藤弘之《ひろゆき》は、『真政大意』（一八七〇）や『国体新論』（一八七四）のなかで、立憲政体の優れていることを説き、国学者らの国体論を批判した。木戸孝允《たかよし》や大久保利通らの政権指導者たちも、基本的に立憲政体論の立場に立ち、明治八年四月一四日には「立憲政体樹立の詔」が発布され、「国憲」（憲法）の起草が新設の元老院に委ねられた。

立憲政体への模索が大きな転機を迎えたのは明治一四年（一八八一）のことであった。折からの自由民権運動への対応として、薩長藩閥に特化した政府は一〇年後の議会開設を約束したが、岩倉の示した「大綱領」によって憲法は欽定とすることが既定方針とされた。「大綱領」の執筆者は井上毅《こわし》である。この年は、名分論的な君臣関係を重視する儒教思想の復権が進み、また、議会よりも行政府の権限が大きいドイツ国家学への注目も高まった。その後、伊藤博文を中心に憲法制定準備が始まると、井上もその主要なブレーンに加わり、記紀神話等から想を得て「シラス」型統治（土地人民を私有とせず徳によって治める）と「ウシハク」型統治（土地人民を私有物として領有する）の概念を創案し、国体の機軸を万世一系の天皇による「シラス」型統治に見出し、それが憲法第一条「大日本帝国ハ万世一系ノ天皇之ヲ統治ス」に結実した。しかし、第三条で天皇の政治的無答責性《むとうせきせい》（責任を負わないこと）を規定し、大権事項を列記した第四条以降ではヨーロッパ君主制国の憲法からも多く学び、特に第五条では、立法権は「議会ノ協賛」を要すると定めている。

他方、「教育勅語」は、洋学者であり儒学者でもある中村正直《まさなお》の起草にかかり、それを井上と元田が添削して成案化された。内容は、臣民教育の基本方針を道徳観念、行動原理によって説明してその履行《りこう》を求め、それらを「我ガ皇祖皇宗《こうそこうそう》ノ遺訓」としたところに特徴がある。

こうして確立された明治国家の思想は、民法典論争や教育と宗教の衝突論争など多くの論争を生み、また、憲法論における天皇主権説と天皇機関説の併存など、複数の解釈の余地を残しながら展開した。さらに、家族国家観や国民道徳論なども、明治国家の思想との関連性を示すものである。一方、社会主義者や北一輝、一部の宗教家などは、明治国家の思想への「反逆者」ということになろう。

（中野目徹）

076 文明開化の思想
ぶんめいかいかのしそう

文明開化は civilization の訳語とされ、慶応四年（一八六八）に福沢諭吉が『西洋事情』外編に「世の文明開化」という項目を立て、「歴史を察するに、人生の始は莽昧《もうまい》にして、次第に文明開化に赴《おもむ》くものなり」と述べているのが実質的な初出例といえる。

一般に文明開化の時代といえば、明治維新後の明治四年（一八七一）ころから一〇年ころまでとされ、生活風俗から政治指導まで、産業技術から教育衛生まで、あらゆる社会文化現象において西洋化が本格的に始動した時代と捉えられている。しかし同時に、文明開化の時代は、明治維新という未曾有《みぞう》の政治的・社会的変革直後の変化と混乱の時代であり、「開化」と「復古」、「文明」と「野蛮」など、多様な価値観が混在し衝突した時代とも捉えることができる。その担い手も、「開化」の諸政策を立案・実施した政治指導者や「文明」の論理を説いた「洋学先生」、「復古」と「御一新」を信じた島崎藤村『夜明け前』の主人公や「野蛮」な民衆（「蛮民」）として鎮圧された新政反対一揆の参加者たち、ザンギリ頭でステッキをつき建設途中の銀座煉瓦《れんが》街を闊歩《かっぽ》し牛鍋《ぎゅうなべ》に舌鼓を打つ「生《なま》開化者流」まで、彼らすべてによって演じられた悲喜劇の総体が文明開化の時代ということになる。

したがって、「文明開化の思想」という問い方は、文明開化という時代の捉え方、つまり時代像の描き方によって幾通《いくとお》りもの回答を引き出すことになる。

かつて文明開化の思想といえば、福沢をはじめ明六社のメンバーたち「洋学派知識人」が『明六雑誌《めいろくざっし》』やそれぞれの著作で展開した「啓蒙主義思想」とされていた。その背景には、明治維新を絶対主義革命とみる講座派的な歴史観に立ち、彼らをフランス革命前の百科全書派に比定しようとする思想の捉え方があった。確かに、『文明論之概略』（一八七五）によって文明開化の思想に理論的根拠を提供することになる福沢は、当時から「日本のウォルテール」（『東京日日新聞』明治八年一月二日付）と呼ばれ、彼や明六社員たちが議論の前提とした西洋の思想家は、啓蒙主義者とその後継者とされるものが多かったし、ギゾーやバックルなどの文明史の考え方からも多くを学んでいた。しかし、そのような議論の前提になっていた下部構造《かぶこうぞう》決定論的な歴史の見方が支持を失って以来、文明開化の思想を「啓蒙主義思想」と見ることは、むしろ忌避《きひ》される傾向が強い。

その後は、社会史や国民国家論の手法などから影響を受けて、政治権力・社会秩序の構築や民衆の心性・記憶などをめぐる思想問題を、天皇を戴く国民国家の形成過程において捉えようとする民衆思想史研究や、福沢をはじめとする時代の頂点思想家を対象に、思想に内在する論理を伝統思想との連続／非連続や西欧思想との比較の相において捉えようとする政治思想史研究の分野で、注目すべき成果が挙がっているといえよう。だが、二つの研究動向は、各々の研究対象が民衆と知識人である限り、交差（対話）する点を見出しにくいままなのではないか。知識人が内地雑居《ないちざっきょ》論争を繰り広げている一方で、農民一揆のスローガンには「外国人管轄《かんかつ》通行御禁止」が掲げられていた。そもそも民衆の思想は、行動や習慣すなわち「風俗」や「気風」として把握される日常／非日常生活上の表現からしか窺えないものなのである。

文明開化の時代は、結社の時代であった。明六社のほかにも、英国留学から帰国した知識人を中心に共存同衆《きょうぞんどうしゅう》が結成され『共存雑誌』が発行されていたし、他方では、「旧弊」とされた儒学者や国学者たちによって洋々社が結成され『洋々社談』が発行され、一定の支持を得ていた。これら東京の知識人たちの結社だけでなく、全国的に結社活動は盛んであった。福沢の慶応義塾では、定期的に演説会も開かれていた。

文明開化の時代はまた、新聞の時代でもあった。『東京日日新聞』、『読売新聞』など多くの日刊新聞が創刊されたのである。文明開化の新しい言論空間を形成する新聞において、福沢や明六社員たちは自覚的に「我輩ノ思想」を論じていたが、同じ日の紙面には「地方ノ頑民《がんみん》」や「裏店《うらだな》ノ女房」に関する記事が並んでいる。これらは、異質ではあるが等価なものである。両者は新聞が作る言論空間のなかで確かに交差していたのであり、結社や演説、新聞や雑誌など新しいコミュニケーション手段によって創り出された思想空間を前提に、文明開化の思想はそれらを同時に視野に入れた全体史のなかで構想していく必要があろう。

（中野目徹）

077 自由民権の思想《じゆうみんけんのしそう》

自由民権運動の最初の契機は明治六年の政変だった。政変で下野《げや》した板垣退助《いたがきたいすけ》らが、明治七年（一八七四）に「民撰議院設立建白書」を左院《さいん》に提出してその後の運動の方向性を明示した。しかしこのとき民撰議院をめぐって起こった論争は、民衆レベルでの運動を視野に収めたものではない。自由民権の思想が、運動として本格的に展開し始めたのは西南戦争（一八七七）鎮圧後で、自由党と立憲改進党という二つの政党を核に、多様な知識人が新聞・雑誌・演説を媒体に、これまでにない言論の公共空間を形成した。

自由民権思想の歴史的な意義は、儒教などの伝統思想には存在しなかった「自由」「権利」「民権」「幸福」などの新しい述語が底辺の民衆にまで浸透し、それをもとに「国民」の意識が形成されたことである。まず「民権」について言うと、この語を最初に使ったのは津田真道《つだまみち》訳『泰西国法論《たいせいこくほうろん》』（一八六八）とされ、その後、加藤弘之《かとうひろゆき》と大井憲太郎が民撰議院をめぐる論争で、「民権旺盛」でない国でも民撰議院が可能か否かで激論を交わした。この場合の「民権」は文明開化の度合を指しているが、士族民権論の代表である『評論新聞』第34号の社説「民権論」では、政府の義務は人民を保護することなので、その義務に反した「圧政政府」を「転覆」してもよいと主張されている。つまり「民権」は、不平士族にとって反政府運動正当化の絶好の道具だった。

儒教の政治概念の核心だった「安民」に代わって、新しい政治意識の中心に座ったのは「幸福」だった。この語の濫觴《らんしょう》は、福沢諭吉『西洋事情』初編の「アメリカ独立宣言」である。「天の人を生ずるは億兆《おくちょう》皆同一轍《どういってつ》にて、之に付与するに動かす可からざるの通義を以てす。即ち其通義とは人の自から生命を保し自由を求め幸福を祈るの類にて（下略）」。「安民」が治者の立場を前提とした概念であるのに対して、被治者自身が「幸福」と感じるか否かを政治の判断基準にしたところに、この概念の新しさがあった。たとえば加藤弘之『国体新論』（一八七四）が「国家ノ主眼ハ人民」だとし、「人民ノ安寧幸福」が国家の目的だと述べたのは、この概念の革新性を示している。明治六年の政変で下野した参議たちが最初に結成した結社は「幸福安全社」であり、建白書には「幸福安全」がキーワードとして使われている。

ところで先に引用した『西洋事情』はいわゆる天賦人権論を説いたものだが、類似の表現が自由民権期の文書に頻出することで影響の大きさが推測できる。「自由」についても事情は同じである。「自由」には「我儘《わがまま》」というニュアンスがあるので、訳語として適切ではないと福沢は断っているが、現実には「浴場に自由湯、自由温泉あり、菓子に自由糖あり、薬舗《やくほ》に自由丸あり（後略）」（『自由党史』）という状態だった。しかし事態を否定的にのみ見ることはできない。たとえば植木枝盛《うえきえもり》は「人ハ自主ナリ、自由ナリ、独立特行ノ動物ナリ」（『無天雑録《むてんざつろく》』）と書いた。これは他者からの自我の自立を説いたもので、他人がどうあろうと「予ハ予タリ」との信念を表明したものである。有名な『民権自由論』（第二編）では、「人間の本性自由なる事」と題して、人間の手足や五感は自由なので「善を為さんと欲すれば善を為し、悪を為さんと欲すれば悪を為す」と説いている。植木はこの自由観に基づいて、優勝劣敗の「万物法」は人間には妥当しないと、加藤弘之『人権新説』を批判したのである。

自由民権論の隆盛に、スペンサーの著書が果たした役割も重要で、その影響は多様だが、特に尾崎行雄訳『権《けん》利提綱《りていこう》』は広く読まれた。馬場辰猪《ばばたつい》の主著「本論」はスペンサー『第一原理』を真似たもので、簡単なものから複雑なものへという社会進化の法則性、進化による相互依存の高度化などの議論が、スペンサーに依拠して展開されている。彼はスペンサーを援用して社会進化（進歩）の必然性を説くことで、自由民権の主張の歴史的正当性を説明しようとした。しかし加藤弘之が『人権新説』で進化論に基づいて天賦人権論を批判したことでもわかるように、社会進化論の思想的意味は両義的だった。自由民権運動の活動家だった経歴をもちながら、一八八六年に『将来之日本』を書いて、自由党を「封建的ノ自由主義」と批判した徳富蘇峰《とくとみそほう》が依拠したのもスペンサーだった。蘇峰が『将来之日本』の成功をバネに創刊したのが『国民之友』『国民新聞』だったことは、自由民権の運動と思想が最終的に「国民」という概念に回収されたことを象徴している。

（米原　謙）

078

ロマン主義・自然主義

ロマンしゅぎ
しぜんしゅぎ

ヨーロッパにおいて主唱された文学思潮。日本では明治二〇年代から三〇年代にかけて紹介され、文学を中心に哲学・美術・演劇・教育などの面で展開した思想運動である。

日本におけるロマン主義・自然主義の展開は、西欧における文学作品および美学思想の受容史であった。両思想の早い紹介例は、明治一七年（一八八四）のベロン著・中《なか》江篤介《えとくすけ》訳『維氏美学《いしびがく》』下冊に見ることができる。

一八世紀末から一九世紀にかけて起こったロマン主義は、勃興期の資本主義社会に対応する精神態度として、既成の道徳に反抗し、自我の拡充、思想・感情の自由を求めた点に特徴があった。同時に、その主張のうちには、拡大した自我の拠り所となるべき民族性への着目や伝統文化への回帰を促す契機も含まれていた。日本では、明治二〇年代における森鷗外の創作活動をはじめ、雑誌『文学界』における北村透谷《きたむらとうこく》の評論や島崎藤村の詩、また明治三〇年代の『明星』誌上に発表された与謝《よさ》野鉄幹《のてっかん》・晶子《あきこ》夫妻の和歌によって代表される。日清戦争後に『太陽』編集主幹となった高山樗牛《たかやまちょぎゅう》は、美学の知識を背景として活発な文明評論を展開し、本能の充足こそが絶対的価値を有するという「美的生活」の論を主張して、ロマン主義の理論構築に大きく寄与した。

いっぽう、工業化の進む一九世紀中葉のフランスを起源とする自然主義は、現実世界を客観的に再現し、社会事象の因果関係を、遺伝や環境といった要因から科学的に説明しようと試みた点に特徴があった。日本では、明治三〇年代中ころから、田山花袋《たやまかたい》や島崎藤村《しまざきとうそん》、徳田秋《とくだしゅう》声《せい》、近松秋江《ちかまつしゅうこう》、正宗白鳥《まさむねはくちょう》、岩野泡鳴《いわのほうめい》らの作家と、島村《しまむら》抱月《ほうげつ》、長谷川天渓《はせがわてんけい》らの評論家が、『読売新聞』『早稲田文学』『文章世界』などの各メディアを通じて、自然主義の理論化を図っていった。田山花袋によって提起された「露骨なる描写」の方法は、彼の『蒲団《ふとん》』の作風と相まって、自己を赤裸々《せきらら》に暴露する方向に傾斜し、後の私小説につながる流れを生んでいった。

右のような評価は、一九七〇年代までの研究動向において定説となっており、今日でもなお古典的価値を有するといえる。しかし近年では、ロマン主義と自然主義が、明治期の文学作品の評価する際の概念として、ほとんど用いられなくなっていることも見過ごせない。

　なぜ、ロマン主義・自然主義が用いられなくなったのか。その理由としては、第一に両思想が複数の異なる主張を含み、有効な定義が困難なこと、第二に講座派史学の退潮《たいちょう》によって資本主義の発展段階と文芸思想であるロマン主義・自然主義の対応関係が相対化されたこと、そして第三に文学史が研究領域を自立・深化させ、新しい解釈コードを導入することで、従来の枠組みに捉われない作品論を志向しつつあること、などが挙げられる。

　さらに、創作者が自己の作風を、ロマン主義・自然主義のいずれかに分類されることを忌避することも多かった。ロマン主義の訳語としてしばしば用いられる「浪漫《ろうまん》主義」が、明治四一年（一九〇八）になって、夏目漱石によって初めて用いられたことなどは、明治二一〜三〇年代にかけてのロマン主義を西欧近代の擬制《ぎせい》と見る論者の根拠となっている。

　だが、ロマン主義や自然主義が当時の新聞雑誌上で全く語られなかったわけではなく、二つの思想を単なる西欧近代の擬制としてのみ評価することは誤りである。

　自然主義以降の文学史が、「派」や「世代」によって截然《せつぜん》と叙述されることを考えるならば、従来ロマン主義・自然主義の時代とされてきた明治二一〜三〇年代の時期は、日本の文芸界が「主義」による統一を追い求めた稀有《けう》な時代であったと位置づけることができる。両思想は、急速な文明化の進展にともなう精神文化の危機に応《こた》える思想として、青年層を中心に支持されるとともに、日露戦後には風俗壊乱《かいらん》の理由から行政による取り締まりの対象ともなって、文学の範囲内に留まらない広がりを見せていった。その意味では、日本のロマン主義・自然主義は、文学史上の問題としてではなく、重要な思想史上の問題として、新しい分析視角のもとで問い直されるべきであろう。

　今後の研究では、両思想の相違点だけでなく、時代思潮としての共通点にも目を向けながら、それを支えた美学理論やメディアの存在形態、文章表現等について、構造的に把握していく必要がある。

（長尾宗典）

079

平民主義・国粋主義

へいみんしゅぎ
こくすいしゅぎ

明治二〇年（一八八七）二月、徳富蘇峰《とくとみそほう》が中心になって組織した民友社から創刊された雑誌『国民之友』で主唱されたのが「平民主義」であり、翌二一年三月に志賀《しが》重《しげ》昂《たか》・三宅雪嶺《みやけせつれい》らによって組織された政教社の機関誌『日本人』が掲げたのが「国粋主義」であって、演説会等でも主張された。いずれも近代日本のナショナリズムを代表する好一対《こういっつい》の思想と評価され、「欧化主義」の風潮に対して異議を申し立てる思想内容を有するものであった。彼らが、「国民」や「民族」などナショナルなものの姿を明確に捉え、政治や文化に関する議論の前提に据えた思想史的意義は大きいといえよう。

「平民主義」を唱えた徳富蘇峰は、すでに明治一九年に執筆した『将来之日本』で、スペンサーやマンチェスター学派の影響を受けて、世界が「腕力世界」から「平和世界」へ、「武備機関」から「産業機関」へと移行する過程において、「平民的ノ現象」が顕れるのは「歴史上ノ一大事実」であると論じていた。また、『国民之友』創刊号の巻頭論説「嗟呼《ああ》国民之友生れたり」では、「日本国」や「国民」の内実を獲得するための「改革」の必要性を述べ、「貴族的」な西洋文明摂取のあり方を「平民的」なものに切り替えることで「新日本」を建設することを説いていた。

一方、『日本人』誌上で「国粋主義」の理論化に精力的に取り組んだのは志賀重昂であった。志賀は、同誌第二号に掲げた巻頭論説「『日本人』が懐抱《かいほう》する処の旨義《しぎ》を告白す」のなかで、「国粋主義」とは日本人が自然環境と歴史のなかで育んできた「国粋（Nationality）」を「発育成長」させ、「大和民俗が将来未来の間に進化改良するの標準となし基準となす」思想であると説明している。彼が見るところ、政府の進める欧化政策は「模倣主義」であった。また、同誌第七号所収の「大和民俗の潜勢力」では、「日本の国粋ハ、美術的の観念に存在す」とも述べていた。さらに、同誌第二三号所収の「日本民族独立の方針」では、「日本民族の思想を独立せしむる」＝「国粋旨義《しぎ》」、「日本民族箇々《ここ》の勢力を総併《そうへい》する」＝

「大同団結」、「日本民族箇々の実力を増殖する」＝「殖産興業」の三つを掲げた。

愛郷学人末兼八百吉《すえかねやおきち》こと宮崎湖處子《こしょし》は、明治二一年に刊行した『『国民之友』及『日本人』』のなかで、「近日日本の文壇社会に於て批評の術に長ずるもの国民之友と日本人に過ぐるなかるべし」と述べ、両者の主張がこの時代の「文壇社会」を代表するものであることを示唆し、「平民主義」の主意は「貴族的の文明、一階級に偏せる文明を斥けて、普通広及なる平民的の文明を拡張する事に在り」、対する「国粋主義」は「嘗《かつ》て聞慣《ききなれ》ざる」文字だが「保存と改革との両主義を主張せる者の如きなり」と断じている。そのうえで、両者は「改革進取の主義」である点では共通しており、「緩急《かんきゅう》の差」があるのみだと捉えていた。

「平民主義」と「国粋主義」の思想は、一見すると西洋文明への対応が正反対であるかのように見える。だが、宮崎が評したようにいずれも現状改革を目指す実践的な主張で、蘇峰は西洋文明の「貴族的」な受容には反対なのであり、政教社のメンバーも「国粋」を基準とする採長《さいちょう》補短《ほたん》の立場を示したにすぎない。後に社会主義者として知られる堺利彦《さかいとしひこ》が自伝のなかで、「『国民之友』は新思想の雑誌として学生必読であった。（中略）しかし『日本人』が『国民之友』と対立の形を以て出現した時、我々はまた三宅雪嶺を尊崇した。（中略）平民主義の蘇峰でも、国粋主義の雪嶺でも、みな同じく丸呑みにしたわけであった」と回想しているように、新しい世代の青年たちに大きな影響を与えた。

「平民主義」と「国粋主義」の思想は、まだ憲法も（民法も国籍法も）制定されていない時代に、欧化主義の風潮に対してあるべき「国民」像を模索した点ではナショナリズム思想の性格を有していたが、わずか二、三年で雑誌上では唱えられなくなる。これをもって「健康なナショナリズム」の「薄命」を嘆くよりは、「平民主義」と「国粋主義」の思想が有していた多様な可能性や議論としての射程を時代との関係のなかで綿密に検証し、思想としての徹底性や汎用性《はんようせい》に評価を加えていくことの方が、むしろ有意義であろう。「平民主義」と「国粋主義」は、その後の蘇峰や雪嶺の思想活動を一貫するナショナリズム思想の原点ではあるが、当然ながらそのすべてを包摂するものではない。

（中野目徹）

080

大正デモクラシーの思想《たいしょうでもくらしーのしそう》

日露戦後から大正末年にかけ、政治の世界を中心に経済・文化・教育など社会全般に顕著な民主主義的・自由主義的な思想潮流。終期については昭和初期までを含む説もある。政治の世界では大正初年の第一次護憲運動で議院内閣制や政党政治の実現など憲政の民主的改革を要求して桂《かつら》藩閥官僚内閣を倒壊せしめた「大正政変」から、大正七年（一九一八）の原《はら》政友会内閣の誕生を経て、同一三年の第二次護憲運動による護憲三派内閣の成立と普通選挙制の実現へと発展したが、思想的には吉野作造《よしのさくぞう》が「憲政の本義を説いて其有終《そのゆうしゅう》の美を済《な》すの途《みち》を論ず」（一九一六）で体系的に論述した民本主義が指導的役割を担った。政治の目的は民衆の利益と幸福にあり、政策の決定にあたっては民衆の意思にもとづくべきであるという二つの原則から構成された民本主義は、日露戦後の非講和運動を端緒《たんちょ》とする「民衆的傾向」を国家の存立発展と政治運営にどのように位置づけるかという問題をめぐって、民主主義的方向性を示した政治原理であった。

　このような民衆勢力の政治的台頭と並行して、日露戦争勝利による対外的緊張感の弛緩《しかん》と国家的求心力の低下にともない個人主義的傾向が広がった。魚住折蘆《うおずみせつろ》が「自己主張の思想としての自然主義」（一九一〇）のなかで、自己主張の精神が反抗的精神と相まって国家のオーソリティを「最大の重荷」とみなすようになったと指摘した自我の覚醒《かくせい》であり、文学の世界では武者小路実篤《むしゃのこうじさねあつ》や有島武郎《ありしまたけお》ら白樺派が誕生し、哲学では人格主義や理想主義が隆盛となった。『白樺《しらかば》』の創刊（一九一〇）、西田幾太郎《にしだきたろう》『善の研究』（一九一一）、朝永三十郎《ともながさんじゅうろう》『近世に於ける「我」の自覚史』（一九一六）の出版などである。大杉栄《おおすぎさかえ》が「生の拡充」（一九一三）で、生命の神髄を自我の確立に求め、既成の権力体系や権威への反逆をとおして新しい生活や社会の創造を宣言したような「大正生命主義」の躍動となり、それは一方で自我の内面化・倫理化の探求、他方では社会的共同性の追求へと進展していったのである。

　ところで人格主義や理想主義の色彩は民本主義者にも濃厚で、政治理論としては市民的自由の位置づけをめぐって波紋を呼んだ。大山郁夫《おおやまいくお》が「デモクラシーの政治哲学的意義」（一九一七）で指摘したように個人の生命・自由・財産に関する人民の権利たる「シビル・リバティ」と一般民衆の参政権たる「ポリティカル・リバティ」の関係であるが、後者に重点が置かれ「国家生活に於ける共同利害観念」という「国家的道徳観念」が強調されている。吉野が民意の尊重を「絶対的の原則」としたのに対し、民衆の利福は「国家主義の思想」や「共同体の観念」との調和が必要な「相対的の原則」とみなしたのも民本主義の倫理主義的性格を物語っているが、このことは山川均《やまかわひとし》の「民本主義の煩悶《はんもん》」（一九一七）はじめ社会主義者から主権の所在を棚上げしたこととならんで、政権運用上の「善政主義」や国家主義との妥協的性格を追及されることになった。

大正七年、米騒動を契機とした労働運動や農民運動の全国的高揚と第一次大戦後の世界的改造気運のもと、大山は「社会改造の根本精神」（一九一九）で政治的次元のみならず、より根幹的な経済的・社会的次元にまで押し広げた「真正のデモクラシー」探求を提唱して「政治の社会的基礎」の実証的究明へと進み、吉野も「言論の自由と国家の干渉」（一九二〇）で「国家は吾々の共同生活の一方面を指して云ふに過ぎない」と断言して国家と社会の峻《しゅん》別《べつ》を説き、長谷川如是閑《はせがわにょぜかん》は「国家意識の社会化」（一九一九）で、「国民の具体的社会生活の価値」を根底に据えて国家「神話」への挑戦を敢行している。相互扶助の「社会的協同精神」に依拠した「自治団」の連合による国家改造を指向したのである。

外交論においても大正デモクラシー初期の「内に立憲主義、外に帝国主義」と標榜《ひょうぼう》された帝国主義との緊密性はベルサイユ=ワシントン体制のもとで協調主義や平和主義によって払拭《ふっしょく》されつつあった。「大日本主義の幻想」（一九二一）を断罪《だんざい》した石橋湛山《いしばしたんざん》の小日本主義は光彩を放ったが、東アジア世界への帝国主義的進出と欧米諸列強との角逐《かくちく》による排外主義的傾向も強くなり、昭和六年（一九三一）の満州事変を境に国際協調論は崩れ、翌七年の五・一五事件による政党政治の終焉《しゅうえん》とともに大正デモクラシーの息の根も止《とど》めを刺された。と同時に最大の政治的要求であった普通選挙法が治安維持法とセットで実現されたという内部的問題も無視できないであろう。

（和田　守）

081

社会主義（マルクス主義）

しゃかいしゅぎ（マルクスしゅぎ）

徳川幕府は小農（自作農）保護のために田畑の売買を禁止していた。明治政府は、近代的な財政を確立するために、租税を物納から金納へと変え、地券を発行して、農地売買を完全に解禁した。これによって、農村共同体の秩序を維持していた多くの豪農（名望家《めいぼうか》）たちは没落し、巨大な農地を保有する少数の大地主（不在地主＝寄生《きせい》地主《じぬし》）が生まれた。日清・日露の両戦役をつうじて産業革命を達成した日本社会は、東京・大阪などに大都市が成立し、土地を失ってプロレタリア（無産者）化した農民たちを吸収して膨張を続けた。

貧富の格差の拡大、労働者の待遇改善、小作人（水呑百姓）の権利確保など、さまざまな社会問題が発生するようになると、明治維新の当初から公娼廃止、貧民救済など社会改良に関心をもっていたキリスト教徒や人道主義者のなかから、先進西欧諸国における社会主義の思想に関心を持つ人々が出現する。

日露の開戦に際して、非戦論の立場をとった新聞『萬朝報《よろずちょうほう》』に拠って論陣を張った、内村鑑三《かんぞう》、幸徳秋《しゅう》水《すい》、木下尚江《なおえ》などは社会主義の先駆的な人たちといえるだろう。『萬朝報』を主宰する黒岩涙香《るいこう》の方針転換を受けて、内村、木下、幸徳らは退社し、さらに幸徳や堺利《とし》彦《ひこ》らは、明治三六年（一九〇三）平民社を結成し『平民新聞』（週刊）を発行して活動を継続した。

もちろん社会主義は西欧からの輸入思想であるが、中江兆民の民主主義が儒教的な「仁政」意識によって支えられていたように、幸徳秋水の社会主義は「志士仁人《ししじんじん》」的な伝統的な意識によって支えられていた。

こうした社会主義の活動は日露戦後に大きく勢力を伸ばしたが、幸徳の影響を受けたグループが明治天皇を暗殺しようとしたとされる明治四三年（一九一〇）の大逆事件を契機とした社会主義者の大弾圧をとおして「冬の時代」と呼ばれる閉塞状況に追い込まれることになる。石川啄《たく》木《ぼく》の「時代閉塞の現状」はこの年八月に執筆された。

大正期に入って、大衆社会の成立にともなって、政治的にはデモクラシーの要求が強まり、社会政策の必要性が自覚されるなかで、再び社会主義が注目されるようになる。はじめは大杉栄《さかえ》の強烈な個性的活動によって一時アナーキズム（無政府主義）が有力になるが、一九一七年におけるロシア革命の成立を契機として、マルクス主義によるボルシェビズム（レーニン主義）が社会主義の中心となっていく（「アナ・ボル論争」）。

主流となった山川均《やまかわひとし》を中心とするグループは、大正一一年（一九二二）七月に日本共産党を結党し、これはモスクワに本部を置くコミンテルン（共産党の国際的組織）によって承認された。

大正一二年（一九二三）の関東大震災の混乱の中で社会主義の弾圧があり、第一次日本共産党は解党するが、大正一五年（一九二六）に至って、ドイツ留学を終えて該博なマルクス主義の知識と文献を集収して帰朝した福本和夫によって日本共産党（第二次）は秘密裏に再建された。福本は、大衆政党の結成を主張する山川均を批判し、レーニンの党理論を論拠として純粋強固な前衛党を構築することの必要性を主張して「理論闘争」を提起した。フクモトイズムは東大新人会をはじめとするインテリ青年たちをひきつけた。しかし福本は翌年、二七年テーゼ（綱領）の提起を受けて批判され、その権威を失墜した。

文学の領域においては大正九年（一九二〇）に雑誌『種播《たねま》く人』が創刊され、平林初之輔《はつのすけ》が「第四階級の文学」を提唱し、プロレタリア文学がしだいに文壇を席巻していく。

大正一一年（一九二二）、東京帝国大学の学生であった竹内仁《たけのうちまさし》は、人格主義者阿部次郎に論争を挑み、人格の実現を主張するならば人格を実現できるような「経済的条件」を作らなければならないと批判した。他人が幸せにならなければ自分も幸せになれないという人格主義に共感するものにとって、竹内の見解は納得できるものであった。

戦時体制が強化されるにつれて、社会主義への弾圧は強化されていった。これに対応してプロレタリア文学の理論的指導者蔵原惟人《くらはらこれひと》は、党の指導を強化していく。『蟹工船《かにこうせん》』の作者でプロレタリア文学の旗手《きしゅ》であった小林多喜二《たきじ》は党の指導を強く反映した傾向小説へと向かい、ついに特高警察の拷問《ごうもん》によって獄死する。しかし、小林の晩年の小説が、小説としてすぐれたものとされていることを疑問視する声もある。

（渡辺和靖）

082 国家神道と教派神道《こっかしんとうときょうはしんとう》

国家神道とは、近代天皇制国家の下での一種の「国教」制度をいうが、「国教」制度自体が構築されていたかについては疑問もある。その思想的淵源《えんげん》は、記紀神話に基づいた神道によって宗教生活・民心の統合を図ることを主張した復古神道、後期水戸学に遡《さかのぼ》る。制度的には、明治維新後の復古神道家などを中心とする神祇・宗教政策、すなわち、律令制に倣《なら》って設けられた神祇官による祭政一致政策・神仏分離政策に源流を求められる。

明治初年の神祇政策は、明治元年（一八六八）の神仏分離政策を皮切りに、翌年の大教宣布《たいきょうせんぷ》の詔《みことのり》に基づく宣教使《せんきょうし》による国民教化運動として推進された。これらの政策は、政府の予測を超えた廃仏毀釈《はいぶつきしゃく》運動の展開や仏教側からの抵抗もあって挫折、明治五年（一八七二）には、教部省と大教院が設けられ、新たに設けられた教導職制の下で、僧侶も教導職に任命し、神道・仏教一体となった宣教体制が整備された。この体制は、仏教や各講社に自由な宗教活動を認めるものではなかったため、浄土真宗を中心として宗教活動の自由を求める動きが活発となり、明治八年（一八七五）には真宗四派が大教院から離脱、大教院も解散した。大教院解散直前に、神道関係の教導職・神道家らは、神道事務局を結成し、これが後にいう教派神道の母体となった。さらに明治一三年（一八八〇）から翌年にかけての神道事務局神殿の祭神をめぐる論争もあって、宣教体制は混乱し、国家が宗教活動を直接統制する政策は頓挫《とんざ》。明治一五年（一八八二）、神官の教導職兼補を廃止し、神官は葬儀に関与せず神社は祭祀儀礼を中心とすることとし、先に神道事務局に結集していた神道教団などが教派神道《きょうはしんとう》として独立する体制が創出された。教派神道は、江戸期の創唱《そうしょう》宗教、山岳信仰、伊勢信仰、出雲信仰、維新後に結成された神道各派などから成るが、それらは紆余曲折《うよきょくせつ》の後に、明治末年には、黒住教《くろずみきょう》・神《しん》道修成派《とうしゅうせいは》・出雲大社教・扶桑教《ふそうきょう》・実行教《じっこうきょう》・神習教《かんながらきょう》・神道大成教《しんとうたいせいきょう》・御嶽教《おんたけきょう》・神道大教《しんとうたいきょう》・禊教《みそぎきょう》・神理教・金《こん》光教《こうきょう》・天理教の一三派となった（以上、現在名）。

国家神道とは、この明治一五年に確立した神社制度を指す場合が多いが、明治初年～戦前期の政策全体、内務省社寺局設立以降、明治憲法体制以降、明治末年以降、昭和ファシズム期を指す場合など諸説がある。だが、少なくとも明治末年以降の体制下では、全国の神社は伊勢神宮と宮中三殿を頂点として位階的に編成され、各神社においては統一的様式による国家祭祀が行われた。神職も国家官吏かそれに準ずる存在とされ、すべての国民は特定神社の氏子とされた。各神社の信仰には、なお江戸期以来の特質が保持されてはいたが、国家による画一的統制は著しく強められた。大日本帝国憲法は、その第二八条において「安寧秩序ヲ妨ゲズ及臣民タルノ義務ニ背カザル限」の「信教の自由」を規定していたが、それは国家神道体制を前提として認められるものであった。

　国家神道体制からはみ出した民俗信仰、民衆宗教などは淫祠邪教《いんしじゃきょう》として厳しく弾圧された。また、同じく国家神道の名によって、植民地朝鮮・台湾でも神社参拝が強要された。

　昭和二〇年（一九四五）一二月の連合国軍総司令部（GHQ）による神道指令（The Shinto Directives）によって、神社に対する国家の保護は停止され、政治と宗教は分離されることとなった。翌年元日の天皇のいわゆる「人間宣言」、続く神祇院官制及び神社関係の全法令の廃止によって国家神道は完全に解体した。しかしながら、今日に至っても、神道指令の撤回を求める声や、靖国《やすくに》神社の国家護持を求める声もあり、神社信仰と天皇制が故意に結びつけられるなどの問題も残っている。

　国家神道論は、今に至るまで論争の多い分野であるが、従前は村上重良《むらかみしげよし》『国家神道』（一九七〇）の影響が大きかった。村上によれば、国家神道は明治期～戦前期の「日本国民を支配していた国家宗教」であり、「民族宗教としての神社神道を、二〇世紀なかばにいたるまで固定化した、時代錯誤の国教制度」であったとされるが、「民族宗教としての神社神道」が古代以来一貫して存在してきたこと自体への疑問も強く（井上寛司《ひろし》『日本の神社と「神道」』二〇〇六）、復古神道・後期水戸学などに影響されつつ、欧米諸国・キリスト教と対峙しての強力な国民国家形成を図るための、むしろ近代的な「宗教」概念を取り入れた、「信教の自由」を強く意識した近代的イデオロギー政策であったとする理解が通説化している（磯前順一『近代日本の宗教言説とその系譜』二〇〇三）。

（桂島宣弘）

083

近代仏教《きんだいぶっきょう》

仏教思想が日本近代に果たした役割については、従来必ずしも充分に評価されていなかった。欧米から近代的な科学・哲学が輸入され、啓蒙主義的な合理主義が主流となる中で、仏教は前近代的な迷信と見られ、否定的に見られた。しかし近年の研究は、仏教思想自体が近代的な発展を示すとともに、社会全体に大きな影響を与えたことを明らかにしている。

明治初期には神仏分離と神道国教化政策の中で、仏教は困難な状況に置かれた。仏教側の巻き返しで、明治五年（一八七二）には教部省が設立され、神仏合同の立場から大教院を中心とした教化政策に転じた。同年には僧侶の肉食妻帯蓄髪《にくじきさいたいちくはつ》も公認され、仏教界は大きな変動の中に立たされた。この間、福田行誡《ふくだぎょうかい》らの復古主義的な改革運動も起こったが必ずしも成功しなかった。浄土真宗本願寺派の島地黙雷《しまじもくらい》は、西欧の宗教政策の視察から政教分離と信教の自由の確立を主張して大教院政策に反対し、その結果、明治八年（一八七五）には浄土真宗諸派が大教院から離脱し、大教院政策は失敗に帰した。これが日本における政教分離と信教の自由の確立とされる。

明治九年（一八七六）に真宗大谷派《しんしゅうおおたには》の南条文雄《なんじょうぶんゆう》と笠原研《かさはらけん》寿《じゅ》がイギリスに留学し、マックス・ミューラーのもとでサンスクリット語に基づく新しい仏教研究の方法を学んだ。他方、同派の小栗栖香頂《おぐるすこうちょう》は明治六年（一八七三）に中国に渡り、中国への布教を開始した。明治一二年（一八七九）には曹洞宗の原坦山《はらたんざん》が東京大学の講師となり、アカデミズムの中での仏教の研究教育が始められた。また、井上《いのうえ》円了《えんりょう》により、近代的な宗教・哲学としての仏教の理論武装がなされた。

明治二二年（一八八九）には大日本帝国憲法が制定され、信教の自由も認められたが、それは天皇不可侵の原則のもとに制限されたものであった。翌年、教育勅語が発布され、内村鑑三の不敬事件をきっかけに、井上哲次郎によって仕掛《しか》けられた「教育と宗教の衝突」論争では、国家道徳中心の立場が主張された。それに対して仏教界でも疑問が提示され、真宗大谷派の清沢満之《きよざわまんし》、日蓮主義に立つ高山樗牛《たかやまちょぎゅう》らによって、個人の内面の信仰に基づく宗教は国家道徳を超えるという主張がなされた。

他方、社会意識の目覚めから、境野黄洋《さかいのこうよう》らは『新仏教』を創刊して、仏教者の社会参加を促した。また、日蓮主義の田中智学《たなかちがく》は国柱会《こくちゅうかい》を興し、国家主義的な活動を行った。明治四三年（一九一〇）に起こった大逆事件には、内山愚童《うちやまぐどう》・高木顕明《たかぎけんみょう》らの仏教者が関与していた。伊藤《いとう》証信《しょうしん》の無我苑《むがえん》や西田天香《にしだてんこう》の一灯園《いっとうえん》などの共同体創設の運動もまた、仏教者の社会活動と無縁でない。

大正期には理想主義的なヒューマニズムや生命賛美の動向の中で、仏教に影響を受けた思想家たちが活動を開始した。西田幾太郎《にしだきたろう》・鈴木大拙《すずきだいせつ》・和辻哲郎《わつじてつろう》・柳宗悦《やなぎむねよし》・倉田百三《くらたひゃくぞう》ら、いずれも大正から昭和にかけて仏教の影響の強い思想を展開した。また、村上専精《むらかみせんしょう》によって東京帝国大学に印度哲学の講座が確立された。

昭和に入ると、急速にファシズムへと進む社会の中で、妹尾義郎《せのおぎろう》の新興仏教青年同盟を除くと、ほとんど反ファシズムの運動は起こらず、むしろ国家主義を先導する場合が多かった。血盟団事件の井上日召《いのうえにっしょう》、二・二六事件に連座した北一輝《きたいっき》、関東軍参謀の石原莞爾《いしはらかんじ》らは、熱心な日蓮主義者であった。また、禅宗の老師たちも積極的に戦争を支持したが、とりわけ皇道禅を唱えた軍人杉本五郎の遺著『大義』（一九三八）はベストセラーとなって、人々を戦争に駆り立てた。浄土真宗はマルクス主義からの転向者を多く受け入れ、戦時教学によって阿弥陀仏信仰と天皇信仰を結びつけた。

他方、昭和初期には法華信仰を中心に仏教系の新宗教が次々と興された。久保角太郎《くぼかくたろう》が小谷喜美《おだにきみ》と霊友会を興し、霊友会出身の庭野日敬《にわのにっけい》が立正佼成会《りっしょうこうせいかい》を興している。同じ法華信仰でも牧口常三郎《まきぐちつねさぶろう》が昭和五年（一九三〇）に戸田《とだ》城聖《じょうせい》らと設立した創価教育学会は、戦争中の弾圧を経て、戦後に創価学会として発展した。

戦争の激化とともに、昭和一四年（一九三九）には宗教団体法が成立し、翌年には宗派合同によって、宗教は完全に国家の統制下に置かれ、自由な活動が封じられた。昭和二〇年（一九四五）の敗戦によってようやく自由を得た。戦後は日本山妙法寺の藤井日達《ふじいにったつ》の平和活動や創価学会の伸張などが注目されるものの、既成仏教教団の活動は必ずしも活発でなく、今日そのあり方は大きな岐路に立たされている。

（末木文美士）

084 近代日本のキリスト教《きんだいにほんのキリストきょう》

約一五〇年前の安政六年（一八五九）、いまだ禁教下ではあった日本に、複数の宣教師が長崎、横浜の居留地内礼拝のために公に来日し、プロテスタント・キリスト教の伝道の準備を始めた。その年から五〇年が経過した明治四二年（一九〇九）、近代日本のキリスト教思想家の一人で牧師であった小崎弘道《こざきひろみち》は、「我国基督教の大勢」に次のように記している（一部漢字をひらがなに改めて引用する。以下引用は同様）。

「今日我国にては思想としての基督教《キリストきょう》はほとんど全国及ばぬ所なけれども、宗教としての基督教はこれを奉ずるものなお、いたって少数なるは我が国の伝道がなお第一期にあるが故と申さねばなりますまい。」（『回顧二十年』）。

小崎はここで、キリスト教を「思想としての基督教」と「宗教としての基督教」に分け、「宗教としての基督教」は少数の人にしか受け入れられていない。それ故に、日本の伝道は第一期なのだと言う。けれども「思想としての基督教」は全国いたるところに、その影響力をもっていることを指摘している。

「思想として基督教」の影響力は、言葉によるものである。そして、キリスト教は外来宗教である。キリスト教が日本の文化の一要素になったのは、外国語の言葉が日本語に翻訳されたからである。近代日本のキリスト教は、西洋の言葉の翻訳から始まり、その言葉の新鮮さの故に、若者たちの心を魅了したのである。その一つが「愛」と「恋愛」であった。

キリスト教は「愛の宗教」であるが、その「愛」は、明治の初期には用いるのに抵抗があったという。「愛」ではなく、「ラブ」「誠」あるいは「仁愛」として受容された。さらには「恋愛」という造語によって明治の思想に影響力を持ったのである。たとえば北村透谷が明治二五年（一八九二）、『女学雑誌』に発表した「厭世詩家《えんせいしか》と女性」の冒頭に「恋愛は人世の秘鑰《ひやく》（ひみつのかぎ）なり、恋愛ありて後人《のち》世あり、恋愛をぬきさりたらむには人生何の色味かあらむ」と記し、島崎藤村たちに多大なる感激を与えたのも、「恋愛」という言葉の新鮮さの故であった。そして人生そのものに関る関係として「愛」が憧れの対象となる。つまり、「精神性」を重んじた男と女の関係は、それまでの「恋」とは違う生き方となり、さらには宣教師たちから直接に学んだ「自由恋愛」による結婚は、青年たちのお手本となった。しかしながら、その「愛」と「結婚」は現実生活で矛盾が生じ、挫折を余儀なくされた。

他方、内村鑑三《うちむらかんぞう》は「愛」だけではいけない、「義」が「愛」にともなわなければならないことを主張し、本当の愛は「愛する者のために自己を棄《す》てる。神のため、国のため、義務のために愛そのものをすら犠牲に供する事」だと言う。その意味では、「昔の武士の家庭は、近代人のそれよりも、はるかに健全であり、幸福であつた」と結論する（「近代人の愛と基督信者の愛」）。

内村には、江戸期以来の伝統思想が生きていた。このことは一人内村だけでなく、近代日本のキリスト教は、鈴木範久が指摘している通り、ヨーロッパ産の自由・平等・博愛という「市民倫理」としてではなく、日本産の正直・誠実・まじめという「修養倫理」として受容されたところに特色がある。たとえば、「愛」に生きることよりも、「誠」に生きる生き方が日本人基督者には、なじみやすく、信仰とは神への「至誠」であった。その「誠」は、「まごころ」であり、「純粋な汚れのない心情」であった。たとえば、新渡戸稲造《にとべいなぞう》は「ラブという言葉にピッタリあてはまるものはないかもしれないが、誠という言葉には、英語のラブも、なにもかも含まれているようである」と言う（『西洋の事情と思想』）。さらに日本の救世軍の指導者であった山室軍平《やまむろぐんぺい》は「どうしても争われぬものは人間のまごころである」「人間のまごころに善悪是非を判断する力をくだされておるのを見ては、神が正しい御方であるのを悟ることができる」と『平民の福音』に記している。

こうした「誠」の倫理が、キリスト教の「隣人愛」と結びつき、近代日本の社会主義運動と社会福祉事業の実践の推進力となった。さらに「隣人愛」は近代日本の教育ことに、女子教育に示され、「神と人を愛する」自立した人の育成に貢献した。しかし今日、その「隣人愛」の内実が問われている。

（原島　正）

085 女性解放運動の思想《じょせいかいほううんどうのしそう》

女性解放思想は、幕末に「女大学」の男尊女卑思想と男性の女性蔑視を批判して「男大学」を書きたいと記した福沢諭吉など、啓蒙思想家から始まる一連の女性解放思想の系譜がある。一方、女性解放運動の思想は、解放運動の実践者が模索した思想や解放運動を支えた思想であろう。この観点から女性解放運動の思想を概説する。

日本近代の女性解放運動は、従来運動を展開した主体が属する階級によって市民的女性運動と無産女性運動とに二分して分析されてきた。前者は主としてJ・S・ミルやエレン・ケイなどの理論が、後者はアウグスト・ベーベルなどの女性解放理論がバックボーンにあると考えられてきた。しかし、本項では運動が対象にした課題から女性解放運動の思想を考える。近代日本の女性をとりまく環境の特色は、女性を政治活動から排除したこと、江戸期の家的要素を残した家族制度に由来する妻や母など既婚女性の低い地位、公娼制《こうしょうせい》の再編など男性の性の放縦《ほうじゅう》を法的に容認したこと、性の男女による対立規範、伝統的な婦徳を残存させた良妻賢母主義教育などがある。こうした環境に対抗する運動と思想が主として女性から生まれた。

明治一三年（一八八〇）前後から自由民権運動に男女同権を要求して参加した女性たちのうち、エッセイを残しているのは岸田（中島）俊子、清水豊子（古在紫琴《こざいしきん》）、景山《かげやま》（福田）英子《ひでこ》などである。岸田は女性を家に閉じこめる思想を批判し、男性の奴隷としてではなく対等に生きることを、またそのための女子教育を、清水は男性の不品行を批判し、かつ女性は国民の一人であり子を育てる母であるからこそ女性の国会傍聴や地方選挙権などの政治活動が必要であることを、景山もまた国政への参加と女子の実業教育を、さらに後には女性解放には社会の経済的変革が必要だと主張した。植木枝盛《うえきえもり》もまた女性の選挙権実現や夫婦中心の家庭、廃娼《はいしょう》を主張した。ただしほとんどの民権運動家にとって民権とは男性のそれを意味した。

多方面にわたる民権期の男女同権論のうち、男性の不品行批判や廃娼は、一八八〇年代後半からキリスト教婦人矯風会《きょうふうかい》の人びとによって、夫に姦通罪を適用し一夫一婦制の実現を求める請願運動や救世軍などと協同する廃娼運動に引き継がれる。さらに政治活動の自由は、自由民権運動後新たに制定された、女性の政治活動を禁止した集会及《および》政社法、治安警察法（政治結社への入会、政談演説会の主催及び参加の禁止）の改正請願運動が、階級廃絶、性差別廃止、万人の福祉、世界平和を掲げた社会主義団体（平民社）に属する女性たちによって行われる。

一九一〇年代から二〇年代の大正デモクラシー期には、平塚らいてうや与謝野晶子《よさのあきこ》などによって、親による見合い結婚から始まる女性のライフサイクルや夫への服従、良妻賢母主義教育、姦通、堕胎《だたい》、公娼制などの女性の性規範が批判され、二〇年前後からは新婦人協会によって、治安警察法改正や参政権実現の課題が提起される。二〇年代には女性の参政権、公民権などを要求する婦選獲得期成同盟（婦選獲得同盟）が市川房枝などによって設立され、男子普選の実現後女性たちの共同の運動として戦時体制下にはいるまで発展する。女性の多様な要求を実現するために参政権が必須であると自覚された。さらにこの時期には寄宿舎制度の改善、強制預金廃止、夜業廃止などを求める女性労働者の運動が展開する。が組合運動では女性労働者の運動はなかなか正当に位置づけられなかった。同様の問題は農民運動や被差別部落の運動でも生じた。こうした無産階層の女性の問題を家制度の廃止を含め「婦人の特殊要求」としてまとめたのが、社会主義理論家の山川菊栄《やまかわきくえ》である。無差別層の女性にとっては家庭生活を維持することが、中産階層の女性にとっては家庭生活を合理化することが、一九二〇年代後半から三〇年代に課題になった。この時期に、保育所の設置や消費組合の運動などが展開する。

女性たちの社会活動がもっとも盛んになるのは一九三〇年代である。三〇年代後半以降総力戦体制下で多くの女性活動家が戦争協力を行った苦い経験をへて、戦後民主改革によって戦前の女性解放運動の要求は法律上実現した。戦後の大きな変化は一九七〇年代以降固定化された性別分業体制が性差別の原因として考えられ、男女両性の関係のあり方を問題視するジェンダー理論が、実践上また思想上重要視されていることである。

（早川紀代）

086

皇国史観と唯物史観

こうこくしかんとゆいぶつしかん

一九三〇年代、国内における社会的諸矛盾が顕在化し、アジアへの侵略戦争も激化すると、それまでの自由主義的な議論は退潮し、新たな危機の諸相に対応しようとする独自の動きが歴史学の世界にも起こってくる。その現れが皇国史観と唯物史観である。それぞれの立場を代表する平泉澄《きよし》と羽仁五郎《はにごろう》が、ともにクローチェ『歴史の理論と歴史』（羽仁五郎訳、岩波文庫）を重視していたように、従来のアカデミズムの実証史学とは異なる新しい歴史認識を模索する点で、両者の志向は共通していた。

そもそも皇国史観は、最も広い意味では、前近代の尊王論から戦後の教科書検定までも含めて天皇や国家を重視する歴史観一般を指し、逆に最も狭い意味では、昭和一七年（一九四二）ころから文部省周辺で使われる「皇国史観」という語の実際の用例に即した概念を言う。ただし、一般的には、近代日本において革命のない万世一系の皇統という日本の「国体」に至上の価値をおき、侵略戦争や植民地支配を正当化する歴史観を意味するのが普通であろう。この皇国史観の展開において重要な画期となるのが一九三〇年代である。つまり、この時期には神話の権威に依拠する明治期以来の伝統的な考えに加え、総力戦体制の構築という課題に対応するために、国民の自発的な忠義の発揮を第一義的なものとする相対的に合理的な考えが新たに登場してくる。

そのためより本質的には皇国史観とは、文部省『国体の本義』（一九三七）、山田孝雄《よしお》などに示される伝統的な考えから、それと対立する平泉澄、大川周明《おおかわしゅうめい》などに代表される新しい考えまでの大きな幅をもって成立する、一九三〇年代以降に特有の思想であったと理解すべきであろう。皇国史観の抱える内容的多様性は、一元的な思想運動としての活動を阻害する面をもった反面、国民に対して重層的、複合的に機能し、結果としてより強い抑圧をもたらし、大きな犠牲を強いることとなった。

皇国史観に対し、当時批判的な位置にあったのがマルクス主義の歴史観である。観念論に立つ皇国史観を真っ向から否定し、現代における日本資本主義の行き詰まりを歴史的に説明すべく、羽仁五郎『転形期の歴史学』（一九二九）、野呂栄太郎《のろえいたろう》『日本資本主義発達史』（一九三〇）などの唯物論に基づく歴史理論・日本史研究が新たに成立する。唯物史観において、人間の意識は物質的生産活動を反映したものに過ぎず、人間の歴史はこの生産活動の発展過程として捉えられる。つまり、生産力が発展するにつれ、それまでの生産する方法との間に矛盾が生まれ、その結果、経済構造を基礎として成り立っている諸観念も変革を迫られることとなる。いかなる民族、地方にあっても人間はこのような変革による発展段階を経ており、いまや新たな革命が求められる特定の発展段階にあると見なす点で、唯物史観は世界史的普遍性を備え、かつ帝国主義的戦争への反対や革命運動という実践を伴う。

　皇国史観が一枚岩ではなかったように、唯物史観側も内部において見解の相違を抱えていた。たとえば近代史の理解をめぐっては、日本資本主義論争がよく知られている。すなわち、日本の資本主義社会を絶対主義と封建制との混交と見なす講座派と、明治維新（ブルジョア革命）によって封建制は打破されていると捉える労農派とが対立した。これは単なる学問上の論争ではなく、現在求められている革命を、まずはブルジョア革命を徹底し、それからプロレタリア革命へと至る段階的なものとするのか、それとも直接プロレタリア革命とするのかという実践上の方針の違いに関わっていた。

　当初、唯物史観による日本史研究の対象は明治維新に集中していたが、皇国史観の活発化に危機感を募らせたこともあり、天皇制もまた経済構造に規定された歴史的産物に過ぎないことを明らかにするために、より過去に遡って古代へと対象を拡大させるようになる。このような意図のもと渡部義通《わたなべよしみち》らによって取り組まれた研究は、天皇制の発生以前に原始共産制という本来的な社会が存在していたことを示そうとするものであった。その後、当局による弾圧の強化、日本共産党の壊滅、マルクス主義者の大量転向という悪条件の重なりにもかかわらず、かえってコミンテルン（共産党の国際的組織）の権威から自立した独自な分析へと及ぶ動きが現れ、一九四〇年代には唯物史観に依拠する藤間生大《とうませいた》、石母田正《いしもだしょう》、松本新《まつもとしん》八郎《ぱちろう》らが実証史学の成果にも学びながら、戦後の歴史学につながる貴重な業績を発表していった。（昆野伸幸）

087

昭和の思想

しょうわのしそう

「昭和」を単なる元号以上のまとまりをもった時代区分とみることは、それなりに可能である。前半の二〇年は、東アジアに一定の安定をもたらしたワシントン体制が崩壊し、日本が東アジアの支配をめぐって米英との戦争に突入していく時期であり、残りの四〇余年は東西冷戦の下で米国の庇護《ひご》によって「民主化」と経済成長を実現した時期である。ここではその特徴をマルクス主義・近代主義・自由主義の三つの観点から概観する。

ロシア革命の成功によって世界中に伝播《でんぱ》したマルクス主義は、日本でも知識人に圧倒的な影響を与えた。昭和初期には、驚くほど多くのマルクス主義文献が翻訳紹介されているが、他方、共産党は二度にわたる弾圧でほとんど壊滅状態だった。その結果、実際の運動から切り離された理論活動は、コミンテルン(共産党の国際的組織)の指令を参照軸にした観念的なものになりがちだった。昭和前期のマルクス主義の総決算ともいえる『日本資本主義発達史講座』(一九三二-三三)に結集した知識人は決して一枚岩ではないが、マルクス主義が秘儀化《ひぎか》した社会環境では、その呵責《かしゃく》ない党派性が負の遺産をもたらしたことも否定できない。

第二次大戦後の日本マルクス主義には二つの特徴がみられる。第一に、戦前にマルクス主義陣営が講座派と労農派に分裂したことによって、戦後も共産党と社会党(左派)の二派が勢力争いをし、その対立が労働運動や大衆運動のレベルにも及んだ。そして相互にマルクス主義の本家争いをすることによって、資本主義が高度に発達してもレーニン主義的な革命論の影響から脱却できず、西欧的な社会民主主義が成熟する機会を失った。

第二に、マルクス主義の方法や歴史認識が、一九六〇年代末まで歴史学・経済学・政治学・哲学などの分野で広く影響力を行使し、階級対立や社会主義への移行の必然性の観念が非マルクス主義者にも共有された。しかも戦後の社会科学では講座派の影響が特に強かったので、戦前から受容されていたマックス・ウェーバーのエートス論と結合して、日本社会を過度に遅れた社会とみる考え方が、長く左翼的な知識人を支配した。

「近代」の理念が知識人の重要な関心事になったのも昭和期日本の特徴である。一九三〇年代の日本は、経済恐慌による内政の混乱と中国との戦争という二重の危機に直面した。この危機を第一次大戦による「西欧の没落」という歴史転換と連関させ、明治維新以来の近代化＝西欧化への反省と日中戦争（のちには日米戦争）の正当性を「近代の超克」と説明する京都学派や日本浪漫派《ろうまんは》が、時代の脚光を浴びた。欧米中心の秩序と歴史理解を否認し、欧米の帝国主義支配からアジアを開放するのが日本の使命だと唱えたのである。

当然ながら、こうした主張は日中戦争の侵略性に目を覆って、帝国主義国家としての日本の戦争行為を正当化するイデオロギーにすぎないともいえる。しかし中国の抗日ナショナリズムと帝国主義的利権をめぐる列強との対立に挟撃されていた日本にとって、その両者を同じ枠組のなかで理解し一刀両断に説明する方法は、日中・日米戦争を西欧的「近代」を超克する戦争として位置づける以外になかったのである。

しかし日本社会を「半封建的」と規定する講座派マルクス主義から影響を受けた知識人にとって、「近代」は「超克」どころか未達成であると意識された。戦中の丸《まる》山眞男《やままさお》や大塚久雄《おおつかひさお》などの仕事はこうした問題意識に立っており、戦後、それは西欧的な近代精神をいかにして日本に定着させるかという形で展開された。この「近代主義」の課題意識は一九五〇〜六〇年代を通じて「進歩的知識人」に広く共有され、その結果、高度経済成長による社会変化の理論化が決定的に立ち遅れてしまった。

ロシア革命以後、自由主義は「反共」を一つの属性とすることになった。それまで種々の権力や抑圧からの解放の原理だった自由主義は、ここに急激な現状変革を否定する保守主義の側面をも持たざるを得なくなる。ファシズムとマルクス主義の両方と果敢に闘った河合榮治郎《かわいえいじろう》はその典型であり、戦後の民主化の過程でも、戦前への復帰を阻止するためにマルクス主義的左翼と自由主義者の一時的な共同戦線ができた。しかし冷戦の激化によって「容共」か「反共」かの踏み絵を迫られ、結局、多くの自由主義者が親米的保守の立場をとることになった。その結果、戦後の日本では、意見や価値の多元性を本領とする自由主義が充分に発達しなかった。（米原　謙）

参考文献

第一部　一　飛鳥・奈良・平安時代

001　古神道の思想　三橋　健

平田篤胤『古道大意』（『新修平田篤胤全集（全二一巻）』八巻）名著出版、一九七六年
筧克彦『古神道大義・皇國の根柢、萬邦の精華』清水書店、一九一二年
岩野泡鳴『筧博士の古神道大義』敬文館、一九一五年
紀平正美「古神道」（『岩波講座哲学』第一一巻）岩波書店、一九三二年
村岡典嗣『神道史』（同『日本思想史研究』第一巻）創文社、一九五六年

002　大陸思想の摂取（1）儒教　笠井昌昭

武田佐知子「律令国家による儒教的家族道徳規範の導入」（竹内理三編『古代天皇制と社会構造』）校倉書房、一九八〇年
坂本太郎「飛鳥・奈良時代の倫理思想」（『古典と歴史』）吉川弘文館、一九八一年
笠井昌昭「『続日本紀』にあらわれた孝の宣揚について」（同『古代日本の精神風土』）ぺりかん社、一九八九年
加地伸行『儒教とは何か』（中公新書）中央公論社、一九九〇年
大隅清陽『律令官制と礼秩序の研究』吉川弘文館、二〇一一年

003　大陸思想の摂取（2）道教　三橋　健

窪徳忠『世界宗教史叢書9　道教史』山川出版社、一九七七年
福永光司『道教と日本文化』人文書院、一九八二年
福井康順他監修『道教　第1・2・3巻』平河出版社、一九八三年
野口鐵郎他編『道教事典』平河出版社、一九九四年
菊地章太『儒教・仏教・道教―東アジアの思想空間』（講談社選書メチエ）講談社、二〇〇八年

004　大陸思想の摂取（3）仏教　八重樫直比古

石上英一「古代東アジア地域と日本」（朝尾直弘他編『日本の社会史1』）岩波書店、一九八七年
松浦正昭「日本に伝えられた東アジアの仏」（奈良国立博物館特別展図録『東アジアの仏たち』）奈良国立博物館、一九九六年
八重樫直比古「『日本書紀』崇峻天皇即位前紀覚書」（玉懸博之編『日本思想史―その普遍と特殊』）ぺりかん社、一九九七年
河上麻由子「遣唐使と仏教」（『日本歴史』七一七号）吉川弘文館、二〇〇八年

005　天皇の思想　笠井昌昭

岡田精司『古代王権の祭祀と神話』塙書房、一九七〇年
笠井昌昭「『日本書紀』を中心とした池の伝承について」（同『古代日本の精神風土』）ぺりかん社、一九八九年
大津透『古代の天皇制』岩波書店、一九九九年
網野善彦他編『日本の歴史 八（古代天皇制を考える）』講談社、二〇〇一年
岩波講座『天皇と王権を考える（全一〇巻）』岩波書店、二〇〇二年

006　古代律令国家の政治思想　石田一良・笠井昌昭

野村忠夫『古代官僚の世界』（塙新書）塙書房、一九六九年
池田温編『中国礼法と日本律令制』東方書店、一九九二年
関晃『日本古代の政治と文化』（『関晃著作集』第五巻）吉川弘文館、一九九七年
石田一良編『体系日本史叢書22　思想史 Ⅰ』山川出版社、二〇〇一年
吉川真司『聖武天皇と仏都平城京』（『天皇の歴史』第二巻）講談社、二〇一一年

007　摂関政治の思想　笠井昌昭

笠井昌昭「平安貴族の生活意識」（『日本思想史講座』第一巻）雄山閣出版、一九七七年
目崎徳衛『王朝のみやび』吉川弘文館、一九七八年
橋本義彦『平安貴族』（平凡社選書）平凡社、一九八六年
玉井力『平安時代の貴族と天皇』岩波書店、二〇〇〇年
佐藤全敏『平安時代の天皇と官僚制』東京大学出版会、二〇〇八年

008　院政の政治思想　笠井昌昭

橋本義彦『平安貴族社会の研究』吉川弘文館、一九七六年
五味文彦『院政期社会の研究』山川出版社、一九八四年
坂本賞三『藤原頼通の時代―摂関政治から院政へ―』平凡社選書、一九九一年
美川圭『院政の研究』臨川書店、一九九六年
石井進「院政時代」（石井進著作集刊行会編『石井進著作集』第三巻〈院政と平氏政権〉）岩波書店、二〇〇四年

009　奈良仏教　八重樫直比古

速水侑他編『論集奈良仏教（全五巻）』雄山閣出版、一九九四～九五年

吉田一彦『日本古代社会と仏教』吉川弘文館、一九九五年
根本誠二『奈良時代の僧侶と社会』雄山閣出版、一九九九年
曾根正人『古代仏教界と王朝社会』吉川弘文館、二〇〇〇年
勝浦令子『日本古代の僧尼と社会』吉川弘文館、二〇〇〇年

010 平安仏教

速水侑

井上光貞『日本古代の国家と仏教』岩波書店、一九七一年
黒田俊雄『日本中世の国家と仏教』岩波書店、一九七五年
薗田香融『平安仏教の研究』法藏館、一九八一年
速水侑『日本仏教史　古代』吉川弘文館、一九八六年

011 密教

速水侑

栂尾祥雲『秘密仏教史』密教文化研究所、一九五九年
櫛田良洪『真言密教成立過程の研究』山喜房佛書林、一九六四年
勝又俊教『密教の日本的展開』春秋社、一九七〇年
速水侑『平安貴族社会と仏教』吉川弘文館、一九七五年

012 本地垂迹思想

佐藤弘夫

西田長男『神道史の研究（第二）』理想社、一九五七年
村山修一『本地垂迹』（日本歴史叢書）吉川弘文館、一九七四年
佐藤弘夫『アマテラスの変貌』法藏館、二〇〇〇年

013 怨霊思想

佐藤勢紀子

鈴木哲、関幸彦『怨霊の宴』新人物往来社、二〇〇一年
山田雄司『跋扈する怨霊―祟りと鎮魂の日本史―』吉川弘文館、二〇〇七年
井沢元彦『怨霊と鎮魂の日本芸能史』檜書店、二〇〇八年
竹田恒泰『怨霊になった天皇』小学館、二〇〇九年
河音能平「怨霊・御霊とは何か」（『河音能平著作集』第二巻）文理閣、二〇一〇年

014 陰陽道

岡田莊司

村山修一『日本陰陽道史総説』塙書房、一九八一年
村山修一他編『陰陽道叢書（全四巻）』名著出版、一九九一～九三年
山下克明『平安時代の宗教文化と陰陽道』岩田書院、一九九六年
繁田信一『陰陽師と貴族社会』吉川弘文館、二〇〇四年
林淳『近世陰陽師の研究』吉川弘文館、二〇〇五年

015 修験道

鈴木正崇

宮家準『修験道』（講談社学術文庫）講談社、二〇〇一年
鈴木正崇『女人禁制』吉川弘文館、二〇〇二年
鈴木昭英『修験道歴史民俗論集』（全三巻）法藏館、二〇〇三～〇

四年
五来重『山の宗教―修験道案内』（角川ソフィア文庫）角川学芸出版、二〇〇八年
宮家準編『山岳修験への招待―霊山と修行体験』新人物往来社、二〇一一年

016 浄土の思想　速水侑

村山修一『浄土教芸術と弥陀信仰』至文堂、一九六六年
家永三郎『日本思想史に於ける否定の論理の発達』新泉社、一九六九年（のち、『家永三郎集』〈第一巻〉岩波書店、一九九七年、に収録）
大串純夫『来迎芸術』法藏館、一九八三年
小原　仁『文人貴族の系譜』吉川弘文館、一九八七年

017 宿世の思想　佐藤勢紀子

重松信弘『源氏物語の仏教思想』平楽寺書店、一九六七年
寺島茂「平安時代の物語の「宿世観」と仏教の「宿世観」」（『国学院大学大学院研究科論集』一号）、一九七四年
田村芳朗「日本における業と自然の思想」（雲井昭善編『業思想研究』）平楽寺書店、一九七九年
今野達他編『岩波講座　日本文学と仏教』（第二巻「因果」）岩波書店、一九九四年
佐藤勢紀子『宿世の思想―源氏物語の女性たち―』ぺりかん社、一九九五年

018 末法と末世　佐藤弘夫

井上光貞『日本浄土教成立史の研究』山川出版社、一九五六年（のち、『新訂日本浄土教成立史の研究』〈法藏館〉と題し再刊され、さらに『井上光貞著作集』第七巻〈岩波書店〉に収録、一九八五年）
高木豊『平安時代法華仏教史研究』平楽寺書店、一九七三年
平雅行『日本中世の社会と仏教』塙書房、一九九二年
佐藤弘夫「日本における末法思想の展開とその歴史的位置」（歴史学研究会編『再生する終末思想』）青木書店、二〇〇〇年

019 『古事記』　伊藤益

津田左右吉『日本古典の研究（上・下）』岩波書店、一九四八・五〇年
梅沢伊勢三『記紀批判』『続記紀批判』創文社、一九六三・七六年
西郷信綱『古事記研究』未来社、一九七三年
神野志隆光『古事記の世界観』（復刻版）吉川弘文館、二〇〇八年

020 『日本書紀』　伊藤益

津田左右吉『日本古典の研究（上・下）』岩波書店、一九四八・五

○年

小島憲之『上代日本文学と中国文学（上・中・下）』（上）塙書房、一九六二年

井上光貞『日本古代国家の研究』岩波書店、一九六五年

森博達『古代の音韻と日本書紀の成立』大修館書店、一九九一年

021 『万葉集』 駒木 敏

伊藤博『万葉集の構造と成立（上・下）』塙書房、一九七四年

小島憲之他編『（新編）日本古典文学全集　万葉集（全四巻）』小学館、一九九四～九六年

神野志隆光、坂本信幸編『セミナー　万葉の歌人と作品（全一二巻）』和泉書院、一九九五～二〇〇五年

古橋信孝編『万葉集を読む』（歴史と古典）吉川弘文館、二〇〇八年

神野志隆光編『万葉集鑑賞事典』講談社、二〇一〇年

022 『栄華物語』 佐藤勢紀子

山中裕編『王朝歴史物語の世界』吉川弘文館、一九九一年

田中徳定「『栄花物語』にみる経典享受の様相について」（古代中世文学論考刊行会編『古代中世文学論考　第二集』）新典社、一九九九年

中村康夫『栄花物語の基層』風間書房、二〇〇二年

池田尚隆「『栄花物語』続編の仏教関係記事」（藤本勝義編『王朝文学と仏教・神道・陰陽道』）竹林舎、二〇〇七年

山中裕・久下利編『栄花物語の新研究—歴史と物語を考える—』新典社、二〇〇七年

023 『大鏡』 石毛 忠

松本浩久『大鏡の主題と構造』笠間書院、一九七九年

石毛忠「『大鏡』の歴史思想」（『季刊日本思想史』第一三号）ぺりかん社、一九八九年

歴史物語講座刊行委員会編『大鏡』（第三巻）風間書房、一九九七年

024 『扶桑略記』 笠井昌昭

平田俊春『日本古典の成立の研究』日本書院、一九五九年

平田俊春『私撰国史の批判的研究』国書刊行会、一九八二年

堀越光信「扶桑略記」（『国史大系書目解題』下巻）吉川弘文館、二〇〇一年

025　鎌倉幕府創成期の政治思想　石毛忠

永原慶二『源頼朝』（岩波新書）岩波書店、一九五八年
河合正治『中世武家社会の研究』吉川弘文館、一九七三年
石毛忠「北条執権の政治思想」（石田一良編『日本精神史』）ぺりかん社、一九八八年
石田一良『愚管抄の研究—その成立と思想』ぺりかん社、二〇〇〇年
石毛忠「『吾妻鏡』の政治思想—鎌倉幕府の政治思想序説」（『季刊日本思想史』五八号）ぺりかん社、二〇〇一年

026　南北朝時代における政治思想　石毛忠

石毛忠「南北朝における「天」の思想—『梅松論』をめぐって」（『日本思想史研究』一号）東北大学文学部日本思想史学研究室、一九六七年
石毛忠「中世における歴史意識をめぐる対立」（今井淳他編『日本思想論争史』）ぺりかん社、一九七九年
玉懸博之「南北朝期の公家の政治思想の一側面」（同『日本中世思想史研究』）ぺりかん社、一九九八年

027　室町幕府の政治思想　石毛忠

藤直幹『中世文化研究』河原書店、一九四九年
石毛忠「室町幕府の政治思想」（古川哲史・石田一良編『日本思想史講座』第二巻・中世の思想一）雄山閣出版、一九七六年
二木謙一『中世武家儀礼の研究』吉川弘文館、一九八五年
二木謙一『中世武家の作法』吉川弘文館、一九九九年

028　鎌倉・室町武士の思想　小澤富夫

高橋富雄『武士道の歴史（上・中・下）』新人物往来社、一九八六年
桃裕行『武家家訓の研究』（桃裕行著作集　第三巻）思文閣出版、一九八八年
山本眞功編註『家訓』（東洋文庫）平凡社、二〇〇一年
小澤富夫『武家家訓・遺訓集成（増補改訂）』ぺりかん社、二〇〇三年
佐伯真一『戦場の精神史—武士道という幻影—』（ＮＨＫブックス）日本放送出版協会、二〇〇四年
小澤富夫『歴史としての武士道』ぺりかん社、二〇〇五年

029　鎌倉仏教　佐藤弘夫

黒田俊雄『日本中世の国家と宗教』岩波書店、一九七五年

佐藤弘夫『日本中世国家と仏教』吉川弘文館、一九八七年
松尾剛次『鎌倉新仏教の成立』吉川弘文館、一九八八年
平雅行『日本中世の社会と仏教』塙書房、一九九二年

030 鎌倉・室町禅と儒教　玉懸博之

足利衍述『鎌倉室町時代之儒教』日本古典全集刊行会、一九三二年（復刻版、有明書房より一九七〇年刊行）
石田一良「林羅山」（相良亨他編『江戸の思想家たち（上巻）』）研究社出版、一九七九年
石田一良『日本文化史―日本の心と形―』東海大学出版会、一九八九年

031 伊勢神道　高橋美由紀

久保田収『中世神道の研究』神道史学会、一九五九年
鎌田純一『中世伊勢神道の研究』続群書類従完成会、一九九八年
牟禮仁『中世神道説形成論考』皇學館大學出版部、二〇〇〇年
高橋美由紀『伊勢神道の成立と展開（増補版）』ぺりかん社、二〇一〇年
伊藤聡『中世天照大神信仰の研究』法藏館、二〇一一年

032 神国思想　佐藤弘夫

佐々木馨「神国思想の中世的展開」（『大乗仏教と日本人』第二巻〈黒田俊雄編『国家と天皇』〉）春秋社、一九九七年
鍛代敏雄『神国論の系譜』法藏館、二〇〇〇年
佐藤弘夫『神国日本』（ちくま新書）筑摩書房、二〇〇六年
高橋美由紀「中世神国思想の一側面」（同『伊勢神道の成立と展開〈増補版〉』）ぺりかん社、二〇一〇年

033 無常観　大隅和雄

小林智昭『無常感の文学』（アテネ新書）弘文堂、一九五九年
佐竹昭広他編『岩波講座　日本文学と仏教』（第四巻・無常）』岩波書店、一九九四年
大隅和雄『方丈記に人と栖の無常を読む』吉川弘文館、二〇〇四年

034 遁世の思想　大隅和雄

大隅和雄「遁世について」（『北海道大学文学部紀要』一三―二）一九六五年
伊藤博之『シンポジウム日本文学6　中世の遁世者文学』学生社、一九七六年

035 吉田神道　三橋 健

吉田神社編『吉田叢書第二編　唯一神道名法要集』内外書籍、一九四二年
西田長男校注・神道大系編纂会編『卜部神道（上・下）』神道大系編纂会、一九八五～九一年
宮地直一「吉田神道綱要」（同『神道史』下巻〈二〉）理想社、一九六三年
西田長男『日本神道史研究（全一〇巻）』（第五巻・中世編下）講談社、一九七九年
出村勝明『吉田神道の基礎的研究』神道史学会、一九九七年

036 茶の湯といけ花の思想　石田一良・笠井昌昭

大井ミノブ『生活からみたいけばなの歴史』主婦の友社、一九六四年
石田一良『大世界史12　日本の開花』文藝春秋、一九六八年
桑田忠親『茶道の歴史』（講談社学術文庫）講談社、一九七九年
林屋辰三郎『図録 日本茶道史』淡交社、一九八〇年
熊倉功夫『茶の湯といけばなの歴史』放送大学叢書、二〇〇九年

037 中世日本紀　岡田莊司

阿部泰郎「中世王権と中世日本紀」（『日本文学』三四－五）日本文学協会、一九八五年
阿部泰郎他編『真福寺善本叢刊・中世日本紀集』臨川書店、一九九九年
阿部泰郎「〝日本紀〟という運動」（『国文学　解釈と観賞』八一四）至文堂、一九九九年
井上寛司『日本の神社と「神道」』校倉書房、二〇〇六年
伊藤聡編『中世神話と神祇・神道世界』竹林舎、二〇一一年

038 『愚管抄』　石田一良・石毛 忠

赤松俊秀「慈円と未来記」（同『鎌倉仏教の研究』）平楽寺書店、一九五七年
筑土鈴寛『慈円―国家と歴史及文学』（『筑土鈴寛著作集』第二巻）せりか書房、一九七七年
多賀宗隼『慈円の研究』吉川弘文館、一九八〇年
大隅和雄『愚管抄を読む―中世日本の歴史観』平凡社、一九八六年（のち本書は、講談社学術文庫に同著者の『愚管抄』〈全現代語訳〉とともに収録、二〇一二年）
石田一良『愚管抄の研究―その成立と思想』ぺりかん社、二〇〇〇年

039 『平家物語』　石毛 忠

大野順一『平家物語における死と運命』創文社、一九六六年

小林智昭『中世文学の思想』笠間書院、一九七四年
石母田正『平家物語』岩波書店、一九七九年
石毛忠「『平家物語』の歴史観―中世的歴史観の一特質」（日本文芸研究会編『伝統と変容―日本の文芸・言語・思想』）ぺりかん社、二〇〇〇年

040 『神皇正統記』 石毛 忠

石田一良「『愚管抄』と『神皇正統記』」（古川哲史・石田一良編『日本思想史講座　第三巻・中世の思想（二）』）雄山閣出版、一九七六年
我妻建治『神皇正統記論考』吉川弘文館、一九八一年
白山芳太郎『北畠親房の研究』ぺりかん社、一九九一年
下川玲子『北畠親房の儒学』ぺりかん社、二〇〇一年
岡野友彦『北畠親房―大日本は神国なり』（ミネルヴァ日本評伝選）ミネルヴァ書房、二〇〇九年

041 『太平記』 石毛 忠

増田欣『太平記の比較文学的研究』角川書店、一九七六年
永積安明『太平記』（古典を読む）岩波書店、一九八四年
加美宏『太平記の受容と変容』翰林書房、一九九七年
長谷川端編『太平記の世界』（軍記文学研究叢書）汲古書院、二〇〇〇年
大津雄一『軍記と王権のイデオロギー』翰林書房、二〇〇五年

042 『梅松論』 石毛 忠

石毛忠「南北朝時代における「天」の思想―『梅松論』をめぐって―」（『日本思想史研究』第一号）日本思想史研究室、一九六七年
矢代和夫・加美宏校註『梅松論・源威集』（新撰日本古典文庫三）現代思潮社、一九七五年
玉懸博之「『梅松論』の歴史観」（『文芸研究』68、一九七一年初出。のち、同『日本中世思想史研究』に収録）ぺりかん社、一九九八年
小秋元段『太平記・梅松論の研究』汲古書院、二〇〇五年

第一部　三　戦国・織豊時代

043 下剋上の思想 石毛 忠

村岡典嗣「下剋上と武士道」（『日本思想史研究』第三巻）岩波書店、一九四八年
福尾猛市郎「『下剋上』の論理」（『日本歴史』第二四八号）吉川弘文館、一九六九年
横井清『下剋上の文化』東京大学出版会、一九八〇年

044 織豊政権の政治思想 石毛 忠

石毛忠「織豊政権の政治思想」（古川哲史・石田一良編『日本思想史講座』第四巻・近世の思想（一））雄山閣出版、一九七六年。本論文は加

筆訂正の上、雄山閣出版から刊行された藤野保編『論集幕藩体制史』第一期第一巻（『織豊政権の成立』、一九九四年）に転載されている
石毛忠「思想史上の秀吉」（桑田忠親編『豊臣秀吉のすべて』）新人物往来社、一九九一年
朝尾直弘『将軍権力の創出』岩波書店、一九九四年（二〇〇四年に『朝尾直弘著作集』第三巻に収録）
高木昭作『将軍権力と天皇―秀吉・家康の神国観』青木書店、二〇〇三年
石毛忠「織田信長の自己神格化―織田政権の思想的課題」（同編『伝統と革新―日本思想史の探究』）ぺりかん社、二〇〇四年

045 キリシタンの思想　石毛 忠

海老沢有道『日本キリシタン史』塙書房、一九六六年
石毛忠「『心学五倫書』の成立事情とその思想史的特質」（石田一良・金谷治編『日本思想大系28　藤原惺窩・林羅山』）岩波書店、一九七五年
海老沢有道『キリシタンの弾圧と抵抗』雄山閣出版、一九八一年
五野井隆史『日本キリスト教史』吉川弘文館、一九九〇年
川村信三『キリシタン信徒組織の誕生と変容』（『キリシタン研究』第四〇輯）教文館、二〇〇三年

046 『信長公記』　石毛 忠

田中久夫「太田牛一『信長公記』成立考」（『帝国学士院紀事』五―二・三）一九四七年
松田修『日本近世文学の成立―異端の系譜』法政大学出版局、一九六三年
石田善人『信長記十五巻解題』（複製本別冊）福武書店、一九七五年
内藤昌「安土城の研究（上・下）」（『国華』第九八七、九八八号）国華社、一九七六年
堀新編『信長公記を読む』（歴史と古典）吉川弘文館、二〇〇九年

047 『三河物語』　石毛 忠

高柳光壽「大久保彦左衛門」「三河物語と戦国の武士」（『高柳光壽史学論文集』下）吉川弘文館、一九七〇年
斎木一馬「『三河物語』考」（齋木一馬他編『日本思想大系26　三河物語・葉隠』）岩波書店、一九七四年
佐藤正英「武士の思想―主従関係をめぐって」（『季刊　日本思想史』第四号）ぺりかん社、一九七七年
石毛忠「戦国武士の運命観とその転換」（『日本歴史』四八四号）日本歴史学会、一九八八年
福田千鶴『幕藩制的秩序と御家騒動』校倉書房、一九九九年

048 『太閤記』

石毛 忠

桑田忠親『太閤記の研究』徳間書店、一九六五年

小沢栄一『近世史学思想史研究』吉川弘文館、一九七四年

石毛忠「戦国武士の運命観とその転換」（『日本歴史』四八四号）日本歴史学会、一九八八年

玉懸博之「『天正期』から『太閤記』へ―近世的歴史観の発生」（『日本思想史研究』四、一九七〇年。のち、同『近世日本の歴史思想』ぺりかん社、二〇〇七年に収録）

第一部　四　江戸時代

049 江戸幕府の政治思想

石毛 忠

丸山眞男『日本政治思想史研究』東京大学出版会、一九五二年

石毛忠「江戸時代初期における「天」の思想」（『日本思想史研究』第二号）東北大学文学部日本思想史学研究室、一九六七年

石毛忠「『心学五倫書』の成立事情とその思想的特質―『仮名性理』『本佐録』理解の前提として―」（石田一良・金谷治編『日本思想大系28　藤原惺窩・林羅山』）岩波書店、一九七五年

笠谷和比古『主君「押込」の構造―近世大名と家臣団―』平凡社、一九八八年

若尾政希『「太平記読み」の時代』平凡社、一九九九年

050 朱子学

土田健次郎

井上哲次郎『日本朱子学派之哲学』冨山房、一九〇九年

安田二郎『中国近世思想研究』弘文堂書房、一九四八年

安岡正篤他編『朱子学大系〈全一四巻〉』明徳出版社、一九七四～八三年

土田健次郎「東アジアにおける朱子学の機能―普遍性と地域性―」（『アジア地域文化学の構築』）雄山閣、二〇〇六年

三浦國雄『朱子伝』平凡社、二〇一〇年

051 陽明学

土田健次郎

荒木見悟他編『陽明学大系〈全一二巻・別巻一巻〉』明徳出版社、一九七一～七四年

井上哲次郎『日本陽明学派之哲学』冨山房、一九〇〇年

島田虔次『朱子学と陽明学』（岩波新書）岩波書店、一九六七年

岡田武彦他編『王陽明全集〈全一〇巻〉』明徳出版社、一九八三～八七年

岡田武彦『王陽明大伝〈全五巻〉』（『岡田武彦全集〈全三四巻〉』一～五）明徳出版社、二〇〇二～〇五年

052 古学

土田健次郎

井上哲次郎『日本古学派之哲学』冨山房、一九〇二年

加藤仁平『伊藤仁斎の学問と教育―古義堂即ち堀川塾の教育史的研究―』目黒書店、一九四〇年
石田一良『伊藤仁斎』（人物叢書）吉川弘文館、一九六〇年
土田健次郎「伊藤仁斎と朱子学」（『早稲田大学大学院文学研究科紀要』四二―一）一九九七年
田尻祐一郎『荻生徂徠』（叢書・日本の思想家）明徳出版社、二〇〇八年

053 江戸仏教

大桑 斉

大桑斉『日本近世の思想と仏教』法藏館、一九八九年
ヘルマン・オームス『徳川イデオロギー』ぺりかん社、一九九〇年
大桑斉『日本仏教の近世』法藏館、二〇〇三年
末木文美士『近世の仏教』吉川弘文館、二〇一〇年

054 儒家神道

安蘇谷正彦

千葉栄『吉川神道の研究』至文堂、一九三九年
平重道『吉川神道の基礎的研究』吉川弘文館、一九六六年
近藤啓吾『山崎闇斎の研究　正・続・続々』臨川書店、一九八六・九一・九五年
谷省吾『垂加神道の成立と展開』図書刊行会、二〇〇一年
田尻祐一郎『山崎闇斎の世界』ぺりかん社、二〇〇六年

055 三教一致説

石毛 忠

足利衍述『鎌倉室町時代之儒教』日本古典全集刊行会、一九三二年
清原貞雄『神道史』厚生閣、一九三二年
石毛忠「『心学五倫書』再考」（西田長男博士追悼論文集『神道及び神道史』）名著普及会、一九八七年
酒井忠夫『〔増補版〕中国善書の研究（上・下）』（同著作集一・二）国書刊行会、一九九九・二〇〇〇年

056 水戸学

吉田俊純

『水戸市史　中巻（一～三）』水戸市役所、一九六八年・六九年・七六年
植手通有『日本近代思想の形成』岩波書店、一九七四年
吉田俊純『水戸学と明治維新』吉川弘文館、二〇〇三年
子安宣邦『国家と祭祀―国家神道の現在』青土社、二〇〇四年
吉田俊純『寛政期水戸学の研究』吉川弘文館、二〇一一年

057 国　学

安蘇谷正彦

村岡典嗣『宣長と篤胤』創文社、一九五七年
松本三之介『国学政治思想の研究』創文社、一九五七年
大久保正『江戸時代の国学』至文堂、一九六三年

芳賀登『幕末国学の展開』塙書房、一九六三年
伊東多三郎『草莽の国学』真砂書房、一九六六年

058 蘭学と洋学

吉田 忠

中山茂編『幕末の洋学』ミネルヴァ書房、一九八四年
田崎哲郎『在村の蘭学』名著出版、一九八五年
沼田次郎『洋学』（日本歴史叢書）吉川弘文館、一九八九年
吉田忠「蘭学と蘭学者」（源了圓編『江戸後期の比較文化研究』）ぺりかん社、一九九〇年
青木歳幸『在村蘭学の研究』思文閣出版、一九九八年

059 武士道

笠谷和比古

辻善之助「武家社会の道徳」（『日本文化史 Ⅲ』第三〇章）春秋社、一九五〇年
古川哲史『日本倫理思想史研究②〈武士道の思想とその周辺〉』福村書店、一九五七年
佐伯真一『戦場の精神史―武士道という幻影―』（ＮＨＫブックス）日本放送出版協会、二〇〇四年
魚住孝至編・解説『諸家評定』新人物往来社、二〇〇七年
笠谷和比古『武家政治の源流と展開』清文堂出版、二〇一一年

060 赤穂事件論

笠谷和比古

石井紫郎編『日本思想大系27 近世武家思想』岩波書店、一九七四年
田原嗣郎『赤穂四十六士論―幕藩制の精神構造―』吉川弘文館、一九七八年
田中佩刀「赤穂義士論に関する考察―近世武士道論序説（上・中・下）」（『明治大学教養論集』一九一、二〇三、二四二号）一九八六～九一年
野口武彦『忠臣蔵』（ちくま新書）筑摩書房、一九九四年
宮澤誠一『赤穂浪士―紡ぎ出される「忠臣蔵」』三省堂、一九九九年

061 家訓

山本眞功

筧泰彦『中世武家家訓の研究』風間書房、一九六七年
近藤斉『近世以降武家家訓の研究』風間書房、一九七五年
小澤富夫・山本眞功編『季刊日本思想史』五一号（特集―家訓）ぺりかん社、一九九七年
山本眞功編注『家訓集』（東洋文庫）平凡社、二〇〇一年
小澤富夫編・校訂『（増補改訂版）武家家訓・遺訓集成』ぺりかん社、二〇〇三年

062 石門心学　辻本雅史

柴田實編『(増補版)手島堵庵全集』清文堂出版、一九七三年(初版一九三一年)
石川謙『石門心学史の研究』岩波書店、一九三八年
竹中靖一『石門心学の経済思想』ミネルヴァ書房、一九六二年
柴田實編『日本思想大系42　石門心学』岩波書店、一九七一年
今井淳・山本眞功編『石門心学の思想』ぺりかん社、二〇〇六年

063 町人の生活思想　山本眞功

宮本又次『近世商人意識の研究』有斐閣、一九四一年
石田一良『町人文化』(日本歴史新書)至文堂、一九六一年
中村幸彦編『日本思想大系59　近世町人思想』岩波書店、一九七五年
中井信彦『日本の歴史21　町人』小学館、一九七五年
日暮聖『近世考—西鶴・近松・芭蕉・秋成』影書房、二〇一〇年

064 農民の生活思想　若尾政希

藤原暹『日本生活思想史序説』ぺりかん社、一九八二年
小池淳一「宗教現象としての読書」(『歴史評論』六二九号)校倉書房、二〇〇二年
大藤修『近世村人のライフサイクル』山川出版社、二〇〇三年
若尾政希「近世前期の社会思想」(宮地正人他編『新体系日本史4　政治社会思想史』)山川出版社、二〇一〇年

065 義理と人情　稲田篤信

石田一良「近松における義理と人情(一・二)」(『文化』三九—一・三、東北大学文学会、一九六五年五月・一二月)
源了圓『義理と人情』(中公新書)中央公論社、一九六九年
中村幸彦「文学は「人情を道ふ」の説」(『中村幸彦著述集』第一巻)中央公論社、一九八二年
阿部謹也『世間とは何か』講談社、一九九五年

066 勧善懲悪　稲田篤信

徳田武「『八犬伝』の小説原理—「隠微」三論」(同『日本近世小説と中国小説』)青裳堂書店、一九八七年
浜田啓介「勧善懲悪補紙」(『近世小説・営為と様式に関する私見』)京都大学学術出版会、一九九三年
黄智暉「馬琴読本における変易論と勧善懲悪の交渉」(同『馬琴小説と史論』)森話社、二〇〇八年

067 分度意識　稲田篤信

中野三敏『戯作論』中央公論社、一九八一年

中野三敏『新日本古典文学大系81　田舎荘子・当世下手談義・当世穴さがし』岩波書店、一九九〇年

飯倉洋一「秋成と分度―『安々言』試論―」（『秋成考』）翰林書房、二〇〇五年

稲田篤信『名分と命禄―上田秋成と同時代の人々―』ぺりかん社、二〇〇六年

加藤裕一「『安々言』の世界―上田秋成の『分度』意識と『私』」（同『上田秋成の思想と文学』）笠間書院、二〇〇九年

068　復古神道

高橋美由紀

小林健三『復古神道』理想社、一九四五年

子安宣邦『宣長と篤胤の世界』中央公論社、一九七七年

阪本是丸『明治維新と国学者』大明堂、一九九三年

前田勉『近世神道と国学』ぺりかん社、二〇〇二年

桂島宣弘『（増補改訂版）幕末民衆思想の研究』文理閣、二〇〇五年

069　尊王攘夷思想

本郷隆盛

丸山眞男『現代政治の思想と行動』未来社、一九六四年

尾藤正英「水戸学の特質」（今井宇三郎他『日本思想大系53　水戸学』）岩波書店、一九七三年

尾藤正英「尊王攘夷思想」（朝尾直弘他編『岩波講座　日本歴史13〈近世5〉』）岩波書店、一九七七年

丸山眞男『忠誠と反逆―転換期日本の精神史的位相―』筑摩書房、一九九二年

070　『本朝通鑑』

玉懸博之

堀勇雄『林羅山』吉川弘文館、一九六四年

安川実『本朝通鑑の研究―林家史学の展開とその影響―』言叢社、一九八〇年

玉懸博之「林羅山の歴史思想―その日本歴史像をめぐって―」（同『近世日本の歴史思想』）ぺりかん社、二〇〇七年

071　『大日本史』

玉懸博之

鈴木暎一『水戸藩学問・教育史の研究』吉川弘文館、一九八七年

尾藤正英「水戸学の特質」（今井宇三郎他『日本思想大系53　水戸学の特質』）岩波書店、一九七三年

松本三之介「近世における歴史叙述とその思想」（松本三之介・小倉芳彦『日本思想史大系48　近世史論集』岩波書店、一九七四年

玉懸博之「前期水戸史学の歴史思想の一側面―栗山潜峰の歴史思想―」（同『近世日本の歴史思想』）ぺりかん社、二〇〇七年

玉懸博之「前期水戸史学の歴史思想続考―安積澹泊『大日本史』論賛をめぐって―」（同『近世日本の歴史思想』）ぺりかん社、二〇

○七年

072 『読史余論』 本郷隆盛

勝田勝年『新井白石の歴史学』厚生閣、一九三九年
尾藤正英「新井白石の歴史思想」（加藤周一他『日本思想大系35　新井白石』）岩波書店、一九七五年
川勝義雄『中国人の歴史意識』平凡社、一九九三年
稲葉一郎『中国の歴史思想』創文社、一九九九年
玉懸博之「『読史余論』の歴史観」（同『近世日本の歴史思想』）ぺりかん社、二〇〇七年

073 『日本外史』『日本政記』 石毛忠

中村真一郎『頼山陽とその時代』中央公論社、一九七一年
野口武彦『頼山陽—歴史への帰還者』（日本の旅人⑪）淡交社、一九七四年
植手通有『日本近代思想の形成』岩波書店、一九七四年
石毛忠「頼山陽の歴史思想」（『防衛大学校紀要—人文社会科学編』第四二号）、一九八一年
石毛忠「近世儒教の歴史思想—頼山陽の史論を中心として—」（『季刊日本思想史』第一六号）ぺりかん社、一九八一年

074 『大勢三転考』 石毛忠

森敬三「伊達千広の研究」（同『幕末歌壇の研究』）楽浪書院、一九三五年
高瀬重雄『伊達千広』創元社、一九四一年
小沢栄一「時代変転の思想—伊達千広—」（同『近代日本史学史の研究』幕末編）吉川弘文館、一九六六年
石毛忠「『大勢三転考』における時代区分法とその思想史的根拠—伊達千広の歴史思想序説—」（石田一良編『時代区分の思想』）ぺりかん社、一九八六年

第一部　五　明治・大正・昭和時代

075 明治国家の思想 中野目徹

芳賀登『明治国家と民衆』雄山閣出版、一九七四年
坂井雄吉『井上毅と明治国家』東京大学出版会、一九八三年
山室信一『法制官僚の時代—国家の設計と知の歴程—』木鐸社、一九八四年
坂野潤治『近代日本の国家構想—一八七一〜一九三六—』岩波書店、一九九六年
坂本多加雄『日本の近代2　明治国家の建設』中央公論社、一九九八年

076 文明開化の思想

中野目徹

植手通有『日本近代思想の形成』岩波書店、一九七四年
松沢弘陽『近代日本の形成と西洋経験』岩波書店、一九九三年
安丸良夫『文明化の経験』岩波書店、二〇〇七年
山室信一・中野目徹校注『明六雑誌（全三冊）』（岩波文庫）岩波書店、一九九九～二〇〇九年
牧原憲夫『日本の歴史13　文明国をめざして』小学館、二〇〇八年

077 自由民権の思想

米原　謙

色川大吉『自由民権』（岩波新書）岩波書店、一九八一年
外崎光広編『土佐自由民権資料集』高知市文化振興事業団、一九八七年
稲田雅洋『自由民権運動の系譜』吉川弘文館、二〇〇九年

078 ロマン主義・自然主義

長尾宗典

吉田精一『自然主義の研究（上・下）』東京堂、一九五五年～五八年
笹渕友一『浪漫主義文学の誕生』明治書院、一九五八年
色川大吉『新編明治精神史』中央公論社、一九七三年
柄谷行人『日本近代文学の起源』講談社、一九八〇年
神林恒道『美学事始―芸術学の日本近代―』勁草書房、二〇〇二年

079 平民主義・国粋主義

中野目徹

同志社大学人文科学研究所編『民友社の研究』雄山閣出版、一九七七年
松本三之介編『明治文学全集37　政教社文学集』筑摩書房、一九八〇年
平林一編『民友社思想文学叢書（全六巻・別巻二）』三一書房、一九八三～八六年
中野目徹『政教社の研究』思文閣出版、一九九三年
西田毅他編『民友社とその時代―思想・文学・ジャーナリズム集団の軌跡―』ミネルヴァ書房、二〇〇三年

080 大正デモクラシーの思想

和田　守

松尾尊兊『大正デモクラシーの群像』岩波書店、一九九〇年
三谷太一郎『新版　デモクラシー論―吉野作造の時代』東京大学出版会、一九九五年
鈴木貞美編『大正生命主義と現代』河出書房新社、一九九五年
飯田泰三『批判精神の航跡―近代日本精神史の一稜線』筑摩書房、一九九七年
有馬学『日本の近代4　「国際化」の中の帝国日本』中央公論社、

一九九九年

081 社会主義（マルクス主義）　渡辺和靖

井汲卓一他編『講座現代のイデオロギー（第一巻・第二巻）・日本のマルクス主義（全二冊）』三一書房、一九六一年
荒畑寒村『寒村自伝』（岩波文庫）岩波書店、一九七五年
絲屋寿雄『日本社会主義運動思想史（全二冊）』法政大学出版局、一九七九〜八〇年
『福本和夫著作集（全一〇巻）』こぶし書房、二〇一〇〜一一年

082 国家神道と教派神道　桂島宣弘

村上重良『国家神道』（岩波新書）岩波書店、一九七〇年
磯前順一『近代日本の宗教言説とその系譜』岩波書店、二〇〇三年
子安宣邦『国家と祭祀』青土社、二〇〇四年
桂島宣弘『（増補改訂版）幕末民衆思想の研究』文理閣、二〇〇五年

083 近代仏教　末木文美士

柏原祐泉『日本仏教史　近代』吉川弘文館、一九九〇年
吉田久一『近現代仏教の歴史』筑摩書房、一九九八年
「特集　仏教／近代／アジア」（『思想』九四三号）岩波書店、二〇〇二年
末木文美士『近代日本と仏教』トランスビュー、二〇〇四年
末木文美士編『新アジア仏教史14　近代国家と仏教』佼成出版社、二〇一一年

084 近代日本のキリスト教　原島 正

鈴木範久他『菊と刀と十字架と』日本キリスト教団出版局、一九七六年
柳父章『翻訳語成立事情』（岩波新書）岩波書店、一九八二年
原島正「明治のキリスト教―「ＬＯＶＥ」の語源をめぐって―」（『日本思想史学』29号）、一九九七年
佐伯順子『「色」と「恋」の比較文化史』岩波書店、一九九八年
横浜プロテスタント史研究会編『横浜開港と宣教師たち』（有隣堂新書）有隣堂、二〇〇八年

085 女性解放運動の思想　早川紀代

千野陽一『近代日本婦人教育史』ドメス出版、一九七九年
児玉勝子『婦人参政権運動小史』ドメス出版、一九八一年
脇田晴子・林玲子・永倉和子編『日本女性史』吉川弘文館、一九八七年
金子幸子『近代日本女性論の系譜』不二出版、一九九九年

大木基子『自由民権運動と女性』ドメス出版、二〇〇三年

086 皇国史観と唯物史観　昆野伸幸

永原慶二『皇国史観』（岩波ブックレット）岩波書店、一九八三年
永原慶二『20世紀日本の歴史学』吉川弘文館、二〇〇三年
長谷川亮一『「皇国史観」という問題―十五年戦争期における文部省の修史事業と思想統制政策』白澤社、二〇〇八年
昆野伸幸『近代日本の国体論―「皇国史観」再考』ぺりかん社、二〇〇八年
磯前順一、ハリー・D・ハルトゥーニアン編『マルクス主義という経験―１９３０～４０年代日本の歴史学』青木書店、二〇〇八年

087 昭和の思想　米原　謙

丸山眞男『日本の思想』（岩波新書）岩波書店、一九六一年
日高六郎編『近代主義』筑摩書房、一九六四年
米原謙『日本政治思想』ミネルヴァ書房、二〇〇七年
植村和秀『昭和の思想』講談社、二〇一〇年

第二部

人と思想

088

聖徳太子《しょうとくたいし》

（574~622）

敏達《びたつ》三年~推古《すいこ》三〇年とされる生没年は『上宮聖徳《じょうぐうしょうとく》法王帝説《ほうおうていせつ》』に拠るが、他に生年を敏達元年または敏達二年とする説があり（『日本書紀《にほんしょき》』は生年を明記していないが、崇峻《すしゅん》天皇即位前紀に太子の年齢を一六歳に比定しているところからすると敏達元年生となり、『聖徳太子伝暦《しょうとくたいしでんりゃく》』はこれに従う）、没年についても『日本書紀』は推古二九年（六二一）二月五日と記すのにたいし、法隆寺関係の諸説は推古三〇年二月二二日と伝え、年ばかりでなく日付も異なっている。後々まで朝廷関係の史書や記録は二月五日説を踏襲し、二月二二日説は法隆寺側の伝承であった。

太子は用明《ようめい》天皇の第二皇子。母は穴穂部間人皇女《あなほべのはしひとのひめみこ》。聖徳太子の称はのちにつけられた尊称である。『日本書紀』はその名を厩戸皇子《うまやとのみこ》・また厩戸豊聡耳皇子《うまやとのとよとみみのみこ》と記し、他に豊聡耳聖徳《とよとみみのしょうとく》・豊聡耳法大王《とよとみみのりのおおきみ》・法主王《のりぬしのおおきみ》・上宮厩戸豊聡耳太子《かみつみやのうまやとのとよとみみのひつぎのみこ》などの尊称を伝え、『古事記』は上宮之厩戸豊聡耳命《かみつみやのうまやとのとよとみみのみこと》と記している。

太子の叔父にあたる崇峻《すしゅん》天皇が蘇我《そが》氏によって暗殺された跡をうけて即位した推古天皇は、甥の聖徳太子を皇太子に立て、蘇我馬子《そがのうまこ》とともに政治にあたらせた。

太子は、推古天皇即位の翌年（五九四）、三宝《さんぼう》興隆の詔を下して前代までの崇仏排仏論争に終止符を打ち、あくる年には高句麗《こうくり》の学僧慧慈《えじ》を迎えて師とした。推古四年（五九六）には崇峻元年（五八八）から造営がつづけられてきた法興寺《ほうこうじ》が完成し、朝廷を中心とした仏教受容は本格的なものとなって行った。推古八年（六〇〇）には任那《みまな》復興のために新羅《しらぎ》遠征が行われ、これは推古一一年（六〇三）に中止されるが、この間にあって推古九年に斑鳩《いかるが》に宮が造られ、太子の内政改革が始められていく。

すなわち新羅遠征の中止が決断された年の一二月には、冠位十二階を制定して人材登用をはかり、あくる年「憲法十七条」を制定して官僚の心得を説いた。推古一五年（六〇七）、小野妹子《おののいもこ》を隋《ずい》に派遣して隋との対等外交を目指すとともに、高向玄理《たかむこのくろまろ》や旻《みん》、南淵請安《みなぶちのしょうあん》らの留学生を送って高度な大陸文化の積極的な摂取を図った。推古一四年には推古天皇のために『勝鬘経《しょうまんぎょう》』や『法華《ほけ》経《きょう》』を講義したことが伝えられており、『勝鬘経義疏《ぎしょ》』『法華義疏』『維摩経《ゆいまぎょう》義疏』の三経義疏《さんぎょうぎしょ》は、それに関連して太子が撰した注釈書であるとされている。法隆寺創建もこの年のことと伝えられる。

推古二八年（六二〇）には、蘇我馬子と議して、『天皇《すめらみことの》記《ふみ》』と『国記《くにつふみ》』、『臣連伴造国造百八十部并《おみむらじとものみやつこくにのみやつこももあまりやそとものをあわ》せて公民等《おおみたからども》の本記《もとつふみ》』という三部作の歴史書を編纂したが、これが最後の事業となった。大阪府太子町にある磯《し》長《なが》墓《ぼ》が太子の墓である。

聖徳太子は在家仏教者でありながら、右のような経典の注釈書も書き、その仏教理解は、「世間虚仮《せけんこけ》、唯仏是《ゆいぶつぜ》心《しん》」（天寿国繍帳銘《てんじゅこくしゅうちょうめい》）という言葉に表れているほど深められたとされている。しかし、太子は仏教ばかりではなく、儒教もまた深く学んでいた。朝廷官人にたいする訓戒である『十七条憲法』は、第一条に万民平等的な仏教思想による「和」を説き、第二条に「篤《あつ》く三宝を敬《いやま》え」と教えて確かに仏教思想による部分もあるが、大方は儒教思想にもとづく教えである。第四条に「群卿《まえつきみたち》や官吏は礼を基本とせよ」と教え、儒教の根幹にある「礼」を本《もと》として官人秩序を樹立していこうとしたことが見てとれる。第九条には、「信はこれ義の本《もと》なり。事ごとに信あるべし」といって、儒教の「義」や「信」の徳目も「礼」の観念に基づいて謳《うた》われている。

さて聖徳太子に関する事績の多くは、『日本書紀』に記されているが、『日本書紀』は聖徳太子の没後百年を経た時期の編纂物であり、太子関係の記事のなかには明らかな伝説化の痕跡も見られる。また冒頭に記したさまざまな太子の名前の多くは尊称であって、固有名詞ではなく、固有名詞と見られる厩戸皇子の名でさえ、景教《けいきょう》（キリスト教）の影響を見る説さえある。『日本書紀』以外で比較的信憑性が高いとされる『上宮聖徳法王帝説』にしても法隆寺を中心とした太子信仰の中で平安時代初期になって編まれたものである。これらの記事を子細に検討していくと、聖徳太子の影は明確になるどころか太子信仰の霧のなかに溶け込んでしまうようなところのあることは否定できない。

そのため聖徳太子の実在性を疑う説が出て来るのもまたやむを得ないが、それらの説を見ても聖徳太子の存在を完全に否定しうる確実な根拠があるわけでもなさそうである。

（笠井昌昭）

089 行基《ぎょうき》（668〜749）

天智《てんじ》七年（六六八）の生まれで、民間布教や種々の土木事業で知られる奈良時代の僧侶。天平《てんぴょう》二一年（七四九）に没した。

『大僧正舎利瓶記《しゃりへいき》（行基墓誌《ぼし》ともいう）』によれば、父は高志才智《こしのさいち》、母は蜂田古爾比売《はちだのこにひめ》とあり、母方の河内国《かわち》（後の和泉国《いずみ》）大鳥郡蜂田郷（後の家原寺《いえばらでら》）に生まれ、天武一一年（六八二）、一五歳で出家したという。父方の高志氏、母方の蜂田氏はともに渡来系氏族である。『舎利瓶記』や『続日本紀《しょくにほんぎ》』の薨伝《こうでん》によれば、出家後、苦行精進するとともに弟子たちを率いて布教や架橋、築堤などの活動を行っていたらしい。その生涯を通じて、畿内一円に四十九院《しじゅうくいん》といわれる多くの寺院や仏堂を造営したとされ、また架橋、道路整備、池・溝《みぞ》・樋《とい》・堀の構築、港湾施設の整備、布施屋《ふせや》の設置など、生産、交通、救済にかかわるさまざまな施設を設営したことが知られている。

養老元年（七一七）、行基を厳しく指弾する元正《げんしょう》天皇の詔《みことのり》が出された（『続日本紀』）。行基とその弟子の集団が、寺院の外で布教乞食《こつじき》し、人々を惑わしているとして、厳しく非難しており、行基の活動を危険視した律令政府が活動を弾圧しようとしたものと見られる。この詔が出された後に行基が処罰されたことは確認できないが、これにより集団の活動に大きな制約が加わったであろうことは推測できる。この詔の発布の後、行基は平城京を離れ、周辺の畿内において活動を展開したと見られる。しかし、天平三年（七三一）の聖武《しょうむ》天皇の詔によって、行基に従う修行者の男六一歳、女五五歳以上の者の入道（在家《ざいけ》のまま剃髪《ていはつ》して仏門にのること）が許可される。律令政府が方針を転換して、行基とその集団の活動を許容したのである。ただし入道の条件として「如法《にょほう》修行」の者であることや年齢の制限が設けられていることから、その活動が全面的に容認されたとは言えない。

『続日本紀』によれば、天平一三年（七四一）に、賀世山《かせやま》橋《はし》の架橋に従事した畿内の優婆塞《うばそく》（在俗男性の仏教信者）七〇五人の得度《とくど》（出家）が認められたという。恭仁宮《くにのみや》の造営の関連工事として進められた架橋工事に従事したこれらの優婆塞は、行基集団の人々と推定されることから、行基集団への弾圧の政策は、制限付きの容認からさらに進んで全面的な容認へと向かったと理解できる。

『続日本紀』には、天平一五年（七四三）の紫香楽宮《しがらきぐう》における聖武天皇による大仏造営事業の開始にあたり、行基が勧進《かんじん》を行ったとあり、また、大仏造営の地が紫香楽から平城京に移される天平一七年（七四五）には、移転に先立ち大僧正に任じられたとある。勧進を行ったのが事実か否かについては議論があるところであるが、大仏の造営を恭仁宮の造営と一体のもの、もしくは関連するものと見る認識があったとすれば、『続日本紀』の記載も虚構とは片付けられないであろう。

『続日本紀』の薨伝には、行基は出家して後に、『瑜伽《ゆが》師地論《しじろん》』『成唯識論《じょうゆいしきろん》』を学び、直ちにそれを理解したとある。その記載どおりとすれば、この唯識《ゆいしき》教学は、法相《ほっそう》宗《しゅう》系の唯識学に先行する摂論宗《しょうろんしゅう》系の唯識学であろうされ、『行基年譜』より、元興寺《がんごうじ》（飛鳥寺《あすかでら》）において学んだと推測されることになる。ただしその教学の実態は不明である。また行基の著作は知られておらず、また信頼すべき史料も少なく、その諸事業推進の思想的支柱がいかなるものかは不明な点が多い。

ただし、福田《ふくでん》思想に支えられた布施行《ふせぎょう》（六波羅蜜《ろくはらみつ》の一つ）を実践する、大乗仏教にいわゆる菩薩《ぼさつ》思想にあったであろうことは十分に推測可能である。また大乗戒経である『梵網経《ぼんもうきょう》』の思想との関連や、中国の隋《ずい》、唐代の民間仏教である三階教《さんがいきょう》からの影響も指摘されている。

『舎利瓶記』や『続日本紀』の薨伝には、種々の霊異《りょうい》により行基が菩薩と讃えられたとあり、また平安時代初期に成立した説話集『日本霊異記《にほんりょういき》』でも文殊《もんじゅ》菩薩の化《け》身《しん》とされており、種々の奇跡《きせき》をめぐる説話が収められている。行基における菩薩思想と呪術との共存を想定せざるを得ない。『霊異記』の説話から推測すれば、行基は各地で法会《ほうえ》を開催し、因果の応報を説き、現在から前世を見通したり、逆に現在から来世を予言したりする一種の超能力の保持者として崇《あが》められ、人心を掌握したのではないかと考えられる。またそうした人心の掌握が多くの労力や財力を必要とする諸事業の推進を可能にしたものと思われる。また、聖武天皇や律令政府もそうした面を評価し、行基やその集団を重んじる方針に転換したと考えられるのである。

（八重樫直比古）

090 最澄
さいちょう
（767〜822）

平安時代初期の僧。日本天台宗《てんだいしゅう》の開祖。近江の人。父は三津首百枝《みつのおびとももえ》。幼名は広野《ひろの》。諡号《しごう》、伝教大師《でんぎょうだいし》。宝亀《ほうき》九年（七七八）に近江国分寺《おうみこくぶんじ》の大国師大安寺行表《だいこくしだいあんじぎょうひょう》の弟子となり、兄弟子最寂《さいじゃく》が亡くなった後の定員補充として、宝亀一一年（七八〇）に得度《とくど》（出家）。兄弟子の名にちなんで最澄の名が与えられた。翌年四月には桓武《かんむ》天皇が即位し、最澄の僧としての出発は新しい時代とともにあった。延暦四年（七八五）四月、東大寺で受戒した最澄は、南都の寺に止まることなく、その七月、比叡山《ひえいざん》に登り、山蟄《さんちつ》一二年の修行に入った。ここでの修業中、華厳《けごん》教学を通じて天台教学との出会いがあった。入山してまもなく最澄は「願文《がんもん》」を書いて、南都佛教とは異なる佛教活動を宣言した。願文の冒頭には「悠々《ゆうゆう》たる三界《さんがい》（悟りを開かない衆生の世界）は純《もは》ら苦にして安《やす》きことなく、擾擾《じょうじょう》たる四生《ししょう》（あらゆる生物）はただ患《わずらい》にして楽しからず。牟尼《むに》（釈迦）の日久しく隠れて、慈尊《じそん》（弥勒《みろく》菩薩）の月いまだ照らさず。三災の危《あや》うき（全世界が死滅する災害）に近づきて、五濁《ごじょく》（末世のさまざまなけがれ）の深きに沈む」と記されており、平安時代が始まったばかりの時点で、最澄がいだいた末法意識の深刻さに驚かされる。天台教学の根本経典である『法華経《ほけきょう》』は、まさに末法の世での救いを説いている。そして最澄が選びとった法華一乗《ほっけいちじょう》の思想は、仏の真の教えは唯一で、一切の衆生は悉《ことごと》く仏性を有し、従ってみな成仏することができる（悉有仏性《しつうぶっしょう》、悉皆成仏《しっかいじょうぶつ》）という万民平等の救済を説くものであった。

延暦一六年（七九七）、山を下りた最澄は、朝廷に供奉《ぐぶ》する十禅師《じゅうぜんじ》に任じられた。翌年比叡山で法華十講を初めて修し、延暦二一年（八〇二）、和気《わけ》氏の催す高雄山寺《たかおさんじ》での天台会《え》の講師をつとめ、唐に渡る足がかりを得た。延暦二三年（八〇四）、遣唐使とともに入唐《にっとう》して天台山に赴き、日本には不十分にしか伝わっていなかった天台の教義・戒律・禅を学び、帰国まぎわに越州で順暁《じゅんきょう》から密教を学んで、翌延暦二四年五月に、多くの仏典を携えて帰国した。天台教学の興隆を意図して最澄を唐に送りだした桓武《かんむ》天皇はすでに病床にあって、帰国の疲れを癒すまもなく最澄は天皇の看護に当った。天皇はあくる年七〇歳で没したが、最澄は天皇看病の功によって、大同元年(八〇六)に止観業《しかんごう》(天台宗の止観を学修する行業《ぎょうごう》)と遮那業《しゃなごう》(密教を学修する行業)の天台宗年分度者《ねんぶんどしゃ》二人を許可された。これによって日本天台宗が開かれ、ここにはじめて宗派仏教が誕生した。

最澄は順暁から学んだ密教が十分なものでないことを自覚し、弘仁三年(八一二)空海《くうかい》に弟子の礼をとり、金剛界《こんごうかい》つづいて胎蔵界《たいぞうかい》の灌頂《かんじょう》を受けた。しかし空海は最澄の度重なる経典等の借覧要請を退け、両者の間は次第に離れていく。弘仁八年(八一七)最澄は東国に入り、会津《あいず》の法《ほっ》相《そう》宗の僧徳一《とくいつ》と一乗思想と三乗思想のどちらが真実であるかをめぐって、数年にわたる論争が展開された。これを三一権実《さんいちごんじつ》論争という。『照権実鏡《しょうごんじっきょう》』『守護国界章《しゅごこっかいしょう》』『決権実論《けつごんじつろん》』などの著書がこの論争を通じて書かれた。

弘仁九年(八一八)に、天台宗での学生養成の方式を記した『山家学生式《さんげがくしょうしき》』が朝廷に提出された。これは南都から独立した大乗戒壇《だいじょうかいだん》を比叡山に設立し、授戒後一二年間比叡山にこもって修行勉学をつづける制度の樹立を願い出たものであった。しかし南都の反発にあい、それへの反論として『顕戒論《けんかいろん》』『法華秀句《ほっけしゅうく》』が書かれた。しかし大乗戒壇の設立は最澄の生前は許可されず、その勅許が下ったのは、最澄の没後七日目のことであった。

この時代には一方で空海が真言密教によって仏教思想の総合化を行ったが、最澄もまた、法華一乗思想のもとに仏教思想の統合を図った。最澄が法華一乗を選びとった主体的な行為のうちには、彼のいだいた深刻な末法意識が強く作用していた。まことに最澄は、末法の時に当って、末法の時機(機は仏の教法を受け、その教化を蒙る者の資質・能力)にふさわしい教えとして、法華一乗をえらびとったのであった。最澄が『守護国界章《こっかいしょう》』のなかで「当今の人、機みな変転して、すべて小乗の機なし。正・像やや過ぎ終りて、末法太《はなは》だ近きにあり。法華一乗の機、今まさにその時なり」と説いているのがそれである。その時代の性格とそこに生きる人びとの気質にあい応じたふさわしい教えを選びとるということの教・時・機相応の論理は、最澄だけの思想に止まらず、ながく比叡山において受け継がれ、鎌倉新仏教の開花をうながす原動力ともなったのである。

(笠井昌昭)

091
空海《くうかい》
（774〜835）

平安時代初期の僧。真言宗《しんごんしゅう》の開祖。父は佐伯直田公《さえきのあたいたぎみ》、母は阿刀氏《あとし》。讃岐国多度郡屏風ケ浦《さぬきのくにたどぐんびょうぶがうら》（香川県善通寺市）に生まれる。幼名は真魚《まお》。諡号《しごう》、弘法大師《こうぼうだいし》。

一五歳の時伯父の阿刀大足《あとのおおたり》について上京し、一八歳で大学に入った。空海が他の僧たちと違って最初に中国の諸学問を学んだことは、後に彼が一大思想体系を確立する上での大きな原動力となった。大学に学んで官吏への道を志していた空海が仏教へと走ったのは、ある僧から「虚空蔵求聞持法《こくうぞうぐもんじほう》」という記憶力増進の秘法を授けられたことがきっかけであった。阿波《あわ》の大滝嶽《たいりょうのたけ》や土佐《とさ》の室戸岬《むろとみさき》などで厳しい修行をし、延暦一六年（七九七）二四歳の時『三教指帰《さんごうしいき》』を著した。儒教・道教・仏教の三教の優劣を論じて、仏教こそが真理であることを説いたものである。これは日本最初の比較思想論、思想批判書であった。この後、延暦二三年（八〇四）に入唐《にっとう》するまでの空海の経歴は不明だが、その間に密教の根本経典『大日経《だいにちきょう》』に出会い、入唐求法を決意したといわれる。それまで私度僧《しどそう》にしか過ぎなかった空海は、延暦二二年（八〇三）に三〇歳で官許の得度を得、翌年遣唐大使の乗る第一船に同乗し、唐の都長安に入った。唐に密教を伝えたインド僧不空三蔵《ふくうさんぞう》の直弟子である青龍寺《しょうりゅうじ》の恵果《けいか》について灌頂《かんじょう》を受け、密教の秘法を授けられ、翌大同《だいどう》元年（八〇六）、多くの経論・曼荼羅《まんだら》・仏像・仏画・法具などとともに帰国した。

空海は真言密教のもとに仏教の統合を図ったが、最澄のように南都諸宗と対立することなく、巧みに南都仏教の中に入って、これを次第に密教化していった。大同四年（八〇九）に空海は高雄山寺《たかおさんじ》に入って真言密教の法灯を掲げ、翌年には高雄山寺で鎮護国家の修法を行い、次いで東大寺別当に任じられた。弘仁三年（八一二）には、最澄らに灌頂《かんじょう》を授けた。

空海の教義は『秘密曼荼羅十住心論《ひみつまんだらじゅうじゅうしんろん》』『秘蔵宝鑰《ひぞうほうやく》』の二著に明確に示されている。空海は人間の精神世界（住心《じゅうしん》）を十に区分する。

第一住心異生羝羊心《いしょうていようしん》は倫理以前の世界、第二住心愚《ぐ》

童持斎心《どうじさいしん》は儒教などの倫理・道徳的な世界、第三住心嬰童無畏心《ようどうむいしん》は道教やバラモン教の宗教心の目覚めの世界、第四住心唯蘊無我心《ゆいうんむがしん》は声聞《しょうもん》の教え、第五住心抜業因種心《ばつごういんじゅしん》は縁覚《えんがく》の教えでこの二つが小乗仏教、第六住心他縁大乗心《たえんだいじょうしん》は法相《ほっそう》、第七住心覚心不生心《かくしんふしょうしん》は三論《さんろん》でともに大乗仏教に準ずるもの、第八住心一道無為心《いちどうむいしん》はすべてを真実と見る天台、第九住心極無自性心《ごくむじしょうしん》はすべての対立を越える華厳《けごん》の世界で、無限の展開の世界である真言密教が第十住心秘密荘厳心《ひみつしょうごんしん》として位置づけられる。

この十に区分された精神世界は、第十住心を中心において第九、第八と順次外側に広がり、第一住心が一番外縁に位置するという曼荼羅的世界を形成する。空海の究極の教えである即身成仏《そくしんじょうぶつ》は、第十住心において果たされるものであるが、その真言密教の世界が、理想的に構築されるためには、第一住心から始まって、第十住心にまで至るこの曼荼羅的世界が完璧《かんぺき》に形づくられていなくてはならない。空海は倫理的世界である第二住心において、政治論・国家論を展開し、『秘蔵宝鑰』の第四住心において国家と仏教の関係を論じている。つまり、第十住心において、真言密教の世界が完成されるためには、その土台である第二住心において、理想的な国家が形成されていなければならないことを説き、ここに国家に奉仕する奈良仏教から、仏教に奉仕する国家への転換が図られたのであった。

弘仁七年（八一六）、高野山《こうやさん》の開創に着手、弘仁一四年には、平安遷都とともに計画されながらなかなか堂塔の整わなかった東寺《とうじ》を下賜され、教王護国寺《きょうおうごこくじ》と名づけて伽藍《がらん》の整備に当った。教王護国寺は俗界における鎮護国家の道場であり、理想的仏国土が成就されるための土台である理想的な国家を準備するためのものであった。その上に立って高野山金剛峰寺《こんごうぶじ》こそは清浄な聖地として、即身成仏を達成すべき道場だったのである。空海の鎮護国家の修法と、庶民教育のための学校綜芸種智院《しゅげいしゅちいん》の設立や満濃池《まんのういけ》をはじめとする灌漑《かんがい》施設の修築などに見る済生利民《さいせいりみん》の実践とは、理想的仏国土形成の前提として、彼の教義の中に位置づけられていたのである。

空海はまた文筆にすぐれて多くの詩文を作り、それらは『性霊集《しょうりょうしゅう》』にまとめられている。さらに能筆家でもあり、『風信帳《ふうしんちょう》』などの真筆も現存している。

（笠井昌昭）

092

菅原道真《すがわらのみちざね》（845～903）

菅原道真は承和《じょうわ》一二年（八四五）に生まれ、右大臣にまで昇進したが、延喜元年（九〇一）突如大宰権帥《だざいのごんのそち》に左遷され、同三年大宰府《だざいふ》で没した。その栄光と没落は、「鴻儒《こうじゅ》詩人」の理想の追求と挫折の軌跡であった。左遷の前年に自ら編んで醍醐《だいご》天皇に献上した家集『菅家文草《かんけぶんそう》』と、大宰府の謫居《たっきょ》で詠んだ詩に後人が拾遺詩文を増補した『菅家後集《かんけこうしゅう》』が現存する。

前近代の中国においては、高等文官の資格試験である科挙《かきょ》の進士科《しんしか》に作詩の課せられることが通例であったように、政治に携わる士大夫はすぐれた詩が詠《よ》める高雅な文人でなければならないという理想が強固に存続した。古代日本も、律令体制とともに、そのような中国の文化理念を継受したのである。嵯峨《さが》朝《ちょう》の弘仁五年（八一四）から淳和《じゅんな》朝《ちょう》の天長四年（八二七）にかけて『凌雲集《りょううんしゅう》』『文華《ぶんか》秀麗集《しゅうれいしゅう》』『経国集《けいこくしゅう》』という三つの漢詩文集が勅撰されたのもその表れであるが、この勅撰三集すべての撰進に関与していたのが、道真の祖父清公《きよぎみ》であった。遣唐使としての入唐経験もある清公は、嵯峨《さが》天皇の文化政策の諮問にあずかっていた。この清公が文章博士《もんじょうはかせ》に任じられたことが、文章博士を大学寮の教官から天皇の顧問的な役職へと格上げすることになり、弘仁一二年、その位階が従前の正《しょう》七位下《げ》から、明経博士《みょうぎょうはかせ》の正《しょう》六位下をも超えて、従《じゅ》五位下にまで一挙に引き上げられている。かくして文章博士には、経書専修の明経道の学者よりも総合的な教養と見識を備えた儒者すなわち鴻儒《こうじゅ》にして、かつ詩人であることが要請されるようになった。祖父清公、父是善《これよし》、そして自身と三代にわたって文章博士に任じられた菅家の栄誉を誇負《こふ》する道真は、この鴻儒詩人の理想をあくまでも体現し、実践しようとしたのである。

鴻儒としての道真の面目を躍如《やくじょ》たらしめたのが、かの阿衡《あこう》論争である。仁和《にんな》三年（八八七）宇多《うだ》天皇が即位した際、橘広相《たちばなのひろみ》が起草した、藤原基経《もとつね》を関白に任ずる勅に「阿衡」の文字のあったのを捉えて基経は、「阿衡」とは典《つかさど》る職のない名誉職だとして、政務を拒否した。基経は、広相のような文人を側近に重用して政治改革を推進しようとしていた宇多を牽制《けんせい》したのである。この時道真が基経を諫めた書簡「昭宣公《しょうせんこう》に奉る書」は、「阿衡」の用例の詮索《せんさく》に終始する通儒《つうじゅ》らの議論になずむことなく、現実に即した正論を堂々と開陳して基経に翻意《ほんい》を迫るものであった。

寛平《かんぴょう》三年（八九一）正月に基経が薨《こう》ずると、宇多天皇は人事を刷新して親政を開始し、道真は蔵人頭《くろうどのとう》に抜擢《ばってき》された。この時から道真の異例な昇進が始まり、ついに醍《だい》醐朝《ごちょう》の昌泰《しょうたい》二年（八九九）に右大臣に至るのであるが、宇多朝における道真の事績は、中国の翰林学士《かんりんがくし》を髣髴《ほうふつ》させる（文章博士の唐名も「翰林学士」であった）。翰林学士は唐代、門閥《もんばつ》勢力を抑えて天子専制体制を強化するために天子直属のブレーン・トラストとして設置された要職で、その重要な任務は天子に対する諫諍《かんそう》であった。宇多天皇が譲位に際して新帝醍醐に与えた『寛平《かんぴょうの》御遺誡《ごゆいかい》』にも、「右大将菅原朝臣は是れ鴻儒なり。また深く政事を知る。朕《ちん》、選びて博士と為し、多く諫正《かんせい》を受く」と記されているが、大唐国の凋弊《ちょうへい》を理由に遣唐使の廃止を建議した奏状や、讃岐守《さぬきのかみ》時代の経験に基づいて国司の立場を擁護すべく検税使の派遣に反対した奏状など、その漢詩文には諫諍に関わるものが少なくない。

一方、九世紀の後半には詩人無用論が横行していたのであるが、道真はあくまでも詩人であることを堅持した。その際に道真が拠《よ》り所としたのが嵯峨朝において盛んに標榜された「文章は経国《けいこく》の大業」という言葉ではなく、『毛詩《もうし》（詩経）』大序《たいじょ》に謳われた「美刺諷諫《びしふうかん》」、すなわち詩によって天子の徳を賛美し、また政治の誤りを諫言するという理念であったことも注目すべき点である。讃岐守時代の道真が目《ま》の当《あ》たりにした民衆の生活苦を白居《はくきょ》易《い》の諷諭詩《ふうゆし》にならって詩に詠じたのも、この「美刺諷諫」の理念の実践であった。ただし白居易が翰林学士として天子の側近にあったときに諷諭詩を盛んに創作したのとは異なり、道真は天子の宴に侍して四季の詩を献ずることを「詩臣」としてのみずからの本務と考えていた。『古今和歌集』撰進の二年前に没した道真であるが、その「詩臣」としての詩作の営為は、『古今和歌集』勅撰への道を地ならしするものであった。また和歌に漢詩を番《つが》えた『新撰万葉集』の編纂を通して漢詩と和歌との交流にも寄与したが、彼自身の詩の表現にも古今集歌風との深い親縁性が認められるのである。

（藤原克己）

093

慶滋保胤

よししげのやすたね

（?〜1002）

平安時代中期を代表する文人貴族。極官《ごっかん》は従五位下大《だい》内記《ないき》。生年は、通説では承平三年（九三三）前後とされているが、近時、天慶六年（九四三）説が提唱された。陰陽家として知られた賀茂忠行《かものただゆき》の次子で、兄の保憲《やすのり》は暦博士《れきはかせ》・天文博士、弟の保遠《やすとお》は陰陽博士となり、父と同じ道に進んだ。しかし保胤は、文章博士となった弟の保章《やすあき》とともに大学寮で紀伝道《きでんどう》を学び、菅原文時門下となることを選ぶ。内御書所《ないごしょどころ》に伺候、才子として世間に知られ、近江《おうみの》掾《じょう》を経て対策に及第、六位内記《ないき》に叙された。これより先の、天延二年（九七四）か三年ころ、弟の保章・保遠とともに賀茂を訓読みした慶滋に改姓している。しかし、菅原・大江両氏が累葉《るいよう》の家として文章道《もんじょうどう》を領導する状況にあって、才能のみでは顕官《けんかん》への出世を望むことができなかった。

保胤は、康保元年（九六四）に初めて行われた勧学会《かんがくえ》に、保章とともに参加している。勧学会とは、大学北堂の学生と天台僧各二〇名ずつが、毎年三月・九月の各一五日、すなわち満月の日に集い、現当二世の友として契《ちぎ》りを結び、仏法と文道を互いに相勧め合う意図をもった法会である。この結衆《けっしゅ》には、源為憲《みなもとのためのり》・紀斉名《きのただな》・高階積《たかしなのもり》善《よし》・藤原有国《ふじわらのありくに》・大江以言《おおえのもちとき》・大江匡衡《おおえのまさひら》らの俊英が含まれ、仏教史・思想史・文学史上に果たした意義は極めて大きい。保胤は、勧学会の詩序を撰述したり、専用の堂舎勧《かん》進《じん》の文を起草するなど、その中心的存在として活躍した。

勧学会は、天台法華思想に基づく講筵《こうえん》、浄土教による念仏、詩を詠じ合う詩会の要素を併せもつ、他に類を見ない法会である。この創始の背景には、白居易《はくきょい》の仏教思想が深く関わっていた。白居易は『香山寺白氏洛中集記《こうざんじはくしらくちゅうしゅうき》』などにおいて、狂言綺語《きょうげんきご》を止揚して讃仏乗《さんぶつじょう》の因に転ずるという願いを述べ、みずからの文集を香山寺に奉納したが、この思いは四六駢儷文《しろくべんれいぶん》の作成を日条の業務とする文人にとっての救いの言葉となった。すなわち、文章の彫《ちょう》琢《たく》に腐心すること自体が堕地獄《だじごく》の業となるが、その世俗の文筆を因として翻《ひるがえ》し、来世において仏を褒め讃え悟りを開くための縁とするという白居易の言葉は、極楽への往生を願う文人にとって、みずからの文学的営為を正当化し、来世への期待をもたせる役割を果たしたのである。

天元五年（九八二）、保胤は六条の北に小宅を得た。その感慨をきっかけに草した『池亭記《ちていき》』は、保胤の最高傑作として名高い。ここでは、白居易の『草堂記』『池上篇并序』や隠逸論《いんいつろん》を下敷きにしつつ、都市の邸宅の無常や、自身の信仰と閑居について論じており、『方丈記』など後世の作品への影響が大きい。

『池亭記』で、保胤は「唐の白楽天（白居易）は異代の師たり、詩句に長じて仏法に帰するを以てなり」と述べる。保胤は、『春生逐地形《はるのしょうずるちけいをおう》』などの短い詩序でも、白詩語《はくしご》を極力使用しようという意識を持って文章を組み立て、その語がない場合のみ、他の有名な故事などを引用しながら作品を構成する。保胤の作品を一語一句分析すると、作品全体を白居易の語で覆い尽くそうという、強力な意志を見て取ることができる。保胤のすべての作品に、必ず白居易の詩文の語彙がちりばめられるのは、白居易の跡を慕い、作文する行為自体が、仏法に帰依することになると信じていたからなのである。

永観《えいかん》二年（九八四）八月に践祚《せんそ》した花山《かざん》天皇は、権《ごん》中納言藤原義懐《よしちか》と右大弁《うたいべん》藤原惟成《これしげ》らの補佐により、破銭法《はせんほう》を定めるなどの新政策を打ち出し、清新の気風に満ちていた。同年一二月には『令上封事詔《れいじょうふうじのみことのり》』を発し、五位以上の官人と儒士達に広く意見封事を求めたため、寒門《かんもん》出身の文人にも、つかのまの期待を抱かせた。保胤も、詔勅や願文を撰述するなど、活躍の場を広げていた。しかし花山朝は、藤原兼家一門の仕組んだ出家事件により、わずか二年で瓦解《がかい》する。保胤の出家は寛和二年（九八六）四月で、花山天皇の退位出家は六月であるが、出家の動機には花山朝の挫折があったと指摘され、一方で保胤自身の信仰心の深化によるものとする説もある。

出家後は寂心《じゃくしん》と称し、比叡山《ひえいざん》横川《よかわ》に隠棲しつつ、諸国を歴遊したと伝えられる。主著『日本往生極楽記《にほんおうじょうごくらくき》』は、出家前の作品であるが、その篤《あつ》い浄土信仰に基づくものである。保胤は、中国の往生伝類に範をとり、四二人の往生者の伝を蒐集して、日本最初の往生伝とした。他の浄土教関係の小品には『観無量寿経《かんむりょうじゅきょう》』の画讃である「十六相讃《じゅうろくそうさん》」があり、源信《げんしん》が『往生要集《おうじょうようしゅう》』を遣宋《けんそう》する際、『日本往生極楽記』・良源《りょうげん》『観音讃』・源為憲《みなもとのためのり》『法《ほ》華経賦《けきょうふ》』とともに贈られている。両著が、日本浄土教を代表する作品と考えられていた証左《しょうさ》である。（吉原浩人）

094

大江匡房《おおえのまさふさ》（1041〜1111）

平安時代後期を代表する儒者・政治家。極官《ごっかん》は正二位大蔵卿《おおくらきょう》。大江成衡《しげひら》の男。曾《そう》祖父母は、大江匡衡《まさひら》と赤染《あかぞめ》衛門《えもん》。大江氏は、遠祖音人《おとんど》以来の累代の学問の家柄で、菅原氏とともに、文章道《もんじょうどう》の学生《がくしょう》を領導する立場にあった。匡房は、一一歳で初めて詩を賦したとみずから記すが、表舞台で活躍するのは、東宮学士として仕えていた後三条天皇が位について以降である。践祚《せんそ》と同時に蔵人《くろうど》に補せられた匡房は、後三条天皇の五年間の治世において常にその政治改革を補弼《ほひつ》した。記録荘園券契所《きろくしょうえんけんけいじょ》の設置、宣旨升《せんじます》の制定などの政治改革や、石清水八幡宮放《ほう》生会《じょうえ》を行幸に准じさせ、円宗寺法華会《ほっけえ》・最勝会《さいしょうえ》を創始し、日吉《ひえ》社に初めて行幸するなど、新しい宗教政策のいずれにも深く関わっていたと考えられる。匡房は、白河天皇・堀河天皇の東宮学士にも任じられたので、「三代の侍読《じとう》」と自称していた。陣《じん》の定文《さだめぶみ》を即座に草するなど、官吏としての優秀さを藤原通俊《みちとし》と並び称され、白河院は両者を「近古の名臣」と賞賛していたという。

匡房は、有職故実《ゆうそくこじつ》などの伝統の継承に心を砕き、大著『江家次第《ごうけしだい》』を著した。匡房は、第一義的には有能な学儒・官僚であったが、その文才は他に抜きん出ており、漢詩文・和歌に秀作を多く残している。『江都督納言願《ごうとくなごんがん》文集《もんしゅう》』は、自作願文百二十余篇の集成であり、最晩年に至るまで創作活動が衰えなかったことを示している。『江帥集《ごうそちしゅう》』はその家集で、五百首余の短歌・長歌・連歌を収載する。さらには、傀儡子《くぐつ》・遊女・妖異や芸能など、周縁の文化にも特異な視点を持っており、『遊女記』『傀儡子記』『狐媚記《こびき》』などの作品は異彩を放っている。

浄土教思想を喧伝する『続本朝往生伝《ぞくほんちょうおうじょうでん》』は、慶滋保胤『日本往生極楽記』に続く、日本で二番目の往生伝となった。『本朝神仙伝《ほんちょうしんせんでん》』は、日本的な神仙思想の受容を示す、他に類例のない著作である。匡房は、天台思想・密教思想・陰陽道などを含め、あらゆる事象に通達していた。なかでも思想史上の最大の役割は、本地垂迹《ほんじすいじゃく》説の形成期において、その宣揚《せんよう》に主導的な役割を果たしたことであろう。たとえば、応神天皇・八幡大菩薩《はちまんだいぼさつ》・阿弥《あみ》陀《だ》如来《にょらい》を同体視するのは、匡房以前には見られない主張である。匡房が、仏神の本地垂迹関係を定める運動に、大いに関与していたことは、願文や往生伝・神仙伝などの記述から伺うことができる。

承徳《じょうとく》元年（一〇九七）、大宰権帥《だざいのごんのそち》に任じられ翌年に下向する。康和四年（一一〇二）に帰京するまでの大宰府体験は、その思想・信仰に大きな影響を与えた。大宰府には菅《すが》原道真《わらのみちざね》を祀《まつ》る安楽寺があり、筥崎《はこざき》八幡宮もほど近く、また宇佐八幡宮にも参詣するなど、匡房の信仰の二本柱ともいえる八幡信仰と天神信仰の聖地を目の当《ま》たりにすることができた。『筥崎宮記』『対馬貢銀記《つしまこうぎんき》』などは、この時期の作品と考えられる。匡房が主宰する安楽寺聖廟《せいびょう》前の詩宴では、その詩序の秀句に天神が感応して、御殿が鳴動するなどの体験をしたと、みずから語っている。

大江匡房に、子は何人かいたが、将来を託した息男隆兼を、康和四年（一一〇二）に大宰府で亡くしている。家伝の文書や秘説が煙滅しようとする危機感により、若き俊秀藤原実《さね》兼《かね》に、秘事を語り筆録されたのが『江談抄《ごうだんしょう》』である。実兼は早世するが、ここには思想史上の初見記事が満載されている。ちなみに実兼は、藤原通憲《みちのり》（信西《しんぜい》）の父であり、静《じょう》憲《けん》・澄憲《ちょうけん》・覚憲《かくけん》・明遍《みょうへん》・勝賢《しょうけん》らは孫、貞覚《じょうかく》・貞慶《じょうけい》・範賢《はんけん》・成賢《じょうけん》・定範《じょうはん》・真範《しんぱん》・聖覚《しょうかく》らは曾孫にあたる。実兼は、日本史上稀に見る高僧・秀才を輩出する家系の祖なのである。

匡房は晩年にみずからのことを「熒惑《けいこく》の精」と語った。熒惑とは火星のことで、白居易が文曲星の化身と称されたことにならったのか、みずからを特別の人間として認識させようとする言動が著しくなる。そこには、白居易や菅原道真と同様の「文道の神」として祀られたいという意図があったと見ることもできよう。

藤原宗忠《むねただ》の日記『中右記《ちゅうゆうき》』天永二年（一一一一）一一月五日条の匡房薨伝《こうでん》に、才知は人に優れ、文章は他に勝っているが、性格は歪曲《わいきょく》しており、真っすぐではないと記されている。さらに晩年の匡房は、『中右記』などによれば、家に引きこもって僻事《へきじ》ばかり述べる、うさんくさい人物だと煙たがられていたらしい。しかし一方で、これほどの知識と影響力を持った鴻儒《こうじゅ》は他におらず、また後世に出ることもなかった。大江匡房は、院政期という転換期に出現した巨人であり、膨大な作品群とその言動が、同時代ならびに後世に与えた影響は、日本思想史上特筆すべきものである。

（吉原浩人）

095

源信《げんしん》

（942〜1017）

源信は当麻寺《たいまでら》に程近い現在の奈良県香芝《かしば》市に生まれた。信心深い母や姉妹の影響もあって仏道を志し、天暦《てんりゃく》末年ころ（九五〇年代中葉）比叡山横川《ひえいざんよかわ》の良源《りょうげん》の門に入り、天延元年（九七三）広学竪義《こうがくりゅうぎ》（学僧の実力を評価する論義問答）に及科《きゅうか》し、翌年には宮中の論義で注目されるなど、新進の天台学問僧として活躍した。最初の著作が『因明論疏四相違略註釈《いんみょうろんしょしそういりゃくちゅうしゃく》』（九七八）や『六即義私記《ろくそくぎしき》』とされるように、当初の源信の関心は論義の場で重視される因明《いんみょう》・倶舎《くしゃ》、あるいは天台基礎学に向けられていた。しかし大学寮学生《がくしょう》と天台宗青年僧の念仏結社勧学《かんがく》会《え》に参加すると、空也《くうや》の称名《しょうみょう》念仏活動に共鳴する慶滋保胤《よししげのやすたね》ら文人貴族との交友を通じて浄土教学への関心が深まり、天元《てんげん》四年（九八一）には、阿弥陀の白毫観想《びゃくごうかんそう》による極楽往生を具体的に説く『阿弥陀仏白毫観《あみだぶつびゃくごうかん》』を著し、これを発展させて天台教学による念仏実践理論の体系化である『往生要集』を寛和《かんな》元年（九八五）に完成。

『往生要集』で源信は、往生業《ごう》を念仏業と余行《よぎょう》に大別し、「往生の業は念仏を本となす。その念仏の心は必ずすべからく理の如くすべし」と結論した。彼の理想とする「正しい念仏の修し方」とは、衆生とともに仏とならんと願う菩提心《ぼだいしん》を基とし、経典に説く阿弥陀の身体的特徴を正確に観想する事観《じかん》念仏を通じて、究極には真理空《しんりくう》としての阿弥陀仏と念仏者が一体無礙《いったいむげ》となる理観《りかん》念仏に至ろうとするものである。そこでは空也的な称名念仏が、あくまで観想に耐えない場合に限って容認されたのをはじめ、従来雑然と行われていたさまざまの行業も、理観念仏を頂点とする浄土往生業の壮大な体系に組み込まれ、整然と位置づけられた。『往生要集』は、念仏実践理論書を待望していた念仏者の間で反響を呼び、翌年、本書を指針とする念仏結社二十五三昧会《にじゅうござんまいえ》が比叡山横川に発足した。源信も会の理論的指導者として参画し、念仏結社の発展に生涯尽力したが、その過程で称名念仏による易行化《いぎょうか》は避けられず、晩年の『阿弥陀経略記《あみだきょうりゃっき》』（一〇一四）が「名を称え、一心に念じ、深く信じて、かしこに生れんと願う。これを往生極楽の綱要となす」

と記すように、彼の念仏観は観想念仏から称名念仏、さらに信の念仏へ傾斜していった。

永延《えいえん》二年（九八八）、源信は博多に来航していた宋商朱仁《しゅじん》聡《そう》・沙弥斉隠《さいいん》に会い、「一天の下、一法の中、みな四部の衆（仏弟子）なり。……我と共に往生極楽の縁を結ばん」として、『往生要集』に勧学会念仏活動の成果である慶滋保胤・源為憲《ためのり》らの著作を添え中国天台に送った。『往生要集』は天台山国清寺に収められ、同書を読んで感銘したとの双林寺僧行辿《ぎょうてん》の書状と経典が正暦《しょうりゃく》二年（九九一）に届き、翌年、源信は行辿を介して『因明論疏《いんみょうろんしょ》四相違略註釈《しそういりゃくちゅうしゃく》』を中国法相宗《ほっそうしゅう》に送り書評を乞うなど、日中仏教界の交流は活発化した。長徳元年（九九五）には斉隠が、天台山外《さんがい》派の源清《げんせい》から託された両国天台間の学問交流を呼び掛ける書状と著書を持って来航し、源信ら日本天台の学僧たちは源清らの著書への書評を分担執筆して返送した。さらに源信は、当時の日本天台の論義の場で解釈の分かれる諸点を『天台宗疑問二十七条』として、長保《ちょうほう》五年（一〇〇三）入宋《にっそう》した弟子の寂照《じゃくしょう》（昭）に託して天台山家《さんげ》派の四明知礼《しめいちれい》（中国、宋代の天台僧）に裁決を求めるなど、日中学問交流の中心となって活躍した。

藤原道長など上流貴族の間でも源信の名声は高まり、寛弘元年（一〇〇四）権少僧都《ごんのしょうそうず》に任じられたが、翌年辞任し横川に籠り、念仏結社運動と著述の生涯を送った。二十五三昧会の本拠の華台院《けだいいん》では阿弥陀聖衆来迎《あみだしょうじゅらいこう》の仮面仮装劇である迎講《むかえこう》を行い、広く在俗者と念仏結縁して浄土教の民衆化に努める一方、釈迦《しゃか》が『法華経』を説法したという霊鷲山《りょうじゅせん》に因《ちな》み霊山院《りょうぜんいん》を建立し、みずから『法華経』を講じる釈迦講を行った。寛弘四年の『霊山院式』では末法が間近な今こそ釈迦在世時に帰るべきだとして、釈迦に弟子たちが仕えたと同様に毎日結番者《けちばんしゃ》が等身釈迦像を供養する厳粛な生身供《しょうじんぐ》を定めている。このように晩年の源信は、浄土教の枠を越えて大乗仏教原点への関心が深まり、法相教学に対し天台教学の立場から仏教基礎学体系化を試みた大著『大乗対倶舎抄《だいじょうたいくしゃしょう》』を寛弘二年に完成し、翌年には、古来の三一権実論争《さんいちごんじつろんそう》に終止符を打ち天台教学を宣揚した名著『一乗要決《いちじょうようけつ》』を執筆した。

源信は住房の恵心院《えしんいん》に因み恵心僧都と敬称されたが、平安末期から天台本覚《ほんがく》思想が盛んになると、檀那院覚運《だんないんかくうん》の檀那流と並ぶ恵心流の祖とされ、源信に仮託した多くの偽書も生まれた。

（速水　侑）

096

法然

ほうねん

（1133〜1212）

法然はいわゆる鎌倉新仏教の祖師の一人として有名である。その教えを信奉する教団に現在の浄土宗がある。

法然は長承二年（一一三三）、美作国《みまさか》に漆間時国《うるまときくに》という武士の子として生まれた。九歳の時夜討によって父を失い、天台宗の菩提寺にその身を預けられた。その寺で才能を見出されて、当時の仏教界の最高峰に位置していた比叡《ひえい》山延暦寺《ざんえんりゃくじ》に送られ、学問一筋の生活を送った。しかし、隠遁の志を抑え難く、隠遁者が集まる西塔の黒谷別所《くろだにべっしょ》に移って、当時流行していた浄土信仰の道を追究した。その結果、口に阿弥陀仏《あみだぶつ》の名を称える（称名念仏《しょうみょうねんぶつ》）ことによって、だれもが西方《さいほう》極楽浄土への往生が可能になるという専修《せんじゅ》念仏の信仰に目覚めた法然は、その確信を実践に移すべく比叡山を離れ、東山の大谷に居を構えた。安元元年（一一七五）のことであった。

以後、法然はそれまで属していた天台宗のネットワークを利用して弟子の増加と育成を図る一方、建久九年（一一九八）、九条兼実《くじょうかねざね》の求めに応じて主著となる『選択本《せんちゃくほん》願念仏集《がんねんぶつしゅう》』を執筆した。法然の専修念仏の信仰は当時のさまざまな階層の間に急速に広まり、大きな社会的影響力をもつに至った。それは反面、延暦寺や興福寺《こうふくじ》に代表される伝統仏教界に強い警戒心を抱かせることになった。一三世紀に入ると延暦寺や興福寺などの権門寺社勢力による専修念仏批判が開始され、元久二年（一二〇五）には伝統仏教八宗が手を結んで、専修念仏の禁止を求めて『興福寺奏状《こうふくじそうじょう》』を朝廷に提出した。それが引き金となって、承元元年（一二〇七）には法然が土佐に配流されるに至る。この流罪はほどなく赦免《しゃめん》されるが、帰洛は許されず、結局法然が再び都の地を踏むことができたのは、死を翌年に控えた建暦《けんりゃく》元年（一二一一）のことであった。

法然の教えは、一般に選択本願念仏説と呼ばれている。極楽浄土への往生を願う浄土信仰は、日本では平安中期の源信以来の伝統があった。しかし、法然以前の浄土信仰では念仏だけが特別視されることなく、基本的にどのような実践を行っても、その功徳を浄土往生に振り向けさえすれば往生が可能になると信じられていた。それに対し、法然の信仰の特色は、真の往生の道は念仏しかありえないとして、それ以外の実践方法を浄土信仰から排除した点にあった。法然の思想を説明するときにしばしば用いられる、「だれもが念仏によって往生できる」という信仰は、法然のそれの特色ではなかった。法然が確立した論理は、「念仏以外では往生できない」という、ある意味極めて偏狭なものだったのである。

他方、念仏といっても、口に阿弥陀仏の名を称える称名念仏がそのすべてではなかった。称名念仏の他に、阿弥陀仏のイメージを心中に思い浮かべる観想《かんそう》念仏があり、法然以前では、よりハイレベルで確実な往生の行は後者であると信じられていた。それに対し、法然は称名念仏こそが正しく浄土に往生できる唯一の行であると規定した。法然は極楽往生のための行を、だれでも実践可能な易しい行（易行《いぎょう》）である称名念仏に一元化することによって、あらゆる人が信心という一つの条件だけで救済が達成される道を発見したのである。

その論拠となったのが、称名念仏こそが阿弥陀仏が本願として選び取って衆生に与えてくれた唯一の西方浄土への切符であるとする、中国唐代の学僧善導《ぜんどう》の主張だった。念仏は、人が自分にとってふさわしいと考えて選び取ったものではなく、仏が人々を救い取るために選び取った行であるがゆえに、絶対の威力を有するのである。

こうした法然の信仰は、身分や階層を超えてあらゆる人々に、信心のみを基準として平等に極楽への扉を開く一方、念仏以外のさまざまな伝統的な修行方法を浄土信仰の世界から排除する結果を招いた。比叡山をはじめとする伝統仏教界がそれまで実践し、人々に勧めてきたさまざまな行法は、仏が選び取らなかった行であるがゆえに、すべて捨て去るべきとされることになったのである。

伝統仏教が法然の選択本願念仏説に反発した原因はまさにこの点にあった。法然の主張に対しては、念仏の禁止を訴えた前述の『興福寺奏状』や比叡山の奏状に加えて、公胤《こういん》の『浄土決疑抄《じょうどけつぎしょう》』や明恵《みょうえ》の『摧邪輪《ざいじゃりん》』など旧仏教を代表する学僧による批判書が著されたが、その攻撃の矛先《ほこさき》は専ら念仏以外の往生を認めない専修念仏の排他的性格に向けられた。法然と同じ鎌倉仏教の開祖とされる日蓮も伝統仏教側の立場から法然を批判することからその思想形成を開始するのである。

（佐藤弘夫）

097 親鸞《しんらん》（1173～1262）

鎌倉前期の僧、浄土真宗の祖とされる。房号は善信、字は愚禿《ぐとく》。明治九年（一八七六）に見真《けんしん》大師の諡号を授けられた。日野氏傍流の下級貴族の出身。父は皇太后宮大進《こうたいごうぐうたいしん》日野有範《ありのり》、母は不詳。一門は儒学を家業にしていたが、祖父経尹《つねまさ》の「放埒」により儒家としての伝統が途絶えた。伯父に後白河院の側近範綱《のりつな》や、殿上人となった宗業《むねなり》がいる。

九歳で出家し、範宴少納言公《はんえんしょうなごんのきみ》と名乗った。延暦寺常行三昧堂の堂僧となり不断念仏を勧めたが、建仁元年（一二〇一）、二九歳の時、京都六角堂に参籠。そこで「行者、宿報にて設《たと》い女犯すとも、我、玉女の身となりて犯《ほん》せられん。一生の間、能《よ》く荘厳《しょうごん》して臨終に引導して極楽に生ぜしめん」との夢告を得た。ここには、宿報によって否応なく悪を犯さざるを得ない人間が、慈悲によって救済される、という親鸞思想の原型がみられる。そこで延暦寺を出奔《しゅっぽん》して、法然の弟子となり綽空《しゃっくう》と改名。

元久元年（一二〇四）延暦寺が専修念仏禁止を朝廷に訴えたため、法然は弟子一九〇名に活動の自粛を誓約させた（七箇条制誡）。親鸞もその時、綽空の名で署名している。元久二年、『選択本願念仏集』の書写を許され、法然より中心的な弟子と認められた。これを機に綽空から親鸞に改名している。同年、興福寺が朝廷に奏状を提出して、専修念仏の弾圧を求めた。朝廷は弾圧に慎重であったが、折節、法然門下の「密通事件」も重なって、建永二年（一二〇七）、五箇条の太政官符《だいじょうかんぷ》が発せられた。専修念仏禁止令が通達され、法然・親鸞・行空《ぎょうくう》ら六名が流罪に処される。また、「密通事件」に直接関与した安楽・住蓮ら四名は、これ以前に後鳥羽院によって処刑された。これが建永の法難である。親鸞は還俗《げんぞく》させられ、藤井善《よし》信《のぶ》の俗名を与えられて越後に流された。これ以前に結婚して善鸞をもうけていたが、流罪を機に善鸞の母と別れることになったと思われる。

承元五年（一二一一）春、念仏弾圧を批判する奏状を朝廷に提出し、非僧非俗の愚禿として生きることを宣した。同年一一月、法然らとともに流罪を赦免。この間、親鸞は越後で恵信尼と結婚していたが、建保二年（一二一四）、妻子をともない、上野《こうずけ》国佐貫《さぬき》を経て常陸《ひたち》に移住。稲田を拠点に約二〇年にわたって布教につとめ、真仏《しんぶつ》・顕智《けんち》・唯《ゆい》円《えん》・性信《しょうしん》などの弟子を育成した。『教行信証《きょうぎょうしんしょう》』の執筆を進め、法然の教えをさらに徹底させ、弥陀への信心を唯一の真の仏法とする他力の教えを確立した。寛喜の大飢饉（一二三一）による東国門弟の疲弊もあって、やがて帰洛。家族は恵信尼の実家のある越後と、京都に別れて暮らした。親鸞は五条西洞院に居を構えている。

建長三年（一二五一）より、東国門弟の間で念仏や造悪無《ぞうあくむ》碍《げ》をめぐる論争が勃発した。それを沈静化させるため、聖覚《せいかく》・隆寛の著作や解説書を精力的に書き送る一方、息子の善鸞を東国に派遣した。しかし善鸞の派遣は失敗であった。善鸞は主導権を握ろうとあせるあまり、本当の教えは親鸞から善鸞だけが秘授口伝《くでん》されたと主張したり、有力門弟を鎌倉幕府に訴えて、混乱をさらに増幅させた。事実を知った親鸞は、建長八年五月に善鸞を義絶。性信の努力もあって、翌年秋には幕府での裁判も落着した。この騒動の背景には、幕府の禅律保護政策に便乗する形で、鎌倉を中心に持戒念仏が盛んになっていたことがある。弘長二年（一二六二）、寄寓《きぐう》していた弟尋有《じんう》の善法坊（三条富小路《とみのこうじ》）で死没。年齢九〇歳。子供には、慈信《じしん》房善鸞《ぼうぜんらん》・信蓮房明信《しんれんぼうみょうしん》・益方《ますかた》入道有房《ありふさ》・小黒女房《おぐろにょうぼう》・高野《たかの》禅尼《ぜんに》と覚信尼《かくしんに》がいる。越後で暮らしていた小黒女房が早世したこともあり、恵信尼は建長五年（一二五三）ころに越後に下向していた。

一般に親鸞の思想を悪人正機説《あくにんしょうきせつ》と呼んでいる。しかし、悪人正機は迦才《かさい》『浄土論』に見えるように浄土教の伝統的思潮であり、むしろ親鸞の思想は悪人正因説ととらえるべき、との意見も登場し、学説は大きく分かれる。後者によれば、「善人なをもて往生をとぐ、いはんや悪人をや」は「悪人であることに無自覚な不信仰者（善人）でも方便化土《ほうべんけど》に往生できるのだから、信仰者（悪人）の往生は当然である」の意となる。

漢文体の著作に『教行信証』『愚禿鈔《ぐとくしょう》』『浄土文類聚《じょうどもんるいじゅ》鈔《しょう》』、和文体に『正像末和讃《しょうぞうまつわさん》』『浄土和讃』『一念多念文意《いちねんたねんもんい》』などがある。消息は真筆一一通のほか、四〇通ほどが『末燈鈔《まっとうしょう》』『親鸞聖人御消息集《ごしょうそくしゅう》』『親鸞聖人血脈文集』に収載。言行録に『歎異抄《たんにしょう》』があるほか、『恵信尼文書《えしんにもんじょ》』も親鸞の人となりを伝える重要史料である。（平　雅行）

098 栄西《えいさい》 （1141～1215）

鎌倉時代の禅僧。道号は明庵《みょうあん》。台密の師としては葉《よう》上房《じょうぼう》と呼ばれた。備中《びっちゅう》国吉備津宮《きびつのみや》の社家の賀陽《かや》氏に生まれた。仏教修学は八歳のときの『倶舎論《くしゃろん》』から始まり、一四歳で比叡山《ひえいざん》に登り受戒した。修学の地は郷里の備中の他、比叡山、伯耆大山《ほうきだいせん》などに及び、天台教学の他に台密も学び、のちには葉上流《ようじょうりゅう》の祖師になった。

宋では禅宗が盛行していることを耳にし、入宋の志をもち、ついに仁安三年（一一六八）宋に入った。宋では、たまたま出会った俊乗房重源《しゅんじょうぼうちょうげん》とともに天台山万年寺に参詣し、天台の新章疏《しんしょうしょ》三〇余部六〇巻を招来したと伝える。文治三年（一一八七）には再度の入宋を果たし、万年寺で黄龍派《おうりゅうは》の虚庵懐敞《こあんえじょう》に参禅した。建久二年（一一九一）に帰国するにあたり、虚庵から法衣と印可の証を与えられた。帰国後上京して関白九条兼実《くじょうかねざね》に召されて禅の真意を伝えたという。曰《いわ》く我が禅門は今伝わったのではなく、すでに伝教大師最澄《でんぎょうたいしさいちょう》の天台宗のなかに含まれて伝えられている、と。栄西の意図は、禅宗は新宗ではなく、すでに日本では存在感ある宗派であることを主張しようとするものであったと思われる。のち筑前《ちくぜん》国香椎《かしいの》宮《みや》の側に建久報恩寺を建てて菩薩大戒《ぼさつたいかい》の布薩《ふさつ》（大乗菩薩戒を受戒したことを確認する儀式）を行い、また博多《はかた》に聖福《しょうふく》寺《じ》などを建てて本格的な活動に入った。

正治元年（一一九九）には鎌倉に下向し、「尼将軍」北条政子の帰依を受け、故源頼朝の一周忌法要の導師を務め、のちに寿福寺を与えられた。また京都では建仁二年（一二〇二）、源頼家によって建仁寺を与えられ真言院と止観院を構えた。建永元年（一二〇六）に重源《ちょうげん》の後を襲《おそ》って東大寺勧進職《かんじんしき》に就《つ》き、建保元年（一二一三）には権僧正《ごんそうじょう》になった。

栄西は一応、日本の禅宗の祖師として位置づけられるが、他宗派とは多少様子が異なる。虎関師錬《こかんしれん》の『元亨《げんこう》釈書《しゃくしょ》』によると、栄西の禅は「濫觴《らんしょう》」（最初の一歩・きっかけ）にすぎないと酷評しているほどで、鎌倉時代後半から多くの宗派で盛行するようになる祖師信仰の例にならわず、臨済宗では祖師としての信仰の対象にはされていない。もちろんこれは栄西が宗内で尊敬を受けていないということを意味するのではなく、臨済宗の展開史において栄西が日本にまず禅を伝えた、という初伝の業績が妥当に評価されているということであろう。事実、円爾弁円《えんにべんねん》（一二〇二―八〇）や道元（一二〇〇―五三）など初期の禅僧たちのなかには栄西自身やその直門《じきもん》の栄朝、行勇などに満足できずに直接宋で評判の高い師から禅を承《う》けようとした者がいたのである。栄西は日本で事実上最初の禅の師であったことはまちがいないが、生涯にわたって台密の師としての自意識を持って活躍したことも事実である。その点が栄西に禅を求めようとした者たちの間で不満を生んだか否かには疑問がある。それはたとえば円爾なども要求に応じて積極的に密教の修法を行ったからである。初期の禅者にはこうした習合的要因は珍しくはない。また栄西に対する評価が必ずしも高くはない要因として、ひとつには彼の、公家政権や武家政権に無碍《むげ》に親《しん》近《ごん》し、それらの政治権力と関係を結ぶといった姿勢に少なからぬ人々が抵抗を感じていたこと、そして宋の国内事情などから宋から相当の禅僧が次々と渡来してきて、祖師としての栄西のイメージが薄れていったことなどが考えられるであろう。

『元亨釈書《げんこうしゃくしょ》』は、栄西は自分の死後五〇年して大いに禅が勃興する、それは京都の東福寺の円爾と鎌倉の建長寺の蘭渓道隆《らんけいどうりゅう》によると述べたと伝えている。予言としての実否《じっぴ》は別としても、京都と鎌倉という首都的機能をもつ都市において、自らの禅の初伝のあと、東福寺・円爾のいわゆる聖一《しょういつ》派《は》と鎌倉幕府を背後に仰ぐ鎌倉の禅が栄西後の臨済禅の中心になるという南北朝期の虎関による見通しは外れていない。

　栄西は帰国当初、禅を十分には理解されなかったので建久九年（一一九八）に『興禅護国論《こうぜんごこくろん》』を著し、禅の真意を説いた。天台宗など既成仏教から新立《しんりつ》宗派として圧迫を受けていたなかで、禅は天台宗や真言宗などと同様に国家にとって決して有害ではなく、有益な仏教であることや、禅が戒律を重視するなかでこそ行われるべきことを説いた。なお、現今の仏教では戒律や規律ある仏教のあり方が軽視されており、今こそ戒律を復興すべきだというのは栄西の現在認識であった。

　また建保二年（一二一四）には将軍源実朝の病気祈禱に際して茶の効用を説く『喫茶養生記《きっさようじょうき》』を執筆し、喫茶の習慣を教えたことでも知られる。

（市川浩史）

099 道元《どうげん》（1200～1253）

道元は房号を仏法房《ぶっぽうぼう》といい、仏性伝東国師《ぶっしょうでんとうこくし》、承陽大師《じょうようだいし》の諡号《しごう》がある。福井県永平寺開山。鎌倉仏教の代表的祖師。曹洞宗《そうとうしゅう》の両祖の一人（もう一人は道元下三世《どうげんかさんせ》の瑩山紹瑾《けいざんじょうきん》）。

正治《しょうじ》二年（一二〇〇）京都に生まれる。父は村上源氏の流れを汲む久我通具《こがみちとも》（あるいはその父通親《みちちか》とも）、母は不詳であるが、摂関家の要職にあった藤原基房《ふじわらのもとふさ》（松殿《まつどの》）の娘と伝えられる。一三歳のとき比叡山《ひえいざん》に登り、翌年天台座主《ざす》公円《こうえん》について得度、六年間にわたり天台の教学を修学し、一八歳の秋、京都建仁寺を訪ね栄西の高弟明全《みょうぜん》のもとに投じ、禅の奥義《おうぎ》を学んだ。二四歳のとき明全とともに入宋し、中国諸山を歴遊して当代一流の禅師に参じ、ついに天童山《てんどうざん》の如浄《にょじょう》に出会い、只管打坐《しかんたざ》（ただ座ること）を説く如浄の法を嗣《つ》ぎ、二八歳で帰朝した。如浄の法は中国禅の五家七宗の一つ曹洞宗の法系であったが、道元自身は、みずから伝えた仏法を「正伝の仏法」とし、禅宗あるいは曹洞宗と自称することをしなかった。

帰朝後、坐禅をひろく一般に勧めるため『普勧坐禅儀《ふかんざぜんぎ》』を著し、坐禅を仏道修行の正門とし、只管打坐を説いた。「所謂《いわゆる》坐禅ハ非ザル二習禅ニハ一也。唯ダ是レ安楽之法門也、究尽《ぐうじん》スル二菩提《ぼだい》ヲ一之修証也」（『普勧坐禅儀』）と示すように、悟りを求める手段としての苦行の坐禅ではなく、坐禅そのものが菩提（悟り）を究め尽くしている安楽の坐禅であるとした。また、その坐禅は「今祖席《そせき》に相伝して専らする処は坐禅なり。この行、能く衆機を兼ね、上中下根等しく修し得べき法なり」（『正法眼蔵随聞記《しょうぼうげんぞうずいもんき》』）とあるように、あらゆる機根《きこん》の者が行うことができる行法であるとした点は、万人に救いの手を差し伸べた他の鎌倉仏教の祖師達と共通する。

天福元年（一二三三）三四歳の時、京都深草《ふかくさ》に興聖寺《こうしょうじ》を開いて坐禅の挙揚をはかったが、比叡山との軋轢《あつれき》と権勢との接触を避け、波多野《はたの》出雲守義重《よししげ》の外護《げご》を受けて寛元元年（一二四三）、波多野氏の所領であった越前志比庄《しひのしょう》に移り、大仏寺を開創。後に永平寺と改称した。興聖寺開創の年に選述した「現成公案《げんじょうこうあん》」「摩訶般若波羅蜜《まかはんにゃはらみつ》」を皮切りに、示寂《じじゃく》の年（建長五年）に書き示した「八大人覚《はちだいにんがく》」まで、九五巻に及ぶ法語を選述・示衆し、これらを編集した『正法眼蔵《しょうぼうげんぞう》』は道元の代表的著作といえる。宝治元年（一二四七）八月、北条時頼の招請により鎌倉に赴くものの翌三月、約半年で永平寺に戻り、その後は坐禅を中心とした修行生活を送りながら、弟子の養成に尽くした。建長四年（一二五二）の秋ころ病となり、翌建長五年七月一四日、永平寺を懐奘《えじょう》にゆずり、波多野氏の懇請にしたがって病気療養のために八月五日に上洛。同月二八日、京都高辻西洞院覚念《にしのとういんかくねん》の邸にて世寿《せじゅ》五四歳で示寂した。

著書に『普勧坐禅儀』『正法眼蔵』『典座教訓《てんぞきょうくん》』『学道《がくどう》用心集《ようじんしゅう》』等がある。また、道元の教説を弟子の懐奘が編集した『正法眼蔵随聞記』や、弟子たちによって道元の説法が記録編集された『永平広録《えいへいこうろく》』がある。

道元の仏法は、只管打坐をその根幹とするが、道元はまた、坐禅の行のみではなく、あらゆる修行を仏の教えに従って行じなければならないと強調した。そして威儀・作法を重んじて、律蔵《りつぞう》や禅宗の清規《しんぎ》に基づいて洗面や洗浄、食事など、修行における細かな作法を示し、日常生活の一つひとつの行為を仏の教え（作法）に従って行うところに仏が現成《げんじょう》するとした。作仏《さぶつ》（仏となること）を求めるのではなく、行仏《ぎょうぶつ》（仏を行ずること）こそが重要であると説いている。また『弁道話《べんどうわ》』に、

　この法は、人人の分上《ぶんじょう》にゆたかにそなはれりといへども、いまだ修せざるにはあらはれず、証せざるにはうることなし。

と示すように、本証（本来のさとり）を修行によって現さなければならないとし、「仏法には、修証これ一等なり」と、修（修行）の中に証（さとり）があり、修と証は一つであるとした点は道元の仏法の特徴である。

また、大乗仏教の流れを汲む道元は「菩提心をおこすといふは、おのれいまだわたらざるさきに、一切衆生をわたさんと発願し、いとなむなり」（『正法眼蔵』「発菩提心」）と自未得度先度他《じみとくどせんどた》の利他行《りたぎょう》（自分が救われる前に一切の人々を先に救おうと願い実践すること）を説き、この誓願が後に道元下第三世の瑩山紹瑾に至って開花し、その門下によって曹洞宗の教えが全国に展開して、日本有数の仏教教団を形成していく。

（角田泰隆）

100 貞慶《じょうけい》（1155〜1213）

法相宗《ほっそうしゅう》の僧である解脱坊《げだつぼう》貞慶は、慈円《じえん》や明恵《みょうえ》らとともに鎌倉時代の伝統仏教界を代表する著名な学僧である。藤原通憲《ふじわらのみちのり》（信西《しんぜい》）の孫として久寿《きゅうじゅ》二年（一一五五）に京都の貴族社会に生まれた貞慶は、八歳にして興福寺に入った。一一歳で出家して後は、父貞憲の弟である覚憲に師事して法相教学や律などの指導を受けた。維摩会《ゆいまえ》、法勝寺御八講《ほっしょうじごはっこう》、最勝講《さいしょうこう》などの講師を勤め、順調に学僧としての道を上り詰めていったが、隠遁の志やみがたく、建久四年（一一九三）弥勒《みろく》信仰で知られた笠置寺《かさぎでら》に入山した。以後、「弥勒講式」の執筆、般若台《はんにゃだい》の創建、十三重搭の建立、竜華会《りゅうげえ》の開始など、そこを拠点として弥勒信仰を鼓吹するさまざまな活動を行うようになる。

貞慶が奈良市中にある興福寺を離れて笠置山に隠遁した背景には、わが身に対する強烈な罪業観が存在した。笠置入山後に記されたと考えられる『愚迷発心集《ぐめいほっしんしゅう》』には、地獄を常のすみかとするような自分が、このたびもまた重い罪障によって、「五濁乱慢《ごじょくらんまん》の辺土《へんど》」（心の濁った悪人が集まる辺鄙《へんぴ》な地）に生を享《う》けることになった、という記述がある。この人生を無為《むい》に過ごせば、生まれ変わっても必ずまた悪道に堕ちることになるという強い自覚が、貞慶の思想の根底には存在した。

こうした自己否定の意識は、同時代を生きた法然《ほうねん》や親鸞《しんらん》など、鎌倉新仏教の僧たちに顕著にみられるものである。貞慶もまた同じ問題意識を共有していたのである。だが、そうした自意識の共通性にも関わらず、その対処の仕方になると、両者の対応は全く対照的であった。たとえば法然の場合、悪人としての自己認識はその対極に絶対的な救済主として阿弥陀仏《あみだぶつ》の発見をもたらした。いかなる既存の行法によっても救われがたい末代悪世の人間は、自力による救済を断念して、阿弥陀仏の他力の力に全面的にその身をゆだねる必要があった。法然にとっては、僧が僧であるための最も重要な条件であるはずの戒の護持も、もはや救済に至るための不可欠の要素ではなかったのである。

それに対し貞慶は、一貫して人間のもつ自力の可能性を肯定し続けたところにその特色があった。時代は釈迦《しゃか》の教えが力を失うという末法の時代である。事実世は乱れ、仏教者たちはもはやだれも戒を守ろうとしない。しかし、だからといって既存の仏法をすべて抛《なげう》って、弥陀の本願を頼むことが適切かといえば、それはまちがっている。貞慶によれば、暗黒の時代だからこそ、人は釈迦の時代の原点に戻って、悟りをめざしてのいっそうの自助努力が求められているのである。

貞慶のそうした姿勢は、彼が熱心に進めたその戒律復興運動に端的に示されている。貞慶は承元《じょうげん》（一二〇七—一一）のころ『解脱上人戒律興行願書《げだつしょうにんかいりつこうぎょうがんしょ》』を著して、仏滅後は戒が仏教者の師であることを強調している。建暦元年（一二一一）には、当時の戒律復興運動の中心であった唐招提寺《とうしょうだいじ》で『梵網経古迹記《ぼんもうきょうこしゃくき》』を講じ、戒律の再興を図っている。受戒が形骸化し、破戒がやむを得ないことと認識されていた鎌倉時代にあって、貞慶はあえてその復興をめざした。その姿勢は、鎌倉時代に戒律復興を推進した律宗の叡尊《えいそん》や忍性《にんしょう》と共通するものであった。

元久二年（一二〇四）、貞慶は『興福寺奏状』を草し、九箇条にわたる問題点を挙げて、朝廷に法然の専修《せんじゅ》念仏の禁止を訴えた。人間は皆その胸中に、この上なく尊い仏となるための種（仏種）を備えながら、それを発現する機会がないまま悪道の転生を繰り返しているとみる貞慶にとって、大事なのはどの行を選択するかではなく、いかに真剣に悟りを求める心をもち、真摯に修行を積み重ねるかという点だった。そうした立場からみたとき、念仏以外の行を末法に不相応としてひとしなみに退ける法然の主張はかえって念仏に縁のない多くの人から救済の機会を奪う行為にみえた。「出離の道は、念仏以外の行がいいとか、念仏の方がいいとかといった問題に左右されるものではない。大事なのは心のあり方なのだ」という貞慶の言葉は、一貫した彼の姿勢だった。すべての人間が仏性を有することを強調する貞慶の思想は、法相宗伝統の三乗《さんじょう》思想というよりは、法相宗のライバルであった天台宗の一乗《いちじょう》思想に通ずる側面をもっていた。

貞慶は承元二年（一二〇八）、活動の中心拠点を海住山寺《かいじゅせんじ》に移した。その地で、『因明明要抄《いんみょうみょうようしょう》』『明本抄《みょうほんしょう》』などを著すが、体調の不良を感じ、建暦《けんりゃく》三年（一二一三）正月に遺戒の意味を込めて「海住山寺五箇条起請《かいじゅうせんじごかじょうきしょう》」を著し、翌月示寂《じじゃく》した。

（佐藤弘夫）

101 明恵《みょうえ》（1173〜1232）

鎌倉時代前期の華厳宗《けごんしゅう》の僧。平重国を父、湯浅宗重の女を母として湯浅氏の根拠地紀州有田郡に生まれた。明恵が一〇歳以前に両親が相次いで亡くなったので、養和元（一一八一）年八月に京都の高雄山神護寺《たかおさんじんごじ》に登った。高雄山で文覚から真言、仁和寺で華厳の手ほどきを受けた。のち、文治四（一一八八）年に東大寺で具足戒《ぐそくかい》を受け、東大寺尊勝院で聖詮《しょうせん》から華厳《けごん》を受学している。この後も南都や京都などで華厳や真言を中心に幅広く修行し、それらに関する著作を多数残している。のち栂尾高山寺《とがのおこうざんじ》を復興したこと、また「阿留辺幾夜宇和《あるべきようは》」（あるべきように）を提起したことでも知られる。

一般的には、鎌倉旧仏教における革新・改革派の一人として評価される。具体的には、その内部においては、独特の釈迦《しゃか》信仰や光明真言信仰を提起し、従来の華厳宗から大きく踏み出そうとしていた、といった点である。また法然《ほうねん》の専修念仏《せんじゅねんぶつ》に対して激しい敵意を表し、その著作である『選択本願念仏集《せんじゃくほんがんねんぶつしゅう》』を閲読するやただちに『摧邪輪《ざいじゃりん》』（一二一二）、『摧邪輪荘厳記《ざいじゃりんしょうごんき》』（一二一三）を著して専修念仏が誤った教えであることを（法然が）「菩提心を撥去《はっきょ》する失」と「聖道門《しょうどうもん》を以て群賊に譬《たと》ふる過失」の二点を中心にして理路整然と述べて反論した。従って明恵の思想は論理的側面としては、法然からの思想的衝撃を梃《て》子《こ》に旧仏教としての独自性を求めて形成されたといっても過言ではない。

また、明恵は自分が見た夢を記録した特異な『夢記《ゆめのき》』でも知られ、精神分析学の研究対象ともなっている。

『摧邪輪』では、法然の依って立つ唐の善導の説と新《しら》羅《ぎ》の元暁《がんぎょう》など華厳の学者の説とを対比させ、善導の説が実は法然が理解しているような内容ではなく、元暁などの思想と一致することを論証しようとしている。すなわち明恵の見解は、善導説を誤解した法然の念仏観は誤っており、善導の本意はわが華厳の元暁の説に等しいのだ、というものである。そして真言や華厳、そして念仏をも含めた仏教全体を弘通させるべきことを説いた。また、『摧邪輪』などでは法然の思想を鋭く攻撃しているものの、『夢記』にはかえって法然を慕うような夢の記述も残していることは興味深い。加えて、元暁や同じく新羅《しらぎ》の華厳学者義湘《ぎしょう》の唐への留学などを主題にした『華厳宗祖師絵伝』を制作して彼らを明恵自身の華厳の祖師として位置づけ、顕彰している。また、光明真言を唱えて加持した土砂を亡者の遺体に懸けてその極楽浄土への往生を祈るという土砂加持への晩年の篤い信仰もまた元暁の『遊心安楽道《ゆうじんあんらくどう》』からの影響下の所産であった。

明恵の思想の根底にあったのが独特の釈迦信仰であった。これは論理的には専修念仏の阿弥陀仏《あみだぶつ》信仰に対比されるべきものではあるが、明恵はこの釈迦信仰によって新しい華厳仏教を模索していた。明恵自身が釈迦「思慕」と述べているとおり、彼の釈迦信仰は多分に心情的で、思想というよりもむしろ皮膚感覚の表れとでもいうべき言動も残している。明恵は釈迦の国天竺《てんじく》に渡ろうと周到に計画したが、春日明神の二度の夢告によって断念せざるを得なくなり、その代償として出身地紀州湯浅の海岸で天竺に繋がっている海水に足を浸す、湾内の小島を釈迦に見立て「思慕」の書状を宛てて書く、拾った水中の石を長く愛玩した、といったことなどである。新羅の元暁や義湘を祖師として顕彰することや、独特の釈迦「思慕」は単なる特異な言動ではなく、実は華厳という明恵のみずからの思想・信仰が三国相承の仏教に連なることの確認であった。明恵が湯浅の海岸で海水に足を浸して思索にふけることは、渡唐と渡宋を断念した結果、三国仏教の流れに直接与《あずか》るという、三国伝来の仏教の独特の具体的・身体的な享受であったのである。

かくして明恵の思想は、三国仏教を独自に求め、形成しようとした、いとなみの所産であったことがわかる。

また明恵は、後年その伝記的作品が多数制作されたことでも知られる。死没直後の門弟による仮名と漢文との二つの『高山寺明恵上人伝記』をはじめ、鎌倉時代後半や南北朝期に至ってもその伝記が書かれた。これは明恵自身を顕彰・称賛するということ以外の目的をも持っていたようである。なかには、後鳥羽上皇に敵対した承久の乱の北条泰時《ほうじょうやすとき》を正当化し、称賛するために、泰時の言動を詳細に紹介し明恵が是認するという趣旨の『詞不《しぶ》可疑《がき》』（『渋柿』、室町時代の成立）などもあった。それほど明恵には読者にある権威を感得させる何かがあったということであろう。

（市川浩史）

102 日蓮 にちれん （1222〜1282）

日蓮は承久《じょうきゅう》の乱（一二二一）の翌年の貞応《じょうおう》元年（一二二二）、安《あ》房《わ》国長狭郡《ながさぐん》東条郷《とうじょうごう》片海《かたうみ》に「海人《あま》が子」として誕生した。その出自は、後年、東条の地頭東条景信《とうじょうかげのぶ》と領家とが係争したとき、みずから荘官的役割を果たしていたことから考えて、文筆的能力を併せ持った有力漁民と思われる。東条御厨《みくりや》という神官領に生まれ育った日蓮は、天福元年（一二三三）、出家すべく故郷の清澄寺《せいちょうじ》に登った。一二歳の時である。

日蓮はその出家動機について、無常感を感じたことによるとも語るが、その真意は「日本第一の智者となし給へ」（『善無畏三蔵抄《ぜんむいさんぞうしょう》』）と念ずる学問的・主知的なところにあったと考えられる。「日本第一の智者」になるべく、日蓮は清澄寺で六年間、天台・真言教学や浄土教などを研鑽した。しかし、日蓮にとって、同寺は学問的環境として不備であるのに加え、師の道善房に至っては、地頭東条景信に加担する浄土教の信奉者でもあった。

清澄寺の非学問的な環境と「おぼつかなき」師道善房の内面を見出すようになった日蓮が、まず選んだのは鎌倉であった。延応元年（一二三九）から仁治《にんじ》三年（一二四二）までの三年間、新興の政治都市・鎌倉ですごすことになる。ここで、処女作の『戒体即身成仏義《かいたいそくしんじょうぶつぎ》』を構想したものの、この街も、法然の念仏宗が浸透する地であり、その意味で、第二の清澄寺にほかならなかった。

故郷に帰って『戒体即身成仏義』を執筆した日蓮は、初めて念仏宗を批判するとともに京畿《けいき》への遊学を決意した。「日本第一の智者」になるべく、日蓮は建長四年（一二五二）までの一〇年間、比叡山を中心に園城寺《おんじょうじ》・高野山・天王寺などの寺々に学び、諸々の文献のなかから「法華経」の価値を選択した。

そして、その京畿遊学の成果を、建長五年（一二五三）、清澄寺の持仏堂で「日蓮宗の開宗」という形で披瀝《ひれき》した。案の定、この開示には、共鳴者（義城房・浄顕房）と批判者（師の道善房・円智房）の対立がすぐさまもち上がった。勘当《かんどう》されるように、清澄寺から追放された日蓮が赴いたのは、二回目の鎌倉の地であった。ここで、正嘉《しょうか》元年（一二五七）から文応《ぶんおう》元年（一二六〇）に発生した大災害と社会不安を身を持って体験し、その原因を考えることになる。その成果を集大成したのが主著『立正安国論《りっしょうあんこくろん》』であり、これを時の執権・北条時頼に上呈した（第一回の国諫《こっかん》）。しかし、この念仏宗の退治と「法華経」の採用を要求した結果、伊豆に流される。三年に及んだ流罪が赦《ゆる》されて故郷に帰った日蓮を待ち構えていたのは、またしても東条景信による襲撃であった（小松原法難）。文永元年（一二六四）のことである。

文永五年（一二六八）、日蓮とその門弟に大きな転機が訪れる。例の蒙古国書の到来である。『立正安国論』の予言の適中を意味するこの事実をテコに、日蓮は再び同書を幕府に上呈するとともに、真言律宗《しんごんりつしゅう》の忍性《にんしょう》との「祈雨」修法に挑んだものの、日蓮教団の拡勢を恐れる真言律宗と幕府が選択したのは、またしても、佐渡流罪という弾圧であった（文永八年の法難）。

三年間に及ぶ、寒気と飢えの佐渡流罪は、日蓮を完全に「体制」志向者から「反体制」者へと変えた。一つは、日蓮自身、内省的な懺悔《ざんげ》生活を通して、これまで受けた襲撃と弾圧という法難の現実を『法華経』の「常《じょう》不軽菩薩品《ふきょうぼさつほん》」のなかに正当化しつつ、「如来神力品《にょらいじんりきほん》」のなかにみずからの仏使意識を結晶化していった点である。その具体的な思想表明が『法華経』の伝通系譜を示した「三国四師《さんこくしし》」観である（天竺《てんじく》の釈迦、震旦《しんたん》の天台大師智《ち》顗《ぎ》、本朝の伝教《でんぎょう》大師・日蓮）。二つは、『法華経』の色読《しきどく》の中に「二乗作仏《にじょうさぶつ》」と「久遠実成《くおんじつじょう》」という「法華経至上主義」を構築した点である。この佐渡における思索の自由の中に達成した法華信仰の理論化は、流罪赦免《しゃめん》の文永一一年（一二七四）、「三度目の国諫」として、大きな局面を迎える。蒙古襲来の時期をめぐる幕府との面談の場面である。

頼綱問いて云わく「いつごろよせ候べき」、日蓮言わく「よも今年はすこし候はじ」（『撰時抄』）。この懸命な応答も、ついぞ実を結ぶことなく、「法華経の行者」日蓮は身延《みのぶ》に入山する。「三度いさめんに後用なくば、山林にまじわる」（「光日房御書」）の信念の赴くまま、身延に入り、文永の役（一二七四）と弘安の役（一二八一）の両国難を「隣国の聖人」による正法（「法華経」）誹謗《ひぼう》の懲罰軍と捉える。身延の日蓮は現世を超越した「法華経世界」の構築者となった。

（佐々木馨）

103　一遍《いっぺん》（1239〜1289）

鎌倉時代の僧。時宗の開祖。伊予《いよ》国の河野道広の子。河野氏は瀬戸内海の豪族であったが、承久《じょうきゅう》の乱（一二二一）で京方について力を失った。父道広は、出家して法名を如仏《にょぶつ》といい、二男の一遍を、建長元年（一二四九）に出家させた。随縁《ずいえん》と名乗る一遍は、建長三年に大宰府《だざいふ》に行き、聖達《しょうたつ》の弟子となった。聖達は、法然の高弟で浄土宗西《せい》山《ざん》派を開いた証空《しょうくう》の門弟であったから、父は幼い随縁を、同門の聖達に託したものと思われる。随縁は、名を智真《ちしん》と改め、善導《ぜんどう》、法然の教えを学んだ。

弘長三年（一二六三）、父の死を聞いた智真は、伊予国に帰り、還俗《げんぞく》して世俗の生活に戻ったが、一族の所領争いなどの煩《わずら》いを避けて、文永四年（一二六七）、再び出家の身となり、太宰府の聖達を訪ね、諸国を旅したが、文永八年、信濃国の善光寺に参詣したとき、阿弥陀如来《あみだにょらい》の慈悲を感得して、「二河白道図《にがびゃくどうず》」を描いた。二河は人間の煩悩を表す火と水の河で、浄土に往くには、その間の足の幅しかない極めて細い白い道を進まねばならないという、善導の教えを絵に表したものであった。伊予国に帰った智真は、窪寺（愛媛県松山市）の草庵で念仏修行を続け、「十一不二頌《じゅういちふにのじゅ》」という七言の四句の頌《じゅ》を作り、十劫《じっこう》の昔に阿弥陀仏が正しい悟りを得たことと、現在の衆生の極楽往生とは同じであるということを説いた。文永一一年、妻と娘、かつての従者を連れて、諸国遊行《ゆぎょう》の旅に出て、四天王寺、高野山を廻り、阿弥陀仏への帰依を深め、人々に広めようとした。さらに、当時浄土に最も近い所と考えられていた、紀伊《きい》国の熊野に赴き、本宮の証誠殿《しょうじょうでん》に百日参籠《さんろう》をした時に、衆生の浄土往生は、信不信、浄不浄に関わりなく、阿弥陀如来の名号によって定まったことであるから、ただひたすら「南無阿弥陀仏〈決定《けつじょう》往生　六十万人〉」と書いた札を人々に配るようにという、夢告を得た。この熊野権現の神勅によって、いっさいのものを捨てて、阿弥陀如来にまかせ切るという信心が確立したとして、名を一遍と改めた。後に時宗では、この時を開宗の時とする。

一遍は、熊野で同行と別れ、念仏とともに名号の札を配る賦算《ふさん》を行う旅を続け、四国・九州・山陽・京都を廻った後、弘安二年（一二七九）、信濃《しなの》国の伴野（長野県佐久市）を訪れた時、念仏を唱えながら踊るうちに、信心の高揚に突き動かされた見物衆が、忘我の境地で踊り出したので、その後、一遍の行く所では、踊念仏が行われるようになり、数多くの庶民が踊りの中で教化され、念仏の信者になった。布教の旅は関東・東北へと続き、弘安五年には、鎌倉に入ることを幕府に拒まれたが、翌々年、京都では大歓迎を受けた。京都の町に出現した踊念仏の渦が、結縁を願う人を巻き込んで躍動するさまは、後に「一遍上人絵伝」に生き生きと描かれている。都を出て、山陰路《さんいんろ》から摂津《せっつ》、播磨《はりま》国へと賦算を続け、備後《びんご》国を経て故郷に帰り、四国の各地を遊行し、さらに摂津国で布教を続けた一遍は、正応二年（一二八九）、同国の和田岬（兵庫県神戸市）の観音堂（後の真光寺）で生涯を閉じた。死を前にした一遍は、所持していた聖教の一部を、平安時代以来多くの聖たちの集まる場所であった書写山《しょしゃざん》円教寺（兵庫県姫路市）に納め、残りの所持物はすべて焼き捨てた。墓は、真光寺にある。

一か所に定住することを拒み、遊行の生涯を送った一遍は、生涯の記録、著述の類を残さなかったので、事績と思想を明らかにするのは、極めて困難であると言わねばならない。一遍の没後、法を継ぐ人々によってまとめられた『播州《ばんしゅう》法語集』『一遍上人語録』に収められている折々の言葉と和讃、中世に作られた多くの祖師伝絵巻の中で、最も優れたものとされる『一遍聖絵《ひじりえ》』や『遊行上人縁起《ゆぎょうしょうにんえんぎ》』（一遍上人絵伝）などの、詞書と写実的な絵から読み取ることのできる一遍は、徹底した易行《いぎょう》を説いて、日本の仏教史上最も多くの民衆に接した僧であり、民衆の間にあった民族宗教的な諸信仰を宥和し、鎌倉時代の仏教革新運動の最終段階の課題と取り組んだ宗教者であった。時宗で阿弥衣《あみえ》と呼ばれる短衣に、粗末な袈裟を着け、合掌した手に念珠《ねんじゅ》を懸けて片足を踏み出す立ち姿で表される一遍像は、時宗の信者の間で礼拝の対象となり、多くの絵像も作られた。寺院に定住することのなかった一遍は、教団を組織することをしなかった。時宗という呼称は、一遍門下の念仏行者とその集団をいう言葉であり、宗派としての意味を持つのは、近世以降、清浄光寺《しょうじょうこうじ》（神奈川県藤沢市）を本山とする体制ができてからである。

（大隅和雄）

104　鴨長明・吉田兼好

かものちょうめい（1155?〜1216）
よしだけんこう（1283?〜1352以降）

中世の古典の中で、随筆の代表とされる『方丈記』と『徒然草』の作者。ともに神社に関わる家に生まれ、和歌をよくし、故実などに通じていたが、出家遁世して、無常の世に生きる自己の観照を深め、中世の知識人の人生観・処世観を、闊達《かったつ》自在な仮名交じり文に表現した。中世隠者文学を代表する人物とされている。

鴨長明は、下鴨《しもがも》神社の禰宜《ねぎ》鴨長継の二男として生まれ、菊大夫と称し、長明《ながあきら》と名乗った。初め父方の祖母の大きな家を相続して、豊かな生活を送り、俊恵に和歌を学び、琵琶の名手としても知られた。後援者であった父の死後、家運も傾き、小さな家に移った。後鳥羽院に和歌の才を認められて、和歌所の寄人《よりうど》に抜擢されたが、神官の職につく願いを果たせず、出家して蓮胤《れんいん》と名乗り、大原に隠棲《いんせい》した。都の北の大原は、比叡山《ひえいざん》の別所で、聖・遁世者の集まる所であったが、長明にとって安住の地とはならず、五年後、五四歳の時に、都の南東の日野に、一丈（三メートル）四方の草庵を建てて移り住んだ。建暦元年（一二一一）、飛鳥井雅経《あすかいまさつね》の推挙で鎌倉に下って源実朝に会ったが、まもなく日野に帰った。翌年三月、日野の草庵で、おのれの五〇余年の生涯を回顧して、『方丈記』を書いた。自作歌の『千載集《せんざいしゅう》』入集を生涯の名誉とした長明は、家集『鴨長明集』を編《あ》み、歌論書『無名抄《むみょうしょう》』を書いた。仏道に入った人の発心譚《ほっしんたん》を集めた『発心集《ほっしんしゅう》』も広く読まれたが、長明の名は、短編の随筆『方丈記』によって知られている。中世初頭の浄土教を背景とした無常観、遁世者の処世観を、自分の棲《す》み処《か》の移り変わりに託して、流麗な和漢混淆文《わかんこんこうぶん》で述べた『方丈記』は、中世から現代まで広く読まれ、日本人の人生論、処世論の源流になっている。広略二種の伝本があるが、広本古本系の「大福光寺本《だいふくこうじ》」が最古の写本として尊重されており、略本系の本は、無常の証《あかし》として大火や飢饉などを述べた部分を欠き、布教僧の説法を思わせる文体で書かれている。

吉田兼好は、俗名卜部兼好《うらべかねよし》、吉田社の神官卜部兼顕《かねあき》の子。天台宗の僧で、『旧事本紀玄義《くじほんぎげんぎ》』などの神道書を著した慈遍《じへん》の弟にあたる。卜部家は、室町時代に吉田を名乗るようになったので、近世以降、吉田兼好《けんこう》として知られるようになった。堀川家の家司《けいし》を務めた後、六位蔵人《くろうど》として朝廷に出仕し、従五位下に進み、左兵衛佐《さひょうえのすけ》となった。徳治元年（一三〇六）ころ、鎌倉に下り、二年ほど金沢に住んで、金沢氏の人々をはじめ鎌倉の知識人と交わった。帰京後、出家遁世して、京都郊外の小野荘（京都市山科《やましな》区）・修学院・横川《よかわ》などに隠棲したが、出家の理由、時期などは分かっていない。二条為世《ためよ》に和歌を学び、古今伝授《こきんでんじゅ》を受けるなど、二条派の歌人として活躍し、浄弁《じょうべん》・頓阿《とんあ》・慶運《けいうん》とともに、為世門下の和歌四天《してん》王《のう》と称された。勅撰和歌集に入集し、家集に『兼好法師集』があるが、兼好は、『徒然草』の著者として、中世の文学史、思想史に重要な位置を占めている。

『徒然草』の成立時期と過程については、諸説があるが、元応《げんおう》元年（一三一九）から建武三年（一三三六）までの間に書かれた二四三段の短章が、二巻にまとめられている。『徒然草』に見られる王朝文化への憧憬、有職故実《ゆうそくこじつ》の知識は、宮廷で得たものと思われ、武家社会に関する話題は、二度の関東下向の際の見聞によるものと思われる。

自然の移り変わりの中に無常を看取し、既成の秩序が素性の知れない新しい力に圧倒されていくのを醒《さ》めた眼で捉え、人間の営みを遁世者の立場で批評する文章には、鎌倉時代末の混沌とした時代に生きた人間の思想が多面的に書かれていて、後世の読者を引きつけてやまない。二四三段の文章は、王朝の物語、日記、随筆などの優美な文体、仏典の思想を和語で伝えようとする緊張感に満ちた文体、律動感あふれる和漢混淆文の文体、伝承を語る説話の文体など、多様な文体で書かれており、平安、鎌倉時代を通じて生み出されてきた日本語の文体を集成したかの観がある。そのため、近世以降、文章の模範を示す書として読まれ、近代に入ってから、古典文法の教科書として読まれた。兼好は、平安時代以来の貴族文化を対象化し、次の時代に伝える上で重要な役割を果たした人物であった。近世以降広く読まれている『徒然草』は、慶長一八年（一六一三）の奥書を持つ古活字本「烏丸光《からすまるみつ》広《ひろ》本」であるが、永享三年（一四三一）の奥書がある最古の写本「正徹《しょうてつ》自筆本」との間には、編成、語句などに違いがある。

（大隅和雄）

105 慈遍 じへん （生没年未詳）

鎌倉時代末期・室町時代初期の天台宗の僧、神道家。神祇《じんぎ》官僚吉田（卜部《うらべ》）兼顕《かねあき》の子で『徒然草』の作者兼好の兄弟。幼くして比叡山に入り、天台宗を学ぶ。元徳年間（一三二九―一三三一）の伊勢神宮での法楽祈禱への参加を機に伊勢神宮祢宜《ねぎ》の度会常昌《わたらいつねよし》との交際が始まったとみられ、伊勢神道や両部《りょうぶ》神道をもこのころに学んだと推測される。元徳二年（一三三〇）には常昌の奨《すす》めでその著『神懐論《しんかいろん》』を後醍醐天皇に献じ、二年後の元弘二・正慶《しょうけい》元年（一三三二）には隠岐に遷幸中の後醍醐天皇に『旧事本紀玄義《くじほんぎげんぎ》』『旧事本紀文句《くじほんぎもんく》』『神皇《じんのう》略文図』などを進呈した。後醍醐天皇と近い立場で主に活動したが、足利将軍とのつながりも見落とせない。右の著作のほかに神道関係の著作として『天地神祇審鎮要記《てんちじんぎしんちんようき》』（元弘三・正慶二年＝一三三三）『豊葦原神風和記《とよあしはらじんぷうわき》』（興国《こうこく》元・暦応《りゃくおう》三年＝一三四〇）などがある。

慈遍は、神典の中で『先代旧事本紀《せんだいくじほんぎ》』を重視して、既存の両部神道・山王《さんのう》神道・伊勢神道などの教説を按配《あんばい》・総合して独自の神道の体系を樹立しようとした。

慈遍の思想の特色は、独自の、他の思想家に先行する宗教思想＝神道思想の形成とそれに不可分に結合する独自の政治思想に認められる。

まず神道思想から。慈遍は、天譲日天狭霧地禅月《あめのゆずるひあめのさぎりちのゆずるつき》地狭霧尊《ちのさぎりのみこと》と国常立神《くにとこたちのかみ》・天御中主神《あめのみなかぬしのかみ》、さらに天照大神《あまてらすおおみかみ》と豊受大神《とようけのおおかみ》、これらが根元的神々であり、それらは一切の存在物――宇宙万物に先在する究極的根拠＝本体そのものだとする。そして、右の根元的神々は次のように天地の生成・運行と深く関っているとする。まず神代の、天孫降臨《てんそんこうりん》以前の時期では、①国常立神と天照大神、②天御中主神と豊受大神、これら二系列の神々がこの期における全体世界（宇宙・自然・人間界などより成る）の展開の基本相を決定づける、ついで神代の天孫降臨以降の（人代を含む）全時期においては、全世界の展開は、天にある天照大神と地にある豊受大神との、相対しつつ協力する働きによって、その基本的動向が決定される――と。壮大な、仏教的ならぬ、神道的世界観の形成が明瞭にみてとれる。ここには、平安時代中ごろ以来広く日本に行われてきた本地垂迹説《ほんじすいじゃくせつ》を否定する、神本仏《しんぽんぶつ》迹《じゃく》、反本地垂迹的立場が、他の思想家に先じて示されている。慈遍が、神道、仏教、儒教の三教の関係をめぐって、神道を根本《こんぽん》、儒教を枝葉《しよう》、仏教を花実《かじつ》とする、根本枝葉花実説を唱えたことが思い合される。

次に政治思想。右にみた世界の生成・存立と根元的神々との独自の関係づけ方を前提にして、慈遍の独自の政治思想的側面が次のように成立する。

一　①日本国は世界の本にして尊、諸外国は末にして卑であるとする国際的秩序観②天皇は上にして尊、民は下にして卑とする国内的秩序説

二　日本の神は、インドの仏、中国の天に優越するとの見地

三　右に関連して神道が最もすぐれ、仏教がこれにつぎ、儒教はその後に位するという三教観

四　皇孫＝天皇は、神意を受けて日本国のみならず地上世界全体の主であり（これは江戸時代の平田篤胤《ひらたあつたね》の見解にはるかに先行する）、かつ広く天・地・人の三才の運行にも責任をもつ存在である

五　その他政治の内容や目的が神道的見地から定め立てられること

以上の慈遍の宗教思想は、宗教史に先例を見ぬ、独自のものであり、政治思想も、類似の政治思想にはるかに先行する、独自の、個性的なものである。

慈遍がこのような未曽有《みぞう》の神道思想・政治思想を前提にして、日本国の歴史を中心として個性的な「人間史」を構成・記述したことも見逃しえない思想史的意義をもっている。

（玉懸博之）

106 度会家行《わたらいいえゆき》（1256～1351？）

度会家行は南北朝初期に豊受《とようけ》大神宮（外宮《げくう》・度会宮《わたらいのみや》）の禰宜として活躍し、伊勢神道の思想を大成した。伊勢神道は中世を代表する神道であり、豊受大神宮を基盤とすることから、別名、外宮神道、また祠官《しかん》の度会氏が唱えたことから度会神道ともいう。

家行は康元元年（一二五六）に外宮の三禰宜《さんのねぎ》村松有行《むらまつありゆき》の長子として生まれた。したがって姓は村松で、はじめは名を行家と称していたが、徳治元年（一三〇六）、禰宜に補任されたのを機として家行に改めた。禰宜に補任されたのは、前年の嘉元《かげん》三年に度会行忠が没したので、その欠員補充によるものであった。行忠には『伊勢二所太神宮神名秘書《いせにしょだいじんぐうしんめいひしょ》』『古老口実伝《ころうくじつでん》』『心御柱記《しんのみはしらき》』などの著作があり、また永仁四年（一二九六）二月から翌五年六月まで続いた内宮との間で起きた「皇」字の使用をめぐる事件の際には中心となって活躍した。このような行忠の学識と思想も家行は継承し、伊勢神道を大成していったのである。

その後、禰宜の位は累進し、暦応《りゃくおう》四・興国二年（一三四一）、八六歳の時、一禰宜《いちのねぎ》となり、従三位《じゅさんみ》に叙せられた。南北両朝の南朝（吉野朝）を擁護し、後醍醐天皇の吉野遷幸《せんこう》に尽力し、建武三・延元元年（一三三六）に宗良《むねよし》親王を奉じて伊勢国に下向した北畠親房・顕信《あきのぶ》父子を神宮に迎えて援助した。また親房は家行著『類聚神祇本源《るいじゅうじんぎほんげん》』の神鏡篇を書写したといわれ、家行は親房の思想に大きな影響を与えた。

貞和《じょうわ》五・正平《しょうへい》四年（一三四九）、北朝方から違勅の科《とが》を受け、禰宜を解任され、その二年後の観応《かんのう》二・正平六年、九六歳で没したというが、一説に、延文《えんぶん》元・正平一一年（一三五六）、一〇〇歳まで活躍したともいわれ、没年は未詳である。

家行の思想を理解するには、彼の著作を繙《ひもと》くのが近道である。文保《ぶんぽう》元年（一三一七）成立の『神道簡要《しんとうかんよう》』を見ると、前半には『神道五部書』『神皇実録《じんのうじつろく》』『天口事書《てんくじしょ》』等の諸書から主として託宣の部分を抜書しており、後半には天地開闢《かいびゃく》・天神七代・地神五代・神鏡・外宮の神号・外宮内宮の神徳などを略説し、末尾には正直《しょうじき》・清浄観を述べている。たとえば、前半に抜書する有名な「元を元として元の初に入り、本を本として本の心に任せよ。神垂《しんすい》は祈禱を以て先と為し、冥加《みょうが》は正直を以て本と為《な》す」との託宣は『倭姫命世記《やまとひめのみことせいき》』に見えるもので、そこには倭姫命が神宮祠官《しかん》らを召集して「神主部《かんぬしべ》・物忌等《ものいみら》聞け。吾久代《われきゅうだい》、太神託宣《おおみかみたくせん》ましましき」と記している。つまり天照大神から神宮祠官への託宣である。ところが、この部分を家行は『神道簡要』に抜書していない。そこには天照大神の託宣を普遍化しようとの意図がうかがえる。補説すれば、この託宣は神宮祠官だけのものでなく、広く神道の簡要な教説と考えたからである。また、末尾の正直・清浄観では「神は正直を以て先と為す。正直は清浄を以て本と為す。清浄とは、心正を失はず。物に穢《けが》れず。大道を守りて定準《ていじゅん》を専らにするなり」とあり、ここでは神道の簡要は正直と清浄と説いている。家行が『神道簡要』と「神道」の語を用いたのは、儒教や仏教を意識したものであり、そこに神道独自の教説の確立を望んでいたことがわかる。

次に元応二年（一三二〇）成立の『類聚神祇本源』を繙いてみると、そこには伊勢神道書をはじめ、両部神道・儒教・仏教・道教の典籍、そして内外の史書等から、わが国の神祇の本源に関する記事を抜書し、それらを一五篇に分類してある。そのなかで最後の神道玄義篇は家行の思想を知る上で重要である。たとえば、当篇の冒頭で「神祇書典の中に多く天地開闢《かいびゃく》を以て最と為す」が、そうではなく、神道の「志す所は機前《きぜん》を以て法と為し、行ふ所は清浄《しょうじょう》を以て先と為す」と説いている。「機前」とは天地開闢以前の境地のことで、そこへ至るには清浄になることが重要と説いている。また清浄とは「正直・一心不乱・超生出死《ちょうせいしゅっし》を以て清浄と為し」と述べ、さらに「六色《ろくじき》の禁法《きんぽう》を以て潔斎《けっさい》の初門と為す」とある。要するに、神祇の本源は一心不乱に正直と清浄につとめることというのが家行の思想である。

なお、このほかにも『神祇秘鈔《じんぎひしょう》』、『瑚璉集《これんしゅう》』などの著作がある。このうち『瑚璉集』は天地開闢《かいびゃく》から天神七代・地神五代・内外両宮遷座《ないげりょうぐうせんざ》・心御柱《しんのみはしら》・御形文図《みかたのぶんず》・十種神宝などの項目を『五行大義《ごぎょうたいぎ》』『先代旧事本紀《せんだいくじほんぎ》』『古語拾遺《こごしゅうい》』『大田命伝《おおたのみことでん》』『仙宮院秘文《せんぐういんひぶみ》』『神皇実録《じんのうじつろく》』等の典籍から抜書して解説している。

（三橋　健）

107 夢窓疎石《むそうそせき》（1275〜1351）

鎌倉時代末期・室町時代初期の臨済宗の僧。道号が夢窓、法諱は疎石。別に木訥叟《ぼくとつそう》と称した。建治《けんじ》元年（一二七五）伊勢に生れた。九歳で甲斐国の平塩山寺《へいえんさんじ》に入って得度《とくど》した。一八歳のとき南都に赴き、東大寺戒壇院《かいだんいん》で慈観《じかん》のもとで受戒した。その後平塩山寺に戻り、天台・真言を学んだが、従来の仏教教学に疑念を感じ、禅に心を寄せた。永仁《えいにん》二年（一二九四）二〇歳の時、京都に出て建《けん》仁寺《にんじ》の無隠円範《むいんえんはん》に参じて禅宗に帰依した。その後鎌倉に降って建長寺の一山一寧の会下《えか》に連なり、首座となった。ついで那須の雲巌寺《うんがんじ》で高峯顕日《こうほうけんにち》に従い、法を継いだ。夢窓はその韜晦癖《とうかいへき》のため、美濃、土佐、相模、上総などで隠栖《いんせい》していたが、正中二年（一三二五）後醍醐天皇の要請を受けて南禅寺に住し、その翌年には北条高時の招きで鎌倉の浄智寺《じょうちじ》・円覚寺に住した。

元弘三年（一三三三）鎌倉幕府の滅亡の直後後醍醐天皇の請により南禅寺に再住した。建武親政の崩壊後は、足利《あしかが》尊氏《たかうじ》・直義《ただよし》兄弟の厚い帰依を受け、尊氏・直義に勧めて、元弘以来の敵味方の傷亡者《しょうぼうしゃ》を弔うため、全国に安国寺・利《り》生塔《しょうとう》を建立させ（建武五年＝一三三八年ころから貞和《じょうわ》年間〈一三四五－五〇〉にかけて設置）、さらに後醍醐天皇の追善のため京都に天竜寺を造営させ（康永四年＝一三四五年落慶《らくけい》供養）、開山となった。加えて、北朝の光厳《こうごん》、光《こう》明《みょう》両院の帰依をも受けた。その活動は政治面にも及び、南北両統の講和や尊氏・直義兄弟の不和の調停などにも尽力した。京都にあって臨川寺《りんせんじ》・等持院・西芳寺《さいほうじ》などの禅院を開創した。

夢窓の禅の思想とそれに基づく活動の眼目は、私見では次のようにとらえられる。

第一は、夢窓が仏法を世法《せほう》ないし王法に優越させる見地――仏者・禅者の本来的見地といってよい――に明白に立ったことである。この見地は、仏・仏法を至上・至《し》尊《そん》としつつ、世俗の一切の政治権力者を相対的権威しか持ちえぬものとみなす見地といってよい。この見地は親鸞・日蓮ら鎌倉新仏教の始祖たちの見解に連なるものである。

第二は、夢窓が室町初期に、日本の伝統的ないし既存の秩序観を受けて、天皇家を君・上、足利氏を臣・下とする秩序観を抱きつつ、他方で、仏・仏法を至上・至尊としつつ、一切の政治権力者を（天皇家と足利氏とをも）仏ないし仏法の下で同列にとらえる視点をも持し、しかも、後者の視点に立って、足利政権の担当者尊氏・直義こそを、仏から仏法を付属され、世の平安と仏法興隆とを実現すべき存在――世法・王法の実質的担い手とみなしたことである。

第三は、夢窓が安国寺・利生塔の設置、天竜寺の創建を尊氏・直義に勧めた際の、真の目的・意図は、仏から仏法の付属を受けたと彼がみなした尊氏・直義のこの仏法上の営為を通じて、一切の生きとし生けるものに仏の悟りと救済をもたらし世の平安を実現することにあったことである。

夢窓は、政治権力者（後醍醐天皇や足利尊氏・直義など）と近い立場でその宗教的活動をなした人物であったため、その思想は権力者の意向に沿うた、妥協的なものとみなされがちであった。しかし、本来の仏教ないし禅の見地を、柔軟にしかもしたたかに発揮する面の多かったことは見逃されてはならない。

夢窓のもとには多くの俊秀が集い、無極《むきょく》志玄《しげん》・春屋《しゅんおく》妙葩《みょうは》・義堂周信・絶海中津《ぜっかいちゅうしん》・竜湫《りゅうしゅう》周沢《しゅうたく》らの逸才がその門から輩出して、夢窓派は天竜寺・相国寺を中心に五山禅林《ござんぜんりん》の最大勢力となった。

夢窓は禅風文化の形成と振興にも功績があり、西芳寺・天竜寺などの禅風庭園を造るとともに、和歌や漢詩文をもよくした。室町時代の五山文学の隆盛は、夢窓に負うところ大である。

権力者達からの尊崇と帰依はことに顕著で、後醍醐天皇はじめ七人の天皇から、七つの国師号を贈られ、「七朝の国師」と称揚された。

（玉懸博之）

108 観阿弥・世阿弥

かんあみ（1333～1384）
ぜあみ（1363?～?）

一四世紀中葉から一五世紀前半にかけての能役者父子。現在の観世流《かんぜりゅう》として続いている観世座の初代と二代目大夫《たゆう》である。二人は、単に優れた役者として将軍・大名・公家・高僧などに支持されて能隆盛の基となっただけでなく、ともに優れた能作者として今日にも伝わる作品を多数残した。また子の世阿弥は理論家として多くの伝書を著し、後世の能芸論に大きな影響を与えた。二人の活動により、この時代に能は飛躍的に発展し、世人愛好の芸能となり、今日にまで続く能楽《のうがく》の大成をみた。

父観阿弥は、生没年に定説がある。正慶《しょうきょう》二・元弘三年（一三三三）山田猿楽《さるがく》みの大夫の養子の三男として現在の奈良県桜井市山田に生まれて能役者となり、至徳《しとく》元・元《げん》中《ちゅう》元年（一三八四）五二歳にして演能のため下向した駿河《するが》で没した。享年《きょうねん》も忌日《きにち》も知られるのは当時の芸能者としては異例のことで、それだけ著名であったことを示す。名は清次、法名観阿弥、芸名が観世、通称は三郎とみなし得る。大和猿楽結崎座《ゆうさきざ》に所属して神事猿楽に勤仕するとともに能役者観世として演能活動を続け、文和《ぶんな》四・正平《しょうへい》一〇年（一三五五）ころから京周辺へ進出し、応安五・文中《ぶんちゅう》元年（一三七二）醍醐《だいご》寺での演能で京洛《きょうらく》に名が知られるようになり、永和元・天授元年（一三七五）一二歳ころの世阿弥も舞った京の今熊野《いまくまの》での興行を将軍義満《よしみつ》が見物し、以後観阿弥父子が義満の贔屓《ひいき》を得るに至って観世大夫の名声が確立した。観阿弥の業績として、『卒都婆小《そとばこ》町《まち》』『自然居士《じねんこじ》』などの能作と、能における音曲の工夫（曲舞節《くせまいぶし》の採用など）が挙げられる。ただし、この時代で能作という場合に先行作品の改作や翻案の例もあることを忘れてはならないし、いずれもそのまま現行曲になっているとは考えられない。これは世阿弥の能作という場合にも同様である。世阿弥の能芸論への観阿弥の影響については確定し得ない。

世阿弥の生年には二説あり、没年については晩年の佐渡配流中作成の小謡集《こうたいしゅう》『金島書《きんとうしょ》』により永享八年（一四三六）までの動向が知れるのみで確定しないが、これが当時の芸能者の通例である。名は元清《もときよ》、二条良基《にじょうよしもと》の命名とされる幼名藤若《ふじわか》、通称三郎、法名に擬した芸名が世阿弥（世阿弥陀仏の略称）、法名は禅宗に帰依して至翁善《しおうぜん》芳《ほう》。父に従い幼くして舞台に立ち、義満・良基らの寵愛を受け、若年時より和歌や連歌に触れその素養を身につけたことが、後に能の詞章へ和歌世界や王朝文学・軍記物を引用することとして結実したと思われる。この素養は後年出家して禅宗に帰依したことにより得た仏教思想とともに、世阿弥の業績を深く豊かなものとし、後世の能楽に大きな影響を与える思想的基盤となった。

その業績は、能役者としての活躍以外に、能作では『高砂《たかさご》』『頼政』『井筒《いづつ》』『桧垣《ひがき》』『砧《きぬた》』『恋重荷《こいのおもに》』など多ジャンルにわたり、改作や作曲だけをも含め二〇数曲が確実に世阿弥作、可能性の高いものを含めれば五〇曲ほどになる。いずれも現在の人気曲であり、高い評価を得ている。能作での世阿弥最大の業績は、夢幻能《むげんのう》を作品の形式として確立したことである。これにより、現《うつ》とも幻《まぼろし》とも定かならぬまま、異なる時空を一挙に舞台上に現出させてシテの情念そのものを役者の身体上に表出する手法を得たことが、他作者には見られぬ広がりと深みを作品にもたらし、以後の能に多大な影響を与えた。

また能芸論伝書としては聞書《ききがき》も含め二一部、その他に二通の自筆書状が残されている。最初の『風姿花伝』第三（一四〇〇）から書き続けられた伝書で世阿弥が後継者に残したことは、同時代の芸能座や大夫たちの盛衰の中で「衆人愛敬《しゅうにんあいぎょう》」を得て観世座を存続させるための工夫である。その第一が演能に「花」を咲かせることで、「花」とは演能で観客をひきつける魅力である。そのために世阿弥は役者の「風姿」を重んじる。謡い舞う役者の身体が発する魅力を一言で表したのが「風姿」で、それを得るために幼少から老年にいたる長い不断の稽古、習道が説かれた。それは「まことの花」と呼ぶ芸力を極めることの主張である。また花を極めた後も老後まで稽古を継続すると説く世阿弥の習道論に、禅の修行論との響き合いを見てとれる。幼少時からの能芸の稽古経験が基盤となり、長じての参禅体験と相まって世阿弥の習道論が説き出された。また「風姿」の備える情趣として、「優」や「幽玄」が説かれたところに世阿弥の和歌・連歌や文学への傾倒ぶりがうかがえる。それが彼の能作品の魅力として受容され、例を見ない能役者・能作者・理論家世阿弥の名を今日に伝えた。

（新川哲雄）

109

一休宗純《いっきゅうそうじゅん》（1394～1481）

室町時代の臨済宗《りんざいしゅう》大応派《だいおうは》の禅僧。後小松《ごこまつ》天皇の皇子。母は南朝の遺臣花山院《かざんいん》氏。宮中を出て京の民家で出産したとされる。六歳の時に山城《やましろ》国安国寺に夢窓《むそう》派の象外《ぞうがい》集鑑《しゅうかん》に従い、周建《しゅうけん》と名づけられた。一二歳で嵯峨宝幢《ほうどう》寺《じ》に東福寺聖一《しょういち》派清叟師仁《せいそうしじん》の『維摩経《ゆいまきょう》』の講席に列《つら》なり、一三歳の時に建仁寺の慕哲龍攀《ぼてつりゅうはん》に詩を学び、一六歳の時に先の清叟に禅宗内外の経典《きょうてん》・語録や典籍を学び、同じころ、妙心寺派の謙翁宗為《けんおうそうい》に参禅した。その後、謙翁が没した二二歳の時に近江堅田《かただ》祥瑞庵《しょうずいあん》の華叟《かそう》宗曇《そうどん》の門に入って、その厳しい指導を受けた。このころまでが一休の修学時代にあたる。兄弟子として養叟宗熙《ようそうそうい》があり、養叟は華叟の印可《いんか》を受けて順調に僧階《そうかい》を昇り、京に出てからは大徳寺派の主流の人となったが、一休は師から与えられた印可状をみずから拒否し、師の法を継承しない絶法《ぜっぽう》を主張して、養叟とは別の道を歩んだ。一休は弟子に自分の法を嗣《つ》いだと名乗ることを禁じ、また養叟が和泉《いずみ》国堺において門人たちに安易に印可を認めるのを痛烈に批判した。その様子は、『自戒集《じかいしゅう》』に詳細である。一休とその弟子達は山城国薪《たきぎ》（現・京都府京田辺市）の酬恩庵《しゅうおんあん》その他の洛中や住吉などの寺庵を転々として、堺の豪商尾和宗臨《おわそうりん》や在地の群小の信者たちの帰依《きえ》を受けた。本寺大徳寺と絶縁したのではなく、応仁・文明の乱（一四六七－七七）後は大徳寺を修復し、その末寺徳禅寺《とくぜんじ》を再興し、みずからも文明六年（一四七四）には大徳寺住持任命の勅を受けて、法語だけを作って実際には入寺しない形式的な住持となった。一休の嗣法《しほう》を認めない宗風に対して、晩年の門人の間に不安が募り、印可嗣法を求める動きが見えたが、高弟の没倫紹等《もつりんじょうとう》の叱責によって絶法の家風が確認された。一休の没後、宗臨の出資によって大徳寺内に真珠庵《しんじゅあん》が創建され、門弟祖心紹越《そしんじょうえつ》と俗縁のある越前《えちぜん》朝倉氏の経済的援助を受けるなどして、真珠庵・酬恩庵を拠点に門派の結束が維持された。その後の門弟達は師の遺志を守り、この二庵の住持を歴任して徳禅寺住持を務めたが、大徳寺住持となることはなかった。

一休の生涯の軌跡は没後に門人の編集した『一休和尚年譜』に詳《つまび》らかであり、その文学作品は『狂雲集《きょううんしゅう》』にまとめられている。詩や偈頌《げじゅ》が中心で、他の文筆僧に見られるような法語はほとんど見られない。このことは『年譜』の少年期に建仁寺の慕哲に詩を学び、詩才が人々の評判になっていたという記事と対応して、一休が散文の人であるよりは詩才の人であったことを伝えている。詩の中でも「一休宗純と森女図《しんじょ》」（正木美術館蔵）に図像が描かれている森女を詠んだ「題婬坊《いんぼう》」「森公輿《しんこうこし》に乗る」「婬水」「美人の陰に水仙花の香あり」「わが手を喚《よ》びて森手《しんしゅ》となす」などの一連の詩群は、その情愛表現の鮮烈さについて、一休がなぜこのような詩を作ったのかが宿題として残された。

また『狂雲集』には「文殊維摩《もんじゅゆいま》対談」「維摩居士《ゆいまこじ》賛」「維摩文殊同幅《どうふく》」などの維摩居士を詠んだ偈頌があり、他の大徳寺派の僧に見られない特色を示している。これらの偈頌は『年譜』の少年期に東福寺派の清叟に『維摩経』を学んで、その後五年にわたり清叟に従ったという記事に対応して、一休が『維摩経』を深く信仰したことを示唆するものである。

『維摩経』の核心にあたる「不二《ふに》法門品《ほうもんぼん》第九」は、維摩居士の病気見舞いに遣わされた文殊以下の菩薩たちが「不二」の法門に入るとはいかなることかを問われて、あらゆる対立する現象・認識について答えたが否定され、最後に文殊が維摩に問うた時に、維摩はこれに答えるのに沈黙を以てしたという教えである。この「不二」法門における沈黙の話題は禅宗の公案に採用されて、禅宗においても重要な課題とされた。その他、居士の能力を示すために、経の全体にさまざまの「方便《ほうべん》」が駆使されていて、『維摩経』に通じるとはこの「方便」を自家《じか》薬籠《やくろう》中にすることでもあった。『狂雲集』には「純老睦《じゅんろうぼく》室《しつ》と親子を約す」「予、今衣を更《か》えて浄土宗に入る」「紹越侍者《じょうえつじしゃ》が衣を更えて玉垣《たまがき》と称した」など禅宗の修道と矛盾するかに見える偈があるが、これらもまた一休がめぐらした「方便」としての作為《さくい》であった。このように一休の思想をうかがうのに、その維摩信仰の影響を無視することはできない。

（今泉淑夫）

110 二条良基《にじょうよしもと》（1320〜1388）

二条良基は南北朝期の公卿で、歌人・連歌師としても活躍し、博学多才をもって聞こえた。初め後醍醐《ごだいご》天皇に仕えたが、南北朝分立期以後は北朝五代の天皇に仕えて摂政・関白に四度補された。また太政大臣に任ぜられ准《じゅ》三后《さんぐう》の宣下も受けた。足利氏三代の将軍＝尊氏《たかうじ》・義詮《よしあきら》・義満《よしみつ》とも親密な関係を結び、特に三代将軍義満の朝儀典礼に関する後見役となり、「大樹《たいじゅ》（征夷大将軍の唐名）を扶持する人」（『後愚昧記《ごぐまいき》』）と呼ばれた。その意味で良基は公武関係の転換期に重要な役割を演じた人といえよう。多方面にわたる彼の経歴を考慮すると、限られた紙幅の中で彼の思想を全面的かつ統一的把握することはすこぶる難しい。そこで小論では取りあえず彼の政治思想に焦点を当てて、その特色の一端を明らかにしたい。その点で注目されるのは『さかき葉《ば》の日記』（一三六六）や『永和大《えいわだい》嘗会記《じょうえき》』（一三七五）などに見える良基の政治的言説である。

まず「約諾《やくだく》」思想に関する良基の見解をみることにしよう。この思想は『日本書紀』巻第二・神代下に見える、皇室の祖先神＝天照大神が藤原氏の祖先神＝天児《あめのこ》屋命《やねのみこと》に勅《みことのり》し、天皇を藤原氏に守らせる約束を交したとされる約諾神話に由来するもので、院政期ころから武家の台頭とともに公家・寺社側から唱えられるようになったイデオロギーであり、『愚管抄《ぐかんしょう》』などでしばしば説かれている（ただし『愚管抄』では武家に広く尊信されていた八幡大菩薩が加わって三神約諾説になっている）。しかし良基は皇室、摂関家の役割について大胆な解釈を加え、本来の約諾思想を大きく転回させている。もちろん大原則ともいうべき上述の二神の約諾については「伊勢太神宮（天照大神）の皇孫ならぬ人の位（皇位）に即《つく》事は一度もなし。又春日（天児屋命）の神孫ならぬ人の執柄《しっぺい》（摂関）に成《なる》事もなき事なり」（『さかき葉の日記』）といい、この約諾が「神と神との誓約」であり、「天地とひとし」く変わることはないと断言している。良基がこのように約諾思想を強調したのは、たとえそのころ本来の約諾思想が有名無実化していたとしても、これなくしては良基の新春日大明神観は成立し得なかったからである。良基は

『さかき葉の日記』の中で、天照大神や八幡大菩薩については素描するに止め、もっぱら春日大明神の伝統的神威・神慮について詳述し、賞揚している。すなわち天照大神がこの神に皇孫補佐の役を与えてからこれまで、「よく国をしづめられん人をぞ、行末とを《（遠）》く守り、「我国の賢王賢臣をも、とりわきめぐみ」「乱臣をも退《しりぞけ》たまふも、偏に春日大明神の御事にて侍しぞかし」と揚言する。さらに室町幕府開設について「春日大明神は本地《ほんじ》蔵《ぞう》ぼさつ《（菩薩）》にてわたらせ給へば、人を助け給ふ御慈悲も深かるべし。故贈左大臣殿（尊氏）の信心ふかく、日ごとにかゝれけるも、をのずから此神の神慮にかなひて、天下をも草創し給けるにや」と論評している。本来の約諾思想によれば、補佐ないし執政の臣は春日大明神の神孫（藤原氏）から選ばれなければならないはずである。しかるに室町幕府の樹立を「天下……草創」と見なし、初代将軍尊氏を春日大明神の神慮に適った為政者と認定している。良基は伝統的な約諾思想の主張をあくまで朝廷内で厳守されるべきものとし、現実の政治的世界の中での春日大明神の役割を大きく変質させようとしたのである。それによれば春日大明神は単独で、儒教的有徳者執政論の見地から、その時々の政権担当者を決定しうる神格と化したことになる。

　さらに良基は『永和大嘗会記』で「三種の神器」についても「抑《そもそも》三種の神器いまだ山中（南朝の拠点、吉野山）を出ざるよし、世の人おもへり。愚意には、ことごとく当朝（北朝）に現在せりと思ひ給ふなり」といい、当時南朝側にあった神器の所在をあえて北朝と断じ、その根拠は今北朝側によって治世安民が実現されているからという。良基は神器の有無は天皇になるための必要条件とは考えず、治世安民の徳こそが不可欠の条件と主張した。従って神器は「衰乱の世には宮中にありといふとも、殊《ことに》其益あるべから」ずと断定したのである。

　摂関家の祖先神＝春日大明神を前面に押し出し、その神威神慮を特化した良基の約諾思想は、朝廷における皇室と摂関家を主体とする伝統的政体論と連結しつつ、現実の政治的世界で武家政権の唱える儒教的政道論とも共鳴するものであり、これにより論理的には政権の交代を是認する「天下」思想＝「天（道）」思想は皇室の存続を脅かすものではなくなったといえよう。

（石毛　忠）

111 心敬《しんけい》（1406～1475）

天台系の僧で、室町後期の連歌界を代表する連歌作者、歌人。しんぎょう、ともいう。若年時代の名は連（蓮）海、心恵。応永一三年（一四〇六）紀伊《きい》国名草郡田井庄（現・和歌山県和歌山市）に生まれ、三歳で上洛、十代前半に比叡山《ひえいざん》に上り、横川《よかわ》で修行した。下山後は京都東山十住心院《じゅうじゅうしんいん》に住し、後に十住心院住持となった。権大《ごんのだい》僧都《そうず》。和歌の師は清巌正徹《せいがんしょうてつ》。連歌論書に『さゝめごと』『ひとりごと』『老《おい》のくりごと』、自撰句集に『心玉集《しんぎょくしゅう》』などがあるほか、連歌師宗祇の質問に答えた書簡が伝わっている。

十住心院は足利尊氏以来の幕府祈願寺であったが、紀伊国守護畠山氏の氏寺的性格も持っていた。享徳三年（一四五四）畠山氏の同族争いが勃発し、紀伊から京都にかけての広い範囲で戦闘が行われ、寛正《かんしょう》三年（一四六二）には十住心院の間近にまで及んだ。心敬はこの間に故郷の田井八王子社を二度訪れ参籠《さんろう》している。著作の奥書によれば、寛正二年（一四六一）の参籠の際に連歌論書『さゝめごと』が執筆され、寛正四年（一四六三）の参籠の際に『法楽百首和歌』が作られた。二度目の参籠のころには戦闘は終息に向かい、翌年には戦乱も落着して京都で管領《かんれい》主催の連歌会が催され、心敬がその宗匠《そうしょう》役をつとめるなど、心敬の周囲は活況を呈した。寛正六年（一四六五）には、それまで途絶えていた十住心院《じゅうじゅうしんいん》毘沙門講《びしゃもんこう》を再興している。応仁元年（一四六七）に伊勢神宮に参籠、その後関東へと足を延ばしたが、応仁・文明の乱のために帰洛の便を失い相模《さがみ》国大山に隠棲《いんせい》、文明七年（一四七五）にその地で没した。

心敬の思想は、代表的な連歌論書『さゝめごと』に詳述されているが、晩年の『老《おい》のくりごと』に至るまで、一貫して和歌と連歌が一道として捉えられ、歌道と仏道とが並列的に論じられている。歌道と仏道という異なる領域の融合的実践を説く『さゝめごと』は、単なる文学論ではない。当時の他の連歌論書が、連歌の作法や細かな規則の記述に紙幅をさいているのとは異なり、芸術的営みとしての連歌や和歌を、仏教思想に裏打ちされた世界観の中で哲学的に説く。芸術と宗教の相即《そうそく》を理論と実践の両面にわたって追究し、一つの理論的到達点を示した、宗教芸術論書ともいうべきものである。

　心敬の思想の特徴は、「無常」「観心」「えん」などの概念を通して知られる。心敬は和歌・連歌を無常述懐《じゅっかい》のわざとして位置づける。その際の観点は「念々の無常」を強く意識したものであった。仏教では、個体の滅亡をいう「敗壊《はいえ》の無常」と、一瞬ごとに変化して止まないことをいう「念々の無常」とを区別するが、心敬は「敗壊の無常」はもちろん「念々の無常」を心に刻んで忘れないことが、歌人の自覚として不可欠であると考えていた。心敬は観心《かんじん》修行を重ねて得られる澄んだ心を求める。そしてもはや現象への執着がなく、しかも現象を否定しない認識の到達点に達した理想の境地にあって、変化して止まない世界を見すえ続けることが大切だという。そしてその認識と表現のわざとして歌道を掲げる。

　心敬は階梯《かいてい》を追って心を錬磨し心を清浄化する「心地修行」を歌人の必須条件に挙げる。この観心行への注視は天台教学に基づく。心敬は、観心修行によって研《と》ぎ澄《す》まされた心身を通して覚知される世界を、選び抜いた詩語で言い表すことが、真理を表現する営みの本質であると考えた。連歌作品の中に「散る花の音聞くほどのみ山かな」という発句がある。そこには、真に静寂な環境を受けとめる境地と感覚とが示されている。散る花の幽《かす》かな音は、真理世界からの「無常」のメッセージでもある。そのメッセージを敏感に受けとめ、表現するのが真の歌人に他ならない。したがって、仏道なき歌道も歌道なき仏道も不十分とみなされる。仏道と歌道はそれぞれ別の道ではあるが、真摯《しんし》に世界と向き合うとき、両道いずれも不可欠となるのである。心敬はこのような両道の融合性と相即性を鳥の両翼にたとえている。

　さらに心敬は、平安期以来の美的理念「えん」を清浄性と結びつけて新たな芸術理念として深化させた。高雅な感動の追究や風流心を、心の本質の追究と同一視することによって内面的に深遠化し、「心のえん」を説いて、内省的で奥行きの深い芸術論を展開したのである。

　心敬は実作においても深遠性を強く求め、表層的な付《つけ》合《あい》を嫌った。直接的な表現を避けることを説き、親句《しんく》ではなく疎《そ》句《く》を理想とした。実作の特徴に視覚・聴覚的傾向の強さや鋭敏さが挙げられるが、それらは相即する仏道と歌道の自覚的な実践の結果といえる。（菅　基久子）

112 蓮如　れんにょ　（1415～1499）

本願寺第八世で浄土真宗の中興者。幼名布袋《ほてい》丸、諱《いみな》は兼寿、信証院と号す。本願寺第七世存如《ぞんにょ》の長子として生まれる。母は存如召使の女といわれ、六歳の時に親鸞《しんらん》一流再興を委嘱《いしょく》して姿を隠した。石山観音の化身《けしん》説がある。

蓮如は南都・叡山《えいざん》に学んだともいうが、門徒に下付《かふ》する真宗聖教の書写によって、ほとんど独学で教義を身に着け、近江《おうみ》を中心に門徒教化にあたった。長禄元年（一四五七）、存如の死去によって本願寺を継ぐ。寛正二年（一四六一）、大飢饉のなかにあって、のちに文書伝道の基本となった御文《おふみ》の制作を始め、同じころから金泥《きんでい》で光明を放つ十字名号（無碍光《むげこう》本尊）を下付し始める。これを邪義と断じた叡山は、寛正六年（一四六五）大谷本願寺を襲って破却、蓮如は親鸞祖像を奉じて近江各地を転々とした後、応仁二年（一四六八）に大津南別所《みなみべっしょ》に祖像を仮安置し、文明三年（一四七一）越前《えちぜん》・加賀《かが》境の吉崎《よしざき》に坊舎を開いて北陸布教を開始。たちまち多くの門徒を獲得したから、加賀の守護勢力と対立して一向一揆が勃発した。この時期に多数の御文を発給。文明五年には『正信偈《しょうしんげ》』を開版し、親鸞影像、墨書六字名号などの下付によって北陸から中部・畿内にまたがる大教団を形成した。文明七年、吉崎を退去し、河内《かわち》国出口に移る。文明一一年山城《やましろ》国の山科《やましな》に本願寺復興の工事を起こし、文明一五年に落成。長享二年（一四八八）に加賀国で大一向一揆が起こり富樫政《とがしまさ》親《ちか》を滅ぼすと、お叱りの御文を下した。翌延徳元年（一四八九）引退し、五男実如に跡を譲った。明応五年（一四九六）、摂津《せっつ》国大坂に坊舎を起こし、翌年からここに居住。明応七年（一四九八）四月発病し、明応八年（一四九九）二月には葬所を用意したが、思い返して山科へ移り三月二五日に死去。享年八三。次々に死別して五人の内室《ないしつ》を迎え、その間に一三男一四女がある。

著述としては『正信偈大意《しょうしんげたいい》』があるだけであるが、二百余通が確認されている大量の御文にその宗教思想がうかがえる。八〇通が『五帖御文《ごじょうおふみ》』として編集され、後世真宗門徒が日夜拝読することになる。蓮如の手元に控えが残され、蓮如自身編集したとする説が有力。第一から第四帖は発給順に編集され、その思想の展開をたどることが出来、日付を持たない五帖目は全体を貫く普遍性を持つ御文で編成されている。

禅の一休、法華《ほっけ》の日親《にっしん》らと同世代で、鎌倉新仏教が思想から宗教へと展開する一五世紀の戦国期宗教化情況を担った一人である。戦国仏教は、民衆救済という現実的な課題に対応して、多神教・凡神論《はんしんろん》を前提としながら一神教的最高神格を生み出す。蓮如の南無阿弥陀仏《なむあみだぶつ》は、思慮言説の極まった非実体的存在で、その名による衆生救済のはたらきをもち、最高神格として諸神仏はその分身とされ、「軽んずべからず、信ぜぬばかりなり」という関わりが求められる。本尊南無阿弥陀仏一仏の下で唯一人の宗祖親鸞を定めることで、諸門流を本願寺に統合して浄土真宗を「宗」として確立した。

親鸞の教説を、

聖人一流ノ御勧化《ごかんけ》ノヲモムキハ、信心ヲモテ本トセラレ候。ソノユヘハ、モロ〱ノ雑行ヲナゲステ、一心ニ弥陀ニ帰命《きみょう》スレバ、不可思議ノ願力トシテ、仏ノカタヨリ往生ハ治定《じじょう》セシメタマフ。ソノクラヰヲ一念発起入正定《しょうじょう》之《し》聚《じゅ》トモ釈シ、ソノウヘノ称名念仏ハ、如来ワガ往生ヲサダメタマヒシ御恩報尽ノ念仏トココロウベキナリ。アナカシコ〱。（御文五帖目第一〇通）

という文言に集約して救済論の要とした。信心を本とし、一心帰命《いっしんきみょう》によって弥陀からの往生が定められ、念仏は報謝という信心為本称名報恩《しんじんいほんしょうみょうほうおん》の教説である。当時盛んであった往生請求の念仏を如来回向《えこう》の念仏に転換するもので、諸仏の救済から除外された十悪五逆誹謗《じゅうあくごぎゃくひぼう》正法《しょうぼう》の悪人、五障三従《ごしょうさんじゅう》の女人こそ、仏から回向《えこう》された信心によって必ず救われるというのが南無阿弥陀仏の意味であると説いた。妄念妄執を止める必要もなく、商人も奉公人も猟・漁師も、ありのままで、いまただちに救われるという蓮如の教説は爆発的な広まりを見せた。一向一揆が起こると、「王法をもって本とせよ」と説いたから、蓮如は一向一揆を否定して教団の存続をはかったといわれるが、門徒の人々にとっては、自検断《じけんだん》の慣習法である在地の大法を遵守することと受け止められ、地域自立を支える思想となったと考えられる。

側近の門弟空善《くうぜん》の『第八祖御物語《だいはっそおんものがたり》 空善聞書《ききがき》』や、十男願得寺実悟《がんとくじじつご》による『天正三年記』『蓮如上人一語記』『蓮如上人仰　条々《おおせのじょうじょう》』などの言行録がある。（大桑　斉）

113 吉田兼倶《よしだかねとも》（1435〜1511）

室町後期に吉田神道を創唱した神道家。神祇権大副卜《じんぎごんだいふくうら》部《べ》（吉田）兼名《かねな》を父として生を享け、初め兼敏と称したが、文正《ぶんしょう》元年（一四六六）、三二歳の時、兼倶と改めた。翌二年、正四位上に叙せられ、昇殿をゆるされ、侍従・神祇権大副に任ぜられ、さらに明応《めいおう》二年（一四九三）、五九歳の時、神祇大副となった。

兼倶の思想が円熟するのは四〇歳を超えてからであり、その形成には時代の趨勢が大きく影響している。周知のように、応仁元年〜文明九年（一四六七—七七）の一一年間続いた応仁・文明の乱により、京都は荒廃し、天下は大混乱を来していた。そのような混乱した世を、兼倶は神道教理を応用して立て直そうとした。そこで長年にわたって吉田家に相承してきた家学を土台として独自の神道説を構築し、それを「宗源神道」と称したのである。

この「宗源」とは、この神道が神事の宗源をつかさどる天児屋命《あめのこやねのみこと》から唯受一流《ゆいじゅいちりゅう》の血脈により、中臣家を経て吉田卜部家が相承したとの意味であり、それゆえ、後には唯一宗源《ゆいいつそうげん》神道、元本《げんぽん》（本家）宗源神道、略して唯一神道、本家神道とも称されている。また一般に吉田神道というのは、この神道を伝えてきた吉田家が代々京都吉田社の祠官であったことによる。さらに吉田家の本姓が卜部氏であるので卜部神道ともいわれてきた。

次に文明二年（一四七〇）、兼倶は「宗源神道誓紙」を定め、切紙《きりがみ》による宗源神道の伝授を行い、同五年から『神《しん》明三元五大伝神妙経《めいさんげんごだいでんしんみょうきょう》』の読誦《どくじゅ》を開始した。この神経は、後に著作した『神道大意』『唯一神道名法要集《ゆいいつしんとうみょうぼうようしゅう》』などの思想的基礎となっており、よって兼倶の神道説の大綱は、文明五年以前に形成されていたことがわかる。

さらに文明八年以降、みずから「神祇管領勾当長《じんぎかんれいこうとうちょう》上《じょう》」と称して神道界に君臨し、天皇をはじめ将軍・公卿・僧侶らに対して神祇道の重要な伝書『日本書紀神代巻』『中臣祓《なかとみのはらえ》』などの講釈・伝授を行った。なかでも注目されるのは、同一二年、四六歳のとき、後土御門《ごつちみかど》天皇に『日本書紀』『中臣祓』を進講・伝授したことであり、その功績により同一二年、従《じゅ》二位に昇叙《しょうじょ》した。

文明九年、臨済僧の景徐周麟《けいじょしゅうりん》に『日本書紀神代巻』を講釈し、次いで一条兼良《いちじょうかねよし》（かねら）著『日本書紀纂疏《さんそ》』に刺激されて『日本書紀神代抄』を著作したと思われる。ただ、兼良は神儒仏一致説をとるが、兼倶は三教根本枝葉花実《さんきょうこんぽんしようかじつ》説による解釈をしている。この思想は代表的著作の『唯一神道名法要集』にも、日本の神道は万法の根本、震旦《しんたん》（中国）の儒教は万法の枝葉、天竺《てんじく》（インド）の仏教は万法の花実、花実は落ちて根に帰ると見える。当時は神仏習合思想、なかでも本地垂迹《ほんじすいじゃく》説が盛行していた。そのような時代に、神道を優位とする神本仏迹説《しんぽんぶつじゃくせつ》を展開したことは瞠目《どうもく》に値する。

しかし、日本・震旦・天竺の三国を樹木の根本・枝葉・菓実にたとえ、日本を三国の根本とする思想は、すでに慈遍の『旧事本紀玄義《くじほんぎげんぎ》』に見られる。慈遍は鎌倉・南北朝時代の天台僧であるが、吉田（卜部）兼顕《かねあき》の子で、伊勢神道の度会常昌《わたらいつねよし》とも交流があり、神道にも造詣が深かった。そのようなことからして兼倶の根本枝葉花実説は伊勢神道や慈遍に倣ったことが明らかである。

さらに兼倶の思想形成に影響を与えたのは、当代きっての学者といわれた一条兼良であり、博士家の清原宗賢《きよはらむねかた》、陰陽道の名人賀茂在盛《かもあきもり》、臨済僧の横川景三《おうせんけいさん》・桃源瑞仙《とうげんずいせん》などである。それゆえ、兼倶は自説の神道は元本・宗源・唯一と主張するものの、儒・仏・道三教などの教理を巧妙に利用して構築していることになる。

ところで兼倶が強調する元本・宗源とは『唯一神道名法要集』に、元は陰陽の奥にある測りがたい元の元、本は一念がまだ生じない本の本、宗は一気がまだ陰と陽に分かれない前の元神、源は光を和らげて塵に交じわる神の働き、これらを明らかにすること、これがわが国開闢《かいびゃく》以来の唯一神道と説いている。つまり宇宙の根源に立つ神道論であり、よって『神道大意』にも、神とは「天地ニ先テル神」、道とは「乾坤《けんこん》ニ超タル道」と述べている。

文明一六年（一四八四）、兼倶は神道説を実践する根本道場として吉田神社の神楽岡《かぐらがおか》に斎場所大元宮《さいじょうしょだいげんきゅう》を建立し、延徳元年（一四八九）には、そこへ皇大神宮の神器が飛来したと朝廷に密奏して非難を受けた。また多くの神社や神職に宗源宣旨・神道裁許状を発給し、吉田家による全国の神社支配の基礎を築いた。永正八年（一五一一）没。七七歳。吉田神社末社の神龍社に神龍大明神として祭られている。戒名は神龍院殿卵倶大居士《しんりゅういんでんらんぐだいこじ》という。

（三橋　健）

114 清原宣賢《きよはらのぶかた》〈1475～1550〉

戦国時代を代表する儒学者。主たる領域の儒学に留まらずに、神道・国学などの領域にも広がりをみせる同時代の第一級の学問的業績を残した。

文明七年（一四七五）、唯一神道《ゆいいつしんとう》の創始者である吉田兼倶《よしだかねとも》の三男として京都に生まれたが、幼少期に清原家の後継者として、清原宗賢《きよはらむねかた》の養子となった。清原家は一〇世紀末以来、明経《みょうぎょう》博士家としての地位を確立していたが、宣賢は清原家学の忠実な継承者という位置に甘んじることなく、清原家の学問的遺産を基礎にしつつ新境地を切り拓いていった。祖父となる業忠《なりただ》の代にすでに、清原家の伝統である古注を重視しつつも新注を視野に入れつつあったのだが、このような清原家学の新傾向を大きく推し進めたのが宣賢であった。

文亀《ぶんき》三年（一五〇三）に家督を継いでいるが、前後して主水正《もんどのしょう》、大炊頭《おおいのかみ》、蔵人《くろうど》、直講《じきこう》、少納言と官職を得て、やがて侍従に任ぜられ正三位《しょうさんみ》に至っている。応仁・文明の乱以降に明経博士家の家運停滞という状況のなかで、宣賢は自身の学問の錬磨《れんま》に努めつつ、京都の貴紳《きしん》・緇素《しそ》（僧俗）に対する諸書の講義を精力的に進め、経学《けいがく》の復興に尽力した。この間、『大学』と『中庸』については新注、『論語』と『孟子』については古注に基づいて家の定本を作り、明経家の四書を整備した。このようにして新古二注折衷《しんこにちゅうせっちゅう》という清原家の学風を確固たるものとするとともに、宋学における独自の家説を構築していった。宣賢の手になる諸書の講説においては、孟子に始まり二程子《にていし》（程顥《こう》・程頤《い》）を経て朱子に至る学統が明確に提示されている。人間存在の根底に全存在の核としての善が認められるとする、孟子の性善説が儒道の正理とされ、仏教にいう仏性真知《ぶっしょうしんち》もこの正理であり、程朱《ていしゅ》もこの孟子を出発点とする性説を継承して聖人の道を伝える者とするが、とりわけ二程子の存在を重く見て、朱子の学も二程子の学を継受したものと捉えている。

宣賢により強化された家説が最も明瞭に現われているのが、『孟子趙注《ちょうちゅう》』についての講説を明らかにした『孟子抄』である。そこでは全編に朱子の『集注《しっちゅう》』が引用され、その解説が施され、新古折衷《しんこせっちゅう》の立場ながら新注に傾斜している。また、解説には直指人心《じきしにんしん》、見性成仏《けんしょうじょうぶつ》などの禅語が用いられ禅儒融合論ともいうべき見解が示されている箇所もある。また、実父である吉田兼倶の神道説との関連をも伺わせる部分もあり、神儒仏三教にわたる広範な視野から清家学の新生面を切り開いていったといえる。このような宣賢の学問的基盤においては、実父吉田兼倶の説いた唯一神道を摂取したことに加え、吉田家との学問的交流も密《みつ》であり、兼倶の神道説に少なからず影響を及ぼした一条兼良《いちじょうかねよし》によって展開された神儒仏三教融合論に触れる機会があったことも大きな意味を持っていたといえる。さらに、桃源瑞仙《とうげんずいせん》の易学や宋学観からの影響も考えられる。

先行する諸説を積極的に導入しながらも、そこに自説を融合させて、宣賢は清原家の家学を集大成したというべきであろう。そうした宣賢一流の学問的成果のうち、『日本書紀神代巻』についての『日本書紀神代巻抄』と四書仮名抄のなかでも『孟子抄』において展開された所説は、近世儒学・神道研究の源流として継承されることにもなる。徳川幕藩体制を支えた教学思想の有力な一つとして林羅山《はやしらざん》によって構成された羅山学があるが、宣賢の所説は、羅山の『四書集注抄《ししょしっちゅうしょう》』『神道伝授』などの主要な業績の随所に投影されている。荻生徂徠《おぎゅうそらい》、山鹿素行《やまがそこう》などにも及ぶとみられる、近世儒学研究に対する先駆性がそこにみとめられる。

宣賢の諸書の講義を中心とする教育活動が、京都のみならず能登《のと》・若狭《わかさ》・越前《えちぜん》国などでも戦国大名の求めに応じて行われたことは、博士家の活動のあり方を大きく変えたという意味で画期的なことであった。遊歴の学者として越路《こしじ》を往還した宣賢であったが、戦国大名朝倉氏が支配した越前で行われた活動が最も充実したものであった。儒学・神道の諸書について行われたそれは、地域権力として成立しつつも脆弱性《ぜいじゃくせい》を内包する朝倉政権の政治的課題に対応し得る現実的有効性に満ちたものであった。戦国武士の精神形成に対しても意味深さを有した教育活動を通して、朝倉政権の中枢をなす朝倉孝景《あさくらたかかげ》と教景《のりかげ》との親交を深めたこともあり、戦国時代の武家家訓として知られる「朝倉孝景条々《あさくらたかかげじょうじょう》」の成立にも関わったと考えられる。天文一九年（一五五〇）に、越前の国府一乗谷《いちじょうだに》にて没した。

（大戸安弘）

115 千　利休《せんのりきゅう》（1522～1591）

安土桃山時代の茶人《ちゃじん》。茶の湯の大成者。本姓は田中。堺の納屋《なや》衆《しゅう》田中与兵衛《よへえ》を父として生まれ、初めの名は与四郎《よしろう》。天文九年（一五四〇）名を宗易《そうえき》と改める。号は抛筌《ほうせん》斎《さい》。利休の称は天正一三年（一五八五）に豊臣秀吉《とよとみひでよし》が禁中《きんちゅう》小《こ》御所《ごしょ》で天皇に献茶を行った際これに列席して賜った居士《こじ》号《ごう》である。

宗易は最初、能阿弥《のうあみ》の書院の茶の流れを汲む北向道陳《きたむきどうちん》に茶を学び、次いで武野紹鷗《たけのじょうおう》に珠光《じゅこう》流のわび茶を学び、唐物《からもの》の書院の茶から「和漢の境をまぎらかす」茶を模索し始める。松屋久政《まつやひさまさ》の『茶会記《ちゃかいき》』天文《てんぶん》一三年（一五四四）二月二七日条には、二三歳の千宗易の茶会が記されており、このころから茶人としての活躍が知られる。織田信長《おだのぶなが》が堺の町人たちと交渉をもつ中で、今井宗久《いまいそうきゅう》や津田《つだ》宗及《そうぎゅう》が信長の茶頭《さどう》となったが、天正元年（一五七三）から翌年のころに、宗易も信長の茶頭となった。しかし宗易が二人の先輩を抜いて天下一の茶人の地位を獲得するのは天正一一年（一五八三）のころ、豊臣秀吉の茶頭となってからである。この年大坂城が着工されたが、城内に山里丸《やまざとまる》の茶室が作られた。四畳半と二畳の座敷からなる草庵風の茶室であった。

天正一三年（一五八五）三月に秀吉が大徳寺総見院《だいとくじそうけんいん》に京・堺衆百数十人を招いての大茶の湯では宗及とともに亭主をつとめ、九月、秀吉が禁中小御所で正親町《おおぎまち》天皇へ献茶を行った際にも利休が後見をつとめた。翌年の正月に秀吉はまた天皇に茶を献じたが、この時には大坂城から組み立て式の黄金造の三畳の茶室が持ち込まれた。天正一五年（一五八七）、秀吉主催の北野大茶会では、宗及らと後見役をつとめ、この年完成した聚楽第《じゅらくてい》の利休屋敷には、不審庵《ふしんあん》の茶席が設けられた。天正一八年（一五九〇）、秀吉の小田原攻めに従ったが、翌年大徳寺山門二層めの金毛閣《きんもうかく》に雪踏《せった》という堅牢な草履《ぞうり》を履いた自身の木像を安置したのを秀吉に咎められ、罪せられて自刃した。

安土桃山時代を代表する美意識が「わび」にあったことは、利休によって大成されたわび茶の存在が如実に示している。「わび」は赤貧の美であるかのように説かれ、枯淡閑寂《こたんかんじゃく》の境地としてのみ解されることが多い。そのような見方が、利休を脱俗的な人間に祭り上げ、秀吉を世俗的人間として常に対立させ、豪壮な城郭《じょうかく》建築と簡素な茶室建築、また金碧障壁画《きんぺきしょうへきが》と水墨画が同時代に並立して存在することを矛盾律《むじゅんりつ》として扱うような傾向をもたらしている。しかし「わび」は単なる枯淡閑寂だけの世界ではない。利休と同時代の茶人山上宗二《やまのうえそうじ》の『山上宗二記』は、「藁屋《わらや》に名馬《めいば》繋《つな》ぎとめたるがよし」という村田珠光の言葉を伝えている。ここに「わび茶」の「わび」は、藁屋草屋《くさや》という貧しいものだけでは成立しない世界であることが示されている。貧しい藁屋の中に、どうしても名馬という豪華な存在が必要とされる。「草庵茅屋《ぼうおく》に燗鍋《かんなべ》欠け茶碗」でも茶は立てられようが、それでは「わび茶」にならず、粗末な座敷に名物茶器が配されてこそ、初めてわび茶は成立するのであった。

　利休は赤貧《せきひん》の茶人だったわけではなく、秀吉の茶頭として三〇〇〇石《ごく》の年俸を支給され、一休の時代に下層だけ造られて放置されたままの大徳寺山門を施主《せしゅ》になって完成させるなど、大きな富を背景に持っていた。しかも秀吉のもとで、単なる茶人としてだけではなく、側近として大きな存在であった。天正一四年（一五八六）、大坂城を訪れた豊後《ぶんご》国の大友宗麟《おおともそうりん》は、秀吉の弟の秀長《ひでなが》から「内々の儀は宗易、公儀のことはこの秀長が万事承知しているから安心せよ」といわれたといい、「一介の茶坊主だと思って宗易を見くびってはいけない」と国許の家老に警告している。そしてまた利休没後に普請のはじめられた伏見《ふしみ》城の遺構と称される西本願寺《にしほんがんじ》の大広間でさえもが「利休好み」と称されてきたことは、利休が茶室建築ばかりでなく、豪壮な城郭の殿舎のデザインなどにも関与していたことを伺わせる。利休において、彼自身のもつ富豪的性格のうちに豪華なもの・富裕なもの、さらには世俗的権威や名声への志向が強く働くとともに、一方、相対する枯淡閑寂なもの、出世間的なものへの志向が強く働いており、前者に対する志向が強ければ強いほど、後者に対する志向も強く働いていたと見るべきである。「わび」は相反する両者への志向の綱引きのまさに中心に生じた緊張であったともいえよう。大坂城内にほぼ同時に造られた山里丸と黄金の茶室とは、まさにそれがセットとなっていることに意味があったのである。

（笠井昌昭）

第二部　人と思想

116 ハビアン

（1565〜1621）

キリシタン時代に思想的に最も活躍した日本人として、ハビアン（不干斎巴鼻庵《ふかんさいはびあん》・好庵）の名を挙げることに異論はないであろう。ハビアンとはいかなる人物であったのか。まず最初にハビアンの経歴について略述しておこう（主として、井手勝美『キリシタン思想史研究序説』参照）。

彼は加賀《かが》国あるいは越中《えっちゅう》国生まれの禅僧で、僧名は恵《え》俊《しゅん》（恵春）と伝えられる。長じて京都の臨済宗《りんざいしゅう》大徳寺に入ったが、天正一一年（一五八三）一八歳の時、母親（豊臣秀吉の正室北政所《きたのまんどころ》の侍女）とともに京都で受洗《じゅせん》し、高槻《たかつき》のセミナリオ（神学校）に入学、翌一二年に同宿《どうじゅく》（教会で、聖務その他の補佐役の総称）となり、同一四年にはイエズス会に入会してイルマン（修道士）となる。同年、修練士として豊後臼杵《ぶんごうすき》のノビシアド（修練院）に入るが、翌一五年突如秀吉の伴天連《ばてれん》追放令が発布されたため、長崎、天草などに避難した。ハビアンは同一八年、加津佐《かづさ》のコレジオ（学院）に在学中、伴天連追放令に対応すべく同地で開催された日本イエズス会第二回全体協議会に参加し、文禄元年（一五九二）には天草のコレジオで日本語教師となり、『平家の物語』を口訳編纂し、その序文に「不干Fabian 謹《つつし》んで書す」と記している。その後慶長二年（一五九七）、前年のいわゆるサン・フェリーペ号事件により秀吉のキリシタン迫害が再開され、イエズス会の教育機関も移動せざるをえなくなり、天草のコレジオにいたハビアンも長崎へ移動した。慶長二年〜同七年には長崎のコレジオで『仏法』を編纂し、同八年に抜擢されて京都へ派遣され、仏僧と論争しながら、同一〇年四〇歳の時、京都でキリスト教護教論書『妙貞問答《みょうていもんどう》』三巻を著した。また同一一年、当時二四歳の新進気鋭の朱子学者林羅山《はやしらざん》と京都南蛮寺《なんばんじ》で論争したが、その内容については羅山の立場から書かれた「排耶蘇《はいやそ》」のみが残されている。同一二年準管区長パシオの徳川家康（駿府《すんぷ》）・秀忠（江戸）父子訪問に随伴し、駿府では家康の側近筆頭《ひっとう》本多正純《まさずみ》のために著した一冊の教理論書を彼に献呈したと報じられている。この書は二年前に著された『妙貞問答』と全くの同一書ではないにしても、両書執筆の意図は基本的には変わっていなかったであろう（その意味において、『妙貞問答』と正純の父正信《まさのぶ》に仮託される『本佐録《ほんさろく》』の間に思想上一脈相通ずるところがあるのは興味深い事実である）。ところがその翌年ハビアンは京都で一修道女とともにイエズス会を脱会し棄教してしまった。しかもハビアンは、元《げん》和《な》五年（一六一九）将軍秀忠の命により長崎奉行長谷川権六《はせがわごんろく》らと長崎に下向し、キリシタン迫害に協力するようになった。そんな中でハビアンは同六年、デウスの教えを論破する排耶書《はいやしょ》『破提宇子《はだいうす》』一巻を刊行し、その翌年没した。こうした彼の波瀾《はらん》の生涯は、激動の当代キリシタン史の流れとまさしく軌を一にしているといえよう。

　ハビアンは一体いかなる思想的根拠に基づいてキリシタン信者となり、また棄教したのであろうか。以下彼の著した護教論書と排耶書によってその点を考察してみよう。この両書を見ると確かに宗教的神学的議論の展開も認められるが、実は彼にとって最も切実な問題は眼前の人間世界――破壊と創造の継起する乱世――における〝秩序〟の回復であり、それを実現すべくキリシタンと神道・儒教・仏教を比較し、『妙貞問答』では前者の立場から後者を批判し、『破提宇子』では後者の立場から前者を批判している。そこでは宗教と政治・倫理の問題がおおむね一体的に論じられている。そこに認められる彼の秩序観を見ると、ハビアンはデウスとは唯一絶対の創造主宰神であり、現当二世にわたって善悪の賞罰を与える審判者であるとし、自然界と人間世界における秩序の根源であると説いている。その上で神・儒・仏の三教一致論を取り上げ、智恵智徳を備えた「天地造作の主」について説かれていない点を批判しながら、秩序というものは自然にできるものではなく、デウスのような天地万象《ばんしょう》の作者がいて初めて実現しうるものという。そして神道や仏教に比し、仁義礼智信の五常《ごじょう》を守る儒教には益のあることが多いとして評価する。

　またハビアンが一転してキリシタン教義を批判したのは、無秩序の乱世が自己神格化を志向する天下人＝秀吉・家康によって着々と秩序化されていくなかで、天下人の禁教令によって次第に追いつめられていく宣教師と、彼らの説く万物の秩序を司《つかさど》る唯一絶対の創造主宰神デウスの存在を、もはや信じられなくなったからであろう。

（石毛　忠）

117　藤原惺窩《ふじわらせいか》（1561〜1619）

　安土桃山・江戸時代初期の儒学者。名は粛《しゅく》、字は斂《れん》夫《ぶ》。惺斎《せいさい》と号す。ほかに柴立子《さいりゅうし》、惺《せい》々子、広胖窩《こうはんか》、北《ほく》肉山人《にくさんじん》、妙寿《みょうじゅ》などと称した。惺窩の号は、林羅山《はやしらざん》の偽作説が有力。播磨《はりま》国三木郡細川荘（現・兵庫県三木市）に中世歌学の名門下冷泉家《しもれいぜいけ》の後裔《こうえい》として生まれた。父は冷泉為純《ためずみ》。七、八歳のころ仏門に入り、父と兄を戦乱で失った後、叔父清叔寿泉《せいしゅくじゅせん》を頼って上洛、相国寺《しょうこくじ》に入って儒仏を学んだ。当時文華宗舜《ぶんかそうしゅん》と名乗った。天正一八年（一五九〇）、朝鮮国使一行の一人許箴之《ホジャムジ》《（きょしんし）》に私淑《ししゅく》して儒学への傾斜を強め、慶長元年（一五九六）ころには、儒者としての自覚を明確にもつようになった。このころ中国の新儒学を直接学ぶため渡明を企てたが失敗した。しかし、当時惺窩の有力な保護者であった播磨国竜野《たつの》城主赤松広《ひろ》通《みち》を通じて、朝鮮侵略による捕虜で、朝鮮の著名な朱子学者李退渓《イテゲ》《（りたいけい）》の流れをくむ姜沆《カンハン》《（きょうこう）》と出会い、三年間の親交を持った。惺窩の儒学理解はこれにより深められた。だが、関ヶ原の戦い（一六〇〇）後、西軍に属した赤松広通が自殺し、慶長一〇年（一六〇五）、洛北の市原に隠棲《いんせい》した。

　戦国期の思想は、「超越的主宰者」たる天道《てんとう》が、神秘性と倫理性を具有するという、天道思想として展開した。天道のそうした超越性を心への内在性《ないざいせい》へと転換させたのが、近世儒学の祖とされる惺窩である。惺窩は「五事之難」で、天道とは天地万物の理（自然界の道理）であり、それが人性にそなわっていると主張する。つまり、宋明の儒学における理即性説を理即天道とすることで、戦国期の天道思想にみられる天道の超越性を自然と人のうちに内在する天道に転換したのである。惺窩の生きた時代は、人間的世界が大きく拡大し、神仏の権威が後退するなかで、戦国期の実力主義の風潮をうけて、人のおのれ自身の力への自覚が高まっていた。そうしたなかで、運命を司る天道が人間的世界を一方的に支配するのではなく、人が自己の主体的営為で、自己の世界を切り開いていく可能性が追求された。天道思想にみられる因《いん》果応報《がおうほう》観では、天道が超越的主宰者であるかぎり、人がそこに関わる余地はなかったが、天道が人の心に内在するとされたとき、人間的世界では人の努力如何《いかん》、つまり、人の心の有り様こそが問題とされた。こうして人倫的問題が人自身の問題として考察可能になった。天道の働きを人の道徳的努力に応ずるものとして、己が心己が力こそが問題なのだと意識されたのだ。かくして、超越的な天道を心に内在する天道とすることで、それまで人にとって外在《がいざい》的であった天道の神秘性と倫理性は、ともに人の主体的営為に関わることとして、まさに人間的世界の問題となったのである。

惺窩は、近世初頭の社会が、本来共有されるべき人の連帯性を喪失した、荒廃した道徳的頽廃の状態にあるという、厳しい現状認識を抱いていた。そうした現状認識が、人が人としての連帯意識を回復するためには何をなすべきかという課題を惺窩に与え、宋明の儒学の本格的学習に向かわせた。宋明の儒学は、人倫日用の世界、つまり眼前の現実世界は、問いと答えをあわせもつ唯一なる実の世界なのだと強調したのであり、現実の社会のうちに真実をみる学問だったからである。惺窩はそうした現状認識のなかで、自己の修養に努め、その成果を「人を治め」、「物に及ぼ」すこと、つまり「修己治人《しゅうこちじん》」が自己の課題だと自覚し、自ら主体的に「国を医《い》やす」ための学問＝儒学を学び、国医たらんとしたのである。

惺窩はまた、「明鏡止水《めいきょうしすい》」に「とらわれのない自然本来の自由な心境」をみたように、心の主体性の回復という願望をもっており、それを「流行」の側面ではなく、心の「不動」（不易）なるあり方で実現せんとした。この流れは、林羅山が継承し、無私とか無妄《むぼう》、誠意を重視する立場として、近世を通じて生きつづけた。他方、「流行」の側面は、惺窩の弟子那波活所《なばかっしょ》によって思想的に深められ、伊藤仁斎《いとうじんさい》に継承されていったのである。

惺窩の門流には、惺窩門四天王《してんのう》と称された羅山、活所、堀杏庵《ほりきょうあん》、松永尺五《まつながせきご》のほか、管得庵《かんとくあん》、石川丈山《いしかわじょうざん》らがおり、交友関係では、浅野幸長《あさのよしなが》や木下長嘯子《きのしたちょうしょうし》など多くの大名のほか、賀古宗隆《がこそうりゅう》、大村由己《おおむらゆうこ》、中院通勝《なかのいんみちかつ》、松永貞徳《ていとく》、などが知られている。なお、慶長五年（一六〇〇）、惺窩が入洛中の徳川家康《とくがわいえやす》に深衣道服（中国の道家服）で拝謁し、「廃仏帰儒《はいぶつきじゅ》」を宣言したという羅山の主張は、現在では偽作説が有力。『寸鉄録《すんてつろく》』や『大学要略』『惺窩先生文集』など惺窩の著書は、すべて『藤原惺窩集』（国民精神文化研究所編）に収められている。

（柴田　純）

118 林　羅山《はやし　らざん》（1583～1657）

江戸時代初期の儒学者。江戸幕府の儒官・林家の始祖。名は信勝、忠、字は子信《ししん》。通称は又三郎、剃髪《ていはつ》して道春《どうしゅん》、羅山は号、ほかに羅浮山人《らふさんじん》・松花村《しょうかそん》・夕顔庵《せきがんあん》などと号す。天正一一年（一五八三）京都に生まれた。祖父は加賀藩の武士で、父は京都に住み米穀業を営んだ。一三歳で京都五山の一つ建仁寺《けんにんじ》に入る。学才を示したので、出家を勧められたが、従わず、慶長二年（一五九七）一五歳で家に帰った。その後志を儒学に寄せ、慶長五年には経学の骨髄が宋儒《そうじゅ》にあることを悟って朱子の章句《しょうく》・集注《しっちゅう》を読むにいたった。慶長八年（一六〇三）二一歳の時には朱子の注による『論語』の公開講義を京都で行った。この時明経博士《みょうぎょうはかせ》清原秀賢《きよはらひでかた》が、勅許を得ざる不届きな行為だとして徳川家康に処罰を乞うたが、家康はその訴をとりあげなかったという。

慶長九年（一六〇四）二二歳の時、儒者として立っていた藤原惺窩に会い、これを師とし多くの影響をうけた。

慶長一〇年（一六〇五）初めて徳川家康に謁し、一二年より幕府（家康）に仕えた。将軍への勤仕は、秀忠・家光・家綱合せて四代に及んだ。その間羅山は、博学多識をもって将軍の侍講《じこう》を務めるとともに、古記旧記の調査・蒐集《しゅうしゅう》、歴史をはじめとする出版物の編集・出版、外交文書の草案作成、朝鮮通信使の応接、江戸幕府の法度類の起草などに従事した。

早く家康時代より外交文書や法度類の起草に参与し、豊臣秀頼の方広寺鐘銘《ほうこうじしょうめい》事件とその討滅《とうめつ》に際しては家康の意向を汲んでその政策の正当化に力を尽くすことがあった。家康の死後（その死は元和二＝一六一六年）秀忠時代（その死は寛永九＝一六三二年）にはそれほど重んじられず雌《し》伏《ふく》の時代であったが、家光の相続後（その将軍位就任は元和九＝一六二三年）は家光の信任をえて左に記した事柄について手腕を振るうとともに、寛永初めのころから幕政にも参与するようになった。寛永六年（一六二九）には民部《みんぶ》卿法印《きょうほういん》（僧侶の最高位）に叙せられ、寛永七年には上野忍岡に土地に加えて学校建設費を下賜《かし》され、林家の私塾を設けて門人の教育に当たった。寛永九年には尾張藩主徳川義直の援助で、上野忍岡に先聖殿《せんせいでん》を建て、翌年には同所で釈奠《せきてん》を行った。寛永一二年（一六三五）には「武家諸法度」や「旗本法度」の起草に当たった。

寛永一八年（一六四一）には『寛永諸家系図伝』編修の命を受け二年後にこれを完成し、正保元年（一六四四）には幕府の命により、国史編纂を開始し、『本朝編年録』として同年、幕府に上呈された（ただし未完）。

その領地はいく度か加増されて、最晩年には九一〇石に達した。

明暦三年（一六五七）一月、さきに幕府より賜わった銅《どう》瓦《がわら》の書庫が江戸の大火で蔵書とともに類焼し、落胆した羅山は四日後の二〇日七五歳で死去した。

羅山の思想・学問如何《いかん》。羅山の思想・学問の領域はきわめて広く、これらを総合してとらえることは、現在でもなお今後の課題となっている。ここでは、羅山の朱子学摂取の仕方を中心にして略述する。

まず朱子学の根底をなす存在論＝理気二元説について。明治期以来、羅山は朱子の理先気後の理気二元説を理解しえず、気が理に優先するととらえる「気の理説」としてこれを受容したとする説が通説となっていたが、昭和五〇年（一九七五）石田一良が、羅山は元和七年（一六二一）ころから朱子本来の理気二元説を理解・受容したとする説を提唱し、現在の通説となっている。

次に朱子学の倫理説をめぐっては、五倫《ごりん》（父子・君臣・夫婦ほかのモラル）の観念について、親子関係とそのモラルを第一に重視する朱子学の見解を羅山が君臣関係とそのモラルを重視する見解に変えた事実や五常《ごじょう》（仁義礼智信）の観念について、羅山が礼説《れいせつ》の面で、これを下から上への一方向的な従属を説くモラルと解したことが、本来の礼説と異なる事実として指摘される。

中国朱子学の根本テーゼ〝聖人学んで至るべし〟が羅山ではそのままには受容されていないとの指摘もある。

第三に居敬《きょけい》・究理《きゅうり》からなる道徳修養論についても、羅山では朱子本来とは異なって著しく居敬に偏重していることも指摘される。

加えて、羅山による理当心地神道の形成のもつ意味の究明は今後の課題である。

（玉懸博之）

119

中江藤樹《なかえとうじゅ》（1608～1648）

江戸時代前期の儒学者。諱《いみな》は原、字は惟命《これなが》、通称は与《よ》右衛門《えもん》、号は嘿軒《ぼくけん》、近江国小川村の自宅に藤の木があったことから、藤樹先生と呼ばれた。慶長一三年（一六〇八）三月、近江国高島郡小川村に誕生した。祖父吉良は伯耆《ほうき》国米子城主加藤貞泰《さだやす》に仕える武士で、父吉次《よしつぐ》は近江国小川村で農業に従事しており、藤樹はその長男。元和二年（一六一六）一九歳のとき、祖父吉長の養子となった。その翌年加藤家は伊予国大洲《おおず》に転封《てんぽう》となり、吉長もこれに従った。吉良の没後、藤樹が家を相続した。藤樹は早くからすぐれた学問的能力を示していたが、寛永元年（一六二四）一七歳のとき京都から来藩した禅僧から『論語』の講義を聴いて儒学に志すこととなり、『四書大全』を入手して、独学で朱子学を修めることとなった。当時の大洲藩の武士には好学《こうがく》の風は希薄であったが、彼は鋭意儒学の修得に努めた。元和九年（一六二三）貞泰の弟　が分封《ぶんぽう》された（新谷藩）ことに伴って藤樹もこれに従った。

寛永一一年（一六三四）二七歳のときに、郷里の母への孝養を理由に退職を願い出、許されぬままに武士身分を捨てて出奔《しゅっぽん》し、一時京都に身を寄せたのち郷里の近江国小川村に帰った。朱子学を信奉して、朱子学の教説に従った行為を忠実に実践しようとした、思想的生涯の「前期」がここで終わり、「中期」が始まる。といっても二七歳から数年は「前期」から「中期」への過渡期といってよく、「中期」らしさが顕著に現れるのは、『翁問答《おきなもんどう》』を著した三三歳のころからである。

藤樹は三一歳のころから『孝経《こうきょう》』に共鳴して独自の「孝至上の道徳説」を説きはじめていたが、三二、三歳のころから「心迹区別論《しんせきくべつろん》」「時処位論《じしょいろん》」「権道論《けんどうろん》」を力説するとともに大乙神信仰《たいいつしんこう》をも開始した。藤樹の思想らしさはこの「中期」に最もよく現れている。この「中期」の思想の何たるかをめぐって、現在諸学者の間に微妙な解釈の差が認められるので、私説によってこれをのべる。まず「心迹区別論」と「時処位論」とから。藤樹はいう。人の行為の成立する場面は、時と処と位（行為者の心の位相をさす）とからなる。聖人は、社会の既存の礼法・法度・習俗など―「迹」としか呼べないものに拘われることなく、自らの行為のなされる場―その時と所と位に適合しつつ、自らの行為を自在に「絶対善」としての「心」に合致した理想的行為たらしめる、一般の人々の行為もまさにかくあらねばならない、と。

右の主張に伴って、「権道論」が成立する。権とは棹《さお》秤《ばかり》の分銅を指す。藤樹はいう。権＝棹秤の分銅は物の計量に応じて自在に移動して的確に物の計量を測り示す、この権の働きは聖人の行為の仕方（前述）によく似ているので、聖人の行為の仕方を権の道と呼ぶ、この権の道こそ聖人のみならずすべての人の理想的行為の仕方なのだ、と。

江戸時代の体制内の朱子学者の多くは、徳川幕藩体制を構成する既存の礼法・法度・習俗などをそのままに天の理に等しいとみなし、当時の人々にこの礼法・法度・習俗などに忠実に従うことこそが天ないし天の理に従うことだと説く傾向があった。右の藤樹の中期の所論は、朱子学者たちのこの所論と実に興味深い差異を示している。藤樹の「中期」の思想こそは徳川期の「非体制的思想」の代表例だった、といえる。

藤樹は正保元年（一六四四）三七歳のときに王陽明の全集を入手してその思想に共鳴し、陽明学を積極的に摂取するようになる。彼の「後期」の始まりである。この「後期」の思想を、陽明学的なものととらえるか、非陽明学なものととらえるかで、現在、研究者の見解が分かれており、今後に興味深い課題を残している。

藤樹の代表的門人に熊沢蕃山と淵岡山《ふちこうざん》とがおり、かなり違った仕方で藤樹の思想を継承した。

（玉懸博之）

120 山崎闇斎《やまざきあんさい》（1618～1682）

名は嘉《か》、字は敬義《もりよし》、闇斎は号。江戸時代初期の思想家。もともと比叡山延暦寺《ひえいざんえんりゃくじ》、妙心寺の僧侶であったが、土佐の吸江寺の住職となり、その時に朱子学に接し、仏教を捨てて還俗《げんぞく》して朱子学者となった。京都で塾を開きながら、しばしば江戸におもむき、また会津藩主の保科《ほしな》正之《まさゆき》にも招かれた。闇斎の朱子学者としての姿勢は、朱子（朱熹《しゅき》）の弟子の陳淳《ちんじゅん》（北渓《ほっけい》）の『性理字義』や明の時代に勅命で編纂された『四書大全《たいぜん》』、『五経大全』、『性理大全』の類など朱子学の権威ある解説類を捨て去り、直接朱子自身の典籍に遡《さかのぼ》り、朱子学の原像に復帰しようとするものであった。その著『文会筆録《ぶんかいひつろく》』は、朱子学の主要項目ごとに朱子学の文献を縦横に引用しコメントをつけたもので、闇斎の学殖《がくしょく》と考証力がいかんなく発揮されている。

闇斎の朱子学は、朱子学の本旨《ほんし》に立ち返ろうとする学問的探求と、「敬（対象に対して心を専一にすること）」を行う全身全霊での実践の両輪で成り立っていた。闇斎の字は敬義であるが、これは『易経』文言伝《ぶんげんでん》の「敬以《けいもっ》て内《うち》を直《なお》くし、義以《ぎもっ》て外《そと》を方《ほう》にす」に拠っている。ただ朱子が「内」も「外」も自己のこととしたのに対し、闇斎は「内」を自己の心身、「外」を他者と解釈し、弟子からも反発を受けた。闇斎は朱子学の忠実な伝承者であろうとしたがこのように独自の説を見せることもある。

闇斎はまた神道に傾斜していく。特に吉川惟足《よしかわこれたり》から受けた影響は大きく、それをもとに新たに垂加神道《すいかしんとう》を打ち出した。闇斎は、朱子学と神道とでは使用されている言葉こそ違え、思想的には同じ世界観、人間観を示していると考え、それを「妙契」と表現した。さらに彼は朱子学の修養法である「敬」と神道の「つつしみ」を結びつけ、その実践を説いた。また神道の方でも文献研究を行うとともに行法の実践にも意を用いた。ただ神道に対しては過去の注釈類や伝授も尊重し、直接朱熹に復帰しようという朱子学者としての姿勢とは異なった面を見せている。闇斎の神道関係の著作の方では、注釈類を編集した『中臣祓風水草《なかとみのはらえふうすいそう》』、『神代巻風葉集《じんだいのまきふうようしゅう》』（闇斎が手をつけ門人たちが完成させた）がある。闇斎の著作は多くが編集物であって、そのことが闇斎の真意がどこにあったのかの解釈の幅を広くすることにもつながっているが、その中で和文の『大和小学《やまとしょうがく》』は闇斎自身の書き下ろしで、その思想を端的に示すものとして読み継がれていく。

　闇斎の朱子学は以後綿々と伝えられていき、この学流を「崎門《きもん》」と言う。闇斎の朱子学方面の弟子で著名なのは「崎門の三傑《さんけつ》」とされた浅見絅斎《あさみけいさい》、佐藤直方《なおかた》、三宅尚斎《しょうさい》であるが、彼らの立場は必ずしも一致しない。その他にも天文暦法に通じた渋川春海《しぶかわはるみ》など多くの逸材を輩出した。闇斎の朱子学の弟子と神道の弟子とは相互に反発しあったが、三傑の中で絅斎は神道にも理解を示し、絅斎の弟子の若林強斎《わかばやしきょうさい》は、垂加神道の直系を任ずる「望楠軒《ぼうなんけん》神道」の神道家としても知られる。崎門は稲葉黙斎《もくさい》らの上総道学《かずさどうがく》（上総国は今の千葉県中南部）など各地に伝えられた。闇斎はじめ崎門は、朱子学的修養法の普及とともに朱子学の教説の啓蒙に努力して、膨大な仮名による講義録を残し、訓点つきの朱子学の文献を精力的に刊行した。闇斎の神道の方の弟子では、正親町公通《おおぎまちきんみち》、出雲路信直《いずもじのぶなお》らがいる。その流れから出た玉木正英《たまきまさひで》の「橘《きっ》家神道《けしんとう》」は儀式や兵学を重視し、『日本書紀通証』の谷《たに》川士清《かわことすが》、『神道五部書弁』の吉見幸和《よしみよしかず》ら考証に長じた学者も生みだした。垂加神道は朝廷で広まっていくが、江戸でも跡部良顕《あとべよしあきら》らが活動するなど各地に伝播《でんぱ》した。

　闇斎の学流の持つ原理主義的傾向は、周の文王が殷《いん》の紂王《ちゅうおう》に対して示した絶対的服従を韓愈《かんゆ》が称えた『拘幽《こうゆう》操《そう》』をめぐる忠誠論に端的にあらわれている。崎門の忠誠論は、佐藤直方のような例外はあるが、総じて皇室への絶対的忠誠の重視として展開し、後世に大きな影響をあたえていく。また、中国ではなく日本を「中国（世界の中心）」と認定すべきか否かという中国論争もこの学派では展開された。崎門内部ではその強烈な正統意識から学派内で絶交を繰り返し、幕府お抱えの林家と対照されて「林家の阿世《あせい》（世におもねる）、崎門の絶交」などと言われた。ただそのような姿勢が学派としての緊張感を維持させる力ともなり、崎門は江戸時代を通じて脈々と伝わり、明治以後も、最後の崎門と言われ西欧文芸理論のいち早い紹介者であった内田周平などを生み出していく。

（土田健次郎）

121

熊沢蕃山《くまざわばんざん》（1619～1691）

徳川前期の経世家・儒者。名は伯継《のりつぐ》、字は了介《りょうかい》、通称は左七郎、次郎八、助右衛門、号は息游軒《そくゆうけん》など。蕃山は備前蕃山村《びぜんしげやま》に隠退後、蕃山了介《しげやまりょうかい》と称したことに由来する。元和五年（一六一九）、京都に浪人野尻一利の子として生まれ、八歳の時に水戸藩に仕えていた外祖父熊沢守久の養子となった。養父の死後一六歳の時、京都所司代板倉重宗らの推薦により岡山藩に出仕したが、二〇歳の時致仕《ちし》。貧困の中、二三歳から翌年にかけて琵琶湖畔にいた中江藤樹《なかえとうじゅ》の下で学ぶ。直接藤樹から学んだのはこのわずかな時期であるが、思想的影響は甚大であった。二七歳の時、岡山藩に再出仕、藩主池田光政《みつまさ》に重用され、番頭三千石に進み、藩政改革に活躍した。このころ彼の名声は上がり、幕臣上層や大名の間に支持者を得る一方、大老酒井忠勝や蕃山の学を「耶蘇《やそ》の変法」と指弾《しだん》する林羅山など幕府の一部や藩内にも彼を批判する者が少なくなかった。こうしたなか、周囲との軋轢《あつれき》もあり、負傷を理由に光政の三男政倫《まさとも》を養嗣子とし明暦三年（一六五七）三九歳で岡山藩を再び致仕した。四三歳の時、京都に移住すると、入門する公家や武士が多くなり、彼もまた和学や音楽などへの理解を深めていった。四九歳の時、京都所司代により京都在住を禁じられ、一時吉野や山城《やましろ》に居住した後、五一歳の時、京都所司代板倉重矩《いたくらしげのり》らの意向を受け、彼の高弟中根流謙《なかねりゅうけん》の仕官していた明石《あかし》藩（松平信《のぶ》之《ゆき》）の城下に移住した。岡山藩致仕後も池田光政から庇護を受けていたが、このころから二人の間に疎隔《そかく》が生じ、五〇代の終わりには光政から激しく批判された。この間主著『集義和書《しゅうぎわしょ》』が出版され、以降著作と講学の日々を送った。六一歳の時、松平信之の大和郡山への転《てん》封《ぽう》に伴い、同地に移住した。天和三年（一六八三）六五歳の時、大老堀田正俊の招聘により出府、幕府出仕を求められるが固辞した。この後しばしば上京し、高弟北小路俊《きたのこうじとし》光《みつ》をはじめ中院通茂《なかのいんみちしげ》ら公家の門人などと交流した。六九歳の時、幕政を批判する時務策を提言した『大学或《だいがくわく》問《もん》』が幕府の忌避《きひ》を受け、松平信之が転封した下総古河藩の城下に幽閉され、元禄四年（一六九一）死去した。享年七三。信之の跡を継いだ藩主忠之によって儒礼をもって葬られた。

蕃山は父祖から受け継いだ日本の武士としての強い自意識と師藤樹の時処位論を展開させた時処位・人情事変論に基づき、儒教的原理を戦国の内乱を経た徳川社会に適用することに腐心《ふしん》した。彼は「愚は朱子にもとらず、陽明にもとらず、ただ聖人に取て用ひ侍るなり」（『集義和書』）と述べ、単なる朱王折衷《しゅおうせっちゅう》ではなく、徳川日本の現実の歴史的把握を踏まえた主体的な儒教理解を示し、万物一体の仁と結びついた大虚《たいきょ》思想を踏まえ、理気混融の道の体認自得を説く特有の心法を主張した。そのような立場から彼は『大学』『中庸』『論語』『詩経』『易経』『孝経』などに独自の注釈を加えた。また彼は神道や和学にも造詣が深く、泰伯皇祖説《たいはくこうそせつ》を主張する『三輪物語《みわものがたり》』や源氏物語の注釈書『源語外伝《げんごがいでん》』なども著した。孔子が至徳と讃える泰伯が太古の日本に文明をもたらし、そのためアマテラスとして推戴されたとする泰伯皇祖説では、泰伯が知仁勇の三徳を象徴する三種の神器を制作し、彼が人々に示した修身斉家治国平天下《しゅうしんせいかちこくへいてんか》の心法が日本の神道の淵源となったとされ、神道は原理的に儒教の内に包摂されている。

蕃山は兵農分離に基づく徳川社会の中で、武士が発展しつつある商品経済に絡《から》め取られ、為政者・戦闘者としての本来のあり方を失っていく状況に強い危機感を抱き、それを打開する経世済民論を展開した。『集義外書《しゅうぎがいしょ》』や『大学或問』などにおいて、武士の土着（農兵制）、政治的能力に基づく人材登用、商品経済の統制・米本位制、参勤交代の緩和、満州族の日本侵攻に対する防衛等を主張した。それらの提言の多くは徳川社会の編制原理に大きく抵触《ていしょく》するものであり、その意味では荻《おぎ》生徂徠《ゆうそらい》の高弟服部南郭《はっとりなんかく》の「熊沢の経済は革命の時ならねば用ひがたかるべし」（『文会雑記《ぶんかいざっき》』）という評価は、蕃山の経世済民論の性格をよく捉えていた。しかし徳川社会の根幹を鋭く衝《つ》いた彼の主張は、荻生徂徠や太宰春台をはじめ幕末の水戸学や横井小楠など後の人々に大きな影響を及ぼした。また近年の環境意識の高まりの中で、旧来の田畑の荒廃をもたらしかねない新田開発を批判し、河川と山林の保全を主張する蕃山の治山治水論は、環境保全論の嚆矢《こうし》として注目されている。

（佐久間正）

122

山鹿素行《やまがそこう》

（1622〜1685）

徳川前期の兵学者・儒者。名は高興《たかおき》また高祐《たかすけ》、字は子《し》敬《けい》、通称は甚五左衛門《じんござえもん》、素行は号である。元和八年（一六二二）、会津藩の家老の子息町野幸和《ゆきかず》の下に寄寓していた山鹿貞以《さだもち》の子として会津若松に生まれた。蒲生《がもう》氏の改易《かいえき》後、江戸に移り父は医を開業した。九歳で林羅山《はやしらざん》に入門し早熟の秀才として知られた。その後和学や神道を学ぶとともに、一五歳の時、甲州流兵学者小幡景憲《おばたかげのり》と北条流兵学を開いた北条氏長に入門した。二一歳の時、小幡景憲から兵法の印可《いんか》を得るとともに、『兵法神武雄備集《へいほうしんぶゆうびしゅう》』を著す。このころ諸大名から招かれるが、父の意向に添わず仕官しなかった。当時大奥で権勢を振るっていた町野幸和の妻祖心尼は素行を幕臣に登用しようとしたが、三代将軍徳川家光の死などにより実現しなかった。以降素行は死に至るまで幕臣となることを念願していた。承応《じょうおう》元年（一六五二）三一歳の時、赤穂藩《あこう》（浅野長直）に出仕し千石を与えられた。彼の著作活動のピークの一つをなす三五歳の時、『武教要録』『武教小学』『武教本論』『武教全書』等の兵学書を著し、山鹿流兵学をほぼ完成させるとともに、『修教要録』等を著し朱子学の実学的立場に依拠して日常から遊離した陽明学等の観念性を批判した。以降、「直に周公・孔子の書を見申候て是を手本に仕候」（『配所残筆《はいしょざんぴつ》』）という古学としての素行独自の学問（以下、素行学）の要をまとめた『聖教要録《せいきょうようろく》』を執筆刊行した四四歳の寛文五年（一六六五）に至るまでの時期は、素行学の諸特質が形成されていく時期であり、三七歳の時には中国から渡来した黄檗宗《おうばくしゅう》の開基隠元《いんげん》と対論した。三九歳の時赤穂藩を致仕《ちし》し、その後は出仕することなく講学の日々を送った。四二歳から四四歳にかけて門人の編纂した『山鹿語類』は、ほぼ素行学の思想的立場に基づくものである。素行学原論とも言える『聖教要録』刊行の翌年、幕府より不届きな書物を著したとの理由で赤穂藩への流罪を命じられ、延宝三年（一六七五）まで配流の身であった。この間、『四書句読大全《ししょくとうたいぜん》』『謫居童問《たっきょどうもん》』『中朝事実《ちゅうちょうじじつ》』『武家事紀《ぶけじき》』『配所残筆』等を著《あらわ》す。江戸に帰ると居宅を積徳堂と名付け再び執筆と講学の日々を送り、貞享二年（一六八五）、六四歳で病没した。

素行における日本独自の儒学思想としての古学の形成はほぼ伊藤仁斎《いとうじんさい》と同時期であるが、その内容をいちはやく『聖教要録』として刊行したことにより素行は古学の先駆とされる。朱子学の心性論や理気論の批判、心学的修養論の批判等の古学の思想的特色の多くは素行学に認められるものの、経典の解釈に関しては朱子学に依存しており、古学を思想的に洗練させていった伊藤仁斎や荻《お》生《ぎゅう》徂徠《そらい》に見られる実証的な文献批判は見られない。素行学が形成される寛文・延宝期（一七世紀六〇〜七〇年代）は徳川国家の確立期であるとともに都市を中心に町人層が台頭してくる時期であり、素行学の思想的特色を理解するためにはそのような社会的背景を念頭に入れる必要がある。素行は、人の本性は利己的なものであり、人は社会生活においてみずからを実現していく（「職分」の実践）ために必要な認識能力を有しており、それにより事物のみちすじ（「理」）や働きを把握することが「格物」であるとした。ここには朱子学に見られる形而上的性格はなく、著しく経験的である。

「士は師なり」という彼の語に端的に示されているように、社会的分業を実践する農工商三民を教え導くことを武士の職分とし、その具体的内容を士道論として展開した。彼は社会秩序の枢軸《すうじく》である君臣関係において「（君臣の）分」と「理」を区別して考えることが「下剋上」の思想的原因であると考え、「理」に対する「分」の原理的優位性を指摘し、臣下の君上に対する絶対的恭順を主張した。『中朝事実』を著した彼は、皇統の連続を根拠とし日本の諸外国に対する卓越性を主張した日本主義者として知られているが、歴史認識においては、朝廷から武家への政権の移行を必然とし、徳川家康による開幕を天命と見なし、家康を聖人に等しい存在とした。さらに封建と郡県の並存こそ社会を安定させるとし大名領と幕領の並存する幕藩体制を讃美した。このような素行の所説は徳川国家を社会的・歴史的に正当化する役割を果たしたものと言えよう。彼の門人に上層の幕臣や大名が少なくないことの理由の一つとしてこのような素行学の社会的性格を挙げることができる。

（佐久間正）

123 伊藤仁斎・東涯

いとうじんさい〈1627〜1705〉
いとうとうがい〈1670〜1736〉

　伊藤仁斎は京都堀川に生まれ、江戸前期に活躍した古学派の儒者。名は維楨《これえだ》、幼名維貞《これさだ》、字は源佐《げんすけ》・源助・源吉・源七郎など。古学先生と諡《おくりな》された。父の了室（七右衛門長勝）は商業を営み、母は連歌師里村紹巴《さとむらじょうは》、豪商角倉了以《すみのくらりょうい》の子孫。みずから最初、朱子学的な「敬斎」と号したが、やがて愛の意をもつ「仁斎」と改めた。古義学と称される古典漢文による実践的な学問を形成、その学習を行う多くの一般の学者を育て、また江戸中期の思想家にも強い影響を与えた。

　仁斎は、町人ながらも、学を好み、一〇代半ばには、商人また医者になることを拒んだ。詩を賦《ふ》しつつ、当時普遍的学問であった朱熹《しゅき》以来の宋学に深く傾倒、朱子の『四書或問《ししょわくもん》』『性理大全《せいりたいぜん》』『朱子語類《しゅしごるい》』など関連書物を広く熟読した。二〇代半ば過ぎまでに、「敬斎記」「太極論」「心学原論」など宋学の宇宙・存在・人性論にまで深く踏み込む論文を著した。だが、二〇代末には、羸疾《るいしつ》（病気になる）に罹《かか》り、家を弟に付して隠遁し、さらに学問に入り込み、陽明学、仏老の教を探求し、「白骨観法《はっこつかんぽう》」の修行までも行った。しかし、仏老が「山川城郭悉く空相」の虚無観に至ると実感し、翻って生命観としての「活物」をみずから懐くようになる。学問的にも宋学の「性理の説」も、実は仏老の影響により「孔孟の学に乖《そむ》く」のではと懐疑をもち、朱子学的な道統を徐々に断ち始める。朱子学を越え、孔子など聖人との直接的関係と儒学的古典自体の解釈へと向かった。三〇代半ばから、同好の士によって文献会読する「同志会」を設け、三六歳、地震と弟の死を機に帰宅した。やがて「古義堂」と称される家塾を開いて学習・教育活動を行いつつ、「古学」の形成を続け、それが晩年までの経典解釈論となった。四〇過ぎに結婚、多くの子を得たが、長男・東涯が、仁斎の学問を継承・発展させて結集し、その出版も行った。

　仁斎は、経典について、朱子学において重要な入門書とされた「四書」のうち、とくに『大学』に対して、「大学は孔氏の遺書《いしょ》にあらざるの弁」を論述、朱子学的内容としての明鏡止水《めいきょうしすい》・冲漠無朕《ちゅうばくむちん》（かすかでひっそりとして兆《きざ》しが表れない様子）・体用・理気等の説はみな「仏老の緒余《しょよ》（のこりもの）にして、聖人の旨に非ず」とする。また、存在論としても、朱子学的な理先気後ではなく気先理後ないし気一元論をとる。懐かれる活物観はいわば生気論 vitalism であり、これは徂徠・本居宣長などにも繋がる。ただ、そこに成立する道について仁斎は、倫理的形態を強調する。それは「天下の同じく然る」「人道」であり、「須臾《しゅゆ》も離るべからず」「人倫日用まさに行くべき」道すなわち誰にも妥当で普遍的な日常生活の在り方であり、この道をはっきり伝える孔子・孟子の教えを学ぶべきだとする。実践としては、宋学のように本性のみを語って虚無に至るのでも、また「異端邪説」や「自暴自棄」に入るのでもなく、自分たち自身の「四端《したん》の心」（所与の可能性）からの「忠信」「忠恕《ちゅうじょ》」等による「拡充」を行うべきである。そこに「愛」としての「仁」が成り立ち、「天下国家の治」「王道」があるのだ、という。

　仁斎自身の著作は、元禄期には、八年（一六九五）江戸で『語孟字義《ごもうじぎ》』が勝手に出版されるなど、かなり流布するが、生前には『童子問《どうじもん》』『大学定本』『論語古義』『孟子古義』『和歌集』などすべて稿本である。没後、東涯等がこれらをさらに『古学先生文集』『同詩集』などとあわせ漸次刊行した。

　伊藤東涯は寛文一〇年（一六七〇）に京都堀川に、仁斎の長男として生まれ、元文元年（一七三六）に没した。名は長《なが》胤《つぐ》、字は源蔵《げんぞう》で、東涯を号した。古義堂において父の学問を継承、紹述《しょうじゅつ》先生と諡された。思想内容としては、仁斎学を『古義』等の刊行によって構成し、また講読において注釈を追加した。また、『用字格』『助字考』などの語法論、和文による『訓幼字義』『学問関鍵《かんけん》』等の学問論によって方法をも広く形作った。また『古今学変』では、仁斎における学問史を、さらに古代から各時代の経典解釈の変容史としてはっきり位置づけており、儒学史観としてすぐれている。また『制度通』では、さらに中国の諸制度の沿革と日本の制度との関連までもとらえている。これらの研究は、荻生徂徠と同様一八世紀初めに行われ、世紀末に向けて出版された。東アジアにおける言語史・秩序史として大きな意義がある。

（黒住　真）

124 貝原益軒《かいばらえきけん》（1630～1714）

江戸前期の儒者、筑前《ちくぜん》国福岡藩士。名は篤信《あつのぶ》、字は子誠、通称は助三郎、のち柔斎次いで久兵衛。号ははじめ損軒、晩年致仕《ちし》後に益軒と改称。福岡藩士右筆役《ゆうひつやく》の貝原寛斎の五男として福岡城内に生まれた。京都遊学から帰郷した兄の存斎に朱子学を学ぶ。慶安元年（一六四八）御納《おなん》戸《ど》御召料《おめしりょう》方《かた》として藩主黒田忠之《ただゆき》に仕えたが、勘気を被り二年後に致仕した。長崎や江戸などで修学を重ねた後、明暦二年（一六五六）藩主光之《みつゆき》に六人扶持《ぶち》で再び召し出され、藩命によって以後七年間京都にて遊学し、さまざまな文人たちと交わった。三六歳のころ、明末の陳清瀾《ちんせいらん》の『学蔀通弁《がくぼうつうべん》』を読んだのを機に、朱陸兼取《しゅりくけんしゅ》を棄《す》てて朱子学一本に帰した。

遊学後、藩の儒者として江戸と国元を往来しながら、藩主や嫡子らに儒学を講じたほか、『黒田家譜』『筑前国続風土記』『黒田家臣伝』などを編纂して、藩に貢献した。禄高は何度か段階的に加増されて、最後は三〇〇石に達した。七一歳になって、かねて願い出ていた辞職がようやく許され、以後八五歳で没するまで著述活動に精励した。経学に関する著作自体は多くはないが、『大和《やまと》本草《ほんぞう》』（一七〇八）などの本草書や養生書、地誌、事典や礼書の類、さらに教訓書、実用書など幅広い領域にわたって、総計およそ一〇〇部二百数十巻におよぶ膨大な著作を残した。

益軒は自覚的に朱子学を奉じたが、明末の朱子学者羅《ら》整庵《せいあん》の「理は気の理」とする理気一体論に共感し、理を本体とする朱子の理気論には同調できず、かねてからのその疑問を最晩年に『大疑録《たいぎろく》』（一七一四）に書き付けた（益軒はその刊行の意図はなかった）。そのため益軒は古学派の先駆と見なされてきたが、実はその見方自体は、本書成稿後五〇年以上後の明和四年（一七六七）、大野通明が原文を大幅に縮減の上、徂徠学の後継者の太宰春台の読後感を付し、古学の先駆的著作と位置づける意図をもって刊行したことに始まる。同書は実際には、朱子学的な理気論の枠から出ることはなく、古学に連続する思想と見ることはできない。むしろ近世日本社会の文脈に即して展開された東アジア朱子学のひとつと見るべきであろう。

益軒の認識枠組みは、天地の生生を根本とした独特の「天地に事《つか》える」思想に見出だせる。それは、自己自身の存在が「天地の恩」によることを自覚し、それへの「報恩」として人としての道徳的な生き方を意味づけた思想となっており、この「事天地」思想が益軒の道徳論の根拠を成している。すなわち「礼」が人倫（道徳的）世界における規範的方法として、また「術」が禽獣虫《きんじゅうちゅう》魚《ぎょ》草木などの「万物」と関わる方法と捉えられ、「礼」と「術」の修得を「学問」と見なしている。さらに正しい「術」の修得のためには、万物個々の本性（理）を究める「窮理の学」が必要であると説く。このように、益軒の多様な著作群は、「事天地」思想のもとで、実用の視点から意味づけられた諸学を具体化して説いたものであった。たとえば、『大和本草』は「万物の性」（理）を探求する窮理の書、礼書や事典・地誌の類は「礼」と「術」を具体的に書いた意味を持つ。『近思録備考』や『小学句読備考《しょうがくくとうびこう》』（一六六九）などの漢文の儒書著作は、学問をめざす学生向けの儒学の学習書（学習のための術の書）と見ることができる。

その他、隠居後に量産された『大和俗訓《やまとぞっくん》』、『和俗童子訓《わぞくどうじくん》』、『養生訓《ようじょうくん》』（一七一三）など、後に「益軒十訓」と総称された平明な日常語的和文による教訓書類がある。それらは当初から出版を前提に著作されたものであるが、他にも和文著作の類の出版は少なくない。これらを総称して「益軒本」ということもある。益軒本は、出版という新たに登場してきたメディアを活用して、「礼」と「術」で具体化された道徳論とその方法を、庶民に向けて説いたものである。すなわち益軒本は、漢文修得を前提にした学問（儒学）にまでは至らないものの、自らが生きる根拠を求めて、「学問的な教養」に近づきたいと願う庶民の、学習への需要に応《こた》えた著作であった。益軒は、経書に示された漢文著作の学問を、平明な日常語に置き換え出版に付した最初の儒者であったと見られる。逆に言えば、読書によって教養を得ようとする新たな読者が、益軒本によって生み出されたのである。益軒本の成立は、漢文著作の学問に通じた少数の儒者文人層と、読み書きだけを修得した圧倒的多数の民衆の、その両者の間に、益軒本を読んで学問に近づこうとする知的中間層が成立したことを示唆していると想定される。

（辻本雅史）

125

沢庵宗彭《たくあんそうほう》（1573〜1645）

江戸初期の臨済宗僧。将軍家光の帰依を受け、柳生《やぎゅう》宗矩《むねのり》の剣法の師、沢庵漬で知られる。名寺大刹《めいじたいせつ》に住することを嫌い、生涯一雲水《うんすい》に徹しようとした。諱は宗彭《そうほう》。但馬《たじま》国出石《いずし》の秋葉綱典《あきばつなのり》の子で、浄土宗で出家して春翁と称したが、一四歳にして禅宗東福寺派の宗鏡寺塔頭《すぎょうじたっちゅう》勝福寺の希先秀先《きせんしゅうせん》の下に転じ秀喜と改名。次いで大徳寺派の董甫宗仲《とうほそうちゅう》に参じ、二二歳で上洛して董甫の師である大徳寺三玄院春屋宗園《しゅんおくそうおん》に師事して、宗彭と改めた。当時文名の高かった堺大安寺文西《ぶんせい》に詩歌儒学を学び、同じく堺陽春寺で孤高峻烈《ここうしゅんれつ》で知られた一凍紹滴《いっとうじょうてき》の下に転じて印可《いんか》を受け、沢庵と道号を授けられた。慶長一四年（一六〇九）、三六歳で大徳寺住持となったが、三日にして退去し、堺南宗寺に住した。豊臣秀頼・細川忠興《ただおき》・近衛信《のぶ》尹《ただ》らの招請をことごとく辞退し、元和六年（一六二〇）には郷里の出石宗鏡寺に隠棲《いんせい》した。学問を志し在野の僧であり続けようとする志向がうかがえる。

寛永四年（一六二七）、いわゆる紫衣事件《しえじけん》で、幕府が、勅許を受けた正隠宗知《しょういんそうち》の大徳寺住持を止めたことに抗議し、寛永六年に出羽国上山《かみのやま》に流罪に処せられた。このことはかえって沢庵の名声を高め、寛永九年に許されて江戸へ帰ると、水戸頼房・柳生宗矩らの帰依を受け、同一一年には大徳寺に帰山《きさん》を許され、上洛した将軍家光と二条城で会見し、翌年末には江戸に招かれた。以来江戸城で法を説き、諸大名に教訓するなど、仏教政治顧問のごとき役割を担った。寛永一五年（一六三八）、家光が品川に東海寺を開き、再三招請したので翌年入寺《にゅうじ》して開山《かいさん》となった。また後水尾《ごみずのお》上皇に求められて宮中に講じ、国師号を賜るが固辞し、大徳寺初祖徹翁義亨《てつおうぎこう》に下されることを奏して許された。正保二年（一六四五）発病すると、家光は松平信綱を見舞いに派遣、同年一二月示寂《じじゃく》した。「夢」の一字の辞世の偈《げ》が有名である。著者に『不動智神妙録《ふどうちしんみょうろく》』『理気差別論』などがあり、『沢庵和尚全集』に収録され、また『沢庵和尚書簡集』がある。

柳生宗矩のために説かれた『不動智神妙録』の「不動智」は、その禅思想の根幹を示す概念で、千手観音が千の手をすべて用に立てるように、心を一所に止めず、十方に働かせて少しも止まらねば、我身一杯に行きわたり、全体に延び広がり、自由自在に働くという境地をいう。心を自由自在に働かせる無為の禅であり、剣道に通じ、さらには日常生活のすべての基本となる。『理気差別論』では、儒学で万物の根源とする「理」は、仏法の心法であり、天地に遍在して至らぬところがないから、それが自由に働けば贔屓偏執《ひいきへんしゅう》なき「正直」という心のあり方となり、その「いたりのびたるを神」というように、「正直」の人を「神」とする論理へ展開される。万物の根源である「理」の心への内在をいう心学であり、この時期の仏教復興運動の思想と通底し、さらには家康を「東照大権現とあがめ申す」という神格化の論理を生み、「明王聖君は、生きながら神にて候間、死しましましても神なり」と諸大名もまた生き神であると、幕藩領主間秩序そのものを神聖化する思惟となり、徳川将軍権力による治国を神聖統治とする仏教治国論を形成する。自らを東照大権現を継ぐ「二世権現」と意識した家光の帰依は当然であった。『理気差別論』は朱子学の理気論を仏教に援用し、万物生成、人身心性、神仏を論じた啓蒙書で、示寂の翌正保三年（一六四六）に板行され、その後も慶安元年板などがあって、世に広く知られた。

君臣論や職分論も散見する。

> 天下ヲシロシメス君ハ、諸国端々マデ民ヲ覆《おお》へ、苦マヌヤウニ恵ミ玉ヒ、一国ヲシロシメス人ハ一国ノ内ヲ恵ミ玉フコト、天地ヲ則《のり》トシテ治メ玉フ者（『上中下三字説』）

と、民を恵むことが天下の主たる将軍と一国の主たる大名に共通する職分と論ずる。その下で「世ニ三宝有り、大工大農大商也」（『泉南寓居記《せんなんぐうきょき》』）と農工商の三民が固有の職分をもち、

> 天下の四民百工やすく世に住んで己々《おのおの》が所業は、己々と勤めて国安穏也。（中略）国の乱れざるようにして居給へすれば、己々所作をして身やすきなり（『東海夜話』）

と、職分論に基づく治国安民を論じている。辻善之助『日本仏教史』第八巻では、家光と沢庵の交流に一節を割き、金地院崇伝《こんちいんすうでん》の「後を承けて、「黒衣の宰相」となったのは、即ち沢庵」、「日常の政務には携はらなかったが、唯根本の精神の上に於いて、家光に注込《そそぎこ》むところがあった」と評している。

（大桑　斉）

126　鈴木《すずき》正三《しょうさん》〈1579〜1655〉

　戦国末期から江戸時代初頭にかけて活躍した禅系の仏教者。仮名草子作家としても知られている。天正七年（一五七九）、三河《みかわ》国加茂《かも》郡《ぐん》足助《あすけの》庄《しょう》則定《のりさだ》（現・愛知県豊田市）に生まれる。父は代々松平家に仕える武士で則定《のりさだ》城主鈴木忠兵衛《ちゅうべえ》重次《しげつぐ》、母は粟生《あわう》氏である。本姓は穂積《ほづみ》氏。玄々軒《げんげんけん》、石平道人《せきへいどうじん》と号する。幼少の折に高橋七〇騎の中の一人の養子となり、徳川家康に従って上総《かずさ》の塩子《しおこ》に移封《いふう》された。関ヶ原の陣（一六〇〇）、大坂の両陣（一六一四、一六一五）に出陣し、功績をあげて二百石の旗本になる。他方、戦の合間に、良尊《りょうそん》、物外《もつがい》らの禅僧を訪ね、大愚《たいぐ》、愚堂《ぐどう》、明関《めいかん》らとともに禅語録を学んでいる。元和五年（一六一九）、高木《たかぎ》主水正《もんどのしょう》配下で大坂城勤番《きんばん》を勤めていた時、朋輩のために、最初の著作『盲安杖《もうあんじょう》』を執筆した。そして元和六年（一六二〇）、四二歳の時に江戸に帰り、落髪遁世《らくはつとんせい》した。その後、雪窓《せっそう》禅師とともに法隆寺に入り、玄俊《げんしゅん》律師から沙弥戒《しゃみかい》を受け、経律《きょうりつ》を学んだ。また三河《みかわ》国石平《せきへい》の地で庵を結び修行につとめた。雲居《うんご》禅師ら諸宗の僧侶とも交流し、諸国を遍歴して僧俗を導いている。このころ、士農工商の四民の現実生活のうえで仏道修行する方法を示した書『四民日用《しみんにちよう》』を著した。また、吉野山に詣でて、山伏の山林修行である懸出《かけいで》の行を目撃した時独自の修行法である「二王禅《におうぜん》」を創案した。さらに、万安《ばんあん》禅師の求めに応じて、出家者の修行心得を示す『麓草分《ふもとくさわけ》』を著し、物語の体裁で女性向けに仏教の教えを説く仮名草子『二人比丘尼《ににんびくに》』、『念仏草紙《ねんぶつぞうし》』を著すなどさかんに執筆し、広く読まれている。その後、寛永一六年（一六三九）、石平に戻って座禅中、豁然《かつぜん》として大悟《たいご》した。また、寛永一九年（一六四二）には、代官として赴任する弟、重成《しげなり》とともに島原の乱後の民心慰撫《いぶ》のため肥後《ひご》天草《あまくさ》に行っている。この時正三は三二宇の寺院を建立し、キリスト教を理論的に批判する『破吉利支丹《はきりしたん》』を著して寺ごとに納めた。その後、江戸に帰り、求めに応じて、仏・法・僧の三宝の意義を説く『三宝徳用《さんぽうとくよう》』と『修行之念願《しゅぎょうのねんがん》』を著している。こうした江戸での活動を経て、明暦元年（一六五五）、江戸において七七歳の生涯を閉じた。

　正三の思想には多彩な側面があるが、もっとも重要な特色は、最初の著作『盲安杖《もうあんじょう》』で示された「世法則仏《せほうそくぶつ》法《ぽう》」という教えである。これは仏教が来世や超俗的悟りのためにあるだけではなく、世俗の倫理や秩序に背かず、むしろ世間の職業生活・日常生活のうちに仏法を生かすことができ、それが必要だという教えである。たとえば、『万民徳用《ばんみんとくよう》』では、「農業則仏行《のうぎょうそくぶつぎょう》ナリ」と説いており、さらに謡《うたい》や小唄《こうた》を歌っても修行できると説いている。この教えは、儒教を中心とする道徳思想が一般に普及し始めた江戸期における、仏教の立場からの倫理思想を示している点で重要である。また、正三は単に民衆へ仏教の教えを説くのみではなく、島原での民心を慰める活動や、幕府に対する仏教による治国の献策など、社会的な活動をした。これは正三の悲願「世法則仏法」実現のための活動であるといえる。

　正三の仏教者としての立場は「禅」であるが、曹洞《そうとう》宗にも臨済《りんざい》宗にも所属していない。いわば民間仏教者「聖《ひじり》」とでも言うべき立場である。正三が勧める独自の修行論に「二王禅」というものがある。「二王禅」とは、二王の像を真似て「目を据《す》え歯軋《はぎし》りして睨《にら》み付《つ》ける」というような勇ましい形相《ぎょうそう》でする特異な坐禅である。また、正三は基本を禅におきながら、相手によっては念仏を勧めるなど、多彩な修行方法を認めている。こうした正三の修行論の核にあるのは「勇猛精進《ゆうもうしょうじん》の機《き》（気）」を養うという「機」の修行である。これは修験道《しゅげんどう》などの影響をうけた正三独特の修行論である。正三は修行の成果を広く衆生済度《しゅじょうさいど》、つまり他者のための活動に向けている。具体的には、仮名草子作品の執筆や鎮魂慰霊《ちんこんいれい》活動への積極的取り組みである。その一端が、幽霊話などの実録を集めた『因果物語《いんがものがたり》』に所収されている。たとえば幽霊を成仏させる、病気を治すなどの活動に取り組んでおり、しかもこれを仏道修行「弔《とむら》い」として正しく位置づけている点に特色がある。これも正三の「世法則仏法」という立場から導き出されるものである。

　正三の思想は、その著作や仮名草子、また、弟子恵《え》中《ちゅう》によって書かれた語録『驢鞍橋《ろあんきょう》』などを通し、在世中のみではなく江戸期の民衆に広く影響を与えた。井原《いはら》西鶴《さいかく》や江戸期民衆の通俗道徳である石門心学《せきもんしんがく》、『葉隠《はがくれ》』などの武士道思想への影響も顕著にみられる。

（加藤みち子）

127 隠元隆琦《いんげんりゅうき》（1592～1673）

明からの渡来僧で、日本黄檗《おうばく》宗の開祖。諱は隆琦、諡号《しごう》は大光普照《だいこうふしょう》国師、追諡《ついし》に仏慈広鑑《ぶつじこうかん》禅師、径山《きんざん》首出禅師。

中国福州府福清の人で、俗姓は詩書をもって知られた林《りん》氏。九歳で学に志したが、翌年それを捨てて耕樵《こうしょう》の生活に移った。一六歳ころから仏を慕う念を起こし、二一歳には、六歳の時に旅立ったまま帰ることのなかった父を捜す旅に出、二三歳で寧波《ニンポー》南海中の普陀山《ふださん》に登り、観音を拝して発心して仏道修行をなし、二九歳にして黄檗山に至って剃髪、諸方を歴参し、三三歳（一六二四）、嘉興《かこう》府（浙江省《せっこうしょう》）海塩の金粟《こんぞく》山広慧《こうえ》寺で盛んに法筵《ほうえん》を張り、従う僧衆七百人といわれた密雲円悟《みつうんえんご》に参禅して、翌年豁《かつ》然《ねん》大悟した。密雲が黄檗山に入ると、招かれてここに移り、密雲の嗣法《しほう》費隠通容《ひいんつうよう》の下で西堂《せいどう》（最高の賓客）となり、四二歳の崇禎《すうてい》六年（一六三三、一説に翌年とも）に嗣法し、臨済宗楊岐《ようぎ》派《は》の禅僧として自立した。崇禎一〇年（一六三七）には、費隠を継いで黄檗山に入寺。密雲・費隠と並んで三代同時に道を唱え法門の盛時と称され、臨済禅の正統伝持者であることを強調した。明末の禅界が、三高僧の一人で密雲の師幻有正伝の兄弟子であった雲棲袾宏《うんせいしゅこう》のような念仏禅が主流で、また持戒主義でもあったことに対抗してのことであった。

隠元は、承応三年（一六五四）、六三歳にして長崎に渡来し、興福寺に入った。渡来の理由に関しては、明末の騒乱を避けて帰化したとする説、仏法弘通の為とする説、将軍家綱招請説、長崎奉行招請説などがあるが、いずれも根拠が確実ではない。明人が多く居留していた長崎には三唐寺と呼ばれた中国寺院が開かれ、中国僧が住していたが、その一人で興福寺に住した逸然性融《いつねんしょうゆう》の招請によると考えられている（平久保章『隠元』）。隠元招請の中心となったのは興福寺住持逸然性融で、ここに寓していた無心性覚の勧めによって、三唐寺の一つ崇福寺《そうふくじ》の住持に隠元の法嗣《ほうし》也嬾性圭《やらんしょうけい》が推挙され、也嬾はこれに応じて渡海せんとしたが、途中風浪にあって溺死してしまった。無心はこの也嬾に替えてその師隠元招請を逸然に懇願し、逸然はこれに応じて四度にわたって隠元に請啓《しょうけい》の書を送っている。長崎奉行もまたこれを認可したという。

渡来した年の秋、興福寺で開堂演法《えんぽう》すると僧俗数千が参じた。その名声によって、妙心寺へ招請する動きが起こった。妙心寺塔頭《たっちゅう》仙寿院の禿翁《とくおう》妙周・同竜華院の竺《じゅく》印祖門《いんそもん》や竜安寺の竜渓性潜《りゅうけいしょうせん》がその中心となったが、元老の愚堂東寔《とうしょく》らは一流相承を乱し禅風が祖師禅に反するとして反対した。招請派は京都所司代板倉重宗《しげむね》の勧めに従い幕府大老酒井忠勝《ただかつ》・老中松平信綱《のぶつな》に働きかけ、明暦元年（一六五五）隠元は竜渓の住持する摂津富田《せっつとんだ》の普門寺に迎えられ、その翌年、江戸に至り、登城して将軍家綱に謁見した。当初三年で帰国を予定していたが、再三の引きとめと、竜渓らの斡旋で一寺を開くことを許されて思い留まり、宇治に黄檗山万福寺を開き、寛文元年（一六六一）ここに晋山《しんざん》した。寛文三年新建の法堂で祝国開《しゅっこくかい》堂《どう》（住持が入寺し国の安泰を祝し法堂を開く）し、独自の黄檗三壇戒会《さんだんかいえ》を開くと、幕府は寺領四百石を寄せ、同一三年には黄檗清規《しんぎ》が定められ、新たな宗派として黄檗宗が成立した。同四年九月には木庵性瑫《もくあんしょうとう》に席を譲って松蔭堂に引退し、同一三年二月から病み、四月三日示寂《じじゃく》した。

妙心寺へ招請を勧めた禿翁の法兄虚櫺了廓《きょれいりょうかく》は、長崎で隠元の安居《あんご》に接して、念仏して行道するなど特異な禅風を見、外は浄土宗に似て、内は禅宗であると述べているように、隠元の禅は念仏禅であった。隠元の法嗣独《どく》照性円《しょうしょうえん》の法語に「汝に念仏の公案を授く。此れに依って工夫を做《な》せ。南無阿弥陀仏の六字の聖号を以って行も亦念じ、住も亦念じ」とあるように、念仏は行住坐臥《ぎょうじゅうざが》に工夫する公案であり、「畢竟《ひっきょう》念ずる底是誰《ていこれ》そと。忽然《こつぜん》として誰の字に撞着《どうちゃく》せば、始めて知らん、自己本来是《こ》れ仏なることを」と、自己に仏を見出す手段であった。日本臨済禅でも、雲居希膺《うんごきよう》が「瑞巌は日々主人公を喚《よ》ぶ。我は己身《こしん》の弥陀をこそよぶ」（『往生要歌』）と述べたのと同じ位相にある。その一方で、陀羅尼《だらに》や真言を用いることで密教的でもあり、また三壇戒会を設けたように持戒禅でもあった。唯心弥陀の思惟を根底に禅念戒が一体化されているのであり、それは明末仏教の特徴であり、同時に日本近世前期の仏教復興運動の特質でもあった。

隠元の法嗣《ほうし》の木庵性瑫・即非如一《そくひにょいち》・独湛性瑩《どくたんしょうけい》等も来日して隠元の法灯弘通《ほうとうこうつう》に尽力して名を挙げ、日本僧では竜渓性潜《りゅうけいしょうせん》・独照性円《どくしょうしょうえん》らも著名である。著作に『黄檗《おうばく》和尚扶桑語録《わじょうふそうごろく》』（一六六四刊）などがある。（大桑　斉）

128 盤珪永琢《ばんけいようたく》(えいたく)（1622〜1693）

江戸前期の臨済宗の僧。不生禅《ふしょうぜん》を唱導し、平易な言葉で民衆教化に尽くした。諱は永琢。仏智弘済《ぶっちこうさい》禅師と勅諡《ちょくし》され、大法正眼《だいほうしょうげん》国師と諡号。播州《ばんしゅう》揖西郡浜田村の儒者菅原道節の子。一二歳の時、郷校《ごうこう》に就学し『大学』の講を聞いて「明徳」とは何かとの疑いが念頭を離れることがなかった。一七歳の寛永一五年（一六三八）、赤穂郡随鷗《ずいおう》寺の雲甫全祥《うんぽぜんしょう》について得度して永琢の名を与えられる。いったんその下を辞して諸方歴参に出たが得るところなく帰った。郡内の興福寺で一丈四方の牢のような小屋に数年閉じこもって工夫を凝らし、ために心身衰弱して死を覚悟した時、「ひよつと一切事は、不生でと、なふ」（『盤珪仏智弘済禅師御《お》示《しめし》聞書《ききがき》』二二）と気づいた。何の苦悩もなく、難渋した経典祖録も理解でき、何のこだわりもなくなった。師の雲甫は「達磨《だるま》の骨髄《こつずい》なり」と悟りを証明した。出発点となった「明徳」への疑惑を解明し、母に示してわきまえさせることができたと喜んでいる。時に二六歳の正保四年（一六四七）。

悟りを証明すべく再び行脚《あんぎゃ》に出て了堂宗歇《そうけつ》を訪ね、次いで当時天下第一の宗師といわれた愚堂東寔《とうしょく》を美濃《みの》大仙寺に訪ねたが不在で会うことが叶わなかった。彼らは近世初期の仏教復興運動の一員である。人に勧められて長崎に赴き、明僧道者超元《どうしゃちょうげん》に参禅し豁然大悟《かつぜんたいご》した。道者が「琢禅人《たくぜんじん》、大事了畢《だいじりょうひつ》す」（『盤珪和尚行業記』）と述べたので、衆僧は驚嘆したという。三一歳の承応《じょうおう》元年（一六五二）のことであった。赤穂随鷗寺に帰り、雲甫に遺《い》嘱《しょく》された牧翁祖牛《ぼくおうそぎゅう》に嗣法。この法系と兄弟関係にあるのが愚堂から至道無難《しどうぶなん》、正受老人《しょうじゅろうじん》から白隠へ連なる近世臨済禅の太い連なりである。けれども、白隠のように公案禅へ向かうことがなかったのは、公案が自分の問題としてではなく、師から与えられたものであったからである。盤珪はどこまでも内なる不生《ふしょう》の仏心のままに問題に取り組んだ。

承応三年、岡山藩の排仏政策に抗して儒者と論戦を交わして屈服せしめ、やがて大名間にもその名が知られ、平戸《ひらど》藩主松浦鎮信《しげのぶ》の帰依《きえ》を受け、明暦元年（一六五五）江戸に赴くとその別邸に寓し、伊予《いよ》国の加藤泰興《やすおき》も帰依して月窓居士と称し、明暦三年大洲に遍照庵を開いて招聘した。寛文元年（一六六一）には丸亀藩主京極高豊の請によって故郷の浜田に竜門寺を再興して中興開山となる。寛文九年には再び伊予に迎えられ如法寺を再興し、同一二年には妙心寺に出世。延宝二年（一六七四）には丸亀に宝津寺を開いた。元禄元年（一六八八）には松浦鎮信の招聘により平戸普門寺に結制し、政令に至るまでよく論じたという。

盤珪禅の根本は「不生の仏心」にある。

「身どもが申不生な仏心（身どもが申す不生ということが仏心である）、仏心は不生にして、霊明なもので、不生で一切事がとゝのふて、不生で一切事をば、はたらく人は、人を見る眼がひらけて、みな人々今日の活仏じゃと、決定する」（『盤珪仏智弘済禅師御示聞書』一三）

というような表現が至るところで繰り返される。「不生」は仏心をいうのであるが、それは生の否定ではなく生の超越を意味している。たとえば犬の声を聞いて万人が鳥の声ということはありえないように、

「見ようの、聞ふのと、まへ方より覚悟なく、見たり聞たりいたすが、不生でござる。（中略）不生なれば、不滅でござる。不滅とはめつせぬでござるなれば、生ぜざる物、滅すべきようはござらぬ。爰が面々の仏心そなはりたる所でござる。されば仏菩薩の世より今の人界に至るまで、仏心と申すものは、不生不滅でござるによつて、面々の名に、此仏心そなはりて有ではござらぬか」（同、二四）

と、「不生」は予定概念を離れたところに見出される本来性であり、生得として元来備わっている仏心をいう。幼時より課題であった「明徳」が「人の天に得て虚霊《きょれい》不昧《まい》、以て衆理を具して万事に応ずる」（『大学《だいがく》章句』）という儒学の思惟に対応し、また、初めから仏心を具有しているという思惟として、この時期の仏教に超宗派的に見出せるものである。

平易な日常語で語るところに大きな特徴があり、行《ぎょう》住《じゅう》坐《ざ》臥《が》がすべて仏心と語ったことがその語録にうかがえる。大名達が帰依したのは、不生で勤める奉公が主君主人への忠となり親への孝となるというような説法によっている。その点で正三・沢庵らの仏教職分論を継承する。『盤珪禅師語録』『盤珪禅師法語集』が刊行されている。

（大桑　斉）

129
井原西鶴《いはらさいかく》（1642〜1693）

寛永一九年（一六四二）に大坂で生まれ、元禄六年（一六九三）没。享年五二。伊藤梅宇《いとうばいう》『見聞談叢《けんもんだんそう》』によれば、平山藤五という富裕な商人であったと伝えられるが、伝記には不明のことが多い。ここに西鶴を評して、「世間の吉凶、悔吝《かいりん》（後悔し恥じる）、患難《かんなん》（苦労）、予奪（やりとり）の気味（趣）よくあじはひ、人情にさとく生まれつきたるものなり。又老荘《ろうそう》ともみへず、別種のいき形とみゆ」とある。世間と人情に通暁《つうぎょう》し、老荘的な脱俗《だつぞく》思想とはひと味違うと評されているのが注目される。

西鶴は早くから俳諧の楽しみを味わい、延宝三年（一六七五）妻が病没したころから、家業を人に譲って俳諧師となり、大坂の新しい俳風を担い、西山宗因《にしやまそういん》流の談林《だんりん》派の代表的俳人して活躍した。「阿蘭陀《おらんだ》西鶴」（阿蘭陀は異端の意味）の異名で知られる。自撰俳書『生玉万句《いくたままんく》』『大坂独吟集』などの俳書がある。

延宝五年五月に生玉本覚寺で興行された『俳諧大句数《はいかいおおくかず》』（千六百句）、延宝八年の『西鶴大矢数《さいかくおおやかず》』（四五三六句）は、一昼夜に矢継ぎ早に句を詠み上げて句数を競う矢数《やかず》俳諧である。句を付け合わせていくと韻文が散文に近くなっていくという意味で、やがて浮世草子の小説作者に転じていく西鶴を予告し、最も西鶴らしい俳書といえる。俳諧のほかに、貞享《じょうきょう》二年（一六八五）には『暦《こよみ》』、『凱陣八島《がいじんやしま》』などの浄瑠璃《じょうるり》作品を書いている。

余技として筆を執った『好色一代男《こうしょくいちだいおとこ》』（一六八二）は、『源氏物語』の主人公のパロディー的人物「世之介《よのすけ》」を登場させ、七歳から六〇歳まで好色の人生を送った人物として描いている。話は荒唐無稽《こうとうむけい》であるが、当時の世態《せたい》風俗、人と社会をリアルに描き出し、近世小説史上、浮世草子と呼ばれる最初の作品となった傑作である。

西鶴の浮世草子作品は、貞享《じょうきょう》、元禄にかけて（一六八〇年代から一七〇〇年代初め）、十数年の間に次々と刊行されたが、恋や性愛の話題を描いた好色物には、ほかにも『好色《こうしょく》五人女《ごにんおんな》』『好色一代女《こうしょくいちだいおんな》』などがあり、性の欲望、遊里や遊女の性風俗を描き、金銭によって刺激拡大された近世人の性の欲望に鋭い観察を向けている。『男色大鏡《なんしょくおおかがみ》』

は、男色の性風俗を通して、武士と歌舞伎若衆《かぶきわかしゅ》の衆道《しゅうどう》の節義を描いたものである。武家の世界を描いた『武道伝来記《ぶどうでんらいき》』『武家義理物語《ぶけぎりものがたり》』は、仇討ちや武家の義理を描く。『本朝二十不孝《ほんちょうにじゅうふこう》』は孝子譚《たん》を逆転させて、親不孝の青年男女を取り上げている。親殺しなどの暴力を断罪しながら、青年の鬱屈《うっくつ》を浮かび上がらせ、人間と世相に鋭い観察を向けた作品が多い。

今日西鶴の小説として最も知られるのは、町人ものと呼ばれる作品群である。町人の致富成功譚《ちふせいこうたん》、あるいは失敗譚を描いた『日本永代蔵《にっぽんえいたいぐら》』、大晦日《おおみそか》の悲喜劇を描いた『世間胸算用《せけんむねさんよう》』などが代表作である。『日本永代蔵』の一篇「世界の借家《かしや》大将」は、借家住まいにも関わらず、知恵と才覚を駆使して巨万の富を築き上げた藤屋市兵衛《ふじやいちべえ》の商業戦略を描く。『世間胸算用』の一篇「平太郎殿《へいたろうどの》」は、常陸《ひたち》浄土真宗の篤信者《とくしんしゃ》として知られる平太郎殿の讃談を聞きに来た三人が、年を越せない人生の苦難を語り合う話である。寺は既に「世態仏法」（仏法も所詮日々の生活の方便であること）の場と化して、救いの手をさしのべられないが、参詣者は懺悔話《ざんげばなし》によって浄化され、結果的に平太郎殿の御利益があったという話である。ここには中世的な仏教的因果応報や勧善懲悪の思想では片づかない当時の人の心のありのままの姿として、好色や金銭への欲望が描かれている。西鶴はこうした「世の人心《ひとごころ》」を「転合書《てんごうがき》」（ふざけて書くこと）にして、教訓を交えながら、面白おかしく描いたのである。

西鶴の小説に示される教訓は、分際、才覚、始末、堅固《けんご》、堪忍、分別、正直、信用といった個人や家族、共同体の実践倫理である。世、世過ぎ、身過ぎといった個人の人生や社会の規模も明確に意識されている。『世間胸算用』の諸篇に描かれた大晦日《おおみそか》の節季払《せっきばら》い（年の暮れにまとめて支払うこと）の話は、契約履行《けいやくりこう》の商《あきな》い慣行の定着が前提である。『日本永代蔵』「二代目に破る扇の風」などの諸篇に描かれている親子関係は、財産相続、世代交代の慣行が定着していることの証左《しょうさ》である。西鶴は戦国の混乱から立ち直った上方の人や社会が累積した経験の中に語り尽せない話題があると見ていたのであろう。これを浮世草子という表現手段によって、談理（町人としてのあり方を語る）と談奇（人の奇怪さ、真実を語る）の方法で表現した。

（稲田篤信）

130 松尾芭蕉《まつおばしょう》（1644～1694）

松尾は本姓。名は宗房《むねふさ》。号は桃青《とうせい》、風羅坊《ふうらぼう》など。芭蕉は庵号。正保元年（一六四四）生まれ、元禄七年（一六九四）没。享年五一。伊賀《いが》国上野（現・三重県上野市）に生まれた。松尾家の身分や生業についてはよく分かっていないが、父は郷士であったという伝承がある。十代のころから伊賀上野の上級武士・藤堂《とうどう》新七郎家に奉公していたが、寛文六年（一六六六）に主君藤堂良忠《よしただ》が没して、主家を離れる。それからの六、七年の経歴には不明のことが多い。京都五山で禅林生活を送ったのではないかという説は、後年の禅宗への関心を考える上で興味深い。江戸に出て俳諧宗匠として暮らすかたわら、神田上水水役《みずやく》を勤めたことが分かっている。のち、深川・芭蕉庵に移り、各地に俳諧の旅を重ね、大坂で客死《かくし》した。

　俳歴は良忠の奉公人として、主人とともに貞門《ていもん》俳諧に親しむことから始まり、西山宗因《にしやまそういん》の談林俳諧《だんりんはいかい》に心酔し、のちに独自の俳風を確立する。芭蕉の句は寛文四年『小《さ》夜中山集《よのなかやましゅう》』に、松尾宗房の名で収められた二句を最初としておおよそ千句ある。近代になって、正岡《まさおか》子規《しき》に批判されたが、今日、人生の真実と哀歓、自然風土の風景をとらえた俳人として、また風狂の精神から風雅の誠へと、俳諧文芸を滑稽から人間の真実へと高めた俳聖としての評価が定着している。当時にあっては、俳諧宗匠として、連句興行の運営を取りさばく経験に熟達し、連句に本領があるとするのが通説である。俳諧撰集には、没後に『芭蕉七部集《ばしょうしちぶしゅう》』として編集された『虚栗《みなしぐり》』『冬《ふゆ》の日《ひ》』『猿蓑《さるみの》』『炭俵《すみだわら》』などがある。

　芭蕉自身が俳論として残したものはない。去来《きょらい》『旅寝《たびね》論《ろん》』、去来・許六《きょりく》『俳諧問答』、去来『去来抄』、服部土《ど》芳《ほう》『三冊子《さんぞうし》』、各務支考《かがみしこう》『葛《くず》の松原《まつばら》』など、芭蕉に学んだ弟子達の俳論書に、連句の式目作法、「不易流行《ふえきりゅうこう》」や「さび」などの蕉風理念、俳席や修行の心得などが著録《ちょろく》されて伝えられた。「松の事は松に習へ」といった有名な箴言《しんげん》は『三冊子』に見られる。

　「不易流行」は万代不易、すなわち易《かわ》らないものと、更新《こうしん》変化するものの意。荘子《そうし》、山鹿素行《やまがそこう》、伊藤仁斎《いとうじんさい》に思想的根拠を求める説がある。『おくのほそ道』の旅の途中で開眼したとされ、『去来抄』などの蕉門俳論の中でさまざまな議論が展開される。「さび」は藤原俊成《ふじわらしゅんぜい》の歌論、心敬の連歌論、千利休の茶道の理念を引き継いで、枯淡《こたん》、静寂《せいじゃく》、寂寥《せきりょう》の句調や精神的境位をあらわす理念とされた。

芭蕉の晩年に顕著な思想傾向は禅宗への親炙《しんしゃ》である。芭蕉は人生を回顧して、「ある時は官途について俸禄を得る境遇をうらやみ、ひとたびは仏門に入ろうかとも思った」（「幻住庵記《げんじゅうあんのき》」〈『猿蓑』〉所収）と、はやくから出家遁世《とんせい》の希望があったことを述べているが、深川に退隠した三七歳ころに、臨済僧仏頂《ぶっちょう》について禅を学び、大きな影響をうけた。元禄二年の『おくのほそ道』ではみずから瑞巌寺《ずいがんじ》中興の雲居禅師への敬愛を語る。翌元禄三年の幻住庵（近江国膳所《ぜぜ》国分村国分山上の庵。現在の大津市国分町）への入庵は中国元代の禅僧明本中峰《みょうほんちゅうほう》の庵住生活への憧憬を背景にしている。

紀行文には貞享《じょうきょう》元年（一六八四）の伊勢大和への旅の記『野ざらし紀行』や貞享四、五年の尾張、伊勢、吉野、明石《あかし》への旅の記『笈《おい》の小文《こぶみ》』などがある。元禄一五年（一七〇二）刊『おくのほそ道』は、元禄二年三月二七日（旧暦）に江戸を出立し、奥州北陸を経て美濃《みの》国大垣に至り、九月六日に伊勢に向かうまでの間の旅の記である。東北各地の歌枕《うたまくら》探訪《たんぼう》、新しい風景自然の情緒の発見、各地俳人との風交《ふうこう》（手紙のやりとり）が印象的な発句と詩情あふれる文章によって綴られている。紀行文の模範として仰がれ、日本人の風景観に大きな影響を与えた。

芭蕉の旅は、旅の歌僧西行《さいぎょう》・宗祇《そうぎ》に自己を重ね、宗教家の修行行脚《あんぎゃ》の行動を模倣して、一所不住《いっしょふじゅう》の風狂の精神を求めたものである。近世社会においては、このような非定住的な行動は、なお一種の反世俗性として受け容れられたが、一方で、西行や宗祇の生きた戦乱末世でもないこの時世に、芭蕉のように僧侶でもなく、俗人でもない姿をして、旅宿《りょしゅく》の境涯に生きる姿勢をまねてはならない、ときびしく批判する立場（上田秋成『去年《こぞ》の枝《し》折《おり》』）もある。

（稲田篤信）

131 近松門左衛門《ちかまつもんざえもん》 （1653〜1724）

本姓は杉森、名は信盛。号に巣林子《そうりんし》、平安堂。承応《じょうおう》二年（一六五三）福井に生まれ、享保九年（一七二四）没。享年七一。

越前《えちぜん》藩主松平昌親《まさちか》に仕えた父と越前藩の侍医の出である母との間に生まれた。一四、五歳のころ、父が浪人し、越前を離れたようであるが、その間の事情はよくわかっていない。晩年みずから認めた辞世文に「三槐九卿《さんかいきゅうけい》（太政大臣以下の宮中の貴官）」に親しく仕えたと書いているので、京都に出て公家奉公をしたことが分かっている。出入りした公家には、後水尾《ごみずのう》天皇周辺の人物や正親町公通《おおぎまちきんみち》の名が挙げられている。

武家身分から身分の低い浄瑠璃《じょうるり》・歌舞伎《かぶき》作者に転身した経歴は、熊本八代《やつしろ》藩加藤家に仕え談林《だんりん》派宗匠《そうしょう》となった西山宗因《そういん》、伊賀藤堂《いがとうどう》家の奉公人であった松尾芭蕉、加藤、青山、松平の諸家に仕えた家に生まれ、国学の祖と言われた僧契沖《けいちゅう》らと共通する。近世初期の社会変動によって、武家集団に属した子弟が文芸や学問の道を歩んだ境涯である。いずれも長子ではなかった点も注意せられる。幼君の近臣であったという点では、芭蕉と同じである。

現在近松作と認められる最初の浄瑠璃作品は、曾我兄弟の仇討ちの後日譚《ごじつたん》を扱った『世継曾我《よつぎそが》』である。三一歳の時宇治加賀掾《うじかがのじょう》のために書いた。また、西鶴の『凱陣八島《がいじんやしま》』に対抗して、竹本義太夫《たけもとぎだゆう》のために書いた『出世景清《しゅっせかげきよ》』は、源頼朝をつけねらう景清と、嫉妬のために夫景清を裏切る阿古屋《あこや》など、鮮烈な人物像を緊密な構成の中に描き、旧来の浄瑠璃に対して、新浄瑠璃と呼ばれる画期的な作品であった。また浄瑠璃作品に作者名を近松門左衛門と署名するのも、近松が初めてであった。ほかにも『国性爺合戦《こくせんやかっせん》』、『平家女護島《へいけにょごがしま》』など多くの傑作がある。『関八州繋馬《かんはっしゅうつなぎうま》』が絶筆となった。

正徳五年（一七一五）一一月初演の『国性爺合戦』は、明・清の交代の動乱期に、中国に渡って清と戦った平戸の福松（鄭成功《ていせいこう》）の史実に基づき、中国人の父と日本人の妻の間に生まれた和藤内《わとうない》（鄭成功）が、明帝の妹を助け、中国に渡って将軍甘輝《かんき》と戦う内容で、壮大なスケールに虎退治などの多くの見どころを仕組んでロングランとなった。

王代物と呼ばれる『天神記《てんじんき》』、『用明天皇職人鑑《ようめいてんのうしょくにんかがみ》』などの作品は、木谷蓬吟《きたにほうぎん》『近松の天皇劇』（一九四七）によって、近松が尊王精神を発揮した天皇劇として注目された。これをうけて、森山重雄『近松の天皇劇』（一九八一）は、天皇劇が庶民芸術である近松作品に扱われる理由とその意義を論じている。

元禄一六年（一七〇三）五月に竹本座で上演された『曾根《そね》崎心中《ざきしんじゅう》』は、その直前に大坂曾根崎天神の森で現実に起きた心中事件を劇化した作品で、心中道行《みちゆき》の哀切な詞章が有名である。大和出身の手代《てだい》徳兵衛が蜆川新地《しじみがわしんち》の遊女お初との恋と叔父への義理との間で板挟みになり、金銭の返済に行き詰まり、心中死に至るまでを、生玉神社境内、蜆川天満屋、曾根崎の森を舞台に描いている。都市に暮らす住民の共感を呼んで、座元の経営不振を挽《ばん》回《かい》するほどの大当たりとなった。浄瑠璃史の上でも世話物のジャンルを確立する記念碑的な作品になった。このほか『冥土《めいど》の飛脚《ひきゃく》』、『心中天の網島《しんじゅうてんのあみじま》』、『女殺油地獄《おんなごろしあぶらのじごく》』などが、今日多く上演される世話物作品である。

歌舞伎作者としては、京都時代の元禄六年（一六九三）に執筆した都万太夫《みやこまんだゆう》座上演『仏母摩耶山開帳《ぶつもまやさんかいちょう》』のほか、『一心二河白道《いっしんにがびゃくどう》』、『傾城壬生大念仏《けいせいみぶだいねんぶつ》』などの作品がある。立役《たちやく》の坂田藤十郎《さかたとうじゅうろう》、若女形《わかおやま》の吉沢あやめ、水木辰之助といった元禄期を代表する役者が出演している。特に近松は坂田藤十郎の全盛期に座付《ざつき》作者を務めていた。

元文三年（一七三八）刊『難波土産《なにわみやげ》』（三木平右衛門貞成《みきへいえもんさだなり》著）に近松の芸談「虚実皮膜《きょじつひにく》」論が伝えられている。観客が作中人物に共感するためには、人物の身分や性別を区別して写実的に描き分ける必要があるが、それだけでは不十分であり、実際は言い出しにくい心の中のこともあえて表現するのが芸である。ここに実とも虚とも言い切れない微妙な表現がある、とするもの。近松の義理人情観は、元禄期の文学人情論、とりわけ人情を肯定する古義《こぎ》堂《どう》（伊藤仁斎が京都堀川の自邸に開いた私塾）の文学観と共通するものがあり、本書の成立に穂積以貫《ほづみいかん》（近松半二《ちかまつはんじ》の父）や三木平右衛門貞成などの古義堂関係者が関与している理由もそこにある。

（稲田篤信）

132 西川如見《にしかわじょけん》（1648〜1724）

徳川前期の天文地理学者・町人思想家。名は忠英、通称次郎右衛門、如見は号。慶安元年（一六四八）、天領長崎の町人の家に生まれた。彼の生業《せいぎょう》は不明であるが、祖父は東南アジアに渡航したことがあり、貿易に関係していたようである。二〇歳を過ぎて学に志し、長崎聖堂（一六四七、向井元升《むかいげんしょう》設立）の祭酒《さいしゅ》となった木下順庵門下の南部草壽《なんぶそうじゅ》に朱子学を、草壽と親交のあった小林謙貞《けんてい》（『二儀《にぎ》略説《りゃくせつ》』を著した当時有数の天文家）等から天文学を学んだ。当時有力な唐通事《とうつうじ》であった劉善聰《りゅうぜんそう》（彭城素軒《さかきそけん》）は如見の著作のいくつかに序文を寄せ、如見の娘は善聰の長子（唐通事）に嫁している。同じく唐通事の有力者であった林道栄の書留「異国風土記」が如見の著書『華夷通商考《かいつうしょうこう》』（一六九五刊）に用いられており、如見が海外の情報にいち早く接し得た唐通事社会と密接な関係を持っていたことが分かる。さらに彼の著書『百姓嚢《ひゃくしょうぶくろ》』や彼の意を受け次男正休《せいきゅう》（のち幕府天文方となった）が享保四年（一七一九）に執筆した『長崎夜話草《ながさきやわそう》』には、オランダ人の生活習慣や彼らとの談話の内容が紹介されており、同書に「長崎より渡海せし人、近き頃まで存命なりしも多かりし」とあることも考えると、如見は体験に裏付けられた海外の知識も得ることができたのである。当時の長崎は徳川期を通じて最も繁栄した時期であり、元禄元年（一六八八）には長崎入港の中国船数は一九四隻と最多となり、同九年には長崎の人口は六万四千人余の最大となった。このような長崎の知的世界の中心が如見であった。鎖国制下の長崎の特権的な条件を充分に生かして形成された彼の見識は幕府にも高く評価され、享保四年（一七一九）、七二歳の時、江戸に召し出され、八代将軍徳川吉宗より天文暦算に関する下問《かもん》を受けた。数年の江戸滞在の後長崎に帰郷し、享保九年（一七二四）病没した。

朱子学を中心とする儒教的教養と南蛮学的《なんばんがく》知識そして西洋に対する知見に基づき、繁栄する町人社会を背景に形成された如見の思想は以下の三点から理解することができる。第一に徳川期を通じてベストセラーとなった代表的著書『町人嚢《ちょうにんぶくろ》』（一七一九刊）に顕著な町人思想である。彼の社会観の特徴は、都市町人を中心とする庶民層の社会的台頭を背景として、天子・諸侯・卿大夫・士・庶人の「五等の人倫」と「四民」という儒教的社会観に基づきつつ、幕臣および大名の家老を除き、一般の武士の大多数を四民の士として庶人に含めたことである。このような彼の社会観は、庶人を農工商と見なす熊沢蕃山・山鹿素行等の武士出身の人々の所説とは大きく異なっている。そして「儒者・医者・歌道者・茶湯風流の諸芸者、多くは町人の中より出来《いできた》る」と町人の文化的思想的成長を指摘する。こうして彼は朱子学的観念を媒介として謙譲《けんじょう》や倹約等の日常的な生活規範の理論化を図るとともに、当時根強く存在した賤商観《せんしょうかん》を批判し、「商」を売買行為のみに限定的に捉えず「商量」とする「商のみち」の普遍性を明らかにし、「天下の財物を通じ国家の用を達する」商業の公共的性格を指摘した。このようななかで「畢竟《ひっきょう》人間は根本の所に尊卑有るべき理なし。唯生立《そだち》によると知るべし」と述べ、人間形成における環境の決定的役割と「人間本心」の平等性を主張した。また「命は生きとしいけるもの、惜しきことは天理自然なり」という指摘は、町人の生活こそが人間の本来的あり方に即しているとの確信の表明であった。まさに如見は徳川前期を代表する町人思想家であった。

第二に『天文義論』（一七一二刊）をはじめ天文学関係著作に示される天学観である。彼は朱子学的天観に基づきつつ、「天」を二分し「命理の天学」の価値的優位性を認めつつ「形気の天学」の独自性を指摘し、後者の内容を天文暦算の技術とし、西洋の天文地理学の進歩性を認めその受容を肯定した。このような理解は鎖国下における西洋理解への道を開くものであり、新井白石の西洋理解に類似する。第三に『日本水土考』（一七二〇刊）に典型的に見られる水土論である。一般に水土論は徳川日本において儒教等の外来思想を受容する際に生じた思想現象であり世界認識の方法であったが、彼の場合、それは儒教的陰陽五行論の優位の下に豊富な南蛮《なんばん》学的知識に基づくものであった。その日本像は「皇統無変《こうとうむへん》」の日本の卓越性を示すものであったが、排外主義的日本主義に帰結するものではなかった。

（佐久間正）

133 石田梅岩《いしだばいがん》（1685～1744）

　江戸中期の思想家。のちに「石門心学」と称されるようになった庶民教化運動の創始者。諱は興長《おきなが》、通称勘平、梅岩は号。丹波国桑田郡東懸村（現・京都府亀岡市）の中農の次男に生まれる。一一歳で京都の商家に奉公に出たが、数年後に一時帰郷し、二三歳で再度上洛し、呉服商に奉公した。その後およそ二〇年間、商家の奉公人として番頭まで勤め上げた。早くから「神道」を慕い、道を庶民に説き弘めることを志し、勤めのかたわら儒者の講義を聴きめぐるとともに、懐中に書を携えて勤めの合間などに読書したりして、独学自習を重ねたという。当時の京都町人世界に、学ぶことに好意的風潮があったことが、梅岩の学問形成の背景にあった。やがて朱子学や仏教・老荘思想に通じた隠士《いんし》・小栗了雲《おぐりりょううん》と出会い、師事。商家を退き修行に専念するうちに、自己が天地と一体化する「開悟」を体験し、みずからの悟境に確信を抱いた。それは、自己自身がいわば天地に溶解《ようかい》する「体験」であり、それによって天地と一体的に連続するみずからの心に、絶対の確信をもつに至ったといえる。

　この「開悟体験」を経て、享保一四年（一七二九）、四五歳の時、京都車屋町御池上《あが》るの自宅で初めて公開の講席を開いた。紹介者も要せず聴講料もとらない梅岩の講釈は、当時の学問講釈としては異例であった。「たとひ辻立ちして成りともわが志を述べん」との熱意に満ちた講釈に、当初少なかった門弟も徐々に増え、開講後七～八年で朝晩の講釈に五、六〇人来聴するようになり、大坂やその周辺にも講釈に出るまでになった。民衆への教化のかたわら、門弟たちと討論（問答）を重ねて学問を深めた。その席は、後に手島堵庵《てしまとあん》によって「会輔《かいほ》」として制度化された。主著『都鄙問答《とひもんどう》』はこうした門弟たちとの問答や討論の成果が精選されて編まれたものである。梅岩没後の『石田先生語録』もこの問答・討論の記録と考えられる。晩年に『倹約斉家論《けんやくせいかろん》』の著作もある。元文期（一七三六－四一）の凶作時には、門弟たちとともに貧窮者への施行活動も行った。生涯めとらず、門弟らの生活支援を受けつつ、清貧の生涯を送った。

　梅岩の思想は、儒学を中心にしつつも仏教・神道・老荘思想なども取捨して説かれているが、根本には、自己が天地と一体化した「開悟体験」に基づく自己の「心」の普遍性（梅岩はそれを「性」という）への確信があった。「心ヲ尽シテ性ヲ知リ、性ヲ知ル時ハ天ヲ知ル。天ヲ知ルヲ学問ノ初メトス」（『都鄙問答』）というのが、その立場の端的な表現である。しかし「心」について抽象的に説くのではなく、「心」（本質）は具体的に「形」に明示されるとし、「形ニ由《よ》ルノ心」の重要性を述べる。なかでも特に社会的な役割（形）としての「職分」の誠実な遂行が「心」の実現につながり、ひいては「職分」を通して「天」の全体的活動への参与が可能であると捉えていた。その立場から、「士農工商ハ天下ノ治ル相トナル。（略）士ハ元来位アル臣ナリ。農人ハ草莽《そうもう》ノ臣（在野の人）ナリ。商工ハ市井ノ臣ナリ」と、階層身分も社会的機能を異にする職分の違いと捉えられ、「商人ノ買利モ天下御免《おんゆる》シノ禄ナリ」「（商人の道も）何ゾ士農工ノ道ト替ルコトアランヤ」と、商人存在の社会的意義を強調するに至った（『都鄙問答』）。

　この「心への確信」は、既存の学問の相対化をもたらす。「神儒仏トモニ悟ル心ハ一」であるから、儒学、仏教、老荘のいずれも「心ヲ磨ク」ための「磨種《とぎくさ》」（手立て）で、学派の違いにこだわることを否定している（『都鄙問答』）。また天に根拠づけられた「心」への確信により、梅岩の学は、日常的な諸問題に即して、その具体的な処方を的確に提示できる知であった点でも、庶民の学の成立ととらえられる。

　梅岩学が登場した享保期（一七一六―三六）は、徂徠学がインパクトをもって出現した時代であった。古文辞学を掲げた徂徠学は、天下統治の学問を生み、六経《りくけい》という古代漢文言語への習熟を方法論としていた。梅岩は、漢文言語による既成の文字の学に対して、「講釈」という音声の言語によって「学問」を構成し、自らの学を口語の話法で伝えようとした。この点、梅岩が当時主流の経書テキスト中心の儒学に対抗的に、民衆的立場から学問を構成したと見ることもできる。その意味で、梅岩の後継者たちの石門心学が、音声（講釈）による民衆教化活動を展開したのは、梅岩の学が当初から志向していた方向の延長上にあったといえよう。

（辻本雅史）

134 新井白石

新井《あらい》白石《はくせき》（1657〜1725）

　江戸時代中期の朱子学者・政治家。名は君美《きんみ》、白石は号。父の正済《まさずみ》は、上総《かずさ》国久留里《くるり》藩主土屋利直の臣であったが、白石二一歳の時に放逐《ほうちく》され、急迫した牢人生活の中で、白石は学問に精進した。二六歳の時に、下総《しもうさ》国古河藩主堀田正俊《ほったまさとし》に仕えたが、ここでも主家の没落にあって三五歳で辞職。三七歳の時に、儒学の師、木下順庵の推薦で、五代将軍綱吉の兄（綱重《つなしげ》）の子である甲府宰相《さいしょう》綱豊《つなとよ》の儒臣となった。綱吉に継嗣《けいし》がなかったために、綱豊が宝永六年（一七〇九）、六代将軍家宣《いえのぶ》となったことが、白石のその後の運命を大きく変えることになった。側用人《そばようにん》間部詮房《まなべあきふさ》とともに、家宣の政治顧問として幕政を補佐することになったからである。宝永六年に五〇〇石、正徳元年には、一〇〇〇石に加増された。儒者でありながら、幕府政治に関わるという幸運に恵まれた稀有《けう》な例である。また家宣死去の後は、幼少の七代将軍家継《いえつぐ》を補佐したが、四年にして家継は死去、その後八代将軍に紀州から吉宗《よしむね》が将軍職を襲《おそ》うに及んで引退し、その後は著述に専念した。

　政治的な事績としては、綱吉の治世に行われた「生類憐れみの令」を廃止し、勘定奉行荻原重秀《おぎわらしげひで》を罷免《ひめん》して貨幣の質を良くした。また長崎新令を出して外国貿易を制限し、銀の海外流出を防いだ。白石の独自の政策としては、閑院宮家《かんいんのみやけ》を創設して、朝廷との関係改善を図り、対外的には、将軍の代替わりごとに日本を訪れる朝鮮通信使の待遇の簡素化を図るとともに、それまで将軍の対外的な称号として使われていた「大君《たいくん》」号を「国王」号に改めるなど、礼制の改革を行った。だがこれらの政策は、幕府の内部で多くの反発を招き、孤立することも少なくなかった。また仁政思想に基づき裁判の迅速化を図るなど、儒学の理想を政治の上で実現すべく尽力した。

　代表的な業績としては、歴史に関しては、『読史余論』を著して、天皇政権から武家政権が成立する過程を明らかにし、政治に携《たずさ》わる者は、「天命を懼《おそ》れ」、歴史を鑑《かがみ》とすべき事を明らかにした。退職後は、『古史通』、『古史通或問《わくもん》』などによって、「神は人なり」の立場から、日本の歴史の合理的な解釈を試み、また『東雅《とうが》』によって、日本の歴史を知るためには、言語の意味を歴史的に明らかにすることが不可欠であるとして、言語の歴史的な研究の必要性を説いた。これらの研究は、当時の契《けい》沖《ちゅう》などの初期国学や、荻生徂徠《おぎゅうそらい》の言語研究とも重なるものがあり、白石の学問の先駆性を表している。

また、イタリア人宣教師シドッチを尋問して、『采覧《さいらん》異言《いげん》』『西洋記聞《せいようきぶん》』など世界の地理書を叙述し、後世に大きな影響を与えた。その他にも自己の政治的な体験を記した『折《お》り焚《た》く柴《しば》の記』など、多くの著作を残している。

白石の独自の歴史的位置は、徳川初期の儒学者の多くが、朱子学や儒学の古典に関する注釈を通して自らの儒学説を構築していったのとは異なり、儒学に関する独自の業績はないが、自己の信奉する儒学思想に基づいて、その理想を実現すべく政治家としてその辣腕《らつわん》をふるったことである。それはよかれ悪しかれ、幕藩制国家の政治的現実との間で大きな摩擦《まさつ》を引き起こしたが、それを通して近世社会における儒学と現実政治との葛藤の一端を垣間見ることができる。白石の実施した改革の多くが、将軍吉宗の就任後、旧に復したことがその象徴である。

白石に遅れること九年にして同時代を生きた荻生徂徠は、一方では、朱子学を批判し、独自の学問体系を構築したことで当時一世を風靡したが、同時に彼は、五代将軍綱吉や八代将軍吉宗の知遇をえて、現実政治に強い関心を抱いており、白石を終始意識していたようである。晩年の白石は、生活者としては、あまり恵まれることがなかったが、引退後の業績の数々は、徂徠への意識的・無意識的な対抗意識のなせる業ではなかったか。

白石を儒学者・朱子学者と規定するだけでは十分ではあるまい。自叙伝『折り焚く柴の記』上巻にあるように、戦国武士の精神性を深く体現した祖父や父に対する深い敬意の心情は、白石自身の生き方を背後から支えるものであったといえよう。

ともあれ、白石と徂徠は、後に海保青陵《かいほせいりょう》が二人を社会的な現実に着目した思想家と捉えたように、その後の近世思想史の展開はこの二人の巨人の存在を無視しては語ることができない。

（本郷隆盛）

135 室鳩巣《むろきゅうそう》（1658〜1734）

江戸中期の儒者。名は直清、字は師礼、通称新助。鳩巣の他に滄浪《そうろう》、英賀とも号した。万治元年（一六五八）、備《びっ》中《ちゅう》国英賀《あが》郡（現・岡山県真庭《まにわ》市）出身の医師玄樸の子として、江戸の谷中《やなか》に生まれる。母は平野氏。幼年より書籍に親しみ、寛文一二年（一六七二）一五歳で加賀《かが》藩主前田綱《つな》紀《のり》に出仕し、その命で京都の木下順庵《じゅんあん》に就学する。貞享三年（一六八六）加賀に赴任し、廃屋《はいおく》を買ってここを仮住まいとして以後、鳩巣の号を多く用いるようになった。

正徳《しょうとく》元年（一七一一）五四歳の時、同門の新井白石の推挙により二〇〇石で幕府の儒官に登用され、江戸に移住。同年一〇月、本願寺で来日した朝鮮通信使との筆談応酬《ひつだんおうしゅう》にあたった。同三年駿河《するが》台の屋敷を拝領。晩年の随筆『駿台雑話《すんだいざつわ》』はこの地名に由来する。白石の「正徳の治」を助けながらも、率直に苦言を呈した。白石の失脚後も将軍吉宗の信任を得て侍講となり、高倉屋敷での儒書講釈を勧め、享保六年（一七二一）には、明の太祖洪武帝《たいそこうぶてい》が勅《ちょく》諭《ゆ》として発布した教訓『六諭衍義《りくゆえんぎ》』（明末、范鋐《けんこう》の著）の仮名書和訳を命ぜられた。これは翌年、荻生徂徠が訓点を施して、鳩巣が大意を平明に解説して『六諭衍義大意』として版行され、寺子屋の教科書として広く頒布《はんぷ》された。同一〇年（一七二五）には西丸《にしのまる》奥儒者に転じて継嗣家《いえ》重《しげ》に仕えた。享保一九年（一七三四）に七七歳で没し、江戸大塚の先儒《せんじゅ》墓地に儒葬《じゅそう》された。著書には『鳩巣文集』『赤穂義人録』『明君家訓』『献可録』『駿台雑話』『朝鮮《ちょうせん》客館詩文集《きゃくかんしぶんしゅう》』『国葬正議《こくそうせいぎ》』『神儒問答』『鳩巣小説』『兼《けん》山麗沢秘策《ざんれいたくひさく》』など多数。『不亡抄《ふぼうしょう》』に関しては偽作説もある。

鳩巣は朱子学を擁護する立場から、当時隆盛を見ていた伊藤仁斎の古義学や荻生徂徠の古文辞学を批判した。特に後者に対する非難は激しく、徂徠は「義理」に暗く、諸子百家《しょしひゃっか》を渉猟《しょうりょう》するだけの「記誦《きしょう》の儒」であり、博学を誇り先賢を誹る者として、糾弾《きゅうだん》する。徂徠学の道徳軽視や行き過ぎた自由放縦《ほうじゅう》の風潮を警戒してのことである。鳩巣の思想は基本的には朱子学の立場を純然と堅持《けんじ》したものであり、独創性は乏しいものの、その理解の仕方には彼の個性が発揮されている。同じ朱子学でも林家朱子学に対してはいたずらに「博聞《はくぶん》」を尊ぶものにすぎずと批判し、「義理」を追究してゆく姿勢の欠如を指摘する。義理の追究と躬行《きゅうこう》実践を重んじる鳩巣の朱子学理解に少なからず影響を与えたのは山崎闇斎《やまざきあんさい》門下の羽黒養潜《はぐろようせん》である。鳩巣自身の語るところによれば、「文辞」においては木下順庵、「義理」においては養潜から多くを負うという。鳩巣は闇斎学派との接触の過程で思想を形成していった。ただし、闇斎流の垂加《すいか》神道説は頑として受け入れなかった。この点に関しては養潜の仲介で交流のあった、闇斎門で仙台藩儒の遊佐木斎《ゆさもくさい》との往復書簡（『神儒問答』）は逸《いっ》しがたい資料である。万世一系の皇統という日本の独自性と儒教の普遍性との統合をはかって神儒融合の立場をとる木斎に対して、鳩巣は朱子学の合理主義の立場を貫き、皇統の変革も避けられないとの認識を示し、両者の間で論争が展開された。

鳩巣は朱子学の普遍的な理（「義理」）を重んじたが、と同時に武士として気概をそれ以上に重んじた。このことは赤穂四十七士への彼の評価を見ても分かる。鳩巣は『赤穂義人録《あこうぎじんろく》』で浪士達を表彰しているが、これは全面的に赤穂浪士を賛美しているわけでなく、彼らが「不学無術」で「理」に疎《うと》かった点を批判している。しかし、彼らの「理」を見ることの不徹底さは、彼らの武士としての「気概」「節義」において十分補い得るとの視点で、鳩巣は赤穂浪士を「義人」と評した。この点において、鳩巣は赤穂浪士を「理」を知らぬ「大罪人」と切り捨て、闇斎《あんさい》門の佐藤直方《なおかた》を「惻隠《そくいん》の心を認めざる」者として批判した。鳩巣は「義理にあたってはことごとく忍びざるの心」より発出してこそ意味があり、「なまじいに義理の詮議《せんぎ》」に日を費やす「今の学者」よりは、「覚悟を決して直《ただち》に行」う武士の方が、「理に当たらぬ事」もあるものの、自ずと「聖賢の教え」にかなうとした。この点に鳩巣の朱子学理解の特色を見て取ることができる。

また彼は「我といふもののあり所」を尋ねて、それを「本然未発《ほんぜんみはつ》の体」に求め、これを「存養《ぞんよう》」して保持してゆけば、「天地も我より位し、万物も我より育し、鬼神も我より感応す。なに事が我によらぬ事あるべき」（『駿台雑話』）と述べているが、ここには「我」の尊貴性が主張されており、注目に値する。

（小島康敬）

136

荻生《おぎゅう》徂徠《そらい》

（1666〜1728）

江戸時代中期の大儒。名は双松《なべまつ》、字は茂卿《しげのり》、惣右衛門《そうえもん》と称し、号は徂徠（來）、蘐園《けんえん》とも。遠祖は源義明の庶子で母の物部《もののべ》姓を冒《おか》したといい、徂徠も晩年には物《ぶつ》（部）茂卿《もけい》と名のった。高祖父は三河国荻生城主、幼時伊勢に亡命。祖父は江戸で医者となり、文武両道の士として老中らと対等に交際したという。父は方庵、母は旗本児嶋正朝《こじままさとも》の養女（郷士・鳥居忠重の娘）、その次男として江戸に出生。親類縁者に武士が多く、戦国の戦物語を聞いて育った。一二歳で林家に入門し、儒典や史書を講読。一四歳のとき父が館林侯《たてばやしこう》徳川綱吉から江戸払に処され、上総《かずさ》国本納の鳥居家に寄寓《きぐう》。飢饉の中で辛酸《しんさん》をなめ、のち下横地、菊名、船頭給《せんどきゅう》、岩和田と転々した。祖父の手沢本《しゅたくぼん》を頼りに独学、外祖父から大内流軍学を聞き、覚眼から四書大全を借覧。宇都宮遯庵《うつのみやとんあん》の諸『標註《ひょうちゅう》』から学び、牧養潜《まきようせん》から伊藤仁斎の評判を、元強盗から強盗世界の内情を聞く。この田舎暮らしは「田舎者にて無骨」という自己像を育て、戦国武士的な気概と結合して徂徠の反骨精神の核をなした。二五歳のとき赦《しゃ》にあい帰江。芝の増上寺前で舌耕《ぜっこう》。唐音の勉強を始めたらしい。

三一歳、柳沢保明《やなぎさわやすあきら》（のち吉保《よしやす》）に仕え将軍綱吉にも謁見。領民の親棄《おやす》て事件などで献策。綱吉の学問相手を務め、小姓衆の教育や藩蔵版の五代史の訓点付け、藩公用日録の作成、吉保の参禅録や綱吉の一代記『憲廟実録《けんびょうじつろく》』編纂などにあたった。五百石をはむ。宝永二年（一七〇五）、四〇歳のころ購入した書籍中に李攀龍《りはんりょう》・王世貞《おうせいてい》の詩文集があり、発奮して古文辞の学習を開始。宝永六年、綱吉の死と吉保の引退を機に町宅住まいを許され、茅場《かやば》町《ちょう》に私塾蘐園《けんえん》を開く。この前後、山県周南《やまがたしゅうなん》、安藤東野《あんどうとうや》、服部南郭《はっとりなんかく》、太宰春台《だざいしゅんだい》、平野金華《ひらのきんか》、大名の黒田直邦《くろだなおくに》（琴鶴《きんかく》）、本多忠統《ほんだただむね》（猗蘭《いらん》）らが入門。

正徳四年『蘐園随筆』を刊行、朱子学の立場から仁斎学を批判。翌年には漢和対訳辞典の『訳文筌蹄《やくぶんせんてい》初編』を刊行。この両著により文名をはせ、藪震庵《やぶしんあん》、竹田春庵らの知遇《ちぐう》をえた。彼らとの議論を契機として新儒学体系の建設にむかい、享保二年（一七一七）の『弁道』や同五年以後成稿の『弁名』『論語徴《ろんごちょう》』等に結実した（いずれも没後公刊）。同六年、将軍吉宗の諮問に答えて学問方法と治道の原理を説いた『太平策《たいへいさく》』を上《たてまつ》り、同一一年『政談《せいだん》』を献策。人民の土地への繋縛《けいばく》と武士の土着化、礼制による財政再建、人材登用や行政の合理化などを主張した。翌年『徂來先生答問書』で平易な和文で自己の学説を公表。遺著に兵学書『鈐録《けんろく》』、律学書『明律国字解《みんりつこくじかい》』、漢詩文集『徂徠集』などがある。

徂徠時代の江戸は、全国的な耕地面積や農業生産力の増大、生活水準の上昇、三都を中心とする市場網の形成、貨幣経済の浸透などを背景として未曾有《みぞうう》の繁栄をとげ、百万都市へと変貌した。しかし変化の渦中にいる者にその全容は見えにくい。反対に徂徠は田舎生活を余儀なくされたことで、江戸社会の変容を実感できた。ここから彼は「クルワ」を理解するためにそこから出る必要を悟り、これを学問方法として一般化していった。漢文の訓読法を批判して唐音で直読する方法を提唱し、また中国古典を正しく解釈するため、今文《きんぶん》を脱して古文辞《こぶんじ》に習熟する必要を説いたのはそれである。「世は言を載せて以て遷《うつ》り、言は道を載せて以て遷る」（『学則』）という言語表現の歴史的変化への洞察がそこにはあった。この方法は春台や山井崑崙《やまのいこんろん》らによる経典の考証をうみ、また後に蘭学者や国学者が西洋の文献や日本の古代文献を読解する武器にもなった。

徂徠自身はこの方法を古典解釈に適用し独自の学説を立てた。認識の対象と認識の枠組みをわけ、陰陽・五行など自然の側の実体とされていたものを、聖人が立てた規準とした。こうして天自体は不可知とされたが、天命をうけた聖人はその超人的な窮理力によって天地の理をきわめ、人と物の性を尽くして、人類の福祉と文化の創造、社会秩序の維持のために「道」を立てたという。詩・書・礼《らい》・楽《がく》・易・春秋の「六経《りくけい》」はその「物」であり、学者は「物」と一つになることで聖人の立てた「義理」を体得できる。こうした「格物致知《かくぶつちち》」の解釈から彼は、四書や論孟を重視する宋学や仁斎学を「義理孤行《ぎりここう》」と批判した。古文辞の強調は詩文に賭ける一群の文人を、制度による秩序付けはやがて海保青陵《かいほせいりょう》の経世策をうんだ。また自然と「道」との区別は、三浦梅園《みうらばいえん》らによる新たな自然哲学や自然観の前提となった。（平石直昭）

137

太宰春台《だざいしゅんだい》（1680～1747）

江戸中期の儒者で荻生徂徠の弟子。名は純、字は徳《とく》夫《ふ》、幼名は千之助、通称を弥右衛門といい、春台と号した。またその邸宅を紫芝園《ししえん》と号した。信濃《しなの》国飯田の城主堀氏の家臣太宰言辰《のぶとき》の次男として延宝八年（一六八〇）飯田に生まれる。九歳の時に父が主君の不興を買い失職し、一家は江戸に移住。一七歳の時に朱子学者中野撝謙《なかのきけん》に師事しこれより本格的に儒学を学ぶ。撝謙は春台の才を愛し、春台もまた撝謙を終生尊敬して止まなかったが、朱子学には釈然とせず、後に徂徠学に傾倒する。これより先、一五歳のとき但馬《たじま》国出石《いずし》藩松平伊賀守忠徳《ただのり》に仕えるも、数年をして出仕を好まなくなり、二一歳の時に許可を得ないまま致仕《ちし》。その結果、一〇年間の他藩への仕官禁止令が下され、この間を京都、大坂、丹波《たんば》を転々として逼迫《ひっぱく》した遊学生活を送る。禁錮が解かれるや正徳元年（一七一一）江戸に戻り、旧友安藤東野《あんどうとうや》の仲介で荻生徂徠と対面する機会を得て、徂徠の学説に惹《ひ》かれ、門下となる。同年下総《しもうさ》国生実《おゆみ》藩森川出羽守重令《しげのり》に招聘されて出仕するが、五年後に病を理由に致仕。以後は官途につかず、私塾紫芝園を営み、厳格な教育をもって松崎観海らの弟子を育てた。延享四年（一七四七）、没。門人達は遺言に従って、谷中の天眼寺に儒礼によって手厚く葬った。著書に『経済録』『聖学問答』『弁道書』『論語古訓』『論語古訓外伝《がいでん》』『老子特解《とくかい》』『紫芝園稿《ししえんこう》』など多数がある。

荻生徂徠の学問は後継者の代になると分極化してゆく。「徂徠没して後、物門《ぶつもん》（徂徠一門）の学、分かれて二と為る。経義は春台を推し、詩文は南郭を推す」（『日本詩史』）との江村北海《えむらほっかい》の言葉は簡にして要である。春台は服部南郭《はっとりなんかく》を中心とする詩文派が大勢を占め、詩文の世界に耽溺《たんでき》する傾向にあった蘐園《けんえん》一門にあって、経学をもって自ら任じ、経世論にも秀で、また唐話（中国語会話）にも長じた。春台は極端な礼へのこだわりとその性癖の故に、師徂徠とも折が合わず蘐園一門の中では孤立の感が漂う。

彼の経世論はその著『経済録』（一七二九成稿）で展開されている。『経済録』の巻一「経済総論」では社会を認識する上で「時」「理」「勢」「人情」の四つを知る必要があるとの独自の見解が示され、以下、巻二「礼楽《れいがく》」、巻三「官職」、巻四「天文・地理・律歴」、巻五「食貨」、巻六「祭祀・学政」、巻七「章服・儀仗・武備」、巻八「法令・刑罰」、巻九「制度」とそれぞれの項目について の歴史的変遷とそれを踏まえた上での春台の知見が披瀝《ひれき》されている。そして巻十「無為《むい》・易道」では、現実を統治してゆく手だてとしての「聖人の道」への信頼が揺らぎ、老子の「無為の治《ち》」への共鳴が語られている。春台は徂徠の説く「先王の教え」を信奉して、農業を中心とした自給自足的な自然経済原理に立脚した経世論を建前としては認めたが、現実が商品経済原理によって動いている以上、武士もこれを直視する必要があるとして、徂徠の経世論を更に一歩進めて、諸藩は貨幣経済社会に即応した藩専売制を採用し、富国強兵を積極的に図るべきと説き、その理論的裏づけとして法家思想に同調した。この春台の主張は海保青陵《かいほせいりょう》に発展的に継承された。また晩年は「聖人の道」による統治に限界を認め、老子の「無為」の思想に共鳴して『老子特解』を著している。

倫理思想の面においては、春台は師徂徠の学説を継承しながらも更に一歩踏み込んで、宋学の道徳説、とりわけその心法論に対して徹底的な批判を展開している。春台によれば、「心性」を論ずることは元来聖人の教えにはなく、心性論は孟子に始まり、宋儒が仏法に倣って教説化したものにすぎない、という。「心を以て心を制し」ようとしても、心は無限に分裂するばかりで不可能である。人間の心は活物であり、心で心を制することはできない。そのことを「聖人」は知悉《ちしつ》していたが故に、聖人は「礼を以て心を制す」とは言ったが、「心を以て心を制す」とは決して説かなかった。聖人が建てた外的な「礼楽」規範を遵守して行きさえすれば、「礼」の持つ感化力によって心は自ずとそれに馴致《じゅんち》されて治まってくるのである。このような考えから、内心はどうであれ、外面に礼義を守るのが君子である、と激烈に説いた。このような言説は、もともと宋学の道徳的リゴリズムからの人情の解放を意図するものであったし、徂徠の学説が修己《しゅうこ》を軽視するものであるとの批判をかわさんとするものであったが、余りに挑発的な言い回しで徂徠の思想を先鋭化したが故に後世多くの反徂徠の言説を惹起《じゃっき》した。

（小島康敬）

138 白隠慧鶴《はくいんえかく》（1685～1768）

江戸中期の臨済《りんざい》宗僧。公案禅による臨済禅の中興者。神機独妙《しんきどくみょう》禅師と勅諡《ちょくし》、正宗《しょうしゅう》国師と追諡《ついし》された。

自伝『壁生草《いつまでぐさ》』があり、別に弟子東嶺《とうれい》編の年譜があって詳細に事跡が知られる。駿河《するが》国浮島ケ原宿の長沢氏の生まれ。幼時母に従って寺に行き、地獄の様相を説くのを聞いて出家を志し、一五歳で原宿の松蔭寺で単嶺《たんれい》和尚について出家、慧鶴と名乗る。唐代の僧巌頭《がんとう》禅師が賊に切られた話を聞いて疑問を持ち、その後、大垣瑞雲寺で『禅関策進《ぜんかんさくしん》』に見える錐《きり》で股《また》を刺して睡魔と闘い修行した僧の話に打たれて只管打坐《しかんたざ》に励む。二四歳にして越後国高田英巌寺で一夜座禅中に鐘の音を聞いて豁然大悟《かつぜんたいご》。しかし飯山正受庵主道鏡慧端《どうきょうえたん》に出会い「守蔵窮鬼子《しゅうぞうきゅうきす》」、「妄想情解《もうそうじょうげ》」とののしられ、堂の下に突き落とされた。「南泉遷化《なんせんせんげ》」の公案に寝食を忘れて参じ（『遠羅天釜《おらてがま》』）、托《たく》鉢《はつ》中に老婆に竹箒《たけぼうき》で一打されたことが転機となり、諸公案の深旨を解明し、ようやくにして許された。その後各地を巡錫《じゅんしゃく》し、座禅の境地と現実への関わりの不一致に苦しみ、その一体への見通しを得た。三二歳、松蔭寺住持として入院。三四歳の享保三年（一七一八）妙心寺第一座に転じて白隠と号した。四二歳の享保一一年（一七二六）『法華経』を再読して思うことがあり、衆生済度の菩薩の修行へと転ずる。東嶺年譜では「因行格《いんぎょうかく》」が終わり「果行格《かぎょうかく》」へと転換したと見る。松蔭寺に帰って後は『法華経《ほけきょう》』『臨済《りんざい》録』『虚堂《きどう》録』『維摩《ゆいま》経』などの提唱を盛んに行い、また各地に招聘されて、席の温まる暇がなかった。名声が上がるとともに修行者が集い、元文五年（一七四〇）五六歳の時には四百人を数えたという。寛延元年（一七四八）には、白隠の代名詞ともいうべき「隻手音声《せきしゅおんじょう》」の公案を提示した。

白隠を大成せしめた正受老人道鏡慧端《しょうじゅろうじんどうきょうえたん》は、在俗の禅者至道無難《しどうぶなん》の門に出るが、無難の師であった愚堂東寔《とうしょく》の座禅一筋で心を一処に制する祖師禅の継承者であった。正受が白隠の打ちのめしたのは、只管《ひたすら》なる座禅による本具自性《ほんぐじせい》の見性《けんしょう》を薦《すす》めるものであった。白隠は公案を「法身《ほっしん》・機関・言詮《ごんせん》・難透・向上」、次に「五位・十重禁」、最後に「末後の牢関」という三段階に体系化した。悟りに始まり、悟りを徹底し、悟りを忘れる第一段階から、それを自由に使いこなし、最後に思慮分別を超えた境地に至るのである。有名な「隻手音声」の公案は、第一段階の「法身」に属するもので、「耳を以てきくべきにあらず、思慮分別を交へず、見聞覚知を離れ」て聞こえる、音のない音であり、「手」自体であり、人間自体である。これを悟るとき六神通が獲得され、「世間所有の宝荘厳、尽《ことごと》く自己の心上に具足」すると知られる。それを「見性得悟の一刹那《せつな》」とも、「往生浄土の一大事」ともいい、「自心の外に浄土なく、自性の外に仏なし」（『藪柑子《やぶこうじ》』）というように、心中の仏性を見出すことであった。儒教の「至善《しぜん》」「未発《みはつ》の中」、道教の「虚無自然」、神道の「高天原《たかまのはら》」、天台の「一念三千止観《いちねんさんぜんしかん》」、真言の「阿字不生《あじふしょう》の観法」などは「純一無雑《じゅんいつぶざつ》の田地《でんじ》に至らしめん方便」であると捉えられ（『遠羅天釜《おらてがま》』）、純一無雑の念仏も見性《けんしょう》の一途《いっと》として承認される。ただし多様な方途《ほうと》の一つに徹底することが求められるから、禅と念仏の兼修は否定される。諸教一致の中での独自性の確立を求める江戸仏教の典型である。

一般禅者とは全く異なる特異な書画を多数残している。達磨《だるま》や禅の祖師達の画像、自画像などの絵画、一行もの、仏号などの書が知られ、脂ぎった力、重味、厚味、生気、奇偉《きい》などと評される。「南無地獄大菩薩《なむじごくだいぼさつ》」という特異な菩薩号がしばしば書かれるのは、地獄を恐怖した幼時の体験が生涯を貫き、地獄を自分の人生を一転せしめた大菩薩とあがめるに至ったことを示す。

『夜船閑話《やせんかんな》』は京都白川山中に棲む白幽子《はくゆうし》という虚構の人物に託して内観の法を説くもので、上を涼しく下を暖める道教の健康法と、一点に集中する天台止観《てんだいしかん》を結びつけた。刊行され、養生の秘訣として大いに行われた。それが君主の心得となるように、治国への関心も深い。

多数の著述がある。上記の『夜船閑話《やせんかんな》』のような自己の体験録的なもの、在家の人々のために書かれた仮名法語『藪柑子《やぶこうじ》』『辺鄙以知吾《へびいちご》』『おたふく女郎粉引歌《じょろうこなひきうた》』『寝惚之眼覚《ねぼけのめざめ》』『於仁阿佐美《おにあざみ》』『座禅和讃』、観音信仰を勧めた『八重葎《やえむぐら》』『延命十句観音霊験記』、漢文で記された『荊叢毒蘂《けいそうどくずい》』『槐安《かいあん》国語』『息耕録開筵普説《そっこうろくかいえんふせつ》』などがある。『白隠和尚全集』に納める。

（大桑　斉）

139

慈雲飲光《じうんおんこう》

（1718〜1804）

江戸時代中期から後期を生きた真言宗の僧。享保三年（一七一八）、大坂中之島で高松藩蔵屋敷の米蔵を管理していた外祖父・川北又助《かわきたまたすけ》宅で生まれた。幼名を満次郎、のち平次郎といい、出家後の諱《いみな》ははじめは忍瑞《にんずい》のち飲光《おんこう》、慈《じ》雲《うん》は字《あざな》である。別に号して葛城山人《かつらぎさんじん》、百不知童子《ひゃくふちどうじ》などとも称したが、慈雲尊者《そんじゃ》と敬称を付して称されることが多い。これは、彼が『梵学津梁《ぼんがくしんりょう》』千巻の大著の完成に示されるように、一八世紀におけるサンスクリット学の最高峰をなした人物として著名であるとともに、「正法《しょうぼう》律《りつ》」復興の高唱によって、世人から江戸時代における傑僧の一人と目された人物であったことによっている。彼は幕藩制のもとに組み込まれたこともあって進行する当時の仏教界の堕落に対し、出家修行者がみずから厳しく戒律を踏み行うことを強く訴え、さらに在家の人々に向かっても、平易な言葉で著した『十善法語《じゅうぜんほうご》』やその内容を集約した『人となる道』をもって日常のあるべき生活の姿を示した。これらの著作は、江戸時代のみならず明治以後においてもさまざまな方面に少なからぬ思想的影響を残したことが知られている。

　慈雲は著書『十善法語』のなかで、自力・他力・聖《しょう》道門《どうもん》・浄土門《じょうどもん》・顕教・密教などの従来の教学の考え方や、宗派的・宗学的な戒律に対する理解の仕方にとらわれずに、釈尊《しゃくそん》在世中の正法がおこなわれた時代に範を求めることで、各宗各派に通ずる大道を示さんとする「十善戒」論を展開しているが、そこに見られる思想的立場は、宗派のセクト主義を排した通仏教的立場をとるものであり、加えて深く儒籍《じゅせき》にも通じたものであった。

　その慈雲の父・上月安範《こうづきやすのり》は『大祓解《おおはらえげ》』という著作を持つほどの人であったが、反骨精神が旺盛であったこともあって一生涯を浪人として過ごし、我が子に対してもみずからの信ずるところをもって厳しい教育をほどこした人物であったと伝えられている。一三歳でその父を亡くした慈雲は、遺命により父母がともに深く帰依していた摂津《せっつ》国田辺法楽寺の忍綱貞紀和上《にんこうじょうきわじょう》に従って出家した。はじめは仏教に少なからず批判的な考えを持っていたが、師の貞紀和上の導きにより、一五歳の時に四度加《しどけ》行《ぎょう》を修めて宗教的霊感を得、前非を悔いて深く仏教を信ずるにいたった。一六歳からの三年間、彼は師の指示で京都の儒者・伊藤東涯《いとうとうがい》の門で学んでいる。儒籍への深い理解は、このことによってもたらされたものであった。

一九歳の時、慈雲は大和に赴き華厳《けごん》・天台・真言・禅の四家大乗《しけだいじょう》を学び、二二歳で貞紀和上より両部神道の伝授をうけ、法楽寺の住職に任ぜられた。その後、二七歳で師命により高井田の長栄寺に住することとなった彼は、以後十数年、同志とともに当時の堕落した仏教界をたださんと「正法律」復興のための実践的な活動に邁進した。しかしながら、四一歳の時、師や長年志を同じくしてきた愛弟子《まなでし》たちの死もあって、生駒山中に建立された雙龍庵《そうりゅうあん》に隠棲する。雙龍庵在住は十数年にわたるが、この間彼は『梵学津梁』の編纂に没頭している。我が国で初めて成し遂げられたサンスクリット研究の大著『梵学津梁』は、根本資料として我が国に伝わるすべての梵文を集録していると言われ、梵語学研究に必要な梵字・文法に関する著作を関連資料として集め、それらを研究して訳注を付け、字引や文法書を作り、さらに参考資料を付すという一貫した企画による大事業である。

五四歳になった慈雲は、京都在住の篤信の人々の熱心な求めに応じて山を下り、阿弥陀寺に移った。在京は五年に及んだが、その間彼は多くの人々に対して不殺生《ふせっしょう》・不偸盗《ふちゅうとう》・不邪淫《ふじゃいん》・不妄語《ふもうご》・不綺語《ふきご》・不悪口《ふあっく》・不両舌《ふりょうぜつ》・不貪欲《ふとんよく》・不瞋恚《ふしんい》・不邪見《ふじゃけん》の十善を保つための「十善戒」の戒相や功徳《くどく》についての詳しい法話をおこなった。この法話を弟子たちが筆記し、慈雲自身による度重なる加除修正をへて完成されたのが『十善法語』である。

『十善法語』の完成をみた慈雲は、五九歳の春、それを機に再び隠棲の決意を固め、河内《かわち》の神下山高貴寺《こうげさんこうきじ》に移り住した。以後、彼は高貴寺にあってサンスクリット研究や次代を託すべき弟子の育成などにあたったが、七〇歳を過ぎてからは、後に「雲伝神道《うんでんしんとう》」と称されることとなる神道説を展開した著作をつぎつぎと著している。従来は三七歳頃の作とされてきた『神儒偶談《しんじゅぐうだん》』も、現在ではこの最晩年の著作と考えられるようになっている。

文化元年（一八〇四）八月、慈雲は病を得、同年一二月、八七歳でその生涯を閉じた。遺骸は遺命により、高貴寺奥之院、大師堂の側に葬《ほうむ》られた。

（山本眞功）

140 安藤昌益《あんどう しょうえき》（1703~1762）

安藤昌益は、彼の生きた現実社会を、戦乱・災害・飢饉が絶えず、支配者（「不耕貪食《ふこうどんしょく》」者）が「直耕《ちょくこう》」（農業生産）する民の生産物を搾取《さくしゅ》する「法世」とみなす。そして「法世」以前に、戦乱や病気もなく身分差別のない「自然の世」があったとして、現実の社会を自然にはない不当な社会であると厳しく批判した。

著作として、宝暦三年（一七五三）に刊行された三巻三冊の『自然真営道《しぜんしんえいどう》』の他、稿本『自然真営道』・稿本『統《とう》道真伝《どうしんでん》』等を残しているが、同時代の人々にその名を知られることはほとんどなかった。

昌益の著作を発掘し、昌益を歴史の闇から引っ張りだしたのは狩野亨吉《かのうこうきち》であった（一八九九ころ）。それから、一世紀、その間、昌益に魅了された人々は数知れず、彼らは自らの思想の代弁者として昌益を発見し、自己の思想を昌益に投影して昌益像を作りあげてきた。戦前の農本主義者としての昌益から、戦後には唯物論の先覚者や共産主義の革命家になり、さらに近年はエコロジーの先駆者にと、昌益は時代の要請に応え、その相貌をつぎつぎと変えてきた。

時代とともに作られる昌益像には魅力があるが、それは実像でない。昌益の実像に迫るべく、昌益研究は、伝記的事実を掘り起こすことから始められた。一九七〇年代の『八戸《はちのへ》市史』、八〇年代の『大館《おおだて》市史』、平成一六年（二〇〇四）の『青森県史・資料編近世学芸関係』等、地域に密着した研究者が昌益の史料を一つひとつ掘り起こし、次のようなことが明らかとなってきた。

すなわち、昌益は、元禄一六年（一七〇三）に秋田郡二井田《にいだ》村（現・秋田県大館市二井田）の上層農民である安藤孫左《あんどうまごじ》衛門《やむ》家に生まれた。その後の経歴は謎であるが、跡取りでなかったために医学を修得して医者となる。記録上昌益の名が初めて登場するのは、数えで四二歳、延享元年（一七四四）である。昌益は八戸藩城下町八戸町で町医を開業し、地所・家屋を持ち家族五人で暮らしていた。同二年には八戸町の武士や僧・神職らからなるサークルで連続講演をし、その博学ぶりを称賛されている。さらに宝暦年間（一七五〇年代）前半には、八戸の地で主著『自然真営道』『統道真伝』を執筆し、三巻本の『自然真営道』を刊行している。晩年、兄と推定される人物の死亡により存亡の危機に瀕した生家を嗣ぐために、故郷の二井田村に帰り、孫左衛門を襲名した（宝暦八年と推定）。折しも凶作・飢饉により疲弊した二井田村を救うため、村役人層を門人として神事の停止を提案・実現するなどの改革を行った。宝暦一二年（一七六二）に死没、二井田温泉寺に葬られた。門人に遺言して「守農大神《しゅのうたいじん》」として祀らせたが、村内の神事を取り仕切る修験者の抗議により、その石碑は破却された。

一方、昌益がどのような学問を誰に学んだのか、いかにして思想を形成したのかといったことも、素朴なかたちではまったくわからなかった。しかし昌益が残した著作の語句の一言一句を詳細に分析することによって、昌益が確実に読んだ書物を掘り起こすことができる。昌益の読書歴を解明できれば、その書物から何を学んだのか、何を継承し何を否定していったのかという昌益の思想形成の過程を考察することができる。こうした手法の研究を通して、昌益が医書『類経《るいけい》』を読んで医学理論を学び、『本草綱目《ほんぞうこうもく》』を読み本草学を学んで医術を生業としたことが明らかとなった。また西川如見《にしかわじょけん》の『教童暦談《きょうどうれきだん》』を読んで天文・暦学を、『韻鏡諸抄大成《いんきょうしょしょうたいせい》』を読んで音韻《おんいん》学を、年表『和漢合運指掌図《わかんごううんししょうず》』を読んで日本・中国の歴史を学んでいる。さらに、『太平記大全』の抜粋ノートである『博聞抜粋《はくぶんばっすい》』を作成するほどに丹念に読み込んでいた。この書物は、幕藩体制確立期の領主層に政治や軍事のあり方を提示した『太平記《たいへいき》評判《ひょうばん》秘伝《ひでん》理尽《りじん》鈔《しょう》』の全文を掲載したものであるが、これが昌益の政治思想や儒学・仏教・神道理解や日本・中国の歴史の理解に大きな影響を与えたこともわかってきた。

加えて、支配者の存在を否定する社会思想は、稿本『自然真営道』などの五〇歳代の著作にはじめてみることができるものである。それより数年前、四〇歳代半ばの昌益は、領主は天道から政権を委任されたとみなし、幕藩体制を正当化し、領主たるものは民に仁政を施さねばならないと強調する著作をものしていたことも明らかとなった。ドラスティックな思想転換が、いかに行われたのか、その実像の解明をめざして研究は深められている。

（若尾政希）

141

富永仲基《とみながなかもと》（1715〜1746）

大坂の醤油《しょうゆ》醸造業者で懐徳堂《かいとくどう》を創建した五同志の一人である富永芳春《とみながほうしゅん》の三男として生まれた。字は子仲、号は謙斎、通称は道明寺屋三郎兵衛。学問好きで書道に長《た》けていた父と母の安村《やすむら》氏の薫陶《くんとう》を受けた仲基は、懐徳堂初代学主で朱子学・陽明学を兼修する三宅石庵《みやけせきあん》に儒学を習い、池田に寄寓する荻生徂徠《おぎゅうそらい》の親友である田中桐《たなかとう》江《こう》のもとで詩文を修め、のちに京都に出かけて黄檗《おうばく》の蔵経を校合《きょうごう》する仕事に携わった。

学問の天才として、一五、六歳のころに『説蔽《せつへい》』を書き、三一歳にして『出定後語《しゅつじょうごご》』を出版し、翌年三二歳の若さで夭逝《ようせい》した。幸いなことに、亡くなる半年前にその学問の精粋《せいすい》を集約した『翁《おきな》の文《ふみ》』が刊行された。このほかに『楽律考《がくりつこう》』『論語徴駁説《ろんごちょうばくせつ》』『謙斎遺稿』『諸子解』『宋学真詮《そうがくしんせん》』『三器』などの著述もあるが、一部は『説蔽』のようにすでに逸書《いっしょ》となっており、その中の断片しか知る由がない。また、日本全史を編纂しようとしたが、日初禅師《にっしょぜんし》がその意を受けて『日本春秋』を著した。一貫して歴史的研究方法論の構築に腐心《ふしん》し、思想や教説の展開と人の競争心や言語の多義性との深い関連に注目した。その最も有名な学説は「加上説《かじょうせつ》」で、一切の教法が即存の教法の上に加えるところがあって成立していくというものであると、一種の法則性をもって諸教の発達史を洞察する視点を打ち立てた。これはある意味で、一九二〇年代中国の顧頡剛《こけつごう》が提唱した「古史弁」の方法の先駆《さきが》けと見てよいのである。

一方、仲基が今日の「民俗学」のような視点も提示し、「仏道の特徴は、幻術である。幻術というのは、いまの飯縄《いずな》のことである。インドは幻術の好きな国で、道を説き、人を教えるにも、この幻術を適当にまじえて導かなければ、誰も信じてしたがおうとはしない」、「また儒道の特徴は、文辞である。文辞というのは、いわゆる今の弁舌である。中国はこの文辞の好きな国で、道を説き、人を導くときにも、これを上手に使わないと、みなはそれを信じて従うということがない」、「また神道の特徴は、神秘・秘伝・伝授といって、ただ物をかくしてばかりいることである」、「竺人《じくじん》（インド人）の幻《げん》（奇想・幻想）に於ける、漢人《かんじん》の文《ぶん》（文雅・文飾）に於ける、東人《とうじん》（日本人）の絞《こう》（堅実・拘泥《こうでい》）に於ける、皆その俗然り」（『翁《おきな》の文《ふみ》』）と分析している。こうして中国・インド・日本の代表的宗教と国民性の特質を見据えた上で、「この三教の道というものも、すべて誠の道というものには、決してかなわない道だということを知る必要がある。なぜかといえば、仏教はインドの道、儒教は中国の道であり、国が異なるので、これらは日本の道ではない。神道は日本の道ではあるが、時代が異なっているので、今の世の日本の道ではない」と、既成の伝統にとらわれず、当時の日本にふさわしい「誠の道」を提唱したのである。

仲基の学問は近世中後期の仏教界および本居宣長《もとおりのりなが》、平《ひら》田《た》篤胤《あつたね》などの国学者に大きい影響を及ぼした。近代において、その学問方法論の価値が再発見されていくが、そのなかで、京都大学の東洋史学者、内藤湖南《ないとうこなん》が最も重要な役割を果たしていた。彼は、仲基の研究法があれば、「いかなる古い時代の、時間も空間も不分明な記録でも、研究ができるのであります」、日本はいままで「こういうふうに自分の研究の方法に論理的基礎を置いた人がないのであります。それはこの富永が初めて置いたと言ってよろしいのであります。（中略）学問を、今日の言葉で言えば科学的に組織だった方法で考えたというのは、この人よりほかにない」（『先哲の学問』）と絶賛したのであった。考えてみれば、仲基の学問方法は、同時代に流行していた徂徠学の影響もあり、彼が接した中国の諸文献から得たヒントもあっただろう。たとえば、『楽律考《がくりつこう》』に『晦庵先生朱文公文集《かいあんせんせいしゅぶんこうぶんしゅう》』から「朱子琴法調絃《きんぽうちょうげん》の説」を引いた仲基が、「朱子の解す所、頗《すこぶ》る理あり、而《しこう》して独り琴に於て云うのみ、楽律の法みな然りあるに及ばざるなり、これ惜しむべきなり」と、朱子の説を踏まえたうえでその上に出ようとしたのである。そして、「天下の台所」である近世大坂という商人たちが競合する環境も彼の学問形成に相当なインパクトを与えたと考えられる。なぜならば、彼は、歴史上の諸教派を「商賈《しょうこ》の家」と譬《たと》え、それぞれ一家の教説を主張することは、まるで商家が自己標榜するために「各別にその識号（差別化を図るためにつけた店名）を制す」ことに等しいと見なしていたからである。

（陶　徳民）

142 三浦梅園《みうらばいえん》（1723～1789）

九州、豊後国《ぶんごのくに》の北東部、国東《くにさき》半島の山間で仕官せずに生涯を過ごし、天地はすべて対の構造から成り立っているという「条理《じょうり》」の体系を図解をまじえ漢文で書きあらわした学者。医を業とする庄屋の分家に生まれ、俳人でもある父は各地を旅し窮民を救うこと隣村に及び、親子で暮らしに困った村人のため出資をつのり始めた慈悲《じひ》無尽講《むじんこう》は明治期まで続いた。父没後、その墓を小高い裏山に設け、やまれぬ心から朝や暮れの墓参を日課として晩年まで続けた。住まいは半島中央にそびえる両子山《ふたごさん》の南方にあり、梅園みずから設計した茅葺《かやぶ》き屋根の旧宅は明治期に少し増築、三浦医院として使われ、昭和三三年（一九五八）に国指定の史跡となり、近年、修復され公開中。大分空港からは車で三〇分の距離にあるが、近くを通る両子寺ゆき路線バス（始発は安岐《あき》）は平日のみ昼前と午後および夕方の三便運行。杵築《きつき》藩領であった江戸期以上に、今は過疎と高齢化の進んだ寒村にある。

少年期の梅園は独学で漢詩文に興味をもち、やがて遠く山路をかよって杵築藩儒に師事、また中津《なかつ》を客訪し数か月間寄宿、通常の儒教を学んだ。しかし幼少期からのなぜ天地万物がこのようにあるのかという疑問は『天経《てんけい》或問《わくもん》』のような書物を読み地球がまるいということを知っても解決されず、二八歳で生涯ただ一度、九州を出てお伊勢参りを経験した旅先でも名賢諸儒に接しようとしなかった。三〇歳にして「気」が集まって命が生まれ散じて死ぬことなどを感じ、根元的な「一元気」に思いあたる。さらにすべては対で成り立っていると「条理」を確信、他書からいっさい引用せずに『玄語《げんご》』をつづり始めて、生涯その改訂に学問的な情熱をそそいだ。

陰陽説を是と認めるが、旧来こざかしく人為的な「思想」の五行説にけがされ、だれも天地の条理を解明していないと自説を展開。たとえば日・月は正しい対ではなく、暖かさと明るさをもたらす「日」の対には、冷かつ暗なる対象（主）が在《あ》るとし、独自にその名称（声）を「影」と命名。このように字書での語義にとらわれず天地より観てとった「条理」による対の概念を、いちいち漢字に与えながら漢文で『玄語』をつづったので、他者の理解をはばむ難読の書と評される。この『玄語』は構成に宇宙観人間観が反映され、対句は句読点でも明示、五三歳の安永四年（一七七五）に一応の完成をみた。多くの和漢書から学説を紹介批判する『贅語《ぜいご》』は生前、天文地理の学にあたる「天地帙《ちつ》」、没後にも「善悪・天人」二帙が版行されたが、身体・医学論を展開した『贅語』身生帙などは『玄語』とともに、大正元年（一九一二）刊の『梅園全集』まで活字にならなかった。

広い視野と理づめの分析は社会面でも生かされ、豊凶により労賃があがりさがりする理由を、宇佐《うさ》の眼科医で友人の上田養伯《うえだようはく》（旧来「杵築藩士」と誤伝）に問われ、安永二年（一七七三）に『価原《かげん》』を著述。金銭を交換の手段ととらえ、穀物や諸財の貯蔵こそが真の豊かさであると生産を重視、遊民を職に就かせ贅沢や娯楽をひかえよとの儒者本来の主張がみえる。明治三〇年代に河上肇《かわかみはじめ》がこの書に貨幣数量説にあたる比喩やグレシャムの法則を「悪幣盛ンニ世ニ行ハルレバ精金皆隠ル」と言い当てた短句がみえ、個人経済と国民経済を識別した分析（今いうミクロとマクロ経済の別）もあると高く評価した。

昭和一〇年代以降、梅園哲学を研究して条理を弁証《べんしょう》法《ほう》とみなした三枝博音《さいぐさひろと》が「ほんとうに哲学の精神でもってつらぬかれている」と絶賛したのが『多賀墨卿《たがぼくきょう》君にこたふる書』。門人に自己の哲学と認識方法を説いた長文の書簡で安永六年（一七七七）の成立。翌七年、長男や門人を連れ長崎まで往復、旅行記『帰山録《きさんろく》』とその旅日記を書き残す。秋九月は長崎の町なかに滞在。下旬にオランダ通詞の吉雄耕牛《よしおこうぎゅう》宅に日参し、ここで西洋の地動説を聞くが、帰宅後に漢籍を読み友人に質問した上、太陽を光熱世界および五惑星の周転の中心と認めて宇宙像を述べた『玄語』の数冊を書き直すに至ったが、地球は不動で宇宙の中心であるとの自説は変更しなかった。

家塾では自説を強《し》いず、門弟個々の長所を伸ばす教育をした。漢詩人でもあり晩年『梅園詩集』と概説書『詩《し》轍《てつ》』を版行。また郷土で見聞きした孝行忠義者の逸話集『愉婉録《ゆえんろく》』は写本で伝わり、慈愛あふれる父の教えで結ばれ、豊後《ぶんご》聖人とも称される善行のもとをなしている。

手製の天球儀ほか三浦梅園遺稿は昭和四四年、国の重要文化財に指定され、現在は旧宅に隣接して建つ国東市三浦梅園資料館で保管され一部を展示中。（岩見輝彦）

143 賀茂真淵《かものまぶち》（1697～1769）

江戸時代中期の国学者。遠江《とおとうみ》国敷智《ふち》郡伊場村（現・浜松市中区東伊場町）の賀茂《かも》神社の神職岡部家に生まれる。岡部氏は京都上賀茂《かみがも》神社の神官の末流で、本姓賀茂氏とされる。若いころから荷田春満《かだのあずままろ》門の杉浦国頭《くにあきら》（諏訪神社神官）や森暉昌《てるまさ》（五社《ごしゃ》神社神官）に和歌や古典を学ぶとともに、医師で太宰春台《だざいしゅんだい》門の儒者渡辺蒙庵《もうあん》に漢籍を学んだ。しかし、跡継ぎでなかったこともあり、何度か養子に出されては実家に帰されるなど家庭的には恵まれず、父の死を契機に三八歳で上京し、春満の下で学ぶこととなった。二年後の元文元年（一七三六）春満が他界したため、荷田信名《のぶな》や荷田在満《ありまろ》らの荷田一門を頼って江戸に行き民間で活動していたが、「国歌八論《こっかはちろん》」をめぐる論争により延享三年（一七四六）五〇歳で在満に代わって田安《たやす》家（御三卿《ごさんきょう》の一）に仕えた。以後、田安宗武《むねたけ》の庇護のもとで彼の学問は飛躍的に進展し、国学者としての名声を確立することになる。宝暦《ほうりゃく》一〇年（一七六〇）六四歳で隠居。同一三年には大和旅行の途次《とじ》、松坂で本居宣長《もとおりのりなが》と面会している。隠居後も旺盛な著作活動を展開し、明和六年（一七六九）七三歳でその一生を終えた。なお、真淵を尊称して「県居大人《あがたいのうし》」と呼び、真淵の一門を「県居門《あがたいもん》」と称するが、「県居」とは晩年に営んだ住居に真淵が付けた呼称で、古代の賀茂氏の姓「県主《あがたぬし》」に因《ちな》んだものである。

真淵の思想史上の業績は、第一に契沖《けいちゅう》等によって本格化した古典の実証的研究と、春満が目指した『日本書紀《にほんしょき》』等の古典の中に、衰微した「神皇《しんこう》の道」を探ろうとする古道論とを統合した国学の理論と方法を確立したことであり、第二に万葉調の和歌を称揚し「ますらをぶり」を唱えたことである。

真淵の思想は、晩年の『国意考《こくいこう》』『歌意考《かいこう》』『文意考《ぶんいこう》』『語意考《ごいこう》』『書意考《しょいこう》』のいわゆる五意考《ごいこう》に示されている。『国意考』で彼はこう述べている。「古の歌もて、古の心詞《こころことば》をしり、それを推《おし》て、古への世の有様を知るべし。古の有様をしりてより、おしさかのぼらしめて、神代のことをもおもふべし」と。ここには古語の研究を踏まえた古典解釈を通して、我が国固有の古代の道を明らかにするという国学の理論と方法が明確に述べられている。真淵によれば、古代を正しく理解するカギは「心とことば」である。「心とことば」の正確な理解なしに古典に記されている古代世界の姿を正しく知ることはできない。「心とことば」の理解ためには『万葉集《まんようしゅう》』の歌を研究することが最も肝要となる。古代の歌はその時々の思いをありのままに表現しており、心とことばを知る最も重要な手がかりだからである。真淵にとって、日本の古代は人々の心が直く、天地自然のおのずからなる道に安住していた理想世界であった。その道は『古事記』をはじめとする古典を通して明らかとなるが故に、古代の心とことばの研究こそ学問の中核をなすものとされたのである。一方、儒教や仏教などの異国の道の伝来によって、時代が下るにしたがって人心は悪くなり、世も衰退してきたとする。それは異国、とりわけ「唐国《からくに》は、心わろき国」であり、それを支えてきた道が儒教だからである。

　このような古代観・学問観に立って、彼は『万葉集』を中心とする古典研究を推し進めるとともに、詠歌の面では、『古今集《こきんしゅう》』の和歌を手本とする伝統的和歌を「たをやめぶり」、「高く直き心」の動きを「を、しく強」く詠み上げる『万葉集』の歌を「ますらをぶり」と規定し、後者を古代精神の現れとして高く評価するとともに、古代的精神を理解しそれを自分のものとするための万葉風の詠歌の実践を勧めた。

　真淵の思想には、古代主義、反儒教主義、自然主義的人間観などの国学思想を構成する基本的要素がそろっている。先に述べた方法論の確立と併せて、国学は真淵において成立したとみることができよう。

　五意考以外の主な著書には、万葉集を中心とする上代文学関係として『万葉考《まんようこう》』『冠辞考《かんじこう》』『祝詞考《のりとこう》』など、中古文学関係として『古今和歌集打聴《こきんわかしゅううちぎき》』『伊勢物語古意』『源氏物語新釈』などがある。また、万葉調の歌人として多くの歌集も残している。県居門と称する彼の門人は三百数十名を数えるが、特に女性の門人が三分の一を占めるとされる。主な門人としては、本居宣長をはじめとして荒木田久老《あらきだひさおゆ》・加藤千蔭《ちかげ》・村田春海《はるみ》・加藤宇万伎《うまき》・楫《か》取魚彦《とりなひこ》などがいる。

（高橋美由紀）

144　本居宣長《もとおりのりなが》（1730〜1801）

　近世国学の大成者。伊勢国松坂に生まれた。父は小津《おづ》定利《さだとし》といい、木綿問屋を営む。父定利は、宣長が一一歳の時逝去し、義兄が相続する。一九歳、宣長は宇治山田の今井田家（紙商）に養子となるが、商人に向かなかったことが原因で、二年後離縁となり、松坂に帰る。ところが、翌年義兄が病没。家督を相続するが、母の薦《すす》めもあって医学修業のために、宝暦二年（一七五二）二三歳で京都に上る。堀景山の下に入門、漢学を学ぶ。その後武川《たけかわ》幸順《こうじゅん》らの門に入り医術を習得。京都遊学中に、契沖《けいちゅう》の著書『百人一首改観抄《ひゃくにんいっしゅかいかんしょう》』などを読み、古典研究の方法を学ぶ。二八歳の時、松坂に帰り小児科を主とした医者となる。この前後『あしわけ小舟』成稿。帰郷後、賀茂《かもの》真淵《まぶち》が著した枕詞の研究書『冠辞考』を精読し敬服。宝暦一三年（一七六三）三四歳の時、伊勢参宮の途中松坂に寄った真淵に会い、翌明和元年（一七六四）真淵の門に入る。同年畢生《ひっせい》の大作『古事記伝』起筆。同八年（一七七一）四二歳、宣長の神道論のエッセンスをまとめた「直毘霊《なおびのみたま》」成稿（『古事記伝』第一巻所収）。五一歳、儒学者・市川匡《いちかわたず》麿《まろ》『まがのひれ』に対する駁論《ばくろん》書『葛花《くずばな》』執筆。天明七年（一七八七）五八歳、紀州藩主・徳川治貞《はるさだ》の諮問に答えて宣長の政治見解をまとめた『秘本玉くしげ』および『玉くしげ』執筆。寛政四年（一七九二）六三歳、紀伊徳川家召し抱えとなり、和歌山で古学進講。同五年、随筆集『玉勝間』集成。六七歳、『源氏物語玉の小櫛《げんじものがたりたまのおぐし》』成稿。寛政一〇年（一七九八）六九歳の時、『古事記伝』完成。七一歳「遺言書」を作成し、翌享和元年（一八〇一）逝去。七二歳。

　宣長の多大な業績を一点に集約するとすれば、『古事記』の注釈書『古事記伝』を完成したことであろう。何のために生涯かけて注釈書を作成しようとしたのか、問われるべきである。その問に答えるヒントになるのが、宣長二八歳前後に書かれたノートや手紙あるいは草稿だ。在京時代に諸文献から書写したノートをテーマごとに大きく分類すると、「神道関係」「国家意識」「詩歌、歌論」「言語関係」で八割方を占めており、若き日の宣長の関心がどのようなものであったかをうかがわせる。

またこの時代友人に宛てた手紙の中に、わが国の上代は「自然の神道」を信奉することによって、身を修めずして治まり、天下も治めずして平穏に治まったと主張。二八歳前後に執筆されたと推定される『あしわけ小舟』にも、儒・仏の大道に対して、「吾邦の大道と云ときは、自然の神道あり、これ也」とみえる。その上二八歳よりあまりへだたりのない頃に書かれたと推測される『蕣《しゅん》庵《あん》随筆』には、天照大神を中核とした神道論や皇国優越論と称すべき思想が展開されている。このような二八歳前後に書かれた宣長の断片的な主張を、「直毘霊」の思想と比較してみると、ほぼ一致し宣長の中核的神道思想の形成は、二八歳前後と推測される。

　宣長が以上のように二八歳前後で中核的思想を形成していたとすれば、なぜ生涯かけて『古事記』の注釈に取り組もうとしたかの答えも、自ら見えてくる。江戸時代の学問の主流は、儒学であった。儒学とは孔子を師として、国家統治のあり方や個人の生き方という「道」を求める学問であり、中国の古典をテキストに注釈することが主な研究方法と言える。学問と言えばこのような時代状況の中で、宣長は学問への志を立てた。日本の古典特に『古事記』をテキストにその注釈を通して日本人の「道」の具体的内実を得ることを目標とした。その結果、日本人の「道」は神の道であり、神の道とは以下のようなものと考えた。「そも比ノ道は、いかなる道ぞと尋ぬるに、天地のおのづからなる道にもあらず、（注略）人の作れる道にもあらず、比ノ道はしも、可畏《かしこ》きや高御産巣日《たかみむすひ》神《かみ》の御霊《みたま》によりて、（注略）神祖伊邪那岐大神《かんろぎいざなぎのおおかみ》、伊邪那美《いざなみの》大神《おおかみ》の始めたまひて、（注略）天照大御神の受たまひたもちたまひ、伝へ賜ふ道なり、故是以《かれここをもて》神の道とは申すぞかし、」（「直毘霊」）。このような主張をわかりやすくいえば、この道は老荘思想に見られる天地自然の道でもなく、儒学者がいう人の作った道でもなく、高御産巣日神の御霊によって、伊邪那岐・伊邪那美二柱《ふたはしら》の大神が始めて、天照大神の子孫である天皇が、天照大神の御心によって、わが国を統治するあり方をいうと理解される。このように外来思想に対して日本独自の「道」を強調した宣長の思想が、日本人のアイデンティティを模索する江戸時代後期に大きな影響力をもったのは当然である。ただし宣長を「ナショナリズムのイデオローグ」などと批判するのは当たらない。

（安蘇谷正彦）

145 上田秋成《うえだあきなり》（1734～1809）

上田は本姓。名は東作。別号に無腸《むちょう》、余斎《よさい》など。享保一九年（一七三四）大坂に生まれる。文化六年（一八〇九）没。享年七六。母は大和国樋野村の松尾氏の娘。大坂の商家上田氏の養子となり、一時期は浮浪子《のらもの》と呼ばれる放蕩《ほうとう》の時期もあったらしい。

漁焉《ぎょえん》、無腸の号で俳諧をたしなみ、若いころには「ひとり武者」と評され、仲間に群れない独自の立場が人に知られていたようである。句作は晩年まで続けられ、現在のところ確認されている発句はおよそ二百句、歌仙（発句《ほっく》から挙句《あげく》までの一巻が三十六句の形式）、百韻《ひゃくいん》（発句から挙句までの一巻が百句の形式）が若干、高点付句《こうてんつけく》集（佳句集）に収められた句が四〇句余りある。自撰句集に『俳調《はいちょう》義論《ぎろん》』があり、『也哉抄《やかなしょう》』（蕪村《ぶそん》序・几董《きとう》跋《ばつ》）のような切《きれ》字論《じろん》もある。

明和三年（一七六六）刊『諸道聴耳世間狙《しょどうききみみせけんざる》』、同四年刊『世《せ》間妾形気《けんてかけかたぎ》』は、当代大坂の人物と風俗を風刺した短編集である。明和八年、三八歳の時に罹災《りさい》し、生業を廃して、都賀庭鐘《つがていしょう》に学んだ医学で生活した。庭鐘は京都の香川修庵《かがわしゅうあん》に学んだ古医方家《こいほうか》で、漢学の素養の深い市井の学者である。安永五年（一七七六）刊『雨月物語』は怪談小説の白眉《はくび》。生業を廃したり、妻を裏切ったりして、自分の置かれた立場をわきまえずに行動したために、恐怖の体験をする人物が描かれている。分際や程《ほど》といった節度あるふるまいを美徳とする近世社会の教訓が寓意されている。天明七年（一七八七）刊『書初機嫌海《かきぞめきげんかい》』は京都・江戸・大坂の三都の正月風景を描いた作品である。

安永のころから国学に親しみ、賀茂真淵《かものまぶち》門の加藤宇万《かとううま》伎《き》に学んだ。真淵の著書『古今和歌集打聴《こきんわかしゅううちぎき》』『伊勢物《いせもの》語《がたり》古意《こい》』の公刊に助力し、県門《あがたいもん》の顕彰に力を尽くしたほか、みずからも『落窪物語《おちくぼものがたり》』などの古典の校訂本を刊行している。

天明年間（一七八六年ころ）に、本居宣長と古代音韻、古代神話をめぐって論争した。古代音韻に関する学説の対立は、宣長が上代に「ん」音はなく、mとnの音は区別されなかったとするのに対して、秋成は両者の区別は存在したと主張する。古代神話論は、日の神論争と呼ばれるもので、宣長が太陽（日神）は天照大神であり、万邦を照らすとしたのに対して、秋成はゾンガラス（望遠鏡）で見れば、太陽は黄色い玉であり、国々にはそれぞれの神があるとする。この答問は宣長によって編集されて『呵刈葭《かがいか》』に収められている。今日から見れば、秋成説は科学的合理的な意見であるが、宣長の神話論的な理論構築と博識の前に強い敗北感を抱いたらしく、生涯宣長を敵視する発言をやめなかった。寛政四年成『安々言《やすみごと》』（庭鐘《ていしょう》序）には、宣長の古道論批判を繰り返しながら、『日本書紀』の意義など秋成の古代史観が述べられている。そこに「古を古とし、今を今とし、これに満足して太平無事とするのが、庶民の分度《ぶんど》というものであり」と、独自の分度論を述べている。

寛政五年（一七九三）の六〇歳の時、夫婦で大坂を離れて京都に移住し、南禅寺周辺を転々としながら、小沢芦《おざわろ》庵《あん》、村瀬栲亭《むらせこうてい》らと交遊し、多くの著述をなし、貧窮の内に百万遍の羽倉信美《はくらのぶよし》邸で没した。墓のある西福寺の「薄《ぼ》霊帳《れいちょう》」には、歌道の達人と記され、これが当時の一般的な評価であったと思われる。歌人、和文家としての力量は歌文集『藤簍冊子《つづらぶみ》』、文集『文反古《ふみほうご》』などに示されている。また、公家の貴顕《きけん》に対して『万葉集』を講義し、『金砂《きんさ》』『金砂剰言《きんさじょうげん》』『楢《なら》の杣《そま》』などの注釈が写本で残されている。文化三年（一八〇六）ころから書き始められた『春雨物語《はるさめものがたり》』は、悲運の古代天皇平城帝《へいぜいてい》や市井の人物の不思議な運命を雄勁《ゆうけい》な文体で描いた作品である。

晩年に著した注釈書や『春雨物語』、史論『をだえごと』には、登場人物、歴史上の人物に託して、人の運命は人の意志を超えた高次の大きな摂理に支配されているものであり、人の力ではどうすることもできないとする命禄《めいろく》思想が述べられている。漢代の王充《おうじゅう》『論衡《ろんこう》』、さらに真淵国学の「天つちのなしのまま」の自然哲学に自己の境涯を重ねたものであり、秋成の思想の特色をなす。

晩年の『胆大小心録《たんだいしょうしんろく》』は、生いたちや同時代人の人物評を率直辛辣《しんらつ》な文章で綴った近世随筆の傑作である。『清風瑣言《せいふうさげん》』は煎茶道《せんちゃどう》の古典的な書として知られる。

（稲田篤信）

146

中井竹山・中井履軒

なかいちくざん（1730〜1804）
なかいりけん（1732〜1817）

中井竹山は大坂の町人有志によって設立された懐徳堂《かいとくどう》の第四代学主であり、履軒はその二歳下の弟である。竹山は享保一五年（一七三〇）、第二代学主中井甃庵《しゅうあん》の長男として懐徳堂内に生まれた。名は積善《せきぜん》、字は子慶《しけい》、通称は善太、竹山と号した。五井蘭洲《ごいらんしゅう》について朱子学を学び、のち学主となって懐徳堂最盛期を築いた。文化元年（一八〇四）没、享年七五。

竹山は朱子学者として徂徠学批判の書『非徴《ひちょう》』を著し、天明四年（一七八四）、五井蘭洲著『非物《ひぶつ》篇』とあわせて刊行した。その批判には思想と生活は不可分という考えが強く見られるが、それが懐徳堂における生活に即した教育活動と密接なものであったことは言うまでもない。

竹山は懐徳堂を「公儀」の「御用」をも担う「学校」として位置づけようとする官立学校化を構想した。しかしそれは武士身分化を意味するものではなく、あくまで民間に存在し、民間によって教育運営を行うことを前提とするもので、それは民間に蓄積された学問的社会的識見を公的なものとして提示しうる場の確保を企図するものであったといえる。

その代表的著述『草茅《そうぼう》危言《きげん》』は天明八年、老中松平定信が来坂したとき、寛政改革についての諮問に答えて書かれた社会政策意見書である。当時の政治社会の全問題を俎上《そじょう》に載せ、その改革案を具体的に示したものである。教育の問題は特に強調され、そこでは「民間ニテ儒者ト云《いう》名目ノ立《たた》ザルコソ怪《あや》シケレ」「元来儒トハ学ンデ未《いま》ダ仕《つか》ヘザル人ノ名目ナレバ、民間ニアル学者ヲ主トスル也」と述べ、民間にある学者こそが本来の学者であり、その正当な社会的位置づけを主張した。懐徳堂という一民間施設を運営する竹山が政治社会の全問題を論じえたことは、そこが公的発言をなしうる場であることを示すとともに、民間に正当な社会的知識と識見が蓄積されていることの承認を求めるものであったといえよう。

中井履軒はそういう民間学者の最たる存在ということができる。履軒は享保一七年、懐徳堂内で生まれた。名は積徳《せきとく》、字は処叔《しょしゅく》、通称は徳二、号はのちみずから選んで履軒幽人《りけんゆうじん》と号した。履軒ははじめ懐徳堂内に同居したが、三〇代半ば独立して私塾水哉館《すいさいかん》を営み、膨大かつ精緻な経学研究を行った。しかもそれは借家を転々とする生活の中でなされた。その間、市中まっただなかの自分の住まいを、中国の伝説的君主黄帝《こうてい》が昼寝の夢の中で遊んだというユートピア「華胥《かしょ》国」になぞらえ、自ら「華胥国王」と称するに至る。

　水哉館で行われた経書注釈は、『雕題《ちょうだい》』と名づけられ膨大な書きこみとその再編を重ねた上、晩年その集大成として『七経逢原《ほうげん》』を完成した。この履軒の注釈は現在も高く評価されているが、その解釈を通して独自な考え方をみることができる。履軒は朱子学を学びながら理の考え方を批判し、儒学的思惟《しい》の変容を推し進めた。履軒は「これ理なるものは我の応《おう》にあり、しかして物に非《あら》ず」（『大学雑議《だいがくざつぎ》』）という。「理」というものは人が事物に接し、はたらきかけることではじめて立ちあらわれてくるもので、そのはたらきかけがなければ「理」というものは存在しないという。こういう事物認識における理のとらえ方は人のあり方についても同様である。

　善を明らかにするとは包むところ広しといえども主意は行事上、着実力を用い、まさに行うべき路逕《ろけい》に通《つう》暁《ぎょう》するにあるのみ。何物かこれ忠、何物かこれ信、何物かこれ礼、何物かこれ義、百行みなしかり。空空《くうくう》洞洞《どうどう》、推《お》して命理中に入るべからず。（『中庸逢原』）

　忠も信も抽象的に人の心に内在するのではなく、「行事上」「接物上」、人や事物と出会い、それへ着実に対応する中でつかみとられていくものだというのである。観念の束縛から脱して事物への積極的な対応を行い、現実を新たにとらえなおしてゆくこのような思考法は、他方、実験的・批判的な精神となって展開した。

　経学研究の間、履軒は借家の一室に「華胥国門」という額を打ち付ける。そこは現実との接触によってかきたてられてくる思いを華胥の夢として語る場となった。その「夢」は経世（『華胥国物語』『あらまほし』）科学（『越俎《えっそ》弄筆《ろうひつ》』『華胥国新暦』『天図』）歌文（『華胥囈語《げいご》』『華胥国歌合《うたあわせ》』）史論（『弁妄《べんもう》』）等にわたり、いずれも批判と諧謔《かいぎゃく》に満ちた表現を持つ。現実の人と事物との関係をよりよく見るためには、現実を超え出た場が仮構《かこう》されねばならなかったのである。履軒が没したのは文化一四年（一八一七）、八六歳であった。

（山中浩之）

147 平賀源内《ひらがげんない》（1728〜1779）

平賀源内（名は国倫《くにとも》、字は士彝《しい》、通称は源内、元内、号は鳩《きゅう》溪《けい》、戯作号は風来山人《ふうらいさんじん》、天竺老人など、浄瑠璃《じょうるり》号は福内鬼外《ふくうちきがい》）は高松藩蔵番《くらばん》の子として、讃岐《さぬき》国寒川郡志度浦（現・香川県さぬき市）に生まれた。寛延二年（一七四九）父の死亡により家督を継ぎ、宝暦《ほうりゃく》二年（一七五二）長崎に一年間ほど遊学する。かねてより三好なる人物に手ほどきを受けた本草学の勉学のためと思われるが、詳細は不明。この長崎遊学は、魚類図譜『衆鱗図《しゅうりんず》』を残した博物好きの藩主松《まつ》平頼恭《だいらよりたか》の命であるという説や、郷里のパトロンの支援による説などあるが、判然としない。同四年藩に退役を願い出、許され、家督も妹の婿《むこ》養子として迎えた従弟《じゅうてい》に継がせた。同六年大坂を経て江戸に上り、本草家田村《たむら》藍水《らんすい》（元雄《もとお》）に入門した。また儒学を昌平黌《しょうへいこう》で学び、聖堂に寄宿した。もっとも柴野栗山《しばのりつざん》は彼を「学術は無き人也」と評しているというから、本草書など漢籍読解の素《そ》養《よう》を得るためだったのであろう。

江戸での源内はプロモーターとしての才能をたちまち発揮した。宝暦七年（一七五七）師藍水を主催者として源内発案でわが国最初の薬品会《え》・物産会《ぶっさんかい》が湯島で開かれる。以後毎年神田、湯島、市ヶ谷と三年間物産会が開かれた。宝暦一二年の第五回物産会は源内自身が会主となり、前年に「東都薬品会趣意書」なる引札《ひきふだ》を配り、全国各地の同好の士より出品を仰いで、大規模な会となった。過去の薬品会の出品点数はおよそ二〇〇前後であったのが、今回は一三〇〇余種と増えている。目的は、相互の知見や標本の交換はもとより、「諸国産物未《いま》ダ尽《ことごと》ク出デザルナリ。若《も》シ尽ク出バ則チ漢蛮商舶《かんばんしょうはく》ノ齎載《せいさい》スル所ヲ待タズシテ足ラン」（同、引札）と、国産の薬種・物産を発見し収集して自給自足し、これにより輸入物を減らし、銀銅の流出を防がんとするところにあった。

こうした活動が博物好きの藩主に聞こえたか、宝暦九年三人扶持《ぶち》で再び高松藩に召し抱えられる。藩主の博物収集の手伝いをさせられたと思われる。しかし藩務に忙殺されるのを嫌い、宝暦一一年「我儘《わがまま》に一出精《ひとしゅっせい》」したいと藩にお暇願いを提出した。藩はこれを許可したが、

「他江仕官之儀者《たえしかんのぎは》、御構被遊候《おかまえあそばされそうろう》」と他藩への仕官を禁止した。このころまでに後の老中田沼意次《たぬまおきつぐ》との関係もついていたと考えられ、他の大藩か幕府の学者として活躍をすることを望んでいたのであろうが、その野心は潰《つい》え、彼は生涯浪人を強いられることになった。

　源内の主著『物類品隲《ぶつるいひんしつ》』全六巻は彼が会主であった第五回薬品会の翌年の宝暦一三年に出版された。五回の薬品会で全国から出品された二千余種のうちから、三六〇種を選んで、『本草綱目《ほんぞうこうもく》』（明の李時珍《りじちん》の著、一五七八）に従って水・土・金・玉・石・草・その他の部に分類し、また上中下の三品に分け、解説を加えたものである。従来の本草書は薬草中心であるが、なかでも金石類が多く、鉱物の数が多いのが注目される。鉱山開発への関心が興りつつあった時代背景とともに、国産・自給による国益への源内の強い意識が見て取れる。また開巻冒頭に「薔薇露《しょうびろ》」（ランビキ〈蒸留器〉ヲ以テ蒸シテ取タル水）を取り上げ、李《り》時珍《じちん》はランビキによる方法を知らないとオランダ人渡りの新法をうたう。そのほかドドネウスの本草書（R. Dodonaeus, *Cruydt-boek*, 1554）にも言及するなど、西洋知識への関心を披露している。さらに第五巻の植物図譜は杉田玄白の隣家に住む画家楠本雪渓《くすもとせっけい》（宋紫石《そうしせき》）の手になった。

　明和七年（一七七〇）秋、老中田沼から「阿蘭陀《オランダ》翻訳御用《ごよう》」を命ぜられ、一〇月二度目の長崎へ旅立った。今度の目的はオランダ通詞の力を借り、「ドドネウスの本草書」の翻訳という念願の達成であった。だがわずか半年少々の長崎滞在で、成果がどれだけ上がったかは疑問である。この長崎遊学の際、天草産の陶土の優秀性を説いた『陶器工夫書』を天草代官に提出し、日本の陶器は外国産より勝れているから日本産で十分であり、外国陶器に金銀を費やす必要はなく、かえって中国やオランダが買って帰るようになれば、「永代之御国益」になると、持論の自給・産業奨励、国益増進論を展開している。

　『蘭学事始《らんがくことはじめ》』で杉田玄白は、江戸参府に来た商館長一行を共に訪ねたとき、源内が智恵の輪をいとも簡単にといたことを記している。源内は人を殺《あや》めて獄死するが、エレキテル、寒暖計などを模製し、火浣布《かかんぷ》、羊毛・羅紗《らしゃ》、源内焼、さらには鉱山開発、戯作《げさく》にと多才ぶりを発揮した。源内の奇才・異才を惜しんで玄白は私財を投じて墓表を建て、「非常ノ人」と源内の死を悼《いた》んだ。

（吉田　忠）

148 杉田玄白《すぎたげんぱく》（1733〜1817）

杉田玄白（名は翼《たすく》、号は鷧斎《いさい》、九幸、通称は玄白）は若狭《わかさ》国小浜《おばま》藩医杉田甫仙《ほせん》の子として、江戸牛込矢来の藩邸に生まれた。一八歳のころ幕府奥医師西玄哲《にしげんてつ》にいわゆる紅《こう》毛流《もうりゅう》医学を学んだ。宝暦《ほうりゃく》三年（一七五三）小浜藩医に任ぜられ、明和六年（一七六九）父の逝去により侍医を継ぎ、宝暦八年（一七五八）より日本橋で医療を始めていたが、新大橋の酒井家中屋敷に移った。なお玄白が小浜にあったのは、父が小浜詰めになった八歳からの五年間と、五三歳の時藩主に従い下った際のみである。

明和八年（一七七一）、かねてより「よき折あらば、自ら観《かん》臓《ぞう》してよと思」っていた機会が訪れた。そこで前野良《まえのりょう》沢《たく》、中川淳庵《なかがわじゅんあん》らと処刑場骨ケ原《こつがはら》で刑屍体《けいしたい》の解剖を検分した。ほぼ一〇日前に入手したばかりのオランダの解剖《かいぼう》図譜《ずふ》「ターフェル・アナトミア」（偶然良沢も前年の長崎留学中に得た同書を持参していた）を携帯し、眼前の人体内部と「和蘭図《オランダず》に照らし合せ見しに、一としてその図に聊《いささ》か違ふことなき品々」と解剖書の挿図とがことごとく一致していることを発見し、その興奮さめやらぬ帰路、早速翌日から良沢宅で同書を翻訳せんと三人で決めた。このような翻訳に至る経緯とその苦労は『蘭学事始《らんがくことはじめ》』に生き生きと描写されている。

玄白は「幸に瘍医《ようい》の家に生れし身なれば、是業を以て一家を興すべし」と志を立てたという。それは「正真の阿蘭陀流《オランダ》」外科の樹立を期したのである。彼はまた良沢、淳庵にいやしくも医業で主君に仕えながら、「その術の基本とすべき吾人の形態の真形も知らず、今まで一日一日とこの業を勤め来りしは面目もなき次第なり」と語りかけていた。外科医という家職を意識し、真のオランダ医学を修得し「日本一流の外科」を樹立することこそ、面目を改め、使命を全《まっと》うできると考えたのである。西洋解剖図譜の翻訳は、その第一歩であった。

翻訳は約一年半でほぼ終わっていたらしいが、『解体新書』として刊行されたのは三年弱（一七七四）後であった。「訳に三等あり」として、翻訳（現在の直訳）、義訳、直訳（音訳）と三方法で解剖用語の訳語を決めていった。翻訳

（直訳）は既存の語彙に対応させる作業であり、新しい造語の妙味は義訳にある。その最たるものが神経であろう。神経の原語セーニュウ（zeenuw）は、当初「世奴」と音訳されていたが、神気が経絡のような筋道を通ることから神経と名づけられた。このように伝統医学の用語から造られているが、玄白は「漢人のいまだ説かざる所の者」と『解体新書』で注記して、その新概念を強調した。『解体新書』は西洋の解剖学的知見を説いたが、同時に血液循環など生理学的記述もある。伝統医学の脈に対し、動脈・静脈、心臓の関係についても玄白らは「漢人の説く所と異なる」と、西洋医学との差を力説した。凡例で「漢説の采《と》るべき所の者」は一〇％にすぎずと、その粗略さをおおいに批判している。

解剖学的知識の重要性を認めた玄白は、「内景《ないけい》（人体の内部構造）は医道の根元」「解体は瘍科《ようか》の要にして、知らざるべからず」と、解剖学は医学の基礎にあり、治療に役立つという認識を主張した。この認識は弟子たちを通じ継受されていく。たとえば弟子の筆頭大槻玄沢《おおつきげんたく》は、西洋の医術は内景実測に従い、西洋の医師は解剖学を「一大先務」としている（『瘍医新書』例言）と論じている。このように解剖学に訴えて、西洋医学の優秀性と有効性を玄白らは唱導した。

『解体新書』刊行翌年に執筆された『狂医之言《きょういのげん》』でも中国由来の伝統医学・中華思想へ強烈な批判を展開している。腐儒腐医《ふじゅふい》は漢籍になずんで、中国を「中土」と称しているが、地球概念のもとでは「居るところは皆中なり。何れの国か中土となさん。支那《しな》もまた東海一隅の小国なり」と述べて、「中」国ではなく、「支那」と呼んだ。彼が数え七〇歳で著した『形影夜話《けいえいやわ》』でも解剖学的知見の重要さへの信頼は揺るぎないが、治療の経験を積み、習熟することの重要性に気づいたことを指摘し、漢方医学にも採るべき点のあることを披露している。

玄白は北方における対外危機という最新の時事問題にも関心を寄せた。『野叟独語《やそうどくご》』（一八〇八）で、前年からの北方海域におけるロシア船による暴行事件に対する幕府の打払令《うちはらいれい》を批判し、武道が衰えた現状では国力が衰退しているから、一時の便法としてロシアとの交易を許し、その間に無駄の排除、武士の土着化、人材の登用などを断行する富国強兵策をとることを勧めている。

（吉田　忠）

149 司馬《しば》江漢《こうかん》（1747〜1818）

司馬江漢（名は峻《しゅん》、字は君嶽、春波楼《しゅんぱろう》、号は江漢）は生涯のほとんどを芝新銭座《しばしんせんざ》に住み、晩年に麻布に隠居した。姓はこの芝に由来する。はじめは絵師として鈴木春信風浮世絵を描いたが、「和画は俗なりと思ひ」沈南蘋《しんなんぴん》派の宋紫石《そうしせき》に入門して漢画を学び、また平賀源内《ひらがげんない》と知り合い洋風画への関心を喚起された。蘭学者大槻玄沢《おおつきげんたく》にショメール家政辞典（Noel Chomel, *Huishoudelijk Woordenboek*, 1768-77）の腐食銅版画《ふしょくどうばんが》の項目を訳読してもらい、その技術を独自に開発して天明三年（一七八三）隅田川を描いた「三囲景《みめぐりのけい》」は日本最初の銅版画であった。その後両国橋、不忍池《しのばずのいけ》など江戸の風景を反射式覗《のぞ》き眼鏡《めがね》用に銅版画に仕立てている。源内の影響だろうが、彼は油性画材（蝋画《ろうが》）で、蘭書の挿絵に出る西洋の風景、人物図などをヒントに異国描写を行った。

玄沢ら蘭学者との交わりは、窮理学《きゅうりがく》へと眼を開かせ、江漢の視野を世界地理、西洋天文学へと拡大させた。彼は修得した銅版で、世界地図、天球図、月面や顕微鏡による蟻やボウフラの拡大図など科学関連図を製作した。わが国最初の銅版世界地図は寛政四年（一七九二）「輿地全図《よちぜんず》」と題して刊行され、以後「地球図」として四回版を重ねたという。これは東西両半球を描いたものであるが、オランダ商館医所持のフランス語世界地図を模写し、制作したものであった。この地図の解説書として同年『輿地略説』が、またその増補版の『地球全図略説』が翌年刊行している。

窮理学へ関心を抱いた契機は、天明八年（一七八八）から翌年にかけての長崎旅行にあったようである。和蘭通詞《オランダつうじ》本木《もとき》良永《りょうえい》から地動説を教示されたことが特筆される。良永はその時までに『和蘭《オランダ》地球図説』（一七七二）、『天地二球用法』（一七七四）を訳出して、地動説を簡単ながら紹介していた。さらに良永は松平定信の命を受けて『星術本《せいじゅつほん》源太陽窮理了解新制天地二球用法記《げんたいようきゅうりりょうかいしんせいてんちにきゅうようほうき》』（一七九一—九三）を訳して幕府天文台に献じ、より詳しく地動説を解説した。江漢は寛政中期にはこの良永の書を何らかの手段で見ていたと思われる。前掲『地球全図略説』で、「近来西洋人の説には、日は正中にありて、地は天を旋《めぐ》」ると述べたのが江漢の地動説への最初の言及である。『和蘭天説《オランダてんせつ》』（一七九六）では、コペルニクスの体系を図示して、「日輪ハ中心ニアリテ運転シ、衆星《しゅうせい》及ビ此地大陽ヲ囲デ旋ラン」と説いているが、まだ游子六《ゆうしろく》『天経或問《てんけいわくもん》』（一六七五序）の影響を色濃く残し、天動説の解説にも紙面を費やしている。このように不徹底なのは、彼自身『刻白爾天文図解《こっぺるてんもんずかい》』（一八〇八）の凡例で「其解得ガタシ……積年虚《むなし》ク労ス」と述懐しているように、その読解に苦労したからであった。事実、『和蘭天説』と『刻白爾天文図解』両者の刊行の間には一二年の間隔がある。こうして『刻白爾天文図解』では、コペルニクスが「此地転ノ説ヲ考究シテ、欧邏巴《ヨーロッパ》ノ諸洲皆此説ニ従フ、実ニ窮理ト云ベシ」と記して、地動説を詳述した。このように江漢の地動説紹介は、良永の訳業に大幅に依拠しており、暦算などに使えるレベルのものではないが、プロの天文方などが地動説を公言するのを控えた時、これを最初に図示・公刊して紹介した意義は大きい。

　世界地図とセットの天球図（一七九六）も江漢は銅版画として出した。それは中国古来の星図ではなく、ギリシャ神話の人物・動物を象《かたど》った星座の本邦最初の図である。江漢より一〇年前に長崎を訪れた三浦梅園は、西洋天球図を見て、そこに描かれる象形《しょうけい》を「怪醜悪《にく》ムベシ」とグロテスクさに辟易《へきえき》したようであるが、江漢はこれに興味を抱き、得意の銅版画で模写したのであった。

「吾国の人は、万物を窮理する事を好まず、天文、地理を好まず」「支那及びわが日本究理の学なし」（『春波楼筆記《しゅんぱろうひっき》』）と窮理・西洋文化の啓蒙に従事をした江漢であったが、文化六年（一八〇九）ころから画作・啓蒙活動から隠退し始める。友人山領梅山《やまりょうばいざん》宛書簡（一八一三）で「今は画も悟りもおらんだも細工も窮理話も天文も皆あきはて申候」と記すように、著しい心境の変化をみせる。この晩年の心境は老荘的虚無的世界観と評されるが、「鬼神とは水火の二気」と気還元論を展開し、広大な天地から見れば地球は一粟《いちぞく》のようで、「人は其一粟の中に生じて微塵《みじん》よりも小なり。汝も我も其みぢんの一毫《いちごう》ならずや」（『春波楼筆記』）、だから人も小虫も同じと述べている。これは時空（字義通り宇宙）の広大無辺の次元の窮理的世界観を背景にしていることにも留意したい。（吉田　忠）

150

本田利明《ほんだとしあき》（1743〜1820／21）

本田利明（名は三郎右衛門、号は北夷、魯鈍斎《ろどんさい》、姓は本多にも作る）の出身地、生没年に関しては不明な点が多いが、いまは越後《えちご》国蒲原《かんばら》郡という通説にしたがう。一八歳の時江戸に出、今井兼庭《いまいかねにわ》に関流の算学を、また天文・暦学を千葉歳胤《ちばとしたね》に学んだ。算家としての利明は関孝和《せきたかかず》の正統の算学を継承し、寛政六年（一七九四）には、関孝和の百年忌に碑を建て顕彰している。明和三年（一七六六）牛込の音羽に算学の塾を開き、音羽先生と呼ばれ多くの門弟を育てた。晩年加賀藩に一年半ほど仕官した。

　利明は一般には算家よりも、経世家として名高い。彼は主著『経世秘策《けいせいひさく》』および『西域物語《せいいきものがたり》』において「自然と国家豊饒《ほうじょう》すべき道理」たる「自然治道」を説いている。万民の増殖の勢いは日進月歩だから、国産もそれに従って増殖しなければ国用が不足する。不足すれば餓死など世の中は静穏でなくなる。「際限ある土地より出産する産物は、出産に際限」あるから、「終に国民は国産より多く、国産は国民より少くなるべし」（『経済放言』）マルサスの人口抑制を髣髴《ほうふつ》とさせるが、利明の考えはどこまでも開放的である。彼は自然治道の具体的施策を焔《えん》硝《しょう》、諸金《しょきん》、船舶、属島の四大急務としてまとめている。

　焔硝は硝石をさすが、火薬の意である。しかし彼の言う焔硝の効用は武備のそれではなく、掘割・河道など水路の開鑿《かいさく》と、それによる「運送便利」のためであった。

　諸金とは金銀銅鉄などの鉱山をいう。多くの鉱山が廃山となり、国益を損なっていることを奥州旅行などで見聞し、そうした「過失」たる失政の原因を説く。また金銀銅が外国に漏出《ろうしゅつ》せぬよう禁制の導入を主張する。

　船舶とは、天下の産物を渡海・運送・交易して万民を救う道であった。ただし民間ではなく官営によるとした。渡海の道を開くことにより、諸産物の値段も平均し、民は救われ、国産も日増しに増殖し、国家に豊饒《ほうじょう》をもたらすと説いている。ことに日本は海国であるから、渡海・運送・交易は「国家政務の肝要」と断じた。

　属島《ぞくとう》は「憚る事」が多いという理由で『経世秘策』では省略されているが、同書補遺およびこれに先立って著されたという『自然治道之辨』（一七五）によれば北方諸島への殖民論である。なお属島の開業の目標は蝦夷地であり、利明は北夷と号したように北方への関心は深かったが、その主な知識源は弟子最上徳内《もがみとくない》の実地見聞による。『経世秘策』後編・補遺には「国家豊饒策」と題された写本があるように、自然治道は進行する国内経済上の危機とロシアの南下に代表される対外的課題への対応策として構想された。四大急務を「修行すれば国家豊饒」となり、修行しなければ「国家衰微」となる。これが「治道自然の天理」と規定している（『自然治道之辨』）。

利明はこうした富国策の行く末に外国との交易を見据えていた。この点で国内経済の対応のみを論じているとして熊沢蕃山、荻生徂徠の経済策を批判する。「自国の力を以て治る計りにては、国力次第に弱」るばかりだから、国家豊饒策は「外国より金銀銅を取込の外に道なし」とし、そのために国産品を交易し、外国の金銀銅を獲得すべしというのである（以上『経済放言』）。「万国へ船舶を遣《や》りて、国用の要用たる産物、及び金銀銅を抜取て日本へ入れ、国力を厚く」するのが海国日本の方策と考えた。だから船舶は「国家の長器」であった（『長器論』）。かくして「交易は海洋渉渡《しょうと》するにあり。海洋渉渡は天文・地理にあり。天文・地理は算数にあり。是則国家を興すの大端《だいたん》（おおもと）也」と結論している。

この算数→天文・地理→渡海→交易→富国という論法はいささか我田引水《がでんいんすい》の嫌いがあるが、算家利明の面目躍如たるところでもあり、それだけに西洋航海術の研究にも手をつけていた。彼の西洋理解は『西域物語』によく表されているが、「欧羅巴《ヨーロッパ》の治道を探索するに、武を用て治る事をせず、只徳を用て治るのみ也」のように一部はなはだしい理想化が認められる。確かに彼の専門たる数学においても、三角法など西洋伝来の知識は主として中国に渡来したイエズス会士を中心とするカトリック宣教師たちの漢文の著訳書であった。しかし、『西域物語』に出るオランダ語や西洋航海書の草稿から、その程度はともかく、彼がオランダ語を齧《かじ》っていたと言えよう。利明が代表作を著した寛政期には、オランダ語の読解・翻訳ができるいわゆる蘭学者はごく限られた少数であって、むしろ乏しい蘭語知識をもってヨーロッパ事情をなんとか理解しようとする志向性を評価すべきであろう。

（吉田　忠）

151

山片蟠桃　やまがた ばんとう（1748～1821）

山片蟠桃は大坂の町人学者である。豪商の升屋《ますや》山片家の番頭として経営の才を発揮する一方、博識を駆使して創見に満ちた大著『夢ノ代《ゆめのしろ》』を著した江戸時代後期の実学者、思想家である。本名は長谷川有躬《はせがわゆうきゅう》、字は子厚、のち主家の姓を受けて山片芳秀、字は子蘭、蟠桃を号した。また升屋では惣五郎、久兵衛、七郎左衛門、小右衛門《こえもん》を通称した。寛延元年（一七四八）播磨《はりま》国印南《いんなみ》郡神《か》爪《づめ》村（現・兵庫県高砂市神爪）の百姓小兵衛の次男に生まれた。宝暦一〇年（一七六〇）大坂に出て、升屋の通い別家《べっけ》であった伯父の升屋久兵衛の家を継ぎ、やがて四代久兵衛を称した。升屋本家は初代の升屋平右衛門《へいえもん》（山片光重《みつしげ》）が米仲買で築き、大名貸《だいみょうがし》に転じたもので、二代重賢《しげかた》の時に本家に出勤した蟠桃は、奉公のかたわら大坂の学問所懐徳堂《かいとくどう》で中井竹山《なかいちくざん》・履軒《りけん》の兄弟に朱子学《しゅしがく》に基づく儒学を学び、のち中井門の「孔明《こうめい》」（諸葛《しょかつ》孔明）と評される力量を示した。次いで科学的天文暦学を開拓した麻田剛《あさだごう》立《りゅう》に師事し、これを契機に蘭学との関わりを深めた。

しかし、明和八年（一七七一）四代重芳《しげよし》が八歳で家督を継いだ時には、升屋は「身上《しんしょう》投出し」といわれるほどの経営危機に見舞われていた。当時蟠桃は二四歳、主家再興はその双肩にかかっていた。そこで、仙台藩御用において藩が農民から貢租の残米を買い上げ、江戸に廻米《かいまい》して利をあげる買米《かいまい》制度に着眼した蟠桃は、その買米資金を調達して一手に引き受け、藩財政と升屋の再建とに成功する。この成功は升屋における諸藩との関係を強化させた。一九世紀初頭には、仙台藩のほか豊後《ぶんご》の岡《おか》藩や陸奥《むつ》の白河藩、あるいは尾張《おわり》・水戸・越前《えちぜん》など全国諸藩の御用をつとめる蔵元・掛屋《かけや》・立入《たちいり》として升屋は名をあげ、海保青陵《かいほせいりょう》は『升小談』で蟠桃を「小右衛門ト云大豪傑《ごうけつ》」とまで評するに至っている。これにより、彼は文化二年（一八〇五）升屋の親類次席に取り立てられ、山片芳秀と改名した。しかし、蟠桃においてはこのころから失明との戦いが始まり、また同時に生涯に培《つちか》った学問の成果『夢ノ代』の集大成に傾注することになる。

『夢ノ代』一二巻は、享和二年（一八〇二）と三年の夏に書いた『宰我《さいが》ノ《の》償《つぐのい》』七巻に中井竹山・履軒の校閲を得て増訂改題し、病没する前年の文政三年（一八二〇）に完成した大著である。改題は師履軒の勧めによる。内容は天文・地理・神代・歴代・制度・経済・経論・雑書《ざっしょ》・異端・無鬼（上・下）・雑論から成り、広範な問題を論じるが、全巻を貫く批判精神や徹底した合理観は他に類例がない。その概要は、西洋の実証的学問を評価して東洋古来の宇宙観を否定し、地動説を理解する。さらに太陽中心の構成から、恒星《こうせい》は太陽で太陽系同様のものが宇宙には無数に存在するという大宇宙論を展開し、太陽の光と熱、湿気（空気と水）などの自然条件を持つ惑星《わくせい》には、地球同様の人民や動植物が存在する可能性さえ推論した。また地球上で日本を位置づけたのち、日本の神代史の神話を虚構と断じ、明確に歴史と区別した。かくて、現実的で合理的な蟠桃の批判は国学を含めた神道説や伝説、民間信仰からキリスト教にまで及び、さらにそれはみずからが学ぶ儒学の鬼神論の否定、無鬼論の主張にまで至っている。無鬼は霊魂の存在を認めない無神論で、そこでは聖人の聖徳も生きている間に限られ、死後の霊験も認められない。孔子廟《びょう》も例にもれないというほど徹底した唯物論《ゆいぶつろん》的無神論を展開した。病では鬼神にすがらず、医薬を用いるべしとする確信も、合理的な思考を貫く一部にすぎない。自然認識において実証的な蘭学を採用し、神秘主義を否定した蟠桃は、新しい科学的合理主義の先駆者であった。また経済の分野でも経済の自由を主張し、経済統制を否定するなど、幕府や諸藩の経済策に多く批判を加えている。しかし、その論も封建支配を批判する域には達していない。自然認識で科学的合理観を徹底させた蟠桃も、政治・経済・倫理などでは封建制を肯定し、儒学の教義を奉ずる姿勢をくずさないのである。これは時代ゆえの限界でもあったが、その合理的思考は経済生活に鍛えぬかれた大坂の町人学者ならではのものであり、また朱子学を尊重しつつも柔軟に、合理的にそれを運用する懐徳堂のあり方に通じるものであろう。次に記す蟠桃の二首の辞世《じせい》は、その徹底した合理観を端的に示すものとなっている。

　地獄なし　極楽もなし　我もなし
　　ただ有《ある》ものは　人と万物
　神《かみ》　仏《ほとけ》　化物《ばけもの》もなし　世の中に
　奇妙ふしぎのことは猶《なお》なし

（浅井允晶）

152 海保青陵《かいほせいりょう》（1755〜1817）

海保青陵（名は皐鶴《こうかく》、字は萬和《ばんわ》、通称は儀平）は、宝暦五年（一七五五）、角田青渓《すみたせいけい》（通称は市左衛門）の長男として江戸に生まれた。海保姓はのちに曾祖父の姓に自ら復したものである。角田青渓は丹後《たんご》国宮津《みやづ》藩（青山氏、四万八千石）の江戸家老職につき藩の財政再建につとめた経歴をもつが、荻生徂徠《おぎゅうそらい》の弟子宇佐美灊水《うさみしんすい》に学んだ古文辞学派の儒者でもあった。青陵も父同様灊水に入門し、いったんは古文辞学を学んだ。一七歳の時、父青渓が尾張藩に召され、青陵も尾張藩主の御目通りを得たが、二二歳の時に弟に家督を譲り、自らは旧縁の青山家に一五〇石で儒者として仕えた。その後青山家の禄も辞し、自由の身となり、青陵三五歳の時の寛政元年（一七八九）を機に上方を訪れ、以後主として京都に拠点を置きながら、江戸と上方を結ぶ東海道・中山道・北陸道を往来し、北は越後《えちご》、西は備前《びぜん》、讃岐《さぬき》に及ぶ各地を遊歴した。享和元年（一八〇一）には、尾張《おわり》藩江戸藩邸で月並《つきなみ》の講書役に召し出され江戸に戻ったが、文化元年（一八〇四）、病を理由に再び自由な浪人となり、関東から北陸地方に遊び、特に加賀《かが》藩領内に一年以上滞在した後、京都に戻った。以後遊歴は行わず、京都に定住して門人に書を講じ、『稽古談《けいこだん》』をはじめとする多数の著作を執筆した。文化一四年（一八一七）五月、六三歳で没した。墓は京都黒谷の金戒光明寺西雲院《こんかいこうみょうじさいうんいん》前に現存する。

青陵の思想形成の基盤となった重要な要素として荻生徂徠の学風があげられるが、一八世紀後半以降の徂徠学の衰退という趨勢の中で、蘭学などの新知識にも刺激されながら、徂徠学のもつ擬古主義《ぎこしゅぎ》を克服することを通じて青陵独自の学問は成立したと見られる。青陵はまず文章家として身を立てようとして、独自の「文章」（漢文）作法を門人たちに教授したが、それは反古文辞の文章論に基づくものであった。京都の漢蘭折衷医《かんらんせっちゅうい》三谷公器《みたにこうき》（笙洲《そうしゅう》）の求めに応じて寛政年間にまとめられた『文法《ぶんぽう》披雲《ひうん》』のなかで、青陵は文章家の心得は「信ㇾ意不ㇾ信ㇾ物」（意を信じて物を信ぜず）であるとし、古人が古語を用いて表現したように、現代の人は現代の言葉を用いて表現することを主張している。このような文章表現の探求から導き出された精神の行き着くところは、現実に有用な学問や政策を求める目的合理的な態度に他ならなかった。

青陵の思想の基本的な構成は、「サナケレバナラヌスジ」という「理」と、それを巧みに運用する能力である「智」、この二つの要素から成り立っている。「理」は状況に応じて千変万化する流動的、相対的な性格をもち、「理」に積極的に対応し運用していく能力である「智」は、しばしば「活智」と記されている。青陵が中国古典に求めたものは、現実の世界に多種多様に変化する「理」に対する「智」の組み立て方、「理」を推し窮めていく方法の手がかりであった。たとえば、『荘子《そうじ》』初めの三つの篇名である「逍遥遊《しょうようゆう》」「斉物論《せいぶつろん》」「養生主《ようじょうしゅ》」は、「我観我」（自分を客観的にとらえること）「我為物」（自分を相手の立場に置くこと）「皆利我」（相手が自分の利益になること）というようにそれぞれ読み替えられ、智を養う工夫を示したものとされる。青陵が把握した「理」のなかでも、とりわけ「ウリカイ（売買）」の理は、市場経済が浸透する江戸時代後半の現実世界に内在する経済法則の発見であるとともに、人間関係にも適用できる社会法則でもあった。君臣の主従関係は「ウリカイ」に基づいたドライな契約関係であり、士道は「市道」に過ぎないとされる。

市場経済の趨勢に準拠した「理」を積極的に認める青陵によると、孔子や孟子が唱えた「棄利《きり》愛民《あいみん》」の王道政治は乱世に天下を奪い取ろうとする方法であり、治世の利と利を争う世の中では通用せず、現在では覇道政治こそ適した方法であるという。こうした富国（富藩）の目的にそって、「法」と「術」による政策の遂行が唱えられる。具体的には、「産物マワシ」と呼ばれる藩専売と、領内の特産物生産を促進させる国産奨励の政策のなかで、賞罰制度や能力主義を採用する政策であった。この国産奨励による富国政策は上方の中央市場に依存し、特権的な商人資本の利益をはかろうとする傾向が強く、青陵の門人に上方や地方の特権型商人が多いことを忠実に反映している。その点では、天保期以降の諸藩の藩政改革が抑商《よくしょう》政策をとったことと相違するが、加賀藩や長《ちょう》州《しゅう》藩へのきわめて具体的な提言も含まれており、経営コンサルタントとしてどのような役割を果したかについての実証的な研究が今後求められている。（八木清治）

153

佐藤信淵《さとうのぶひろ》（1769～1850）

江戸時代後期の国学者、経世論者。字は元海《げんかい》、通称は百祐《ももすけ》、椿園《ちんえん》・祐斎《ゆうさい》・融斎《ゆうさい》などと号した。出羽《でわ》国雄勝《おがち》郡西《にし》馬音内《もない》に信季《のぶすえ》の長子として生まれる。生涯については、自著でしばしば言及しているが、いずれも疑問が多く信憑性に欠けるといわざるをえない。みずからいうところによれば、天明元年（一七八一）に父信季に従事して関東・東北・蝦夷を巡覧し、天明の大飢饉下での惨状を目撃したことが、自らの学問に大きな影響を与えたという。天明四年に父が足尾で客死《かくし》して後、江戸に出て宇田川玄随《うだがわげんずい》より蘭学・本草学《ほんぞうがく》を、木村泰蔵より天文・地理を、井上仲竜より儒学を学び、さらに各地を遊学して、儒学・天文・地理・暦学・兵学など多岐にわたる学問を修めたらしい。もっとも、信淵はみずからの学問について、佐藤家の高祖父《こうそふ》（祖父母の祖父）歓庵《かんあん》の「地図」、曾祖父《そうそふ》（祖父母の父）元庵《げんあん》の「気候」、祖父信景《のぶかげ》の「土性」、父信季《のぶすえ》の「水利」、そして信淵というように「五代の学」（あるいは信景以降の「三代の学」）を大成したものと主張している（『農政本論』）。しかしながら、羽仁五郎が明らかにしたように、信淵自身が著述したものをそのように作為・誇張して主張したものと思われる（『佐藤信淵に関する基礎的研究』一九二九）。文化五年（一八〇八）に徳島藩家老集堂《しゅうどう》氏の食客として戦術・砲術を講じ、『海防策』『西洋列国史略』などを著した。文化一二年（一八一五）、江戸へ出て平田篤胤《ひらたあつたね》に入門。また、幕府神道方吉川源十郎の門人ともなるが、翌年その神道講談所建設をめぐる不祥事に関わって江戸払いとなり、下総《しもうさ》国船橋に退去した。文化年間から文政年間にかけて、頻繁に篤胤のもとに出入りし、その神話的宇宙創造論や土俗的霊魂論から強い影響を受けたことは、文政八年（一八二五）ころに成った『天柱記《てんちゅうき》』『鎔《よう》造化育論《ぞうかいくろん》』に、篤胤の『霊能真柱《たまのみはしら》』『古史伝《こしでん》』と酷似した箇所が多いことに明らかである。ことに地動説に基づいて「古伝説」を再解釈する宇宙論の様式については、両者が何らかの形で協力して執筆を行った模様で、たとえば信淵『天柱記』の初稿と見られる『天柱記序』『天《あめ》之御柱記《のみはしらのき》』は篤胤『古史成文《こしせいぶん》』への註釈の形を取っており、篤胤『古史伝』でも「衆星」の「天日《あまつひ》」（太陽）の旋回などでしばしば信淵が引用されている。

文政年間は信淵の著作活動がもっとも活発な時期で、『経済要録』『混同秘策《こんどうひさく》』『農政本論』『草木六部耕種法《そうもくろくぶこうしゅほう》』などの主著が次々と著されていった。最も代表的な著書である『経済要録』は、総論、創業篇、開物（上中下）篇、富国（上下）篇の四篇一五巻より成り、総論では、「国君《こっくん》の要務」として「国土を経緯（秩序を整え、正す）し、万民を済救する」経済道を修めることが、創業篇では、天地創造期における「素朴」な状況に倣っての倹約の重要性が、開物篇では、富国を実現するための物産開発について、一七種類の土石類・二〇種類の草木類・一五種類の活物類の性質や採取法が、富国篇では、勧農・物産開発の上に藩専売制に基づく交易の必要性を挙げ、そのための基盤整備と藩による統括の重要性が説かれている。

天保三年（一八三二）に禁を冒して江戸に入った所を発見され、江戸十里四方追放に処せられ武州足立郡鹿手袋《しってふくろ》に退居。生活苦の中にあったが、次第に諸侯・諸藩士に知られるようになり、求めに応じて『物価余論』『復古法概言』などを著した。天保改革が始まると、『復古法』『垂統秘録《すいとうひろく》』など改革を意識した書を次々に著したが、認められることもなく嘉永三年（一八五〇）に没した。その著書は、既に見たように多岐にわたるものであるが、多くは先学の剽窃《ひょうせつ》である観が強い。たとえば、『農政本論』は萬尾時春《まおときはる》『勧農固本録《かんのうこほんろく》』などから、『鎔造化育論』は吉雄俊蔵《よしおしゅんぞう》『遠西観象図説《えんせいかんしょうずせつ》』から引用なしに拝借した説から構成されている。だが、信淵の独創と思われる点もある。たとえば、統一国家構想を抱き、中央政府に三台・六府を設け、人民を「草・樹・礦《こう》・匠《しょう》・賈《こ》・傭《よう》・舟・漁」の八業に分属させるとした点、中国（清）への侵略を展望して、樺太《からふと》占領や韃靼《だったん》の帰化を説いている点など、総じて明治国家の先取りともいえる国家論を主張している点は信淵に独特なものである。また、いかに剽窃とはいえ、宇宙論、農政論、経世論、国家論に及ぶ壮大な主張が行われていったところに、信淵の思想的特質、さらには化政・天保期（一八〇四-四四）の思潮の一つの特質が刻印されている。なお、信淵の著書の多くは江戸期にはほとんど黙殺されていたが、農書などは近代になり織田完之《かんし》らの官僚や福住正兄《ふくずみまさえ》らの報徳社人によってあらためて再評価されていくことになる。

（桂島宣弘）

154　曲亭馬琴　きょくてい ばきん（1767〜1848）

本姓は滝沢、名は興邦《おきくに》、解《とく》。通称清右衛門。曲亭馬琴は「くるわでまこと」の語呂あわせで作られたペンネーム。号に蓑笠漁隠《さりつぎょいん》など。明和四年（一七六七）生まれ、嘉永元年（一八四八）没。享年八二。

旗本松平鍋五郎に仕える武家の身分に生まれたが、馬琴自身は主家と訳があって、武家を離れて市中に放浪し、当時の人気戯作《げさく》者山東京伝《さんとうきょうでん》に弟子入りし、やがて写楽《しゃらく》を売り出したことで知られる蔦屋重三郎《つたやじゅうざぶろう》家の家僕《かぼく》になった。二七歳の時、蔦屋を出て、会田氏お百と結婚し、元飯田町中坂下に居を構えた。

山東京伝のもとで歩みはじめた戯作者の道は、黄表紙《きびょうし》、合巻《ごうかん》などに結実しているが、享和二年（一八〇二）の上方旅行を境にして、本格的な読本《よみほん》を書きはじめ、『南総里見八犬伝《なんそうさとみはっけんでん》』ほか約四〇種の作品を残した。読本作者としては、上方で発生した読本のジャンルが江戸において発展し、江戸生まれの馬琴が江戸の本屋から出版する、いわゆる江戸読本の代表的な作者であったところに意義がある。近世後期の人気作者として江戸文壇に君臨し、潤筆料《じゅんぴつりょう》（原稿料）を本屋から得て生活の資《し》にすることができた珍しい例である。

主要な作品をいくつか挙げると、寛政八年（一七九六）刊の『水滸伝《すいこでん》』の翻案作品『高尾船字文《たかおせんじもん》』が読本の初作である。『椿説弓張月《ちんせつゆみはりづき》』は、鎮西《ちんぜい》八郎源為朝《ためとも》を主人公とした史伝物読本の代表作であるが、舞台となった琉球ほか南島各地を王化するナショナリズムの主題と作者の尊王思想が指摘されている。大内義隆《おおうちよしたか》を殺した陶晴賢《すえはるかた》を主人公とした『近世説美少年録《きんせせつびしょうねんろく》』、新田義治《にったよしはる》の子脇屋義隆《わきやよしたか》の子を主人公とした『開巻驚奇侠客伝《かいかんきょうききょうかくでん》』には、勧善懲悪、因果応報の道徳観を物語原理とする一方で、栄えた者は滅ぶ、満ちれば欠けるという変易論《へんえき》による歴史解釈が見られる。ここには新井白石『読史余論《とくしよろん》』と頼山陽『日本外史』の影響が指摘されている。

『南総里見八犬伝』は文化一一年（一八一四）から天保一三年（一八四二）に至る二八年間の長期間にわたって刊行された。結城《ゆうき》合戦を発端とする室町末期の史実を背景に、房総里見氏初代義実《よしざね》の活躍とその娘伏姫《ふせひめ》の出生から語り始めて、八犬士と呼ばれる不遇薄命《ふぐうはくめい》の少年たちが大同団結するまでを緊密な構成で描いた近世読本屈指の長編小説である。伝奇的時代小説の枠組の中に、写実的に描いた関東農漁村の生活誌を織り込んでいる点でも比類がない。勧善懲悪の物語理念、積善余慶《せきぜんよけい》、積悪余殃《せきあくよおう》の歴史解釈、「禍福は糾纏《あざなえるなわ》の如し」のような印象的な成句、『水滸伝』をはじめとした和漢の学識、稗史《はいし》七法則の小説技法、細部に至る緊密な構成など、見るべき所の多い近世小説史上の傑作である。錦絵の画題や歌舞伎作品にもなって、当代の人気作品であった。

『八犬伝』は明治に至って坪内逍遙《つぼうちしょうよう》に「仁義八行《じんぎはっこう》の化《ばけ》物《もの》」と登場人物の類型性を批判されたが、不遇薄幸の少年達が自分を正当に評価してくれる新しい主君を求めて苦難を重ねる物語は、既存の身分的秩序が動揺し、新しい秩序を予感する幕末期の読者の共感を呼んだ。『八犬伝』の作中人物には、馬琴の家が将軍家の臣の松平の臣、すなわち陪臣《ばいしん》であったこと、童扈従《わらわこしょう》（幼君の近臣）という職分であったことも投影されている。

馬琴の文学作品の著作は、読本のほかに黄表紙《きびょうし》、合《ごう》巻《かん》、俳諧歳時記、随筆が出版されている。また、江戸作者について述べた『近世物之本江戸作者部類《きんせいもののほんえどさくしゃぶるい》』や建部綾《たけべあや》足《たり》『本朝水滸伝《ほんちょうすいこでん》』についての批評「本朝水滸伝を読む並びに批評」、『八犬伝』ほか自作について伊勢の小津桂《おづけい》窓《そう》をはじめとする熱心な読者と交わした評答などは、近世文学史、批評史上、貴重な文献である。

馬琴の著述には、出版されたもの以外に、多くの私的な日記・書簡・家記が伝えられている。書簡は寛政期から嘉永期までの四百余通が残る。『吾仏乃記《あがほとけのき》』は滝沢家代々の詳細な家記である。近世人が自己をどのように把握していたかがよく分かる。『後の為の記《のちのためのき》』、『改過筆記《かいかひっき》』は息子の宗伯の病厄と闘病、死に至る経過を詳述した終焉記《しゅうえんき》（看取《みと》り日記）である。馬琴は、息子の悲運の理由を求めて、和漢の占卜書《せんぼくしょ》を博捜《はくそう》している。『周易』や『通徳類情《つうとくるいじょう》』が晩年の馬琴を捉えた書である。これらは作者の伝記や江戸文壇、出版史の一級の資料であるのは言うまでもないが、近世後期の江戸人の生活記録としても重要である。

（稲田篤信）

155

佐藤一斎《さとういっさい》

（1772～1859）

江戸後期の儒学者。名は信行のち坦《たいら》、字は大道、通称は幾久蔵《きくぞう》のち捨蔵《すてぞう》、号は一斎。安永元年（一七七二）、江戸浜町の岩村藩（美濃《みの》）藩邸で家老の次男として生まれた。寛政二年（一七九〇）、一九歳で藩主松平乗保《のりやす》の近侍（取次上座・玄関番）となるが、翌年に故《ゆえ》あって職を免ぜられ、仕籍《しせき》を脱することを願って認可された。寛政四年（一七九二）には大坂に遊学し、懐徳堂《かいとくどう》の中井竹山《ちくざん》に師事するとともに、弟の中井履軒《りけん》とも研鑽を積み、江戸に帰っている。寛政五年（一七九三）、大学頭林錦峰《だいがくのかみはやしきんぽう》に入門する。ところがまもなく錦峰が没し、前岩村藩主松平乗蘊《のりもり》の子であった述斎《じゅっさい》が林家《りんけ》を継いだため、一斎はそのまま林述斎《じゅっさい》の門人となった。文化二年（一八〇五）、三四歳のおりに林家塾の塾長となる。昌平坂にあった林家塾は寛政期に収公されて幕府直営の学問所になったのだが、林家はそのほかに八代洲河岸《やよすがし》にも塾を持っており、一斎はこの林家私塾の塾長になったのである。文政九年（一八二六）には岩村藩の家老同様の扱いとなる。天保一二年（一八四一）、七〇歳で幕府儒者となり教育や検閲、また、ペリーがもたらしたアメリカ大統領の国書（英文・漢文・蘭文《らんぶん》の三通）の漢文和訳などの業務にたずさわった。安政六年（一八五九）、昌平坂《しょうへいざか》学問所《がくもんじょ》構内の役宅にて八八歳で没した。

主な著作としては「言志四録《げんししろく》」がある。これはそれぞれ三〇〇前後の短い条文を集めた随想・箴言録《しんげんろく》で、『言志録』（文化一〇年執筆開始、文政七年刊）、『言志後録《こうろく》』（文政一一年～天保八年ころ執筆、弘化三年刊）、『言志晩録』（天保九年～嘉永二年執筆、嘉永三年刊）、『言志耋録《てつろく》』（嘉永四年前後に執筆・筆削《ひっさく》、同六年ほぼ完成、安政元年刊）から成る。また「欄外書《らんがいしょ》」と呼ばれる儒学経典《けいてん》の注釈書がある。これはこれまで経典の欄外に書き込んできたメモの部分のみを整理したもので、成立年順に挙げると『小学書欄外書』（文政一〇年）、『大学摘説《てきせつ》』（文政一二年、別名『大学欄外書』）、『孟子欄外書』（文政一三年以前）、『伝習録欄外書』（天保元年）、『易学啓蒙《えきがくけいもう》欄外書』（天保四年）、『中庸《ちゅうよう》欄外書』（天保七年以前）、『論語欄外書』（天保七年以前）、『近思録欄外書』（天保一〇年）、『周易《しゅうえき》欄外書』（成立年不明）、

『尚書《しょうしょ》欄外書』(成立年不明)がある。このほか一斎が生涯にわたって作った文や詩は『愛日楼全集《あいじつろうぜんしゅう》』に収められている。

学問遍歴を見ると、天明六年(一七八六)ころより宋学に従い、寛政三年(一七九一)から翌年にかけて陸象山《りくしょうざん》や王陽《おうよう》明《めい》の学に引かれていく。ただし一派を標榜することはせず、学派を相対化する視座を持っていた。後年は朱陸王《しゅりくおう》同宗——朱熹《しゅき》、陸象山《りくしょうざん》、王陽明などの学説間には異同があるが、宋学(周濂渓《しゅうれんけい》・程明道《ていめいどう》・程伊川《ていいせん》など)に由来している点では同じである——を唱え、危険思想と見られることがあった陽明学を根付かせるべく尽力した。

一斎はこれらの諸学を滋養源《じようげん》として思想的営みを行ったが、その思想の根底には、身分階層、学問宗教、国・地域の区別を超えた「道」の普遍性への確信がある。この確信をもとにいわゆる寛政異学の禁を画策した正学派朱子学に対抗し、政治力による上からの教化ではなく、各自が「誠」を尽くすことにより人々を動かしていくことができると説いた。考証学が広まるなかでは一斎は、この「文字上」の学に対抗して「心」の学を唱えた。その心の学は、文字が読める人・読めない人という違い、あるいは西洋など、使用している文字の違いという、文字によるところの人間の区別を超えていく普遍性を持つものとなった。また本居宣長《もとおりのりなが》や平田篤胤《あつたね》などの国学者により神々の世界が構築されていたが、これに対し一斎は、神を超えた至上の超越者として「天」を信奉する。天は生死や禍福などをつかさどり、時としてその働きには人間にとって不可測な面もあるが、そこには天の深慮があるのだとして信じて受けとめるべきとし、天は公平で特定の国だけ贔屓《ひいき》するようなことはしないと説いた。

門人は数多く、そのなかには安積艮斎《あさかごんさい》、渡辺崋山《かざん》、河《かわ》田《だ》迪斎《てきさい》、奥宮慥斎《ぞうさい》、吉村秋陽《しゅうよう》、川路聖謨《かわじとしあきら》、佐久間象《しょう》山《ざん》、山田方谷《ほうこく》、大橋訥庵《とつあん》、中村正直《まさなお》などの俊英がいる。また著作を通して一斎の影響を強く受けた人物として、西郷隆盛、植木枝盛《うえきえもり》、田口卯吉《うきち》、新渡戸稲造《にとべいなぞう》などがいる。

(中村安宏)

156

平田篤胤
ひらた あつたね

（1776〜1843）

江戸時代後期の国学者。通称は大角、また大壑《だいがく》。号は、はじめ真菅之屋《ますげのや》、のち気吹乃屋《いぶきのや》（気吹舎）。秋田藩士大和田清兵衛の四男に生まれたが、里子や養子に出されては戻されるなど幸薄い幼少期を送る。二〇歳で脱藩。江戸に出て備中《びっちゅう》国松山藩士で兵学者の平田藤兵衛の養子となる。ロシアや欧米列強のアジア進出による対外的危機意識の高まりのなか、本居宣長《もとおりのりなが》の書物と出会ってその古道論に触発され、古典と民俗的神信仰を核とする独自の思想を構築し、幕末から明治にかけての変革期のイデオロギーとして大きな影響を与えた。その学問と思想は平田国学とか平田神道と称される。天保一二年（一八四一）六六歳の時、幕府から著述差し止めと国許帰還《くにもときかん》を命じられて秋田に戻り、天保一四年に六八歳で死去した。

篤胤は本居宣長の「古道」論を継承し、神話伝承に示されている古道こそ世界万国の道の源であるとの立場から、神話と西洋天文学を結合させた服部中庸《はっとりなかつね》の『三大考《さんだいこう》』をもとに独自の宇宙論を構築した。それをもとに世界万国の生成は日本から始まったこと、世界のあらゆる教えも日本の古道《こどう》の伝播《でんぱ》変容にすぎないと説き、そのことを膨大な著作物によって論証しようとした。しかし、宣長が「皇国」たる日本の優越性という観念に立脚しつつも、あくまでも『古事記《こじき》』を中心とする古典の文献学的方法を通して帰納的に古道の内実に迫るという学問的態度を保持したのに対して、篤胤は「まず天地世間のありさまをよく観て、腹に一つの神代の巻の出来たる上」で古典と向きあうことによって古《いにしえ》の道の真実が明らかとなる、とする（『古史伝《こしでん》』）。彼は『古事記』の伝えといえども完全なものではなく、道の真実は『日本書紀』『祝詞《のりと》』『古語拾遺《こごしゅうい》』『風土記《ふどき》』などの古典の中にも跡を留めているとして、真の古伝である『古史伝』の編纂に膨大な精力を傾注するのである。篤胤の学問は自己の経験や書物を通して構想した宇宙論や世界像を古典解釈という形をとって古典の中に投影し権威づけるというものであり、宣長の方法とは全く逆のものである。彼は古道が世界万国の教えの源であることを論証すべく、中国の典籍や仏典はもとよりキリスト教にまで探索の手をひろげた。一例をあげれば、『創世記』のアダムとイブの話は日本の伊邪那岐《いざなき》（『古事記』）・伊邪那美《いざなみ》（『古事記』）神話が変容したものであると説くがごときである。

このような彼の精力的な道の学びの核心をなしていたのは、死後の霊魂の行方への強い関心であった。篤胤学宣言の書である『霊能真柱《たまのみはしら》』冒頭において、彼は道を学ぶ者は「大倭心《やまとごころ》」をしっかりと固めてかからねばならない。そのためには「霊《たま》（魂）の行方《ゆくえ》の安定《しずまり》」を知ることが不可欠であると説き、天（太陽）・地・泉（月）から成る宇宙の生成と世界の構造を神話と結びつけながら説明する。服部中庸の『三大考』が泉を死後の霊魂の赴く世界とするのに対して、篤胤は泉を須佐之男命《すさのおのみこと》（『古事記』）が支配する月とし、泉と死後の霊魂の世界とを切り離し、地に生の世界とともに死後の世界も併存すると見る。すなわち、地は顕世《うつしよ》と幽世《かくりよ》から成る。幽世は神々と祖霊から成る世界であり、顕世の人々を見守っている。人間は産霊神《むすひのかみ》により真性（まごころ）を分与されてこの世（顕世）に生を与えられ、顕世を主宰する天皇のもとで人としての使命を成し遂げる。死後、霊魂は幽世に赴き、主宰神である大国主神《おおくにぬしのかみ》から生前の事績について賞罰を受ける。真の幸いはこの幽世での幸いであるから、人間は真性にしたがって人としての務めを果たすことが大切だと説かれる。篤胤は神話の世界観と民俗の宗教的世界観とを結びつけ、キリスト教的な来世観の影響をも受けながら、独自の信仰的世界を作り上げたものと言えよう。

軍事的・文化的に巨大な西欧世界が眼前に迫り、既存の価値観が大きく揺らぎはじめた時代状況の中で、日本がいかに自らの軸足を確保するかが切実な時代の課題となった。彼の学問と思想はまさにこの課題への応答であった。その思想は、幕末のナショナリズムの高まりの中で、尊王攘夷《そんのうじょうい》運動の重要なイデオロギーとなるとともに、維新後の宗教政策にも大きな影響を与えた。他方、すべての人間は神々から霊魂を賦与され、社会の担い手としてこの世に生を受けているとの思想は、在地の有力農民層の心をも捉え、下からの近代化を支える役割をも果たすことになる。著書は『霊能御柱』『古道大意《こどうたいい》』『古史伝』など多数。主な門人に、六人部是香《むとべよしか》、矢野玄道《やのはるみち》、宮負定雄《みやおいやすお》、大国隆正《おおくにたかまさ》などがいる。

（高橋美由紀）

157 大国隆正《おおくにたかまさ》（1792〜1871）

幕末・明治時代初期の国学者、神道家。初名は秀文《ひでふみ》・秀清《ひできよ》。字は子蝶《しちょう》、通称は仲衛。はじめ一造、のち総一郎・匠作《しょうさく》・仲。号は戴雪《たいせつ》・天隠《てんいん》・如意山人《にょいさんじん》など。はじめ今井氏を称したが、後に野之口と改め、ついで大国を称した。石見《いわみ》国津和野《つわの》藩士今井秀馨の子、寛政四年（一七九二）一一月江戸桜田の藩邸で誕生。文化四年（一八〇七）平田篤胤《ひらたあつたね》に入門し、ついで宣長門人の村田春海《むらたはるみ》に音韻《おんいん》学を学んだ。さらに昌平坂《しょうへいざか》学問所で古賀精里《こがせいり》に儒学を学び、文化六年には同所の舎長となる。文政元年（一八一八）には長崎に数か月遊学し、西洋の理学書やインドの梵書《ぼんしょ》を学び、学的視野を広げた。

同一二年（一八二九）故あって脱藩し、野之口と改姓して、学問で身を立てようとした。天保六年（一八三五）大坂で新しい学問を開き、みずからの学を「本学」「本教」と称した。天保一二年（一八四一）五〇歳の時に京都に家塾好古堂《こうこどう》を開き、その前後、小野藩、姫路藩、福山藩でみずからの学を講じ、さらに水戸斉昭《なりあき》や関白鷹司政道《たかつかさまさみち》にもその学を説いた。

嘉永四年（一八五一）には、彼の学問に共鳴した津和野藩主亀井茲監《これみ》の計らいによって津和野藩の臣籍に復し、藩校養老館でみずからの学を講じ、国学教師岡熊臣《おかくまおみ》とともに多くの人材を育成した。

隆正は、幕末期において、徳川幕藩体制そのものを打ち倒すべきとの見解をもっていたわけではないが、津和野藩主亀井茲監や同藩の福羽美静《ふくばびせい》などの門人を通じて倒幕志士の運動に刺激を与える面も存した。

明治に入ってからは、新政府の神道政策に積極的に参画し、明治元年（一八六八）に内国事務局権判事《ごんのはんじ》となり、ついで同年神祇事務局権判事、明治三年には宣教師御用掛に任じて、他の平田篤胤門下とともに新政府の祭政一致をめざす神道振興政策に参与した。彼の門人、玉松《たままつ》操《みさお》・福羽美静らは新政府の神道政策の重要な推進を果たした。明治四年（一八七一）八〇歳で没した。

隆正は、師篤胤とその門流たちの、宗教的色彩の濃い国学を脱して、宗教的色彩の希薄な「政治的道徳的教えとしての国学」とも呼ぶべき学問・思想を創成し、もって幕末・維新期の日本に負わされた政治的社会的課題に応えようとした。幕末のペリー来航後に著した『文武虚《ぶんぶきょ》実論《じつろん》』『本学挙要論《ほんがくきょようろん》』では、天皇を「四海万国《しかいばんこく》の総主」、日本を「大帝爵《だいていしゃく》の国体」を保持する国とみなしつつ、この自覚をもって諸外国に臨むべきだと力説した。この所論の大枠は、師篤胤の所説に基づくところが多いが、直接的攘夷《じょうい》を説くのではなく、いったん開国して国力を着けてからの攘夷の実現を「大攘夷」なりとして説くなど、長期的視野からなる、独自のしたたかな面をもっていた。

隆正の思想的営為の大要は、次の三点――神道思想・政治思想・歴史思想に分けて示すことができよう。

第一に神道思想から。彼が国学神道思想の流れのなかで、篤胤と主要な門人たちの、神の造物・造作作用に重きを置く神道思想（そこでは、産霊《むすび》の神の造物という神秘的働きがとくに重視される）とは異なる、天照大神《あまてらすおおみかみ》中心の、神の主宰の働きを重んずる神道思想を、形成・主張したことである。隆正の神道思想では、天照大神を中心とする。根元的神々の主たる働きが、地上世界に望ましい政治的・道徳上の秩序を形成する点にあり、その神道思想は「政治的・道徳的教えとしての神道」という特色をもっていた。篤胤とその主要な門人たちの、神の神秘的な造作作用を強調する神道思想とは異なる。一種の「合理的な」神道と呼びうるものであった。

第二に政治思想。前述の記述と重複するが、隆正は、日本は地上世界の総本国であり、天皇は地球全体の「総《そう》帝《てい》」であるとする、日本中心の世界秩序を、神々の働き――主宰の働きを主とする働きを根拠にして力説していたのである。

第三には歴史思想。隆正は、日本さらには全世界の歴史は、根元的神々ことに天照大神ほか（この際、隆正にあっては特に思兼《おもいかね》の神の役割が重要である）の神々によって、日本が世界の総本国であり、天皇が世界の総帝であるという「不変の価値・原理」が顕現《けんげん》しゆく過程として捉えられていた。ここには、歴史の原因はいかなるものであり、歴史の実際の展開相はいかなるものであるかをめぐって、まさに新たな見解が示されている。

（玉懸博之）

158 二宮尊徳《にのみやそんとく》（1787〜1856）

天明七年（一七八七）に相模《さがみ》国栢山村《かやまむら》（現・神奈川県小田原市）で農家の長男として生まれ、安政三年（一八五六）に七〇歳の生涯を終える。各地の農村復興に取り組んだ江戸後期の実践家で、それら実践を貫く思想が報徳思想と呼ばれている。幼名は金次郎（正式には金治郎）、尊徳は「たかのり」と読む。

　当時の農村地は貧富の格差が深刻化し、加えて冷害など異常気象により飢饉の被害が広がっており、金次郎の家も次第に困窮する。さらに一四歳で父を、一六歳で母を亡くすことで、一家は離散し、伯父《おじ》の家で養われることになる。この時、仕事を手伝う合間、菜種を蒔《ま》いて油を手に入れたり、捨苗を拾って空き地に植え一俵の米を収穫したりする。その後も年々収穫を増やし、二〇歳で伯父の家を出て自家に戻り、四年後に再興を果たす。三一歳時には村で二番目の大地主にもなる。

　この自家再興の手法を活かし、二五歳から小田原藩家老服部《はっとり》家に勤め、服部家の財政建て直しを成功させる。またこの功績が認められ、小田原藩主大久保忠真《ただざね》から、土地の三分の二が荒野となっていた桜町領（現・栃木県真岡市）の復興を命じられる。三七歳のとき全財産を処分して桜町に移住し、以後一五年を費やし任務を完遂《かんすい》する。この後、各地の復興事業や飢饉救済に力を注ぎ、五六歳で幕臣となり、日光領など幕府領の再興にも務める。生涯を通じかかわった地域は六〇〇余村に達する。

　薪《まき》を背負って本を読む立像で知られる金次郎少年は、成人してからのち、書物の世界ではなく荒廃した農村という実践現場に駆り出される。尊徳の思想は、農民らとのやりとりや農作業など日々の実践から編み出された。

　尊徳が生きた時代は厳しい年貢の取り立てや天災が多く、長い月日をかけた農民たちの労働が、どうにもならない力（領主の命令や自然の力）によって一瞬にして無駄になる事態が重なる。この事態が農民たちに無力感を与え、田畑に出る気力を失わせたのである。これをみた尊徳は、荒地を耕すためにまずすべきことは、人びとの「心田《しんでん》を耕す」ことだと考える。いわゆる道徳至上主義的精神論ではなく、人間は心に希望や納得があってこそ実際に行動できるという現実からの発想である。

　尊徳は、自然が田畑に稲も雑草も等しく育む力を持つ様子を見て、「天道（自然）」は人間に善も悪も与えると考える。そのため、人間が自然にのみ従うなら悪を蔓延させ（雑草を育て田畑を荒地にし）、自然を無視するなら善を捨てる（稲の実りを諦める）ことになると捉え、自然に「宜《よ》き程に従い、宜き程に逆らう」のが「人道」だと言う。人間は万能ではないが無力でもなく、工夫という実践が可能な主体だと捉え、ここに心田を耕す回路を見出す。そしてこれを「我が道は至誠と実行のみ」と表現し、「実行」を「勤労、分度《ぶんど》、推譲《すいじょう》」の原理として提出する。これが報徳思想である。このとき天道に従うことを「至誠」。そのうえで逆らう工夫や実践をする（雑草を抜く）ことを「勤労」。実践によって得た収穫（実り）を分配する割合を決めることを「分度」とする。従うと逆らうのバランス（自然と人間の共同）によって収穫が可能なのだから、これは両者に分配すべきとしたのである。そして宜《よろし》き程を自然に譲る行為を「推譲」とした。

　自然に譲るとは、天災のための備蓄、伐採《ばっさい》した土地への植林などであると同時に、貧しい者への施しや未来の人間（子孫）のための備えなど自分以外の者に譲ることでもある。さらに、米麦や道やあぜといった物質だけでなく、喜びや悲しみ、あるいは何らかの功績などを譲ることも含まれる。つまりこの「至誠、勤労、分度、推譲」は、人間同士の関係における心田開発という倫理的行動原理としても提示されているのである。

　尊徳にとって重要なのは、この原理に基づく人道的実践が、結果（収穫）に結びつき、現実生活を豊かにするという点である。生涯をかけて、道徳と経済が不可分であるというその一点を証明しつづけたとも言える。

　報徳思想と呼ばれる尊徳の考え方は、徹底して実践から生まれ、育《はぐく》まれる。尊徳は、この考え方をより具体化して農村再建方法としての報徳仕法や、経済再建方法としての無利息金貸付の報徳金システムなども考案する。

　現代、道徳と経済のかかわりや、自然環境と人間のかかわりが世界的に問題視されるなか、それらのかかわり方を考えるためのモデルとして報徳思想が再び注目を集め、二〇〇四年には中国北京大学と報徳博物館を中心に国際二宮尊徳思想学会が発足している。（中桐万里子）

159
帆足万里《ほあしばんり》
（1778〜1852）

帆足万里（通称は里吉、字は鵬卿《ほうけい》）は豊後国日出《ひじ》藩士帆足通文《みちぶみ》の三男に生まれた。帆足家は代々物頭《ものがしら》・用人を務めた家柄で、父通文もこれらの要職の後、家老に抜擢された。通文は学問好きで三浦梅園《みうらばいえん》と文通をしている。寛政三年（一七九一）一四歳の時脇蘭室《わきらんしつ》に入門、蘭室が熊本藩校時習館の教師になるまで七年間師事した。寛政一〇年藩命で大坂へ行く父に同行し、懐徳堂中井竹山《かいとくどうなかいちくざん》に学び、京都では皆川淇園《みながわきえん》の門に出入りした。享和元年（一八〇一）日田《ひた》の広瀬淡窓《ひろせたんそう》、博多の亀井南冥《かめいなんめい》を訪れている。それが機縁となったか、万里は未見であったが、亀井昭陽《しょうよう》に門下生を託し、学問的交流をはかっている。享和三年家塾を開き、翌文化元年には藩学教授に任ぜられた。天保三年（一八三二）藩主の懇請により家老となるが、三年の後辞し、家塾を再開、門弟を教導した。嘉永五年（一八五二）六月、ペリー来航ほぼ一年前に病没。

万里初期の著作『肄業余稿《いぎょうよこう》』は、師蘭室の跋文を附して文化五年（一八〇八）に刊行されているが、蝦夷・ロシア情勢に関心を示し、アジア東辺の儒教を奉ずる国でわが国が最も「善国」と評価し、また巨艦を製造し、平時は海運に従事し、火急の際の防御に備えるべしとその時勢認識を示している。ただ「余稿」とある通り断片記事の集成である。また西人の学は実で、天文地理の類は精を極めると述べているのは、彼の主著『窮理通《きゅうりつう》』へと続く西洋自然科学研究への端緒が既に見えている。

『窮理通』初稿は誤りが多いという理由で破棄された。同稿に「西説」とあるが、中国の『天経或問』や『物理小識』などに紹介されるものであって、蘭書やその翻訳書を参照した形跡はない。七年後の文化一四年（一八一七）四〇歳の時口授した『窮理小言』は志筑忠雄《しづきただお》『暦象新書《れきしょうしんしょ》』に依拠して著された。「四十余にして西籍《せいせき》を得て之《これ》を読む」（自序）とあるから、四十代前半からオランダ語の学習を始めたらしい。天保七年（一八三六）のころ新稿『窮理通』は成ったようであるが、同書初めの「引用和蘭書目」には一三種の蘭書が挙げられている。

これら蘭書のなかでもラランデ天文書（J.J. Lalande.

Astronomia of Sterrekunde, 1773-80）とミュッセンブルック『自然学の原理』（P. Musschenbroek, *Beginsels der Natuurkunde*, 1739）が重要である。本書は天文学から力学、光学、気象現象と自然現象全般を論じたもので、ミュッセンブルックの書のスタイルに応じている。なかでも「引力」第五上中下（巻四－六）では、いわゆる引力・重力のほかに、分子《ぶんし》（粒子《りゅうし》）間力《かんりょく》、磁気、電気、光を同じ牽引《けんいん》現象に着目して「引力」というカテゴリーで扱っているのが注目される。三浦梅園や志筑忠雄の影響を受けてか、彼は気の自然哲学を展開する。『窮理通』では先の蘭書から得た知識を紹介したあとで、「帆足子《ほあしし》曰《いわく》」として、引力は「発気に係る」とか「一種発気の為すところ」と注釈を附し、「引力強弱発気の多少による」と、今日の質量に代るに発気の量をもって解釈している。また『窮理通』の幾何光学《きかこうがく》の解説はおそらく江戸時代最高の水準にあるが、光の本性に関しては、西人は光が引力であることを知らず、誤っていると批判している。

万里の西洋学に対するスタンスは、その実証性の優秀さを認めつつも、「西人の学固より精なり。……故に測験の及ばざる所、精微《せいび》の域、其言往々晦《かい》にして明かならず」（自序）と批判的摂取であった。この点は彼の医学論たる『医学啓蒙』によく現れている。「西人《せいじん》ハ解剖《かいぼう》分析ノ学ニ明ニシテ事ニ精到ナレバ形態ヲ明ムルノ学ハ必西法ニ従ベシ」と解剖学の重要性をまず説く。それに「薬ノ効能ハ用ヒ覚エテコソ定ムベシ」と経験を重視する。こうして「西人ハ解剖シテモ治法ヲシラズ」だから、「今ノ医者ハ宜《よろし》ク漢蘭《かんらん》医法《いほう》ヲ兼学」すべしという漢蘭折《せっ》衷《ちゅう》の結論を導き出した。それ故「純粋蘭方」は言わば「畠水練《はたけすいれん》」で実際には役立たないと皮肉っている。万里自身は「余ハ執匕《しっぴ》セシコト無キ」と実地の医師ではなかったが、その門下から賀来佐之《かくすけゆき》・飛霞《ひか》兄弟、日野鼎《ひのてい》哉《さい》、佐野柿園《さのしえん》などそうそうたる医師が輩出している。

万里は「余ハ窮理ノ学（説）ヲ好ミ」と『医学啓蒙』で二度も述べ、『窮理通』自序を「易の大伝《たいでん》に窮理の言あり」と書き始めている。また「当今の務は宜しく小物を明かにして、之れを用に登《な》すべし。是《こ》れ窮理の学興す所以《ゆえん》なり」あるいは「厚生利用の道を立て、孝悌彝倫《こうていいりん》の教へを設け」と述べ、儒学の範疇《はんちゅう》内で西洋科学を受け止めようとしたのであった。

（吉田　忠）

160　広瀬淡窓

ひろせ　たんそう

（1782～1856）

江戸後期の儒者、教育者で漢詩にも長じた。天明二年（一七八二）、天領の豊後《ぶんご》国日田《ひた》郡日田の豆田《まめた》町に九州諸侯の御用達《ごようたし》町人（屋号は博多屋）であった父広瀬三郎右衛門と母ぬいの長男として生まれる。幼名は寅之助、長じては求馬《もとめ》。名は簡、後に建《けん》。字は初め廉卿《れんきょう》、後に子基《しき》と改める。淡窓はその号である。他に青渓、苓陽《れいよう》、遠思楼《えんしろう》主人等も用いた。一六歳の時に亀井塾に入門し、南冥《なんめい》・昭陽《しょうよう》父子（徂徠学系）に師事するも、病を得て二年足らずで帰郷。以後独学で精進し、文化二年（一八〇五）開塾。塾は成章舎、桂林園を経て、同一四年に咸宜園《かんぎえん》へと移転発展し、全国各地から三千人程の入門者が集った。「咸宜」とは『詩経』に由来し、「みな宜しきにあう」の意。塾では入門時における身分・学歴・年齢が一切問われず、入塾後の学習の成果に応じて優劣を決める「三奪《さんだつ》の法」の教育方法が厳格にとられた。そのために月例試験による成績評価（「月旦評《げったんひょう》」）に基づいた一級から九級までの進級制度が設けられ、在級の等差によって塾生活での職務が分掌《ぶんしょう》されるなど、組織的で計画的な塾経営がなされていた。「鋭きも鈍きも共に捨てがたし、錐《きり》と槌《つち》とに使ひ分けなば」（「いろは歌」）という彼の句には、一つの尺度ではかることなく、各人各様の個性を認め、それを十分に生かして成長をはかることこそが教育者の真の務めである、との彼の考えが明快に語られている。咸宜園は淡窓没後も後継者によって明治三〇年（一八九七）まで存続した。主著にはその思想書とも言うべきものとして『約言《やくげん》』『析玄《せきげん》』『義府《ぎふ》』の三部作があり、政治経済、学制を論じた経世書としては『迂言《うげん》』等がある。また、当時詩人としても名を馳せ、頼山陽とも詩を応酬《おうしゅう》し、彼の詩名を高めた詩集として『遠思楼詩鈔《えんしろうししょう》』がある。また徳行家《とっこうか》としての淡窓は明の袁了凡《えんりょうぼん》の著作『陰隲録《いんしつろく》』にならって、一万善の実践記録とも言うべき『万善簿《まんぜんぼ》』を残している。これは日々の善行を白丸、悪行を黒丸で表記し、月々にそれらの数を相殺《そうさい》して、その数一万の善を積んだ記録である。

淡窓には朱子学と徂徠学との長短を止揚《しよう》して統一せん

との意識があり、また老子の思想にも共鳴し、これを取り込んで思想の深化を図った。淡窓の思想の中核にあるのは「天」への畏敬の念である。『約言』では「敬天」の意義が集約的に説かれている。淡窓は天を「理」として捉える朱子学的な天の理解を退け、人格神的な主宰者として天を捉える徂徠の天理解を継承し、さらにそれを深めた。徂徠は朱子学の心法説を「心を以て心を制する」ことは不可能であるとして、これを否定し、それに代わって中国古代の聖人が制定した外在的規範（「先王の道」）をもって、心を方向付けて行くべきことを説いた（「礼を以て心を制する」）。しかし徂徠以後、この「先王の道」を価値の基準値とすることへの疑義が生じてくる。このような思想的状況にあって、淡窓は先王が制定した礼楽規範の更に根源にあるものとして「天」を捉え、この超越的な「天」への絶対依存によって心を制することを説いた。「天」は人間の吉凶禍福をつかさどり、一切の者をしてかくあらしめている絶対的存在者である。人はその「天」からの眼差しを不断に心にとめ、かくあらしめている「天」に対して畏敬と随順の念をもって生きるべきであるとした。

淡窓の「天」をめぐっての思索は、元来病弱で生死の境を幾度もさまようほどの彼の疾病《しっぺい》体験が大きく与っている。「天を敬するのものは、敢てその生を有せざるなり」「生なるものは天の有にして、我これを仮る」（『約言』）との言葉は、人生の大半を病魔と向き合ってきた淡窓の生の不安・懊悩《おうのう》の果ての結晶である。ここには、一見、自分のこととしてある生の営みは実は「我」の所有に属するのではなく、「我」を包み込む大いなる存在者としての「天」に依存しており、人は「天」から一時的に「生」を借りているにすぎない、との理解が示されている。ここには〈生きている私〉から天によって〈生かされいる私〉への意識転換がはかられている。

『約言』で展開された敬天説は『析玄』『義府』で更に思想的に深められた。『析玄《せきげん》』では変転する事物の動きを把握する理論として老子の思想に共鳴し、老子哲学の要は「数を制する」ことにあるとして、定められた運命に対しても人はなおその努力でそれを制することができると説いた。『義府』では天命を把握する具体的方法として『易経』に依拠し、時処位に応じた変通の要を説いた。

（小島康敬）

161

大塩中斎　おおしおちゅうさい（1793～1837）

通称の平八郎の名で知られる。名は後素《としもと》、字は士起または子起。号は中斎、洗心洞主人。江戸時代の陽明学者。「大塩の乱」（一八三七）といわれる反乱を起こし、敗死したことでも有名。

大阪の与力の子として生まれ、当人も与力となり、清《せい》廉潔白《れんけっぱく》、厳格な執務で知られ、キリシタンや破戒僧、腐敗官僚の摘発を行った。隠居し門人を厳しく指導していたが、その時に起こった飢饉に対し、数度にわたって意見を具申した。しかし効果がないので蔵書を売って施しを行ったがそれも官憲に阻止され、ついに官吏と金持の粛正《しゅくせい》と飢餓に苦しむ民への施しを旗印に挙兵した。結局はあえなく鎮圧され、当人は自殺する。この反乱は朝野に大きな衝撃を与えた。なお中斎の門人には同僚や配下の武士たちに加えて近郷の富農が多かった。

中斎は呂坤《りょこん》『呻吟語《しんぎんご》』を読んでから陽明学に遡《さかのぼ》ったと、佐藤一斎あての手紙で言っているが（「一斎佐藤氏に寄する書」）、呂坤は陽明学にも朱子学にもくみしなかった思想家であって、真摯に事の本質に迫ろうとする姿勢に陽明学との類似性を感じたのであろう。中斎自身、陽明学を奉じているのかとの問に「否《いな》」と答え、自分の学問は仁を求める「孔孟の学」としている（『洗心洞《せんしんどう》学名及び学則』）。ただ中斎は種々の学説を随時取り入れながら、その議論の中核には陽明学が位置しているのも事実である。たとえば「道の要は陽明先生より前は、未だ天下に明らかならず。而して陽明先生を経て、始めて天下に明らかなり」（『洗心洞箚記《せんしんどうさっき》』）と言う。

中斎の思想の特色は「太虚」の強調にある。もともと「太虚」の重視は中江藤樹や熊沢蕃山にも顕著に見られ、日本陽明学の特色とも言えるものである。ちなみに中斎は、藤樹、蕃山、三輪執斎《みわしっさい》以後、西に陽明学者は出ていないと言う（「一斎佐藤氏に寄する書」）。この太虚は宇宙の本源であり、万物に分与されている。そして心の本体もこの太虚とされ、そこに帰することが求められる。それには「故に心の太虚に帰せんことを欲する者は、宜しく良知《りょうち》を致すべし」（同上）と、「良知を致す」ことが求められる。この「太虚」とは単なる虚無ではなく、仁義礼智などの実理が存する場であるとされる。この論の骨格自体は北宋の張載《ちょうさい》（横渠《おうきょ》）からの議論が影響していると見られるが、具体的な実践に「良知を致す」という陽明学の主張が取り入れられているところに陽明学たる所以《ゆえん》がある。ただ一口に陽明学と言っても幅があり、日常の中で良知（直観的に道徳的な認識と判断ができる生得の能力）が随時に発現すると見る立場から、良知を発揮するにはかなりの努力が必要であるとする立場までがある。前者は日常の心の動きに対して肯定的となり、後者になるほど日常的欲望に打ち勝とうとするために禁欲的性格が強くなる。中斎は後者の方であって、良知が生得のものであることに甘えずに、良知を発揮するために、日常生活、学問、講武（武芸の修行）のすべての面で全身全霊をあげて努めることが必要であると説いている。なお中斎は、良知の説自体は王陽明以前からあるが、それを「震《しん》発雷轟《はつらいごう》」させたのが陽明であるとする。また中斎自身は、「太虚」の典拠を問われ、王陽明の『伝習録』の語をあげ、張載もこれと異なるものではないと言う一方で（『洗心洞箚記』）、楊時《ようじ》（亀山）、王畿《おうき》（竜渓）、郝敬《かくけい》（京山）の名前をあげることもある（『儒門空虚聚語《じゅもんくうきょしゅうご》』）。

中斎は極めて厳格な道徳主義者であった。一般に「太虚」に復帰するというような万物一体の思想はむしろ規範意識が薄まる傾向があるが、中斎の場合は逆であって、そこに中斎の過剰なまでの武士としての自覚を読み取る議論もある。本源への遡源《そげん》によって意識の底から沸き起こる情動に身をゆだねる場合、時に原理主義的な相貌を帯びるのであって、その結果中斎の武士としての美意識や倫理観が激烈に発露されることにもなったのであろう。

中斎の著書では、中斎の随時の思索が集められている『洗心洞箚記』が有名である。また『古本大学刮目《こほんだいがくかつもく》』は、陽明学で尊ぶ古本『大学』（朱子が改訂する前のもとの姿の『大学』）について中国の諸学者の学説を列挙したうえで自説を開陳したもので、中斎の豊富な読書と学力を示すものである。その他『儒門空虚聚語』は、中斎の思想の本幹《ほんかん》をなす「太虚」と同義の「空」、「虚」という概念に関する中国の用例を列挙したものである。

（土田健次郎）

162 藤田幽谷・会沢正志斎

ふじたゆうこく（1774～1826）
あいざわせいしさい（1781～1863）

徂徠学を学んだ立原翠軒《たちはらすいけん》は内憂外患《ないゆうがいかん》の危機感を抱き、藩政に積極的に発言した。藤田幽谷はこの学風を継承し、水戸学の国家論を構築していく。それは『大日本史』編纂に関する三大議論（志表《しひょう》廃止・書名更改・論賛刪《さく》除《じょ》）を通して理論化されていった。

寛政元年（一七八九）、翠軒は志表廃止を提案した。藩主治《はる》保《もり》から『大日本史』を、寛政一一年の光圀百年遠忌《おんき》までに完成するよう命じられたからである。「志」とは、天皇・臣下の伝記である「紀伝」の背景をなす、主として部門別の制度であり、「表」とは、各種官職の年表である。紀伝体の書には志表がつくのが当然と考えられたから、反対論は強かった。幽谷はその急先鋒であった。

編纂事業の反省を促すために、幽谷は寛政九年（一七九七）八月に「与二校正局諸学士一書《こうせいきょくしょがくしにあたうるのしょ》」を書いた。一〇月にはそれを合理化した『修史始末』を執筆した。幽谷は書名に日本と称することの不可を説き、紀伝体の書の編纂は天皇大権に属すると指摘した。日本は天皇のものであり、道徳的評価は天皇が下すと主張した。

享和三年（一八〇三）一月、幽谷の主張が認められて、編纂事業は幽谷たちに委ねられた。寛政一一年（一七九九）までに『大日本史』を完成できなかった翠軒は、二月に隠居に処された。論賛刪除《ろんさんさくじょ》は、このとき藩主治保《はるもり》の指令として提起された。安積澹泊《あさかたんぱく》によって執筆された論賛は、史料に基づいて執筆された本文を要約して、天皇にさえも厳しい道徳批判を加えていた。これを否定して、君主たる天皇は道徳性を超越した存在であり、臣下として天皇を批判してはならないと説いた。

さらにこのとき『大日本史』の巻首に、「天祖」天照《あまてらす》以来の五代の神々を書き加えた。神道の導入である。幽谷はこの思想を発展させて、神天合一思想を唱えた。それは天照を道の創造神としてとらえたのみでなく、天祖として天と一体の皇祖神として絶対化したのである。

尊王《そんのう》絶対化の思想の形成は、政治的危機感の深化の反映である。幽谷は改革を唱えた。寛政九年（一七九七）には藩主治保の政治姿勢を厳しく批判し、徂徠学を採用するように求めた「丁巳封事《ていしふうじ》」を上呈して左遷された。寛政一一年には『勧農或問《かんのうわくもん》』を執筆した。この書も徂徠学に基づいて教化とは支配であるとし、百姓の奢侈をおさえて自給自足的な農村に戻すことを説いた。幽谷は文化五年（一八〇八）から九年にかけて郡奉行《こおりぶぎょう》となり、農村復興のためにこの政策を実施したが、完全な失敗に終わった。

幽谷の思想的営為を結晶させたのが、弟子の会沢正志斎が文政八年（一八二五）に著した『新論』である。七歳違いの二人は、共に国家論の構築にあたった関係にあった。『新論』はこの年二月に幕府が発布した異国船無二《むに》念打払令《ねんうちはらいれい》に応《こた》えるかたちで執筆されたので、攘夷《じょうい》論的性格が強い。「億兆《おくちょう》心を一」にすることこそ、欧米列強に対抗する力の源泉であると説いた。

『新論』は天皇制的な意味で「国体」の用語を使用した最初の書である。正志斎にとって日本は世界を支配すべき上国であった。「国体」で始まるこの書は、天祖天照は忠孝の教えに基づいて建国したと説く。以来、天皇は天照を祭る国家祭祀を主催して、民心を掌握してきたと説く。天皇は民心統合のための祭祀王であった。『新論』は天皇の下、国家神道の確立を説いた書である。

非合理的な国体論に対して、洋学の成果を積極的に受容した世界認識は、当時のものとしては一驚《いっきょう》に値する。『新論』は武器の優秀性とキリスト教による民心掌握から、欧米列強を強国ととらえ、世界は戦国の現状にあると認める。この認識の下、幕府に身分制の壁を超えた人材の登用や参勤交代の廃止など、基本政策を否定する大改革を求めた。

正志斎は純粋な学者であった。享和三年（一八〇三）二三歳のときに『大日本史』編纂所である彰考館《しょうこうかん》に入館してから彰考館勤務、そして天保一一年（一八四〇）に藩校弘道館が建設されてからは教授頭取《とうどり》であった。天保元年から二年にかけて郡奉行・御用調役《ごようしらべやく》を勤めたが、政治には不向きと批判された。そうした正志斎の思想に、天保改革の成果は反映されなかった。この点は『下学邇言《かがくじげん》』などの後年の著書に明確である。

国家論の構築に努めた正志斎は上からの教化、秩序づけを説いた。幕末の尊王攘夷運動のなかでは、正志斎は激派を厳しく批判する鎮派《ちんぱ》のイデオローグとして活躍した。また『新論』は近代にあっては、国家主義政策の書として尊重された。

（吉田俊純）

163 藤田東湖《ふじたとうこ》（1806〜1855）

藤田東湖一九歳の文政七年（一八二四）、イギリス人が水戸領大津浜に上陸して捕らえられた。幕府と水戸藩は釈放する方針であった。これを聞いた幽谷は怒り、息子の東湖に切ってこいと命じた。結局、釈放されたとの報せがきたので、東湖は行かなかった。東湖は自伝『回天詩史《かいてんしし》』の冒頭、「三たび死を決して、しかも死せず」の第一話に、この話を記した。死を決したときの話だけに感動的である。しかし、その内容は主命に逆っても、独自の判断で行動しようとした事実である。藤田父子には、士道論としての朱子学的な測面が強い。

そのうえ、東湖には学力はもちろん、衆望があり、指導力があり、豊かな政治的判断力があった。東湖は、文政一二年（一八二九）に徳川斉昭《なりあき》を藩主に擁立してからは、改革派の中心人物になった。さらに幕府・諸藩の名士と積極的に交わり、処士横議《しょしおうぎ》の中心になった。

改革は困難な事業であった。内憂の危機を解消するためには、荒廃化した農村を復興させねばならなかった。仁政愛民のきめ細い地道な努力しかなかった。天保の大飢饉に襲われて全力で対応した改革派は、餓死者零《ゼロ》と公表できる成果をあげた。民衆から信頼されるようになった。かくして改革は天下の模範として、検地の実施と弘道館の建設、さらに宗教改革と軍制改革へと進んだ。

改革に保守門閥派はつねに抵抗した。門閥派は神道化政策と軍備増強政策を批判し、僧侶とともに幕府に訴えた。その結果、弘化元年（一八四四）五月、藩主斉昭は隠居謹慎に処された。東湖も蟄居《ちっきょ》に処されて、江戸の水戸藩邸の一室に幽閉された。東湖は思索にふけり、往事を回顧して、水戸学の名著を執筆した。

最初に半生を回顧した漢詩「回天詩」を作り、これに解説を加えて漢文の自伝『回天詩史』を完成させた。この書で東湖は、尊王攘夷《そんのうじょうい》のために身命を賭《と》して働いた理想の人物として、感動的に自己を描いた。八月には斉昭を尊王攘夷に励む理想の君主として描いた、水戸藩天保改革史『常陸帯《ひたちおび》』を擬古文でものにした。弘化二年（一八四五）には漢詩「正気歌《せいきのうた》」（正式名称は「和文天祥正気《ぶんてんしょうせいきのうたに》歌《わす》」）を作った。翌年にかけては『弘道館記述義《こうどうかんきじゅつぎ》』の初稿本を書いた。この書は、藩校弘道館の建学の精神を記した「弘道館記」の解説である。

弘化四年（一八四七）に水戸に帰った東湖は、九月に『弘道館記述義』の再稿本を完成させた。東湖は自分の学問・見識を示した書と自負した。そして、水戸の諸家に批評を求めた。諸家の批判は国学の問題に集中した。東湖は天保八年（一八三七）に「弘道館記」の草稿を書いた。このときも国学的な箇所が問題になったが、斉昭の裁定で処理された。

幽谷・正志斎と展開した水戸学は、国家論を構築するために多様な学問を広く取り入れた。その大要は正志斎の『下学邇言《かがくじげん》』によれば、制度論と政策論は徂徠学、治者としての士道論は朱子学、原論と一般道徳論は仁斎学であって、儒教にとどまる。しかし、国学にも大きく影響された。たとえば、万国の上国《じょうこく》との認識は、中華帝国の中国を前提とする儒教からはえられず、本居宣長の『古事記伝』から学んだと認められる。だが、儒教を否定する国学からは、学んだ事実さえ認めようとはしない。これに反し、東湖は国学を一定程度、評価する。『弘道館記述義』の最初の三段は天神論である。東湖は、「道は天神に原《もと》づく」と、宣長の説を採用して、天神を創造神ととらえた。そして、「古典に載する所、彰《しょう》明較著《めいこうちょ》、また疑ふべからず」と、宣長と同じく信じる対象にした。本居学を採用した政治的意義は、「国体の尊厳」を風俗に帰した点にある。東湖は民衆の教化を説くのではなく、古代以来、民衆の間に維持されてきた風俗に国家社会の基盤をおいたのである。これは、改革が民衆に支持された思想的反映であった。

もちろん東湖の思想は文人的な被治者の思想であった宣長とは違っていた。批判の眼を統治能力を失った上士層に向ける一方、武断的な行動力ある人材の育成を説いた。東湖は「奉上の誠《まこと》」を説く。「上」とは天皇である。誠の心で天皇と結びついている日本人は、尊王のためには主体的に身命を捧げると、東湖は説いた。

東湖も結論的には幕藩体制を擁護する。しかし、国家の基盤を風俗におき、主体的に天皇に身命を捧げるとは、「教育勅語」にみられる近代天皇制イデオロギーである。東湖の思想は幕末には尊攘激派《そんじょうげきは》の思想となり、近代天皇制下では、国民道徳として作用した。

（吉田俊純）

164 佐久間象山《さくましょうざん》（1811〜1864）

佐久間象山は幕末の著名な儒学者・兵学者として知られる信州松代《まつしろ》藩士である。名は啓《ひらき》または大星《たいせい》、字《あざな》は初め子迪《してき》後に子明、通称は初め啓之助後に修理《しゅり》。象山は号であり、普通「しょうざん」と読まれる。天保四年（一八三三）江戸に遊学し、林家《りんけ》の塾頭佐藤一斎《さとういっさい》の門人となったが、朱子学・陽明学折衷《せっちゅう》の立場をとる一斎に不満をもち、一斎からはもっぱら詩文のみを学んだと伝えられる。これにより、このころすでに象山が醇乎《じゅんこ》たる朱子学者であったことがわかる。天保一一年主君真田幸貫《さなだゆきつら》が幕府老中となり、翌年海防係に就任すると象山はその顧問に抜擢され、アヘン戦争（一八四〇―四二）で険悪化した海外事情の調査を命じられ、その成果として「海防八策《かいぼうはっさく》」を幸貫に上書した。またこれを契機に洋学（蘭学）修業の必要を痛感し、弘化元年（一八四四）からオランダ語を習い始めた。とりわけ象山が力を入れたのは兵学の研究であった。嘉永三年（一八五〇）には江戸の松代藩邸で砲術の教授を始め、このころから西洋砲術家として広く知られるようになり、勝海舟《かつかいしゅう》・吉田松陰《しょういん》・坂本龍馬《りょうま》らの俊才がぞくぞく入門した。嘉永六年（一八五三）ペリー来航に際し、藩軍議役に任ぜられた象山は、老中阿部正弘《あべまさひろ》に「急務十条」を提出する一方、愛弟子《まなでし》吉田松陰に暗に外国行きを勧めた。しかし翌年決行された松陰の海外密航は失敗に帰し、象山もこれに連座して、以後九年間松代《まつしろ》に蟄居《ちっきょ》させられた。この間、洋書を読んで西洋研究に没頭し、洋学と儒教の兼修を積極的に主張するとともに、固定的な攘夷論から現実的な和親開国論に転じ、そのための国内政治体制として公武合体を唱えた。元治《げんじ》元年（一八六四）幕命を受けて上京した象山は、公武合体・開国進取の国是を定めるために要人に意見を具申《ぐしん》してまわっている最中、尊《そん》攘派《じょうは》に斬殺された。

以上は象山の略伝であるが、ここから彼の思想を特徴づけるメルクマールとして㈠まず政治的世界に関わることがらとしては、①アヘン戦争のニュース、ペリー艦隊の来航などで国防的危機感が高まり、時代や社会の変動が強く意識された時であり、②また象山も国防の危機と取り組むなかで、変革的意識を亢進《こうしん》させたが、それは幕末の他の思想家と比べて異常とも思われるほどの強いエリート意識――自分をおいて他に日本を救える者はいないという――に裏打されていたのである。

(二)次に政治的世界と相表裏する知的世界を見ることにしよう。具体的には、象山のいった有名なキャッチフレーズ①「東洋の道徳」と②「西洋の芸術（科学技術）」（『省諐録《せいけんろく》』）を手掛かりにして考察する。①が儒教道徳をさしていることはいうまでもないが、象山はその拠り所として特に朱子学を信奉しており、朱子学こそが唯一の「正学」であると確信していた。朱子学によれば、万物を客観的に実在させる太極（天理）は、個々の人の心に理（本然の性）を与えると同時に、個々人の心外の万物にも宇宙人生を秩序づけるべく分殊《ぶんしゅ》の理を賦与《ふよ》している。そうして人はみずからの心のうちに内在する理（「倫理」）を存養《そんよう》するとともに、「格物致知《かくぶつちち》」（個々の事物の理を、その究極のところまで推し窮める）によって「倫理」と外界の事物に内在する理（「物理」）を内外貫通させて、天理が人間と自然を一貫していることを体得し、もって外界に天の秩序を整え、我が身をも天の秩序に従わせなければならなかった。次に②の方を見てみよう。象山は対外的危機を契機として特に学問の実用性を重視するようになり、清儒《しんじゅ》の学問における「格物致知」の理論と実践の不一致を指摘し、清儒は「物理」の探究をおろそかにし、「格物致知」を空理空論に終わらせたため、その学問は実用性を具備しえなかったという。要するに象山は、形骸化した朱子学の「格物致知」に生命を与え、もって朱子学の実用性を回復しようとしたのである。また象山は①と②の内的連関性について、上述したように②は「物理」の究明を通して①と一体化しうるものであり、①②が両々相俟《あいま》って朱子学の理想的世界が実現するものと判断した。すなわち象山の知的世界は①と②によって構成され、「倫理」と「物理」を連続的に捉えることによって天人合一の境地に到達しようとする朱子学によって統轄されていたのである。なお激動の時代に象山の生き方を支えた朱子学は『易経《えききょう》』に基づく易道と深く結びついており、そのことが彼の知的世界に独特の彩《いろど》りを添えていた。すなわち象山にとって易道は占筮《せんぜい》を通して将来を予知せしめ、変化に対応する道を教えてくれるものであった。

（石毛　忠）

165 吉田松陰《よしだしょういん》（1830〜1859）

幕末の志士、尊攘思想家。諱《いみな》は矩方《のりかた》、字は義卿《ぎけい》、通称寅次郎《とらじろう》。松陰は士籍剥奪《はくだつ》後に常用した号。

わずか三〇歳で安政の大獄に刑死した松陰の波瀾に満ちた生涯は、およそ五期に分けられ、その第一が兵学師範としての時期である。長州藩士杉百合之助《すぎゆりのすけ》の次男として生まれ、父の実弟である山鹿《やまが》流兵学師範吉田大助の養子となった松陰は、夭逝《ようせい》した養父の跡を幼くして継ぐ。将来を嘱望《しょくぼう》された秀才であった。アヘン戦争（一八四〇―四二）に象徴される対外的危機を知った松陰は、上書「水陸戦略」（一八四九）で沿岸防備を強く説いている。だがこれはあくまで「藩」の海防論であって、日本全体は未だその視野に入っていなかった。このような意識を大きく転回させたのが、平戸留学（一八五〇）以降の諸国遊学であり、これが第二期にあたる。

平戸で接した海防論書は、松陰に伝統兵学への反省を促し、特にアヘン戦争の経験から著された清国人・魏源《ぎげん》の『聖武記《せいぶき》附録』は、脅威としての西洋列強の存在を強く印象づけた。西洋兵学の必要性を痛感した松陰は、翌嘉永四年（一八五一）に江戸へ出て、多くの師に学ぶ。その中には松陰が終生「吾が師」と呼んだ佐久間象山《さくましょうざん》もいた。同年末、無許可で江戸藩邸を脱し、東北遊歴に旅立つ。水戸で会沢正志斎《あいざわせいしさい》らの水戸学者に接し、「国史」の重要性について啓発された松陰は、歴史に根拠をおく「日本」という観念を獲得するに至った。この東北遊歴に先立つ脱藩行為のために松陰は士籍剥奪の処分を受けたが、同時に藩主の特恩で一〇年間の諸国遊学が許される。ペリー艦隊来航（一八五三）は、この遊学中に再び江戸に入った直後のことであった。兵学者として「彼を知り己《おのれ》を知る」（『孫子』）ことの必要性を認識し、海外情勢の見聞を志した松陰は、象山の勧めに従い、鎖国の禁を犯して、翌年に下田へ再来航したペリー艦隊へ暗夜乗艦し密航を依頼するが、先方からは拒否されてしまう。翌朝、幕府の役人に自首し入獄。幕府から在所蟄居《ちっきょ》の判決を受けた松陰を長州藩庁は萩の野山獄《のやまごく》に投じた。

獄中でみずからを「世の棄物《きぶつ》」と呼んだ松陰であった

が、無為《むい》に時を過ごすことはなかった。人間は本質的に善性を有すると考える楽観的な人間観（性善説）を有していた彼は、連歌会や『孟子』輪読会などを通して獄風を一新させたのである。この獄中や出獄後の松下村塾《しょうかそんじゅく》での教育活動を第三期と見ることができる。主著『講孟《こうもう》余話《よわ》』は、まさにこの時期に、藩の老朱子学者山県太華《やまがたたいか》との一年以上にわたる論争を経て成立したものである。

松陰が主宰した松下村塾からは、久坂玄瑞《くさかげんずい》や高杉晋作《たかすぎしんさく》、後の明治の元勲、伊藤博文《いとうひろぶみ》・山県有朋《やまがたありとも》・品川弥二郎《しながわやじろう》らが輩出する。この塾で尊王攘夷を説いた松陰は、「人臣に外交なきは古の道なり」（典拠『明史《みんし》』）と主張し、幕府の対外政策を厳しく批判した。彼にとって、徳川将軍が「元首」として諸外国と外交関係を結ぶことは、天皇という真の「元首」を否定することであり、畢竟《ひっきょう》、国の内外における名分（君臣上下の秩序）を崩壊させるものに他ならなかった。それゆえ安政五年（一八五八）に日米修好通商条約が無勅許調印されると、彼は反幕府的言動を強めていく。この直接行動への転回が第四期となる。

もとより松陰自身は「航海雄略」論を説くいわゆる開国主義者であり、それは「鎖国の御定論」（『愚論』、一八五八）に凝《こ》り固まった「天朝」へ諫言《かんげん》するほどの確固たる信念であった。しかし国内情勢の急変は幽室の松陰をも直接行動へと突《つ》き動かす。やがて松陰が老中間部詮勝《まなべあきかつ》の暗殺計画を立案するに至ると、藩政府は彼を再投獄し、多くの弟子たちも師を敬遠するようになる。同志と信じていた人々に絶望した松陰は、獄中、みずからの刑死を求め、その死をもって彼らを覚醒《かくせい》させようと試みる（「賜死《しし》周旋《しゅうせん》」）。しかし死を自己目的化するこのような態度を反省し、生きてみずからの意志を実現することの可能性を見出した松陰は、藩といった既存の政治集団に拠らず、主体的に尊攘《そんじょう》運動にその身を投ずることで自己目的の実現を図るようになる。「恐れながら天朝も幕府・吾が藩も入《い》らぬ、只《た》だ六尺の微躯《びく》が入用《いりよう》」という「草莽崛《そうもうくっ》起《き》」の思想はまさにこの時期に確立したのであり、これを第五期とすることができる。松陰の思想が幕藩体制そのものをも否定するに至ったとき、幕府は別件の容疑で彼を江戸に召還する。その取り調べの中で自首した間部暗殺計画などの咎《とが》により、松陰は伝馬町《てんまちょう》の獄で刑死したのである。

（桐原健真）

166 横井小楠《よこいしょうなん》（1809〜1869）

肥後《ひご》細川家の家臣の次男として出生。名は時存《ときあり》、字は子操、通称は平四郎、号は小楠のち沼山とも。藩校時習館の居寮長として人材育成と学風刷新に努めたが反対にあい、三〇歳のとき江戸に遊学。藤田東湖、川路聖謨《かわじとしあきら》らと交流。帰郷後、主流派の路線を批判（「時務策」）。その源流に一八世紀半ばの宝暦改革《ほうれきかいかく》（徂徠派に近い細川重賢《しげかた》や堀平太左衛門が推進）を見出し、みずからは大塚退野《たいや》に私淑して朱子学に帰依した。長岡監物《ながおかけんもつ》（次席家老）らと講学運動を展開（実学派）。門弟には豪農が多く、彼らは明治初年の藩政改革の中心となった。その子弟から熊本バンドの関係者が出た。

嘉永四年（一八五一）、四三歳のとき西日本二〇余藩を巡歴し、各藩士人と交流。翌年福井藩有志の諮問に答えて「学校問答書」、同六年にはペリー来航等をうけて「夷虜《いりょ》応接大意《おうせつたいい》」を草した。安政年間、魏源《ぎげん》の『海国図志《かいこくずし》』（清末に刊行された世界地理書）などを通じて西洋理解を深め「開国」論を主張。安政五年〜文久三年にかけて福井藩に招かれ、万延元年（一八六〇）『国是三論《こくぜさんろん》』を作成。幕府の政事総裁職松平春嶽《しゅんがく》のブレーンとして参勤交代廃止などを献策。文久三年、朝廷に攘夷を迫り、容《い》れられない場合は大政奉還を建議したが失敗し帰熊。前年刺客に襲われて逃げたことを理由に士籍剥奪。坂本龍馬等を通じて勝海舟らの諮問に答える。明治元年新政府より徴《ちょう》士参与《しさんよ》として招かれ献策。翌年、耶蘇《やそ》教宣布《きょうせんぷ》をもくろむ夷狄《いてき》の手先として暗殺された。

大塚退野の影響で小楠は、世俗的価値に向っていた精神がその迷妄に気づき、宗教的回心《かいしん》を経て主体を確立することを重視した（本領の合点《がってん》）。また人々が「道」を求める同志として身分を超えて「朋友」として交わる関係を政治のモデルとした。「士農工商及び医、その職は異なりと雖《いえど》も苟《いやしく》くも道を学ぶ者は皆士なり」。彼によれば堯舜三代《ぎょうしゅんさんだい》には、朝廷の君臣間や家内の父子兄弟夫婦間に勧善救過《かんぜんきゅうか》がなされ、そうした相互批判と寛容の精神は被治者《ひちしゃ》にも浸透し「国天下を挙げて人々家々に講学行はれ」「比屋封《ひおくほう》ずべき（聖人の徳化で民は軒なみ諸侯にできるほどだ）」状況にあった。「是其分を申せば君臣父子夫婦にて候へ共、道の行はれ候処は朋友講学の情誼」だからである。そして無数の講習討論という共通基盤の上に学校と政府が相互に作用しあい、役人も学校での討論を参考にして政策を決定したという（「学校問答書」）。こうした三代像は西洋の議会制や立憲制に対する理解と評価を可能にし、後の公議輿論《こうぎよろん》思想の一源流となった。

「道」「理」の内容は「道は天地自然の道にて乃《すなわち》我《わが》胸臆中《きょうおくちゅう》に具え候処の仁の一字」（「沼山対話《しょうざんたいわ》」）、「天地有生の仁心を宗とする国は我も又是をいれ、不信不義の国は天地神明と共に是を威罰するの大義を海外万国に示し」（「夷虜応接大意」）とあるように「仁」であり、しかも差別愛としてよりも「朋友」としての世界人類が善意と友情を通じ利他しあうことだった。「華夷彼此《かいひし》の差別なく皆同じ人類にて候えば、互いに交通致交易《こうつういたしこうえき》の大利を通じ候が今日自然の理勢」「遠近親疎の差別なく……誰にてもあれ其長を取て学ぶときは世人皆我朋友」「此義を推せば……世界中皆我朋友」と彼はいう。仁は戦争の廃絶と世界平和をも意味した（アメリカの国是は「天地間の惨毒殺戮《さんどくさつりく》に超たるはなき故《ゆえ》、天意に則《のっとり》て宇内《うだい》（天下）の戦争を息《やむ》るを以て務とし」と評価される。『国是三論』）。

さらに小楠は『大学』の「格物」を、天帝の命をうけた聖人が畏敬の中で行った大規模な自然開発と解し（朱子学の「持敬」「格物」説への批判を含意《がんい》）、これに引照して産業革命後の西洋の機械技術を高く評価した。それが人民の生活の向上と租税負担の軽減をもたらし「聖人利世安民の事業」の実現に資するからである（「沼山対話」）。こうした評価はのちの殖産興業推進の一源流となった。彼の「堯舜《ぎょうしゅん》孔子の道を明にし、西洋器械の術を尽くす。何ぞ富国に止まらん、何ぞ強兵に止まらん、大義を世界に布《し》かんのみ」における「大義」は人類が「天帝」から課された仁を世界に実現する義務であり、この人格神の理念はキリスト教の神に対抗して小楠が伝統観念を再活性化させたものといえる。彼は将軍家の政策や各国の外交政策、さらに人間集団につきまとう集団エゴの傾向を「割拠見《かっきょけん》」と批判したが、その基礎にはこうした世界人類や博愛主義的「仁」の理念があった。国家は究極価値ではなく、「天地公共の理」や「天帝」など国家を超える普遍的規範によって裁かれるべきことが伝統的範《はん》疇《ちゅう》を使って断じられたことが重要である。（平石直昭）

167　細井平洲《ほそいへいしゅう》（1728～1801）

江戸中期の儒者。本姓は紀、諱《いみな》は徳民、字《あざな》は世馨《せいけい》。通称は甚三郎。平洲は号、また如来山人とも号した。尾張国知多郡平島村の豪農細井甚十郎の次男に生まれる。遠祖は平安前期の漢詩人紀長谷雄《きのはせお》という。母は竹内氏。幼時、母方の伯父の義寛和尚に学ぶ。一六歳で京都に遊学するも良師を得ず、翌年馬二頭分の書を購入して帰郷。延享元年（一七四四）、名古屋で折衷学《せっちゅうがく》の中西淡淵《たんえん》に師事。翌年長崎に遊学して華音（中国語）などを学ぶが、母の病の報により同四年に急遽《きゅうきょ》帰郷。宝暦《ほうりゃく》元年（一七五一）、淡淵の勧めにより江戸に出て、学問塾を開き嚶鳴館《おうめいかん》と称した。師淡淵が没するや、その塾の叢桂社《そうけいしゃ》の門人たちを嚶鳴館に受け入れて教えた。

その後、平洲は、伊予《いよ》国西条《さいじょう》藩の徳川治貞《はるさだ》（後に和歌山藩世子《せいし》）、米沢藩上杉治憲《はるのり》、人吉《ひとよし》藩相良長寛《さがらながひろ》、郡山藩柳沢信鴻《やなぎさわのぶとき》、松山藩久松定国《ひさまつさだくに》、延岡《のべおか》藩内藤政陽《ないとうまさあき》、出石《いずし》藩家老仙石久賢《せんごくひさかた》、名古屋藩徳川宗睦《むねちか》らと関わり、藩政改革などの政治的な諮問《しもん》にあずかることが多かった。

なかでも米沢藩には、藁科松伯《わらしなしょうはく》の推薦で明和元年（一七六四）に一四歳の世子治憲《はるのり》（鷹山《ようざん》）の賓師《ひんし》として招かれ、その人間形成の教育から藩政改革の指導理念の提示や藩校開設にいたるまで、深く関わった。平洲は三度米沢に赴いたが、なかでも安永五年（一七七六）の再訪時には、開設された藩校興譲館《こうじょうかん》の諸規則を制定、藩士らに講義を行い、さらに農村を巡って領民教化の講話を行った。そのころ著した「建学大意」は興譲館の教育理念である。

安永九年（一七八〇）徳川宗睦の請いに応じて侍講として尾張藩に出仕し、天明三年（一七八三）には藩校明倫堂《めいりんどう》総裁（後に督学《とくがく》）となり明倫堂拡充と藩士教育に尽くした。また領民教化の農村巡回講釈に精力的に取り組み、記録に残るだけで九回、十数万人の聴衆を集め、聴衆たちは感涙をもって聞いたという。享和元年（一八〇一）、江戸の尾張藩邸にて没した。享年七四。浅草の浄土宗天嶽院に葬られる。

平洲の学問は政治現実と密接に関わって展開した。平洲著の「道説」には、道（学問）と政治実践との原理的関係が展開されている。すなわち為政の基本は、根源としての「天」に根拠づけられた「先王の教え」による民衆教化にあった。その教化主体を「有徳」なる君主（「名君」「明君」）におき、君主には仁徳を誠実に修める責任と、それに基づく「仁政」の実践を強く求めた。家臣には、君主が「有徳」なる「名君」になるよう強力な補佐役となるとともに、その「名君」ぶりを演出する喧伝《けんでん》役を求めた。この「有徳」君主（もしくは有徳を装《よそお》った君主）の存在を前提にして、民衆に対しては、「君主の恩」を強調し、君主への限りない服従を求める道徳を説いた。

仁政論は、こうした「有徳」君主を中核とした政治的教化の体系として構築されていた。平洲の学問説も、この教化にいかに有効であるか、という実践的観点から組み立てられ、一種の経世学としての性格を備えていた。折衷学とされるその学問は、経世学の実践的視点に即して、経書から有用な解釈を引き出す意味においての諸学折衷《せっちゅう》であった。その結果、既成の学問体系に基づく学派的対立は排除され、いわば経世的実践の側から、主体的に経書解釈がなされた。

こうした平洲の儒学説自体は、君主に有徳者としての責任を求め、武士と庶民に服従を求める一見陳腐《ちんぷ》な道徳学としての性格を免れなかった。しかし他方それは、深刻な財政難と既存の社会秩序崩壊の危機に直面していた一八世紀後半の諸藩において、藩主を中核に据えて社会秩序の再編をめざす藩政改革の理念と、藩士および民衆の教化と教育の諸課題に応《こた》えるものであったといえよう。なお平洲の儒学説に色濃くみられる教化の言説は、儒学が近世社会に現実的意味をもって普及・浸透していくひとつの形態であったと見られる。そのことは、寛政期の朱子学や石門心学などにも通底する特徴である。

諸侯の諮問に応じた一種の経世学であったこともあり、平洲にはまとまった著作は少ない。『詩経古伝』は、『毛詩《もうし》』（詩経）に疑問をもち詩経の原典を求めた経学研究の成果で、宝暦九年（一七五九）江戸で刊行。人情重視の平洲の立場がうかがえる。『嚶鳴館詩集』は平洲の漢詩三〇〇編を門人が編集し明和元年（一七六四）刊行、平洲の文才が示されている。『嚶鳴館遺稿』は没後七年に編まれた漢詩文集で、平洲の思想や学問をうかがう重要資料。『嚶鳴館遺草《いそう》』は、諸侯への応答や門人たちへの和文を、没後三三年に編纂・刊行され、愛読された。（辻本雅史）

168 福沢諭吉《ふくざわゆきち》（1835〜1901）

豊前《ぶぜん》中津《なかつ》藩の奥平家家臣の次男として大坂に出生。早く父を喪い一家は中津に帰る。十代前半に漢学を学ぶが中津の世襲《せしゅう》門閥風《もんばつふう》に不満で、一九歳のとき長崎に出て蘭学修行。翌年大坂の緒方洪庵《おがたこうあん》の適塾《てきじゅく》に入りのち塾長となる。安政五年（一八五八）二三歳、藩命により江戸に蘭学塾を開く。翌年英学を開始。万延元年（一八六〇）、遣米使節派遣に際し木村摂津守《せっつのかみ》の従僕《じゅうぼく》として渡米。帰国後幕府の雇員《こいん》となり、翌年末から一年間、遣欧使節の一員として渡欧。元治《げんじ》元年二九歳、幕府外国方翻訳局に出仕。慶応二年（一八六六）『西洋事情』初編刊。アメリカの「独立宣言」を訳しロック的な革命権説を紹介。文明と政治の要訣《ようけつ》として、職業選択の自由や権利の平等、信教の自由、学校教育などをあげる。国内分裂への恐れから大名同盟説を批判し、将軍への権力集中を主張。翌年幕府の遣米使節に随行して再渡米。帰国後、経済学・倫理学などの原書を研究し「脳中大騒乱」を経て一大真理体系としての「洋学」に帰依した。

明治元年（一八六八）、洋学普及をめざし西洋の「共立学校の制」にならって慶応義塾を設立。武士身分を捨てて平民となり、新政府からの招聘も辞退。政治に距離をおき文事による「済世」を役割とする。「一身独立して一国独立」の命題をたて、被治者のレベルアップの必要を説く。『西洋事情』二編等を刊行し、基本的人権、自由平等、独立、機会均等、自労自食、公共奉仕等を核とした人間観、社会観等を主張した。明治四年の廃藩置県《はいはんちけん》をうけて、新日本形成の担い手となるべき士民への啓蒙を本格化する（『学問のすゝめ』はその成果である）。またギゾー『ヨーロッパ文明史』などの影響下に、異質な西洋文明との接触により日本人民が「転覆回旋《てんぷくかいせん》の大騒乱」に陥った結果として維新変革を捉え、英仏市民革命の対応物として維新を理解した。ここから政府主導の近代化路線に対して私立中産主導の文明化を構想した（明治八年、『文明論之概略』）。自由が多元的諸価値の拮抗に存し、文明の発達を促すとの理解にたつ。西郷の反乱を「国民抵抗の精神」を証《あか》すと評価し（『丁丑公論《ていちゅうこうろん》』）、他方で勝海舟《かつかいしゅう》らの出処進退を批判した（「瘦我慢之説《やせがまんのせつ》」）。

地方の政治熱をネーション建設に利導すべく『分権論』を公刊（トクビルの『アメリカの民主主義』を活用）。明治一一年の『民情一新』では、現代西洋文明の特徴を「鉄と蒸気」に見出し、新文明の衝撃の下、西洋自体が混乱の渦中にあるとし、対応策として英国等の議院内閣制を評価した。世論の変化が議会の構成と政権担当者の変動にリンクすることで、民心の不満を吸収し暴発を防ぐという観察に基づく。明治一四年の政変で大隈《おおくま》派《は》が排除されて後は、自らが創刊した『時事新報』上の評論により影響力を保持した。自由民権運動による緊張の高まりの中で「官民調和」を主張。またバジョットの『英国憲政論』をふまえ、英国王室のあり方に引照して皇室を政治の圏外におき、国民統合の要《かなめ》にすべしとした。

対外策では当初普遍的規範に従うナショナリズムを主張したが、列強によるアジア侵略が進むなかで自国の独立が目的で文明はその手段だとし、自国利害の優先を説いた。さらに国際法や勢力均衡の原則が西洋諸国だけに適用されており、そこから排除された非西洋が生き残るには連帯して抵抗するしかないとの理解から、朝鮮や中国の旧体制革命を前提とした東洋連帯論を主張した（明治一四年『時事小言』）。明治一七年の朝鮮改革派によるクーデターの失敗（甲申事変《こうしんじへん》）により朝鮮の内発的変革の可能性に幻滅して翌年「脱亜論《だつあろん》」を発表した。しかし改革運動への連帯感を失うことはなかった。

当初は「徳」より「智」の開発を重視したが、のち政府による儒教主義復活の風潮に抗して、独立自尊を核とした道徳や女性の隷従《れいじゅう》からの解放と尊厳を世に訴えた。また明治二六年の『実業論』では、旧士族流が精神上の改革を重視してきたため実業界では賤民《せんみん》資本主義が跋扈《ばっこ》しているが、その革命は不可避で早晩実業が政治を動かす日がくるとし、文明学徒が実業界に乗りだす必要を強調した。

彼の真骨頂《しんこっちょう》は長期的な視野から日本の直面する課題を鋭く指摘するとともに、変化する状況に応じて変幻自在な時評を示した点にある。近代日本が全体として福沢路線を歩んだのかそれとも彼は敗れたのかをめぐり、意見は分かれる。しかし彼が近代日本の最も重要な思想家だという点は衆目の一致するところであろう。

（平石直昭）

169　西村茂樹《にしむらしげき》（1828~1902）

明治期の啓蒙思想家・道徳教育家。佐倉藩士の家に生まれ、考証学者・安井息軒《やすいそっけん》らから儒学を、佐久間象山《さくましょうざん》から西洋砲術を学び、また象山に導かれて洋学へと向かった。幕末には、幕府老中として対外交渉に携わった佐倉藩主・堀田正睦《ほったまさよし》に若くして側近として仕えた。

維新後、明治六年（一八七三）に米国から帰国した森有礼《もりありのり》との出会いが、西村にとって転機となる。日本にも西洋のように学者同士が交流し、啓蒙活動を行う結社が必要だと訴える森に賛同し、加藤弘之《かとうひろゆき》、西周《にしあまね》、福澤諭吉ら当時の著名な洋学者を集めて明六社《めいろくしゃ》を結成した。同年文部省に出仕し、編書課長として初等教育用教科書の作成、我が国最大の百科史料事典である『古事類苑《こじるいえん》』の編纂事業などに携わるようにもなる。

西村は、文明開化とは「人柄ノヨクナルト云フコト」（「西語十二解」『明六雑誌』二八）、個人と社会の「品位」の向上であるとして、道徳的観点から理解した。「文明の本家」たる西洋に学ぶことは必要としつつも、欧米の習慣・文化を表面的に模倣する風潮を批判し、「良善なる教育」による啓蒙こそ重要だと主張した。

明治五年（一八七二）の「学制」制定は、日本の近代的教育の出発点であったが、もっぱら洋学者によって策定されたため、儒教的伝統を重んじる立場からの反発、とりわけ西洋的知識の偏重・徳育軽視との批判を呼び、明治一〇年代にいわゆる徳育論争が巻き起こった。西村もまた道徳重視の立場から自ら修身教科書を編纂、また道徳普及を推進する民間結社として、明治九年（一八七六）に東京修身学社を設立、後に日本講道会、さらに日本弘道会と改称してその活動に力を注ぎ、明治三〇年代には五千人を超える会員を擁するに至った。

とはいえ、西村の道徳論は、洋学排斥を訴え、有徳の天皇を頂点とする「国教」を唱えた元田永孚《もとだながざね》のような立場とは異なる。西村は、自らの武士としての教養の基礎である儒学に加えて西洋哲学を取り入れ、「東西の教を混合融化し、時勢に適する一の新道徳学」（「日本弘道会創立紀事」）の樹立をめざした。

明治二〇年（一八八七）に刊行された西村の主著『日本道徳論』では、勤勉、節倹、信義、万世一統の皇室を奉戴《ほうたい》すといった徳目が説かれているが、ここにも折衷主義的立場が現れている。西村は、キリスト教や仏教などの「世外教《せがいきょう》」と、儒教（儒道）や西洋哲学の「世教《せきょう》」を区別した上で、後者が日本道徳にふさわしいとした。「世外教」の現世超越的な志向は目下の時勢に適さず、その宗派間の争いも問題だとしたからである。その上で、「世教」の儒教・西洋哲学の両者から採長補短し、「天地の真理」としての道徳原理を求めた。「真理」は「事実」によって検証される（「事実は真理を試《こころ》むるの測量器なり」）とされるが、ここには形而上《けいじじょう》的原理に基づく道徳体系でなく、あくまで現実的・実用的な道徳を求めようとする姿勢がうかがえる。

　また、本書では「国中の人心聚合一致《じんしんしゅうごういっち》」も強く説かれている。西村によれば、キリスト教によって「民心をして向ふ所を一定せしむる」西洋諸国に対し、日本では国家の柱となる「道徳の教」が欠けている。そもそも西村は早くから、儒教には近代的ナショナリズムとしての愛国心が欠けているので、これを西洋の道徳学で補わねばならないと主張していた。西洋列強によるアジアの植民地化に強い危機意識を持った西村は、それに対抗するため、天皇を基軸とした国家的アイデンティティを確立して民心を束ね、富国強兵を進めることを訴えた。西村にとってそれが国際的な時勢に応じた「天地の真理」に適うことでもあったのである。

　こうした国家・国民と道徳を結び付ける思想によって、西村は後年、いわゆる国民道徳論の先駆けとして位置付けられることにもなる。ただし、大正・昭和期の国民道徳論の多くが、日本固有の道徳精神の伝統とその優秀性を主張するものであったのに対し、西村は当今の日本でそのような道徳が欠如している（「我国独り道徳の標準となる者を亡失したればなり」）との認識を前提に、新たな道徳の確立をめざした点で異なるとの指摘もされている。いずれにせよ西村の道徳普及運動は、明治二三年（一八九〇）の教育勅語を核とした公教育での「国体の精華」としての忠孝道徳の浸透と並行し、天皇を中心とする明治国家の担い手としての国民の育成に貢献した。著作は、日本弘道会編『増補改訂西村茂樹全集』全一二巻（思文閣出版、二〇一三年）にまとめられている。（畑中健二）

170 西　周《にし あまね》（1829〜1897）

西周は、文政一二年（一八二九）、岩見《いわみ》国津和野《つわの》藩の藩医の子として生まれた。森鷗外《もりおうがい》とは姻戚関係にあたる。向学の念止みがたく、藩主に申し出て儒学研究を許され、大坂の後藤松蔭《しょういん》塾に遊学、さらに岡山に学んだ。この時の交友関係が、のち脱藩に際して大いに役立つことになった。帰国後、藩校養老館の教師に就任した。この間、藩学であった朱子学（崎門《きもん》学）に対して疑問を懐き、徂徠学へ転向した。これが西洋思想を受け入れる上で大きな役割を果たしたという見解もある。

その後、江戸藩邸付属の藩校の教師として江戸に出て、そこでペリー来航に接し、衝撃を受ける。

嘉永七年（一八五四）、西は江戸藩邸を脱走する。その時同僚たちに残した「遺書」に「一角之《ひとかどの》忠勤励候而《はげみそうろうて》御大《ごたい》恩之《おんの》万一を茂可レ奉レ報《もほうじたてまつるべし》と奉レ存候《ぞんじたてまつりそうろう》」とある。英学の祖と呼ばれる手塚律蔵《りつぞう》のもとに玄関番として住み込み、貧しい生活のなかで洋学の修得に励むことになる。

外国との交際が開かれると、幕府に外交文書の翻訳、外国の文献の収集、研究などをする蕃書調所《ばんしょしらべしょ》が設立されることになる。西は助手として採用された。

オランダに鋼鉄製の軍艦（開陽丸）を注文するための使節が派遣され、それに随行して西は蕃書調所の同僚である津田真道《まさみち》とともにオランダ留学を果たす。ライデン大学のフィッセリング教授について修学し、西は、哲学、国際法などを学んだ。二人と教授とのあいだの暖かい心の交流が記録されている（『西周全集』第三巻）。

帰国してまもない慶応二年（一八六六）、西は幕府直参《じきさん》となり開成所（蕃書調所の後身）教授に取り立てられた。さらに京都にあった将軍徳川慶喜《よしのぶ》に顧問として呼び出されて、フランス語の教授に当たった。西は、慶応三年（一八六七）、慶喜に上書を呈して、幕政改革の具体的なプランを展開した。その中で、西洋の外形だけを学ぶのではなく、「公議」「輿論《よろん》」を斟酌《しんしゃく》して「会議之趣」が立つようにしなければならない論じている。西の改革案は、藩の存在を前提とした微温《びおん》的なものであったが、国論の分裂と外国の干渉こそが西のもっとも恐れたものであった。

同じころ、京都にあった西は、洋学塾を開き、国際法、自然法などとともに、のちに明治七年（一八七四）になって刊行された『百一新論《ひゃくいちしんろん》』の内容もこの時に講義されたものである。そのなかで、西は、政治と道徳を直結させる儒教の徳治主義を批判し、また自然科学と道徳を直結させる儒教の天人相関説を批判している。しかし、これは儒教批判の書と言うよりも、のちの『百学連環《ひゃくがくれんかん》』のための前提をなすものであった。

幕府の倒壊とともに、西は、敗残の会津・桑名の軍勢とともに大坂から苦難の末に江戸に帰ったが、すでに前将軍は江戸を去り水戸に隠居していたため、やむなく多くの家臣団とともに徳川家の旧領地である静岡（駿河・遠江）に帰った。旧幕臣たちは自分たちの子弟を軍人として育てるため沼津兵学校を設立し、西にその校長になるように求めた。西は、詳細なカリキュラムを作成し教育に努めた。卒業生の一人にはじめてカントの『純粋理性批判』を翻訳した清野勉《きよのつとむ》がいる。

明治三年（一八七〇）になって、それまで政権の中心にあった復古派にかわって大久保利通《としみち》を中心とする西洋近代国家を目指す政権が誕生すると、西は中央政府に呼び出されて上京し、兵部省《ひょうぶしょう》出仕となり、「軍人勅諭《ちょくゆ》」の作成など、近代的な軍制の確立に携わった。国民皆兵《かいへい》の思想は、一つにはフランス革命以後の近代ナショナリズムの影響を受けているとともに、藩校教師時代の教育論「養材私言《ようざいしげん》」のなかで兵農分離を批判していることから、日本古代の「農兵」を復活するという側面もあったと考えられる。

兵部省勤務のかたわら西は私塾育英社を開き子弟を教育した。ここで展開されたのが学問体系論『百学連環』である。西は、日本初のアカデミー明六社《めいろくしゃ》の設立に関わり、機関誌『明六雑誌』に「人世三宝説」をはじめとする多くの啓蒙的な論文を掲載した。

西は、西欧の実証主義の紹介者として知られているが、その思想の背景に伝統的な儒教の発想があったことを忘れてはならない。「人世三宝説」の二年後、明治一〇年（一八七七）の講演では、財産、健康、知識を手に入れても「安心ノ所ニ欠クルコト有《あ》」れば「幸福」を得ることはできないと述べている。

（渡辺和靖）

171

加藤弘之《かとうひろゆき》

（1836~1916）

幕末~大正期の思想家・国家学者。天保七年、但馬《たじま》国出石《いずし》城下に、同藩兵学師範役二二〇石、加藤正照・錫《すず》子の長男として生まれた。はじめ弘蔵と称する。藩校弘道館を経て、嘉永五年（一八五二）江戸に出て兵学を学び佐久間象山に入門、ついで坪井為春に就いて蘭学を修めた。万延元年（一八六〇）幕府蕃書調所《ばんしょしらべしょ》教授手伝となり、ドイツ語を学び始める。

文久元年（一八六一）『鄰艸《となりぐさ》』を著し、中国の政治情勢に仮託して各種政体の長短を論じ、「上下分権」と「万民同権」の政体が優れているという立場に立って、政治の目的は「人和」の実現にあり、そのためには属人的な仁政に期待するよりも、制度の改良により善政を行うべきだと主張した。こののち、慶応四年（一八六八）に刊行した『立憲政体略』では三権分立や「国憲」（憲法）の必要、基本的人権と参政権の別などを論じ、明治三年（一八七〇）に上梓した『真政大意』でも同様の議論を展開して、国家学者としての立場を確立、明治維新後の政権構想にも一定の影響を与えたのと同時に、その著作は自由主義的な政治運動のバイブルとしても読まれ、後の自由民権派の人々にも受容された。

一方で加藤は、明治二年から明治天皇の侍読として洋書を進講した。同五年からはブルンチュリが著した『一般国家学』を進講に用い、その訳稿を『国法汎論《はんろん》』として刊行開始（同九年まで）、立憲君主制論と国家有機体論を展開した。翌七年には『国体新論』を著し、同書のなかで加藤は、国土は君主のものでないこと、人民の基本的人権は天賦のものであることを述べ、「国体」とは「人民ノ安寧幸福ヲ求ム為メ」の「眼目」であり、「政体」はこの「眼目」を実現するための方法であるから、各国の歴史と風習によって選択すべきものであるという現実的で明快な国家観を説き、「国学者流」の王土論や「尊王卑民ノ説」を「野鄙陋劣《やひろうれつ》」なものとして批判した。

明治六年、加藤は明六社の結成に加わり、『明六雑誌』に「米国政教」「軽国政府」「夫婦同権ノ流弊《りゅうへい》論」などの論説を発表した。福沢諭吉が提議した「学者職分論争」に際しては、同誌に「福沢先生ノ論ニ答フ」を発表して、自分たち洋学者は「官務」「私業」いずれにも偏在しないことが望ましいという立場を示した。また、同七年に展開した民撰議院設立論争では時期尚早論を主張し、大井憲太郎らと論争した。

加藤はその後、元老院議官ついで東京大学総理に任命されたが、明治一四年（一八八一）になると文部卿からの示唆を受け、『真政大意』『国体新論』の絶版届けを提出、翌一五年になると『人権新説』を著して、社会進化論の立場から「優勝劣敗」の法則こそ「天理」だと主張し、かつてはみずからが唱えていた天賦人権論《てんぷじんけんろん》を痛烈に批判、自由民権派の論客との間で天賦人権論争を繰り広げた。従来の評価では、これをもって加藤の「転向」とされ、学者生命はこの時点で絶たれたとされてきた。しかし、彼の思想を国家学の構築を軸に見るかぎり、天賦人権論がそれ以前の主張の中心課題であったとは考えられず、むしろ一貫して日本の漸進的な立憲君主国化に重点があったとすれば、転向論によって加藤のその後の思想活動のすべてを処断するのは、なお早計にすぎるともいえよう。

「大日本帝国憲法」（一八八九）と「教育勅語」（一八九〇）によっていわゆる明治国家体制が確立されて以降、加藤は雑誌『天則』を発行して道徳論から植民地政略までのあらゆる事象を、進化論を「天則」とする立場から論じ（後に『天則百話』〈一八九九〉にまとめられる）、また、同二六年（一八九三）に日独語で同時に刊行した『強者の権利の競争』では、有機体である国家は内外の競争によって進歩発達するとし、国家内部を統治する権力はすなわち「強者の権利」であると述べ、対外的には諸国家の競争の果てに「宇内統一国」の成立を予見した。さらに、人間の「利《り》己心《こしん》」と「利他心《りたしん》」から、有機体である社会の道徳と法律を原理的に論じた『道徳法律進化之理』（一九〇〇）をまとめた。晩年に至るまで、このような立場から、社会主義やキリスト教、政党政治や天皇機関説に対する旺盛な批判活動を展開し続け、『吾国体と基督教《キリスト》』（一九〇七）、『自然と倫理』（一九一二）などを著した。

この間、明治三三年（一九〇〇）男爵、同三八年帝国学士院長、同三九年には枢密顧問官《すうみつこもんかん》に就任。葬儀は無宗教で行われた。

（中野目徹）

172

井上哲次郎

いのうえてつじろう（1855〜1949）

井上哲治郎は、安政二年（一八五五）、筑前《ちくぜん》国大宰府《だざいふ》に医師の子として生まれた。中村徳山《とくざん》のもとで儒学を学び塾頭にまでなった。のち井上は哲学に関心を持つようになったのは「中村徳山先生に就いて経書などを学んだ印象が深大《しんだい》であったからであろう」（『八十八年を顧みて』）と述べている。やがて博多で村上研次郎に英学を学び、さらに長崎まで歩いて行き、官立学校広運館において外国人教師から算術、地理、歴史などを学び、明治八年（一八七五）、選抜されて東京開成学校（東京大学の前身校の一つ）に入学した。

明治一〇年（一八七七）に東京大学が開設されると、第一期生として入学し哲学を専攻した。フェノロッサからヘーゲル哲学を学んだ。卒業とともに助教授に任ぜられ東洋哲学史などを講義した。

明治一六年（一八八三）に『倫理新説』を刊行し、それまでミル、ベンサムなど英仏の経験主義、実証主義によって覆われていた哲学の世界にはじめてドイツ観念論を導入した。

「倫理ノ大本ヲ知ラント要スルニ、東洋西洋論議一ナラズ」「古今ノ異説、東西ノ横議《おうぎ》、幾《いく》百万アリト雖《いえど》モ、必ズ其是非ヲ分疏《ぶんそ》スベシ」と『倫理新説』の冒頭部分にあるように、井上の課題はつねに東西思想の統一という形で表現された。「東洋と西洋を打って一丸にする」という言い方もあった。これは前世代の啓蒙思想家たちにはまったく自覚されなかったことである。明治二〇年代に一般化する採長《さいちょう》補短《ほたん》、東西思想の融合という考え方の先駆といえるだろう。

欧州留学を経て、日本人としてはじめて東京帝国大学の哲学教授に就任した。明治二四年（一八九一）、文部省の委嘱により、前年一〇月に渙発《かんぱつ》された「教育ニ関スル勅《ちょく》語《ご》」の解説書『勅語衍義《えんぎ》』を出版した。「忠孝ノ教」は「如何《いか》ホド新奇ノ学術興ルモ、毫《ごう》モ改変スベキモノニアラザル所以《ゆえん》」つまりどのように時代が変化しようとも「忠孝」こそが道徳の根本であるというのがその立場であった。叙述のスタイルは、「勅語」に登場する徳目について古今東西の事例を列挙するという旧態《きゅうたい》依然《いぜん》としたものであった。

同じような立場から、明治二六年（一八九三）に井上は、キリスト教は日本の国情に合わないと主張する『教育と宗教の衝突』を刊行した。井上は、明治二四年（一八九一）一月の内村鑑三《かんぞう》不敬事件から説き起こし、その後各地でキリスト教がトラブルを起こしていることを列挙し、それをキリスト教そのものの性格に帰し、「要するに、耶《や》蘇《そ》教は元と我邦に適合せざるの教《おしえ》なり」と結論した。これはキリスト教との大きな論争を引き起こした。

とりわけ大西祝《はじめ》はキリスト教の立場から「高等なる調和」は「衝突を通過して始めて得らる丶者」であると論じ、衝突を回避しようとする井上の見解を「貧相なる一致」を求めるものとして批判した。

以後、井上は一貫して国家の意向にそって発言を続け、家族国家論を中核とする国民道徳論を展開した。

井上の哲学体系は「現象即実在論」と呼ばれている。あらゆる現象の背後に「実在」と呼ばれるものが存在しており、すべての哲学者はそれぞれ名前は異なっても「実在」を想定していたと主張するものであった。その大要はすでに『倫理新説』において「時ノ古今ヲ問ハズ、洋ノ東西ヲ論ゼズ、苟《いやしく》モ公平ノ眼ヲ以テ宇宙ノ解釈ヲ求メシ者ハ、必ズ万有成立ヲ奉信セリ」という形で提出されており、これに続いて「孔丘《こうきゅう》ノ徒ハ之《これ》ヲ太極《たいきょく》ト曰《い》ヒ」「釈迦《しゃか》ハ之ヲ如来蔵《にょらいぞう》ト曰ヒ」「スピノザ氏ハ之ヲ万有本体ト曰ヒ、セルリング氏は之ヲ絶対ト曰ヒ」……とオーケストラの伴奏のように延々と哲学者の名前が列挙される。ここで「万有成立」と言われているものがやがて「実在」という語に変えられる。そのもっとも整備された形は明治三六年（一九〇三）に刊行された論文集『巽《そん》軒《けん》論文二集』に収録された「認識と実在との関係」において見ることができる。井上の「実在」は出会うものことごとくを飲み込んで静まりかえる底なし沼のようなものであり、ルーズな折衷《せっちゅう》主義といえる。井上の思想がほとんど変化しないのもそのためである。井上の功績の一つとして、江戸時代の儒者たちの著作を集めた『日本倫理彙編《いへん》』の編集を挙げることができる。これはその後長く日本儒学研究の原典として参照された。なお井上には、日本儒学研究の三部作がある。「東洋哲学」という概念を確立したのも井上である。

（渡辺和靖）

173 清沢満之《きよざわまんし》（1863～1903）

近代の仏教思想家、真宗大谷派の僧侶。尾張《おわり》国の藩士徳永永則《ながのり》の子として生まれたが、明治一一年（一八七八）得《とく》度《ど》を受け、東本願寺育英教校を経て、東京大学文学部哲学科に学んだ。明治二一年（一八八八）、京都府立尋常中学校校長として赴任し、清沢ヤスと結婚して愛知県大浜（現・碧南《へきなん》市）の西方寺《さいほうじ》住職となって、中央の学界を離れた。その後、宗門改革を志して積極的な活動を展開する一方で、しばしば社会的な活動を中断して厳格な禁欲生活を行った。特に明治二七年（一八九四）に結核を発病してからは、病気を通しての自省を深めた。明治二九年（一八九六）、白川村に籠居《ろうきょ》して『教界時言』を創刊したころが宗門改革運動のピークであったが、翌年大谷派から除名処分を受け、挫折した（翌々年、除名解除）。明治三三年（一九〇〇）、清沢を師と仰ぐ暁烏敏《あけがらすはや》・多田鼎《ただかなえ》・佐々《さ さ》木月《きげっ》樵《しょう》らとともに、東京の本郷で共同生活を始め、浩々洞《こうこうどう》と名づけ、翌年には機関誌として『精神界』を発刊した。創刊号に「精神主義」と題する宣言的な文章を発表したことによって、彼らの活動は精神主義と呼ばれて社会的に大きな反響を呼んだ。その間も、真宗大学（後の大谷大学）学監として厳格な宗教精神に基づく教育を志したが、学生の反発を招いて辞任した。妻子を相次いで喪った中で、明治三六年（一九〇三）、絶筆《ぜっぴつ》「我信念」を遺して、西方寺で没した。

清沢の思想は、東大を卒業後から京都に移ってしばらくの間の初期と、その後、宗門改革を志しながら自省を深めた中期と、浩々洞を結んで精神主義の運動を興して以後の後期の三期に分けられる。初期には東京大学でフェノロサに学び、ヘーゲルの影響下に哲学の研究を進め、それを浄土教に適用しながら宗教哲学を体系化しようとした。その最大の成果は『宗教哲学骸骨《しゅうきょうてつがくがいこつ》』（一八九二）であり、翌年、英訳も出版された。本書の中核の思想は、有限と無限の対立である。有限なるものは依存的・相対的・単一・部分・不完全であるのに対して、無限なるものは独立的・絶対的・唯一・全体・完全である。具体的には、有限は個人の霊魂であり、無限は阿弥陀仏《あみだぶつ》にあたる。有限は無限をめざして進むが、その際、無限を自己の内に見る自力の立場と、それを外に見てその働きかけを認める他力の立場があり、清沢は当然他力の立場に立つ。このように、キリスト教の影響を受けながら、それをもとに仏教の思想構造を解明し、浄土教の他力説を哲学的に基礎付けたところに大きな意義がある。

その後、宗門改革を志す一方で、しばしば病気の療養とあわせて隠遁的な修養生活を繰り返し、その間に『在《ざい》床《しょう》懺悔《ざんげ》録《ろく》』『臘扇録《ろうせんろく》』などを記した。特に、『阿含経《あごんきょう》』『エピクテトス語録』とともに『歎異抄《たんにしょう》』に親しみ、近代的な視点からその価値を見出したことは、その後の親鸞解釈に大きな影響を与えた。宗門改革もまた、制度的な問題よりも、信仰本意の立場を確立しようというもので、内面主義的な宗教観と無関係ではなかった。

浩々洞を結んで精神主義の運動を興してからは、初期の哲学的な有限―無限の論を基礎として、それをより主体的、実践的な立場から深め、外界の客観世界ではなく、みずからの精神の内に絶対無限者を見出す内観主義の立場を打ち立てた。また、倫理と宗教の関係に関して思索を深め、全世界の事物に対する無限責任を背負いきれないところから、他力の宗教の立場に転ずる必然性を説いた。宗教の立場に至るためには、家族や国家などの世俗の道徳倫理をすべて捨てなければならないとして、形而下の道徳を超えるものとして宗教の領域を確立した。道徳と宗教の関係の問題は、井上哲次郎が提起した「教育と宗教の衝突」論争（一八九二―九三）によって大きく問題とされ、教育勅語に基づく国家道徳が宗教に優越するという言説が広まっていた。清沢の精神主義はその問題に対する仏教側からの反論ということができ、宗教を道徳を超えるものとして立てることにより、国家道徳を相対化するという意味を持っていた。しかし、ひとたび宗教の立場に到達したら、再び世俗の道徳をそのまま是認することになり、問題を残すことになった。

清沢の思想は、弟子の暁烏敏や曾我《そが》量深《りょうじん》らによって信仰運動として展開し、戦後は大谷派の改革運動の指導理念とされた。他方、弟子たちの戦争協力が問題視されて、清沢の思想も批判に曝《さら》された。しかしそこには、倫理と宗教の関係、他者問題など、単なる浄土教の近代化に留まらない大きな問題が含まれ、近年新たに注目を集めている。

（末木文美士）

174
植木枝盛《うえきえもり》
（1857〜1892）

自由民権運動を代表する急進的活動家で、板垣退助《いたがきたいすけ》を代表とする土佐派のイデオローグ。第一回帝国議会選挙で衆議院議員に当選したが、任期途中で急病死した。主著として、平易な文体で庶民に呼びかけた『民権自由論』、加藤弘之『人権新説』を批判した『天賦人権弁《てんぷじんけんべん》』などがある。

土佐藩の上士の子として生まれた。父は江戸に寄留することが多く、幼時期に実母が離縁され、植木家の女中だった女性が継母《けいぼ》になったが、彼はこの継母を嫌って「お母さん」と呼ばなかったという。自伝で「父を敬すれども之を愛することを知らず」と書いており、家庭環境がその精神史に大きな影響を及ぼした可能性が高い。

明治六年（一八七三）に東京の山内家に開設された海南私塾に入学したが、軍人養成を目的とした授業内容に不満で半年で退学して帰郷した。折から明治六年の政変で板垣退助たちが下野《げや》し、高知に立志社を結成した時期なので、彼も時代の息吹《いぶき》を感じ取っていただろう。明治八年（一八七五）に再度東京に遊学した。正式な教育機関に属さず、明六社や慶応義塾の演説会などに熱心に通い、図書館や新聞縦覧所《じゅうらんしょ》で独学した。新聞に盛んに投書し、『郵便報知新聞』に送った「猿人君主」で禁獄二か月に処された。キリスト教関連の書物も多数読んでおり、投書した論説「思想論」などにその影響がみられる。

西南戦争が勃発すると、すぐに板垣退助・後藤象二郎《ごとうしょうじろう》らとともに帰郷し、立志社を代表する理論家として華々しい活動を開始した。活動の具体的な内容は雑誌新聞の発行と演説である。立志社が発行した雑誌『海南新誌』『土陽雑誌《どようざっし》』（のち『土陽新聞』に統合）や、大阪に設立された愛国社の機関誌『愛国志林』（のち『愛国新誌』と改題）、その後継紙《こうけいし》の『高知新聞』の主要な論説は、彼が執筆したものとされている。演説は東京遊学時代にその方法を学び、立志社のメンバーになってから本格的に実践した。演説の場所や題目を克明に記録した『演説日記』（国会図書館蔵）は、南は熊本から北は仙台まで、悪路を物ともせずに敢行された演説行脚《あんぎゃ》の様子を活写しており、自由民権運動のエネルギーを髣髴《ほうふつ》させる。

植木は運動のなかで福沢諭吉などの啓蒙思想家から独学自習したので、思想表現は一見すると平易だが、内容はしばしば特異なところがある。たとえば『海南新誌』に掲載された「政論」では、政治の要点は「世間ノ安寧静謐《せいひつ》」と「各人ノ知識幸福」だとし、「各人ハ本ニシテ世間ハ末」だから「各人」の幸福が第一だと述べる。このように社会よりも個人を重視し、「異」の存在によって社会が多元的になることが望ましいと述べたのは、福沢の『文明論之概略』などの影響だと考えられるが、「各人」に大きなウエイトが置かれ、自我を前面に出すのは彼の特徴である。稿本「尊人説」はこうした考えを前面に出したもので、「万物我に備わる」という孟子の言葉を援用して、「各人」は「心」のなかに自分固有の世界を作りだすことができるので「天上天下惟我独尊《てんじょうてんげゆいがどくそん》」だとされる。

このような「心」の絶対化と急進的な政治思想は一体である。現実よりも「心」のなかに描出された世界を重視する唯心論的な態度によって、彼は既成の社会秩序を度外視して、純粋に理念だけを先鋭化させることができた。明治一一年（一八七八）から晩年まで書き継がれた読書ノート『無天雑録《むてんざつろく》』は、その内面過程を映し出していて興味深い。『無天雑録』は、もとは「言志録」という表題だったことからもわかるように、佐藤一斎「言志四《げんしし》録《ろく》」に影響されたもので、冒頭の欄外には「我ハ我ノ我也、世界ノ我レニ非ラズ、世界我ノ世界タルノミ」という語が書きつけられている。彼が自己の「心」のなかに独自の世界を紡《つむ》ぎだし、それを既成の社会にぶつけたのがその思想表現だったことがわかる。

以上のような「心」の重視から、植木は自分の見る夢に特別な関心をもち、明治一二年（一八七九）ころから日記にその内容を詳しく記している。なかでも注目されるのは天皇に関する記述で、明治一四年（一八八一）二月に「天皇と偕《とも》に寝《い》ね又皇后と同衾《どうきん》して寝ね交媾《こうこう》することを夢む」と書き、その後、自己を天皇に擬す表現を繰り返すようになる。友人の横山又吉が「（晩年は）自分を天子のように思うていた」と回想しているように、日記の記述は単なる戯言《ぎげん》ではない。福沢諭吉などの啓蒙思想を乗り越え、独自の急進的政治構想を描くために、自己を絶対化する心理的な梃子《てこ》が必要だったのだろう。（米原　謙）

175 幸徳秋水《こうとくしゅうすい》（1871〜1911）

明治期の代表的な社会主義者。本名は伝次郎、「秋水」の号は師の中江兆民《なかえちょうみん》から与えられた。高知県の中村（現・四万十《しまんと》市）に生まれ、明治二〇年（一八八七）に東京に出たが、同年末の保安条例で東京を退去させられた。いったん帰郷した後、同じく保安条例で追放され大阪に寄留していた中江兆民家の書生となり、大きな影響を受けた。

秋水が青年期を終えて自立していくのは日清戦争（一八九四―九五）後のことで、ちょうど社会主義の黎明期《れいめいき》にあたる。足尾鉱毒事件《あしおこうどくじけん》が世間の耳目を惹《ひ》き、社会問題・労働問題や普通選挙制への関心が広まっていた。一般に、社会主義の思想は資本主義化による伝統的な社会秩序の混乱に対する反発から芽生える。秋水の場合は、これに加えて、自由党が藩閥と提携し、かつての理想を裏切り腐敗したとの憤《いきどお》りもあった。社会主義への関心を初めて明示した「社会腐敗の原因と其救治」（一八九八）では、金銭に対する過剰な欲望が社会の腐敗の原因だと指摘しており、別の論説では、資本家の跋扈《ばっこ》や富の不平等な分配が政治腐敗の原因だと批判している。この時点ではまだ社会主義の中身は明らかにされていないが、やがて「金銭廃止」「資本の私有絶滅」によって「生産資本を社会共同の有」に変えなければならないと論じるようになる。そして明治三四年（一九〇一）の論説で「我は社会主義者也」と宣言して、「天下の人をして尽《ことごと》く労働者となし、兼て尽く資本家となす」べきだと主張するのである。

秋水が社会主義者を自称するまでには起伏があった。中国で義和団の乱が起こり列国が介入した明治三三年（一九〇〇）、彼は『万朝報《よろずちょうほう》』の記者として盛んに帝国主義的な論説を発表していた。日本軍の清国派遣に際しては「機に臨み変に乗じて自家の利益と権勢を増進」せよと論じ、自国の利益を確保するためには、外交だけでなく「戦争破裂を賭《と》するの決心」が必要だと述べたのはその例である。ところがその三か月後、ロバートソン（John M. Robertson）の『愛国心と帝国』に影響されて書いた「所《いわ》謂《ゆる》戦争文学」で、愛国心を「動物的獣心」と批判し、唐突に帝国主義批判に転じる。その後一一月から翌年二月にかけて愛国心・軍国主義・帝国主義に関する連作を発表し、それを一書にまとめたのが『二十世紀之怪物帝国主義』である。この帝国主義批判の先駆的な本と、先の「我は社会主義者也」の発表がほぼ同時であるのは興味深い。秋水は帝国主義と資本主義の関連を十分に説明していないが、戦争は資本家の利益にしかならないと理解し、帝国主義批判と社会主義への確信が結合したのである。

秋水が社会主義についてさらに明確なイメージを示したのは「社会主義に対する誤解」（一九〇二）と題する論説で、ここで初めてマルクスとエンゲルスに言及し、社会主義は空想ではなく科学だと主張している。この認識を体系化したのが『社会主義神髄《しんずい》』（一九〇三）で、土地や資本などの「生産機関」を地主・資本家が独占して、生産物を略奪しているために、富の分配の不公平が生じたとし、「生産機関」を社会の公有にすれば貧困を解消できると説いた。その説明の特徴は、社会主義への革命を「進化的過程の必然的結果」と位置づけたことで、社会主義が実現して階級闘争が消滅すれば、貿易や富をめぐる闘争はなくなるから、世界平和が実現すると説いている。

マルクス主義を基準にすれば、『社会主義神髄』の社会主義論の欠陥は明らかだが、二〇世紀初頭の日本の思想状況で、この本が果たした役割はやはり画期的だった。それは不平等や貧困の原因を資本主義の経済システムにもとめ、それを人類史の一段階にすぎないとして相対化した。そして社会の矛盾を為政者や資本家の道徳問題に解消せず、資本主義が生みだす必然的悪ととらえ、その根本的変革のために「志士仁人《ししじんじん》」の奮起を促《うなが》した。秋水の帝国主義批判と社会主義論が、平民社の日露非戦論の理論的・道義的な根拠になったことは言うまでもない。それは維新以来の国家目標を、知識人が初めて相対化できたことを意味する。

明治三八年（一九〇五）、筆禍《ひっか》事件で入獄した秋水は、獄中でクロポトキン（ロシアの無政府主義者）を読んで無政府主義に関心をもったという。出獄後、アメリカにわたってサンフランシスコでアナキストと交流し、帰国後「世界革命運動の潮流」や「余が思想の変化」で、議会主義による変革を否定し、直接行動に訴えることを説いた。この急進主義への傾斜は運動の行き詰まりによる焦燥《しょうそう》感《かん》に原因があったが、結局、大逆事件（一九一〇）という大弾圧事件につながった。

（米原　謙）

176　中江兆民《なかえちょうみん》（1847～1901）

本名は篤助《とくすけ》（あるいは篤介）。明治前半を代表する思想家の一人で、フランス学の泰斗《たいと》として「東洋のルソー」と呼称された。

土佐藩下級武士の子として生まれ、慶応元年（一八六五）に長崎に派遣されてフランス語を学び始めた。幕末にはフランス公使ロッシュなどの通訳を務めたといわれる。

明治四年（一八七一）に岩倉使節団に随行してフランスに留学し、第三共和制初期の共和派の言論を通してルソーについて学んだと想像される。帰国後まもなくルソー『社会契約論』の一部を「民約論巻之二」として翻訳し、写本でかなり広く読まれた。翌年、島津久光《しまづひさみつ》に献策した「策論」は、不平士族の反乱を背景に大久保政権打倒を唱えたもので、明らかにルソーの立法者の理念から着想を得ている。

明治一四年（一八八一）、自由民権運動の高揚を背景に『東洋自由新聞』が創刊され、主筆としてフランス共和派的な政治論を展開した。この新聞は、政府や宮中の意向で社長の西園寺公望《さいおんじきんもち》が退社させられ、それに抗議した社員も逮捕されて、一か月ほどで廃刊になったが、その後の彼の理論活動の出発点となった。特に注目されるのは第一号に掲載された「リベルテーモラル（心神ノ自由）」に関する論説で、孟子を援用しながらルソー（のちにはカント）が論じた道徳的自由について説明したものである。当時の啓蒙思想や自由民権の理論家が功利主義的な自由観を唱えていたのとは異なって、彼は道徳的格率に従うことによって自由が生まれると唱えた。

翌明治一五年、彼が主宰した仏学塾から発行された雑誌『政理叢談《せいりそうだん》』（のち『欧米政理叢談』）に「民約訳解《みんやくやくかい》」を連載した。『社会契約論』を漢文訳して解説を付したもので、第二編第六章で中断したが、ここでもベンサムの功利主義を批判し、「利」と「義」の一致の必要性を力説した。翻訳からうかがわれる彼のルソー理解は群を抜いたもので、「東洋のルソー」の名を高からしめた。この雑誌には、「民約訳解」のほか、兆民の門下生がフランス共和派のさまざまな著作を翻訳しており、自由民権運動に対して共和主義的な哲学・政治理論の提供を意図していたことがうかがわれる。運動が退潮期《たいちょうき》に入ったとき、彼は『非開化論』『維氏《いし》美学』『理学沿革史』『理学鉤玄《こうげん》』『革命前《かくめいまえ》法朗西《フランス》二世紀事《にせいきごと》』「民主国ノ道徳」などを相次いで発表した。多くはフランス共和派の理論家の翻訳やそれに基づく著作である。『非開化論』はルソー『学問芸術論』の翻訳だが、そのタイトルは当時の啓蒙思想に対する彼の批判的な姿勢を示している。

有名な『三酔人経綸問答《さんすいじんけいりんもんどう》』（一八八七）は、その一部が事前に「酔人之奇論」として『国民之友』に発表されたことでもわかるように、徳富《とくとみ》蘇峰《そほう》との親しい交友から生まれた。民主主義者の「洋学紳士」と侵略主義者の「東洋豪《ごう》傑《けつ》」という二人の人物が「南海先生」の家を訪れ、酒を飲みかわしながら政治談議をするという内容で、軍備や政治制度が話題になっているが、全体の議論の焦点は社会進化論である。この著については様々な解釈があるが、兆民の意図は蘇峰の処女作『将来之日本』を揶揄《やゆ》することだったと考えられる。つまり「武備主義」から「生産主義」への世界史的な転換という蘇峰の主張を受け入れたうえで、その余りに楽天的な社会進化論を「進化神」崇拝として批判し、歴史を動かすのは人間の主体的な営《いとな》みだと説いたのである。

明治二〇年（一八八七）末、大同団結運動に加担して保安条例で東京を追われ、大阪で『東雲《しののめ》新聞』の主筆となった。この時期に部落差別を批判した「新民世界」などを書いたことで知られる。第一回衆議院選挙に大阪から立候補して当選したが、第一帝国議会で土佐派が政府と妥協したことに激怒し議員を辞職した。抜群の学識がありながら、それでは生計を立てることができなかったのは、アカデミズムが未成立だった時代の知識人の悲劇といってよい。彼は議員辞職後も自由党の新聞に関与し、蘇峰の『国民新聞』と協力して民党結集・藩閥打倒に尽力した。しかしまもなく実業界に身を転じ、そのかたわら、近衛《このえ》篤麿《あつまろ》のアジア主義的な運動に身を投じている。

明治三四年（一九〇一）、医者から喉頭癌《こうとうがん》で余命一年半を宣告されて、病床で『一年有半』を執筆して時代と社会への不満をぶちまけた。最後の著書『続一年有半』では、唯物論的の立場に立った意思自由論を唱え、往年の道徳的自由への関心が失われていないことを示している。

（米原　謙）

177

田中正造《たなかしょうぞう》（1841〜1913）

足尾《あしお》銅山鉱毒事件で有名な田中正造は、天保《てんぽう》一二年（一八四一）、下野《しもつけ》国安蘇《あそ》郡小中《こなか》村（現・栃木県佐野市小中町）に生まれた。幕末期の正造は富士講《ふじこう》を熱心に信奉しており、平田《ひらた》国学にも入門しているが、思想形成の柱は儒教、とりわけ『孟子《もうし》』であったと考えられる。

父富蔵《とみぞう》の後を継いで名主になった正造は、領主六角《ろっかく》家の一方的な政財政改革に直面してその秕政《ひせい》を痛烈に批判し、農民を代表して闘ったが、捕らわれて入牢した。

明治維新後、東北の江刺《えさし》県の小吏《しょうり》に採用され、花輪《はなわ》分局に勤務したが、上司暗殺の嫌疑を受け、三年近く下《げ》獄《ごく》する。獄の中で正造は、スマイルズ『西国立志編《さいごくりっしへん》』などの西洋近代思想に接し、熱心に学んだ。

その後、自由民権運動に参加し、立憲改進党《りっけんかいしんとう》に入党。栃木県会議員としても活躍し、県令三島通庸《みしまみちつね》の暴政と闘った。県会議長を二期四年勤めた後、明治二三年（一八九〇）の第一回衆議院議員選挙に栃木県第三区から立候補して当選。明治三四年（一九〇一）に辞職するまで六回連続で当選し、政党内閣の樹立をめざして藩閥《はんばつ》政府に対抗。政党政治家として質の高い言論活動を展開した。

明治二四年（一八九一）、足尾銅山鉱毒問題に初めて取り組み、第二回議会で質問し政府を追及した。その論理の中核は「公益」と所有権擁護とにあり、鉱毒は「公共の利益」に反し（＝「公害」）、憲法二七条で保証された所有権を侵害するものであるから、政府は鉱業条例等に則《のっと》って操業停止を命じるべきであると主張した。

日清《にっしん》戦後の明治二九年（一八九六）秋、渡良瀬《わたらせ》川大洪水によって鉱毒被害が拡大すると、正造は鉱毒問題に専念するようになる。被害民たちの四度の「押出《おしだ》し」（大挙請願上京）は世論を喚起し、知識人や女性などによる救済運動も盛り上がっていった。そのようななか、明治三四年一二月、正造は天皇直訴《じきそ》を敢行した。

この間、被害民たちが独自に被害状況を調査した結果をもとに正造が国会で政府を追及するという、住民運動と政治活動との連係プレーが見られた。その過程で、正造は「非命《ひめい》の死者」に注目するようになる。鉱毒が、被害民のいのちと健康をむしばみ、とりわけ乳幼児の死亡と死産が激増していたのである。

正造の直訴を受けて政府は第二次鉱毒調査委員会を設置し、渡良瀬川下流域の谷中《やなか》村を潰《つぶ》して遊水池を作ることで鉱毒問題に終止符を打とうとした。遊水池化（土地買収）に反対する運動を組織するために、正造は明治三七年（一九〇四）、単身で谷中村に移住する。晩年にはキリスト教に接近し、新井奥邃《あらいおうすい》などとの交流を通してキリストの教えの実践につとめた。

谷中入村から大正二年（一九一三）に亡くなるまでの学びを、正造は「谷中学」と自称した。現場の学問（実学）を通じて自前で構築した「谷中学」の特徴は、「いのち」の思想にあった。正造は、「所有」よりも「生存」を優先させるようになった。生存権のまえに所有権の野放図《のほうず》な行使は制限されなければならないという現代的人権の考え方を先取りしていたのである。

「いのち」と「くらし」を存続させるために、正造は環境と地域社会に着目した。正造は、自然との共生、「天地とともに」ある生き方を追求し、自然を害して得られる利益は「人造の利益」に過ぎず、「真の文明」ではないと強調した。現代でいう環境倫理思想である。また、地域自治の確立を願って、町村の自治権は国家成立以前から存在する絶対不可侵の権利であると主張した。

そして正造は、生存の基盤を脅かす最大の物理的暴力である戦争に反対した。日露《にちろ》戦争（一九〇四－〇五）に際しては非戦論を唱え、戦後には軍備全廃と平和外交を唱えた。「人の死を見る、犬猫の死を見るよりも冷かなり」。そうした時代状況のなかで、正造は「国益」に押しつぶされていった「いのち」に寄り添う視点から、利益中心の近代文明を告発し続けたのである。

正造はまた、明治後期を代表する民主主義者でもあった。それは、支配の道具であった大日本帝国憲法を民衆の立場に立って解釈し、民衆の権利擁護のために活用したというだけに留まらない。彼は一貫して政治（家）に対する国民の監督責任を強調してやまなかった。投票は権利であるより先に義務であると位置づけていた。このような能動的な市民に支えられなければ、立憲政治は機能しないと考えていた。このように、田中正造は、まぎれもなく日本国憲法の先駆者であり、「近代」を超える思想を展開していたのである。

（小松　裕）

178 海老名弾正《えびなだんじょう》（1856〜1947）

海老名弾正は、安政三年（一八五六）柳川藩《やながわはん》に生を受け、熊本洋学校在学中キリスト教徒となり、明治九年（一八七六）花岡山《はなおかやま》の盟約にも参加。一二年に同志社神学校を卒業して牧師となった。新島襄《にいじまじょう》の故郷安中での伝道を皮切りに、熊本、神戸などを経て、三〇年から東京で本郷教会を拠点に活躍した。大正九年（一九二〇）から昭和三年（一九二八）まで同志社総長を務めた。その後は公的な仕事から退き昭和一二年（一九三七）死去した。海老名が生まれた一八五六年は、西欧諸国が日本に開国要求を突きつけていた時期である。幕府の対応能力のなさを目の当たりにして、諸藩は入り乱れて国内のリーダーシップ争いと有効な対外策の模索を始めていた。柳川藩では、家老となった立花壱岐《たちばないっき》が池辺籐左衛門とともに藩校伝習館の改革を図り、隣藩熊本の横井小楠《よこいしょうなん》とも交流して「開国」「通商」をも視野に入れ得る学問の構築をめざした。海老名は慶応元年（一八六五）伝習館に入学し、ここで漢学を修め、池辺からは『日本外史』も学んだ。

明治五年（一八七二）、海老名が熊本洋学校へ一回生として入学する直前に柳川城が焼け落ちてしまう。それは、海老名の心深くに、読書相手を務めた若殿の死去とともに、武士としての忠誠対象の喪失を刻みつけた。

熊本洋学校の友人には横井小楠門下子弟の横井時雄、徳富蘇峰《とくとみそほう》らがいた。その運営は校長のゼーンズに任され英語はもちろん地理、歴史、理科などすべての科目をゼーンズが担当した。他に、生徒は小楠門下の竹崎茶道の塾で『近思録』など漢学を学んだ。洋学校での西欧の科学知識の学びによって海老名は、世界に偶然的なものはなくむしろ合理的な支配が貫いていることや、宇宙の悠久無限に思いを馳せ、儒教の「天」を媒介に「造物主」の存在可能性を考えるようになる。また、キリスト教が歴史に及ぼした影響に感銘を受けた。開校三年目、ゼーンズは自宅で聖書輪読会を始め、ある晩、祈禱は、①被造物が「造物者に対する職分である」②「神との交わりである」と説明した。その瞬間、空白であった海老名の心が神と結ばれて「良心が至上権」を回復し、神が主君、海老名は神の「臣僕《しんぼく》」となった。柳川を出たとき失った忠誠を尽くすべき相手の発見だった。

同志社時代の視力減退の経験は、しかし、神のために自分が働く「臣僕」ではなく、自分の心の奥底にある「神を愛する一片の至情」において神と結ばれる「神子《かみのこ》の意識の宗教」に目覚めさせた。これが海老名のキリスト教信仰の核心となる。

神戸教会時代の明治二六～二八年（一八九六―九七）、『六合雑誌《りくごうざっし》』に「日本宗教の趨勢」「神道の宗教的精神」などを執筆し、天が活《い》きて天地のうちに働いて「福善禍《ぜんにさいわいしいんにわ》淫《ざわいす》」を果たし、人はそのような道を内在的に理解しうることなどを説いた。洋学校時代に池辺や竹崎を通して学んだ小楠の儒教理解を自分なりに整理し、日本在来の宗教思潮とキリスト教との接合点を探ったと考えられる。

明治三一年、東京に戻ると、海老名は再び本郷教会牧師に就任し、日曜礼拝の出席者は一年で三〇人から一五〇人にまで増えた。「書生の教会」と呼ばれるほど青年が多く、三年後には三沢糾《みさわただす》、小山東助《こやまとうすけ》、吉野作造《よしのさくぞう》らの協力を得て、月刊誌『新人』を発行した。『新人』の巻頭言に当たる部分は、海老名の説教を筆記したものとされており、三四年植村正久《うえむらまさひさ》との間の「福音《ふくいん》主義論争」時の「キリスト観」をはじめ、日露戦争のころ社会主義を奉じる青年たちとの間で論争となった「日本魂の新意義を想《おも》ふ」や「基督教と社会主義」もこの巻頭言に出たものである。『新人』は他に時評欄、随筆欄もあり、編集を手伝っていた吉野作造たちのほかに、綱島梁川《つなしまりょうせん》、深《ふか》田康算《だやすかず》なども投稿している。

海老名は日本が「神の国」の具現者として朝鮮や満州を「神の国」化することができると述べるなど、そのキリスト教は「ナショナル」といわれる熊本バンドのそれであった。それは神が個人の内面だけでなく、社会全体に、その意味で国家にも、その精神を実現すると考えたからであった。その核心には先に述べた「神子の意識の宗教」があり、しかも儒学の「天」の支配や、ヘーゲルの歴史哲学によって補強されていた。このような彼のキリスト教理解は、一面において帝国膨張《ぼうちょう》のイデオロギーでありつつ、他面その積極的な社会に対する関心から、石川三四郎のような社会主義への同調者や、吉野作造のような人格主義に立つ民本主義者のような時代の先駆となる青年たちを出した。

（吉馴明子）

179　陸　羯南　くが　かつなん（1857〜1907）

明治期の新聞記者。高級紙『日本』の社長・主筆。津軽藩士中田謙斎の子として陸奥《むつ》国弘前《ひろさき》に生まれた。本名実、羯南は少年時代の自作の漢詩から採られた号。弘前の東奥義塾を中退後、仙台の官立宮城師範学校、東京の司法省法学校に在籍したが、校長と争い退学処分を受けるなどして、いずれも卒業せず。司法省法学校の同期に加藤恒忠《つねただ》（正岡子規《まさおかしき》の叔父）・原敬《はらたかし》・福本日南《ふくもとにちなん》・国分青崖《こくぶせいがい》がいた。青森新聞社に勤めるも、県当局批判の記事で弾圧を受けて退職。ついで北海道紋鼈《もんべつ》（現・伊達市）の製糖所勤務を経て、明治一四年に上京、太政官《だじょうかん》文書局・内閣官報局などに勤務し、法制と出版に関わる実務の経験を積んだ。

明治二一年（一八八八）に官を辞して『東京電報』に入社し、翌年二月に「東京電報」を拡大改組して『日本』を創刊。この間、条約改正交渉に伴う政府の欧化政策に反発した、杉浦重剛《しげたけ》・谷干城《たてき》・高橋健三らの保守的な思想家・政治家・官僚たちの援助と協力を受けた。『日本』は、政権・党派の機関や商品となることを排し、「一定の主義」、つまり国民の「統一」と「独立」を要求する「国民主義」によって立つ「独立新聞」たることを宣言し、「国粋主義」を唱えた三宅雪嶺《みやけせつれい》・志賀重昂《しがしげたか》・福本日南らと提携した。『日本』と羯南は、漢文崩しの格調の高い文体による、しばしば学問的な論文のような趣の政論により、言論界に重きをなした。主著は『近時政論考』『原政《げんせい》及国際論』など、訳書に『主権原論』（J・メストルの著作の翻訳）がある。

羯南は名利権勢に超然とし真情の流露した人格者として、敬慕された。『日本』の社風も自由闊達《かったつ》であり、社員は高潔で寛大な彼に心服し、社員相互の関係も地位や年齢による上下関係ならぬ「師弟朋友」のようであったという。その門下からは、長谷川如是閑《はせがわにょぜかん》・池辺三山《いけべさんざん》、丸山幹治《まるやまかんじ》（丸山眞男《まさお》の父）、古島一雄らの言論人、佐藤紅緑《こうろく》（作家）、正岡子規や中村不折《ふせつ》（洋画家・書家）らの人々が輩出した。だが、営利を二の次とし、著しく硬派な内容をもつ『日本』の経営は苦しく、近衛篤麿《このえあつまろ》らの支援にもかかわらず、羯南の晩年に実質的な廃刊を迎えた。

「国民主義」とは、国民（ネーション）のもつ「歴史上に発達したる」「他国民に対する独立特殊の性格を包括したるもの」＝「ナショナリチー」を主張する思想であった。羯南は同時代の欧化主義を批判して、国民の「自主独立」の基礎として「自国特有」の「国民文化」を保持し育成すべきで、西洋文化も「同化」「日本化」せよ、と説いた。その国民観は、歴史的「伝統」的文化や風俗習慣を国民の本質的な要素として重視しており、そこには家父長主義的・反啓蒙主義的な要素、さらには国体論的な思考と結びつく要素も含まれていた。しかし、羯南は国民と政府を同一視する「政府主義」「偽国家主義」を批判し、また他面では、諸国民相互の争いを人間生来の「私慾の弱点」の産物とみて、国民を越える人類的な「博愛」「人道」の理想に開かれた視点をも有していた。そして、「国民主義」には、政権・金権・武力などの事実の力による支配とその正当視＝「強者の権」への対抗という動機が深く関わっており、それは前述した羯南の経歴や政府批判（この批判は、三国干渉《さんごくかんしょう》による遼東《りょうとう》半島還付《かんぷ》問題の問責《もんせき》などにみられる通り、発行停止処分などによる弾圧＝報復を招いた）、新聞記者職分論などに表れている、権力との対峙《たいじ》の姿勢を支えていた。

羯南の当初の政治姿勢は、旧自由民権派の天賦人権論的な思考への反発と関連してどちらかといえば政府寄りであった。しかし初期議会以降、特に政府と政党が「挙国一致」で進めた日清「戦後経営」の軍拡・対外侵出路線に対しては、立憲主義と平和主義の要求を前面に押し出して「自由主義」の復権を求めつつ対決した。だが、その批判は奏功せず逆に猟官《りょうかん》や利権政治と「軍国主義」化が、また国外でもロシアの清国侵出などの動きが、いっそう進行した。羯南は、こうした状況を内外における「強者の権」の思想の蔓延《まんえん》とみた。そして、それを打開できず手詰《てづ》まりに陥るなかで従来の論調を変じて、官民の利害対立・抗争や日露開戦を（「時弊《じへい》」克服のための「窮策《きゅうさく》」などとして）正当化するに至ったのである。

以上の軌跡や言論（人）の独立の把握、西欧の法政・社会思想に関する豊富な知識を活用した、同時代的な課題への取り組みなどに、彼の思想的な特徴を見出すことができる。

（本田逸夫）

180

植村正久《うえむら まさひさ》（1857〜1925）

植村正久は、安政四年（一八五七）旗本植村家（一五〇〇石）の長男として生まれた。ただ、父禑十郎は植村家を継げず、芝露月町屋敷の別棟に居た遠山啓次郎が継いだ。この相続問題もあって植村家は大政奉還によって完全に没落し、横浜へ出て薪炭業《しんたんぎょう》などを営んだ。正久はお家再興の願いを一身に帯び、幕府の官吏養成所であった修文館に入学したが、二月ほどでバラ塾へ移ってキリスト教を知り、明治六年（一八七三）洗礼を受けた。ブラウン塾・東京一致神学校で学び、自宅で始めた下谷《したや》一致教会（豊島岡教会の前身）牧師に明治一三年就任した。妻となった季野は書画に優れ、漢学の素養もあった。明治二〇年（一八八七）、番町一致教会（富士見町教会の前身）を設立し、生涯その牧師を務めた。この間、小崎弘道《こざきひろみち》とともに東京キリスト教青年会（YMCA）を作り『六合雑誌《りくごうざっし》』を発行、個人でも明治二三年（一八九〇）『福音《ふくいん》週報』、『日本評論』を編集・発行し、文学と社会を論じた。

一　キリスト教受容時の特徴　①彼が旗本としての忠誠心を否定され、経済的にも逼迫《ひっぱく》した中での出来事であったこと、②プロの宣教師からキリスト教を伝えられ系統的に学んだことが、重要である。彼は入信時を顧みて、バラの「西洋人も、唯一の神を崇拝します」という言葉に全存在を揺るがされ、「天にいます父なる神」に祈るようになったと述べている。「唯一の神」は全世界に対する主宰権を持つ神として、植村のアノミー状態に終止符を打った。この体験が、「生きる」ために宗教は不可欠との主張となり、『真理一班《しんりいっぱん》』（一八八四）において功利主義や社会進化論を標的に、キリスト教の宗教学的弁証を展開した。彼自身は、出世への興味が砕かれ、明治国家への距離感が生じ（内村不敬事件では、固く皇上《こうじょう》〈天皇〉礼拝を拒否）神に仕えて「社会の木鐸《ぼくたく》」になろうと決心する。

二　植村の日本社会への関心　この点については福沢諭吉の影響が重要である。横浜で生活に追われながら、植村も新しい時代への啓蒙書である福沢諭吉の著書を愛読した。英語の家庭教師でギゾーやウェーランドの原書も読んだ植村は「一身独立して、一国独立す」という福沢のテーマの底流に、キリスト教を読み込んだ。従って、逆に日本を一人前の国にするにはキリスト教が不可欠だと考えた。もちろん福沢が国権論に傾くと批判を怠らなかったが。国家権力とキリスト教・道義との関係については、戦争時や植民地伝道に関する議論も対象に、改めて検討すべきであろう。ここでは、堤岩里《チェアムリ》教会焼打事件について、斎藤勇《たけし》の長詩「呪われたるかな東海君子の国」が『福音新報』に掲載されたことを記すにとどめる。

このように、ある意味で西欧文明をキリスト教とセットで捉えていた植村は、産業社会の進歩に伴う軽佻浮《けいちょうふ》薄《はく》の風俗や社会問題を目にしてとまどった。明治二一年（一八八八）の欧米遊学時には、貧民街の現状やキリスト教社会運動を見て回った。帰国後、貧窮問題に積極的に関わり、女性の社会的地位の向上に関わる提言もし、キリスト教矯風会《きょうふうかい》・救世軍をサポートし、片山潜《かたやません》が開いたキングスレー館の理事長もつとめた。

三　神学、ことば、文学　「キリストの十字架の他は知るまじとの決心堅く、他の事情に功を帰せんことを恐るるの念深く」は植村のキリスト教の真髄である。それはまさしく横浜バンドの改革・長老教会系の宣教師から学んだオーソドックスな神学である。ここに、海老名弾《えびなだん》正《じょう》に対する「福音主義論争」《ふくいん》の拠点もある。彼の「教会」形成は、日本人キリスト者の自律的教会をめざしたが、「教会」中心のキリスト教という基本は宣教師から吸収したものに相違ない。『植村全集』八巻にある「説教略想」は、英語で記されている部分が多く、植村がキリスト教の大枠を英語で理解していたのではとの思いを深くする。適切なことばを一つずつ絞り出すような説教スタイルも逆に、このことに関わるのかもしれない。彼は、バラたちとともに聖書の日本語訳に携わり、賛美歌にふさわしい日本語の歌詞をつけた。この時、彼はことばの問題に直面し、さらに文学への関心を深めていったのではないか。彼は、漢語の中国文明からの拘束性、かな文学の力のなさ、叙情性を指摘している。西行《さいぎょう》や紀《きの》貫之《つらゆき》など古典文学論では、和歌に現れた「はかなさ」を味わいながら、永遠への思いが託されていると解説して、日本文学の情緒をキリスト教の「永遠」につなぐという冒険をして見せる。この過程に現れる植村の情緒の豊かさが、文学者を魅了《みりょう》し、神学をただの理論から救ったに相違ない。

（吉馴明子）

181 三宅雪嶺《みやけせつれい》（1860〜1945）

明治〜昭和期の思想家・ジャーナリスト。本名は雄二郎。幕末の万延元年、加賀《かが》国金沢城下で家老本多家の侍医三宅恒《ひさし》・瀧井《たきい》の三男として生まれる。金沢では河波《かわなみ》有道《ありみち》の私塾、県立の仏語学校ついで英語学校で学び、明治八年（一八七五）に官立愛知英語学校へ進み、同九年上京して開成学校（同一〇年、東京大学と改称）に入学、同一六年に文学部哲学科を卒業して文学士となった。東京大学では、ドイツ観念論哲学を中心に学び、スペンサーの社会進化論からも影響を受けたが、折からの自由民権運動にも関心を示した。

卒業後は、東京大学准助教授となって大学附属編纂所で日本仏教史の研究に従事した。そこでの著作が『日本仏教史』と『基督教《キリストきょう》小史』（いずれも一八八六）である。その後、文部省に移管された編輯《へんしゅう》局は辞職するが、西洋近代哲学史の概説書『哲学涓滴《けんてき》』（一八八九）を著すとともに、哲学館（東洋大学の前身）や東京専門学校（早稲田大学の前身）で哲学や哲学史の講義を担当した。雪嶺の思索の基礎には、不可知論に基づく独自の観念論哲学構築への希求が一貫して存在し、『我観小景』（一八九二）でその一端が示された。『王陽明』（一八九三）に見るような東洋思想への関心も併存した。雪嶺の思想体系は、後に『宇宙』（一九〇九）となって結実した宇宙哲学を原論とし、東洋と西洋の学術・教政（道徳）・美術すなわち真善美の追求を各論に位置づけ、それらの背景にある人類生活の全体像を明らかにしつつ、近代日本の歩みを同時代史として描き出すという構造をもっていた。

一方、明治二一年（一八八八）に志賀《しが》重昂《しげたか》らと政教社を結成し、雑誌『日本人』を創刊してからは、明治四〇年（一九〇七）同誌が『日本及《および》日本人』と改称しても引き続き大正一二年まで執筆し続けたジャーナリストとしての側面も見のがせない。同誌上で雪嶺は、当初政教社が掲げた「国粋主義」については一切言及していない。しかし、明治二四年に刊行した『真善美日本人』と『偽悪《ぎあく》醜《しゅう》日本人』では、日本人の特性を活かして（欠点を克服して）学問・道徳・芸術など文化的な分野で世界人類へ貢献していくことができると説いており、同時代のナショナリズム思想の一端を担うものであった。このような思考態度は晩年に至るまで維持され、雪嶺思想を縦貫する特質の一面を構成するものであった。

以上のような、哲学研究と日本人論の両面は、雪嶺を特色ある思想家・ジャーナリストとする重要な要素であったが、それに加えて、政治運動に強い関心を抱きながら、政治権力から常に一定の距離を保って政治や社会問題を論評する姿勢を貫いた点も注目される。雪嶺は、明治二二年に発布された「大日本帝国憲法」を立憲君主論的に解釈し、国民の政治参加を保証する議会政治重視の論拠にしていた。彼自身が進歩党合同運動に関わっていた明治二八年には、「人の思想の独立せるや否やは、其の政府に対する判断にて知らる。政事の論評は思想の試金石なり」（第三次『日本人』第七号）と述べ、現実政治への関わりに強い自制を強いていた点が、雪嶺の政治論を評価していく上においては重要である。また、独特の社会有機体説に立って国家とは異なる次元に社会の存在を認める世界観を有していた。それゆえ、その後の雪嶺は、堺利彦《さかいとしひこ》、幸徳秋水《こうとくしゅうすい》ら初期社会主義者たちと交流し、大正期に入っても森戸《もりと》事件の弁護に立ったり、吉野作造らの主唱になる黎明《れいめい》会の活動に加わったりと、「新しい思想」への理解を示すことができた。この時期の代表的著作には、『世の中』（一九一四）、『想痕《そうこん》』（一九一五）、『続世の中』（一九一七）などがある。

政教社の内紛により、『日本及日本人』を離れ雑誌『我観』（昭和一一年からは『東大陸《とうたいりく》』と改題）を創刊した大正一二年（一九二三）以降は、人物論や歴史論に新境地を示した。とりわけ、同一五年から死去の直前まで書き続けられた「同時代観」（没後『同時代史』と改題されて刊行）は、独特の「勢」によって展開する史観に基づいてみずからの見聞を叙述した日本近代通史であり、そこには執筆過程の時代に対する批判を読み取ることができる。しかし、晩年の雪嶺は、女婿《じょせい》の中野正剛《なかのせいごう》の政治運動とも間接的に関わり、大日本言論報国会の役員に納まるなど、しだいに反英米の立場から戦争支持の論陣を張ることになる。敗戦後、日本人は文化の側面で世界に貢献すべきことを説いた点では、『真善美日本人』以来の思想の一端はなお生き続けていたといえよう。昭和一八年（一九四三）文化勲章受章。

（中野目徹）

182 内村鑑三《うちむら かんぞう》（1861〜1930）

時代は、いつも特有の課題（問題）を抱えている。思想家は、その課題を解決しようとする。そして、時代の課題は、思想家自身のそれでもあった。近代日本の代表的な基督者《クリスチャン》で「無教会主義」の提唱者内村鑑三の課題は何であったか。その課題に如何なる解決を与えたのか。

内村は大正一二年（一九二三）一一月二日の「日記」に次のように書いている（漢字の一部をひらがなにする、以下同様）。

「余は四〇年前に、札幌において二、三の大問題を提供された。そしてその解決を得んとして今日に至った。その第一は、如何《いか》なる基督教が人類を救ふに足る乎《か》、その第二は、基督教と進化論との関係如何《いかん》、その第三は、日本国の天職如何等である」

第一の課題は、キリスト教が人類を救うかどうかではない。札幌農学校時代に洗礼を受け基督者となった内村には、前提とされていたからである。問いは、如何なるキリスト教が人類を救うかである。

内村は明治三四年（一九〇一）に「我が理想とする基督教《キリスト》」を書いている。それは「外国宣教師に頼らざる福音《ふくいん》的基督教」である。内村にとってキリスト教は「宇宙の宗教」である。それ故に「アメリカの宗教」ではなく、「日本の宗教」であり、外国人に頼るものではない。さらに「仏教的キリスト教」「儒教的キリスト教」ではなく、「福音的」でなければならない。外国からの独立は日本の伝統への依存であってはいけない。それでは、日本の伝統は意味がないのか。そうではない。

内村は「武士道に接木《つぎき》された基督教」を提唱する。内村は、上州高崎藩藩士宜之《よしゆき》の長男として生まれ、武士の子としての自負を生涯持ち続けた。武士道は「日本国最善の産物」である。しかし、日本のみならず人類を救う力はない。西欧のキリスト教は、亡びつつある。アメリカのそれは、内村のアメリカ留学時代に知らされたように、その物質主義のため、蘇生《そせい》する力がない。そこで「武士道に接木された基督教」が世界を救うことになると言う（「武士道と基督教」）。さらに内村にとって、キリスト教は「愛の宗教」であると同時に「義の宗教」でなければならない。義が貫徹されてこそ、人を救うことができる。ここにも「義」という武士道の倫理が生かされている。

第二の課題は、科学者であり、キリスト者であった内村にとって、若い時からの問いであった。内村は、札幌時代にダーウィンの『種の起原』を読んでおり、同書は『聖書』とともに内村に多大なる感化を与えた書物であった。内村には進化論とキリスト教は、矛盾するものではなかった。むしろ進化論はキリスト教によって解釈される、と言う。内村によれば、進化論には「無神的進化論」と「有神的進化論」の二種類ある。後者の進化論によれば、天然にはそれ自身を発達する能力《ちから》がない。「天然自体が自働体でなくて受働者である」。そして、「進化は神が万物を造り給《たま》ふ途《みち》」であることを主張する（「二種の進化論」）。内村は若き日に水産学者として、北海道近海の漁業の調査をしている。さらには「日本産の魚類目録」を作成している。そして宗教と科学はその対象は違っても、その探求の方法においては同じであるという。内村は明治三三年（一九〇〇）から生涯『聖書之研究』の主筆として、その発行に尽力したのであるが、その名のごとく内村の基本的姿勢は「研究」であった。しかし「研究の為《ため》の研究ではない、イエスを知らんが為《ため》である」（「聖書研究の目的」）という。

第三の課題は、愛国者内村の問いである。内村にとって「二つのJ」すなわち日本（Japan）とイエス（Jesus）はともに献身の対象であった。日本には神から与えられた使命がある。その使命は日本の地理上の位置から、「日本は東洋ならびに西洋の中間に立つものにして両洋の間に横たわる飛び石」の位置にあるので、キリスト教的のアメリカと仏教的のアジアとの媒酌人《ばいしゃくにん》の役目がある（「日本国の天職」）。

さらに、内村は「世界のなかの日本」すなわち「日本は世界の一部分にして世界は日本の支部にあらず」と主張する。そして、日本は世界にどのような貢献ができるかを考える必要がある（「世界の日本」）という。

最後に、内村鑑三の墓碑銘《ぼひめい》を紹介する。

I for Japan / Japan for the World / the World for Christ / And All for God

「私は日本のために、日本は世界のために、世界はキリストのために、そしてすべてが神の為に」

（原島　正）

183

岡倉天心

おかくら てんしん

（1863〜1913）

明治期の美術思想家。美術行政や美術教育の面でも指導的役割を果たした。福井藩士岡倉覚右衛門の長男として生まれた。生誕地は、横浜とされるが、異説もある。幼名を角蔵といい、長じて覚三《かくぞう》と改めた。よく知られている「天心」という号は、生前にはさほど用いられず、没後、彼の戒名「釈天心」にちなんで、彼の弟子たちの間で使われはじめ、次第に岡倉天心と呼び慣わされるようになった。

岡倉は東京大学在学中にお雇い外国人のフェノロサと出会い、彼の通訳を務めながら日本美術への関心を深めていった。卒業後、文部省に入省した彼は、古美術の調査に従事し、帝国博物館美術部長、東京美術学校長等を務めた。また、高橋健三と美術雑誌『国華《こっか》』を創刊して、多くの論考を発表した。明治三一年（一八九八）の美術学校紛擾《ふんじょう》で校長の職を退いて以後は、新たに日本美術院を興し、橋本雅邦《はしもとがほう》・横山大観《よこやまたいかん》・菱田春草《ひしだしゅんそう》・下村観山《しもむらかんざん》らと近代日本画の創出を推進した。また、『東洋の理想（The Ideals of the East）』『日本の覚醒（The Awakening of Japan）』『茶の本（The Book of Tea）』といったいわゆる英文著作を著し、日本美術の海外への紹介を精力的に行っていった。晩年は、ボストン美術館東洋美術部に勤務し、日本とアメリカの間を往復しながら、日本美術の目録作成に携わるとともに、東京帝国大学で美術史の講義も行った。大正二年（一九一三）、腎臓《じんぞう》を患《わずら》い、新潟県赤倉にて没した。

岡倉は文部官僚、教育者、美術史家、文明批評家、詩人、運動家というさまざまな顔を持ち、どの側面を中心に据えるかによって思想の評価も大きく変わってくる。海外では『茶の本』の著者として著名だが、日本では研究の段階と時代状況に応じて、異なった評価がなされてきた。戦時中、日本浪曼派《ろうまんは》によって称揚されたこともあり、戦後間もないころは、「アジアは一つである」という『東洋の理想』の一節を超国家主義に結びつくものとし、批判的に捉える傾向が強かった。その後、アジア諸国の文化的な連帯を求めた文明批評家として見直され、さらに彼が書き残した戯曲や書簡等が発見されるに及んで、繊細な内面をもつ詩人としても評価されるようになった。また、しばしば周囲の人物によって回顧される「政治家」としての側面や（橋川文三編『岡倉天心　人と思想』）、ボストン美術館時代に見せた有能な実務家としての側面も、今後豊かな岡倉像を確立するために掘り下げて分析していくことが必要であろう。

ある人物の思想は、通常、著作によって評価される。岡倉研究においても、英文著作の重要性は決して小さなものではない。しかし岡倉のように、言論と実践が密接に関連していた人物の思想を評価する場合、著作の分析だけでは不十分なのであって、むしろ彼が実現しようと試みたことのうちにこそ思想的核心を見出すべきである。

明治一八年（一八八五）ころの執筆である「文部省ニ美術局ヲ設ケラレ度《たき》意見」（『岡倉天心全集』第三巻）において、岡倉は「美術」発展のために必要な施策を①美術教育②美術共進会③美術管理④美術保存の四つに分けた。このうち岡倉が最も力を入れたのは①美術教育であった。明治二七年（一八九四）に牧野伸顕《まきののぶあき》文部次官に提出された「美術教育施設ニ付意見」（同上）で、岡倉は美術教育を行う施設を、高等美術学校、技芸学校、美術院、地方参考館、国立博物館に分類した。ここに見える美術院は、日本美術の最高水準を維持することを目的として著名な制作者を集めて組織するというもので、彼が早い段階から、日本美術院の構想をもっていたことが分かる。

「美術」という語は、明治五年（一八七二）に定められたウィーン万国博覧会への出品手続中に初めて用いられたとされる。岡倉の思想は、明治期に新たに発見された日本の「美術」の価値を、特定の社会階層のもとから解放して、近代国民国家の構成員である「国民」の共有財産にするとともに、「いつになったら西洋は東洋を理解するだろうか」（『茶の本』）という問題意識のもとで、好奇と偏見の眼差《まなざ》しで日本を捉える欧米社会に対し、日本「美術」の価値を体得させることをめざして展開された。

岡倉は、国内的にも国際的にも、「美術」の公共性を問い続けた思想家だった。彼の著述に散見される日本主義的言説やアジア主義的言説は、彼の思想の本質というよりも、むしろ、右の目的を達成するために採られた戦略的な発言と解釈するのが妥当である。

（長尾宗典）

184 志賀重昂《しがしげたか》（1863〜1927）

明治〜昭和期の思想家・ジャーナリスト。一時期、政治家としても活動する。号は矧川《しんせん》。幕末の文久三年、三《み》河《かわ》国岡崎城下に同藩士重職《しげもと》・淑子《しく》の長男として生まれる。明治七年（一八七四）上京して、近藤真琴の攻玉社《こうぎょくしゃ》、ついで東京大学予備門に学んだが、札幌農学校に転じて同一七年に卒業、農学士となった。高等教育のなかで志賀が重点的に修得したのは英語と自然科学であり、そこには当時流行の進化論も含まれていた。しかし、卒業後就職した長野県中学校を、長州出身の県令木梨精一郎との衝突により免職となる。彼の出自に起因する反藩閥的な意識と自由民権運動への関心が、その背景にあった。

上京後志賀は、丸善の英語辞書の編集嘱託《しょくたく》を経て、明治一九年（一八八六）に海軍練習艦「筑波」に便乗《びんじょう》して南洋を航海。西洋列強の植民政策など航海中の見聞は、翌年『南洋時事』として上梓《じょうし》される。折からの鹿鳴館《ろくめいかん》時代のなかで、「欧化主義」の政策を展開する政府に対抗して、同二一年には三宅雪嶺《みやけせつれい》らと政教社を結成し、雑誌『日本人』を発行して「国粋主義」を唱道、ナショナリズムの思想家としての位置を確立した。英語の nationality を「国粋」と訳したのは志賀の創案と考えられ、『日本人』の主筆として「国粋主義」の理論化に鋭意取り組んだ。同誌第二号所収の「『日本人』が懐抱《かいほう》する処の旨義《しぎ》を告白す」、第三号所収の「日本前途の国是は「国粋保存旨義」に撰定せざるべからず」、第二三号所収の「日本民族独立の方針」などが重要な論説である。

それらによれば、志賀の主張した「国粋主義」は、原理論としては、進化論や勢力保存の法則などを応用しながら自然環境と歴史的伝統のなかで形成された「大和民族」の独自性を主張し、ありうべき近代化の方向をその延長上に描き出す思想であるとともに、状況論としては、旧民権政党の大同団結による政府への対抗と、地方産業の自生的な発展に基づく殖産興業を模索する実践的な思想であった。このような立場は、当時の用語でいえば、政府の「積極主義」に対する「消極主義」として機能するものであった。こうした志賀の「国粋主義」思想は、ジャーナリスティックな文体と相まって、広範な知識青年層から支持を受け、初期議会期の政府にとって脅威となるものであった。『日本人』は、しばしば政府から発行停止処分を受けた。かつて丸山眞男は、そのような志賀の思想を「健康なナショナリズム」として高く評価した。

明治二七年（一八九四）、日清戦争開戦直後に書かれた『日本風景論』は、彼の詩的ロマンティシズムと自然科学的知識が融合した「国粋主義」思想の代表的著作であり、多くの版を重ねた。同書は、近代日本の国民形成と風景観の転換に大きな影響を与えた作品であった。また、志賀は、とりわけ第二次伊藤博文内閣とは議会運営や対外論をめぐって最も尖鋭に対立し、新聞雑誌記者同盟の代表を務め、政府に反対する進歩党合同運動に関わるなかで政社法違反により拘留、罰金刑を受けた。

しかし、日清戦後の政治状況の変化は志賀を政権に近づけ、第二次松方正義《まつかたまさよし》内閣では農商務省山林局長に、第一次大隈重信《おおくましげのぶ》内閣では外務省勅任参事官に任官、明治三三年（一九〇〇）には伊藤博文《いとうひろぶみ》の紹介で政友会に入党し、同三五～七年には地元岡崎から選出されて衆議院議員を二期務めた。このころには政教社からも離れ、日露戦争（一九〇四―〇五）に記者として従軍して、戦後に『大役小志』（一九〇九）を刊行した。その後は、世界各地を旅行しながら地理的啓蒙書を著《あらわ》し、早稲田大学で地理学を講じる生活が中心となった。もはや「国粋主義」を語らなくなった志賀は、大資本中心の産業化と軍事拡張路線を軸とする桂園《けいえん》時代以降の「積極主義」政策に追随、ときには先行して大陸侵略を主張するイデオローグとなっていく。たとえば、日露戦後の彼の朝鮮観を見ると、朝鮮民族への蔑視と軍事侵略を肯定する心理と論理に貫かれていることが明らかである。かつて岩井忠熊《ただくま》は、こうした志賀の「帝国主義的ナショナリズム」を厳しく批判した。

ナショナリズムの思想家としての志賀重昂は、明治二〇年代と三〇年代以降とでは明白な転換の相を示しているものの、晩年に至るまで決して復古主義には与《くみ》しなかった。思想家としての一貫性の欠如は明白だが、そのことを批判するよりも、むしろ近代日本のナショナリズム思想がなぜ、このような軌跡をたどることになったのか、その原因を探ることの方が有意義であろう。

（中野目徹）

185　徳富蘇峰《とくとみそほう》（1863〜1957）

近現代日本を代表する言論人の一人で、本名は猪一《いいち》郎《ろう》、小説家の徳富蘆花《ろか》（本名は健次郎）は実弟である。蘇峰の言論人としての経歴は七十余年にわたり、政治・歴史・文学を中心に展開された執筆活動は膨大である。著書は三百数十冊（『近世日本国民史』全一〇〇巻を含む）にのぼり、著書に収録されていない文章も考慮すると、彼の執筆活動の全貌は想像を絶する。

徳富家は熊本県水俣《みなまた》の郷士で、父の一敬《いっけい》は横井小楠《よこいしょうなん》の弟子だった。熊本移住後に入学した熊本洋学校は明治キリスト教揺籃《ようらん》の場（熊本バンド）で、蘇峰もその影響で同志社英学校に進み新島襄《にいじまじょう》から受洗した。同志社退学の後、新聞記者をめざして上京、中江兆民などの知遇を得たが、結局、志望を果たせずに帰郷して私塾・大江義塾を開校した。そして熊本の自由民権運動に関わるかたわら、英国のマンチェスター派の理論などを学んだ。

出世作『将来之日本』を書いたのは明治一九年（一八八六）で、満二三歳になったばかりだった。蘇峰はここで、世界が「武備主義」から「生産主義」に転換すると唱え、自由貿易と平和を基調とする社会が出現すると予見した。これはスペンサーの社会進化論に依拠しながら、貴族主義・腕力主義と平民主義・平和主義の二つのタイプの社会を対照的に叙述し、返す刀で「天保の老人」から「明治の青年」への世代交代を説いたものである。蘇峰は『将来之日本』の成功を足がかりに民友社を結成し、雑誌『国民之友』（一八八七）と『国民新聞』（一八九〇）を創刊して、一躍ジャーナリズムの寵児《ちょうじ》となった。この時期の知識青年で、この二つの言論機関の影響を受けなかったものは皆無《かいむ》であろう。

初期議会時代の蘇峰は、『将来之日本』の図式に沿って「生産主義」を代表する改進党の伸長を願いながら、他方では自由党・改進党の「進歩党連合」による藩閥打倒を説いた。しかし明治二六年（一八九三）末ころには、民党《みんとう》内部の対立などでその構想はもろくも崩壊した。この時期に出版した『吉田松陰』には、藩閥打倒の革命とナショナリズムという二つの命題がみごとに表現されている。

日清戦争を契機に蘇峰はナショナリズムに傾斜した。戦争中の論説を集めた『大日本膨張論《だいにほんぼうちょうろん》』では、ペリーによる開国は「強姦」に等しい屈辱だったとし、日清戦争は「世界の前」での戦争で、戦勝によって日本は世界から認知され、「適当の待遇」を受けることができると説いた。

『国民新聞』はその後「御用新聞」の性格を強め、日露戦争や第一次世界大戦では、日本の戦争行為が「世界の同情」を得られるように腐心した。特に日露戦争では、西欧で強まった黄禍論《こうかろん》を警戒し、日本が「亜細亜《アジア》的」と看做されることに強く反発した。しかし日露戦勝によっても西欧からの人種差別的なまなざしを克服できないことがわかると、日本は結局「旅烏《たびがらす》」にすぎないと深い孤立感を表明する。そして一九一〇年代以後の米国での日本人移民問題を契機に、日本が欧米と同等な待遇を受けることは不可能だと考えるようになり、『大正の青年と帝国の前途』(一九一六)では「亜細亜モンロー主義」を唱えた。それは「亜細亜人の亜細亜」をめざすものだが、それに堪えるのは日本人だけなので、結局それは「日本人によりて、亜細亜を処理するの主義」と説明された。

昭和四年(一九二九)、経営不振だった国民新聞社を譲渡した後も、蘇峰は『東京日日新聞』などで旺盛な執筆活動を続けた。戦争中は日本文学報国会や大日本言論報国会の会長を務め、戦後はA級戦犯容疑者に指名されたが、日本の戦争行為は「烏《からす》が鵜《う》のまねをして溺れた」ようなもので、列強には日本を罰する資格はないとの立場を崩さなかった。しかし敗戦直後に「百敗院泡沫頑蘇居《ひゃっぱいいんほうまつがんそこ》士《じ》」を名乗ったことが示唆するように、言論人として敗戦責任は感じていたらしく、長い歴史のなかで中国に対抗するために作りだされた神国思想によって、日本は自《じ》己欺瞞《こぎまん》に陥っていたと述べた。

敗戦直後の日記には、退位もせずに「召喚《しょうかん》」のような形でマッカーサーを訪問した昭和天皇を激しく非難する文章が散見される。しかし冷戦が顕在化すると、彼自身も「やむを得ざれば、ソ連よりも米国と共にせよ」と述べて、後の日米安保条約を予感させるような親米ナショナリズムを唱えた。昭和二七年(一九五二)には、「日本国民の伝記」として三〇余年書き継いだ畢生《ひっせい》の大著『近世日本国民史』を完成させた。

(米原　謙)

186　大西　祝《おおにしはじめ》（1864～1900）

明治中期の哲学者・批評家。元治《げんじ》元年（一八六四）、岡山藩士木全正脩《きまたせいしゅう》の三男として岡山城下に生まれる。明治三年（一八七〇）、藩学内に設置された小学に通う。明治五年、岡山藩学校が洋学中心の普通学校に改組されたおり、慶應義塾から派遣された福沢英之助と永島貞次郎が着任、彼らより西洋文明論を学ぶ。廃藩置県（一八七一年）の後、岡山県の学務・衛生主任となった伯父《おじ》中川横太郎が、宣教医ワーレス・テーラー（同志社教師）を招聘《しょうへい》したのをきっかけとして、明治一〇年（一八七七）に同志社英学校に入学する。この年、母方の叔父《おじ》大西定道が西南戦争で戦死し、大西家を継ぐ。明治一一年新島襄《にいじまじょう》より受洗し、さらに神学科に進んだ。在籍中には主に山崎為徳《やまざきためのり》に師事し、他に同志社では、海老名弾正《えびなだんじょう》・小崎弘道《こざきひろみち》・金森通《かなもりみち》倫《とも》・横井時雄・柏木義円《かしわぎぎえん》（以上宗教家）のほか、中島力《りき》造《ぞう》（倫理学）・元良勇次郎《もとらゆうじろう》（心理学）・浮田和民《うきたかずおみ》（政治学）・岸本能武太《のぶた》（宗教学）・安部磯雄《あべいそお》（社会学）ら後年の研究者、さらにはジャーナリストとなる徳富蘇峰と親交を結んでいる。明治一八年東京大学予備門に入学し、明治二二年に帝国大学哲学科を卒業した。

大学院在籍中に代表作『良心起原論』を執筆し、同時に東京専門学校（現・早稲田大学）で哲学・倫理学・論理学・美学・心理学などを講じて綱島梁川《つなしまりょうせん》・島村抱月《ほうげつ》らの弟子を養成した。また、親友徳富蘇峰《とくとみそほう》の『国民之友』や、みずからも編集に参加していた『六合雑誌《りくごうざっし》』誌上で、思想の自由を擁護しつつ、「教育勅語教育」などの保守主義に反対する論陣を張る。この「ありとあらゆる分野への限度なき批判の実践」は、カントの批判哲学とM・アーノルドの批評精神を総合したもので、一般には「批評主義」と呼ばれている。さらにキリスト者としては、日本の教会の外国の宣教組織からの独立を主張した。ユニテリアン運動にも積極的に参加して、明治二七年、福沢諭吉が支援していたユニテリアン主義の学校「先進学院」の教頭に就任し、そこでも教鞭を執った。明治三一年、ドイツを中心とする欧州に留学したが、病気のため翌年には帰国した。療養中に京都帝国大学講師に就任したものの、出講できないまま、明治三三年（一九〇〇）に三六歳で没した。

「アウフクレールンク」の語を啓蒙主義と記すのは大西に始まったこととされる。この語を重視し、実際にも啓蒙主義的だった大西の仕事は、講壇哲学者としてのアカデミックな学術論文と、批評家としての時事評論の大きく二つに分けられる。学術論文に属するものは、良心の目的論的進化を唱えた前述の『良心起原論』や、「早稲田講義録」に連載されたものをまとめた『西洋哲学史』、『倫理学』、『論理学』などである。このうち『良心起原論』は博士論文として準備されていたもので、「批評部」と「建設部」の二部構成である。その「批評部」では、良心起原に関する論として従来有力であった、ベンサム・ダーウィン・ヘフディング・スペンサーらの学説が批判され、ついで「建設部」では、我々にとって不可知の理想が良心の起原で、我々の精神はその指し示す方向に向かっている、という結論となっている。これは山崎為徳《ためのり》の『天地大原因論』（一八八〇）での目的論的進化論と、ヘーゲルやT・H・グリーンの哲学からの影響が明白である。また『西洋哲学史』は、ツェラーやエルトマンの、『倫理学』はシジイックを下敷きとするものの、内容の充実した優れた著作である。

一方時事評論に含まれるのは、批評主義の骨子をまとめた「批評論」（一八八八）や「方今《ほうこん》思想界の要務」（一八八九）、および「当今《とうこん》の衝突論」（一八九三）などである。このうち帝大教授井上哲次郎が発表した「教育と宗教の衝突」をきっかけにして書かれた「当今の衝突論」は、キリスト教は教育勅語教育と矛盾する、という井上に対し、キリスト教と国家の衝突とも見える現実世界内の対立は、実は進取と保守との衝突であるので、これを契機としてキリスト教は日本化すると同時に、日本を変化させねばならない、と主張している。この論説は、同時期に展開されていた「教育と宗教の衝突」論争の中でも異彩を放つものとなっている。

哲学の体系化と論理的厳密性をめざした彼の試みは早世によって未完に終わったが、『大西博士全集』全七巻に収められたこれらの論文は、後進の西田幾多郎《きたろう》らに影響を与えたばかりでなく、今なお読むに耐える高い水準の作品群である。

（平山　洋）

187

山路愛山《やまじあいざん》

（1865〜1917）

本名彌吉《やきち》。明治中期から大正初期（一八九〇年代から一九一〇年代）にかけての史論家、ジャーナリスト。元治《げんじ》元年暮れ（一八六五）浅草鳥越の幕府天文方屋敷（現・台東区浅草橋三丁目二八番地付近）で、父一郎、母けい子の長男として出生。二歳にして母を失い、父は幕府軍に加わり出奔《しゅっぽん》して行方不明になる。明治二年（一八六九）祖父母と静岡に無禄移住し、家に戻った父も遊蕩酒癖《ゆうとうしゅへき》で一家貧窮のため壕《ごう》頭《とう》学校を中退。小学校助教、静岡県警察本署雇《やとい》となり家計を助けながら漢学や英学を独習し、一九年静岡教会牧師平岩愃保《ひらいわよしやす》より洗礼を受ける。二二年上京して東洋英和学校に学び、翌年静岡県見付袋井地区の「代用牧師」として赴任するが、一年後にメソジスト三派の『護教』主筆となり上京、二五年徳富蘇峰《とくとみそほう》の民友社に入社し『国民之友』『国民新聞』などに史論や評論を発表して文名を確立した。三〇年民友社を去り毛利家の『防長回天史《ぼうちょうかいてんし》』編纂に従事し、三二年『信濃毎日新聞』主筆に迎えられた。三六年には自ら主宰する『独立評論』を創刊、以後『日露戦争実記』、再刊『独立評論』『国民雑誌』などで旺盛な文筆活動を行う一方、三八年には中村太八郎《なかむらたはちろう》らと国家社会党を結成し、普選運動や東京市電値上げ反対運動に参加した。大正六年（一九一七）赤痢に心臓病を併発して死去。青山学院講堂で葬儀、青山墓地に葬られた。

幼少期不遇とはいえ幕府直参の「武士の子」との矜《きょう》持《じ》により、スマイルズ原著『西国立志編《さいごくりっしへん》』への感銘やキリスト教との出会いをとおして自助的精神と反発的・戦闘的気象が養われ、思想的には「独立」と「抵抗」の原点となり、平民史観として光彩を放っている。明治二〇年に創立された民友社は平民主義を掲げて「第二の維新」を期し、蘇峰の「維新革命史」としての『吉田松陰』（一八九三）や竹越三叉《たけこしさんさ》の「乱世的の革命」を「民主的大運動」として継承発展すべしとの『新日本史』（一八九一・九二）など、官学考証史学に対抗する民間史学の雄をもって任じていたが、愛山も明治二五年に「今猶《なお》古の如し、彼猶此《かく》の如し」「平民的短歌の発達」「近世物質的の進歩」、二六年には「頼襄《らいじょう》を論ず」「明治文学史」などを発表、『荻生徂徠』を処女出版している。「文章は事業なり」との頼襄論は個人的内部生命を軽視するものと北村《きたむら》透谷《とうこく》の批判を浴び人生相渉《そうしょう》論争として注目されたが、文学を思想の表現とみなしその社会的効用を重視する愛山の基本的姿勢は史論の世界でも発揮されている。「歴史は過去の政治にして、政治は現在の歴史なり」（フリーマン）のごとく時評とセットされた史論の展開であった。この史論において時代を先導し国民精神を喚起《かんき》する英雄待望論《えいゆうたいぼうろん》的色彩が強かったとはいえ、「三家村裏《さんかそんり》の英雄」への哀惜と称賛の念が通底し、かれら地域の平民的道徳の体現者に歴史の真の推進力を托している。そしてこのような「小英雄」への熱い視線は、歴史における物質的進歩や経済的発展の重要性の認識につながっている。社会的基盤と国民精神の相乗《そうじょう》による歴史発展を描いた平民的史論の輝きであった。『基督《キリスト》教評論』（一九〇六）、『足利尊氏』（一九〇九）、『勝海舟』（一九一一）、『徳川家康』（一九一五）であり、他方で日本資本主義発達史の先駆的業績ともいうべき『現代金権史』（一九〇八）、『現代富豪論』（一九一四）の著述である。『孔子論』（一九〇五）、『支那論』（一九一六）など中国思想への関心も高かった。

ところで明治三六年（一九〇三）の『独立評論』創刊号に「予は何故に帝国主義の信者たる乎《か》」を掲載している。日清戦後の日本を取り巻く厳しい国際環境のもとでは「個人の自由権利問題」よりも「国家的生存の問題」がより重要になったという状況認識によるが、思想的にはシーリーはじめ当時のビクトリア朝英国の自由帝国主義・社会帝国主義的思潮を摂取したことが大きい。また青年期よりの共同体的国家観の発露ともいえる。『社会《しゃかい》主義管見《しゅぎかんけん》』（一九〇六）では歴史要素として「国家」（主権者およびその代表者たる国家機関の全体をさす）と「豪族」と「人民」の三階級をあげ、この三元論によって社会主義の階級二元論を批判しているが、「共同生活体」としての国家の役割が強調されていることに特色がある。ここに家族共同体を基底とする「一大家族国家」観が登場しているのであるが、社会的担い手として地方中堅リーダーたる「日本帝国の四本柱」に期待を寄せる平民史観は貫かれていたのである。晩年は「日本人民史」の執筆に心血を注いだが、未完のまま終わった。

（和田　守）

188 権藤成卿《ごんどうせいきょう》（1868～1937）

明治・大正・昭和期の農本主義思想家。

国学者権藤松門《しょうもん》の子として、明治維新の年に久留米に生まれる。同郷の友人武田範之らの影響で朝鮮問題に関心を抱き、同じく福岡県出身の内田良平を通じて明治三五年（一九〇二）黒龍会《こくりゅうかい》に加盟、対露主戦、日韓合邦を主張。宋秉畯《ソンビョンジュン（そうへいしゅん）》・李容九《イヨング（りようきゅう）》らの一進会とも協力して、日本と韓国が対等な連邦を結成する日韓合邦の運動を推進したが、日露戦争勝利で帝国主義の色彩を強めた日本政府（桂太郎内閣等）によって、これが明治四三年（一九一〇）の韓国併合とその後の植民地化政策にすり替えられるという不本意を味わう。また孫文・黄興《こうこう》・宋教仁《そうきょうじん》・章炳麟《しょうへいりん》らとも親交を持ち、中国革命にも関わった。

権藤は日本の典礼や制度の学を深く考究し、そこから日本社会の本源的形姿を導き出そうと努めた。農村の自制自治を基礎とする農本主義をこそ望ましき理想と考え、その実現のために皇民一性会（一九一九）や成章学苑（一九三二）などを組織し、大正七年（一九一八）には老壮会（堺《さかい》利彦《としひこ》・高畠素之《たかばたけもとゆき》・高尾平兵衛・大川周明《おおかわしゅうめい》・北一輝《きたいっき》・満川亀太郎《みつかわかめたろう》など、左右両翼の革命人士を糾合《きゅうごう》）にも加わった。右翼活動家や軍人たちとの交流も多く、昭和維新運動にも少なからぬ影響を与えた。主著は、『皇民自治本義』『南淵書《なんえんしょ》』『自治民政理』『自治民範』『日本農政史談』など多数。

権藤の思想の体系上最も重要な概念は「社稷《しゃしょく》」であり、その政治的理想は「社稷体統《たいとう》、自然而治《しぜんじち》」である。彼は人間生存の枢要を端的に衣食住と性の充足に求め、これを保証する土地および生産物によって成り立つ人間生活の基盤たる「社稷」を、共存共済のための不可欠の実体と捉える。そしてこれを阻害する官僚支配の国家体制は、彼の最も憎むべき敵であった。社会における権力の強制を極力排除することを求めるその政治思想は、多分に無政府主義の傾向をも帯びていたと言える。権藤の言説には、ロシア人アナーキストのクロポトキンと極めて類似する主張が少なくない。

この権藤から大きな影響を受けた人物に、橘孝三郎《たちばなこうざぶろう》がいる。トルストイやカーペンターを敬慕した彼は、ロマンチストの色彩も濃厚な実践的農本主義革命家であった。故郷茨城で農事に携わりつつ、青少年の育成をめざして、昭和四年（一九二九）に愛郷会（後に愛郷塾と改称）を結成した彼は、世界恐慌の余波で荒廃した農村の救済のため、国家革新の緊要性を強説する。主著『日本愛国革新本義』では、徹底した反都会・反西洋・反近代・反集権、そして反官僚・反資本主義のラディカリズムが展開されている。橘は権藤とともに昭和六年、農本主義者の連合戦線たる日本村治派同盟（他に下中弥三郎《しもなかやさぶろう》・犬田卯《いぬたしげる》・武者小路実篤・口田康信・辻潤など）の創立にも参画した。

　権藤と橘は井上日召《いのうえにっしょう》の血盟団や陸海軍の青年将校らと結んで、昭和初期の右翼革命の実践に少なからぬ関わりを持ち、特に橘は昭和七年（一九三二）の五・一五事件に愛郷塾生とともに参加して逮捕され、服役もしたが、しかしそれでもこの二人を軍部独裁あるいはファシズムの信奉者と単純に決めつけるのは、必ずしも正鵠《せいこく》を射《い》ていない。権藤は日清・日露の戦勝に始まる国権の拡張を決して嫌忌はしないが、他方軍部の権勢の増大とこれが独占資本と野合《やごう》していくことを激しく憎悪し続けた。曰く、軍人独裁の体制は「如何なる人権も存せぬ非道にして……日本を賊する匪類《ひるい》……同胞庶民の仇敵《きゅうてき》……世界人道の破壊者」（「自治民範」〈『権藤成卿著作集』〉）であると。

　また橘も、議会政治をファシズムや共産党独裁にはるかに優るものと説き、民意の正当な反映こそ政治革新の要諦《ようてい》であると主張している。曰く「只今の議会的立憲政治は、専制ファシズムまたはプロレタリア独裁と比肩すべくもなく進んだ政治組織である事は、議論の余地を認めぬ」（「日本愛国革新本義」〈『現代史資料5』〉）と。

　権藤や橘の農本自治論に横溢《おういつ》する官僚専制への強い危惧は、農本主義思想の時代的制約を超えて、現代社会の管理主義全般に対する批判にも直通する普遍性を有しているようにも思われる。そこでは資本主義の矛盾の剔抉《てっけつ》はもとより、社会主義の経済統制策が、生産手段の所有者とプロレタリアートの階級差別に代わって、生産上の管理権限の占有者たるテクノクラートと多数の被管理労働者の新たなる階級的関係を生み出してしまう――そしてそのことが社会主義体制崩壊の大きな要因ともなった――ことを予言するような重要な視点が、明らかに看取されるのである。

（岡崎正道）

189 西田《にしだ》幾多郎《きたろう》
（1890～1945）

近代日本を代表する哲学者。明治三年（一八七〇）に加賀《かが》国（石川県）河北《かほく》郡に生まれた。第四高等中学校を中退したあと、明治二四年（一八九一）に東京帝国大学文科大学（選科）に入学。山口高等学校、第四高等学校、学習院などで教鞭を執ったのち、明治四三年（一九一〇）、京都帝国大学文科大学に倫理学担当の助教授として赴任した。大正二年（一九一三）に教授（宗教学講座）に就任、翌年より哲学講座担任となり、昭和三年（一九二八）に定年退職した。その後も、数多くの論文や著書を発表したが、昭和二〇年、尿毒症のため鎌倉において七六年にわたる生涯を閉じた。

第四高等学校時代の講義草稿やその間に雑誌に発表した論文をもとに明治四四年（一九一一）に『善の研究』を発表した。この書で西田がめざしたのは、主客未分のいわゆる「純粋経験」を唯一の実在として、すべてのものを説明するということであった。その趣旨に沿って、この書は当初「純粋経験と実在」と題することが考えられていたが、出版社などの希望を踏まえて、『善の研究』という表題のもとに刊行された。この表題にしたのは、「人生の問題」が中心であったからだと西田自身は「序」で記している。

『善の研究』は、明治のはじめから四〇年余にわたる西洋哲学の受容の期間を経て、わが国において哲学という学問が自立した歩みを始めたことを示す記念碑的な著作である。しかし単に歴史的な価値を有するにとどまらず、西洋哲学との徹底した対決から生みだされたその思索は現在でも意義を失わない。いまも多くの刺激を研究者に与え続けている。しかしそれは、心理主義的な傾向をはらんでいた点や、純粋経験と思惟との関係をめぐってなお思索が尽くされていなかった点など、いくつかの問題をはらんでいた。この反省が以後の西田の思索の発展の原動力になっていった。大正一五年（一九二六）に発表した論文「場所」において西田が試みたのは、まさにみずからの思索の心理主義的な色彩を払拭し、それを論理化することであった。その手がかりになったのは、アリストテレスのヒュポケイメノン（基体）の概念であった。それを手がかりにしながら、しかし西田は「どこまでも主語となって述語とならないもの」というアリストテレスの「基体」概念を逆転し、判断の基礎となる超越的なものを「述語」の方向に求めた。それが「場所」である。

論文「場所」が発表された直後、左右田《そうだ》喜一郎《きいちろう》が「西田哲学の方法に就いて」という論文を発表し、西田の立場を批判したが、それも、西田独自の思想の成立を認めてのことであった。この論文で左右田が西田の学説をはじめて「西田哲学」呼んだのも、そのことを示す。それ以後、「西田哲学」という表現が人口に膾炙《かいしゃ》するようになった。

昭和三年（一九二八）に西田は京都大学を退職するが、そのころから行為や歴史、社会などの問題に強い関心を示しはじめた。当時の思想状況や、戸坂潤《とさかじゅん》など、マルクス主義の立場をとるようになった弟子たちとの議論が刺激になったと考えられる。それを承《う》けて、個物（個人）と環境（社会）との相互限定のプロセスや、現実の世界の論理的構造の解明にその思索は向けられていった。そのなかで浮かび上がってきたのが「弁証法的一般者」や「行為的直観」の概念であった。西田はこの「行為的直観」という概念によって、行為と直観との弁証法的な連関を鋭く浮かび上がらせている。亡くなったとき机上に残されていた「私の論理について」と題された原稿が絶筆となった。

西田は、ライプニッツやヘーゲル、ベルクソンなど西洋の哲学から大きな刺激を受けるとともに、東洋思想、とくに仏教についての深い理解を背景に、独自な思想体系を構築した点において高く評価される。日本の哲学史のなかで西田哲学が占める位置の大きさは、彼が同時代の思想家やそれ以後の世代に広範な、そして深い影響を与えた点からも見てとれる。それにとどまらず現代においても、そこから新たな可能性を汲みとることが試みられている。さらにその論考は近年数多くの言語に翻訳されている。

西田の著作は戦後すぐ『西田幾多郎全集』（岩波書店）にまとめられ、出版されたが、平成一四年（二〇〇二）から平成二一年（二〇〇九）にかけて、多くの増補がなされた新版全集が刊行されている。

（藤田正勝）

190 鈴木大拙《すずきだいせつ》（1870〜1966）

近代の仏教学者、仏教思想家。金沢藩医鈴木柔（良準）の四男として金沢に生まれた。本名貞太郎《ていたろう》。明治一五年（一八八二）、石川県専門学校初等中学科に入学。そこで西田幾多郎と出会う。明治二〇年、第四高等中学校予科に編入するが、翌年経済的な理由で退学。小学校で英語を教えたのち、明治二四年東京専門学校に入る。西田の勧めもあり、その翌年に東京帝国大学文科大学（選科）に入学したが、明治二八年に中退。上京以来、鎌倉円覚寺《えんがくじ》で今北洪川《いまきたこうせん》、釈宗演《しゃくそうえん》のもとで禅の修行に励んだ。明治三〇年、釈宗演の推薦により、アメリカ・イリノイ州ラサールのオープン・コート出版社の編集員となる。ポール・ケーラスのもとで同社の雑誌「オープン・コート」「モニスト」などの編集に携わった。一一年間滞在したのち、明治四一年（一九〇八）にヨーロッパにわたり、翌年帰国、明治四三年に学習院教授となる。その翌年にビアトリス・レーンと結婚。大正一〇年（一九二一）、真宗大谷大学の教授となる。のち次第に活動の場所を鎌倉に移していくが、昭和三五年（一九六〇）まで大谷大学教授を務めた。昭和四一年に九五歳で死去。

鈴木大拙の思想上の功績は多岐にわたるが、禅をはじめ仏教思想を欧米に紹介したことも、まちがいなくその大きな業績の一つである。Essays in Zen Buddhism（一九二七―一九三四）などの膨大な英文による著作や『大乗起信《だいじょうきしん》論《ろん》』、『楞伽経《りょうがきょう》』などの翻訳、英文雑誌 The Eastern Buddhist の刊行等を通して、西欧の思想界に、仏教の思想とその精神を理解するための大きな手がかりを提供した。

鈴木大拙の思想のなかで注目されるものとして、「日本的霊性」という概念がある。「精神」という言葉がつねに物質―精神という対立を前提にするのに対して、「霊性」は、そのような対立を免れたところに開かれる心のあり方ないし働きとして理解されている。それは「自己の正体」とも言われているが、その自己の本体に目覚めることに、大拙は宗教の意義を見出している。そして「霊性」は個人のものであるだけでなく、同時に集合的なものでもある。たとえば日本民族には日本民族の霊性が考えられる。それが「日本的霊性」である。それに関して、大拙は独特の解釈を示している。仏教は六世紀にはすでに日本に伝来していたが、それが「大地」に落ち着き、日本人の宗教意識が能動的に発現したのは、鎌倉時代に入ってからだというのが大拙の解釈である。そしてそのような宗教意識の発現として、大拙は鎌倉時代における浄土系の仏教と、禅の成立とをあげている。前者において「日本的霊性」の情的な発現が見出されるのに対し、後者においてはそれが知的な形で現れていると大拙は考えている。

さらに大拙の思想において注目されるものとして「即《そく》非《ひ》の論理」をあげることができる。その根底にあったのは、事柄の実相は、それを外から眺め、分割・分析して捉えようとする分別知、言いかえれば、Aは非Aではないという矛盾律の上に成り立った二分的思考法によってではなく、分割される以前の事柄の最も具体的なところに定位する「般若《はんにゃ》的直観」によってはじめて捉えられるという理解である。「即非の論理」について大拙が詳しく論じたのは、「金剛経の禅」という文章（もとになったのは昭和一八年から翌年にかけて行われた講演）においてである。「即非の論理」という言い方がされたのは、『金剛般若波羅蜜経《こんごうはんにゃはらみつきょう》』の「仏の般若波羅蜜多《はんにゃはらみた》を説くは、即ち般若波羅蜜多に非《あら》ず。是を般若波羅蜜多と名づく」の「即非般若波羅蜜多」という表現に大拙が注目したことによる。そこで言い表されている論理を大拙は“A is not-A and therefore, A is A.”という形で取り出しているが、論理的にはそのような形で事柄の実相が表現されることを大拙は主張したのである。晩年、大拙はしばしば「東洋的な見方」の必要性について語ったが、それも、このような事柄へのアプローチをさしている。この「即非の論理」は晩年の西田幾多郎の思想、とりわけその最後の論文である「場所的論理と宗教的世界観」における宗教理解にも大きな影響を与えた。

大拙の著作は没後すぐに『鈴木大拙全集』（岩波書店）にまとめられ、出版されたが、平成一一年（一九九九）から平成一五年（二〇〇三）にかけて、多くの増補がなされた新版全集（岩波書店）が刊行されている。

（藤田正勝）

191　津田《つだ》左右吉《そうきち》（1873～1961）

日本近代の思想史研究者。明治六年（一八七三）に岐阜県の栃井村（現・美濃加茂市下米田《しもよねだ》町東栃井、実際の生地は名古屋近郊の母の実家）で誕生した。本名は親文《ちかぶみ》。東京専門学校（現在の早稲田大学）邦語政治科の二年に編入学し卒業。津田の学問の師匠《ししょう》は、後に東京帝国大学教授となる白《しら》鳥庫吉《とりくらきち》である。白鳥は津田を引き立て、学者としての道をひらいた。白鳥は古代の伝承に対して厳しい文献批判を押し進めていたが、津田はその精神を継承した。大正七年（一九一八）に早稲田大学文学部の講師に就任、大正九年（一九二〇）に歴史科の教授に就任、昭和三年（一九二八）ころ、哲学科に移籍した。一般に津田を実証的歴史家と見なし、その方面の業績のみに焦点をあてがちであるが、この移籍からも知られるように、本質的には思想への関心を一貫して持つ思想史家であった。津田の最初のまとまった著作は、四〇歳の時の『神代史の新しい研究』（一九一三）である。津田はここで『古事記』、『日本書紀』に全面的な文献批判を加え、神代史は皇室の由来を説くために作られた書であって、作者も宮廷人であり、国民的な感情や精神の結晶したものではないと断じた。その後津田は続々と研究成果を発表したが、昭和一五年（一九四〇）二月に『古事記及日本書紀の研究』、『神代史の研究』、『日本上代史研究』、『上代日本の社会及び思想』が発禁となり、同年三月に出版法違反で起訴された。それに先立ち同年一月に早稲田大学教授を辞職した。二年後有罪判決がくだり、控訴《こうそ》、さらに二年後に時効《じこう》により免訴《めんそ》となった。津田は学問的見地からの『古事記』、『日本書紀』の文献批判によって、戦前は反皇室主義者として攻撃されたが、戦後になるとその皇室崇敬の姿勢、唯物史観に対する批判などによって、反動的学者として批判された。七四歳で学士院会員となり、七六歳で文化勲章を授与され、昭和三六年（一九六一）に八八歳で没した。

津田はもともと自分が生まれた幕末維新に強い関心を持ち、西欧からの衝撃を受けている現状を再把握するため、過去の日本がいかに歩んできたかを学問的に振り返ろうとした。そこで書かれた『文学に現はれたる我が国民思想の研究』（後に補訂して『文学に現はれたる国民思想の研究』と改題、なおその後『文学に現はれたる我が国民思想の研究』として岩波文庫に収められている）は、大正五年（一九一六）から書き継がれ、結局十全な完成を見ることはなかった。この書は、国民の精神生活や思想の最も適切な表現を文学において認めることができるという見解から思想史の資料として文学を取り上げたこと、また政治的断代史によらず、「貴族文学の時代」「武士文学の時代」「平民文学の時代」というように文化の担い手によって時代区分を行ったことにおいて画期的であり、日本の国民思想とは何か、それが最も体現されているのはいかなる形かという強烈な問題意識が全篇を覆っている。津田は日本関係では、先の古代関係のもの、『日本の神道』（一九四九）をはじめとする研究を続々と発表するが、同時に中国思想研究の方面でも、『道家《どうか》の思想と其の開展』（後に『道家の思想と其の展開』と改題、一九二七）、『左伝《さでん》の思想史的研究』（一九三五）、『論語と孔子の思想』（一九四六）などを著した。そこで津田は従来の学派別、人名別の列伝式叙述の形式を全く洗い去り、厳格な文献批判と思想類型の摘出をもとに思想史を再構成してみせた。また津田は中国思想史研究を通して、中国と日本の思想がいかに異質であるかを明らかにし、当時喧伝《けんでん》された「東洋思想」という枠組みを批判した。津田の中国思想研究には、中国と日本の差異を鮮明にするという意図もあったのである。津田は世界における中国思想の孤立性を言い、それゆえ戦前は儒教を宣揚《せんよう》する漢学者から忌避《きひ》され、戦後も中国に対する蔑視《べっし》とか、新中国への無理解とか言われたりした。津田が思想に要求したものは、批判精神、論理性、現実認識であって、それを全《まっと》うしたものとして西洋思想を考えていたが、西洋思想をそのまま普遍的なものと認めたわけではない。他の地域の思想との比較において西洋思想が世界性を持ち得てきたというのであって、単なる西洋崇拝とは一線を画していた。津田の研究領域は広く、思想、歴史、文学に及び、日本、中国、朝鮮にわたる。その業績は『津田左右吉全集』全二八巻、別巻五巻、補巻二巻（岩波書店）に集成されている。

（土田健次郎）

192　柳田国男《やなぎたくにお》（1875〜1962）

柳田国男は日本民俗学の樹立者にして近代日本を代表する思想家の一人でもある。明治八年（一八七五）、兵庫県神《じん》東《とう》郡田原村辻川（現・神崎《かんざき》郡福崎《ふくさき》町）に生まれた。父は医者・国学者の松岡操《みさお》、母はたけといった。国男は男子八人兄弟の六男。一一歳の時、郷里の旧家三木家に預けられ、蔵書四千冊余を乱読、このことが民俗学の基礎になったと最晩年の談話筆記『故郷七十年』のなかで回想している。一三歳の時、兄の鼎《かなえ》が医院を営んでいた茨城県北相馬郡布川村（現・利根町）に引き取られ、その土地の風物から強い印象を受ける。一六歳の時、東京にいた兄の井上通泰《みちやす》と同居。一九歳にして第一高等中学校へ進学。このころ、通泰の紹介で森鷗外と親交を持つ。また歌人の松浦辰男に入門。さらに明治三〇年には田山花袋《たやまかたい》、国木田独歩《くにきだどっぽ》らと『抒情詩』を出版した。

このように青年期は抒情詩人として活躍するが、その思想は経世済民へと傾いていった。そのような背景には、幼少のころに体験した飢饉や利根町に住んでいたころに見た徳満寺の「間引き絵馬」の悲惨な思い、利根川流域の民俗等を描いた赤松宗旦《そうたん》著『利根川図誌』などの影響があったものと思われる。従って、東京帝国大学法科大学（現・東京大学）では農政学を学び、卒業後も農商務省農務局農政課に勤務することになるのである。

明治三四年、信州飯田藩出身の柳田家の養嗣子となり、柳田と改姓し、以後は詩作をあきらめ、農政官僚としての道を歩むことになるが、田山花袋・国木田独歩・島崎藤村・蒲原有明《かんばらありあけ》らの文学者との交流は続いていた。エリート官僚として日本各地への講演や視察が多く、直に地方の実情と触れるなかで、「常民」への思いを深めていった。「常民」とは柳田の用語で、それは直接生産活動に携わり、民間伝承を担ってきた名もなき普通の人々のことである。明治四一年ころより岩手県遠野《とおの》町（現・遠野市）の佐々木喜善が語る説話を記録し、それを『遠野物語』と題して世に出した。この説話集は柳田民俗学の出発点を示している。また同四四年三月から始められた南方熊楠《みなかたくまぐす》との文通は、種々の見解はあるものの、日本民俗学の形成に重要な意味を持ったことは確かである。なお、両者の書簡は『柳田国男・南方熊楠往復書簡集』として刊行された。大正二年（一九一三）、柳田は高木敏雄の助けを得て『郷土研究』を創刊し、民俗学樹立のための準備を着実に進めていった。翌三年、貴族院書記官長となり、さらに翌四年には大正天皇の即位式に奉仕した。その年、一二歳年下の折口信夫《おりぐちしのぶ》と出会ったことは日本民俗学にとって画期的な出来事であった。柳田は折口から「先生」と仰がれたものの、交流を重ねるなかで影響を受けた。両者は思想的には相違があり、たとえば、折口の思想の基底をなす「まれびと」の概念を柳田は認めなかったし、二人の間には論争も見られた。大正八年、柳田は貴族院書記官長を辞任し、翌九年、東京朝日新聞社客員となり、全国各地を旅行し、民俗調査を進めた。そして昭和五年（一九三〇）刊行の『蝸牛考《かぎゅうこう》』で、柳田は民俗学の基本原理を示した。それは各地のカタツムリの呼称の方言分布を比較検討し、言葉は近畿から地方へ伝播していったと論じている。これは方言周圏《しゅうけん》論といわれるが、文化一般にも共通する理論であるとして、文化は文化の中心地から何重もの円を描くように周辺へと伝播していくと述べている。したがって中心地から遠く離れた地方ほど古い文化が残存するというのである。また昭和一〇年に刊行した『郷土生活の研究法』では、「常民」の歴史や文化の探求と郷土生活の研究が必要であると力説し、従来の文献中心主義の歴史学を批判した。つまり文字に書かれない多くの「常民」の民間伝承のなかにこそ民衆の歴史が脈動していると考えたのである。

昭和に入ると柳田は民間に口頭伝承されてきた慣習・風俗・信仰・伝説・技術などの収集と研究、出版活動などを精力的に行い、戦後には日本人の始祖の探求に情熱を注ぎ、稲作の起源、沖縄研究、さらには教育問題にも思いを致し、また民俗学研究所を設立して日本人のアイデンティティ確立をめざした研究活動を行った。柳田は「伝統」という語を避けたところも見られるが、その思想は総じて歴史の継続を重視した保守的なものである。昭和三七年、享年八七で亡くなるまで、百数十冊に及ぶ著作を残したが、なかでも柳田の思想を知る上で重要なのは『日本の祭』『先祖の話』、そして最後の著作となった『海上の道』等である。それらの著作から柳田の思想の中心は「先祖崇拝」であったことが分かる。（三橋　健）

193 折口信夫《おりぐちしのぶ》（1887〜1953）

折口信夫は国文・国語・神道・民俗・芸能史など幅広い領域にわたり研究した学者であり、また釈迢空《しゃくちょうくう》の筆名で短歌を中心に、小説・詩・戯曲などを書いた文学者でもある。

明治二〇年（一八八七）二月、大阪府西成郡木津村（現・大阪市浪速区敷津西一丁目）に、父・秀太郎、母・こうの一女六男の四男として生まれた。明治四三年、國學院大學国文科を卒業後、大阪に帰り、中学校の嘱託《しょくたく》教員となる。このころ釈迢空との号を用い始め、短歌結社アララギの同人として盛んに短歌会に出る。大正三年、教員を辞職して上京、翌年、郷土会の席上で日本民俗学を開いた柳田國男《やなぎたくにお》と出会い、進むべき道を見出したという。翌四年、雑誌『郷土研究』に「髯籠《ひげこ》の話」が掲載された。翌五年から六年にかけて『口訳万葉集』を出版した。同九年、天竜川上流の山村を民俗採訪《さいほう》し、新野の雪祭りの存在を知る。この年、「妣《はは》が国へ・常世《とこよ》へ」を発表、また國學院大學専任講師、ついで翌一〇年には同大学教授に昇格したが、一方、アララギとは疎遠になる。この年と同一二年には沖縄地方の採訪に出かけ「沖縄採訪手帖」を残している。翌一三年、第一歌集『海やまのあひだ』を出版。次いで昭和三年、慶應義塾大学教授となり、芸能史を開講する。翌四年、代表作『古代研究』民俗学篇第一・国文学篇を出版。翌五年、歌集『春のことぶれ』『古代研究』民俗学篇第二を出版。同七年、文学博士の学位を授与。同一四年、小説『死者の書』を発表。同一九年、門弟の藤井春洋を養嗣子にするが、春洋は翌二〇年、硫黄島《いおうとう》で戦死。終戦の詔勅を聴いた後、箱根の山荘に四〇日間こもる。翌二一年から國學院大學で「神道概論」を開講し、没年まで続ける。同二三年、前年に出版した『古代感愛集《かんないしゅう》』で日本芸術院賞を受賞。翌二四年、柳田國男と「日本人の神と霊魂の観念そのほか」というテーマで対談し、『民族学研究』に発表。翌二五年、柳田國男とともに伊勢・大和・大阪・京都を旅行。同二七年、絶筆となった「民族史観における他界観念」を書く。翌二八年、満六六歳で死去した。

　このように著作は多方面にわたっているが、大別すると論文・評論・歌集・詩集の四分野となり、それらは『折口信夫全集』（全三七巻・別巻三）、『折口信夫全集ノート編』（全一八巻・別巻一）、「折口信夫全集ノート編追補」（全五巻）に収録されている。

　折口が生涯をかけて明らかにしようとしたのは、古代における日本人の心意であるが、折口のいう古代とは、いわゆる歴史の時代区分としての古代でなく、時代を超えて間歇的《かんけつてき》にせよ民族の記憶の中に永遠に生き続ける古代を意味している。そのような折口の思想を知るための最も重要なキーワードは「まれびと」と「常世の国」である。

　はじめの「まれびと」は、時を定めて外部から村々に来訪する霊的な存在のことで、折口自身の言葉で説明すれば「まれびとの最初の意義は、神であつたらしい。時を定めて来り臨む神である。大空から、海のあなたから、或る村に限つて、富と齢《とし》と其他若干の幸福とを齎《もたら》して来るものと、村たちの信じてゐた神の事なのである」（「古代生活の研究　常世の国」）となる。つまり「まれびと」は日本人の神というべきもので、そのような神観念を折口は二度の沖縄採訪のなかで見出したのであり、それは折口の思想の中核をなしている。

　つぎの「常世の国」は死霊の国であるが、そこには悪霊から護《まも》ってくれる祖霊が住む国とも考えられていたと述べ、その「常世の国」から、毎年定期的に祖霊がやって来て人々を祝福してくれる、これがほかならぬ「まれびと」であり、したがって「まれびと」と「常世の国」とは深い関係にあることを明らかにしている。つまり折口は「まれびと」と「常世の国」というキーワードを通して日本人の生活に根源的なエネルギーを与えてきた霊的なもの、あるいは日本人の心意の深層にあるものを追求しようとしたのである。

　このような折口の思想は戦後になって顕著となり、日本の民族宗教を世界に普遍的な人類教にしようとすることを真剣に考えるようになった。それは最後の論文「民族史観における他界観念」に結集されており、そこでは日本人の他界観をさまざまな分野から追究しようとしており、なかでも戦争によって命を失った多くの若者らの未完成霊の鎮魂を深く考えたものとして注目される。

（三橋　健）

194 与謝野晶子

よさのあきこ（1878～1942）

歌人、女性解放思想家、社会評論家、古典文学者、教育者。歌集二四冊（共著四冊を含む、第一歌集『みだれ髪』）、評論集一五冊、『源氏物語』などの古典現代語訳、童話文学を著す。本名志よう。明治一一年（一八七八）大阪府堺市の老舗《しにせ》菓子商駿河屋《するがや》鳳宗七《ほうそうしち》、津禰《つね》の三女として誕生。堺市立堺女学校卒業後、家業を手伝いながら古典文学を読みつつ作歌、関西青年文学会堺支部に参加する。与謝野鉄幹《てっかん》（本名寛）創設の新詩社に入社、機関誌『明星』に寄稿。明治三五年妻子のいる鉄幹と恋愛し結婚。鉄幹との結婚によって晶子は恋愛と倫理（家族の檻《おり》からの脱出）、芸術の三重の自由を獲得して、それ以前の、女には自由はないと嘆く状態から離陸した。同年長男光《ひかる》出産、以後一七年間に一三人の子どもを出産（うち二人死亡、一二人幼少期里子《さとご》）した。

ここでは晶子の女性解放思想及び社会評論をとりあげる。明治三八年（一九〇五）日露戦争に妊婦の若妻を残し出征する弟に対し、死なないで帰還せよと詠った五連詩「君死にたまふこと勿《なか》れ」は、国賊《こくぞく》との非難を浴びた。まことの心を詠ったにすぎないと反論した晶子は、創作上の方法を得るとともに、国民に死ねと説く政治指導者は前代未聞だと批判した。この姿勢は大正期における、理想は軍備撤廃であるが当面自衛範囲内の軍備に留める軍縮、反戦の主張につながる。女性がみずから考え、みずからの思想、自我をもつ新しい時代が到来しようとしていると記す第一評論集『一隅より』（一九一一）から、女性解放論を展開する。現在の女性や妻を愚昧《ぐまい》と批判する一方、自らの出産に関連して、男が与《あずか》らない女性の命がけの出産・女の道である婦道から真の人生の幸福が生まれるとして、戦争をする男社会を相対化した。出産を主体的にコントロールする考えはない。『一隅より』から二か月後に出版された『青踏』に「山の動く日来る」から始まる巻頭詩「そぞろごと」をよせた。大正元年（一九一二）鉄幹をおって渡欧、帰国後晶子は日本社会の改造に尽力しなければ日本人としての私の理性は満足しないと、女性問題のみならず政治や社会問題にわたる評論を展開する。

晶子はみずから労働してみずからの生活を営む独立自営の生活を女性が送ることが、女性の自我発展、人間としての女性の完成の基本であると主張する。この立場から平塚らいてうの妊娠・育児期の母を国家は経済的に保護すべきという母性主義を批判し、大正七年（一九一八）から翌年にかけて平塚、山川菊栄、山田わかとの間で「母性保護論争」と呼ばれる、女性の個人生活、労働と家庭生活の両立をめぐる論争を展開する（本『事典』の「平塚らいてう」、「山川菊栄」の項参照）。この論争後執筆した、女性が人間、真の女になるために必要な五条件を提起した「女子改造の基礎的考察」は、大正期晶子の女性解放論および社会・国家論の集大成である。自我（個性）の発展、価値や宗教、芸術、科学などを完成させる文化主義の実現、文化実現の機会を平等にもつ男女平等、労働能力をもつ人間はすべて労働して社会を構成する汎《はん》労働観、こうして平等な個人が世界人類として連帯責任をもつ共存生活体をつくるとする。これを人類無階級連帯主義と晶子は称し、女性が解放され、父母ともに育児を行う社会でもあった。新カント派の影響がみられるこのような社会像は、個人と世界人が国民を介して一体になっている世界であり、一国家の利益を優先する国家主義を否定し、人種（民族）の区別がない平和世界である。しかし、日本の植民地支配は是認する。これらの論には第一次世界大戦後の世界世論や国際連盟の成立の影響がある。

また米騒動を軍閥政府の無策の結果として批判し、シベリア出兵は自衛の範囲を超えていると反対、憲政擁護運動を支持する。さらに民本《みんぽん》主義というタームは曖昧であるとして国民主義、あるいはデモクラシーを使用すべきであると主張、まず普選を、次に婦人参政権を要求する。昭和五年（一九三〇）の第一回全日本婦選大会に晶子は「婦選の歌」をよせた。

さらに妻にのみ貞操を要求し、家長に従属する女性を養成する良妻賢母主義教育に反対する晶子は、民選の教育委員会の設立を提案する。また自由教育によって文化主義を実現する教育を求めて、文化学院を西村伊作らと大正一〇年（一九二一）に創立、学監に就任した。日中戦争期（一九三七－四五）は戦争と皇室を讃《たた》える何篇かの詩歌をつくった。

（早川紀代）

195 平塚《ひらつか》らいてう《らいちょう》（1886〜1971）

女性解放思想家および女性解放・平和運動家。本名明《はる》。明治一九年（一八八六）東京で誕生。父平塚定二郎は和歌山県出身、明治政府に出仕、会計検査院次長。母光沢《つや》は東京出身、医師の娘。二人姉妹の次女。東京女子高等師範学校付属高等女学校（御茶の水高女）卒後、日本女子大学校家政科に入学。高女時代は良妻賢母主義教育に反発、女子大では成瀬仁蔵《なるせじんぞう》の人格教育に共感するが馴染《なじ》めず、専ら哲学や禅による自我の探求にむかう。明治三九年（一九〇六）に禅の見性《けんしょう》を得る。普遍的な神と自己が一体であるという自他合一の感覚、自我解放の体験によって、らいてうは自己とあらゆる対象を客観的に既成概念を排して直視する思考方法を獲得し、後の思想形成の土壌になった。その二年後には閨秀《けいしゅう》文学会の講師森田草平との那須・塩原尾頭峠《おがしらとうげ》行は捜索願いがだされ、スキャンダラスな事件として世間に喧伝《けんでん》された（森田草平「煤煙《ばいえん》」）。らいてうにとってこの行動は、草平の女性観、恋愛観を試すものであった。らいてうは生田長江《いくたちょうこう》の勧めを契機に、女子大の友人たちを中心に雑誌『青踏《せいとう》』を明治四四年（一九一一）に発刊した。女性編集者のみによって女流文学者の輩出を期すると謳《うた》ったが、らいてうの思いは巻頭言「元始、女性は太陽であった」で呼びかけたように、女性が潜《ひそ》める能力を自覚し、自己の内面的解放をはかることであった。与謝野晶子の「そぞろごと」や女性たちの全身から迸《ほとばし》りでる自由への憧れをしるす短歌やエッセイは既婚、未婚をとわず全国各地の大勢の女性たちをひきつけた。一九〇〇年代の日本は、自然主義文学や個人主義が台頭するとともに平和思想も生まれており、さらに、「家」の束縛や良妻賢母の生き方を問い始めた女性たちも、少なからず存在した。

そうした新しい女性たちの最先端に『青踏』は躍《おど》り出た。『青踏』は無期休刊する大正五年（一九一六）二月まで「家」制度や良妻賢母主義批判、男女の性のあり方について生身《なまみ》の論理を展開し、男性中心の文明、社会を批判した。それは思想革命であった。そのためしばしば発売禁止になったが、婦人問題をジャーナリズムがとりあげ社会問題になる時代をつくった。

らいてうはエレン・ケイなどの恋愛論、結婚論、性論を読み、恋愛にのみ基づく結婚と新しい命をうむ母は種族の命の維持と発展を支えるゆえに、母性は社会から保障される権利をもつという母性主義を獲得する。この母性主義は禅の見性と相通じるものがあった。また大正三年（一九一四）五歳年下の奥村博（博史）と恋愛、婚姻届をださない共同生活を始め、躊躇《ちゅうちょ》した後体験する出産や育児は、母性主義を確信させた。大正七年（一九一八）を中心に、らいてうと同様に子持ちでありペンで生活費をうる職業婦人の与謝野晶子、山川菊枝などとの間に展開した母性保護論争と呼ばれる論争は、らいてうの母性主義の理解がひとつの論争点であった。この論争の焦点は当時増加しつつあった職業、労働女性が労働生活と家庭生活をいかに両立していくことができるかという、女性にとって新しく現れた課題であった。

らいてうは『青踏』時代の主張「女性よ人たれ」から「人たる女性よ、真の女たれ」の立場に転換する。らいてうは模索した結果、翌年の男性本位の社会を改造する女性団体「新婦人協会」を設立する。児童労働の保護など協会が掲げた多数の目標の中心は、女性の政治活動を禁じた治安警察法第五条の改正と花柳病《かりゅうびょう》男性の結婚制限の請願運動であった。支部をつくり、機関誌を発行した協会の運動によって政談演説会の参加と主催は大正一一年（一九二二）に実現する。母と子どもの権利および生活を社会的に保障する社会を求めるらいてうの構想はクロポトキンの「相互扶助論」を介して協同自治社会を実現する消費組合の設立に至り、居住地成城に「我等の家」を発足させ、統制経済が強化されるまで継続する。日中戦争を東洋平和の確立のためと捉えたらいてうは、国民優生法などの戦時政策に、優生思想をもつ母性主義ゆえに共感する。

しかし、日本国憲法第九条にもっとも感動したらいてうの戦後は、非武装国日本の実現を阻むあらゆる政策を拒み、運動する生活であった。非武装・非交戦の日本と世界を実現する方法として、らいてうは世界連邦建設運動に参加した。国境をこえた世界民の思想である。国際民主婦人連盟に訴えた原水爆禁止は世界母親大会と今日の日本母親大会を生み出した。

（早川紀代）

196　山川菊栄《やまかわきくえ》　（1890〜1980）

女性解放思想家、女性解放運動家、社会評論家。明治二三年（一八九〇）、父森田竜之介《りゅうのすけ》（千葉県立食肉製造所主事、のち陸軍技師）・母千世《ちせ》（父青山延寿《あおやまえんじゅ》は代々続く水戸藩儒学者、千世は東京女子師範〈現・お茶の水女子大学〉第一回卒業生）の第三子として東京で誕生。東京府立第二高女（現・都立竹早高等学校）、女子英学塾（現・津田塾大学）卒。この間国語伝習所に通学、閨秀《けいしゅう》文学会に参加。平塚らいてう、与謝野晶子《よさのあきこ》に出会う。祖父青山延寿の死去にともない青山家戸主《こしゅ》になる。のち隠居、森田姓に復帰。大正四年（一九一五）から大杉栄《おおすぎさかえ》、荒畑寒村《あらはたかんそん》らの平民講演会に参加し、社会主義理論を本格的に研究する。平民講演会で山川均《ひとし》と出会い、翌年大正五年（一九一六）結婚、男子（振作）を出産。以後山川均と社会主義理論誌の創刊など、社会主義の普及を政府の弾圧の中で行う。

大正五年に『青踏』、『新社会』に経済的側面から公娼制度廃止を主張する論稿を掲載、社会主義理論派の評論家として登場する。一九一〇年代後半に与謝野晶子、平塚らいてうらと展開した女性の解放過程をめぐる論争、母性保護論争では女性の労働と家庭の生活の両立は社会の経済制度変革が不可欠と主張、論争をまとめる。この論争をへて、無産婦人労働運動、無産婦人運動の組織論、運動論を一九二〇年代、三〇年代に展開する。また社会主義女性団体、赤瀾会《せきらんかい》を堺真柄《さかいまがら》らと結成し、堺らは大正一一年（一九二二）のメーデーに参加したが、赤瀾会は短命で消滅した。また女性の社会主義学習会、八日会に講師として参加、同会はロシア飢餓救済婦人会を組織して広範な女性に運動を広げる。大正一二年の関東大震災に際して、広範な女性団体が救済活動のために設立した東京連合婦人会に参加した。

戦前における山川の女性解放論および無産婦人運動論の特徴だが、一つは、第三インターナショナルの資料など欧米の文献を労働調査を含めて渉漁《しょうりょう》していること、ベーベル『女性と社会主義』など社会主義解放論のみならずカーペンターの恋愛論を翻訳し、海外の動向を紹介しつつ、これらに基づいて理論を創造していること、二つには日本の女性労働者の調査資料やみずからの調査も駆使して運動理論を組み立てていること、第三に中産階層の女性運動批判を行った後、一九二〇年代には家制度のもとで生活している日本の女性は近代ではなく封建制の抑圧をうけており、すべての階級の女性が共通した性差別を受けていること、無産階級の女性はその上に資本家の搾取《さくしゅ》をうけていること、資本主義のもとで拡大する女性労働者はさらに資本家の過酷な搾取をうけていると、日本の女性の状況を分析したこと（「政治研究会婦人部綱領案」）、第四には以上の分析を土台に無産婦人運動の運動論を、無産婦人を労働組合はじめ各無産団体に加入させ、無産団体に設置した婦人部が、女性の特殊要求をとりあげ、無産団体の要求とすること、女性の要求実現は無産団体解放の不可欠な運動であることを明らかにし、労働婦人の要求をまとめた（「評議会婦人部テーゼ」）こと、また無産婦人のみによる婦人団体は必ずしも必要ないことを主張したこと、第五に植民地の人びとの差別廃止をとりあげたこと、最後に男性労働者の女性蔑視思想を批判し続けたこと、解放運動にとって言論の自由が最も重要であるとしたことにも触れておく。

山川は戦時期においても執筆を続行している。戦時政策を批判しつつ、戦時期の女性の労働進出、社会活動の拡大を時代の必然の傾向としている。均が人民戦線事件で不在中居住地の神奈川県藤沢市で「湘南うずら園」の経営や野菜づくりに励んだ。

戦後は敗戦の翌昭和二一年（一九四六）から執筆活動を開始する。同二二年には神近市子《かみちかいちこ》らと民主婦人協会（民主婦人連盟）を結成し、日本社会党に入党する。この年片山社会党内閣のもとで、新設された労働省婦人少年局の初代局長に就任し、同二六年まで婦人行政に携わる。この間「婦人の日」の設定や、働く婦人の差別是正ならびに健康問題、婦人少年問題審議会による売春等処罰法案に対する建議書の提出などに取り組んだ。

退官後は『婦人のこえ』の主宰、「婦人問題懇話会」を発足させ、女性解放理論の発展に尽くす。戦前の無産運動論と異なり、女性解放が一定程度実現した戦後は全女性の格差是正論が中心になる。同五五年死去。翌年に「山川菊栄記念婦人問題研究奨励金」（山川菊栄賞）が設けられる。多数の著作のうち『覚書幕末の水戸藩』は大仏次郎《おさらぎじろう》賞を受賞。

（早川紀代）

197　吉野作造《よしのさくぞう》（1878～1933）

吉野作造は明治一一年（一八七八）宮城県志田郡大柿村（現・大崎市古川十日町）の糸綿商吉野年蔵・こう夫妻の一二人兄弟の長男として誕生した。古川尋常高等小学校、宮城県尋常中学校、第二高等学校法科を優秀な成績で卒業し東京帝国大学法科大学に入学した。二高時代にはバプテスト教会で受浸（受洗）、また小学校教員阿部たまのと結婚し一男六女をもうけた。

大学では政治学の独立と「衆民主義」を唱えた小野塚《おのづか》喜平次《きへいじ》、自由主義神学を唱えていた弓町本郷教会の海老《えび》名《な》弾正《だんじょう》から影響をうける。大学院進学後教会機関誌『新人』で政治評論を開始、木下尚江《なおえ》と「国家魂」論争を闘わせた。明治三九～四二年（一九〇六―〇九）梅謙次郎《うめけんじろう》教授の斡旋で袁世凱《えんせいがい》（中華民国初代大総統）長子袁克定《えんこくてい》の家庭教師として清国天津《てんしん》に赴任、東大助教授就任後明治四三～大正二年（一九一〇―一三）独・英・米へ単身で留学した。大正三年七月教授昇格、同四年九月法学博士となる。

帰国後『中央公論』誌上で編集者瀧田樗陰《たきたちょいん》の協力のもと政治評論を発表、大正五年（一九一六）「憲政の本義を説いて其有終の美を済《な》すの途《みち》を論ず」で「民本主義」を主張し一躍時の人となる。大正四年大学普及会を佐々木惣一《そういち》らと結成し『国民講壇』を発行する。また東大YMCA理事長として母子保護事業賛育会、家庭購買組合、簡易法律相談所などの社会事業を牽引《けんいん》した。朝日新聞社筆禍の白《はっ》虹《こう》事件を契機に浪人会との立会演説会を行い、直後に「民本主義」擁護の知識人の横断的団体黎明会《れいめい》を結成、『普通選挙論』で普通選挙運動を理論面から支援した。大正九年に文化生活研究会を結成し『文化生活研究』等を発行、また伊豆畑毛温泉に「学者村」をひらき文化生活の啓蒙と実践を志した。学問の自由への弾圧である森戸《もりと》事件では特別弁護人となり、言論の自由を主張した。

大正一三年（一九二四）大学を辞職し、朝日新聞社へ編集顧問兼論説委員として入社、貴族院、枢密院《すうみついん》の改革論を執筆した。しかし「五箇条御誓文《ごかじょうのごせいもん》」を明治政府の「悲鳴」とする入社披露講演会での発言をきっかけに五か月あまりで退社する。以後東大講師の傍ら明治文化研究会を結成し明治政治史研究に精力的に取り組んだ。現代政治評論は一時期控えるも現代政治史の系統的な叙述を目的として昭和元年（一九二六）以降再開する。同年一二月には社会民衆党の産婆役、昭和五年（一九三〇）には無産政党の合同に尽力し、社会大衆党の別働隊水曜会の結成に力を貸した。肋膜炎《ろくまくえん》悪化により昭和八年没。享年五五。

日露戦争期の吉野は、戦争を専制ロシアへの義戦ととらえ、卒業時の演習論文「ヘーゲルの法律哲学の基礎」で国家と個人が調和する有機体的国家観を表明した。木下尚江との「国家魂」論争では国家を重んじてのキリスト教理想の実現を主張し、「主民主義」を理想としながら現実の超然内閣を肯定した。留学以後は近代政治の基調を弱者による強者からの「解放」と捉えるようになり、大正五年の「民本主義」は天皇主権の明治憲法下での実質的な民主主義の確立をめざすもので、内容は①政治は国民の利福を目的にすること②監督者としての参政権を国民（男子）一般に拡大すること（普通選挙）であった。状況に応じて理想への道筋を調整する吉野の議論の特徴により、その強調点や言動は変化しながらも一貫して議会制民主主義の確立を主張した。

第一次世界大戦後はウイルソンの十四か条宣言を高く評価し、「四海同胞」と個人尊重のキリスト教精神を第一次世界大戦後の国際社会の普遍的な道徳規範と考えた。また無政府主義に関心を寄せ「人道主義的無政府主義」を主張、道徳規範に基づく理想社会形成の強制組織とすることで国家権力を相対化した。また、三一独立運動、五四運動などの東アジアの民族独立運動に呼応し日本政府の植民地統治を批判、関東大震災下の朝鮮人虐殺事件では日本人として数少ない「良心」を示した。一九二〇年代初頭には民主的な政治運営を阻む明治憲法下の特権的機関、貴族院、枢密院、軍部の改革を要求し、政府の神社政策および宗教法案を国家主義の「過誤」政策と批判、大本教《おおもときょう》への政府弾圧を非難した。

大正一〇年（一九二一）初夏より小野塚喜平次の示唆を得て「日本開国史」の研究を開始し、幕末明治期における対外認識に対する西洋文明の影響を主なテーマとした。明治文化研究会結成後は、明治憲法制定史を中心とする明治初期政治史研究に集中し、議会制民主主義確立への道程を現代政治の課題と関連づけながら研究を行った。

（田澤晴子）

198 河上　肇《かわかみはじめ》（1879～1946）

明治から昭和戦前期を生きた経済学者で、後半生はマルクス主義を奉じ日本共産党に殉《じゅん》じた。山口県岩国で生まれ、東京帝国大学法科大学を卒業、明治四一年（一九〇八）に京都帝国大学講師（大正四年に教授）となり学生に大きな影響を与えたが昭和三年（一九二八）に辞職した。求道的な性格でその生涯は曲折に満ちている。学生時代に足尾鉱毒事件の演説を聞き、外套《がいとう》などを衝動的に寄付して新聞の話題になったが、郷里の母の叱責《しっせき》で自分の行為を後悔した。卒業後『読売新聞』に匿名《とくめい》で連載した「社会主義評論」が世評の注目を浴びると実名を明かして唐突に連載を中断した。その後伊藤証信《いとうしょうしん》の無我苑《むがえん》に身を投じ、寝食を犠牲にして無我の愛に献身しようとしたが、まもなく失望してそれを「天下の邪説」と非難した。同様な方向転換は枚挙《まいきょ》に遑《いとま》がないが、こうした点について『自伝』は以下のように説明している。「私は（中略）どうかするといきなり百点をつけ、附き合っているうちに失望しては点を減らしていく流儀である」。

河上の鋭角的な屈折の多い人生は「経済と道徳の調和」として説明される。経済行為あるいは人間の生存のための営みと道徳をいかに調和させるか、これが彼の終生の問いだった。河上はその最終的な解答をマルクス主義のなかに見出した。マルクス主義は理論・実践・理念の三位一体を特徴とする。つまり社会主義という理念は、現状の理論的分析を通じてその必然性が導き出され、それを実現するための実践的行動への献身を道徳的に正当化する。彼はマルクス主義が正義に合致した生き方を保障すると考えたので、晩年は共産党による革命のために献身して迷うことがなかった。

河上はもともと熱烈なナショナリストで、産業化が農業の衰退を招き、日本がそれによって衰滅するのではないかと危惧していた（『尊農論』など）。帝国主義の国際状況で日本が生き残るには産業化が不可欠であるが、他方で産業化による農業人口の減少は強兵の減少、服従心の喪失、愛国心の減退、奢侈の増進などを引き起こし、結果として、日本人の精神の基礎をなす武士道や忠君愛国の道徳を掘り崩してしまうという。同じ危機感は、大逆事件の公判中に執筆された『時勢の変』でも繰り返され、都市化による商業の発達と農業の衰退が「軍人気質の衰退」を招き、貧富の懸隔《けんかく》によって社会主義が勃興すると警告されている。しかしこのように伝統的な価値観の衰退を危惧していた河上は、その二か月後に執筆された「日本独特の国家主義」と「政体と国体」で、逆にそれを批判するようになる。国家存立のために産業化が必要で、産業化は個人主義を前提とする。「国家教」と呼ばれるような極端な国家中心主義を克服し、「自己に立脚するの個人」を育成しないかぎり、日本は遠からず滅亡すると考えるに至ったのである。

河上のマルクス主義に対する関心は一九一〇年代初めに遡《さかのぼ》ることができるが、それはマルクスの学説を「経済的唯物史観《ゆいぶつしかん》」と理解したものにすぎない。本格的にマルクス主義について論じるのは大正八年（一九一九）以降で、「マルクス主義の理論的体系」では、マルクス主義が唯物史観・資本主義経済論・社会民主主義の三つの部分からなると指摘している。これは過去（歴史）・現在（資本主義）・未来（社会主義）を不可分と捉えたもので、資本主義の内在的矛盾（階級対立）から社会主義の必然性が理解されている。しかしここではまだマルクス主義が「科学」であることが強調されるだけで、体制転換は自然科学的な因果法則と同様なものと考えられている。

河上のマルクス主義理解に人間の意識と歴史過程を結ぶ論理が欠如していることを、的確に批判したのが福本和夫だった。福本はルカーチなどに依拠して理論と実践の統一を強調し、主体と客体が対峙している自然現象とは異なって、社会現象では人間は主体であると同時に客体でもあると述べ、河上の唯物史観理解の欠陥を指摘した。これに対して、河上は昭和二年（一九二七）に「唯物史観に関する自己清算」を発表し、福本の批判を部分的に受け入れながら反批判している。それは、引用ばかり多く舌足らずな福本の文章を「禅の公案」のようだと批判しながら、福本の意図を見事に読み解いたものだが、他方で自身の見解の根拠をレーニン・ブハーリンなどに置いている。つまり河上の起伏に満ちたマルクス主義研究は、最終的にコミンテルンや共産党の路線と歩調を合せることで終わり、その後は、理論活動をやめて運動のための啓蒙的著作を書くにとどまった。

（米原　謙）

199 北《きた》一輝《いっき》（1883〜1937）

明治〜昭和前期の国家社会主義者、革命思想家。佐渡島の酒造業者の長男として生まれる。二一歳の時上京、早稲田大学の聴講生となる。平民社に出入りし、幸徳《こうとく》秋水《しゅうすい》・堺利彦《さかいとしひこ》・大杉栄《おおすぎさかえ》らと相知る。日露戦争直後の明治三九年（一九〇六）『国体論及び純正社会主義』を自費出版、片山潜らの絶賛を得るも、その矯激《きょうげき》な内容ゆえに発禁処分を受ける。

この大著の中で北は、日本の「国体」および「天皇の意義」は歴史上三段階の進化発展を経ているという認識を表明する。即ち古代（平安末まで）の天皇は全土全人民の所有者として君臨する「専制君主」、鎌倉〜江戸期の天皇は政治権力は喪失しつつも将軍に加冠する「羅馬《ローマ》法王」、そして「社会民主主義革命」たる維新後の天皇は「国民運動の指揮者」に祭り上げられ、「民主国」における「純然たる政治的中心」へと変貌した。北は、有史以来万世一系の皇室が日本の不易《ふえき》の統治者であり、また国民は変わらざる忠誠を天皇に捧げ続けてきたといういわゆる「国体論」の欺瞞性《ぎまんせい》を鋭く抉《えぐ》り出す。むしろ国民は一貫して天皇に対する「乱臣賊子」であり続け、これに対する無力と絶望感が天皇家を辛《かろ》うじて存続させ得た真因であるという、恐るべき史論を展開する。彼は「明治維新は王政復古であり、真正な日本の復活である」という論理を絶対に認めず、これを「復古的革命主義」つまり反革命イデオロギーとして糾弾《きゅうだん》する。曰《いわ》く「維新革命を以て王政復古と云ふことよりして已《すで》に野蛮人なり…維新革命とは…民主主義が旧社会の貴族主義に対する打破なり…国家の目的理想を法律道徳の上に明らかに意識したる点に於て社会主義…その意識が国家の全分子に明らかに道徳法律の理想として拡張したる点に於て民主主義なり」と。彼の言う社会主義とは個人が国家に隷属するものではなく、「社会の利益を終局目的とすると共に個人の権威を強烈に主張」し、「個人が社会の分子として社会其物…個人の目的は社会の目的たるべし」というように、解放された個人が真実社会の強者としてその個性を全面的に開花せしめ得る体制の構築を想望するものであった。

だがその後の北の思想と行動は、左派の潮流とは異なり、宮崎滔天《みやざきとうてん》らの革命評論社に加わり清朝打倒の中国革命支援へと進展する。それも孫文の欧米流共和主義ではなく、宋教仁《そうきょうじん》らの民族主義革命論に共鳴し、中国革命を転じて日本の大改造を構想するに至る。このあたりの遍歴は『支那革命外史』（一九二六）に詳しい。そして一九一九年、五四運動の反日ナショナリズムに衝撃を受けた北は、帰国して日本の革命に専心することを決意する。大川周明《おおかわしゅうめい》・満川亀太郎《みつかわかめたろう》らと猶存社《ゆうぞんしゃ》を結成するも、意見対立からまもなく離脱、『国家改造案原理大綱』（一九一九年、後に『日本改造法案大綱』へ発展）を執筆して、国家社会主義革命の道筋を示す。同書は西田税《みつぎ》らを通じて青年将校らに愛読され、やがて昭和初期の右派革命即ち昭和維新運動の聖典とも目されるようになっていった。

『国家改造案原理大綱』では、①「国民の天皇」で華族制・貴族院を廃し皇室財産の国家収納、②私有財産と土地保有の制限、並びに大資本の国家統制等による社会主義的政策の断行、③労働者・国民の基本的人権の徹底保証など、敗戦後の諸改革を先取したような革新的策案《さくあん》が列記されるが、同時に「国家の権利」として「革命的大帝国主義」という壮大な構想が提示される。これは、個人の能力発現のための機会均等を実現する前提として政治的経済的不平等の打破が唱えられたのと同様に、諸国家間の競争のための地均《じなら》しとして領土的不平等の是正を求めるという発意であった。

北の弁証法的思惟は、エゴイズム的個人主義と偏狭なナショナリズムとを合わせ止揚する方向性も有していたと言えるが、結果的には優勝劣敗の世界の現実を必要悪として是認してしまう傾向を免れることはできなかった。

北は国家改造（維新革命）の実現のため、政財界のスキャンダル暴露や三月事件・十月事件への関与などの行動を進めたが、昭和一一年（一九三六）北自身は時期尚早とも考えていた陸軍皇道派《こうどうは》の武装決起＝二・二六事件で、その黒幕とみなされて逮捕され、翌年処刑された。

北の思想については、国家社会主義、典型的ファシズム、共産革命圧殺《あっさつ》のための反革命、擬装された社会主義革命、左派ブルジョア革命など、論者のイデオロギー的立場にも影響されてさまざまな評価がなされている。

（岡崎正道）

200　村岡典嗣《むらおかつねつぐ》（1884〜1946）

大正・昭和前期の日本思想史学者。文献学をふまえた日本思想史学を提唱し、近代的学問分野としての日本思想史学の成立に中心的な役割を果たした。

村岡は東京に生まれ、鈴屋《すずのや》の流れを汲む佐佐木弘綱・信綱父子のもとで幼少期から和歌を学ぶ一方、早稲田大学で西洋哲学を専攻し、宗教哲学者波多野精一《はたのせいいち》に師事する。波多野との交流は生涯続いた。大学卒業後に独乙《ドイツ》新教神学校で学び、横浜の日独郵報社に入社。翻訳記者として勤務する傍ら明治四四年（一九一一）に『本居宣長』を出版した。高い評価を受けた本書をきっかけに本格的な学究活動に入り、大正一三年（一九二四）、東北帝国大学教授（文化史学第一講座・日本思想史専攻）に着任、仙台では哲学の阿部次郎、文芸学の岡崎義恵《おかざきよしえ》、国語学の山田孝雄《よしお》、詩人で医学者の太田正雄（木下杢太郎《もくたろう》）ら同僚と親交を結んだ。昭和一二年（一九三七）以降、東京文理科大学教授（国体論）を兼任。さらに東京帝国大学文学部・法学部などへの出講のほか、『本居宣長全集』（岩波書店、未完）を編纂するなど、停年退官とほぼ同時に没するまで精力的に活動した。

村岡の『本居宣長』の画期性は、一九世紀ドイツの文献学（フィロロギー）概念を援用して、本居宣長の思想が異なる二側面からなること、すなわち客観的な古代研究としての文献学と、ファナティックな古代神話の信奉とが併存していると主張した点にある。国学とドイツ文献学の相似性については、すでに明治三〇年代に国文学者芳賀矢一《はがやいち》が指摘しているが、芳賀によれば文献学とは各国語資料を通じての「国」の研究であり、国体・国民性の解明を目的とする点で日本の国学も文献学と呼ぶに値するとされた。

村岡は、芳賀から示唆を得たものの、国の学としてでなく、むしろ精密な文献読解を通して古人の思想を忠実に再現する方法として文献学をまず把握した。ドイツの文献学者の中でも特にアウグスト・ベックに着目し、文献学の理念を表す言葉として彼の「認識されたものの認識（Das Erkennen des Erkannten）」という表現を繰り返し引用したのも、こうした見方の反映である。村岡によれば、宣長は『古事記伝』をはじめとする綿密な文献読解によって「古代をありのまゝに明《あきら》める」ことに成功しており、その点でまさにベックのいう文献学者であった。こうして宣長に見出された文献学を、村岡は手本とすべき研究手法として位置付ける。村岡にとって本居宣長は第一の研究対象であり、同時に「宣長学」は日本思想史研究の方法論上のモデルでもあった。

一方、こうした文献学の枠組みに納まらないもう一つの側面、古代信奉の姿勢も宣長には認められる。そこで村岡は宣長学を文献学の「変態」と呼び、対立する二側面が、宣長内部において敬虔《けいけん》的思想、すなわち「家庭の宗教」としての浄土宗信仰などによって結合されているとした。

当時、いわゆる国学の四大人（荷田春満《かだのあずままろ》・賀茂真淵《かものまぶち》・本《もと》居宣長《おりのりなが》・平田篤胤《ひらたあつたね》）を本流とする幕末以来の国学観が大勢で、芳賀もまたその見方に従っていた。これに対し村岡は、彼のいう文献学に着目することによって、伊藤仁《いとうじん》斎《さい》・荻生徂徠《おぎゅうそらい》から契沖・宣長への文献学という隠れた水脈があることを主張し、正反対と見なされてきた儒学と国学との間のつながりを示して、従来の近世思想史像を大きく書き換えた。こうした村岡の示した古代の「客観的闡明《せんめい》」と非合理的なまでの「主観的主張」という宣長思想の二分法と、仁斎・徂徠の古学・古文辞学から国学へという系譜は、後世に大きな影響を与え、近代における宣長論の基本的枠組みとして丸山眞男をはじめとする思想史家に継承された。

宣長研究のほか、大正期を中心に村岡はキリシタンに関する研究を行い、国学者平田篤胤《あつたね》へのキリスト教の隠れた影響などを指摘している（「平田篤胤の神学に於ける耶《や》蘇教《そきょう》の影響」）。昭和期には神道史とその周辺に関する研究、『神皇正統記《じんのうしょうとうき》』の諸本研究を行うなど、個別研究の対象は幅広い。昭和一〇年前後になると国民性論・日本精神論を論ずるが、当時の「感情的性質や群衆心理的傾向」が強い流行の議論とは距離を置き、この問題についてもあくまで客観的・実証的に論じようとした。これらの論考は、『日本思想史研究』正・続・第三・第四（岩波書店）や没後に編纂された『村岡典嗣著作集―日本思想史研究―』（第一期・全五巻、創文社）に収められている。

（畑中健二）

201 大杉 栄《おおすぎさかえ》（1885～1923）

明治・大正期の無政府主義者、革命思想家。

香川県に生まれる。初め軍人をめざしたが、「万朝報《よろずちょうほう》」で社会主義思想や足尾鉱毒事件に触れ、平民社の幸徳秋水《こうとくしゅうすい》・堺利彦《さかいとしひこ》らと交わり社会変革に目覚める。明治三九年（一九〇六）電車料金値上げ反対運動、明治四一年（一九〇八）には金曜会屋上演説事件で治安警察法違反、赤旗事件など、逮捕・起訴・投獄を繰り返すが、明治四三年（一九一〇）の大逆事件には連座を免れた。幸徳の影響などもあり、アナーキズムの立場を鮮明化、クロポトキンの翻訳文等を発表。幸徳らの刑死後、荒畑寒村《あらはたかんそん》と『近代思想』を創刊、大正三年（一九一四）には『平民新聞』を発行するも発禁処分。

大杉の思想は、端的にアナーキズム、アナルコ・サンディカリズムと規定することができるが、そこにはバクーニン、クロポトキン、シュティルナー、ベルクソン、ニーチェなど、さまざまな思想家の影響が混在している。

大杉はその生涯において、二つの大きな敵と思想的に格闘し続けたと言える。一つは眼前の明治国家権力という巨岩のごとき体制、そしてもう一つは、ロシア革命によって樹立されたボルシェビキの社会主義なる「秩序」である。（以下、引用はすべて『全集』からである）

「主人に喜ばれる、盲従する、崇拝する、これが全社会組織の暴力と恐怖の上に築かれた、原始時代から近代に至るまでの、殆《ほと》んど唯一の大道徳律であった」「社会とか道徳とか国家とか称するものは…生きたる人の血を吸ふ吸血鬼である…一切の社会羈絆《きはん》が断尽《だんじん》せられた時、残るものは只だ各個人の自我…唯一者あるのみとなる」

大杉にとって、否定されるべき権威とは、単に政治的秩序と外的強制のみの謂《いい》ではない。それは生活体系や価値観等のすべてを含む社会構造の全体であり、何よりもこれを無批判に受け入れてしまう人間の、呪縛されきった精神こそ破砕されるべきものであった。政治や法律のみならず既存の道徳も宗教も教育も、皆巧妙極まる支配と暴力の根源にほかならないからである。畢竟《ひっきょう》大杉にとって革命とは、旧体制を倒して新体制を生み出す政治革命であるより、人類創世以来の「秩序」形成史に対する、自立した個々人による精神革命であった。

この観点に立つとき、大正デモクラシーのイデオローグたる吉野作造《よしのさくぞう》も大山郁夫《おおやまいくお》も所詮《しょせん》は天皇主権の現体制を前提とした改良に過ぎず、到底《とうてい》大杉の評価するところではなかった。アナロジカルな言い方をすれば、吉野ら黎明会流の民本主義に個人の自由の無限的価値を「国家主義」の枠内に囲い込んでしまう小ブルデモクラットの致命的限界を見る大杉の位相は、「戦後民主主義」を自賛する「進歩派」知識人たちの精神の虚妄《きょもう》を激しく攻撃した一九六〇年代の新左翼の情念を彷彿《ほうふつ》させるものがある。

大正六年（一九一七）に勃発したロシア革命と社会主義国家の樹立も、やがて大杉を幻滅させた。「ケレンスキーの民主政府を倒した十月革命は、主として〝革命は如何にして為されなければならないか〟を教えた。そしてボルシェビキ革命の進行は、主として〝革命は如何にして為されてはいけないか〟を教えた」この逆説的言辞に、彼のロシア革命観が凝縮されている。人民解放をめざしたはずのロシア社会主義革命が、結局は新権力による人民への新たなる抑圧を生むという反転のプロセスを、大杉は無政府主義者たちに対するボルシェビキの残虐な弾圧の累積に見た。

「世界の革命的労働運動は、ボルシェビキ政府が…異説者に対して加へている…血と殺人との制度をもう知ってもいい時だ」「ボルシェビキ国家は残忍極まり、共産党は陰険極まる」大杉の激しい言葉は、その後のソビエト国家の圧政と末路を暗示しているようでもある。

ロシア革命を支持する左翼の活動家たちと大杉らとの「アナ・ボル論争」は、労働運動における自由連合論と集権的合同論の対立であった。近藤憲二・和田久太郎らと「北風会」を結成していた大杉はボル派の主導による労働戦線統一を拒否、これに対し堺利彦・山川均《やまかわひとし》・荒畑寒村らボル派は、大正一一年（一九二二）夏コミンテルンの指導で秘密裡に日本共産党を結成、やがてボル派の優位が固まっていった。

翌年ヨーロッパから帰国した大杉は自由連合派の労働運動の巻き返しを図っていたが、九月に発生した関東大震災のさ中、憲兵大尉甘粕正彦《あまかすまさひこ》らにより伊藤野枝《のえ》・甥の橘宗一とともに憲兵司令部で虐殺された。（岡崎正道）

202

大川周明《おおかわしゅうめい》（1886～1957）

こんにち大川周明は、岡倉天心に影響を受けたアジア主義者、あるいは北一輝に並ぶ国家改造主義者として知られているが、大川の思想形成過程はなかなかにドラマチックである。もともと彼は、荘内中学校、熊本の第五高等学校在学中、『週刊平民新聞』『新紀元』を愛読する熱心な社会主義者だったものの、明治四〇年（一九〇七）、東京帝国大学文科大学に入学してからは唯物論的な社会主義への共感は薄れ、西欧の文献を渉猟《しょうりょう》しつつ、宗教的世界へと沈潜していった。ところが、大正二年（一九一三）夏、コットン『新インド』を読み、イギリス統治下における現実のインドの状況を知り、アジア問題に開眼《かいげん》していく。同年には、明治四五年（一九一二）以来取り組んでいた歴代天皇の伝記（『列聖伝』）の編纂をほぼ完成させ、その過程で日本回帰も果たす。このように大川は大正初期に人生の転機を迎え、それまでの西洋崇拝から一転して、以後はアジアと日本という二つの対象と向き合い続けた。

まず大川は『印度に於ける国民的運動の現状及び其の由来』（一九一六）を著し、インドの独立運動への理解、支援を朝野に訴えた。インド人革命家たちとの交流を通じ、彼は日本を盟主としてアジアは西欧帝国主義から解放されねばならないと認識していったが、同時に現実の日本が盟主という地位、アジア解放という任務に耐えうるのかという疑問も深めることとなった。いきおい彼は「亜《ア》細亜《ジア》復興《ふっこう》の戦士は、否応なく日本改造の戦士でなければならぬ」（『復興亜細亜の諸問題』）と、アジア解放のためにも日本国家の改造が先決と捉え、両者を密接に結び付けた。

大川にとって日本改造とは日本人の精神の改造をも意味し、その点で日本人の過去のありようを歴史的に再検討することが重要な課題となる。その研究の成果として彼は『日本文明史』（一九二一）を皮切りに続々と日本歴史書を刊行していく。これらの著書において、彼は天皇の存在に象徴される〝日本的なるもの〟が日本の歴史の根底を貫通していることを称揚した。その上で彼は、歴史の表層では時代の進展に基づく新たな必要性に対応して「革命」が繰り返されてきたと捉える。彼は、この歴史の延長線上に自らの国家改造運動を、「革命」たる明治維新を補完する「第二維新」として位置づけ、大日本帝国憲法の改正をも視野に入れたラディカルな運動に挺身《ていしん》していく。

以上のような大川の思想・運動は、当時からファシズムと見なされ警戒されたが、必ずしも偏狭で独善的なものではなかった。そのことは彼の宗教観、アジア観からうかがえる。彼は、東京帝国大学教授姉崎正治《あねさきまさはる》に学んだ宗教学の知見を背景に、国民の宗教的対象として天皇を捉えた。ただし、彼においては「固《もと》より私は大川家の大川であり、日本国の大川でもあるが、家国を超越せる天《てん》上天下唯我独尊《じょうてんげゆいがどくそん》の大川でもある。私の魂の最も深い処に於て、私は純乎《じゅんこ》として純なる神を拝することが出来ます」（『日本及日本人の道』）と、日本国民としての天皇信仰だけではなく、「家国」を超越した「神」への信仰が許容されていた。当時、原理日本社の蓑田胸喜《みのだむねき》から批判されたように、このような「神」信仰は天皇信仰を相対化しかねないものであった。

また対米戦争中、大川の問題関心は、当時の独善的な日本精神論を排し、対外的に有効な日本精神論を新たに立ち上げることにあった。彼の焦慮《しょうりょ》は「徒《いたずら》に『日本的』なるものを力説して居るだけでは、その議論が如何に壮烈で神々しくあらうとも、亜細亜の心琴《しんきん》に触れ難く、従つて大東亜戦争のための対外思想戦としては無力である」（『新亜細亜小論』）という一文に明らかであろう。そのため彼は「日本のみち、支那の道、印度のダルマ又はリタ、回教のシヤル」（『新東洋精神』）を本質的に同じものとし、この〝アジア的なるもの〟の価値を強調することによって、〝日本的なるもの〟の行き過ぎを抑制しようとしたのである。

「神」や〝アジア的なるもの〟を尊重した大川は、国家を超えた価値に対して極めて自覚的であり、必ずしも現実の日本国家の政策にズルズルと追従した訳ではない。しかし、天皇と「神」との関係が曖昧であり、また日本の優越性が前提となる蔑視的なアジア観から自由になれなかったという問題点も明らかであり、その限界も含めて近代日本思想史における大川の位置が考えられねばならないだろう。

（昆野伸幸）

203　田辺　元《たなべはじめ》（1885～1962）

西田幾多郎《にしだきたろう》とともに京都学派を代表する哲学者。明治一八年（一八八五）に東京府神田区猿楽町に生まれた。第一高等学校を卒業後、明治三七年に東京帝国大学理科大学数学科に入学するが、翌年、文科大学に転じ、哲学を学んだ。大正二年（一九一三）東北帝国大学理学部講師となり、科学概論を担当した。大正八年、西田幾多郎の推挙により京都大学文学部助教授に就任、昭和二年（一九二七）教授となり、昭和二〇年に定年で退職するまで哲学講座を担当した。退職後、群馬県長野原町北軽井沢に転居し、昭和三七年に亡くなるまでその地を離れなかった。

田辺が東北大学時代に取り組んだのは、数理哲学、科学哲学に関する研究である。大正四年（一九一五）には『最近の自然哲学』を、大正七年には『科学概論』を出版している。また同年、「数理哲学研究」により文学博士の学位を取得している。西田はこれらを通して示された田辺の能力に注目し、自らの講座の助教授として招いたのである。

京都大学に赴任してのち、大正一一年（一九二二）から二年間ベルリン大学、フライブルク大学で在外研究を行ったが、その間にフッサールの現象学やハイデガーの哲学、ディルタイやジンメルらの生の哲学に触れたことも、田辺の思索に大きな影響を与えた。帰国後、田辺はカント、ヘーゲルを中心に研究を行い、大正一三年には『カントの目的論』を、昭和七年（一九三二）には『ヘーゲル哲学と弁証法』を出版している。田辺は最初、新カント学派の立場に立って、ヘーゲルの弁証法を批判しようとしたのであるが、やがて自ら弁証法の意義を認めるようになっていった。しかし、ヘーゲルの立場を全面的に認めたわけではなく、歴史や行為の理解におけるヘーゲルの不十分性を指摘している。興味深いのは、ヘーゲルの弁証法に対する批判と並行する形で、西田哲学に対する批判が行われた点である。

昭和五年に発表された「西田先生の教を仰ぐ」のなかでなされた西田哲学批判の要点は、西田が絶対無の自覚という宗教的体験から出発してそれを哲学の原理として立て、その自己限定として諸々《もろもろ》の段階の一般者とそこにおいてある存在とを理解しようとした点、言いかえれば、西田の哲学がプロチノスの哲学と軌を一にし、発出論《はっしゅつろん》（流出説）に陥るという点にあった。それを踏まえて田辺はさらに、現実および現実における非合理性が西田において充分に顧慮されていない点を批判している。

　このようなヘーゲルや西田との思想的な対決を通して、田辺は独自の立場を構築していった。それがいわゆる「種《しゅ》の論理」である。田辺はみずから「種の論理」を提起するに至った二つの動機について語っている。一つは、当時の歴史の動きと関わるが、国家の個人に対する統制力の根拠を明らかにし、これに対処する態度を理性的に確立しようという実践的な動機であった。そしていま一つは、論理にとってその限界を意味する現実の非合理性を非合理的なものとして認めるのではなく、合理（類）の肯定のための媒介（種）とすることによって、論理（弁証法）を「絶対媒介の論理」として徹底しようという論理的動機であった。

　そういう意味で田辺の「種の論理」は国家論としての性格をもつものであったが、自らの哲学が現実の国家に対して十分な力を持ちえなかったという反省が、戦後の田辺の思索を突き動かしていった。それを端的に示すのが、昭和二一年に発表された『懺悔道《ざんげどう》としての哲学』である。田辺は「懺悔道」にMetanoetik《メタノエーティク》というドイツ語をあてているが、そこには、Noetik《ノエーティク》（認識論）を超えたもの、つまり「哲学ならぬ哲学」という意味と、metanoia《メタノイア》（後悔、悔恨）という意味とが込められている。自力の営みとしての哲学の放棄がその出発点であり、そのような自己放棄のなかで経験される「絶対転換」がその核心をなす。

　この「絶対転換」は「死復活」という言葉でも言い表されるが、田辺は晩年、この「死復活」、さらに死者と生者とのあいだに成立する「実存協同」という概念を中心に「死の哲学」を構想した。この「死の哲学」が田辺の生涯にわたる思索の終着点となった。

　田辺の著作は没後すぐに『田辺元全集』（筑摩書房）にまとめられ、出版された。主要な著作は、『田辺元哲学選』全四冊（岩波文庫）に収められている。（藤田正勝）

204
和辻哲郎
わつじ てつろう
（1889〜1960）

大正期から昭和の戦前・戦後を通じ、一九五〇年代まで活躍した哲学者・文化史家。昭和期には京都帝国大学・東京帝国大学で文学部倫理学科の教授を務め、「和辻倫理学」と呼ばれる体系を創りあげるとともに、日本倫理思想史の学問分野を事実上発足させた。

生まれは兵庫県仁豊野《にぶの》である。日露戦争後に、ナショナリズムへの一体感を失い、「自己」の確立を求めて「煩悶《はんもん》」する世代として青年時代を送った。その旧制第一高等学校、東京帝国大学文学部に在学した時期の文章には、「自己」をめぐる苦悩と、世紀末藝術に感化された耽美《たんび》主義とが濃厚に漂っている。谷崎潤一郎とともに同人雑誌『新思潮』（第二次）に加わり、小山内薫《おさないかおる》の自由劇場にかかわっていたことも、文学史研究においてはよく知られている。

しかし、東京帝大の哲学科で師事したラファエル・ケーベル、また阿部次郎など夏目漱石の門人や『白樺』同人たちとの交流をきっかけとして、大学卒業以後は理想の人格の確立を追求する人格主義の立場を固めることになる。その宣言とも言える作品が、最初の二つの著書、『ニイチェ研究』（一九一三）、『ゼエレン・キエルケゴオル』（一九一五）である。これはカントと同じような人格主義の思想をニーチェやキルケゴールの哲学に見るものであったが、日本における研究としては早期に属する。

こうして、まずはフリーの作家として文壇に登場した和辻は、岩波書店で雑誌『思想』の編集を手がけながら、人格の向上とそのための「教養」を説く知識人として活躍するようになる。随筆集『偶像再興』（一九一八）にも現れているように、それは大正デモクラシーの風潮のなかで、言論の自由化や民衆の政治参加を唱える姿勢とも重なっていた。そこで古代ギリシアのポリスに理想の秩序を見て、世界の優れた文化を吸収する「教養」の重要性を説いたことは、他面で和辻を日本文化史の研究へと導くことになる。『古寺巡礼』（一九一九）、『日本古代文化』（一九二〇）に代表される大正期の和辻の文化史研究は、シルクロードを通じた文化交流を重視して、古代の日本にギリシア文化の影響とコスモポリタンな多文化共存の理想を読みとるものである。

しかし、関東大震災の衝撃、京都帝国大への倫理学教員としての着任（一九二五）、西欧での在外研究（一九二七―二八）を経て、その思想は「人格より人間へ」の転換を見せる。すなわち、近代西洋の個人主義的人間観を批判し、個人と個人との「間柄」に人間の本質を見る人間観に立脚した倫理学体系と、それに基づいた国民道徳論・風土論・倫理思想史の構築へと向かったのである。それは、同時代の思想界におけるマルクス主義の流行と、マルティン・ハイデガー『存在と時間』の登場に遭遇して、両者の問題関心をとりこみながら、独自の哲学を創る営みであった。その体系は、論文「倫理学」（一九三一）から著書『人間の学としての倫理学』（一九三四）を経て、体系書『倫理学』（一九三七―四九）に結実するに至る。

また、一九三五年以降は、東京帝国大学で「日本倫理思想史」の講義を担当したことをきっかけに、雑誌『思想』やみずから編者を務めた『岩波講座　倫理学』（一九四〇―四一）に、日本の倫理思想の伝統をめぐる論考を執筆するようになり、それは戦後になって、通史形式の『日本倫理思想史』（一九五二）にまとめ直された。この通史は、ナショナリズム（「尊皇思想」）や、政治における正義の追求、献身の道徳、町人道徳といった伝統の複数の線が日本の思想史には流れていると指摘するもので、戦前期・戦中期に猛威をふるった「日本精神」論や「皇道哲学」とは一線を画するものであった。また、その西洋思想史理解を示す重要な著作として、古代ギリシア思想史の概説である『ポリス的人間の倫理学』（一九四八）がある。

だが、マルクス主義に対する批判的な姿勢や、日本国憲法における天皇象徴規定につき、前近代からの伝統に則すると説き積極的に支持したことは、左翼の側からは保守的として攻撃され、神道派の学者からは戦後体制への妥協と批判されるに至った。そうした事情が、戦後しばらくの間は和辻の思想の正当な理解を妨げてきたが、他面で道徳教育においては、高校の「倫理・社会」「倫理」教科書における日本思想史の記述に強い影響を与え続けている。その思想の全体像をめぐっても、『和辻哲郎全集』第三次版（一九八九―九二）の刊行をきっかけにして、研究が飛躍的に進むことになった。

（苅部　直）

205 三木　清《みききよし》（1897〜1945）

　京都学派に属する近代日本の哲学者。明治三〇年（一八九七）に兵庫県揖保郡《いぼぐん》に生まれた。第一高等学校時代に『善の研究』を読んだのがきっかけで、大正六年（一九一七）に京都大学に入学、西田幾多郎《にしだきたろう》のもとで学んだ。当時の多くの学生・研究者がそうであったように、三木も新カント学派の哲学から強い影響を受け、京大を卒業後、大正一一年にドイツのハイデルベルク大学に留学し、リッケルトのもとで学んだ。翌年、フライブルク大学からマールブルク大学に員外教授として赴任したハイデガーのもとに赴《おもむ》き、その講義を聴いて、大きな影響を受けた。帰国前にフランスに立ち寄った際に偶然手にした『パンセ』に引きつけられ、結局一年パリに滞在した。その研究の成果が、三木が帰国後公にした、彼の最初の著書である『パスカルに於ける人間の研究』（一九二六）である。そこでは、ハイデガーの現存在分析を踏まえて、中間者である人間がその中間的存在という性格に即して感じる恐怖や戦慄《せんりつ》、感嘆などが、単なる心理学的な感情としてではなく、人間の存在の根本に関わる規定として解釈されている。

　大正一四年（一九二五）に帰国。その翌年、第三高等学校で教える傍《かたわ》ら、河上肇《はじめ》を中心に開かれていた「経済学批判会」に参加したりした。このころからフォイエルバッハの思想や唯物史観《ゆいぶつしかん》の研究に着手したと考えられる。昭和二年（一九二七）に法政大学教授となり、東京に移るとともに、「人間学のマルクス的形態」や「マルクス主義と唯物論」など、マルクス主義の哲学的な基礎づけを企図した論文を矢継《やつ》ぎ早《ばや》に発表した。「人間学のマルクス的形態」のなかで三木が考察の中心に置いたのは「基礎経験」の概念である。この概念は、三木が素朴《そぼく》な実在論や反映論から自由にマルクス主義哲学を問題にしようとしたことをよく示している。それが可能であったのは、三木が、革命的実践を支えるイデオロギーとしてエンゲルスやレーニンの著作をもとに単純化され、教条化されていったマルクス主義哲学を介してではなく、『ドイツ・イデオロギー』第一巻第一章「フォイエルバッハ」など、一九二〇年代から三〇年代に発表されはじめたマルクス自身の文章を通してマルクスに触れることができたからであると考えられる。

　昭和五年、日本共産党への資金援助容疑で検挙され、法政大学教授を辞職、以後特に歴史哲学の問題に関心を移していった。昭和七年に刊行された『歴史哲学』はこの時期の代表的な著作である。三木の歴史理解の特徴は、出来事としての歴史と、出来事の叙述としての歴史に加えて、その根底に「事実としての歴史」を考える点に見出される。

　三木は昭和一二年（一九三七）から一八年に雑誌『思想』に「構想力の論理」と題した論考を断続的に発表した。完結しなかったが、第三章までが昭和一四年に『構想力の論理　第一』として、第四章が没後の昭和二一年に『構想力の論理　第二』として刊行された。この「構想力の論理」をめぐる思索は、三木の多岐にわたる仕事の中心に位置するものであったと言うことができる。

　「構想力の論理」の構想に示唆を与えたのは、バウムガルテンやカントの「構想力（想像力）」の概念であった。しかし、三木の「構想力の論理」の根底にあったのは、われわれが単にものを知覚し、認識するするだけの存在ではなく、身体を有し、身体を媒介として行為する存在、あるいは身体を通してものを理解し、自己の感情や衝動を外に向かって表現する存在であるという理解であった。三木によれば構想力は、そのような感情や衝動、言いかえればパトス的なものをロゴス的なものと結びつけることによって、自己の外に「像」、あるいは「形」を生みだしていく能力である。そのような意味で「構想力の論理」は「形の論理」でもあった。そしてその形のもとに三木は歴史をも理解している。「構想力の論理」は実践を通して歴史に働きかけ、それを変じ、新しい形を作りだしていく論理でもあった。

　昭和二〇年（一九四五）、三木は治安維持法違反の容疑者を匿《かくま》い、逃亡させたという嫌疑でふたたび検挙され、豊《とよ》多《た》摩《ま》刑務所で終戦を迎えた。しかし敗戦後も釈放されることなく、その一か月あまり後、九月二六日に獄中で死亡した。四八歳で迎えた死であった。

　三木の著作は昭和四一年（一九六六）から昭和六一年（一九八六）にかけて出版された『三木清全集』全二〇巻（岩波書店）にまとめられている。

（藤田正勝）

206 戸坂　潤《とさかじゅん》（1900〜1945）

近代日本の哲学者、批評家。明治三三年（一九〇〇）、東京市神田区に生まれた。第一高等学校を卒業後、大正一〇年（一九二一）に京都大学に入学、西田幾多郎《きたろう》、田辺元《はじめ》のもとで学んだ。大正一四年に三木清がヨーロッパ留学から帰国したあと、谷川徹三《てつぞう》や梯《かけはし》明秀《あきひで》ら一高出身の京大の卒業生や学生たちとともに「哲学一高会」を組織し、三木から、彼がヨーロッパ滞在中に触れた諸思想を学んだ。三木は昭和二年（一九二七）に法政大学教授として東京に移り、マルクス主義者として論壇ではなばなしい活躍をしたが、この時期の三木からも戸坂は大きな刺激を受けている。

大学を卒業した当初は、「物理的空間の実現」や「幾何学と空間」などの論文に見られるように、カントの問題意識を引き継いで、空間論をめぐる研究を行ったが、大谷大学教授となった昭和四年（一九二九）ころから、甘粕《あまかす》石介《せきすけ》や梯明秀らと読書会をもち、マルクス主義に関する本格的な研究を開始した。昭和六年、三木清が法政大学を辞職したのを承け、法政大学講師となり、活動の場を東京に移した。そこで岡邦雄《くにお》、三枝博音《さいぐさひろと》らと唯物論研究会を組織し、『唯物論研究』を発刊して、わが国における唯物論研究を中心的に担い、同時に多彩な評論活動を展開した。その内容は政局やファシズム思想に対する批判だけでなく、文化論やジャーナリズム論、アカデミズム批判にも及んだ。

西田幾多郎や田辺元にとっても、戸坂をはじめ、マルクス主義の立場を取るようになった弟子たちとの議論やその論考は大きな刺激となった。戸坂は昭和七年（一九三二）に「京都学派の哲学」と題した文章を発表しているが、「京都学派」という言葉が印刷物のなかで使われたのは、この戸坂の論文が初めてである。ここで戸坂は西田の哲学を、根本において「ブルジョア観念哲学」という性格を持つものとして批判している。それに対して西田は、戸坂宛の書簡のなかで、その批判の意義を認め、マルクス主義の採るべきところはどこまでも採りたいと書き送っている。

戸坂の主要な業績としては、まず『日本イデオロギー論』（一九三五）をあげることができる。「現代日本に於ける日本主義・ファシズム・自由主義・思想の批判」という副題が示すように、当時支配的となっていた諸思想と正面から対峙《たいじ》した著作である。

それとともに、科学と技術の本質を論じた『科学方法論』（一九二九）、『技術の哲学』（一九三三）、『科学論』（一九三五）、「科学的精神とは何か」（一九三七）、「技術的精神とは何か」（同年）も戸坂の思想的営為の核をなすものである。戸坂が科学を問題にするとき、ただ単に自然科学だけではなく、学問一般がそのもとに考えられていた。そしてその本質、言いかえれば学問の学問性が「批判」、あるいは「批判的方法」のなかに見られている点に戸坂の学問論の特徴がある。さらに、自然科学と社会科学とを、別個の科学として論じるのではなく、統一的な視点から論じようとした点にその特徴が見出される。

戸坂が科学や技術の問題を繰り返し論じた背景には、昭和四年の世界大恐慌《だいきょうこう》以来、他の資本主義諸国と同様、日本も深刻な経済的・政治的、また文化的な危機に直面していたことがあった。そのようななかで物質文明の限界ということが語られ、それに対して精神文明が対置された。あるいは「東洋風の形而上学」を打ち立てる必要性が声高《こわだか》に語られた。そのように反科学的、反実証的な精神が台頭するなかで、戸坂は実証性、合理性をその特徴とする科学的・技術的精神の意義を繰り返し説いたのである。

昭和一〇年代に入ると、わが国における学問研究の自由は極端に狭《せば》められていった。昭和一二年（一九三七）から一三年にかけて労農派の学者や運動家たちが一斉に検挙されたが、それに続いて、戸坂や岡邦雄、古在由重《こざいよししげ》ら、唯物論研究会のメンバーも検挙されていった。戸坂は昭和一五年にいったん保釈となったが、昭和一九年に有罪が確定し、東京拘置所に収監された。長野刑務所に移されたあと、昭和二〇年八月、栄養失調と疥癬《かいせん》のために獄中で死亡した。四四歳の若さでの死であった。

戸坂の著作は昭和四一年（一九六六）から昭和五四年（一九七九）にかけて出版された『戸坂潤全集』全五巻・別巻（勁草書房）にまとめられている。

（藤田正勝）

207　長谷川如是閑《はせがわにょぜかん》（1875〜1969）

明治・大正・昭和時代のジャーナリスト・知識人。

本名は萬次郎《まんじろう》。東京深川の材木商の家に生れる。坪内逍遙《つぼうちしょうよう》の家塾、中村正直《なかむらまさなお》の同人社、杉浦重剛《すぎうらじゅうごう》の東京英語学校を経て、明治三一年（一八九八）東京法学院（現・中央大学）邦語法学科を卒業。日清戦争後の産業化による格差を批判する社会批評や犯罪原因を社会環境に求める犯罪社会学を題材とした評論を陸羯南《くがかつなん》の新聞『日本』に投稿して認められ、明治三六年（一九〇三）新聞『日本《にほん》』に記者として入社。明治三九年（一九〇六）、経営難により陸と交代した伊藤欽亮《いとうきんすけ》と対立した三宅雪嶺《みやけせつれい》らと退社し、雑誌『日本及日本人』を経て、明治四一年（一九〇八）鳥居素川《とりいそせん》に誘われ大阪朝日新聞社に入社。「天声人語《てんせいじんご》」や紀行文、小説、論説を執筆し、大正五年（一九一六）社会部長に就任し、鳥居、大山郁夫《おおやまいくお》らとともに、寺内内閣批判、憲政擁護の論陣を張る。大正七年（一九一八）米騒動の際の大阪朝日新聞筆禍《ひっか》事件（白虹《はっこう》事件）で、鳥居、大山らとともに引責《いんせき》退社する。翌年（一九一九）雑誌『我等』を発刊し、吉野作造《よしのさくぞう》、佐々木惣一《ささきそういち》らを執筆陣として、大正デモクラシーを先導する言論活動を展開。大正一〇年（一九二一）『現代国家批判』、大正一一年（一九二二）『現代社会批判』により、社会変革の全体像を示す。それは、国家の役割を限定（対外防衛機能と警察機能）し、社会の自立化を図る多元的国家論と、国家を否定し社会中心の自由と平等の体制を説くアナーキズムから着想した、無産階級（労働者、小作人）中心の政治経済的に平等な社会を理想とし、その実行手段として議会制民主主義に基づく社会民主主義とゼネスト（暴力革命）という英国労働党に影響を受けた社会民主主義（社民）的方法論である。（最終的に議会否定なので社民自体ではない）

長谷川の思想は、スペンサー、クロポトキン、ホブハウス、ビーコー、英国労働党のブレーンのフェビアン協会、コールなどさまざまな西欧思想を取り入れた独自の社民的社会主義といえる。そして、自らの変革の実行者として、帝大新人会の『社会思想』グループ（麻生久《あそうひさし》、三輪寿壮《みわじゅそう》ら後の社会大衆党代議士）に期待し、彼らの労働運動、無産政党運動を支援する言動を展開。昭和五年（一九三〇）、『社会思想』と合同し、『我等』を『批判』と改題し、昭和七年（一九三二）ファシズムの日本への移入の可能性を否定する『日本ファシズム批判』を著し、同グループとともに、無産政党を媒介とした社会主義実現を図る言論を展開。だが、昭和七年（一九三二）までの三回の普通選挙を経ても、無産政党の議席が伸びず、英国モデルの社民的方法論が行き詰まると、原因究明と新たな方策の模索のため、同年から文化形態（文学、建築など）を題材とする日本研究を開始。昭和八年（一九三三）共産党の外郭団体の労働救護会（モップル）への資金提供の嫌疑で召喚《しょうかん》（即日釈放）。昭和九年（一九三四）、『批判』を無期休刊。以後、読売新聞夕刊のコラム『一日一題』で時評を展開するとともに、日本研究に没頭し、昭和一三年（一九三八）『日本的性格』を刊行。日本研究では、伝統文化に見出した非階級性が日本の本質と主張し、停滞した変革の正当化を図る。昭和一二年（一九三七）日中戦争勃発後に、戦時協力の言動とともに大衆批判を強め、昭和研究会に参加、昭和一三年（一九三八）国家総動員法や近衛新党計画への賛同など、議会否定と戦時を標榜して社会主義の実現を図る国家社会主義に転じ始める。昭和一五年（一九四〇）社会主義を実現する日本的変革論として新体制運動を支持し、社民的社会主義から国家社会主義に転じた。

新体制運動の失敗後、社会主義変革のための戦略としての日本研究から、社会主義が浸透しない、西欧とは異なる日本の現実や歴史を重視する方向に転じ、昭和一七年（一九四二）『続日本的性格』において、日本の非階級的な特質が保たれた原因が「象徴」としての皇室の存在であるとして、皇室の意義を強調し、敗戦後の象徴天皇制に結実する展望を示す。昭和二一年（一九四六）貴族院議員となり、新憲法誕生に貢献。その後も日本の現実や歴史を踏まえた未来像の模索を行った結果、軽武装の産業立国という復興と高度経済成長に導く提言を行った。昭和二三年（一九四八）文化勲章受賞。長谷川は紆余曲折《うよきょくせつ》を経て、演繹的思考《えんえきてきしこう》から帰納法的思考《きのうほうてきしこう》に転じた結果、自らが目標としたよりよき未来像を示す知識人（「文明批評家」）の役割を果たし、昭和四四年（一九六九）に生涯を終えた。

（古川江里子）

208　保田與重郎《やすだよじゅうろう》（1910〜1981）

保田與重郎は明治四三年（一九一〇）奈良県磯城《しき》郡桜井町（現・桜井市）に林業を営む豊かな農家の長男として生まれた。昭和六年（一九三一）に大阪高校を卒業した後、東京帝国大学文学部美学美術史学科に入学、在学中に大阪高校出身の仲間たちと雑誌『コギト』を創刊、毎号のように健筆をふるい、卒業後もそのまま文筆活動を継続し評論家として独立した。

保田の言論活動は、大阪高校時代に始まる。入学後、校友会雑誌に毎号のように、世阿弥《ぜあみ》、白鳳天平仏《はくほうてんぴょうぶつ》、芭《ば》蕉《しょう》など、日本の古典についての論考を掲載したほか、短歌会雑誌『炫火《かぎろい》』に短歌や評論を発表した。また雑誌『思想』の原稿公募に応じて「「好去好来《こうきょこうらい》の歌」における言霊《ことだま》についての考察――上代国家成立についてのアウトライン」を投稿し掲載されたことは学友たちを驚かせた。

これらの論考には、和辻哲郎《わつじてつろう》、芥川龍之介、中野重治《なかのしげはる》などの思想家・作家たちの影響が明瞭に示されている。とりわけ土田杏村《つちだきょうそん》の白鳳天平文化論、密教文化論、万葉論、芭蕉論などの著しい影響が現れていることがすでに明らかにされている。一般的には保田の思想の独自性が強調されていたが、先行思想家の影響という問題は今後重要な研究課題となるだろう。

また高校時代に保田は、とくに中野重治の評論文をとおしてマルクス主義の影響を受けた。一九二〇年代後半は全国の高校にマルクス主義が波及しストライキが頻発した時期にあたっており、保田もまた大阪高校のストライキ騒ぎに関わったようである。

保田がいつマルクス主義を離脱したかについては議論がある。昭和七年（一九三二）三月発行の『コギト』創刊号に掲載された「印象批評」では、中野重治への敬愛の念はまだ残存している。この時期は、中野重治の影響と小林秀雄の影響のあいだで、揺れ動いていたということができる。またこの時期、保田は小説への志向を強く持っていた。「問答師《もんどうし》の憂鬱《ゆううつ》」や「蝸牛《かたつむり》の角《つの》」などの作品のうちには和辻哲郎の美学や美術論を批判し乗り越えようとする意図が示されている。

『コギト』初期の評論では、芸術的価値と政治的価値の問題、不安の文学など、文壇的テーマを論じていたが、『コギト』昭和八年（一九三三）一一月号に掲載された「當麻曼荼羅《たいままんだら》」から昭和一〇年（一九三五）三月の『日本浪曼《にほんろうまん》派《は》』創刊へと至る過程において、日本の古典を対象とする評論へと方向転換を図る。その延長線上に昭和一一年（一九三六）刊行の『日本の橋』があり、昭和一三年（一九三八）刊行の『戴冠《たいかん》詩人の御一人者《ごいちにんしゃ》』が位置している。

この時期の保田は、シーザーやゲーテとを同列に論ずるグンドルフの「英雄と詩人」という発想を媒介として、ナポレオンやヘルダーリンやゲーテを論じた後、同じ方法によって明治の詩人たちを論じ、日本の古典を論じるようになる。「日本の橋」は、熱田の裁断橋《さいだんばし》の擬宝珠《ぎぼし》に刻まれた銘文に関して、日本と西欧の橋の文化論的な考察を繰り広げたものであり、「戴冠詩人の御一人者」は、日本《やまと》武尊《たけるのみこと》の死に関連して古典世界の崩壊を論じたものである。

さらに昭和一四年（一九三九）に刊行された『後鳥羽院《ごとばいん》』において、保田は、それまでのグンドルフの影響を受けた象徴的な血統観念を放棄し、皇室によって保持された日本の思想文化の根底を流れる実体的な独自の血統観念を展開するようになる。『後鳥羽院』は、古代から後鳥羽上皇をとおして芭蕉に至る日本の美の血統の流れを叙述したものである。これ以後、保田の評論は、昭和一七年（一九四二）刊行の『万葉集の精神―その成立と大伴家《おおとものやか》持《もち》』に見られるように、歴史への没入《ぼつにゅう》の姿勢を深めていく。

戦後の保田は、雑誌『祖国』などで自らの心情を吐露しているが、一部の熱烈な支持者を除いて、ほとんど文壇に影響を及ぼすことはなかった。ただ、『現代畸人伝《きじんでん》』（一九六四）などのエッセイ、『日本浪曼派《にほんろうまんは》の時代』（一九六九）などの回想記は、その軽妙洒脱《けいみょうしゃだつ》なスタイルもあって広く読まれた。

ほとんど文壇によって無視されていた保田に、新たな光を当てたのが、昭和三五年（一九六〇）に刊行された橋川《はしかわ》文三《ぶんぞう》の『日本浪曼派批判序説』であった。これ以後、日本浪漫派の中心人物として、再び注目されるようになり、以後、研究は着実に続けられている。（渡辺和靖）

209

丸山《まるやま》眞男《まさお》（1914〜1996）

一九四〇年代初頭から一九八〇年代にかけて活躍した、政治学者・思想史家。東京大学法学部教授を務め、日本政治思想史という学問分野を事実上初めてきりひらいた人物でもある。

大正三年（一九一四）にジャーナリスト、丸山幹治の長男として大阪に生まれ、東京に育つ。昭和六年（一九三一）、旧制一高に入学するが、それはちょうどマルクス主義の思想・運動と「日本精神」論との左右対立が思想界を席巻し、政府による統制のもとで後者が優勢になる時期にあたっていた。そしてみずからも偶然のきっかけで特高警察に逮捕され、政治権力による自由の封殺を、身をもって知ることになる。東京帝国大学法学部に進学したのちは、南原繁の指導のもとで政治思想史研究を志し、助手を経て昭和一七年（一九四二）に東洋政治思想史講座の助教授として採用された。

その最初期の研究は、のちに『日本政治思想史研究』（一九五二）にまとめられるが、徳川時代の儒学思想、とりわけ荻生徂徠の思想のなかに「政治的なもの」の価値の独自性と、「近代的」な社会を支える「作為」の論理の発展を読みとるものである。それは、西洋のリベラル・デモクラシーを支える社会契約論にもつながるような論理が、前近代の日本にも独自に生成しつつあったことを発掘する試みであった。この視角は、やはり戦中期から手がけていた福澤諭吉研究で、人権とデモクラシーの理想に結びついた「近代ナショナリズム」の姿を描きだす作業とも関連していた。

戦後になると、思想史研究を通じて蓄積された知見と、軍隊生活において内部の暴力にさらされ、広島郊外で原爆投下に出合った経験が、日本の近代「天皇制」国家に対する批判として一気に噴出する。論文「超国家主義の論理と心理」（一九四六）や「軍国支配者の精神形態」（一九四九）では、昭和戦中期の日本は近代日本国家の堕落形態にすぎないとする見解を批判し、一般の人々にまで広がった「権威」への依存性や、政治指導者の心理に見られる「無責任の体系」が、明治国家以来しみついた日本の病理だと指摘した。この議論は、論壇と近代日本研究の学界に広く影響を及ぼすことになる。

この日本社会批判は同時に、戦後改革で実現したデモクラシーの制度を「精神」の基盤において定着させようとする努力と結びついていた。その姿勢が、一九五〇年代の「逆コース」状況から一九六〇年の日米安全保障条約反対運動に至るまで、保守政権を批判し、東西冷戦体制に関する中立と平和を志向する、「戦後民主主義」の言論活動へと丸山を導いた。その結果、戦後民主主義あるいは戦後思想の代表者として、丸山の名がしばしば取りあげられることにもなった。

しかし、日本思想史における重要人物として丸山を取りあげる場合、より重要なのは、戦後、東京大学法学部における「日本（東洋）政治思想史」講義や、さまざまな思想史論文で展開した、独自の思想史像の方であろう。それは論文集『日本の思想』（一九六一）、『忠誠と反逆』（一九九二）や、『丸山眞男講義録』全七冊（東京大学出版会、一九九八―二〇〇〇）から読みとることができる。

そうした仕事のなかで丸山は、「原型」「古層」と名づけられる、思想の伝統において「支配的」とされる傾向を対象化しながら、それをむしろ乗り越えるような要素を前近代の思想から発掘しようとする、いわば「伝統」の再発見とも呼ぶべき作業を行っている。それを通じて、親鸞の思想の意義や佐久間象山の思想における「政治的リアリズム」を、新たに描きだすことに成功した。

また、『現代政治の思想と行動』（一九五六―五七）の後半部や、昭和三五年（一九六〇）に行った「政治学」講義においては、現代の大衆社会状況を見すえた、二〇世紀の政治哲学者としての側面をも見せている。アイザイア・バーリン、バーナード・クリック、ロバート・ベラーといった海外の知識人とも積極的に交流していた。

一般の人々の自発性に基づいた「近代ナショナリズム」に対する高い評価は終生変わることがなかったが、その政治秩序に関する理想は、さまざまな社会集団の活動によって秩序がなりたっているとする、政治的多元主義を基調としていた。『「文明論之概略」を読む』（一九八六）や晩年の談話においては、現代においては主権国家の権力が相対化され、ＥＵのような地域秩序や、企業・ＮＰＯといった団体も構成単位をなす、「多元的」な世界秩序が形成されるという展望を示してもいる。

（苅部　直）

参考文献

第二部　人と思想

088　聖徳太子　笠井昌昭

小倉豊文『聖徳太子と聖徳太子信仰』綜芸舎、一九七二年

坂本太郎『聖徳太子』（人物叢書）吉川弘文館、一九七九年

林幹彌『太子信仰』評論社、一九八〇年

石田尚豊『聖徳太子事典』柏書房、一九九七年

坂本太郎他編『聖徳太子全集（全四冊）』（復刻版）臨川書店、一九九八年

089　行基　八重樫直比古

平岡定海・中井真孝編『行基・鑑真』（『日本名僧論集』第一巻）吉川弘文館、一九八三年

中井真孝『行基と古代仏教』永田文昌堂、一九九一年

千田稔『天平の僧行基』（中公新書）中央公論社、一九九四年

井上薫編『行基事典』国書刊行会、一九九七年

速水侑『民衆の導者行基』（『日本の名僧』第二巻）吉川弘文館、二〇〇四年

090　最澄　笠井昌昭

安藤俊雄・薗田香融『日本思想大系4　最澄』岩波書店、一九七四年

伝教大師編集会編『伝教大師全集（全五巻）』（復刻版）世界聖典刊行協会、一九七五年

塩入良道・木内堯央編『伝教大師と天台宗』吉川弘文館、一九八五年

田村晃祐『最澄』（人物叢書）吉川弘文館、一九八八年

石田一良「最澄晩年の思想とその歴史的意義」（同『浄土教美術』）ぺりかん社、一九九一年

091　空海　笠井昌昭

上山春平『空海』（朝日選書）朝日新聞社、一九九二年

宮坂宥勝『人間の種々相―秘蔵宝鑰』筑摩書房、一九六七年

川崎庸之『日本思想大系5　空海』岩波書店、一九七五年

笠井昌昭「最澄・空海の教義と鎮護国家思想」（『日本文化史』）ぺりかん社、一九八七年

弘法大師空海全集編集委員会編『弘法大師空海全集（全八巻）』筑摩書房、二〇〇〇年

092 菅原道真 藤原克己

坂本太郎『菅原道真』（人物叢書）吉川弘文館、一九六二年
川口久雄『日本古典文学大系72　菅家文草・菅家後集』岩波書店、一九六六年
藤原克己『菅原道真と平安朝漢文学』東京大学出版会、二〇〇一年
所功『菅原道真の実像』臨川書店、二〇〇二年
藤原克己『菅原道真　詩人の運命』ウエッジ、二〇〇二年

093 慶滋保胤 吉原浩人

小原仁『文人貴族の系譜』吉川弘文館、一九八七年
平林盛得『慶滋保胤と浄土思想』吉川弘文館、二〇〇一年
佐藤昭雄『天台仏教と平安朝文人』吉川弘文館、二〇〇二年
増田繁夫『源氏物語と貴族社会』吉川弘文館、二〇〇二年

094 大江匡房 吉原浩人

深澤徹『中世神話の煉丹術―大江匡房とその時代―』人文書院、一九九四年
小峯和明『院政期文学論』笠間書院、二〇〇六年
山崎誠『江都督納言願文集注解』塙書房、二〇一〇年
磯水絵『大江匡房―碩学の文人官僚』勉誠出版、二〇一〇年

095 源信 速水侑

比叡山専修院・叡山学院編『恵心僧都全集（全五巻）』（復刻版）思文閣出版、一九七一年
速水侑『源信』（人物叢書）吉川弘文館、一九八八年
小原仁『源信』ミネルヴァ書房、二〇〇六年

096 法然 佐藤弘夫

石井教道『昭和新修法然上人全集』理想社、一九五五年
田村圓澄『日本仏教思想史研究（浄土教篇）』平楽寺書店、一九五九年
大橋俊雄『日本思想大系10　法然・一遍』岩波書店、一九七一年
平雅行『日本中世の社会と仏教』塙書房、一九九二年
末木文美士『鎌倉仏教形成論』法藏館、一九九八年

097 親鸞 平雅行

親鸞聖人全集刊行会編『昭和定本親鸞聖人全集（全九巻）』法藏館、一九六九年
松野純孝『親鸞』三省堂、一九五九年（のち、東本願寺出版部より二〇一〇年に増補版刊行）
赤松俊秀『親鸞』吉川弘文館、一九六一年
古田武彦『親鸞思想』冨山房、一九七八年（のち、明石書院より一九

九六年再刊）

平雅行『歴史のなかに見る親鸞』法藏館、二〇一一年

098 栄西

市川浩史

柳田聖山他『日本思想大系16　中世禅家の思想』岩波書店、一九七二年

吉田紹欽『栄西』講談社、一九七七年

平野宗浄・加藤正俊編『栄西禅師と臨済宗』吉川弘文館、一九八五年

多賀宗隼『栄西』吉川弘文館、一九八六年

高橋秀栄・中尾良信『大乗仏典（中国・日本篇 第二〇巻）』中央公論社、一九八八年

099 道元

角田泰隆

大久保道舟編『道元禅師全集（上・下）』（復刻版）臨川書店、一九八九年

曹洞宗宗学研究所編『道元思想のあゆみ（全三冊）』吉川弘文館、一九九三年

曹洞宗宗学研究所編纂協力『道元思想大系（全二二巻）』同朋舎出版、一九九五年

大本山永平寺大遠忌局文化事業専門部会出版委員会『道元禅師研究論集』大本山永平寺、二〇〇二年

鏡島元隆監修『道元禅師全集（全一七巻、原文対照・現代語訳）』春秋社、一九九九年～（刊行中）

100 貞慶

佐藤弘夫

鎌田茂雄・田中久夫『日本思想大系15　鎌倉旧仏教』岩波書店、一九七一年

平岡定海『日本弥勒浄土思想展開史の研究』大蔵出版、一九七七年

多川俊映『貞慶『愚迷発心集』を読む』春秋社、二〇〇四年

101 明恵

市川浩史

鎌田茂雄・田中久夫編『日本思想史大系15　鎌倉旧仏教』岩波書店、一九七一年

奥田勲『明恵』東京大学出版会、一九七八年

野村卓美『明恵上人の研究』和泉書院、二〇〇二年

高山寺典籍文書綜合調査団編『高山寺資料叢書（全二四冊）』東京大学出版会、一九七三～二〇〇七年

平野多恵『明恵　和歌と仏教の相克』笠間書院、二〇一一年

102 日蓮

佐々木馨

佐々木馨『日蓮の思想構造』吉川弘文館、一九九九年

末木文美士『日蓮入門』（ちくま新書）筑摩書房、二〇〇〇年
中尾堯『日蓮』（歴史文化ライブラリー）吉川弘文館、二〇〇一年
佐藤弘夫『日蓮』（ミネルヴァ日本評伝選）ミネルヴァ書房、二〇〇三年
佐々木馨『日蓮とその思想』平楽寺書店、二〇〇四年

103 一遍

大隅和雄

大橋俊雄『一遍』（人物叢書）吉川弘文館、一九八三年
橘俊道・今井雅晴編『一遍上人と時宗』吉川弘文館、一九八四年
今井雅晴編『一遍辞典』東京堂出版、一九八九年

104 鴨長明・吉田兼好

大隅和雄

三木紀人校注『方丈記　発心集』（新潮日本古典文学集成）新潮社、一九七六年
三木紀人『徒然草（一～四）全訳注』（講談社学術文庫）講談社、一九七九～八二年
日本文学研究資料刊行会編『方丈記・徒然草』（日本文学研究資料叢書〈全五六巻〉）有精堂出版、一九七一年

105 慈遍

玉懸博之

久保田収「慈遍の神道思想」（同『中世神道の研究』）神道史学会、一九五九年
玉懸博之「中世神道家の歴史思想―慈遍の「救済史」の構想をめぐって―」（同『日本中世思想史研究』）ぺりかん社、一九九八年
玉懸博之「中世神道における国家と宗教―慈遍の日本神国観をめぐって―」（同『日本中世思想史研究』）ぺりかん社、一九九八年

106 度会家行

三橋健

鎌田純一『中世伊勢神道の研究』続群書類従完成会、一九九八年
度会家行『瑚璉集』（『度会神道大成』前篇）吉川弘文館、二〇〇八年
度会家行『神道簡要』（『度会神道大成』前篇）吉川弘文館、二〇〇八年
度会家行『類聚神祇本源』（『度会神道大成』前篇）吉川弘文館、二〇〇八年
高橋美由紀『伊勢神道の成立と展開』（増補版）ぺりかん社、二〇一〇年

107 夢窓疎石

玉懸博之

辻善之助「夢窓国師」（同『日本仏教史』第四巻中世篇之三）岩波書店、一九四九年
玉村竹二『夢窓国師』平楽寺書店、一九五八年
玉懸博之「夢窓疎石と初期室町政権」（同『日本中世思想史研究』）ぺりかん社、一九九八年

108 観阿弥・世阿弥　新川哲雄

表章・加藤周一『日本思想大系24　世阿弥・禅竹』岩波書店、一九七四年
表章・竹本幹夫『岩波講座　能・狂言二（能楽の伝書と芸論）』岩波書店、一九八八年
相良亨『世阿弥の宇宙』ぺりかん社、一九九〇年
表章『観世流史参究』檜書店、二〇〇八年
今泉淑夫『世阿弥』（人物叢書）吉川弘文館、二〇〇九年

109 一休宗純　今泉淑夫

玉村竹二「一休宗純皇胤説の再確認」（『禅文化』七九号）禅文化研究所、一九七五年（のち、同『日本禅宗史論　下之二』所収、思文閣出版、一九八一年）
柳田聖山『一休―『狂雲集』の世界』人文書院、一九八〇年
今泉淑夫校注『一休和尚年譜（全二巻）』平凡社、一九九八年
今泉淑夫『一休とは何か』吉川弘文館、二〇〇七年
平野宗浄監修『一休和尚全集（全五巻・別巻二）』春秋社、一九九七～二〇一〇年

110 二条良基　石毛　忠

伊藤敬『新北朝の人と文学』三弥井書店、一九七九年
木藤才蔵『二条良基の研究』桜楓社、一九八七年
木藤才蔵「二条良基と一条兼良」（『中世文学』第三二号）中世文学会、一九八七年
玉懸博之「南北朝期の公家の政治思想の一側面」（同『日本中世思想史研究』）ぺりかん社、一九九八年
小川剛生『二条良基研究』笠間書院、二〇〇五年

111 心敬　菅　基久子

横山重編『心敬作品集』角川書店、一九七二年
湯浅清『心敬の研究』風間書房、一九七七年
金子金治郎『心敬の生活と作品』桜楓社、一九八二年
湯浅清『心敬の研究　校文編』風間書房、一九八六年
菅基久子『心敬―宗教と芸術』創文社、二〇〇〇年

112 蓮如　大桑　斉

金龍静『蓮如』（歴史文化ライブラリー）吉川弘文館、一九九七年
浄土真宗教学研究所・本願寺史料研究所『講座　蓮如（全六巻）』平凡社、一九九六～九八年
大桑斉『戦国期宗教思想史と蓮如』法藏館、二〇〇六年

113 吉田兼倶

三橋 健

吉田神社編『吉田叢書第二編　唯一神道名法要集』内外書籍、一九四二年
久保田収『中世神道の研究』神道史学会、一九五九年
萩原竜夫『中世祭祀組織の研究』吉川弘文館、一九六二年
宮地直一「吉田神道綱要」（同『神道史』下巻〈二〉）理想社、一九六三年
西田長男『日本神道史研究（全一〇巻）』（第五巻・中世編下）講談社、一九七九年

114 清原宣賢

大戸安弘

和島芳男『中世の儒学』（日本歴史叢書）吉川弘文館、一九六五年
今中寛司『近世日本政治思想の成立』創文社、一九七二年
和島芳男『（増補版）日本宋学史の研究』吉川弘文館、一九八八年
大戸安弘『日本中世教育史の研究―遊歴傾向の展開―』梓出版社、一九九八年

115 千利休

笠井昌昭

唐木順三『千利休』筑摩書房、一九五八年
芳賀幸四郎『千利休』（人物叢書）吉川弘文館、一九六三年
桑田忠親『定本 千利休』（角川文庫）角川書店、一九八五年
小松茂美『（増補版）利休の手紙』小学館、一九九六年
村井康彦『千利休』（講談社学術文庫）講談社、二〇〇四年

116 ハビアン

石毛 忠

H・チースリク「ファビアン不干伝ノート」（『キリシタン文化研究会会報』一五－三）、一九七二年
西田長男「吉田家旧蔵本『妙貞問答』解説補遺」（『神道宗教』六九号）一九七二年
西田長男「吉田家旧蔵本『妙貞問答』解説」（『神道及び神道史』二一号）一九七三年
井出勝美『キリシタン思想史研究序説』ぺりかん社、一九九五年
釈徹宗『不干斎ハビアン―神も仏も棄てた宗教者』新潮社、二〇〇九年

117 藤原惺窩

柴田 純

阿部吉雄『日本朱子学と朝鮮』東京大学出版会、一九六五年
金谷治「藤原惺窩の儒学思想」（石田一良・金谷治編『日本思想大系28 藤原惺窩・林羅山』）岩波書店、一九七五年
国民精神文化研究所編『藤原惺窩集』思文閣出版、一九八一年復刊
大桑斉『日本近世の思想と仏教』法藏館、一九八九年
柴田純『思想史における近世』思文閣出版、一九九一年

118 林羅山 玉懸博之

堀勇雄『林羅山』吉川弘文館、一九六四年
石田一良「林羅山」（相良亨・松本三之介・源了圓編『江戸の思想家たち（上）』）研究社出版、一九七九年
鈴木健一『林羅山年譜稿』ぺりかん社、一九九九年
玉懸博之「林羅山の神道における「伝統」と「外来」―鬼神の観念をめぐって―」（同『日本近世思想史研究』）ぺりかん社、二〇〇八年

119 中江藤樹 玉懸博之

尾藤正英「中江藤樹の思想形成」（同『日本封建思想史研究』）青木書店、一九六一年
尾藤正英「中江藤樹の思想と陽明学」（同『日本封建思想史研究』）青木書店、一九六一年
古川治『中江藤樹の総合的研究』ぺりかん社、一九九六年
玉懸博之「中江藤樹の「中期」の思想」（同『日本近世思想史研究』）ぺりかん社、二〇〇八年

120 山崎闇斎 土田健次郎

日本古典学会編・刊『山崎先生全集（上・下）』『続山崎先生全集（上・中・下）』一九三六～三七年
丸山眞男「闇斎学と闇斎学派」（西順蔵・阿部隆一・丸山眞男『日本思想大系31　山崎闇斎学派』）岩波書店、一九八〇年
岡田武彦『山崎闇斎』明徳出版社、一九八五年
近藤啓吾『山崎闇斎の研究（正・続・続々）』神道史学会、一九八六・九一・九五年
田尻祐一郎『山崎闇斎の世界』ぺりかん社、二〇〇六年

121 熊沢蕃山 佐久間正

後藤陽一・友枝龍太郎『日本思想体系30　熊沢蕃山』岩波書店、一九七一年
谷口澄夫・宮崎道生編『（増補）蕃山全集（全七冊）』名著出版、一九七八～八〇年
宮崎道生『熊沢蕃山の研究』思文閣出版、一九九〇年
佐久間正『徳川日本の思想形成と儒教』ぺりかん社、二〇〇七年

122 山鹿素行 佐久間正

広瀬豊編『山鹿素行全集　思想編（全一五巻）』岩波書店、一九四〇～四二年
堀勇雄『山鹿素行』（人物叢書）吉川弘文館、一九五九年
田原嗣郎・守本順一郎『日本思想大系32　山鹿素行』岩波書店、一九七〇年
前田勉『近世日本の儒学と兵学』ぺりかん社、一九九六年

佐久間正『徳川日本の思想形成と儒教』ぺりかん社、二〇〇七年

123 伊藤仁斎・東涯

黒住　真

石田一良『伊藤仁斎―文化史学的研究』（『歴史学』第一輯）歴史学会、一九九四年
石田一良『伊藤仁斎』（人物叢書）吉川弘文館、一九六〇年
吉川幸次郎『日本思想大系33　伊藤仁斎・東涯』岩波書店、一九七一年
相良亨『伊藤仁斎』ぺりかん社、一九八八年
子安宣邦『伊藤仁斎の世界』ぺりかん社、二〇〇四年

124 貝原益軒

辻本雅史

益軒会編『益軒全集（全八巻）』同全集刊行会、一九一〇～一一年（復刻・国書刊行会、一九七三年）
九州史料刊行会編・井上忠校注『益軒資料（全七巻）』（九州史料叢書）九州史料刊行会、一九五五～六一年
井上忠『貝原益軒』（人物叢書）吉川弘文館、一九六三年
横山俊夫編『貝原益軒―天地和楽の文明学』平凡社、一九九五年
辻本雅史『思想と教育のメディア史―近世日本の知の伝達―』ぺりかん社、二〇一一年

125 沢庵宗彭

大桑　斉

辻善之助編『沢庵和尚書簡集』（岩波文庫）岩波書店、一九四二年
船岡誠『沢庵』（中公新書）中央公論社、一九八八年
沢庵和尚全集刊行会『沢庵和尚全集（全六巻）』（復刻版）日本図書センター、二〇〇一年

126 鈴木正三

加藤みち子

中村元『日本宗教の近代性』春秋社、一九六四年
King, Winston L. "Death was His Koan: The Samurai-Zen of Suzuki Shōsan." Berkeley,California: Asian Humanities Press, 1986
堤邦彦『近世説話と禅僧』和泉書院、一九九九年
加藤みち子『勇猛精神の聖―鈴木正三の仏教思想』勉誠出版、二〇一〇年
三浦雅彦『鈴木正三研究序説』花書院、二〇一三年

127 隠元隆琦

大桑　斉

平久保章『隠元』（人物叢書）吉川弘文館、一九六二年
能仁晃道編著『隠元禅師年譜』禅文化研究所、一九九九年
木村得玄訳『隠元禅師年譜』春秋社、二〇〇二年

128 盤珪永琢

大桑 斉

鈴木大拙編校『盤珪禅師語録』（岩波文庫）岩波書店、一九四一年
鈴木大拙『禅思想史研究1 盤珪禅』岩波書店、一九四三年
藤本槌重編著『盤珪禅師法語集』春秋社、一九七一年
赤尾龍治編『盤珪禅師全集』大蔵出版、一九七六年

129 井原西鶴

稲田篤信

野間光辰『刪補西鶴年譜考証』中央公論社、一九八三年
新編西鶴全集編集委員会編『新編西鶴全集』勉誠出版、二〇〇〇年～〇九年
江本裕・谷脇理史編『西鶴のおもしろさ』勉誠出版、二〇〇一年
西田耕三『人は万物の霊―日本近世文学の条件―』森話社、二〇〇七年
浮世草子研究会編『西鶴と浮世草子研究』笠間書院、二〇〇六年～一一年

130 松尾芭蕉

稲田篤信

上野洋三『芭蕉論』筑摩書房、一九八六年
小宮豊隆監修『校本芭蕉全集』富士見書房、一九八八年～八九年
今栄蔵『芭蕉年譜大成』角川書店、一九九四年
田中善信『全釈芭蕉書簡集』新典社、二〇〇五年
西田耕三『人は万物の霊―日本近世文学の条件―』森話社、二〇〇七年

131 近松門左衛門

稲田篤信

木谷蓬吟『近松の天皇劇』淡清堂、一九四七年
森山重雄『近松の天皇劇』三一書房、一九八一年
近松全集刊行会編『近松全集』岩波書店、一九八五～九〇年
信多純一『近松の世界』平凡社、一九九一年
原道生「近松の人となりと作品」（神戸女子大学古典芸能研究センター編『近松再発見』）和泉書院、二〇一〇年

132 西川如見

佐久間正

西川忠亮編『西川如見遺書（全一八編）』一八九七～一九〇七年
中村幸彦『日本思想大系59 近世町人思想』岩波書店、一九七五年
佐久間正『徳川日本の思想形成と儒教』ぺりかん社、二〇〇七年

133 石田梅岩

辻本雅史

石川謙『石門心学史の研究』岩波書店、一九三八年
柴田實『石田梅岩』（人物叢書）吉川弘文館、一九六二年
柴田實『日本思想大系42 石門心学』岩波書店、一九七一年

柴田實編『（改訂版）石田梅岩全集』（上・下）清文堂出版、一九七二年（初版一九五六年）
今井淳・山本眞功編『石門心学の思想』ぺりかん社、二〇〇六年

134 新井白石

本郷隆盛

今泉定介編輯兼校訂『新井白石全集（全六巻）』国書刊行会、一九〇五〜〇七年
栗田元次『新井白石の文治政治』石崎書店、一九五二年
宮崎道生『新井白石の研究』（増補版）吉川弘文館、一九六七年
本郷隆盛「新井白石の政治思想と世界像―日本的習俗への挑戦―」（『宮城教育大学紀要』第三一巻）一九九六年
ケイト・W・ナカイ（黒住真他訳）『新井白石の政治戦略』東京大学出版会、二〇〇一年

135 室鳩巣

小島康敬

武笠三校訂『駿台雑話』（『名家随筆集 上』〈有朋堂文庫〉）有朋堂書店、一九四六年
荒木見悟・井上忠『日本思想大系34 貝原益軒・室鳩巣』岩波書店、一九七〇年
柴田篤・辺土名朝邦『叢書・日本の思想家11 中村惕斎・室鳩巣』明徳出版社、一九八三年

136 荻生徂徠

平石直昭

岩橋遵成『徂徠研究』関書院、一九三四年
丸山眞男『日本政治思想史研究』東京大学出版会、一九五二年
吉川幸次郎他『日本思想大系36 荻生徂徠』岩波書店、一九七三年
平石直昭『荻生徂徠年譜考』平凡社、一九八四年
『荻生徂徠全集』みすず書房、一九七三年〜（刊行中）

137 太宰春台

小島康敬

頼惟勤『日本思想大系37 徂徠学派』岩波書店、一九七二年
小島康敬編『春台先生紫芝園稿』ぺりかん社、一九八六年
小島康敬『（増補版）徂徠学と反徂徠』ぺりかん社、一九九四年
田尻祐一郎・疋田啓佑『叢書・日本の思想家17 太宰春台・服部南郭』明徳出版社、一九九五年

138 白隠慧鶴

大桑斉

『白隠和尚全集（全八巻）』龍吟社、一九三五年
吉田紹欽『白隠 禅とその芸術』木耳社、一九七八年
秋月龍珉『白隠禅師』講談社現代新書、一九八五年
芳沢勝弘訳注『白隠禅師法語全集（全一五巻）』禅文化研究所、一九九九〜二〇〇三年

139 慈雲飲光

山本眞功

長谷寶秀編『慈雲尊者全集（全二〇冊）』高貴寺、大正末年刊（のち、思文閣出版より復刻、一九七七年）
樹下快淳編『慈雲尊者』大日本雄弁会講談社、一九四四年
木南卓一『慈雲尊者―生涯とその言葉』三密堂書店、一九六一年
三浦康廣『慈雲尊者―人と芸術』二玄社、一九八〇年
今井淳・山本眞功校注『雲伝神道』（『神道大系』論説編一四）神道大系編纂会、一九九〇年

140 安藤昌益

若尾政希

奈良本辰也訳注『統道真伝（上・下）』（岩波文庫）岩波書店、一九六六～六七年
安藤昌益研究会編『安藤昌益全集（全二一巻〈二二冊〉・別巻一・増補篇三巻）』農山漁村文化協会、一九八二～八七年
安藤昌益全集刊行会全監修『安藤昌益全集（第一巻・第一〇巻）』校倉書房、一九八一・九一年
三宅正彦『安藤昌益と地域文化の伝統』雄山閣、一九九六年
若尾政希『安藤昌益からみえる日本近世史』東京大学出版会、二〇〇四年

141 富永仲基

陶 徳民

石濱純太郎『富永仲基』創元社、一九四〇年
梅谷文夫・水田紀久『富永仲基研究』和泉書院、一九八四年
宮川康子『富永仲基と懐徳堂―思想史の前哨』ぺりかん社、一九九八年
陶徳民『日本漢学思想史論考―徂徠・仲基および近代』関西大学出版部、一九九九年
横田庄一郎編著、印藤和寛訳・解題『富永仲基の「楽律考」―儒教と音楽について』朔北社、二〇〇六年

142 三浦梅園

岩見輝彦

大分県教育会編『大分県偉人伝』一九〇七年（一九三五年増補・改題『大分県人物志』）歴史図書社、一九七六年
藤井専随編『梅園全集（上・下）』一九一二年（復刻版名著刊行会、一九七一年）
田口正治『三浦梅園』（人物叢書）吉川弘文館、一九六七年（新装版、一九八九年）
林達夫他編『三枝博音著作集（全一二巻・別巻一）第五巻・三浦梅園・日本文化論』中央公論社、一九七二年

143 賀茂真淵　高橋美由紀

三枝康高『賀茂真淵』（人物叢書）吉川弘文館、一九六二年
井上豊『賀茂真淵の業績とその門流』風間書房、一九六六年
真淵誕生三百年記念論文集刊行会『賀茂真淵とその門流』続群書類従完成会、一九九九年

144 本居宣長　安蘇谷正彦

村岡典嗣『増訂 本居宣長』岩波書店、一九二八年
小林秀雄『本居宣長』新潮社、一九七七年
相良亨『本居宣長』東大出版会、一九七八年
安蘇谷正彦「本居宣長の神道思想形成について」（同『神道思想の形成』）ぺりかん社、一九八五年
大野晋・大久保正編『本居宣長全集（全二〇巻・別巻三）』筑摩書房、一九九三年

145 上田秋成　稲田篤信

高田衛『上田秋成年譜考説』明善堂書店、一九六四年
中村幸彦「上田秋成伝浅説」（『中村幸彦著述集』第一二巻）中央公論社、一九八三年
長島弘明他編『上田秋成全集（全一二巻）』中央公論社、一九九〇～九五年
長島弘明「秋成の「命禄」―『論衡』の影響について―」（同『秋成研究』）東京大学出版会、二〇〇〇年
稲田篤信『名分と命禄―上田秋成と同時代の人々―』ぺりかん社、二〇〇六年

146 中井竹山・中井履軒　山中浩之

西村天囚『懐徳堂考』同志出版、一九一一年（懐徳堂記念会復刻版刊行、一九八三年）
山中浩之他『叢書・日本の思想家24　中井竹山・中井履軒』明徳出版社、一九八〇年
宮川康子『富永仲基と懐徳堂』ぺりかん社、一九九八年
テツオ・ナジタ『懐徳堂―十八世紀日本の「徳」の諸相』岩波書店、一九九二年
小堀一正『近世大坂と知識人社会』清文堂、一九九六年

147 平賀源内　吉田忠

入田整三編『平賀源内全集（上・下）』平賀源内先生顕彰会、一九三二・三四年（復刻版、名著刊行会、一九七〇年）
城福勇『平賀源内』（人物叢書）吉川弘文館、一九七一年
城福勇『平賀源内の研究』創元社、一九七六年
芳賀徹『平賀源内』（朝日評伝選）朝日新聞社、一九八一年
土井康弘『本草学者平賀源内』講談社、二〇〇八年

148 杉田玄白　吉田　忠

小川鼎三「明治前日本解剖学史」（日本学士院編『明治前日本医学史』第一巻）日本学術振興会、一九五五年
杉田玄白『蘭学事始』（岩波文庫）岩波書店、一九五九年
片桐一男『杉田玄白』（人物叢書）吉川弘文館、一九七一年
沼田次郎他編『日本思想大系64　洋学上』岩波書店、一九七六年
佐藤昌介『洋学史の研究』中央公論社、一九八〇年

149 司馬江漢　吉田　忠

朝倉治彦ほか編『司馬江漢全集（全四巻）』八坂書房、一九九四年
中井宗太郎『司馬江漢』アトリエ社、一九四二年
黒田源次『司馬江漢』東京美術、一九七二年
中野好夫『司馬江漢考』新潮社、一九八五年
朝倉治彦他編『司馬江漢の研究』八坂書房、一九九四年

150 本田利明　吉田　忠

滝本誠一編『日本経済大典（全五四巻）』第二〇巻、史誌出版、一九二九年（復刻版、明治文献、一九六六年）
本庄栄治郎解題『本多利明集』誠文堂、一九三五年
阿部真琴「本田利明の伝記的研究（一～六）」（『ヒストリア』一一～一三、一五～一七号）大阪歴史学会、一九五五～五七年
塚谷晃弘・蔵並省自編『日本思想大系44　本多利明・海保青陵』岩波書店、一九七〇年

151 山片蟠桃　浅井允晶

亀田次郎『山片蟠桃』全国書房、一九四三年
有坂隆道・末中哲夫「山片蟠桃の研究（一～七）」（『ヒストリア』一～四・六・七・九号）、大阪歴史学会、一九五一～五四年
水田紀久・有坂隆道『日本思想大系43　富永仲基・山片蟠桃』岩波書店、一九七三年
末中哲夫『山片蟠桃の研究―夢之代篇』清文堂出版、一九七一年、『同　著作篇』清文堂出版、一九七六年
有坂隆道『山片蟠桃と升屋』創元社、一九九三年

152 海保青陵　八木清治

蔵並省自編『海保青陵全集（全一巻）』八千代出版、一九七六年
蔵並省自『海保青陵経済思想の研究』雄山閣、一九九〇年
小島康敬『（増補版）徂徠学と反徂徠』ぺりかん社、一九九四年
八木清治『旅と交遊の江戸思想』花林書房、二〇〇六年
徳盛誠『海保青陵』朝日新聞出版、二〇一三年

153 佐藤信淵　桂島宣弘

瀧本誠一編『佐藤信淵家学全集』岩波書店、一九二五年
羽仁五郎『佐藤信淵に関する基礎的研究』岩波書店、一九二九年
森銑三『佐藤信淵―疑問の人物』今日の問題社、一九四二年
子安宣邦「佐藤信淵と『鎔造化育論』」（相良亨編『日本の名著24　平田篤胤』）中央公論社、一九七二年
桂島宣弘『思想史の一九世紀』ぺりかん社、一九九九年

154 曲亭馬琴　稲田篤信

徳田武『日本近世小説と中国小説』青裳堂書店、一九八七年
木村三四吾他編『吾佛乃記―滝沢馬琴家記―』八木書店、一九八七年
濱田啓介『南総里見八犬伝』新潮社、二〇〇三年
柴田光彦編『曲亭馬琴日記』中央公論新社、二〇〇九～一〇年
播本真一『八犬伝・馬琴研究』新典社、二〇一〇年

155 佐藤一斎　中村安宏

岡田武彦監修『佐藤一斎全集（全一四巻）』明徳出版社、一九九〇～二〇一〇年
高瀬代次郎『佐藤一斎と其門人』南洋堂、一九二二年
荻生茂博編集・解説『近世儒家文集集成第一六巻　愛日楼全集』ぺりかん社、一九九九年
中村安宏他『叢書・日本の思想家31　佐藤一斎・安積艮斎』明徳出版社、二〇〇八年

156 平田篤胤　高橋美由紀

田原嗣郎『平田篤胤』（人物叢書）吉川弘文館、一九六三年
三木正太郎『平田篤胤の研究』神道史学会、一九六九年（再刊臨川書店、一九九〇年）
小林健三『平田篤胤の研究』古神道仙法教本庁、一九七五年
子安宣邦『平田篤胤の世界』ぺりかん社、二〇〇一年
遠藤潤『平田国学と近世社会』ぺりかん社、二〇〇八年

157 大国隆正　玉懸博之

田原嗣郎「幕末国学思想の一類型―大国隆正についての断面的考察―」（『史林』第四四巻第一号）一九六一年
芳賀登「大国学の形成とその社会的機能」（同『幕末国学の展開』）塙書房、一九六三年
荒川久壽男「大国隆正の中興紀元論について―その蘭学とのかかはりあひ―」（『皇學館論叢』第三巻六号）一九七〇年
玉懸博之「幕末における「宗教」と「歴史」―大国隆正における宗教論と歴史論との関連をめぐって」（同『日本近世思想史研究』）ぺりかん社、二〇〇八年

158 二宮尊徳　中桐万里子

富田高慶『報徳記』大日本農会、一八九三年
福住正兄『二宮翁夜話』報徳学園図書館、一九〇七年
『二宮尊徳全集（第一〜三六巻）』二宮尊徳偉業宣揚会、一九二七〜三二年（復刻版、龍溪書舎、一九七七年）
奈良本辰也『二宮尊徳』（岩波新書）岩波書店、一九五九年

159 帆足万里　吉田　忠

小野龍膽『帆足萬里書簡集』私家版、一九三八年
帆足図南次『帆足万里』（人物叢書）吉川弘文館、一九六六年
五郎丸延編『（増補）帆足萬里全集』ぺりかん社、一九八八年
狭間久『帆足万里の世界』大分合同新聞社、一九九三年

160 広瀬淡窓　小島康敬

日田郡教育会編『淡窓全集（上・中・下）』一九二七年（のち、増補復刻、思文閣出版、一九七一年）
井上義巳『広瀬淡窓』（人物叢書）吉川弘文館、一九八七年
田中加代『広瀬淡窓の研究』ぺりかん社、一九九三年
小島康敬「広瀬淡窓の敬天思想」（同『徂徠学と反徂徠』）ぺりかん社、一九九四年

161 大塩中斎　土田健次郎

井上哲次郎『日本陽明学派之哲学』冨山房、一九〇〇年
幸田成友『大塩平八郎』東亜堂書店、一九一〇年
宮城公子『大塩平八郎』（朝日評伝選）朝日新聞社、一九七七年
高畑常信他『叢書・日本の思想家38　大塩中斎・佐久間象山』明徳出版社、一九八一年

162 藤田幽谷、会沢正志斎　土田健次郎

菊池謙二郎編・刊『幽谷全集』吉田弥平、一九三五年
『水戸市史　中巻（二・三）』水戸市役所、一九六九・七六年
吉田俊純『後期水戸学研究序説』本邦書籍、一九八六年
吉田俊純『水戸学と明治維新』吉川弘文館、二〇〇三年
吉田俊純『寛政期水戸学の研究』吉川弘文館、二〇一一年

163 藤田東湖　吉田俊純

菊池謙二郎編『新定東湖全集』博文館、一九四〇年
『水戸市史　中巻（三）』水戸市役所、一九七六年
吉田俊純『後期水戸学研究序説』本邦書籍、一九八六年
鈴木暎一『藤田東湖』（人物叢書）吉川弘文館、一九九八年
吉田俊純『水戸学と明治維新』吉川弘文館、二〇〇三年

164 佐久間象山　石毛忠

丸山眞男「幕末における視座の変革—佐久間象山の場合」（『展望』〈筑摩書房〉一九六五年五月号に掲載、のち若干加筆して『忠誠と反逆』〈ちくま学芸文庫、一九九八年〉、さらに『丸山眞男集』第九巻〈岩波書店〉に収録）

松本三之介『天皇制国家と政治思想』未来社、一九六九年

植手通有『日本近代思想の形成』岩波書店、一九七四年

信夫清三郎『象山と松陰—開国と攘夷の論理』河出書房新社、一九七五年

石毛忠「佐久間象山—政治的世界と知的世界」（相良亨他編『江戸の思想家たち〈下〉』）研究社出版、一九七九年

165 吉田松陰　桐原健真

藤田省三他『日本思想大系54　吉田松陰』岩波書店、一九七八年

徳富蘇峰『吉田松陰』（岩波文庫）岩波書店、一九八一年

海原徹『吉田松陰と松下村塾』ミネルヴァ書房、一九九〇年

高橋文博『吉田松陰』（人と思想）清水書院、一九九八年

桐原健真『吉田松陰の思想と行動—幕末日本における自他認識の転回』東北大学出版会、二〇〇九年

166 横井小楠　平石直昭

山崎正董『横井小楠遺稿』日新書院、一九四二年

山崎正董『横井小楠伝』日新書院、一九四二年

松浦玲『横井小楠』（朝日評伝選）朝日新聞社、一九七六年（増補版、二〇〇〇年）

源了圓編『横井小楠』（別冊「環」⑰）藤原書店、二〇〇九年

平石直昭、金泰昌編『公共する人間3　横井小楠』東京大学出版会、二〇一〇年

167 細井平洲　辻本雅史

高瀬代次郎『細井平洲』星野文星堂、一九一九年

高瀬代次郎編『平洲全集』星野書店、一九二一年

東海市史編纂委員会編『新編細井平洲全集』（東海市史・資料編第三巻）、一九七九年

辻本雅史『近世教育思想史の研究』思文閣出版、一九九〇年

168 福沢諭吉　平石直昭

遠山茂樹『福沢諭吉—思想と政治との関連』東京大学出版会、一九七〇年

坂野潤治『明治・思想の実像』創文社、一九七七年

松沢弘陽『近代日本の形成と西洋経験』岩波書店、一九九三年

丸山眞男著・松沢弘陽編『福沢諭吉の哲学・他六篇』(岩波文庫)、岩波書店、二〇〇一年
福澤諭吉事典編集委員会編『福澤諭吉事典』慶應義塾、二〇一〇年

169 西村茂樹 畑中健二

高橋昌郎『西村茂樹』(人物叢書)吉川弘文館、一九八七年
西村茂樹『日本道徳論』(〔古川哲史監修、日本弘道会編『〔増補改訂〕西村茂樹全集』二〕日本弘道会・思文閣出版、二〇〇四年(なお、『日本道徳論』は岩波文庫にも収められている)
真辺将之『西村茂樹研究—明治啓蒙思想と国民道徳論』思文閣出版、二〇一〇年

170 西周 渡辺和靖

桑木厳翼『西周の百一新論』日本放送出版協会、一九四〇年
河原宏『西周と福沢諭吉』(転換期の思想)』早稲田大学出版部、一九六三年
大久保利謙編『西周全集(全四巻)』宗高書房、一九六〇～七一年
島根県立大学西周研究会編『西周と日本の近代』ぺりかん社、二〇〇五年
清水多吉『西周—兵馬の権はいずこにありや』ミネルヴァ書房、二〇一〇年

171 加藤弘之 中野目徹

田畑忍『加藤弘之』(人物叢書)吉川弘文館、一九五九年
植手通有編『日本の名著34 西周・加藤弘之』中央公論社、一九七二年
吉田曠二『加藤弘之の研究』新生社、一九七六年
大久保利謙・田畑忍監修、上田勝美・福嶋寛隆・吉田曠二編『加藤弘之文書(全三巻)』同朋舎出版、一九九〇年
中野目徹「洋学者と明治天皇—加藤弘之・西村茂樹の「立憲君主像」をめぐって—」(沼田哲編『明治天皇と政治家群像』)吉川弘文館、二〇〇二年

172 井上哲次郎 渡辺和靖

船山信一『〔増補版〕明治哲学史研究』ミネルヴァ書房、一九五九年
渡辺和靖『明治思想史』ぺりかん社、一九七八年

173 清沢満之 末木文美士

大谷大学編『清沢満之全集(全九巻)』岩波書店、二〇〇二～〇三年
脇本平也『評伝 清沢満之』法藏館、一九八二年
吉田久一『清沢満之』(人物叢書)吉川弘文館、一九八六年(新装

版）
今村仁司『清沢満之と哲学』岩波書店、二〇〇四年
末木文美士『明治思想家論』トランスビュー、二〇〇四年

174 植木枝盛

米原 謙

家永三郎『革命思想の先駆者』（岩波新書）岩波書店、一九五五年
家永三郎『植木枝盛研究』岩波書店、一九六〇年
家永三郎・外崎光広・松永昌三・川崎勝編『植木枝盛集（全一〇巻）』岩波書店、一九九〇～九一年
米原謙『植木枝盛』（中公新書）中央公論社、一九九二年
米原謙『近代日本のアイデンティティと政治』ミネルヴァ書房、二〇〇二年

175 幸徳秋水

米原 謙

幸徳秋水全集編集委員会編『幸徳秋水全集（全九巻・別巻二・補巻二）』明治文献、一九六八～七三年
F・G・ノートヘルファー『幸徳秋水―日本の急進主義者の肖像―』福村出版、一九八〇年
西尾陽太郎『幸徳秋水』（人物叢書）吉川弘文館、一九八七年（新装版）

176 中江兆民

米原 謙

松本三之介他編『中江兆民全集（全一七巻・別巻一）』岩波書店、一九八三～八六年
米原謙『日本近代思想と中江兆民』新評論、一九八六年
井田進也『中江兆民のフランス』岩波書店、一九八七年
米原謙『兆民とその時代』昭和堂、一九八九年
松永昌三『中江兆民評伝』岩波書店、一九九三年

177 田中正造

小松 裕

林竹二『田中正造の生涯』（講談社現代新書）講談社、一九七六年
由井正臣『田中正造』（岩波新書）、岩波書店、一九八四年
小松裕『田中正造 二一世紀への思想人』筑摩書房、一九九五年
小松裕『田中正造の近代』現代企画室、二〇〇一年
小松裕・金泰昌編『公共する人間4 田中正造』東京大学出版会、二〇一〇年

178 海老名弾正

吉馴明子

渡瀬常吉『海老名弾正先生』龍吟社、一九三八年
土肥昭夫「海老名弾正の神学思想」（『熊本バンドの研究』）みすず書房、一九六五年
岩井文男『海老名弾正』日本基督教団出版局、一九七三年

吉馴明子『海老名弾正の政治思想』東京大学出版会、一九八二年
金文吉『近代日本キリスト教と朝鮮―海老名弾正の思想と行動―』明石書店、一九九八年

179 陸羯南　本田逸夫

丸山眞男「陸羯南―人と思想―」（『中央公論』一九四七年二月号。のち『丸山眞男集』第三巻に収録、岩波書店、一九九五年）
西田長寿他編『陸羯南全集（全一〇巻）』みすず書房、一九六八～八五年
丸山眞男・西田長寿・植手通有（座談会）「近代日本と陸羯南」（『みすず』一一二号）みすず書房、一九六八年初出（のち『丸山眞男座談』第七巻に収録、岩波書店、一九九八年）
本田逸夫『国民・自由・憲政―陸羯南の政治思想』木鐸社、一九九四年
有山輝雄『陸羯南』（人物叢書）吉川弘文館、二〇〇七年

180 植村正久　吉馴明子

斎藤勇『植村正久文集』岩波書店、一九三九年（岩波文庫、二〇〇六年）
京極純一「日本プロテスタンティズムにおける政治思想―植村正久の場合―」（福田歓一編『政治思想に於ける西欧と日本』〈下〉）東京大学出版会、一九六一年
佐波亘編『植村正久と其の時代（全五巻・別巻三冊）』教文館、（一九六六年復刻再版）
熊野義孝他監修『植村正久著作集（全七巻）』、新教出版社、一九六六～六七年
雨宮栄一『若き植村正久』『戦う植村正久』『牧師植村正久』新教出版社、二〇〇七～〇九年

181 三宅雪嶺　中野目徹

柳田泉『哲人三宅雪嶺先生』実業之世界社、一九五六年
柳田泉編『明治文学全集33　三宅雪嶺集』筑摩書房、一九六七年
中野目徹『政教社の研究』思文閣出版、一九九三年
長妻三佐雄『三宅雪嶺の政治思想―「真善美」の行方―』ミネルヴァ書房、二〇〇一年
中野目徹「三宅雪嶺伝記稿（一）～（五）」（『近代史料研究』一～七号）二〇〇一～〇七年

182 内村鑑三　原島正

松沢弘陽他編『内村鑑三全集（全四〇巻）』岩波書店、一九八〇～八四年
松沢弘陽編『内村鑑三』（『日本の名著』38）中央公論社、一九七一年
森有正『内村鑑三』（講談社学術文庫）講談社、一九七六年

鈴木範久『内村鑑三日録（全一二巻）』教文館、一九九三～九九年
武富保『内村鑑三と進化論』キリスト教図書出版社、二〇〇四年

183 岡倉天心

長尾宗典

隈元謙次郎他編『岡倉天心全集（全九巻）』平凡社、一九七九年～八一年
橋川文三編『岡倉天心　人と思想』平凡社、一九八二年
木下長宏『岡倉天心―物ニ観ズレバ竟ニ吾無シ―』ミネルヴァ書房、二〇〇五年
古田亮他編『岡倉天心―芸術教育の歩み―』東京藝術大学岡倉天心展実行委員会、二〇〇七年
清水恵美子『岡倉天心の比較文化史的研究』思文閣出版、二〇一二年

184 志賀重昂

中野目徹

志賀富士男編『志賀重昂全集（全八巻）』志賀重昂全集刊行会、一九二七～二九年
岩井忠熊『明治国家主義思想史研究』青木書店、一九七二年
戸田博子編・刊『志賀重昂―回想と資料―』一九九四年
丸山眞男『丸山眞男講義録・第二冊』東京大学出版会、一九九九年
中野目徹「志賀重昂の思想―「国家主義」とその変容―」（犬塚孝明編『明治国家の政策と思想』）吉川弘文館、二〇〇五年

185 徳富蘇峰

米原謙

和田守『近代日本と徳富蘇峰』御茶の水書房、一九九〇年
有山輝雄『徳富蘇峰と国民新聞』吉川弘文館、一九九二年
ビン・シン『評伝徳富蘇峰』岩波書店、一九九四年
米原謙『徳富蘇峰』（中公新書）中央公論新社、二〇〇三年
澤田次郎『徳富蘇峰とアメリカ』慶應義塾大学出版会、二〇一一年

186 大西祝

平山洋

陶山務『大西祝と内村鑑三』笠間書院、一九七五年
平山洋『大西祝とその時代』日本図書センター、一九八九年
石関敬三・紅野敏郎編『大西祝・幾子書簡集』教文館、一九九三年
堀孝彦『大西祝「良心起源論」を読む』学術出版会、二〇〇九年

187 山路愛山

和田守

岡利郎編『山路愛山集（一・二）』（民友社思想文学叢書』第二・三巻）三一書房、一九八三・八五年
坂本多加雄『山路愛山』（人物叢書）吉川弘文館、一九八八年

岡利郎『山路愛山―史論家と政論家のあいだ』研文出版、一九九八年
西田毅他編『民友社とその時代―思想・文学・ジャーナリズム集団の軌跡―』ミネルヴァ書房、二〇〇三年
伊藤雄志『ナショナリズムと歴史論争―山路愛山とその時代―』風間書房、二〇〇五年

188 **権藤成卿** 岡崎正道

『権藤成卿著作集（全五巻）』黒色戦線社、一九七三～九一年
久保隆『権藤成卿論』ＪＣＡ出版、一九八一年
滝沢誠『権藤成卿』ぺりかん社、一九九六年
岡崎正道『異端と反逆の思想史』ぺりかん社、一九九九年

189 **西田幾多郎** 藤田正勝

上田閑照『西田幾多郎を読む』岩波書店、一九九一年
小坂国継『西田幾多郎の思想』（講談社学術文庫）講談社、二〇〇二年
藤田正勝『西田幾多郎―生きることと哲学』（岩波新書）岩波書店、二〇〇七年

190 **鈴木大拙** 藤田正勝

岩倉政治『真人・鈴木大拙』法藏館、一九八六年
古田紹欽『鈴木大拙―その人とその思想』春秋社、一九九三年
秋月龍珉『鈴木大拙』（講談社学術文庫）講談社、二〇〇四年

191 **津田左右吉** 土田健次郎

栗田直躬編『津田左右吉全集（全二八巻・別巻五・補巻二）』岩波書店、一九六三～六六年、一九八九年（補巻）
栗田直躬「津田左右吉」（早稲田大学学生部編『現代日本の思想と文芸1〈矢内原忠雄・寺田寅彦・津田左右吉・高村光太郎〉』）早稲田大学出版部、一九六四年
家永三郎『津田左右吉の思想史的研究』岩波書店、一九七二年
大室幹雄『アジアンタム頌・津田左右吉の生と情調』新曜社、一九八三年
栗田直躬「津田左右吉先生の学問の意味」（同『中国思想における自然と天』）岩波書店、一九九六年

192 **柳田国男** 三橋 健

定本柳田国男集編纂委員會編『定本柳田国男集（全三一巻・別巻五）』筑摩書房、一九六二～一九七四年
中村哲『柳田国男の思想（上・下）』（講談社学術文庫）講談社、一九

七七年
後藤総一郎編『柳田国男をよむ―日本人のこころを知る―』アテネ書房、一九九五年
野村純一・三浦佑之他編『柳田国男事典』勉誠出版、一九九八年
谷川健一『柳田国男の民俗学』（岩波新書）岩波書店、二〇〇一年

193 折口信夫　三橋 健

西村亨編『（増補版）折口信夫事典』大修館書店、一九九八年
有山大五他編『迢空・折口信夫事典』勉誠出版、二〇〇〇年
富岡多恵子『釋迢空ノート』岩波書店、二〇〇〇年
岡野弘彦『折口信夫伝』中央公論新社、二〇〇〇年
折口信夫全集刊行会編『折口信夫全集（全三七巻・別巻三）』中央公論新社、一九九五〜二〇〇二年

194 与謝野晶子　早川紀代

山本千恵『山の動く日来たる』大月書店、一九八三年
早川紀代「母性と国家の関係を考える―一九一〇〜二〇年代の論争を通じて」（『現代史研究』三三号）現代史研究会、一九八五年
山本藤枝『黄金の釘を打ったひと』講談社、一九八五年
香内信子『与謝野晶子』ドメス出版、一九九三年
内田秀夫・香内信子編『与謝野晶子評論著作集（全二二巻）』龍渓書舎、二〇〇一〜〇三年

195 平塚らいてう　早川紀代

平塚らいてう『元始、女性は太陽であった』大月書店、一九七一〜七三年
平塚らいてう著作集編集委員会編『平塚らいてう著作集（全七巻・補巻一）』大月書店、一九八三〜八四年
堀場清子『青鞜の時代―平塚らいてうと新しい女たち』岩波書店、一九八八年
佐々木英昭『「新しい女」の到来―平塚らいてうと漱石』名古屋大学出版会、一九九四年
米田佐代子『平塚らいてう―近代日本のデモクラシーとジェンダー』吉川弘文館、二〇〇二年

196 山川菊栄　早川紀代

外崎光広・岡部雅子編『山川菊栄の航跡―「私の運動史」と著作目録』ドメス出版、一九七九年
田中寿美子、山川振作編『山川菊栄集（全一〇巻・別巻一）』岩波書店、一九八一〜八二年
鈴木裕子編『山川菊栄女性解放論集（全三巻）』岩波書店、一九八四年
菅谷直子『不屈の女性―山川菊栄の後半生―』海燕書房、一九八八年
山川菊栄生誕百年を記録する会編『現代フェミニズムと山川菊栄

―連続講座「山川菊栄と現代」の記録―』大和書房、一九九〇年

197 吉野作造　田澤晴子

松尾尊兊・三谷太一郎・飯田泰三編『吉野作造選集（全一五巻・別巻一）』岩波書店、一九九六～九七年
松尾尊兊『民本主義と帝国主義』みすず書房、一九九八年
田澤晴子『吉野作造―人世に逆境はない』（ミネルヴァ日本評伝選）ミネルヴァ書房、二〇〇六年
松本三之介『近代日本の思想家11　吉野作造』東京大学出版会、二〇〇八年

198 河上肇　米原謙

内田義彦『日本資本主義の思想像』岩波書店、一九六七年
内田義彦『作品としての社会科学』岩波書店、一九八一年
杉原四郎他編『河上肇全集（全三五巻・別巻一）』岩波書店、一九八二～八六年
住谷一彦『河上肇研究』未来社、一九九二年
米原謙『近代日本のアイデンティティと政治』ミネルヴァ書房、二〇〇二年

199 北一輝　岡崎正道

神島二郎他解説『北一輝著作集（全三巻）』みすず書房、一九五九～七二年
滝村隆一『北一輝―日本の国家主義―』勁草書房、一九七三年
渡辺京二『北一輝』朝日新聞社、一九七八年
岡本幸治『北一輝―転換期の思想構造』ミネルヴァ書房、一九九六年
岡崎正道『異端と反逆の思想史』ぺりかん社、一九九九年

200 村岡典嗣　畑中健二

前田勉編『新編日本思想史研究―村岡典嗣論文選（東洋文庫）』平凡社、二〇〇四年
前田勉校訂『増補・本居宣長（一・二）』（東洋文庫）平凡社、二〇〇六年
池上隆史「村岡典嗣年譜」（『日本思想史研究』三四・三五・三七・三八・および『年報日本思想史』二・三）東北大学日本思想史学研究室および日本思想史研究会、二〇〇二～〇六年
「村岡典嗣―新資料の紹介と展望」（前田勉・昆野伸幸責任編集『季刊日本思想史』七四）ぺりかん社、二〇〇九年

201 大杉 栄

岡崎正道

大沢正道『大杉栄研究』法政大学出版局、一九七一年
『大杉栄・伊藤野枝選集』黒色戦線社、一九八六〜八九年
鎌田慧『大杉栄・自由への疾走』岩波書店、一九九七年
岡崎正道『異端と反逆の思想史』ぺりかん社、一九九九年
飛矢崎雅也『大杉栄の思想形成と「個人主義」』東信堂、二〇〇五年

202 大川周明

昆野伸幸

大川周明全集刊行会編・刊『大川周明全集（全七巻）』一九六一〜七四年
大塚健洋『大川周明―ある復古革新主義者の思想』中公新書、一九九五年
刈田徹『大川周明と国家改造運動』人間の科学社、二〇〇一年
呉懐中『大川周明と近代中国―日中関係の在り方をめぐる認識と行動』日本僑報社、二〇〇七年
臼杵陽『大川周明―イスラームと天皇のはざまで』青土社、二〇一〇年

203 田辺 元

藤田正勝

氷見潔『田辺哲学研究』北樹出版、一九九〇年
武内義範・武藤一雄・辻村公一編『田辺元　思想と回想』筑摩書房、一九九一年
細谷昌志『田辺哲学と京都学派』昭和堂、二〇〇八年
「田辺元の思想―没後50年を迎えて―」（『思想』一〇五三号）岩波書店、二〇一二年

204 和辻哲郎

苅部 直

『和辻哲郎全集』（全二五巻・別巻二巻）岩波書店、一九六一〜六三年、一九九一年〜九二年）
和辻照『和辻哲郎とともに』新潮社、一九六六年
勝部真長『和辻倫理学ノート』東京書籍、一九七九年
熊野純彦『和辻哲郎―文人哲学者の軌跡』（岩波新書）岩波書店、二〇〇九年
苅部直『光の領国　和辻哲郎』（岩波現代文庫）岩波書店、二〇一〇年

205 三木 清

藤田正勝

赤松常弘『三木清』ミネルヴァ書房、一九九四年
清眞人他『遺産としての三木清』同時代社、二〇〇八年

206 戸坂 潤

藤田正勝

山田洸『戸坂潤とその時代』花伝社、一九九〇年
平林康之『戸坂潤』（新装版）東京大学出版会、二〇〇七年

207 長谷川如是閑

古川江里子

大内兵衛他編『長谷川如是閑選集（全七巻・補巻一）』栗田出版会、一九七〇年
飯田泰三他編『長谷川如是閑集（全八巻）』岩波書店、一九九〇年
三谷太一郎『新版大正デモクラシー論』東京大学出版会、一九九五年
有山輝雄『近代日本ジャーナリズムの構造―大阪朝日新聞白虹事件前後』東京出版、一九九五年
古川江里子『大衆社会化と知識人―長谷川如是閑とその時代』芙蓉書房出版、二〇〇四年

208 保田與重郎

渡辺和靖

谷崎昭夫解題『保田與重郎全集（全四〇巻、別巻五）』講談社、一九八五～八九年
橋川文三『日本浪曼派批判序説』（講談社文芸文庫）講談社、一九九八年
渡辺和靖『保田與重郎研究』ぺりかん社、二〇〇四年

209 丸山眞男

苅部 直

『丸山眞男集（全一六巻・別巻一）』岩波書店、一九九五～九七年
『丸山眞男座談（全九冊）』岩波書店、一九九八年
松沢弘陽・植手通有編『丸山眞男回顧談（上・下）』岩波書店、二〇〇六年
苅部直『丸山眞男―リベラリストの肖像』（岩波新書）岩波書店、二〇〇六年
丸山眞男手帳の会編『丸山眞男話文集（全四冊）』みすず書房、二〇〇八～〇九年

昭和時代			の理想」(『中央公論』)が反戦思想として右翼から攻撃され、矢内原は東大教授を辞職(矢内原事件)。島木健作『生活の探求』刊行。*日中戦争始まる(～1945)。
	1938	13	河合栄治郎《かわいえいじろう》の『ファシズム批判』ほか4著が発禁となる(1938)。永田広志『日本封建制イデオロギー』。国家総動員法公布。
	1939	14	三木清『構想力の論理』(第一の刊行は1939、第二の刊行は1946)。第二次世界大戦(～1945)。
	1940	15	津田左右吉、記紀批判による古代史研究は皇室の尊厳を冒涜《ぼうとく》するものとして右翼から攻撃を受け、早大教授を辞任。また『古事記及日本書紀の研究』をはじめ主著4冊が発禁処分となる。丸山眞男《まさお》「近世儒教の発展における徂徠学の特質並その国学との関連」発表(『国家学会雑誌』)。鈴木大拙《だいせつ》著(北川桃雄訳)『禅と日本文化』刊行。家永三郎『日本思想史に於ける否定の論理の発達』刊行。日独伊三国同盟。太平洋戦争(1941～45)。
	1942	17	高坂正顕《こうさかまさあき》・西谷啓治《にしたにけいじ》・高山岩男《こうやまいわお》・鈴木成高《しげたか》による座談会「世界史的立場と日本」発表(1941～、『中央公論』)。小林秀雄らの「文学界」グループ、亀井勝一郎《かついちろう》らの「日本浪漫派」のグループ、西谷啓治らの「京都学派」のグループによる座談会「近代の超克」(『文学界』)が発表される。
	1944	19	鈴木大拙『日本的霊性』刊行。
	1945	20	『思想』『赤旗』復刊。昭和天皇「終戦」の詔書放送(玉音《ぎょくおん》放送、8月15日)。
	1946	21	『世界』創刊、『中央公論』復刊、『改造』復刊。柳田國男『先祖の話』刊行。田辺元《はじめ》『懺悔道《ざんげとう》としての哲学』刊行。丸山眞男「超国家主義の論理と心理」発表(『世界』)。天皇、神格化否定の詔書。日本国憲法公布(1946年11月3日、翌年5月3日施行)。
	1952	27	和辻哲郎『日本倫理思想史』上・下2巻刊行。丸山眞男『日本政治思想史研究』(戦中期の3論文を収録)刊行。

大正時代	1923	12	紀平正美《きひらただよし》『行《ぎょう》の哲学』刊行。美濃部達吉『憲法撮要《さつよう》』刊行（1935発禁）。北一輝『日本改造法案大綱』刊行。関東大震災、大杉栄・伊藤野枝《のえ》ら虐殺される。国民精神作興《さっこう》に関する詔書発布。
	1925	14	普通選挙法案修正可決。治安維持法公布。
昭和時代	1927	昭和2	『理想』創刊。『岩波文庫』刊行開始（夏目漱石『こゝろ』ほか22点）。吉野作造編『明治文化全集』（24巻）の刊行始まる（～1930）。
	1928	3	共産党機関紙『赤旗《あかはた》』創刊。『岩波講座世界思潮』（全12巻）刊行始まる。狩野亨吉《かのうこうきち》「安藤昌益」（『岩波講座世界思潮』3）発表される。『マルクス・エンゲルス全集』刊行始まる。
	1929	4	『改造文庫』刊行始まる。折口信夫《おりぐちしのぶ》『古代研究』（全3巻）刊行（～1930）。
	1930	5	九鬼周造《くきしゅうぞう》『「いき」の構造』刊行。渡辺大濤《わたなべたいとう》『安藤昌益と自然真営道』刊行。統帥権干犯《とうすいけんかんぱん》問題。村岡典嗣『日本思想史研究』刊行。
	1931	6	満州事変始まる。
	1932	7	西田直二郎《にしだなおじろう》『日本文化史序説』。国民精神文化研究所設置。野呂栄太郎《のろえいたろう》監修『日本資本主義発達史講座』刊行開始（全7巻、～1933）。5・15事件。
	1933	8	日本、国際連盟脱退。
	1934	9	和辻哲郎『人間の学としての倫理学』刊行。陸軍省、「国防の本義とその強化の提唱」（陸軍パンフレット）を頒布。文部省、思想局を設置。
	1935	10	保田与重郎《やすだよじゅうろう》ら『日本浪曼派《ろうまんは》』を創刊。美濃部達吉の『憲法撮要』ほか3著が発禁となる。戸坂潤《とさかじゅん》『日本イデオロギー論』刊行。和辻哲郎『風土』刊行。第二次大本教事件（出口王仁三郎《でぐちおにさぶろう》ら逮捕）。
	1936	11	永田広志《ながたひろし》『日本唯物論史』。2・26事件。
	1937	12	文部省、『国体の本義』を刊行・配布。矢内原忠雄《やないばらただお》「国家

明治時代			語』刊行。韓国併合《へいごう》に関する日韓条約調印。
	1911	44	西田幾多郎《きたろう》『善の研究』刊行。村岡典嗣《つねつぐ》『本居宣長』刊行。南北朝正閏《せいじゅん》問題おこる。平塚らいてう、『青鞜《せいとう》』を創刊し、その発刊の辞として日本の女権宣言といわれる「原始、女性は太陽であった」を執筆。大逆事件（明治天皇暗殺計画があったとされ、その首謀者に仕立てられた幸徳秋水ら12名が翌年処刑）。
大正時代	1912	大正元	三教会同《さんきょうかいどう》（内務省の企画による教派神道・仏教・キリスト教の代表者と政府の会合）。美濃部達吉《みのべたつきち》『憲法講話』が刊行され、天皇機関説《きかんせつ》論争始まる。柳田國男『郷土研究』創刊。明治天皇大喪《たいそう》の日。乃木希典《のぎまれすけ》夫妻殉死《じゅんし》。中華民国成立。
	1914	3	阿部次郎『三太郎の日記』刊行。大杉栄《おおすぎさかえ》・荒畑寒村《あらはたかんそん》ら『近代思想』（第２次）を再刊(1915)。第一次世界大戦（～ 1918）。
	1916	5	朝永三十郎《ともながさんじゅうろう》『近世に於ける「我」の自覚史』刊行。吉野作造《よしのさくぞう》「憲政の本義を説いて其有終《そのゆうしゅう》の美を済《な》すの途《みち》を論ず」（『中央公論』）を発表。津田左右吉《つだそうきち》『文学に現はれたる我が国民思想の研究』刊行開始（～1921）。河上肇《かわかみはじめ》『貧乏物語』を『大阪朝日新聞』に連載し、翌年（1917）単行本として発刊。倉田百三《くらたひゃくぞう》、『出家とその弟子』（同人雑誌『生命の川』）を発表し、翌年（1917）単行本として刊行。
	1918	7	鈴木三重吉《みえきち》、『赤い鳥』を創刊。武者小路実篤ら、宮崎県木城《きじょう》村に理想主義的共同体としての「新しき村」をつくる。徳富蘇峰『近世日本国民史』（全100巻）刊行開始（～1962）。大学令・改正高等学校令公布。
	1920	9	東大助教授森戸辰男《もりとたつお》、「クロポトキンの社会思想の研究」（『経済学研究』創刊号）を発表し、休職処分となる。賀川豊彦《かがわとよひこ》『死線を越えて』刊行。有島武郎《ありしまたけお》『惜みなく愛は奪ふ』刊行。
	1921	10	西田天香《にしだてんこう》『懺悔《ざんげ》の生活』刊行。『思想』創刊（和辻哲郎編集、岩波書店）。
	1922	11	阿部次郎『人格主義』刊行。

明治時代	1894	27	志賀重昂『日本風景論』刊行。高等学校令公布（高等中学校を高等学校と改称）。日清戦争（～ 1895）。
	1895	28	『太陽』創刊。津田真道《つだまみち》「唯物論」（『東京学士会院雑誌』15回、～ 1900）。内村鑑三『余《よ》は如何《いか》にして基督《キリスト》信徒となりし乎《か》』（英文）刊行。
	1896	29	竹越与三郎《たけこしよさぶろう》『二千五百年史』刊行。神宮司庁蔵版《じんぐうしちょうぞうはん》『古事《こじ》類苑《るいえん》』（日本最大の史料百科事典）刊行始まる（～ 1914）。
	1897	30	新聞紙条例改正公布。
	1898	31	柏木義円《かしわぎぎえん》ら、『上毛教界月報《じょうもうきょうかいげっぽう》』を創刊。徳富蘆花《とくとみろか》『不如帰《ほととぎす》』の連載始まる（～ 1899）。
	1899	32	『中央公論』創刊（『反省雑誌』を改題）。横山源之助『日本之下層社会』刊行。新渡戸稲造《にとべいなぞう》『武士道』（英文）刊行。改正条約実施（治外法権の撤廃）。私立学校令公布。文部省、公認の学校での宗教教育・儀式を禁止。
	1901	34	中江兆民『一年有半』『続一年有半』執筆。
	1902	35	宮崎滔天《とうてん》『三十三年之夢』刊行。日英同盟調印。
	1903	36	岡倉天心『東洋の理想』（英文）刊行。幸徳秋水《こうとくしゅうすい》『社会主義神髄』刊行。幸徳秋水・堺利彦《さかいとしひこ》ら平民社を結成し、週刊「平民新聞」を創刊、非戦論と社会主義を唱える。小学校令改正（国定教科書制度を確立）。
	1904	37	丘浅次郎《おかあさじろう》『進化論講話』刊行。福田英子《ひでこ》『妾《わらわ》の半生涯《はんせいがい》』刊行。マルクス・エンゲルス（英語版、幸徳秋水・堺利彦訳）「共産党宣言」（週刊『平民新聞』発禁）。日露戦争（～ 1905）。
	1905	38	綱島梁川《つなじまりょうせん》『病間録《びょうかんろく》』刊行。井上哲次郎『日本朱子学派之哲学』刊行。
	1906	39	原勝郎《はらかつろう》『日本中世史』（第１巻）刊行。島崎藤村『破戒』刊行。北一輝《きたいっき》『国体論及び純正《じゅんせい》社会主義』刊行。
	1907	40	芳賀矢一《はがやいち》『国民性十論』創刊。
	1908	41	田添鉄二《たぞえてつじ》『近世社会主義史』刊行。戊申詔書《ぼしんしょうしょ》発布。
	1909	42	『スバル』創刊。新聞紙法公布（新聞紙条例廃止）。
	1910	43	武者小路実篤《むしゃのこうじさねあつ》ら、『白樺《しらかば》』を創刊。柳田國男《やなぎたくにお》『遠野《とおの》物

明治時代			之一）刊行。宮内省編『幼学綱要《ようがくこうよう》』刊行始まる（～1883）。「軍人勅諭《ちょくゆ》」発布。
	1883	16	馬場辰猪《ばばたつい》『天賦人権《てんぷじんけん》論』刊行。植木枝盛『天賦人権弁』刊行。有賀長雄《あるがながお》『社会学』（全3巻）刊行（～1884）。改正新聞紙条例を制定（言論の取り締まり、一段の強化）。鹿鳴館《ろくめいかん》開館式。
	1884	17	井上哲次郎ら、「哲学会」を結成。植村正久《うえむらまさひさ》『真理一斑《しんりいっぱん》』刊行。
	1985	18	*坪内逍遙《つぼうちしょうよう》『小説神髄《しんずい》』刊行（～1886）。
	1886	19	小崎弘道《こざきひろみち》『政教新論』刊行。「女学雑誌」創刊。帝国大学令公布、東京大学が東京帝国大学になる。
	1887	20	徳富蘇峰《とくとみそほう》、民友社を設立し、『国民之友』を創刊。西村茂《しげ》樹《き》『日本道徳論』刊行。中江兆民『三酔人経綸問答《さんすいじんけいりんもんどう》』刊行。*この年までに『新約・旧約聖書』の日本語全訳（「元訳」と称される）が初めて完成。二葉亭四迷《ふたばていしめい》『浮雲』（第1編）刊行（～1890）。新聞紙条例改正公布（発行届出制度創設）。
	1888	21	志賀重昂《しがしげたか》ら、『日本人』（のち『日本及日本人』と解題）を創刊。「東京朝日新聞」創刊。「大阪毎日新聞」創刊。
	1889	22	伊藤博文《いとうひろぶみ》『帝国憲法・皇室典範義解《こうしつてんぱんぎげ》』刊行。岡倉天心《おかくらてんしん》ら、「国華《こっか》」を創刊。大日本帝国憲法発布。*民法典論争起こる（～1892）。
	1890	23	森鷗外《もりおうがい》『舞姫』を発表。徳富蘇峰「国民新聞」を創刊。哲学研究会を結成（会長加藤弘之、のち東洋哲学会と改称）。教育勅語発布。
	1891	24	内村鑑三《うちむらかんぞう》、不敬事件（教育勅語への拝礼拒否）。陸羯南《くがかつなん》『近時政論考』刊行。
	1892	25	久米邦武《くめくにたけ》、「神道は祭天の古俗」（『史海』）により、筆禍《ひっか》事件をおこし、帝国大学教授を非職となる。清沢満之《きよざわまんし》『宗教哲学骸骨《がいこつ》』刊行。黒岩涙香《くろいわるいこう》「万朝報《よろずちょうほう》」創刊。
	1893	26	『文学界』創刊。内村鑑三『基督信徒《キリストしんと》の慰め』刊行。北村透谷《とうこく》、「内部生命論」（『文学界』）を発表。徳富蘇峰『吉田松陰』刊行。

	1864	元治元	佐久間象山、公武合体《こうぶがったい》・開国進取を説き、斬殺された。禁門の変おこる。第1次長州征討《ちょうしゅうせいとう》始まる。四国連合艦隊、下関を砲撃。［清］ホイートン（著）・マーティン（漢訳）『万国公法』（国際法）刊行（1865、日本で覆刻出版）。
	1865	慶応元	条約勅許。
	1866	2	アーネスト・サトウ『英国策論《さくろん》』成る。福沢諭吉『西洋事情』（初編）刊行（～1870）。薩長同盟《さっちょうどうめい》成立。
	1867	3	坂本竜馬《さかもとりょうま》『船中八策《せんちゅうはっさく》』成る。*鈴木雅之《まさゆき》『撞賢木《つきさかき》』成る。「ええじゃないか」の大衆乱舞おこる（～1868）。大政奉《たいせいほう》還《かん》。王政復古《おうせいふっこ》の大号令。
明治時代	1868	明治元	明治と改元、一世一元の制を定める。
	1869	2	版籍奉還《はんせきほうかん》。
	1870	3	加藤弘之《かとうひろゆき》『真政大意』刊行。中村正直《なかむらまさなお》訳『西国立志編《さいこくりっしへん》』刊。大教宣布。「横浜毎日新聞」創刊。
	1871	4	中村正直訳『自由之理』刊行。廃藩置県《はいはんちけん》。
	1872	5	福沢諭吉『学問のすゝめ（初編）』刊行。「郵便報知新聞」創刊。学制公布。
	1873	6	安井息軒《やすいそっけん》『弁妄《べんもう》』刊行。
	1874	7	『明六雑誌《めいろくざっし》』創刊。西周《にしあまね》『百一新論《ひゃくいちしんろん》』刊行。江藤新平《えとうしんぺい》・板《いた》垣退助《がきたいすけ》ら「民撰議院設立建白書《みんせんぎいんせつりつけんぱくしょ》」を提出。民撰議院論争おこる。
	1875	8	西周「人生三宝説《じんせいさんぽうせつ》」（『明六雑誌』掲載）。福沢諭吉『文明論之概略』刊行。加藤弘之『国体新論』刊行。讒謗律《ざんぼうりつ》・新聞紙条例を制定。
	1877	10	田口卯吉《たぐちうきち》『日本開化小史《にほんかいかしょうし》』刊行（～1882）。
	1879	12	「東京経済雑誌」（主幹田口卯吉）創刊。植木枝盛《うえきえもり》『民権自由論』刊行。天皇、「教学聖旨《きょうがくせいし》」（元田永孚《もとだながざね》起草）を出し、儒教的徳育を強調。学制を廃し、教育令を制定。
	1880	13	「六合雑誌《りくごうざっし》」（東京基督教《キリストきょう》青年会）創刊。教育令改正。
	1881	14	西園寺公望《さいおんじきんもち》・中江兆民《なかえちょうみん》ら、「東洋自由新聞」創刊。明治14年の政変。国会開設の詔勅。
	1882	15	加藤弘之『人権新説』刊行。中江兆民訳『民約訳解《みんやくやくかい》』（巻

	1842	13	人情本の発売が禁止され、その代表的作者の為永春水《ためながしゅんすい》、処罰される。異国船打払令を緩和し、異国船への薪水《しんすい》給与を許可。［清］魏源《ぎげん》『海国図志《かいこくずし》』（50巻本）成る（その後増補されて60巻の刊本となり、1851年長崎に舶来《はくらい》された）。
	1844	弘化元	藤田東湖《ふじたとうこ》『回天詩史《かいてんしし》』成る。帆足万里『東潜夫論《とうせんぷろん》』成る。
	1845	2	箕作省吾《みつくりしょうご》（編訳）『坤輿図識《こんよずしき》』刊行。
	1846	3	*弘化元年から同３年までに、大原幽学『微味幽玄考《びみゆうげんこう》』巻４まで補正を終える（全11巻とされるが未完に終わる）。
	1847	4	藤田東湖『弘道館記述義《こうどうかんきじゅつぎ》』（再稿本）成る。
	1848	嘉永元	伊達千広《だてちひろ》『大勢三転考《たいせいさんてんこう》』成る。
	1853	6	ペリー（アメリカ軍艦4隻）、浦賀に来航。プチャーチン（ロシア軍艦4隻）、長崎に来航。
	1854	安政元	佐久間象山《さくましょうざん》『省諐録《せいけんろく》』成る。日米和親条約（神奈川条約）を締結。
江戸時代	1855	2	天文方蛮書和解御用《てんもんかたばんしょわげごよう》を独立させ、洋学所《ようがくしょ》を設立。大国隆《おおくにたか》正《まさ》『本学挙要《ほんがくきょよう》』成る。
	1856	3	洋学所を蕃所調所《ばんしょしらべしょ》と改称。吉田松陰《よしだしょういん》『講孟余話《こうもうよわ》』成る。富田高慶《とみたたかよし》『報徳記《ほうとくき》』成る。
	1857	4	大橋訥庵《おおはしとつあん》『闢邪小言《へきじゃしょうげん》』刊行。
	1858	5	日米修好通商条約を締結。
	1859	6	吉田松陰『留魂録《りゅうこんろく》』成り、その翌日処刑される。農民赤沢文治、金光教を開く。大蔵永常《おおくらながつね》『広益国産考《こうえきこくさんこう》』刊行完結（1842～）。
	1860	万延元	横井小楠《よこいしょうなん》『国是三論《こくぜさんろん》』成る。勝海舟《かつかいしゅう》ら、咸臨丸《かんりんまる》で太平洋を横断し、米国に向かう。桜田門外の変。
	1861	文久元	加藤弘之《かとうひろゆき》『鄰艸《となりぐさ》』成る。福沢諭吉《ふくざわゆきち》・福地源一郎《ふくちげんいちろう》ら、遣欧使節に随行。
	1862	2	今北洪川《いまきたこうせん》『禅海一瀾《ぜんかいいちらん》』成る。坂下門外の変。和宮親子内親《かずのみやちかこないしん》王《のう》、将軍徳川家茂《いえもち》に降嫁。生麦《なまむぎ》事件。
	1863	3	幕府、５月10日に攘夷決行することを上奏。薩英《さつえい》戦争。八月十八日の政変〈七卿《しちきょう》落《お》ち〉。

江戸時代			1842)、読本《よみほん》が流行。黒住宗忠、黒住教を開教。
	1815	12	*杉田玄白『蘭学事始《らんがくことはじめ》』成る（1869、福沢諭吉が木版本として刊行)。鎌田柳泓《かまたりゅうおう》『理学秘訣《りがくひけつ》』成る。
	1816	13	司馬江漢『天地理譚《てんちりだん》』成る。原念斎《はらねんさい》『先哲叢談《せんてつそうだん》』刊行。
	1821	文政 4	伊能忠敬「大日本沿海輿地全図《だいにほんえんかいよちぜんず》」を完成し、幕府に献上(没後３年)。
	1823	6	シーボルト（オランダ商館付医師のドイツ人)、長崎出島《でじま》に着任。
	1825	8	会沢正志斎《あいさわせいしさい》『新論《しんろん》』成る。幕府、異国船打払令《いこくせんうちはらいれい》を出す。
	1827	10	頼山陽《らいさんよう》『日本外史《にほんがいし》』成り、松平定信《まつだいらさだのぶ》に献呈。佐藤信淵《さとうのぶひろ》『経済要録』成る。青地林宗《あおちりんそう》訳著『気海観瀾《きかいかんらん》』（日本最初の物理学書）刊行。
	1828	11	高橋景保《たかはしかげやす》、シーボルトに日本地図を贈ったことが発覚し、下獄される。
	1832	天保 3	頼山陽『日本政記《にほんせいき》』ほぼ成る。
	1833	4	宇田川榕庵《うだがわようあん》『植学啓原《しょくがくけいげん》』成る。大塩平八郎《おおしおへいはちろう》『洗心洞箚記《せんしんどうさっき》』成る。会沢正志斎『迪彝篇《てきいへん》』成る（1843刊)。
	1835	6	柴田鳩翁《しばたきゅうおう》『鳩翁道話』（正編）刊行（～ 1839)。
	1836	7	帆足万里《ほあしばんり》『窮理通《きゅうりつう》』成る。広瀬淡窓《ひろせたんそう》『儒林評《じゅりんひょう》』成る。
	1837	8	斎藤拙堂《さいとうせつどう》『士道要論』成る。大塩平八郎の乱おこる。生田万《いくたよろず》の乱おこる。
	1838	9	渡辺崋山《わたなべかざん》『鴃舌或問《げきぜつわくもん》・鴃舌小記《げきぜつしょうき》』成る。高野長英《たかのちょうえい》『戊戌夢物語《ぼじゅつゆめものがたり》』成る。渡辺崋山『慎機論《しんきろん》』成る。古賀侗庵《こがとうあん》『海防臆測《かいぼうおくそく》』（巻上）成る（巻下は1840)。中山みき、天理教を開く。大原幽学《おおはらゆうがく》、下総国長部《ながべ》村に先祖株組合を結成。
	1839	10	渡辺崋山『外国事情書《がいこくじじょうしょ》』『（初稿・再稿）西洋事情書』成る。幕府、渡辺崋山・高野長英らを弾圧する（蛮社《ばんしゃ》の獄《ごく》)。
	1840	11	梁川星巌《やながわせいがん》『星巌集（前・後編)』成る。［清］アヘン戦争おこる（～ 1842)。
	1841	12	高野長英『蛮社遭厄小記《ばんしゃそうやくしょうき》』成る。安積艮斎《あさかごんさい》『艮斎間話《ごんさいかんわ》』（正編）刊行。*天保の改革始まる（～ 1843)。

江戸時代	1792	4	幕府、林子平を禁錮とし『海国兵談』『三国通覧図説《さんごくつうらんずせつ》』の絶版を命じる。昌平坂学問所にて初めて「学問吟味」（学術試験）が実施される。
	1793	5	塙保己一、和学講談所《わがくこうだんしょ》を建てる。本居宣長、『玉勝間《たまかつま》』起稿（～1801、1795～1812刊）。
	1795	7	中沢道二《なかざわどうに》『道二翁道話《どうにおうどうわ》（初編）』刊行。*司馬江漢《しばこうかん》『和蘭《オランダ》天説《てんせつ》』成る（1796刊）。大田錦城《きんじょう》『疑問録』成る。
	1796	8	稲村三伯《いなむらさんぱく》ら訳『ハルマ和解《わげ》』（日本初の蘭和《らんわ》辞書、「江戸ハルマ」とも）を刊行。本居宣長『源氏物語玉の小櫛《おぐし》』成る。
	1798	10	*本居宣長『古事記伝』完成（1767～）。本多利明《ほんだとしあき》『西域《せいいき》物語《ものがたり》』、『経世秘策《けいせいひさく》』（後編）成る。志筑《しづき》忠雄（訳著）『暦《れき》象新書《しょうしんしょ》』上編成る（中編は1800、後篇は1802）。
	1801	享和元	志筑忠雄、ケンペル『日本誌』を『鎖国論』として抄訳。伊能忠敬《いのうただたか》、幕命により全国測量を開始。
	1802	2	杉田玄白『形影夜話《けいえいやわ》』成る。山村才助『訂正増訳采覧異《ていせいぞうやくさいらんい》言《げん》』成る。*山片蟠桃《やまがたばんとう》『夢の代《しろ》』起稿（1820完成）。
	1806	文化3	平田篤胤《あつたね》『本教外篇《ほんきょうがいへん》』成る。亀井南冥《なんめい》『論語語由《ろんごごゆう》』（1793成る）刊行。
	1807	4	*杉田玄白『野叟独語《やそうどくご》』（江戸後期の対露警戒論）成るか。
	1808	5	大槻玄沢『捕影問答《ほえいもんどう》』（江戸後期の対イギリス警戒論）前編（前年成る）・後編完成。富士谷御杖《ふじたにみつえ》『古事記灯《こじきともしび》』刊行。蒲生君平《がもうくんぺい》『山陵志《さんりょうし》』刊行。フェートン号事件。
	1809	6	林述斎《はやしじゅっさい》監修・成島司直《なるしまもとなお》編纂『徳川実紀《じっき》』（家康～家治）起稿（正本1843、副本1849完成）。
	1810	7	円通《えんつう》『仏国暦象編《ぶっこくれきしょうへん》』成る。
	1811	8	司馬江漢『春波楼筆記《しゅんぱろうひっき》』成る。平田篤胤『出定笑《しゅつじょうしょう》語《ご》』・『古道大意』、*『古史徴《こしちょう》』（草稿。1818・19刊）。
	1812	9	平田篤胤『霊能真柱《たまのみはしら》』成る。
	1813	10	佐藤一斎《さいとういっさい》『言志録《げんしろく》』起稿（1824刊）。海保青陵《かいほせいりょう》『稽古談《けいこだん》』成る。
	1814	11	*曲亭馬琴《きょくていばきん》『南総里見八犬伝《なんそうさとみはっけんでん》』（第1輯）刊行され（～

江戸時代			行開始（～1761）。幕府、尊王論者竹内式部らを処罰（宝暦事件）。
	1759	9	山県大弐《やまがただいに》『柳子新論《りゅうししんろん》』成る。
	1762	12	功存《こうぞん》『願生帰命弁《がんしょうきみょうべん》』（本願寺派三代宗論の一つ、三業惑乱《さんごうわくらん》の発端となる。1764刊）。
	1763	13	三浦梅園『敢語《かんご》』成る。
	1765	明和2	*呉陵軒可有《ごりょうけんあるべし》ら『誹風柳多留《はいふうやなぎだる》』（初編）刊行（～1838）。賀茂真淵《かものまぶち》『国意考《こくいこう》』成る（1806刊）。
	1767	4	山県大弐ら処刑され、竹内式部も八丈島に流罪（明和事件）。
	1768	5	*上田秋成《うえだあきなり》『雨月物語《うげつものがたり》』（初稿）成る（1776刊）。
	1771	8	本居宣長《もとおりのりなが》「直毘霊《なおびのみたま》」成る。前野良沢《まえのりょうたく》・杉田玄白《すぎたげんぱく》ら、江戸千住小塚原《せんじゅこづかっぱら》で刑死者の解剖《かいぼう》をみてオランダ語の解剖書『ターヘル・アナトミア』の翻訳開始（1774刊）。
	1773	安永2	三浦梅園『価原《かげん》』成る。
	1775	4	三浦梅園『玄語《げんご》』成る。杉田玄白『狂医之言《きょういのげん》』成る。慈雲《じうん》『十善法語《じゅうぜんほうご》』成る。
	1776	5	平賀源内《ひらがげんない》、エレキテル（起電器）を完成。
	1777	6	前野良沢『管蠡秘言《かんれいひげん》』成る。尾藤二洲《びとうじしゅう》『素餐録《そさんろく》』成る。三浦梅園『多賀墨卿君《たがぼっけいくん》にこたふる書』成る。
	1779	8	塙保己一《はなわほきいち》『群書類従《ぐんしょるいじゅう》』正編の編纂に着手（1819完成・刊）。
	1780	9	市川鶴鳴《かくめい》（匡麻呂《たずまろ》）『末賀能比連《まがのひれ》』成る。本居宣長『くず花』成る。
	1781	天明元	*［清］『四庫全書《しこぜんしょ》』（漢籍の一代叢書）完成（1772～）。
	1783	3	*工藤平助《くどうへいすけ》『赤蝦夷風説考《あかえぞふうせつこう》』上巻成る（下巻は1781に成立）。大槻玄沢《おおつきげんたく》『蘭学階梯《らんがくかいてい》』成る。
	1786	6	林子平《はやししへい》『海国兵談《かいこくへいだん》』成る。大槻玄沢、江戸に芝蘭堂《しらんどう》を設立。
	1787	7	本居宣長『秘本玉くしげ』成る。*中井竹山《なかいちくざん》『逸史《いっし》』（天明期に完成。1799幕府に献上）。寛政の改革始まる（～1793）。
	1789	寛政元	中井竹山『草茅危言《そうぼうきげん》』成る。三浦梅園『贅語《ぜいご》』成る。
	1790	2	*この頃までに本居宣長・上田秋成『呵刈葭《かかいか》』成る。寛政異学の禁。*本居宣長『古事記伝』の刊行開始（～1822）。
	1791	3	服部中庸《はっとりなかつね》『三大考《さんだいこう》』成る。藤田幽谷《ふじたゆうこく》『正名論《せいめいろん》』成る。

江戸時代	1719	4	西川如見『町人嚢《ちょうにんぶくろ》』刊行。朝鮮への国書における将軍の呼称が元の「日本国大君」と改められる。
	1720	5	*この年までに『康熙字典』、日本に伝来。漢訳洋書の輸入制限が緩和される。*大道寺友山《だいどうじゆうざん》『武道初心集《ぶどうしょしんしゅう》』成るか。
	1721	6	田中丘隅《きゅうぐ》『民間省要《みんかんせいよう》』成る。*潭北《たんぼく》『百姓分量記《ひゃくしょうぶんりょうき》』成る（1726刊）。
	1722	7	跡部良顕『日本養子説』、*伊藤東涯《いとうとうがい》『古今学変《ここんがくへん》』成るか(1750刊)。室鳩巣『六諭衍義大意《りくゆえんぎたいい》』刊行。
	1724	9	*新井白石『読史余論』『西洋紀聞《せいようきぶん》』成るか。大坂に懐徳《かいとく》堂《どう》開設される。
	1726	11	*荻生徂徠『政談』（幕政改革の提言の書）成るか。翌年春、将軍に上呈されたといわれる。
	1727	12	*服部南郭《なんかく》著・望月三英《さんえい》ら編『南郭先生文集』（初編）刊行（～4編1758)。*この頃までに玉木正英《まさひで》『玉籤集《ぎょくせんしゅう》』成るか。
	1728	13	*三井高房《みついたかふさ》『町人考見録《ちょうにんこうけんろく》』成るか。雨森芳洲《あめのもりほうしゅう》『交隣提《こうりんてい》醒《せい》（朝鮮外交の要諦を説く)』成るか。
	1729	14	太宰春台《だざいしゅんだい》『経済録』成る。石田梅岩《いしだばいがん》、京都で心学の講席を開く。
	1732	17	室鳩巣『駿台雑話《すんだいざつわ》』成る。
	1736	元文元	吉見幸和《よしみよしかず》『五部書説弁《ごぶしょせつべん》』成る。太宰春台『聖学問答』刊行。
	1739	4	石田梅岩『都鄙問答《とひもんどう》』刊行。玉木正英『神代巻藻塩草《じんだいのまきもしおぐさ》』刊行。湯浅常山《ゆあさじょうざん》『常山紀談《きだん》』成る。
	1745	延享2	富永仲基《とみながなかもと》『出定後語《しゅつじょうこうご》』刊行。
	1746	3	富永仲基『翁《おきな》の文《ふみ》』刊行。
	1748	寛延元	竹田出雲《たけだいずも》ら『仮名手本忠臣蔵《かなでほんちゅうしんぐら》』初演。
	1753	宝暦3	安藤昌益《あんどうしょうえき》『自然真営道《しぜんしんえいどう》』（3巻3冊）刊行（*1755頃、同稿本101巻93冊成るか)。
	1754	4	山脇東洋《やまわきとうよう》ら初めて屍体を解剖（のち1759『蔵志《ぞうし》』を刊行)。
	1757	7	竹内式部《たけのうちしきぶ》『奉公心得書《ほうこうこころえがき》』成る。
	1758	8	大我《たいが》『三彝訓《さんいくん》』刊行。*伊藤東涯『紹述先生文集《しょうじゅつせんせいぶんしゅう》』の刊

江戸時代	1702	15	*新井白石、『藩翰譜《はんかんふ》』（前年成る）を徳川綱豊《つなとよ》に進呈。卍《まん》元師蛮《げんしばん》『本朝高僧伝』成る。赤穂浪士《あこうろうし》の討入り（事件後、その挙をめぐって賛否の議論まきおこる）。
	1703	16	室鳩巣《むろきゅうそう》『赤穂義人録《あこうぎじんろく》』成る（1709補訂）。*元禄期（1688～1704）に盤珪永琢《ばんけいようたく》『盤珪仏智弘済禅師御示聞書《ばんけいぶっちこうさいぜんじおしめしききがき》』成る（1757刊）。
	1707	宝永 4	跡部良顕《あとべよしあきら》『垂加翁神説《すいかおうしんせつ》』成る。
	1708	5	三宅尚斎《みやけしょうさい》『祭祀来格説《さいしらいかくせつ》』成る。宣教師シドッチ、屋久島《やくしま》に来着。
	1709	6	新井白石の「正徳《しょうとく》の治《ち》」始まる（～ 1716）。
	1710	7	閑院宮《かんいんのみや》家創設される。
	1711	正徳元	外交文書で将軍の呼称が「日本国大君《たいくん》」から「日本国王」に改められる。
	1712	2	新井白石『国書復号紀事《こくしょふくごうきじ》』成る。白石、将軍家宣《いえのぶ》に日本史の進講始める（その講義案がのちにまとめられて『読史余《とくしよ》論《ろん》』となる）。三輪執斎《みわしっさい》『標註伝習録《ひょうちゅうでんしゅうろく》』成る。西川如見『天文義論《てんもんぎろん》』刊行。
	1713	3	新井白石『采覧異言《さいらんいげん》』成る。貝原益軒《かいばらえきけん》『養生訓《ようじょうくん》』成る。寺島良安《てらしまりょうあん》『和漢三才図絵《わかんさんさいずえ》』成る。
	1714	4	貝原益軒『大疑録《たいぎろく》』成る。跡部良顕編『垂加《すいか》文集』刊行（～ 1724）。
	1715	5	増穂残口《ますほざんこう》『艶道通鑑《えんどうつがん》』刊行開始。近松門左衛門《ちかまつもんざえもん》『国性爺《こくせんや》合戦《かっせん》』が大坂竹本座で初演。海舶互市新例《かいはくごししんれい》を発令。
	1716	享保元	新井白石『古史通《こしつう》』成る。『女大学宝箱《おんなだいがくたからばこ》』（著者未詳、一般的に「女大学」といえば本書を指す）刊行。白石『折《おり》たく柴《しば》の記』起稿。*安積澹泊《あさかたんぱく》『大日本史賛藪《だいにほんしさんそう》』起稿（1720までに完成）。*山本常朝《やまもとつねとも》（述）田代陣基《たしろつらもと》（録）『葉隠《はがくれ》』成るか。*享保の改革始まる（～ 1745。荻生徂徠《おぎゅうそらい》・室鳩巣らが活躍）。［清］『康熙字典《こうきじてん》』成る。
	1717	2	荻生徂徠『弁道』成る。*同『弁名』もこの頃になるか。*徂徠、この頃から本格的に古文辞学《こぶんじがく》を提唱する。

江戸時代	1674	2	関孝和《せきたかかず》『発微算法《はつびさんほう》』（和算書）刊行。
	1675	3	山鹿素行『配所残筆《はいしょざんぴつ》』成る。［清］游子六《ゆうしろく》『天経或問《てんけいわくもん》』成る（日本でも、1730年本書の和刻本が出版された）。
	1676	4	*熊沢蕃山《くまざわばんざん》『集義和書《しゅうぎわしょ》』（二版本）刊行（初版本は1672刊行）。*この年、釈潮音《しゃくちょうおん》『旧事大成経《くじたいせいきょう》』刊行開始（～1679。1681に大成経事件おこり、本書は幕命により禁書とされた）。
	1682	天和2	井原西鶴《いはらさいかく》『好色一代男』刊行。*この頃山崎闇斎『中臣祓風水草《なかとみのはらえふうすいそう》』成る。吉川惟足《きっかわこれたり》、幕府より神道方《しんとうかた》を任命される。幕府は、「天下一」号の使用を全面的に禁止。
	1683	3	*伊藤仁斎『語孟字義《ごもうじぎ》』（第一稿本）成る（1705刊）。山崎闇斎『文会筆録《ぶんかいひつろく》』刊行。
	1686	貞享3	*熊沢蕃山《くまざわばんざん》『大学或問《わくもん》』成る。林鳳岡《はやしほうこう》・人見竹洞《ひとみちくどう》（友元《ゆうげん》）・木下順庵《きのしたじゅんあん》『武徳大成記《ぶとくたいせいき》』（江戸幕府初の官撰史書）成る。
	1687	4	浅見絅斎《あさみけいさい》『靖献遺言《せいけんいげん》』成る。熊沢蕃山、『大学或問《だいがくわくもん》』で時事を論じたかどにより下総古河《しもうさこが》に禁錮とされる。生類憐《しょうるいあわれ》みの令発布（～1708）。
	1688	元禄元	井原西鶴『日本永代蔵《えいだいぐら》』刊行。
	1690	3	契沖《けいちゅう》『万葉代匠記《まんようだいしょうき》』（精撰本）成る。
	1691	4	林鳳岡、蓄髪《ちくはつ》を許され、従五位下大学頭《じゅごいげだいがくのかみ》となり、以後林家が正式に儒官の家として幕府の文教政策を司ることになる。湯島聖堂《ゆしませいどう》（昌平坂学問所《しょうへいざかがくもんしょ》）落成する。『仮名性理《かなしょうり》』（藤原惺窩《ふじわらせいか》に仮託された偽書）刊行。*伊藤仁斎『童子問《どうじもん》』（第一稿本）成る（1707刊）。
	1692	5	幕府、新規寺院の建立を禁止。
	1693	6	比叡山《ひえいざん》に安楽律院《あんらくりついん》が設置され、安楽律が唱えられる。
	1694	7	戸田茂睡《とだもすい》『梨本書《なしもとのしょ》』成る。松尾芭蕉《まつおばしょう》『おくのほそ道』成る（1702刊）。
	1695	8	西川如見《じょけん》『華夷通商考《かいつうしょうこう》』刊行。
	1696	9	肥前《ひぜん》国平戸藩主松浦鎮信《まつらしげのぶ》『武功雑記《ぶこうざっき》』成る。
	1697	10	宮崎安貞《みやざきやすさだ》『農業全書』刊行。

江戸時代

1655	明暦元	如儡子《にょらいし》『百八町記《ひゃくはっちょうき》』成る（1664刊）。
1657	3	水戸藩主徳川光圀《みつくに》の命で、『大日本史』編纂に着手（〜1906完成）。
1658	万治元	向井元升《むかいげんしょう》『乾坤弁説《けんこんべんせつ》』成る。
1659	2	朱舜水《しゅしゅんすい》（明末の儒者）、長崎に亡命。林鵞峰《がほう》・林読耕斎《はやしどっこうさい》『羅山先生集』成る。
1660	3	鈴木正三（述）恵中《えちゅう》（編）『驢鞍橋《ろあんきょう》』（仮名法語）刊行。
1661	寛文元	*寛文・延宝期頃、『本佐録《ほんさろく》』（本多正信《ほんだまさのぶ》に仮託された偽書）成るか。
1662	2	鈴木正三『破吉利支丹《はキリシタン》』刊行。*この頃伊藤仁斎《じんさい》『論語古義《ろんごこぎ》』『孟子古義《もうしこぎ》』を起稿。*［清］康熙《こうき》年間に范鋐《はんこう》『六諭衍義《りくゆえんぎ》』成る。
1663	3	殉死を禁止。
1665	5	山鹿素行《やまがそこう》『聖教要録』・『山鹿語類』成る。山崎闇斎《やまざきあんさい》、会津《あいづ》藩主《はんしゅ》保科正之《ほしなまさゆき》に招かれる。朱舜水、水戸藩主徳川光圀《みつくに》に招かれる。諸宗寺院法度《しょしゅうじいんはっと》・諸社禰宜神主等法度《しょしゃねぎかんぬしとうはっと》を制定。
1666	6	浅井了意《あさいりょうい》『伽婢子《おとぎぼうこ》』刊行。山鹿素行、『聖教要録』において朱子学を批判したかどで、赤穂藩《あこうはん》に流される。中村惕斎《なかむらてきさい》『訓蒙図彙《きんもうずい》』刊行。*この頃伊藤仁斎『論語古義』『孟子古義』（初稿）成る（それぞれ1712と1720刊）。
1667	7	『摧邪評論《さいじゃひょうろん》』（著者未詳、真宗の僧恵海《えかい》か）成る。滝川恕水《たきがわじょすい》『滝川心学論《たきがわしんがくろん》』刊行。
1668	8	『儒仏論聞書《じゅぶつろんききがき》』（著者未詳）刊行。
1669	9	山鹿素行『中朝事実《ちゅうちょうじじつ》』成る。吉川惟足《よしかわこれたり》『神道大意講談』成る。沢田源内『和論語』刊行。鉄眼《てつげん》版（黄檗版）大蔵経の刊行（〜1681完成）。アイヌ首長シャクシャインの乱おこる。
1670	10	幕命により、林羅山・鵞峰『本朝通鑑《ほんちょうつがん》』（漢文・編年体の日本通史）完成。
1671	11	この年、山崎闇斎、垂加《すいか》神道を唱える。宗門人別改帳《しゅうもんにんべつあらためちょう》の作成が制度化される。
1673	延宝元	山鹿素行『武家事紀《ぶけじき》』成る。

江戸時代	1631	8	竹中重門《たけなかしげかど》『豊鑑《とよかがみ》』成る。
	1632	9	柳生宗矩《やぎゅうむねのり》『兵法家伝書』完成。
	1633	10	奉書船《ほうしょせん》以外の渡航を禁止。
	1634	11	中江藤樹《なかえとうじゅ》、大洲《おおす》藩を脱藩し、近江国小川村に帰る。
	1635	12	外交文書における将軍の呼称を「日本国大君《たいくん》」とする。
	1636	13	*如儡子《じょらいし》『可笑記《かしょうき》』成る（加筆の上、1642刊）。沢野忠庵《さわのちゅうあん》（フェレイラ）『顕偽録《けんぎろく》』成る。
	1637	14	天海版大蔵経《だいぞうきょう》の刊行開始（～1648）。島原の乱（～1638）。
	1638	15	朝山意林庵《あさやまいりんあん》『清水《きよみず》物語』刊行。*沢庵『不動智神妙録《ふどうちしんみょうろく》』成る（1779刊）。
	1639	16	『吉利支丹物語《キリシタンものがたり》』成る（江戸初期の排耶書《はいやしょ》）。藤原惺窩『文章達徳綱領《ぶんしょうたっとくこうりょう》』刊行。
	1640	17	天海が中心となり、作業が進められた『東照社縁起《とうしょうしゃえんぎ》』（真名《まな》・仮名《かな》文の両本がある）完成。松永尺五《まつながせきご》『彝倫抄《いりんしょう》』刊行。*この年（あるいは翌年）中江藤樹『翁問答《おきなもんどう》』成る。幕府は宗門改役《しゅうもんあらためやく》を設置し、幕領および諸藩のキリシタン摘発を指揮した。
	1641	18	*幕命により、林羅山ら『寛永諸家系図伝《かんえいしょかけいずでん》』の編纂に着手、1643年に完成（真名本は日光東照宮に納める）。平戸のオランダ商館を長崎に移す。
	1644	正保元	*林羅山『神道神社考』、寛永末期から正保２年（1645）の間に成立。*林羅山『神道伝授』、正保期（～1648）に成る。
	1647	4	山崎闇斎《あんさい》『闢異《へきい》』成る。中江藤樹『鑑草《かがみくさ》』刊行。
	1649	慶安２	慶安《けいあん》の御触書《おふれがき》を公布。
	1650	3	熊沢蕃山《ばんざん》、岡山藩番頭《ばんがしら》（3000石）となる。度会延佳《わたらいのぶよし》『陽《よう》復記《ふくき》』成る。*『心学五倫書《しんがくごりんしょ》』刊行（成立年・著者とも未詳。現存最古の本）。
	1651	4	由井正雪《ゆいしょうせつ》の乱。末期養子《まつごようし》の禁を緩和。
	1652	承応元	林鵞峰《はやしがほう》『日本王代一覧《にほんおうだいいちらん》』成る。
	1654	3	明僧隠元隆琦《いんげんりゅうき》、黄檗宗《おうばく》を伝える。

江戸時代			『日葡《にっぽ》辞書』刊行。徳川家康、征夷大将軍に任ぜられ、江戸幕府を開く。
	1604	9	*小瀬甫庵《おぜほあん》『信長記』執筆開始（1622刊）。
	1605	10	ハビアン『妙貞問答《みょうていもんどう》』成る。林羅山《はやしらざん》、家康に出仕。
	1606	11	羅山、イエズス会士ハビアンと宗論《しゅうろん》し、のち「排耶蘇《はいやそ》」を著す。
	1613	18	幕府、キリシタンの全国的禁令を布告。
	1614	19	*三浦浄心《みうらじょうしん》『慶長見聞集《けいちょうけんもんしゅう》』成るか。慶長期頃に小瀬甫庵編『政要抄《せいようしょう》』刊行。慶長末～元和期に『太平記評判《たいへいきひょうばん》秘伝理尽鈔《ひでんりじんしょう》』の講釈（太平記読み）流行し始める。
	1615	元和元	大坂の陣後まもなく『豊内記《ほうないき》』（著者未詳）成るか。大坂夏の陣（豊臣氏滅亡）。武家諸法度《ぶけしょはっと》・禁中拝《きんちゅうならびに》公家諸法度《くげしょはっと》・諸宗諸《しょしゅうしょ》本山法度《ほんざんはっと》が制定される。
	1617	3	日光東照宮《にっこうとうしょうぐう》創建（朝廷より前年没した家康に「東照大権《とうしょうだいごん》現《げん》」の神号が贈られる）。
	1619	5	鈴木正三《しょうさん》『盲安杖《もうあんじょう》』成る。*藤原惺窩『大学要略』成るか。
	1620	6	林羅山「惺窩先生行状」成る。ハビアン『破提宇子《はだいうす》』刊行。*この頃高坂昌信《こうさかまさのぶ》・大蔵彦十郎・春日惣次郎原作『甲《こう》陽軍鑑《ようぐんかん》』（小幡景憲《おばたかげのり》が整理した正本）成る（～1621）。
	1622	8	*大久保忠教《ただたか》『三河《みかわ》物語』草稿（1626頃まで補訂が行われて成立）。長崎でキリシタン55人を処刑（元和の大殉教）。
	1625	寛永2	小瀬甫庵『太閤記』成る。天海、寛永寺を創建。
	1627	4	林羅山・菅得庵《かんとくあん》『惺窩文集』成る。吉田光由《よしだみつよし》『塵劫記《じんこうき》』（和算書）成る。『長者教』（著者未詳）成る。
	1629	6	林羅山『春鑑抄《しゅんかんしょう》』刊。*林羅山『三徳抄』成るか。林羅山、儒者でありながら民部卿法印《みんぶきょうほういん》（最高の僧位）となる。紫衣《しえ》事件おこり、大徳寺の沢庵宗彭《たくあんそうしょう》ら流罪となる
	1630	7	日蓮宗の不受不施派《ふじゅふせは》と受不施派《じゅふせは》が江戸城で身池対論《しんちたいろん》。日《にち》奥《おう》ら不受不施派への弾圧強化される。幕府、キリスト教に関する書籍の輸入を禁止。

			町幕府滅亡。
安土桃山時代（織豊時代）	1579	7	信長、安土城天主《あづちじょうてんしゅ》（天守）に移り住み、この頃までに自己神格化を宣言（キリシタン史料による）。
	1582	10	九州三大名、遣欧使節《けんおうしせつ》派遣。本能寺の変（明智光秀の謀叛により、信長自刃）。太閤検地《たいこうけんち》始まる（～ 1598）。
	1583	11	豊臣秀吉、賤ヶ岳《しずがたけ》の戦いで柴田勝家を破り、信長の後継者となる。
	1587	15	秀吉、バテレン追放令を発令。
	1588	16	『山上宗二《やまのうえそうじ》記』（利休茶の湯の秘伝書）成る。秀吉、倭寇取《わこうとり》締令《しまりれい》・刀狩令《かたながりれい》を発令。
	1589	17	*この頃までに大村由己《おおむらゆうこ》『天正記』（現存８巻）成るか。
	1591	19	『ドチリナ・キリシタン』（加津佐《かづさ》刊の国字本）刊行。秀吉、身分統制令を発令。
	1592	文禄元	*文禄の役おこる（～ 1593）。その後、慶長の役（1597 ～ 98）。
	1593	2	藤原惺窩《ふじわらせいか》、徳川家康に招かれて『貞観政要《じょうがんせいよう》』を進講。『伊《い》會保物語《そぽものがたり》』『金句集《きんくしゅう》』（いずれも天草刊のローマ字本）刊行。
	1595	4	日奥《にちおう》、方広寺大仏殿での千僧供養会《せんそうくようえ》出仕を拒否（不受不施《ふじゅふせ》のおこり）。
	1596	慶長元	スペイン船サン・フェリペ号事件ののち、26聖人殉教《じゅんきょう》。
	1597	2	朝鮮の文人姜沆《きょうこう》、日本に連行される（～ 1600）。その間、四書五経《ししょごきょう》の新注《しんちゅう》和刻本《わこくぼん》の刊行に尽力し、藤原惺窩らと交友（事情あって和刻本は出版されなかった）。
	1598	3	*この頃までに太田牛一《おおたぎゅういち》『信長公記』の原型成立か。秀吉の死去により、朝鮮より撤兵。その際、朝鮮より活字印刷、製陶法伝わる。
	1599	4	豊国神社《とよくにじんじゃ》が創建され、朝廷より秀吉に「豊国大明神《とよくにだいみょうじん》」の神号が贈られる。家康、足利学校庠主《しょうしゅ》の元佶《げんきつ》に『孔子家《こうしけ》語《ご》』『六韜《りくとう》』『三略《さんりゃく》』を刊行させる。
	1600	5	この冬、藤原惺窩、儒者の服装（深衣《しんい》道服）を着用して、家康に謁見。関ヶ原の戦い。
	1602	7	東・西本願寺の分立。
江戸時代	1603	8	［明］マテオ・リッチ（利瑪竇《りまとう》）『天主実義《でんしゅじつぎ》』刊行。この年

南北朝時代	1361	康安元〔正平16〕	*安居院《あぐい》『神道集』（文和《ぶんな》・延文年間〈1352～61〉の成立とされる）。
	1383	永徳3〔弘和3〕	斯波義将《しばよしまさ》『竹馬抄《ちくばしょう》』成る。
	1392	明徳3〔元中9〕	後亀山《ごかめやま》天皇、京都に還《かえ》り神器を後小松《ごこまつ》天皇に譲る（南北朝合一）。
室町時代	1394	応永元	足利義満《あしかがよしみつ》、太政大臣となる。
	1397	応永4	北山第（金閣）上棟。
	1401	8	勘合貿易《かんごうぼうえき》開始。
	1402	9	*世阿弥《ぜあみ》『風姿花伝《ふうしかでん》』成るか。
	1422	29	一条兼良《かねら》『公事根源《くじこんげん》』（有職故実《ゆうそくこじつ》の書）成る。
	1430	永享2	世阿弥『申楽談儀《さるがくだんぎ》』成る。
	1461	寛正2	*蓮如《れんにょ》『御文《おふみ》』（現存するもの。～1498）。
	1463	4	心敬《しんけい》『さゝめごと』（上巻）成る。
戦国時代	1467	応仁元	応仁・文明の乱（～1477）おこる。
	1468	2	心敬『ひとりごと』成る。
	1477	文明9	*『応仁記』（～1488）成るか。
	1479	11	一条兼良『文明一統記《ぶんめいいっとうき》』（一条兼良が将軍義尚《よしひさ》の求めに応じて著した室町時代の政道書）成る。
	1480	12	一条兼良『樵談治要《しょうだんちよう》』成る（同上）。
	1484	16	*吉田兼倶《よしだかねとも》『唯一神道名法要集《ゆいいつしんとうみょうほうようしゅう》』成る。
	1519	永正16	*『早雲寺殿廿一箇条《そううんじどのにじゅういっかじょう》』（北条早雲の作と伝えられる家訓）成るか。
	1536	天文5	天文法華《てんぶんほっけ》の乱。
	1544	13	*『多胡辰敬家訓《たごときたかかくん》』成るか。
	1549	18	キリスト教伝来（イエズス会士ザビエル、鹿児島に来航）。
	1552	21	『塵塚物語《ちりづかものがたり》』成る（著者未詳）。
	1558	永禄元	『武田信繁家訓《たけだのぶしげかくん》』成る。
	1569	12	織田信長、イエズス会宣教師ルイス・フロイスに布教許可朱印状を与える。
	1570	元亀元	*この頃までに『朝倉宗滴話記《あさくらそうてきわき》』成るか。石山合戦おこる（～1580）。
	1573	天正元	将軍足利義昭、信長打倒をはかるが、敗れて京都を追放され、室

鎌倉時代	1283	6	無住《むじゅう》『沙石集《しゃせきしゅう》』成る。
	1288	正応元	*この頃親鸞《しんらん》の語録を弟子の唯円《ゆいえん》がまとめたという『歎異《たんに》抄《しょう》』成る。『山王霊験記《さんのうれいげんき》』成る。
	1302	乾元元	*『八幡愚童訓《はちまんぐどうくん》』乙本《おつほん》（1299～1302、正安《しょうあん》年間）、同甲本《こうほん》（1308～1318、延慶《えんきょう》元年～文保《ぶんぽう》2年以前）成立か。
	1309	延慶2	『春日権現験記《かすがごんげんげんき》』成る。
	1313	正和元	神吽《じんうん》『八幡宇佐宮御託宣集《はちまんうさぐうごたくせんしゅう》』成る。この年以前に、御深《ごふか》草院二条《くさいんにじょう》『問はず語り』成る。
	1318	文保2	光宗《こうそう》『渓嵐拾葉集《けいらんしゅうようしゅう》』成る。
	1320	元応2	度会家行《わたらいいえゆk》『類聚神祇本源《るいじゅうじんぎほんげん》』成る。この書の成立後に、渡会家行『瑚璉集《これんしゅう》』成る。
	1322	元亨2	虎関師錬《こかんしれん》『元亨釈書《げんこうしゃくしょ》』成る。
	1324	正中元	存覚《ぞんがく》『諸神本懐集《しょしんほんがいしゅう》』成る。正中《しょうちゅう》の変。
	1331	元徳3〔元弘元〕	*この頃吉田兼好『徒然草《つれづれぐさ》』成る。元弘《げんこう》の変。
	1332	正慶《しょうきょう》元〔元弘2〕	慈遍《じへん》『旧事本紀玄義《くじほんぎげんぎ》』成る。
南北朝時代	1333	正慶2〔元弘3〕	鎌倉幕府の滅亡とともに建武の新政始まる。
	1334	建武元	「二条河原落書《にじょうがわらのらくしょ》」（『建武年間記』）成る。後醍醐《ごだいご》天皇『建《けん》武年中行事《むねんじゅうぎょうじ》』成る。
	1336	建武3〔延元元〕	足利尊氏《たかうじ》、「建武式目《けんむしきもく》」を制定、幕府を開設。後醍醐天皇、吉野へ移る（南北朝の内乱）。
	1338	暦応《りゃくおう》元〔延元3〕	*この頃までに北畠親房《ちかふさ》『元元集《げんげんしゅう》』成る。
	1339	暦応2〔延元4〕	北畠親房『神皇正統記《じんのうしょうとうき》』成る（再稿本が43年に成立）。 *北畠親房『東家秘伝《とうかひでん》』成るか。
	1340	歴応3〔興国元〕	慈遍『豊葦原神風和記《とよあしはらじんぷうわき》』、北畠親房『職原抄《しょくげんしょう》』成る。
	1342	康永元〔興国3〕	夢窓疎石《むそうそせき》『夢中問答集《むちゅうもんどうしゅう》』刊行（1339以後成立）。
	1350	観応《かんのう》元〔正平5〕	*『太平記』この頃までに原型が成り、応安年間（1368～75）から永和年間（1375～79）の頃に現存本の形にまとめられたのではないかと考えられている。
	1352	文和《ぶんな》元〔正平7〕	*『梅松論《ばいしょうろん》』（この年から嘉慶《かきょう》年間〈1387～89〉までに成るか）。

鎌倉時代	1185	文治元	守護・地頭設置の勅許。
	1191	建久2	栄西《えいさい》、臨済《りんざい》宗を伝える。
	1192	3	源頼朝、征夷大将軍となる。
	1193	4	*この年以後、貞慶《じょうけい》『愚迷発心集《ぐめいほっしんしゅう》』成る。
	1198	9	法然《ほうねん》『選択本願念仏集《せんちゃくほんがんねんぶつしゅう》』成る。栄西『興禅護国論《こうぜんごこくろん》』成る。
	1205	元久2	『新古今和歌集』成る。貞慶、法然の浄土宗を批判した「興福寺奏状《こうふくじそうじょう》」を草す。
	1212	建暦2	鴨長明《かものちょうめい》『方丈記』成る。明恵《みょうえ》『摧邪輪《さいじゃりん》』成る。
	1219	承久元	*慈円『愚管抄《ぐかんしょう》』成る（1220年成立説もある）。 *「北野天神縁起《きたのてんじんえんぎ》」（承久本）成る。
	1221	3	後鳥羽上皇《ごとばじょうこう》、鎌倉幕府打倒のため挙兵（承久の乱）。 *原『平家物語』（13世紀中頃までに成立か）。
	1223	貞応2	*『耀天記《ようてんき》』成るか。
	1224	元仁元	*親鸞《しんらん》『教行信証《きょうぎょうしんしょう》』、この年以前に原型成るか（成立年に諸説あり）。
	1227	安貞元	道元、曹洞《そうとう》宗を伝える。
	1230	寛喜2	*『承久記《じょうきゅうき》』（慈光寺本）成る（1230年代）。
	1232	貞永元	北条泰時、「貞永式目《じょうえいしきもく》」を制定。
	1234	文暦元	幕府、専修念仏《せんじゅねんぶつ》を禁止。
	1238	暦仁元	高信「栂尾明恵上人遺訓《とがのおみょうえしょうにんいくん》」成る。*この頃懐奘《えじょう》『正法《しょうぼう》眼蔵随聞記《げんぞうずいもんき》』成る。
	1247	宝治元	*『北条重時家訓《ほうじょうしげときかくん》』（「六波羅殿御家訓《ろくはらどのごかくん》」と「極楽寺殿御消《ごくらくじどのごしょう》息《そく》」の総称で、最古の武家家訓。前者は1247年、後者は1256～61年頃の成立と考えられている。）。
	1253	建長5	*道元『正法眼蔵』成る（1231～53年の23年間にわたって撰述・説示された和漢混淆文《わかんこんこうぶん》の法語）。
	1254	6	橘成季《たちばなのなりすえ》『古今著聞集《ここんちょもんじゅう》』成る。
	1260	文応元	日蓮、『立正安国論《りっしょうあんこくろん》』を著して北条時頼《ときより》に呈す。
	1274	文永11	一遍《いっぺん》、時宗《じしゅう》を開く。モンゴル（元）・高麗《こうらい》軍による日本侵攻（文永の役）。
	1281	弘安4	モンゴル（元）・高麗軍による日本来襲（弘安の役）。

平安時代	807	2	斎部広成《いんべのひろなり》『古語拾遺《ごごしゅうい》』成る。
	812	弘仁3	第1回日本紀講書。以後約30年間隔で965年まで行われる。
	815	6	万多《まんだ》親王ら、『新撰姓氏録《しんせんしょうじろく》』を撰進。
	818	9	最澄『守護国界章《しゅごこっかいしょう》』成る。
	819	10	最澄『山家学生式《さんげがくしょうしき》』成立（～819）。藤原冬嗣《ふじわらのふゆつぐ》『文華秀麗集《ぶんかしゅうれいしゅう》』を撰進。
	820	11	最澄、『顕戒論《けんかいろん》』を上奏。「弘仁格式《こうにんきゃくしき》」撰進。
	822	13	*景戒《きょうかい》『日本霊異記《りょういき》』この頃成立。
	830	天長7	*空海『十住心論《じゅうじゅうしんろん》』『秘蔵宝鑰《ひぞうほうやく》』成るか。
	859	貞観元	僧行教《ぎょうきょう》、宇佐八幡神《うさはちまんしん》を勧請して石清水八幡宮《いわしみずはちまんぐう》を創設。
	892	寛平4	菅原道真《すがわらのみちざね》『類聚《るいじゅう》国史』を撰上。
	894	6	菅原道真の建議により遣唐使《けんとうし》を廃止。
	901	延喜元	菅原道真を大宰府《だざいふ》に左遷。
	905	5	紀貫之《きのつらゆき》ら、『古今和歌集』を撰進（日本最初の勅撰和歌集）。
	914	14	三善清行《みよしのきよゆき》『意見封事十二箇条《いけんふうじじゅうにかじょう》』奏上。
	939	天慶2	平将門《たいらのまさかど》の乱（～940）。
	940	3	*『将門記』成るか（一説）。
	947	天暦元	菅原道真の霊を祀る北野神社が創立される。
	964	康保元	慶滋保胤《よししげのやすたね》ら、初めて勧学会《かんがくえ》を修する。
	965	2	日本紀講書《にほんぎこうしょ》、この年を最後に行われなくなる。
	985	寛和元	源信《げんしん》『往生要集《おうじょうようしゅう》』を著す。
	987	永延元	*慶滋保胤『日本往生極楽記《にほんおうじょうごくらくき》』（日本最初の往生伝）成るか。
	1008	寛弘5	*紫式部『源氏物語』の一部が流布する。
	1028	長元元	*赤染衛門《あかぞめえもん》『栄花物語』正編、長元年間（1028～37）に成るか。
	1052	永承7	末法《まっぽう》に入ったと信じられ、末法思想流行。
院政時代	1086	応徳3	白河上皇《しらかわじょうこう》の院政が始まる。
	1120	保安元	*『今昔《こんじゃく》物語』（～1140の成立か）。
	1131	天承元	*『大鏡』（白河院政期〈11世紀後半～12世紀前半〉）成るか。
	1177	治承元	［宋］朱子《しゅし》（朱熹《しゅき》）『論語集注《ろんごしっちゅう》』『孟子集注《もうししっちゅう》』を著す。

日本思想史／略年表　（*は前後の幅をもつ年代を示す）

事項の配列は、前半に思想史上の出来事や著作、後半にそれらを生み出した時代的背景としての歴史事実を、書体を変えて記載した。

	4世紀末～5世紀初頭		*百済《くだら》の王仁《わに》、『論語』『千字文《せんじもん》』等を伝える（「応神記」）。
	538		仏教公伝（一説、552）。
飛鳥時代	594	（推古2）	三宝《さんぼう》（仏教）興隆の詔が下される。
	604		聖徳太子、「憲法十七条」制定（「推古紀」による）。
	615		*伝聖徳太子『三教義疏《さんぎょうぎしょ》』。
	620		聖徳太子・蘇我馬子《そがのうまこ》『天皇記』『国記』などを編纂（「推古記」）。
	630	（舒明2）	第1回遣唐使派遣。
	645	大化元	大化の改新。初めて年号（大化）を用いる。
	657		盂蘭盆経《うらぼんきょう》を講じ須弥山《しゅみせん》の形を作る。
	663	（天智2）	白村江《はくそんこう》の敗戦。百済の王族・知識人ら、日本に亡命してくる。
	685	（天武13）	諸国に仏舎をつくり、『金光明経《こんこうみょうきょう》』、釈迦像《しゃかぞう》を置く。
	701	大宝元	「大宝律令《たいほうりつりょう》」完成。大学（中央）・国学（地方）設置。
奈良時代	710	和銅3	元明《げんめい》天皇、平城京遷都《へいじょうきょうせんと》。
	712	和銅5	太安麻呂《おおのやすまろ》、『古事記』を撰上。
	713	6	諸国に『風土記《ふどき》』撰進の命下る。
	717	養老元	行基《ぎょうき》らの活動、禁圧の対象となる。
	720	養老4	舎人親王《とねりしんのう》ら、『日本書紀』を撰上。
	741	天平13	聖武天皇、国ごとに国分寺《こくぶんじ》・国分尼寺《こくぶんにじ》建立の詔を発する。
	749	天平勝宝元	聖武天皇、自らを「三宝の奴《やっこ》」と称す。
	752	4	東大寺の大仏開眼供養《かいげんくよう》が行われる。
	759	天平宝字3	*この頃『万葉集』成立か。
	783	延暦2	私寺建立の禁止をはじめ、仏教統制政策が布かれる。
平安時代	794	13	桓武《かんむ》天皇、平安京遷都。
	804	23	最澄《さいちょう》・空海《くうかい》ら遣唐使に従い、唐に渡る。
	805	24	最澄、唐より帰国し、天台宗を開く。
	806	大同元	空海、唐より帰国し、真言宗を開く。

貞　慶……264
聖徳太子……240
心　敬……286
親　鸞……258
菅原道真……248
杉田玄白……360
鈴木正三……316
鈴木大拙……444
世阿弥……280
千　利休……294

［た］

沢庵宗彭……314
太宰春台……338
田中正造……418
田辺　元……470
近松門左衛門……326
津田左右吉……446
道　元……262
徳富蘇峰……434
戸坂　潤……476
富永仲基……346

［な］

中井竹山……356
中井履軒……356
中江兆民……416
中江藤樹……302
西　周……404
西川如見……328
西田幾多郎……442
西村茂樹……402
二条良基……284
日　蓮……268
二宮尊徳……380

［は］

白隠慧鶴……340
長谷川如是閑……478
ハビアン……296
林　羅山……300
盤珪永琢……320
平賀源内……358
平田篤胤……376
平塚らいてう……454
広瀬淡窓……384
福沢諭吉……400
藤田東湖……390
藤田幽谷……388
藤原惺窩……298
帆足万里……382
法　然……256
細井平洲……398
本田利明……364

［ま］

松尾芭蕉……324
丸山眞男……482
三浦梅園……348
三木　清……474
三宅雪嶺……426
明　恵……266
夢窓疎石……278
村岡典嗣……464
室　鳩巣……334
本居宣長……352

［や・ら・わ］

保田與重郎……480
柳田国男……448
山鹿素行……308
山片蟠桃……366
山川菊栄……456
山崎闇斎……304
山路愛山……438
横井小楠……396
与謝野晶子……452
慶滋保胤……250
吉田兼倶……290
吉田兼好……272
吉田松陰……394
吉野作造……458
蓮　如……288
度会家行……276
和辻哲郎……472

武士道……162
扶桑略記……92
復古神道……180
分度意識……178
文明開化の思想……196
平安仏教……64
平家物語……122
平民主義……202
本地垂迹思想……68
本朝通鑑……184

［ま］

末法と末世……80
万葉集……86
三河物語……138
密　教……66
水戸学……156
無常観……110
室町幕府の政治思想……98
明治国家の思想……194

［や・ら］

陽明学……146
吉田神道……114
蘭学と洋学……160
ロマン主義……200

人物編

［あ］

会沢正志斎……388
新井白石……332
安藤昌益……344
石田梅岩……330
一休宗純……282
一　遍……270
伊藤仁斎……310
伊藤東涯……310
井上哲次郎……408
井原西鶴……322
隠元隆琦……318
植木枝盛……412
上田秋成……354
植村正久……424
内村鑑三……428
栄　西……260
海老名弾正……420
大江匡房……252
大川周明……468
大国隆正……378
大塩中斎……386
大杉　栄……466
大西　祝……436
岡倉天心……430
荻生徂徠……336
折口信夫……450

［か］

貝原益軒……312
海保青陵……368
加藤弘之……406
鴨　長明……272
賀茂真淵……350
河上　肇……460
観阿弥……280
北　一輝……462
行　基……242
曲亭馬琴……372
清沢満之……410
清原宣賢……292
空　海……246
陸　羯南……422
熊沢蕃山……306
源　信……254
幸徳秋水……414
権藤成卿……440

［さ］

最　澄……244
佐久間象山……392
佐藤一斎……374
佐藤信淵……370
慈雲飲光……342
志賀重昂……432
司馬江漢……362
慈　遍……274

日本思想史事典　索　引

事項編

［あ］

赤穂事件論……164
伊勢神道……106
院政の政治思想……60
栄華物語……88
江戸幕府の政治思想……142
江戸仏教……150
皇国史観と唯物史観……216
大　鏡……90
陰陽道……72
怨霊思想……70

［か］

家　訓……166
鎌倉幕府創成期の政治思想……94
鎌倉仏教……102
鎌倉・室町禅と儒教……104
鎌倉・室町武士の思想……100
勧善懲悪……176
キリシタンの思想……134
義理と人情……174
近代日本のキリスト教……212
近代仏教……210
愚管抄……120
下剋上の思想……130
皇国史観と唯物史観……216
古　学……148
国　学……158
国粋主義……202
古事記……82
古神道の思想……46
古代律令制国家の政治思想……56
国家神道と教派神道……208

［さ］

三教一致説……154
自然主義……200
社会主義（マルクス主義）……206
自由民権の思想……198
儒家神道……152
修験道……74
朱子学……144
浄土の思想……76
昭和の思想……218
織豊政権の政治思想……132
女性解放運動の思想……214
神国思想……108
信長公記……136
神皇正統記……124
宿世の思想……78
石門心学……168
摂関政治の思想……58
尊王攘夷思想……182

［た］

太閤記……140
大正デモクラシーの思想……204
大勢三転考……192
大日本史……186
太平記……126
大陸思想の摂取—儒教……48
大陸思想の摂取—道教……50
大陸思想の摂取—仏教……52
茶の湯のといけ花の思想……116
中世日本紀……118
町人の生活思想……170
天皇の思想……54
読史余論……188
遁世の思想……112

［な］

奈良仏教……62
南北朝時代における政治思想……96
日本外史……190
日本書紀……84
日本政記……190
農民の生活思想……172

［は］

梅松論……128

■執筆者［五十音順］

浅井允晶（堺女子短期大学名誉教授）
安蘇谷正彦（國學院大学名誉教授）
石毛　忠（防衛大学校名誉教授）
市川浩史（群馬県立女子大学教授）
伊藤　益（筑波大学教授）
稲田篤信（二松学舎大学教授）
今泉淑夫（前・東京大学史料編纂所教授）
岩見輝彦（前・三浦梅園資料館研究員）
大桑　斉（大谷大学名誉教授）
大隅和雄（東京女子大学名誉教授）
大戸安弘（横浜国立大学教授）
岡崎正道（岩手大学国際交流センター教授）
岡田莊司（國學院大学教授）
小澤富夫（元・玉川学園女子短期大学教授）
笠井昌昭（同志社大学名誉教授、故人）
笠谷和比古（国際日本文化研究センター教授）
桂島宣弘（立命館大学教授）
加藤みち子（中村元東方研究所研究員）
苅部　直（東京大学教授）
桐原健真（金城学院大学准教授）
黒住　真（東京大学大学院教授）
小島康敬（国際基督教大学教授）
駒木　敏（同志社大学教授）
小松　裕（熊本大学教授）
昆野伸幸（神戸大学准教授）
佐久間正（長崎大学教授）
佐々木馨（北海道教育大学教授）
佐藤勢紀子（東北大学高等教育開発推進センター教授）
佐藤弘夫（東北大学大学院教授）
柴田　純（前・京都女子大学教授）
新川哲雄（学習院大学名誉教授）
末木文美士（国際日本文化研究センター教授）
菅　基久子（故人）
鈴木正崇（慶應義塾大学教授）
平　雅行（大阪大学大学院教授）
高橋美由紀（東北福祉大学教授）
田澤晴子（三重大学非常勤講師）
玉懸博之（東北大学名誉教授）
辻本雅史（国立台湾大学日本語文学系教授）
土田健次郎（早稲田大学教授）
角田泰隆（駒澤大学教授）
陶　徳民（関西大学教授）
長尾宗典（国立国会図書館司書）
中桐万里子（関西学院大学講師）
中野目徹（筑波大学教授）
中村安宏（岩手大学教授）
畑中健二（東京工業大学助教）
早川紀代（総合女性史学会代表）
速水　侑（東海大学名誉教授）
原島　正（東洋英和女学院大学名誉教授）
平石直昭（帝京大学教授）
平山　洋（静岡県立大学助教）
藤田正勝（京都大学大学院教授）
藤原克己（東京大学大学院教授）
古川江里子（青山学院大学非常勤講師）
本郷隆盛（宮城教育大学名誉教授）
本田逸夫（九州工業大学大学院教授）
三橋　健（國學院大学大学院客員教授）
八重樫直比古（ノートルダム清心女子大学教授）
八木清治（武蔵大学教授）
山中浩之（大阪府立大学名誉教授）
山本眞功（玉川大学教授）
吉田　忠（東北大学名誉教授）
吉田俊純（筑波学院大学教授）
吉馴明子（恵泉女学園大学名誉教授）
吉原浩人（早稲田大学教授）
米原　謙（前・大阪大学大学院教授）
若尾政希（一橋大学大学院教授）
渡辺和靖（愛知教育大学名誉教授）
和田　守（大東文化大学名誉教授）

〔編者略歴〕

石田一良（いしだ・いちろう）

1913年（大正2）、京都府に生まれる。京都帝国大学文学部史学科国史学専攻卒業。同志社大学教授（文化史学）、東北大学教授（日本思想史学）、東海大学教授（文明学）を歴任。東北大学名誉教授、杭州大学名誉教授、日本思想史学会名誉会長。文学博士。

また、カリフォルニア州立大学・ハワイ大学東西文化 <上級> 研究所（以上、アメリカ）、ミュンヘン大学・ボッホム大学（以上、西ドイツ）、国立台湾大学、在北京日本学研究中心・杭州大学・上海外国語大学（以上、中国）等の研究教授・客員教授を勤めた。

主な著書に、『浄土教美術―文化史学的研究序論』（平楽寺書店）、『文化史学―理論と方法』（ぺりかん社）、『伊藤仁斎（人物叢書）』（吉川弘文館）、『町人文化』（至文堂）、『日本の開花』（文藝春秋）、『歌舞伎の見方』（講談社新書）、『形と心・日本美術史入門』（芸艸堂）、『カミと日本文化』（ぺりかん社）など多数。

石毛　忠（いしげ・ただし）

1938年（昭和13）、千葉県に生まれる。東北大学大学院博士課程修了。東北大学文学部助手、ハワイ大学東西文化センター上級研究所助手、大東文化大学文学部専任講師を経て、防衛大学校人文社会科学群（人間文科学科）教授。北京日本学研究センター教授。現在、防衛大学校名誉教授。

主な著書に、『日本における倫理思想の展開』（共著、吉川弘文館）、『伝統と変容』（共著、ぺりかん社）、『日本思想史辞典』（編著、山川出版社）など。

日本思想史事典

ISBN978-4-490-10796-8 C3521

2013年9月20日　初版印刷
2013年9月30日　初版発行

編　者　石田一良
　　　　石毛　忠
発行者　小林悠一
印刷製本　亜細亜印刷株式会社
発行所　株式会社東京堂出版
http://www.tokyodoshuppan.com/
〒101-0051 東京都千代田区神田神保町1-17
電話03-3233-3741 振替00130-7-270